La reforma de la Jurisdicción Voluntaria:

Textos prelegislativos, legislativos y tramitación parlamentaria

Antonio Fernández de Buján y Fernández

Catedrático de la Universidad Autónoma de Madrid
Académico de Número de la Real Academia de Jurisprudencia y Legislación

Vocal de las Ponencias constituidas, en 2002-2005, y en 2012, en la Comisión General de Codificación, para la elaboración de una Propuesta de Anteproyecto de Ley de Jurisdicción Voluntaria

La reforma de la Jurisdicción Voluntaria:

Textos prelegislativos, legislativos y tramitación parlamentaria

Registradores de España

Dykinson, S.L.

Este libro ha sido sometido a evaluación por parte de nuestro Consejo Editorial

Para mayor información, véase www.dykinson.com/quienes_somos

Editorial DYKINSON, S.L. Meléndez Valdés, 61 - 28015 Madrid
Teléfono (+34) 91 544 28 46 - (+34) 91 544 28 69
e-mail: info@dykinson.com
http://www.dykinson.es
http://www.dykinson.com

ISBN: 978-84-9085-389-4

Depósito Legal: M-15723-2015

Preimpresión por:
Besing Servicios Gráficos S.L.
e-mail: besingsg@gmail.com

Impresión:
Safekat, S.L. - www.safekat.com

A mi querido hijo Antonio

ÍNDICE

PRÓLOGO

Me encarga mi querido y admirado amigo Antonio Fernández de Buján un prólogo para este nuevo libro fruto de su esfuerzo y talento. La tarea de prologar un libro, en tanto que presentación de la obra y del autor, es una actividad especialmente gratificante cuando ambos se sitúan en el plano de la excelencia académica y del prestigio jurídico universalmente reconocidos.

Que yo trate de explicar quién es el autor de este libro, después de haberle identificado por nombre y apellidos, puede resultar sin embargo osado en la medida que dicho acto de presentación presupone su interés o necesidad, siendo así que en este caso el autor, por la notoriedad y relieve social y jurídico de su figura, no requiere propiamente hablando de presentación alguna. No obstante, para el amable lector ajeno al mundo del Derecho a cuyas manos llegue este libro como fruto de la casualidad o de la curiosidad, le diré que Antonio Fernández de Buján y Fernández (Lugo, 1953) es un jurista español, que está reconocido como el mayor especialista español en jurisdicción voluntaria, materia que vuelve a abordar en esta obra, después de haberle dedicado previamente cinco libros y más de sesenta artículos doctrinales. El profesor Fernández de Buján se licenció en Derecho por la Universidad Autónoma de Madrid en 1977, y en el inmediato 1978 se doctoró con Premio Extraordinario. Durante aquellos años de formación académica compartió con su gran amigo Gonzalo Aguilera, Decano-Presidente del Colegio de Registradores de España, esfuerzos, aficiones y proyectos, y entre ellos el de ingresar en el Cuerpo de Registradores. La habilidad persuasiva de sus maestros de Derecho Romano pudieron torcer ese propósito juvenil y atraer el talento del joven estudiante al estudio e investigación de esta disciplina jurídica, con claro beneficio para la misma en detrimento del estamento registral. Esa opción por la vía universitaria y académica pronto encontraría recompensa, pues Antonio Fernández de Buján alcanza la Cátedra en 1983, a la temprana edad de los veintinueve años, primero en la Universidad de Cádiz, y poco después en su querida Universidad Autónoma de Madrid, a la que desde entonces ha permanecido ininterrumpidamente vinculado de forma activa y sumamente productiva.

Su condición de publicista ha quedado reflejada en una magna obra integrada por dieciséis libros y más de doscientos cincuenta artículos doctrinales en materias de Derecho Romano (en la que sus manuales sobre el Derecho Público y el Derecho Privado Romanos son obras de obligada referencia y consulta), pero también en materias de Derecho Civil y Procesal. Son pocos los juristas a los que por su impronta en la doctrina y por sus ascendencia intelectual, moral y jurídica sobre un grupo más o menos amplio de investigadores les cabe el honor del tratamiento de "Maestro", y entre estos pocos está sin duda el profesor Fernández de Buján, Maestro de una importante Escuela de Derecho Romano, entre cuyos miembros se encuentran los catorce Doctores, cuyas tesis se beneficiaron de su magisterio y dirección. Y como quiera que las grandes Instituciones jurídicas españolas son imanes del talento jurídico, el acierto de sus autoridades rectoras ha hecho que Fernández de Buján figure entre sus miembros. Este es el caso de la Academia de Jurisprudencia y Legislación, de la que es Académico de Número, o la Comisión General de Codificación, en la que ha sido vocal encargado de las ponencias de Jurisdicción Voluntaria en los años 2002-2005, y vocal de la Sección Especial constituida para la regulación de la Jurisdicción Voluntaria y la Legislación Procesal Civil del año 2012.

Vemos, por tanto, que su contribución a la materia de la jurisdicción voluntaria no sólo ha sido teórica o académica, sino también encauzada a través de los trabajos prelegislativos y aún en los propiamente legislativos o parlamentarios, al ser convocado como experto por el Congreso de los Diputados para asesorar en la tramitación del proyecto de Ley de Jurisdicción Voluntaria de 2007. Más recientemente, en el Plenario del Congreso de los Diputados, el pasado 11 de diciembre de 2014, le mencionaban desde la tribuna de oradores como el mayor experto español en la materia, elogio en el que, de forma realmente casi inédita en los usos parlamentarios españoles, insistía no uno sino dos de los oradores que intervinieron el pasado 27 de abril en la Comisión de Justicia del Congreso en el trámite de aprobación del Dictamen del actual proyecto de Ley de Jurisdicción Voluntaria, destacando sin ambages la gran influencia que sobre el texto sometido al debate de las Cámaras había tenido el pensamiento y obra del autor de este libro. De forma que demostrado queda que si esta materia debía ser objeto de un libro y, parafraseando el famoso libro de Pirandello, ese libro estaba en busca de autor, no podía encontrar en este momento uno mejor que el profesor Fernández de Buján.

Si la especial idoneidad del autor ha quedado despejada, otro tanto hay que decir del tema del libro. Es difícil exagerar la importancia del tema de la jurisdicción voluntaria en nuestros días cuando repasamos el amplio electo de procedimientos que encuentran acomodo en dicha categoría, que van desde el nombramiento de defensor judicial, hasta la fijación de plazo para el cumplimiento de las obligaciones, pasando por la declaración de ausencia y fallecimiento, la conciliación, el nombramiento de contador-partidor, las subastas extrajudiciales, las dispensas de impedimentos matrimoniales, la disolución de sociedades, o la reclamación extrajudicial de deudas. Como pone de manifiesto el autor del libro, en el marco del Estado de Derecho configurado por nuestra Constitución, la reforma de la jurisdicción voluntaria es una de las piezas que queda por encajar en el organigrama de la Administración de Justicia al haber optado el legislador de la Ley procesal civil de 2000 por regular la jurisdicción voluntaria en una ley especial, para lo que dicha Ley ordenaba al Gobierno remitir a las Cortes un proyecto de Ley en el plazo de un año. Los doce meses se han convertido en quince años, durante los que han mantenido su vigencia las viejas disposiciones sobre la materia contenidas en el Libro III de la LEC de 1881 y en una miscelánea de disposiciones dispersas en el Código civil, el Código de comercio, la legislación hipotecaria, la legislación sobre el Registro Civil y en otras muchas leyes especiales. Según el detalladísimo inventario de procedimientos de jurisdicción voluntaria elaborado en su momento por González Poveda, en total existen más de doscientos procedimientos específicos de jurisdicción voluntaria.

En cuanto al momento y oportunidad de esta obra, da cuenta de ella el hecho de que en la actualidad está en tramitación parlamentaria el proyecto de Ley de Jurisdicción Voluntaria (segundo intento tras el fracaso del proyecto anterior en 2007), habiéndose publicado el 22 de abril pasado las enmiendas al articulado del proyecto por los distintos grupos en el Congreso de los Diputados. El origen de este proyecto está en la propuesta de Anteproyecto presentada el 1 de diciembre de 2012 al Ministerio de Justicia por la Sección especial constituida, en el seno de la Comisión General de Codificación, por Orden del Ministerio de Justicia, siendo aprobado el Anteproyecto el 31 de octubre de 2013, y posteriormente el proyecto el 1 de agosto de 2014. A este último le dedicó el profesor Fernández de Buján un artículo publicado en Actualidad Jurídica Aranzadi bajo el sugerente título de "Misteriosa, heterogénea, fascinante jurisdicción voluntaria", que complementaba el que había dedicado previamente al Anteproyecto bajo el título "Luces y sombras del Anteproyecto de Ley de Jurisdicción Voluntaria de 31 de octubre de 2013", publicado en el Diario La Ley del 18 de marzo de 2014 (ambos recogidos en esta obra).

La lectura de estos trabajos, y de los restantes incluidos en este tomo que da continuidad a otros anteriores de recopilación de estudios monográficos sobre distintos aspecto de la jurisdicción voluntaria del autor, demuestra dos cosas sobre este último: la profundidad de su conocimiento sobre esta figura, y su influencia sobre la concepción técnica el proyecto. Cuando el profesor Fernández de Buján cita los elementos del proyecto que le merecen una valoración positiva menciona el carácter garantista del nuevo procedimiento general de jurisdicción voluntaria, con audiencia y prueba plena, recursos y oposición, en la estela del juicio verbal, superando la actual identificación de la institución con la supresión o disminución de garantías, plazos y formalidades, y, en segundo lugar, la necesidad de desjudicialización de competencias a favor de cualificados funcionarios públicos, destacadamente los secretarios judiciales, notarios y registradores de la propiedad y mercantiles. Si observamos la evolución de la tramitación parlamentaria del proyecto vemos que ambos elementos han permanecido incólumes. Por el contrario, cuando el autor menciona sus discrepancias con el proyecto, se refiere a la supresión de la alternatividad entre operadores jurídicos (a favor de la exclusividad por materias), la ausencia de referencia de la cosa juzgada, la supresión de la intervención preceptiva de abogados, salvo en determinados casos de excepción, e incluso la utilización del término "expediente" en lugar del que considera más adecuado de "procedimiento". Pues bien, la mayoría de estos puntos han sido considerados y estimados favorablemente por distintos grupos parlamentarios por vía de enmiendas. No ha tenido, sin embargo, ocasión de valorar el profesor Fernández de Buján la concreción de algunas de esas ideas en las enmiendas presentadas ni lo que de ellas pueda quedar en el texto definitivo, en cuanto al número concreto de procedimientos que se desjudicializan y a la distribución concreta, y generalmente en régimen de alternatividad, entre los diferentes operadores jurídicos. A su sentido de ponderación y equilibrio sin duda no escapará el hecho de que de los mas de cincuenta procedimientos desjudicializados en ninguno de ellos se atribuyen funciones a los registradores de la propiedad (sí a favor de los registradores mercantiles en seis supuestos).

La erudición y el incansable trabajo del autor en esta materia sin duda no se han agotado. Y esto no es un pronóstico, sino la constatación de un hecho, pues antes de que la nueva Ley llegue a las páginas del Boletín Oficial del Estado, ya ha puesto en marcha su capacidad de iniciativa y energía diseñando un gran proyecto editorial de "Comentarios a la nueva Ley de Jurisdicción Voluntaria" al que ha tenido la amabilidad de invitarme.

Por todo ello y por mucho más cuya referencia excede de los límites de un prólogo, es para mí, como Director del Servicio de Estudios del Colegio de Registradores de España, un placer y un gran honor prologar esta obra, en cuya lectura encontrará el curioso lector provecho en cada una de sus páginas, y las razones que rinden homenaje de justicia a las palabras con que modestamente he pretendido glosar la figura y obra del maestro Fernández de Buján.

Juan María Díaz Fraile

Director del Servicio de Estudios del Colegio de Registradores de la Propiedad y Mercantiles de España

— 1 —

PRESENTACIÓN

Constituye para mi un inmenso honor y placer poder presentar la obra del profesor Fernández de Buján. Y ello por un doble motivo. Uno de carácter estrictamente profesional: tener la satisfacción, deseada desde hace varios años, de que los registradores, a través del Colegio Nacional de Registradores de la Propiedad y Mercantiles de España, podamos colaborar y contribuir a la difusión de la obra del profesor Fernández de Buján en materia de jurisdicción voluntaria.

Una obra que, a pesar de ser suficientemente conocida por los distintos libros y artículos publicados por su autor, cobra ahora un significado conjunto a través de su publicación unificada. Y ello en un momento especialmente oportuno, dada la tramitación en el Parlamento del proyecto de ley de Jurisdicción Voluntaria, al cual ha contribuido su autor de manera muy importante. Si ya en el anterior proyecto de 2006 su participación fue muy alta, en éste ha sido fundamental. Especialmente en la última fase de su elaboración en la que se han recogido muchas de sus sugerencias y aportaciones. No en vano el profesor Fernández de Buján puede ser calificado como el mayor y mejor especialista español en materia de Jurisdicción Voluntaria.

Una materia en la que el propósito del legislador, cumpliendo el mandato de la LEC del año 2000, ha sido el de conciliar el respeto a la seguridad jurídica y protección y garantías de los derechos de los ciudadanos con la desjudicialización de todas aquellas materias que, en régimen de alternatividad, podían ser atribuidas a otros operadores jurídicos, como a los registradores, quienes, como dice la propia exposición de motivos del proyecto de ley, "tienen un conocimiento directo y especializado en el ámbito del derecho de propiedad y en el mercantil, en concreto en sociedades."

No ha sido, sin embargo, congruente esta afirmación de la exposición de motivos del proyecto de ley con las materias o expedientes atribuidos a los registradores de la propiedad, que brillan por su ausencia. Circunstancia que me consta no cuenta con la aprobación del profesor Fernández de Buján, quien reiteradamente ha abogado por una mayor participación y presencia de los registradores en materia de jurisdicción voluntaria.

Confiemos en que la difusión de las ideas y reflexiones expuestas por el autor en el presente libro con la brillantez, rigor y profundidad que le caracterizan, contribuya a una reorientación del proyecto para que el principio de alternatividad, que inspira el mismo, tenga su adecuado reflejo y traducción en una mayor participación de los registradores en la jurisdicción voluntaria.

Pero si en el plano profesional, constituye para mi un honor y una satisfacción, como Decano Presidente de los Registradores, poder presentar, y contribuir a su edición, una obra de la altura y calidad científica como la presente, en el plano personal esa satisfacción es aún mayor, pues con Antonio me unen unos lazos de imperecedera amistad que se remontan a los más remotos años de nuestra niñez y juventud al haber sido compañeros en el Colegio Nuestra Señora del Buen Consejo y luego en la Facultad de Derecho de la Universidad Autónoma de Madrid. El destino quiso que nuestros objetivos profesionales, un día convergentes en la misma aspiración profesional, siguieran al final caminos diferentes y perdiéramos la posibilidad de contar entre nosotros, los registradores, con un gran jurista. Pero el destino también ha querido que dos inseparables amigos hayan podido reencontrarse en esta obra y me haya dado la oportunidad, en mi condición de Decano y amigo, de presentarla con gran satisfacción, afecto y admiración hacia mi querido amigo Antonio Fernández de Buján.

Gonzalo Aguilera Anegón

Decano-Presidente del Colegio de Registradores de la Propiedad y Mercantiles de España

— 2 —

RÉGIMEN JURÍDICO DE LA OPOSICIÓN EN EL MARCO DE LA JURISDICCIÓN VOLUNTARIA

Sumario: A) La obsolescencia de los artículos 1811 y 1817 de la LEC de 1881: la necesaria superación de la ausencia de controversia como elemento definidor de la Jurisdicción Voluntaria. B) Efectos de la oposición en la regulación actual de los procedimientos de Jurisdicción Voluntaria: *a) Disposiciones Generales. b) La oposición convierte el expediente en contencioso. c) La oposición se tramita, y resuelve, en el curso del expediente. d) La oposición se inadmite. e) La oposición en los expedientes notariales y registrales.* C) Efectos de la controversia en los textos prelegislativos y legislativos de Jurisdicción Voluntaria de los años 2005, 2006, 2012, 2013 y 2014. D) A modo de conclusiones.

A) LA OBSOLESCENCIA DE LOS ARTÍCULOS 1811 Y 1817 DE LA LEC DE 1881: SUPERACIÓN DE LA AUSENCIA DE CONTROVERSIA COMO ELEMENTO DEFINIDOR DE LA JURISDICCIÓN VOLUNTARIA. JURISDICCIÓN VOLUNTARIA CON OPOSICIÓN EXPLÍCITA O IMPLÍCITA

Conforme al artículo 1811, con el que se inicia el vigente Libro III de la LEC de 1881, dedicado íntegramente a la Jurisdicción Voluntaria: <Se considerarán actos de Jurisdicción Voluntaria todos aquellos en que sea necesaria o se solicite la intervención del Juez sin estar empeñada, ni promoverse cuestión alguna entre partes conocidas y determinadas>.

El texto del mencionado artículo procede de la redacción originaria de aprobación de la LEC en 1881. José María Manresa, en los Comentarios a la LEC de 1881,

* *La Ley*. N. 8496, 9 de marzo de 2015, pp. 1-15.

de la que fue su principal impulsor como Presidente de la Sección de Códigos, afirma que: "Jurisdicción contenciosa será la que ejercen los jueces en virtud de su investidura para conocer las cuestiones, contiendas o litigios que se promueven entre dos o más partes y fallarlos con arreglo a derecho; y jurisdicción voluntaria, la que se ejerce por el juez en todos los actos en que por su naturaleza, por el estado de las cosas ó por voluntad de las partes no hay contienda, cuestión o litigio.

La Jurisdicción Voluntaria se ejerce inter volentes, es decir, a solicitud de una sola parte a quien interesa la práctica de alguna diligencia judicial, o entre varias personas que, hallándose de acuerdo en sus respectivas posiciones, buscan el ministerio del juez para imprimirles un sello de autenticidad"[1].

La definición legal de JV contenida en el artículo 1811, que se mantiene sin modificación alguna desde su redacción en el año 1881, se adhiere al criterio de la inexistencia de contienda o contradicción como elemento esencial de los actos de jurisdicción voluntaria, lo que supuso, en su momento, situarse en la línea de la tradición histórica de nuestro derecho.

Como afirma al respecto González Poveda: "Seguía la LEC las ideas del Derecho común, que han persistido en nuestra doctrina y jurisprudencia hasta tiempos muy recientes, y que diferenciaba ambas jurisdicciones por la inexistencia o ausencia de contienda o contradicción" y de ahí la dicción del artículo 1811, en el que se define la JV, y la del art. 1817, que se configura como su corolario o consecuencia natural, conforme al cual: <Si a la solicitud promovida se hiciere oposición por alguno que tenga interés en el asunto, se hará contencioso el expediente, sin alterar la situación que tuvieran al tiempo de ser incoado los interesados y lo que fuera objeto de él, y se sujetará a los trámites establecidas para el juicio que corresponda según la cuantía>[2].

El concepto de JV previsto en el artículo 1811 respondía, en efecto, al ejercicio pacífico de los derechos que había caracterizado a la JV desde sus orígenes en el Derecho Romano y que caracterizaba a la JV de la época, finales del XIX, deudora de la concepción romana y medieval de la institución, pero no se corresponde con la actual realidad jurídica, ni con la opinión mayoritaria de la moderna doctrina proce-

---

1 Manresa. Comentarios a la Ley de Enjuiciamiento Civil. Madrid 1881- 1895, Vol. I, pp. 22 ss. Acerca del origen de las expresiones iurisdictio voluntaria y iurisdictio contenciosa, vid. en Fernández de Buján, Jurisdicción Voluntaria en Derecho Romano, Reus 1996; Id. El problema de la naturaleza jurídica de la jurisdicción voluntaria a la luz de la experiencia histórica, Revista General de Derecho Romano, Nº. 5, 2005.

2 Gonzalez Poveda, Relaciones entre Jurisdicción Voluntaria y Jurisdicción Contenciosa a través del régimen jurídico de la contradicción u oposición en los procedimientos de Jurisdicción Voluntaria, en Jurisdicción Voluntaria. Cuadernos de Derecho Judicial. Consejo Judicial del Poder Judicial, 1997, pp. 18 ss.

sal, conforme a la cual la ausencia de contradicción no se configura ya como la nota esencial y diferenciadora de la JV respecto de la Jurisdicción Contenciosa[3].

La valoración no contextual del artículo 1811 y, de su corolario, el art. 1817, aislada de lo previsto en procedimientos específicos, refleja, en definitiva, una concepción obsoleta de la JV, que no se cohonesta con las previsiones sobre JV contenidas en el propio Libro III de la LEC y en los numerosos textos legislativos en los que se regulan actos o procedimientos de JV, en los cuales, se produce en numerosos supuestos, oposición, conflicto o contradicción, que puede ser explícito o implícito, sin que ello suponga el sobreseimiento del expediente ni su conversión en contencioso. La evidente vetustez de una parte sustancial de la regulación de la JV contenida en la LEC de 1881, encuentra su manifestación más ostensible en la propia definición de JV prevista en el artículo 1811 y en el artículo 1817, que complementa al primero.

En contraposición a lo previsto en los artículos 1811 y 1817 de la LEC de 1881, que hacen gravitar la JV en la inexistencia de contienda, cabe señalar, en suma que, en la regulación actual, la ausencia de controversia entre partes ha dejado de ser el elemento definidor de la JV, dado que en la mayoría de los expedientes de JV el conflicto, y la eventual oposición, o bien son explícitos y previos a la incoación del procedimiento, o bien están latentes o encubiertos y se manifiestan, y resuelven, en el curso de la tramitación del propio expediente.

El cambio de realidad jurídica en la JV, en especial en la segunda mitad del siglo XX, derivado de la aprobación de más de 30 leyes especificas, en materia civil y mercantil, en las que se prevén numerosos actos y procedimientos de JV, muchos de ellos de naturaleza muy diferente a los originarios, no se ha visto traducido en una reforma de la definición legal, lo que ha dado lugar a un amplio debate científico en torno a la

---

[3] Vid. especialmente en Ramos Méndez, Derecho Procesal Civil, T. II, Barcelona 1992, pp. 1289 ss; Id. Jurisdicción Voluntaria en negocios de comercio, Civitas 1992, pp. 23 ss. Para Tarzia debe considerarse superado el antiguo aforismo *iurisdictio in sola notione contentiosa consistit*, y es necesario reivindicar algunas garantías fundamentales de la jurisdicción contenciosa también para la jurisdicción voluntaria, así por ejemplo las garantías de la independencia y la tercereidad del juez; para Montesano los derechos subjetivos e intereses tutelados por la jurisdicción voluntaria tienen la misma naturaleza que los derechos subjetivos lesionados propios de la jurisdicción contenciosa, y especialmente en los casos de tutela de los derechos de los menores e incapacitados, el procedimiento seguido debe cumplir todas las garantías que informan los procesos contenciosos; Para Denti, no cabe individualizar una jurisdicción voluntaria con características autónomas respecto de la jurisdicción en general, sino que, por el contrario, en cuanto que se atribuye a órganos judiciales, no se sustrae a las garantías, subjetivas y objetivas, que caracterizan la actividad judicial. Las opiniones de estos autores se encuentran reflejadas en las Atti del XVII Convengo Nazionale del Processo civile en Palermo, celebrado en 1989.

consideración de la ausencia de conflicto, como el criterio determinante de la jurisdicción voluntaria en relación con la jurisdicción contenciosa.

Si bien la doctrina que se ha pronunciado de forma específica sobre el aludido criterio determinante no se ha encontrado ningún elemento caracterizador de la actual JV que satisfaga a todos de los estudiosos[4], si ha subrayado, de forma mayoritaria, que en la actual regulación de la JV, la mencionada ausencia de contradicción o de conflicto entre las partes ha dejado de ser el elemento distintivo de ambas esferas de la Jurisdicción, dado que en numerosos procedimientos de JV el conflicto, y la eventual oposición, o bien está latente o encubierto y surge en el curso de la tramitación, o ben existe ab initio y se manifiesta de forma expresa, como sucede en todos los asuntos de tutela sumaria contradictoria que el legislador decide tramitar por el cauce del procedimiento voluntario. Así, en las desavenencias conyugales o discordancias en el ejercicio de la patria potestad, en los que la controversia es previa y manifiesta, al no considerar el legislador necesaria la vía del proceso contencioso, en atención a la atenuada relevancia de la contradicción[5].

---

4 Subraya González Poveda, Relaciones entre ..., cit. pp. 19- 22, que en la doctrina italiana la búsqueda de otro carácter diferenciador entre las dos grandes ramas de la jurisdicción desembocó en la afirmación de la naturaleza constitutiva del acto de jurisdicción voluntaria. Con posterioridad, Carnelutti puso el acento en la finalidad preventiva de la JV. Mientras que la JC existe un conflicto actual de intereses, por lo que tiene una finalidad represiva, en la JV se trata de prevenir un potencial conflicto, de ahí su naturaleza preventiva. Para Satta el acto de JV tutela, en muchos casos, un interés privado insatisfecho por un defecto de voluntad, así en el caso de menores o incapacitados. Para Allorio la diferencia entre JC y JV está en la existencia o inexistencia de cosa juzgada. Para Gimeno Gamarra, el fin inmediato de los actos de JV es la tutela o protección de los derechos de los particulares en ciertos casos en que se considera necesario por no estar los interesados en condiciones de defenderlos por si mismos y existir el peligro de que sus derechos sean lesionados. En la doctrina española reciente se pone de relieve la heterogeneidad de los actos de JV y la existencia o no de cosa juzgada como criterio diferenciador entre JC y JV.

En el Informe del Consejo Fiscal al Anteproyecto de Ley de JV de 31 de octubre de 2013 se afirma en p. 18: <Si la ausencia de controversia entre partes no puede ser el elemento definidor de la JV, como mínimo una definición general más operativa debería consignar los objetivos y fundamentos de este ámbito procesal, y expresar que todo expediente de JV tiende a la satisfacción de intereses jurídicos de particulares con la finalidad de garantizar la certeza de las relaciones jurídicas, verificar las condiciones exigidas legalmente o tutelar las personas>.

5 Así para Almagro Nosete, et alii, en Derecho Procesal, T. I, Vol II, Tirant 1987, pp. 544 ss, por ej. en los desacuerdos conyugales, existen auténticas discrepancias entre los sujetos, a las que la ley no otorga relevancia para erigirlas en causas contenciosas y las conduce a soluciones de JV; Como subraya Gómez Colomer, en Montero Aroca et alii, en Derecho Jurisdiccional. Proceso civil, 22 ed., Tyrant lo Blanc 2014, los procesos de separación y divorcio por mutuo consenso son, a pesar de su ubicación como procesos especiales, supuestos paradigmáticos de Jurisdicción Voluntaria.

En otros muchos procedimientos, la discordancia puede resultar menos explícita, pero se encuentra subyacente y está en la base del recurso a la autoridad judicial, así, para proceder a la consignación de un objeto o de una cantidad de dinero; para fijar el plazo para el cumplimiento de una obligación; para obligar a exhibir la contabilidad de una empresa; para nombrar un tercer perito en un contrato de seguro; para proceder a liquidar una avería gruesa, o para resolver las discrepancias surgidas en el contrato de fletamento, entre fletador, como titular de las mercancías transportadas y fletante, como porteador de éstas.

En determinados supuestos se prevé que la posible oposición se ventile en el curso del procedimiento de JV, así en relación con la adveración y protocolización del testamento ológrafo se establece en el art. 693 CC: <Cualquiera que sea la resolución del Juez, se llevará a efecto, no obstante oposición, quedando a salvo el derecho de los interesados para ejercitarlo en el juicio que corresponda>.

A la existencia previa de la discordancia o la posibilidad de que surja en el curso de la tramitación en el expediente, se refieren numerosas disposiciones legales en las que se prevé que la oposición se resolverá en el propio procedimiento de JV. Así, entre otras muchas leyes civiles específicas:

A) En la Ley 41/ 2003, de 18 de noviembre, de protección patrimonial de las personas con discapacidad y de modificación del Código Civil, de la Ley de Enjuiciamiento Civil y de la normativa Tributaria con esta finalidad, se establece en la Disposición Adicional primera que:

<Las actuaciones judiciales previstas en el capítulo I de esta ley se tramitarán como actos de jurisdicción voluntaria sin que la oposición que pudiera hacerse a la solicitud promovida transforme en contencioso el expediente>.

B) En la Ley Orgánica 1/1996, de 15 enero, de Protección Jurídica del Menor, de modificación parcial del Código Civil y de la Ley de Enjuiciamiento Civil se establece:

— En su Disposición Adicional 1ª que:

<Se aplicarán las normas de la jurisdicción voluntaria a las actuaciones que se sigan:

1.º Para adoptar las medidas previstas en el artículo 158 del Código Civil.

2.º Contra las resoluciones que declaren el desamparo y la asunción de la tutela por ministerio de la Ley y la idoneidad de los solicitantes de adopción.

3.º Para cualesquiera otras reclamaciones frente a resoluciones de las entidades públicas que surjan con motivo del ejercicio de sus funciones en materia de tutela o guarda de menores.

En el indicado procedimiento, los recursos se admitirán, en todo caso en un solo efecto. Quedará siempre a salvo el ejercicio de las acciones en la vía judicial ordinaria>.

— En su Disposición Adicional 3 ª, que:

<Las actuaciones judiciales previstas en los Títulos IX y X del Libro I del Código Civil, referidos a la incapacitación y a la tutela, curatela y guarda de los menores e incapacitados, se ajustarán al procedimiento previsto para la jurisdicción voluntaria, entre otras, con la particularidad de que «la oposición de algún interesado se ventilará en el mismo procedimiento sin convertirlo en contencioso>.

De forma especialmente significativa, por aludir a uno de los últimos pronunciamientos sobre el mencionado elemento caracterizador o definidor de la actual JV, en el Informe preceptivo del Consejo Fiscal, al Anteproyecto de ley de JV de 31 de octubre de 2013, en relación con la definición legal de JV, contenida en el artículo 1. 2 del Anteproyecto, conforme al cual: <Se consideran expedientes de jurisdicción voluntaria a los efectos de esta ley todos aquellos que, estando legalmente previstos, requieran la intervención de un órgano jurisdiccional para la tutela de derechos e intereses en materia de derecho civil y mercantil, sin que exista controversia que deba sustanciarse en proceso contencioso>, se afirma con proverbial claridad, lo que sigue:

<El Anteproyecto utiliza como nota definitoria de los expedientes de JV, la ausencia de contraposición entre partes que deba sustanciarse en proceso contencioso. Mediante esta expresión se da cabida a aquellos casos en los que la contradicción sea muy leve, lo que se produce en muchos actos de JV -fundamentalmente en materia de personas y familia- en los que está latente una controversia, aunque no tenga entidad suficiente para ser dirimida en un proceso contencioso.

Se incluyen, por tanto, dentro de la esfera de la jurisdicción voluntaria los procedimientos dirigidos a la solución de conflictos que el ordenamiento jurídico considera que no tienen entidad suficiente para ser dirimidos en un proceso contencioso[6].

Por otra parte, el artículo 18.2 establece una regla general de continuación del expediente en jurisdicción voluntaria pese a la eventual oposición de los interesados, pero admite implícitamente las excepciones que la ley puede establecer, sea para convertir el expediente en contencioso, esto debería ser facultad de los interesados, o para suspender su tramitación. Ciertamente, si cualquier oposición entre interesados obligase a archivar el expediente y acu-

[6] Allorio, Saggio polemico sulla giurisdizione voluntaria, en Riv. Trim. Dir. Proc. Civ., 1948, pp. 485 y ss, hace referencia a intensidad y grado de la oposición.

dir a la vía contenciosa, resultaría más práctico acudir directamente a ésta o, cuando fuera posible, arbitrar soluciones extrajudiciales alternativas.

Ahora bien, no cabe partir como parece hacer el art. 2 del anteproyecto, de que o no existe controversia o la existente no merece decisión jurisdiccional propiamente dicha, puesto que en algunos casos la controversia existe ab initio, así en la constitución judicial del acogimiento, el presupuesto es precisamente la preexistencia de una oposición de los padres a la decisión administrativa de constitución del acogimiento, o la controversia se plantea con virulencia, así la oposición de los padres biológicos a la adopción de su hijo por terceros y, en todo caso, en la inmensa mayoría de los expedientes de JV el conflicto y la eventual oposición están latentes o encubiertos[7].

Cabe sibrayar, por otra parte, que hay verdaderos procesos sin contradicción de voluntades. Así, hay ausencia de contradicción en los procesos meramente declarativos de derechos, o constitutivos, en los que no se manifiesta oposición, lo que así mismo tiene lugar en procesos en los que se pretende una condena y se produce un allanamiento, desistimiento, renuncia a la acción, falta de contestación expresa, transacción judicial, etc. o en los propios procesos en rebeldía en los que por principio falta la oposición.

En las denominadas sentencias sin oposición, falta auténtico debate judicial, al no formularse por el demandado argumentos contrarios a la petición del actor. Así, no es infrecuente que el juez se encuentre ante un auténtico proceso sin contradicción de voluntades, en aquellos supuestos en que el actor presenta un título ejecutivo, por ej., un documento público notarial, ante el cual no se produce allanamiento, pero tampoco oposición expresa por parte del demandado. Incluso en el propio procedimiento monitorio, falta oposición del deudor [8].

En la práctica, como afirma González Poveda, el principio de que la oposición en los procedimientos de JV hace contencioso el expediente, contenido en el artículo

---

7 Informe del Consejo Fiscal, de 17 de diciembre de 2013, pp. 15-18.

8 Por otra parte, la controversia no sólo tiene lugar en la jurisdicción contenciosa, sino que se produce en situaciones que se resuelven por la vía arbitral, o de conciliación, que es un típico acto de jurisdicción voluntaria, y en determinados procedimientos de jurisdicción voluntaria, en los que, como ya ha sido analizado, a pesar de la dicción literal del artículo 1811 de la LEC, se dirime conflictos de relevancia menor que el legislador no considera necesario que se sustancien en sede contenciosa.

Si bien ha dejado de ser unánime la opinión doctrinal que identifica de forma exclusiva jurisdicción con proceso o con actuaciones contenciosas, y proceso con lesión de derecho subjetivo o interés legítimo, con conflicto de intereses y oposición, es obvio que la lesión, el conflicto o la oposición se produce en la inmensa mayoría de los asuntos que se tramitan por la vía de los procesos civiles. Así, en la STS de 22/05/20OO se afirma que: "cabe también el ejercicio de la tutela jurisdiccional fuera del proceso".

1817 LEC, está sometido a tal número de excepciones, contenidas en los artículos 1825 y ss., que más que de un principio programático cabría hablar de un criterio que suele aplicarse en supuestos de derecho patrimonial, y que encuentra numerosas excepciones en el ámbito del derecho de familia, del derecho hereditario, en el marco de las inscripciones practicadas en el Registro Civil, y en el ámbito de los negocios de comercio, por ejemplo liquidación de averías, o nombramiento de coadministrador en sociedades colectivas o comanditarias. Ello es así hasta el punto de que, como afirma el mencionado estudioso, autor de la obra más relevante sobre procedimientos específicos de JV en la doctrina española, la supuesta regla general del artículo 1817, en la práctica viene a ser un régimen de excepción aplicable a escasísimos supuestos.

Cabe decir, en definitiva, con González Poveda y Ricardo de Juan, que lo excepcional es que planteada la oposición, lo que se prevé en muchos de los preceptos de JV, o surgida en el marco de la tramitación, ésta no se resuelva y tramite en el seno del mismo expediente[9].

La estela de los conceptos e instituciones no es, en definitiva, en el universo jurídico, ni inmutable ni absoluta, y la tramitación parlamentaria del PLJV de 1 de agosto de 2014, constituye en el momento adecuado para proceder a una reforma de la institución que le otorgue desde el artículo primero del texto legal un nuevo perfil que suponga una superación de la tradicional concepción de la jurisdicción voluntaria como incardinada básicamente en el ejercicio pacífico de los derechos y de la anacrónica idea de la ausencia de contradicción o conflictividad como elemento diferenciador con la jurisdicción contenciosa[10].

---

9 González Poveda, Jurisdicción Voluntaria, 4ª ed. 2008, pp. 161 ss. Como afirma De Juan, en Derecho Procesal Civil, de Ortells Ramos et alii, 13 ed., Aranzadi 2014: "La aplicación del art. 1817 LEC 1881 a pesasr de su pretensión de regla general, es realmente excepcional en el conjunto de la normativa reguladora de la jurisdicción voluntaria, de modo que aunque se plantee una oposición en el expediente de jurisdicción voluntaria éste no se hace contencioso, sino que la oposición se tramita y resuelve en el mismo acto de jurisdicción voluntaria".

10 Otras dos ideas básicas son: la configuración de un procedimiento general de JV con todas las garantías de los procedimientos judiciales, que suponga una superación de la tradicional identificación de la JV con supresión o atenuación de plazos, formalidades y garantías, y la desjudicialización de aquellas atribuciones que residenciadas en el órgano judicial, fruto de decisiones de política legislativa, razonables en su momento en atención a consideraciones de coyuntura histórica, mera conveniencia u ordenación del sistema, pero que no tienen un adecuado encaje en el actual marco constitucional, resultan más propias de la competencia funcional de otros operadores jurídicos, Notarios y Registradores.

Con ello se armonizará el nuevo texto legal con la configuración, desde un punto de vista de legalidad formal, de la jurisdicción voluntaria, dentro del marco jurisdiccionalista, establecida la tramitación de su normativa, por imperativo legal, a través de la vía de una ley

Los actos de JV que fueron pacíficos en su origen histórico dejaron, como ya ha sido señalado, han de serlo en una etapa posterior y así sucede en el derecho actual en el que en muchos de los supuestos de JV hay un conflicto entre los intervinientes o un grado mayor o menor de tensión entre las partes, que el legislador no considera de suficiente relevancia como para ser tramitada en un proceso contencioso.

Jurisdicción contenciosa y voluntaria se configuran como esferas diferentes de la jurisdicción, que requieren una actividad de enjuiciamiento del órgano jurisdiccional, si bien en la jurisdicción voluntaria que se enmarca, en parte de su contenido, en el amplio campo del ejercicio pacífico de los derechos, no existen, en general, posiciones contrapuestas, a priori, de personas enfrentadas, si bien en muchos supuestos la contradicción existe ab initio, o se produce en el curso de la tramitación del expediente, y se resuelve en el marco del propio procedimiento voluntario, sin que se produzca el archivo del expediente, ni su derivación en contencioso, en atención a que las distintas causas o finalidades que concurren en el asunto, entre ellas, la ausencia de relevancia suficiente del conflicto, justifican, a juicio del legislador, que el asunto se sustancie en sede de JV.

En la JV no existe un proceso inter partes, por lesión, o no reconocimiento, de derecho subjetivo o interés legítimo o como consecuencia de un conflicto relevante, pero si existe, en numerosos supuestos, controversia, contradicción y oposición y por ello se acude a la autoridad judicial, conforme a lo previsto por la ley: por razones de urgencia, para atender a una necesidad perentoria, ante la existencia de un conflicto de relevancia menor o con la finalidad de evitar la excesiva dilación del proceso contencioso.

Cabe subrayar finalmente, realizadas las anteriores consideraciones, que en ningún caso debería extenderse artificiosamente el campo de la jurisdicción voluntaria fuera de su propio ámbito, por meras razones de economía procesal, lo que se produciría si se tramitasen por la vía del procedimiento voluntario supuestos de tutela de derechos o intereses lesionados o supuestos de conflicto relevante. No se puede establecer una jurisdicción voluntaria contra natura por un simple deseo de celeridad. Una cosa es que se facilite la transacción, y el compromiso, y otra es que se desnaturalice en un procedimiento voluntario, el conocimiento de supuestos en los que lo que subyace es la tradicional lucha por el derecho, que debe sustanciarse en sede contenciosa.

Habría pues que redefinir la JV, en el sentido ya previsto en el Anteproyecto de la Ponencia, dado que el concepto contenido en el art. 1811 de la LEC, no abarca el amplio espectro de la actual JV, que va más allá del ejercicio pacífico de los derechos, para incardinarse en la esfera de la tutela de relaciones jurídico privadas que al propio

---

específica y no de forma reglamentaria, que se enmarca básicamente dentro de la legislación procesal, cuya competencia es exclusiva del Estado, conforme al artículo 146,9 de la CE.

tiempo afecta a intereses generales, públicos y sociales, en la medida en que una parte importante de sus disposiciones afectan a menores, personas incapacitadas, incapaces de hecho, personas con discapacidad, ausentes o desvalidos, es decir, personas que el Ordenamiento jurídico considera especialmente vulnerables y, por tanto, susceptibles de especial protección.

Lógicamente si se acude al órgano judicial, en los supuestos mencionados, así como en otros numerosos supuestos que se tramitan en sede de procedimientos voluntario es, en la mayoría de los casos, porque existe un problema sin resolver, una necesidad que atender del ciudadano que acude en ayuda del órgano judicial, o como consecuencia de la falta de acuerdo entre los interesados.

El PLJV se hace eco de esta realidad que se recoge en el texto normativo, en el inciso final del art.1, como ya se ha subrayado, y con carácter específico, en el art. 18,2 en el que se establece que: <Salvo que la ley expresamente lo prevea, la formulación de oposición por algún interesado en el asunto no hará contencioso el expediente ni impedirá la tramitación del mismo hasta su resolución>.

La coherencia conceptual exige que desde el propio artículo primero, en el que se atisba una especie de definición legal de JV, se prevea que la discordancia, previa entre los intervinientes o suscitada en la tramitación, se ventile en el propio curso del expediente, salvo que la ley disponga lo contrario.

A esta nueva concepción de la JV alude la dicción del apartado 2 del artículo 1 del PLJV de 2014, en el que no se afirma que no exista controversia en la JV, sino que <no existe controversia que deba sustanciarse en un proceso contencioso> [11], en implícita referencia a que el grado o la intensidad de la controversia será la que, en principio, constituya el elemento decisorio para que norma legal incardine el asunto en una u otra esfera de la jurisdicción.

Ahora bien, al efecto de una mayor claridad, a la que debe aspirar todo texto legislativo, convendría completar el mencionado apartado 2 del art. 1:

— O bien mediante el trasvase in fine del régimen de oposición previsto en el mencionado párrafo 2º del apartado 2º del artículo 18 del PLJV, que se residencia en sede de celebración de la comparecencia en el Procedimiento General de JV.

[11] Artículo 1 PLJV de 2014: <Se consideran expedientes de Jurisdicción Voluntaria a los efectos de esta ley todos aquellos que, estando legalmente previstos, requieran la intervención de un órgano jurisdiccional para la tutela de derechos e intereses en materia de Derecho civil y mercantil, sin que exista controversia que deba sustanciarse en un proceso contencioso>.

— O quizás mejor aún, mediante la adición contenida en el artículo primero in fine de la Propuesta de Anteproyecto de Ley de JV de 2005, elaborada por la Ponencia constituida en el seno de la Comisión General de Codificación en 2002: <sin perjuicio de que en ellos - en referencia a los expedientes de JV - pueda suscitarse oposición conforme a lo previsto en esta ley>.

En atención a la reflexión expuesta, que pretende ser un ejercicio de realismo y de coherencia entre lo establecido en el art. 1 y lo previsto en el art. 18.2, a propósito de la oposición, una posible redacción del apartado 2º del art. 1 podría ser la siguiente: <Se considerarán procedimientos de jurisdicción voluntaria, todos aquellos en que sea necesaria o se solicite la intervención de órgano judicial sin que exista controversia que deba sustanciarse en un proceso contencioso, sin perjuicio de que en ellos pueda suscitarse oposición, conforme a lo regulado en esta Ley>.

B) EFECTOS DE LA OPOSICIÓN EN LA REGULACIÓN ACTUAL DE LOS PROCEDIMIENTOS DE JURISDICCIÓN VOLUNTARIA

a) Disposiciones Generales

La oposición se regula en la LEC1881 en dos disposiciones generales contenidas en los arts. 1817 y art. 2111, reglas 4ª y 5ª, y en numerosos preceptos singulares previstos en procedimientos específicos. Son asimismo frecuentes las disposiciones atinentes a la oposición en las leyes civiles y mercantiles en las que se prevén actos y procedimientos de JV y se contemplan los efectos de la controversia.

El art. 1817 se incluye en la Primera Parte del Libro III de la LEC, correspondiente a la Jurisdicción Voluntaria, y en el Título Primero de la misma, bajo la rúbrica de "Disposiciones Generales", y se aplica, al igual que las restantes normas generales comprendidas en los artículos 1811 a 1824, en todos aquellos supuestos en los que no existe procedimiento especifico de JV y, con carácter supletorio, en lo no previsto en los mencionados procedimientos[12].

---

[12] Art. 1817 LEC: "Si a la solicitud promovida se hiciere oposición por alguno que tenga interés en el asunto, se hará contencioso el expediente, sin alterar la situación que tuvieran al tiempo de ser incoado los interesados y lo que fuera objeto de él, y se sujetará a los trámites establecidas para el juicio que corresponda según la cuantía ". Art. 1824 LEC: <Son extensivas a los actos de jurisdicción voluntaria, de que se hace especial mención en los títulos siguientes, las disposiciones contenidas en los artículos que preceden, en cuanto no se opongan a lo que se ordena respecto a cada uno de ellos>.

Las reglas 4ª y 5ª del artículo 2111, incurso en la Segunda Parte del Libro III de la LEC1881, relativo a Los actos de Jurisdicción Voluntaria en Negocios de Comercio, y en su Título Primero, que lleva por rúbrica "Disposiciones Generales" se aplican con carácter supletorio, al igual que los arts. 2109 a 2118 comprendidos en el mencionado Título, en todos los procedimientos específicos de negocios de comercio en los que no existe previsión al respecto.

Las reglas 4ª y 5ª del art. 2111, restringen la oposición de los terceros a las reclamaciones relativas a la identidad de las personas que intervienen en el expediente y a su legitimación. Las mencionadas reglas son respetadas, de forma generalizada, en los diversos procedimientos específicos de derecho mercantil regulados a continuación de las disposiciones generales, lo que no sucede con la presunta regla general contenida en el art. 1817.

Art. 2011 LEC

> Regla **4.ª:** <La intervención de las terceras personas a quienes se cite, la del Ministerio Fiscal y de los Fiscales municipales, en su caso, se limitará a adquirir el conocimiento de quiénes sean las personas que intervienen en las diligencias y a su capacidad legal respecto al carácter con que lo hacen. A este efecto se les entregarán las diligencias ultimadas que sean, antes de que recaiga providencia judicial dándolas por terminadas, para que expongan lo que vieren convenirles. Cualquier otra reclamación que hicieren fuera de los casos relativos a la identidad y a la capacidad legal de las personas concurrentes, sólo dará lugar a que se les reserve su derecho para que puedan ejercitarlo donde y como lo estimen conveniente>
>
> Regla **5.ª:** <Si las reclamaciones que hicieren los terceros, el Ministerio Fiscal o los Fiscales municipales, versaren sobre faltas subsanables, el Juez decretará lo que corresponda para completar en lo posible las diligencias>.

Lo primero que conviene subrayar, en lo que respecta al papel de la oposición y la contradicción en la JV, es que las excepciones al principio de que la oposición convierte en contencioso el expediente, conforme a lo previsto en el art. 1817, son tan numerosas, que cabría reiterar que el principio general es el opuesto, es decir, que la oposición no convierte en contencioso el expediente, y que la excepción sería la actual previsión ex 1817.

Por otra parte, la conversión del expediente en contencioso, en caso de oposición, en la forma prevista en dicho precepto, consistente en que el expediente se sobresee y el interesado debe formular la oportuna demanda en juicio verbal en el cual se continuará la tramitación del expediente como contencioso, no sólo no es la única sino que, como afirma González Poveda, es la menos frecuente de las fórmulas previstas en la LEC, y de hecho se da sólo en muy escasos procedimientos, de las varias posibilidades contempladas en la Ley [13].

Las previsiones legales referidas a los distintos efectos producidos por la oposición del tercero interesado son, por tanto, muy diferentes entre sí, lo que se traduce en una especial complejidad en la materia, que se resolvería, a mi juicio, si se aprueba la regulación prevista en el PLJV que se encuentra en tramitación parlamentaria, conforme a la cual: la oposición de cualquier tercero legitimado, cuyo interés pueda resultar afectado en el procedimiento promovido por el solicitante o incoado de oficio por el órgano judicial, se resuelve en el curso de la tramitación del expediente, salvo que la propia Ley prevea lo contrario [14].

Las distintos efectos, previstos en la regulación vigente, a la oposición manifestada por un tercero interesado en el expediente de JV, pueden clasificarse, de conformidad con la clasificación realizada por González Poveda [15], de la forma que sigue:

b) La oposición convierte el expediente en contencioso

Caben tres posibles variantes:

1ª) Se sobresee el expediente y cualquiera de los interesados, el solicitante o quien acredite un interés legitimo en el expediente, puede formular una demanda de juicio verbal ante el propio Juez que conoció del expediente voluntario, ante el que se continuará tramitando el expediente voluntario ya como contencioso "si alterar la situación que tuvieren, al tiempo de ser incoado, los interesados y lo que fuere objeto de él", es decir, que el proceso incoado es una continuación del expediente voluntario y queda circunscrito a los interesados intervinientes en el expediente voluntario y al objeto manifestado, conforme se establece en el régimen específico previsto en el art. 1817.

En escasísimos supuestos, así en la consignación y en la aceptación de herencia a beneficio de inventario, según reiterada Jurisprudencia, se contempla este régimen, ni en

---

[13] Vid. en este sentido en González Poveda, Relaciones entre …, cit. pp. 31 ss.

[14] Art. 18.2, 2ª PLJV: <Salvo que la ley expresamente lo prevea, la formulación de oposición por alguno de los interesados no hará contencioso el expediente, ni impedirá que continúe su tramitación hasta que sea resuelto>.

[15] González Poveda, Relaciones entre …, cit. pp. 34 ss. Dicha oposición, en los expedientes de jurisdicción voluntaria, puede basarse, en opinión de este A., en criterios procesales o de fondo y será el juez, a la vista de los argumentos aducidos por el oponente o las personas interesadas, el encargado de valorar la suficiencia de la misma para: a) dar paso al proceso verbal, b) decidir que la manifestación expresada en contrario no debe ser atendida o c) proponer su atendibilidad para el final del expediente.

la LEC, ni en los restantes textos legales en los que se prevén procedimientos de JV, por lo que en modo alguno cabe considerarlo como una regla general en materia de oposición.

Por otra parte, conforme al art. 1824 LEC 1881, éste régimen es el supletorio en aquellos casos en los que no haya previsión específica al respecto.

2ª) Se sobresee el expediente y cualquiera de los interesados puede formular una demanda ante un juez competente, que no tendrá que ser necesariamente el que tramitó el expediente voluntario, dado que el nuevo juicio no será una continuación de éste, como sucede en el supuesto anterior, sino un juicio independiente, al que por tanto no le resultan aplicables las restricciones en cuanto a los sujetos y al objeto previstas en el art. 1817, conforme a la Jurisprudencia del TS.

Así, en materia de deslinde, el art. 2070 LEC 1881 establece: <Si antes de principiarse la operación de deslinde, se hiciere oposición por el dueño de algún terreno colindante, se sobreseerá desde luego en cuanto al deslinde de la parte de la finca colindante con la del opositor, reservando a las partes su derecho para que lo ejerciten en el juicio declarativo que corresponda>.

Cabe subrayar, con carácter general, que la remisión a los distintos tipos de juicio contempladas en el Libro III de la LEC 1881, deben entenderse hechas al juicio verbal de la LEC 2000, según se establece en la Disposición Derogatoria única, 1, 1ª, párrafo 4 de la misma.

3ª) El expediente no se sobresee, por lo que no se produce resolución sobre el fondo del asunto, sino que se transforma de forma directa en contencioso ante el mismo juez que tramitaba el expediente voluntario, sin necesidad por tanto de que los interesados presenten demanda que se sustancie por los trámites del juicio verbal, como se requiere en los supuestos analizados en los anteriores epígrafes.

Se trata del régimen más frecuente, dentro de la modalidad analizada de conversión del expediente en contencioso.

Así:

1. En la habilitación judicial, conforme al art. 1999 LEC 1881: <Todas las cuestiones suscitadas por las habilitaciones de menores no emancipados, se sustanciarán por el procedimiento establecido para los incidentes>.

2. En la declaración de ausencia y fallecimiento, en cuestiones incidentales, distintas por tanto a la oposición fundada en la existencia en paradero desconocido del desaparecido o en su fallecimiento que se sustancia en el curso de la propia tramitación del expediente voluntario conforme a lo previsto en los arts. 2043 y 2044 LEC 1881, se establece en el art. 2032 LEC que: <Tanto las solicitudes como las oposiciones que se deduzcan se resolverán siguien-

do los trámites del juicio verbal, por auto contra el que se dará recurso de apelación, que se sustanciará ante la Audiencia respectiva ...>.

3. En la adopción.

   Conforme al art. Artículo 781.1 LEC 2000. Procedimiento para determinar la necesidad de asentimiento en la adopción: <Los padres que pretendan que se reconozca la necesidad de su asentimiento para la adopción podrán comparecer ante el Tribunal que esté conociendo del correspondiente expediente y manifestarlo así. El Secretario judicial, con suspensión del expediente, señalará el plazo que estime necesario para la presentación de la demanda, que no podrá ser superior a veinte días. Presentada la demanda, se tramitará con arreglo a lo previsto en el artículo 753>.

4. En el retorno de menores en los supuestos de sustracción internacional, conforme al art. 1907 LEC 1881: <Si en la primera comparecencia el requerido formulase oposición a la restitución del menor, al amparo de las causas establecidas en el correspondiente convenio, no será de aplicación lo dispuesto en el artículo 1817 de esta Ley, ventilándose la oposición ante el mismo Juez por los trámites del juicio verbal>.

5. En las subastas voluntarias judiciales, conforme a lo establecido en el art. 2055 LEC 1881: <Las cuestiones que se suscitaren con ocasión de la subasta, se sustanciarán por los trámites establecidos para los incidentes>.

   La remisión, como en los restantes casos en los que se prevea en la LEC, y parece razonable pensar, por analogía, en cualesquiera otras disposiciones legales, a la tramitación incidental en relación con procedimientos de JV, debe entenderse hecha al juicio verbal de la LEC 2000, según se establece en su Disposición Derogatoria única.

6. En la venta para el cargamento para el pago de fletes, conforme a lo previsto en el art. 2161, regla 11, LEC 1881: <En el caso de que el consignatario se opusiere, se depositará el precio de la venta en el establecimiento destinado al efecto, hasta que en el juicio correspondiente se decida si procede o no el pago>.

7. Art. 203 LH, relativo a las actas notariales de notoriedad de reanudación del tracto sucesivo, en su regla novena, establece que: <Si se formulare oposición a la tramitación del acta en la forma y plazos que determinan los Reglamentos hipotecario y notarial, el Notario, sin incorporar el expediente al protocolo, lo remitirá al Juzgado competente, el cual, por los trámites establecidos para los incidentes, resolverá, a instancia de parte, lo que proceda>.

8. En el expediente de liberación de gravámenes, de competencia judicial, conforme a lo previsto en las Reglas 4ª y 6ª del art. 210 LH. 4ª: <Los citados en cualquiera de estas formas podrán comparecer ante el Juzgado para alegar lo que a su derecho convenga en un plazo de diez días, a contar desde el de la citación personal o por cédula, o, en su caso, desde el de la publicación de los edictos>. 6ª: <Si se opusieren, se seguirá el juicio por los trámites marcados para los incidentes en la Ley de Enjuiciamiento Civil>. Las alegaciones y la oposición a las que se alude, se refieren al titular o titulares de los asientos registrales o a sus causahabientes.

9. En el robo, hurto o extravío de documentos al portador, conforme a lo establecido en el art. 551 del CCo: <La solicitud del robo, hurto o extravío de documentos de crédito y efectos al portador, se sustanciará con audiencia del Ministerio Fiscal y en la forma que para los incidentes prescribe la Ley de Enjuiciamiento Civil>.

10. En el extravío, sustracción o destrucción de la letra de cambio, pagaré o cheque, conforme a lo previsto en el art. 86 de la Ley Cambiaria y del Cheque: <Si dentro del plazo de un mes se presentare un tercero, aportando la letra y oponiéndose a la denuncia, se dará traslado de la oposición al denunciante y al librado o aceptante y, previa audiencia del Ministerio Fiscal, el Juez resolverá, mediante el procedimiento previsto para los incidentes en la Ley de Enjuiciamiento Civil>.

c) La oposición se tramita, y resuelve, en el curso del expediente

En numerosos procedimientos de JV la oposición a la petición del solicitante no afecta a la tramitación del expediente, que se sustancia con independencia de que aquella se produzca. Así sucede, conforme a la doctrina del T.S., en aquellos actos que tienen carácter coercitivo y aquellos en que los la oposición contradice la naturaleza o finalidad del acto. En el sentido expresado:

— En la STS 3 de junio de 1950 se afirma: <A pesar de los términos de generalidad en que está redactado el art. 1817 LEC, su precepto no es de aplicación absoluta a todos los actos de jurisdicción voluntaria comprendidos en el Libro III de dicha Ley, no sólo por lo prevenido en el art. 1824, en el que se declara no son extensivas las disposiciones de los artículos que le preceden a los actos regulados expresamente si se oponen a lo que se ordena respecto a ellos, sino también por haber establecido la jurisprudencia de esta sala otros casos de excepción, habida consideración a la naturaleza del acto y fin que en el mismo se persigue …, es decir, cuando el acto de jurisdicción voluntaria tiene un

carácter coercitivo sobre la voluntad del opositor, no procede la aplicación del repetido art. 1817 ...>.

— En el auto núm. 109/1996 de 28 septiembre de la Audiencia Provincial de Álava, relativo a Enajenación de bienes de menores e incapacitados y transacción sobre sus derechos, se declara: la inaplicación del art. 1817 LEC y, por ende, que la oposición de algún interesado no convierte en contencioso el expediente.

En su Fundamento Primero se afirma al respecto: <El recurso del Ministerio Fiscal debe ser estimado:

a) el art. 1817 está contenido en el Título I referente a las Disposiciones Generales sobre los Actos de Jurisdicción Voluntaria y por ello debe ser aplicable sólo en aquellos supuestos en los que específicamente no se haya previsto otra cosa por el legislador;

b) el art. 2014, atinente concretamente a la enajenación de bienes de menores e incapacitados y transacción acerca de sus derechos, establece que el Juez «sin más trámites dictará auto concediendo o denegando la autorización solicitada», después de «hecha la justificación y evacuadas las audiencias preceptivas». Ello quiere decir que con independencia de las alegaciones formuladas por las partes interesadas el auto debe dictarse en sentido positivo o negativo;

c) En este sentido la Jurisprudencia del Tribunal Supremo ha entendido que en relación con los actos coercitivos, como puede ser el caso de la autorización que se pretende, siendo obligada la intervención judicial, no es aplicable el art. 1817 LEC, que sólo entrará en juego cuando el contenido del procedimiento de jurisdicción voluntaria esté integrado por actos dispositivos de las partes;

d) la Ley Orgánica 1/1996, de 15 enero, de Protección Jurídica del Menor, de modificación parcial del Código Civil y de la Ley de Enjuiciamiento Civil, en su Disp. Adic. 3.ª, establece que las actuaciones judiciales previstas en los Títulos IX y X del Libro I del Código Civil, referidos a la incapacitación y a la tutela, curatela y guarda de los menores e incapacitados, se ajustarán al procedimiento previsto para la jurisdicción voluntaria, entre otras, con la particularidad de que «la oposición de algún interesado se ventilará en el mismo procedimiento sin convertirlo en contencioso>.

La jurisprudencia del Tribunal Supremo entiende, por tanto, que en los supuestos en los que se frustra la finalidad del acto o contradice su naturaleza, ni en relación con los actos que tienen un carácter coercitivo sobre la voluntad del opositor, como puede ser el caso de la autorización que se pretende, siendo obligada la intervención judicial, no es aplicable el art. 1817 LEC, que sólo entrará en juego cuando el contenido del procedimiento de jurisdicción voluntaria esté integrado por actos dispositivos de las partes.

Lo usual es, por tanto, que la oposición suscitada en los procedimientos de JV se tramite, y resuelva, en el curso del propio expediente[16], en contraposición a la regla prevista en el art. 1817 LEC, conforme a la cual la oposición produce la conversión del expediente en contencioso en las distintas formas analizadas. La presunta regla general que, por otra parte, tiene carácter supletorio respecto a lo establecido en los procedimientos específicos, en la práctica, es una excepción, dado que se aplica en escasos procedimientos.

Como señala al respecto González Poveda, como ya ha sido subrayado, con su reconocida autoridad en JV: "… la supuesta regla general prevista en el art. 1817, en la práctica viene a ser un régimen de excepción aplicable a escasísimos supuestos".

Quizás, de lege ferenda, el criterio general preferible sería, como afirma González Poveda:

— La admisión de la oposición y su tramitación y resolución en el mismo expediente en todos actos de JV que tienen por objeto derechos indisponibles o que afectan a intereses generales o a un número indeterminado de personas.

— Negar o prácticamente excluir la oposición en todos aquellos actos cuya finalidad concreta quedaría o podría quedar frustrada de admitirse la oposición: actos en negocios de comercio, cautelas o aseguramientos, medidas ejecutivas, adveración de testamentos.

— Únicamente admitir la oposición con el efecto de sobreseer el procedimiento, declarando contencioso el expediente, en los actos que versen sobre derechos disponibles, patrimoniales, y que únicamente afecten a dos partes o a personas determinadas: consignación judicial, posesión judicial, deslinde.

La oposición alegada deberá ser motivada, justificada y versar sobre el objeto del procedimiento, es decir, no podrá consistir en una mera manifestación del interesado contraria al fondo del asunto o a alguno de los presupuestos procesales.

---

[16] Afirma, al respecto, González Poveda, La Jurisdicción Voluntaria, 4ª ed., Aranzadi 2008, p. 156, que razones prácticas y de justicia parecerían justificar la admisión general de la oposición en la JV si el interés de un tercero pudiera resultar afectado por el acto promovido. La intervención del tercero interesado, por su parte, conforme a la opinión de Gimeno Gamarra, puede consistir en: a) coadyuvar; b) formular petición o, c) oponerse a lo solicitado.

El interesado deberá, por tanto, acreditar un interés legítimo, justificarlo mediante un principio de prueba, y concretar la petición que formule, o bien cabría que el Tribunal apreciase, sin necesidad de la justificación mediante un principio de prueba, la razonabilidad del interés del opositor, en atención a la naturaleza de la JV. Admitida la oposición, el opositor intervendrá en el expediente en una posición análoga al solicitante, en materia de alegaciones, pruebas y conclusiones. En el auto definitivo con el que se concluye el expediente el titular de la competencia decidirá lo que proceda acerca del contenido de la solicitud y del interés manifestado por el opositor.

Entre los numerosas disposiciones legales en las que se prevé la oposición, cabe señalar, además de las ya mencionadas, las que siguen:

— En el acogimiento y la adopción, la controversia y, por tanto, la oposición, existe ab initio y se plantea de forma explícita. Así, en la constitución judicial del acogimiento, el presupuesto es precisamente la preexistencia de una oposición de los padres a la decisión administrativa de constitución del acogimiento, y en los supuestos de oposición de los padres biológicos a la adopción de su hijo por terceros, el conflicto se plantea con especial virulencia.

  En el procedimiento de adopción se establece, de forma singular, que si los padres pretenden que se les reconozca la necesidad de su asentimiento, conforme al procedimiento regulado en el art. 781 de la Ley de Enjuiciamiento Civil, se procederá a la suspensión del expediente hasta que recaiga resolución en dicho procedimiento.

— En la remoción del tutor, que normalmente resultará contradictoria, se prevé la audiencia y, en su caso, la oposición de éste, conforme al 248 CC: <El Juez, de oficio o a solicitud del Ministerio Fiscal, del tutelado o de otra persona interesada, decretará la remoción del tutor, previa audiencia de éste sí, citado, compareciere. Asimismo, se dará audiencia al tutelado si tuviere suficiente juicio>.

— En la autorización para disponer de los bienes gananciales a uno de los cónyuges, que se producirá normalmente ante el desacuerdo de éstos, conforme al 1377 CC: <Para realizar actos de disposición a título oneroso sobre bienes gananciales se requerirá el consentimiento de ambos cónyuges.

  Si uno lo negare o estuviere impedido para prestarlo, podrá el Juez, previa información sumaria, autorizar uno o varios actos dispositivos cuando lo considere de interés para la familia. Excepcionalmente acordará las limitaciones o cautelas que estime convenientes>.

— En los casos de oposición por parte de los representantes legales de la persona con discapacidad, a la aceptación de las aportaciones al patrimonio de ésta, discordancia que resolverá el juez, en interés de la persona discapacitada, mediante auto que podrá ser apelado ante la Audiencia, conforme a lo previsto en el art. 4 de la Ley 41/ 2003, de 18 de noviembre, de protección patrimonial de las personas con discapacidad. Con carácter general, se establece en la Disposición Adicional primera que: <Las actuaciones judiciales previstas en el capítulo I de esta ley se tramitarán como actos de jurisdicción voluntaria sin que la oposición que pudiera hacerse a la solicitud promovida transforme en contencioso el expediente>.

— En los procedimientos en que se sustancien expedientes de dominio, conforme a las reglas 4ª y 5ª del art. 201 de la LH.

Regla 4.ª: <Transcurrido el plazo fijado, podrá el actor y todos los interesados que hayan comparecido proponer, en un plazo de seis días, las pruebas que estimen pertinentes para justificar sus derechos>.

Regla 5.ª: <Practicadas las pruebas en el plazo de diez días, a contar de la fecha de su admisión, oirá el Juzgado, durante otro plazo igual, por escrito, sobre las reclamaciones y pruebas que se hayan presentado, al Ministerio Fiscal y a cuantos hubieren concurrido al expediente, y en vista de lo que alegaren y calificando dichas pruebas por la crítica racional, dictará auto, dentro del quinto día, declarando justificados o no los extremos solicitados en el escrito inicial. Este auto será apelable en ambos efectos por el Ministerio Fiscal o por cualquiera de los interesados, sustanciándose la apelación por los trámites establecidos en la Ley de Enjuiciamiento Civil para los incidentes>.

— En el nombramiento de coadministrador a propuesta de los socios de una sociedad mercantil, incurso en el Título de la LEC 1881 que lleva por rubrica, De otros actos de comercio que requieren una intervención judicial perentoria, se prevé la oposición del administrador, en el art. *2165.* 2 LEC: <Si se acordare haber lugar a dicho nombramiento, lo hará el Juez a favor de la persona designada por los socios que lo hubieren solicitado. Si el socio administrador alegare fundados motivos de oposición a la persona propuesta, se citará a los interesados a nueva comparecencia; y no poniéndose en ella de acuerdo, recaerá el nombramiento en otra persona nuevamente designada por los mismos socios>.

— En los expedientes que se tramitan en el Registro Civil, los constituidos en parte o notificados en la tramitación podrán realizar las alegaciones que consideren, así como, en el caso de las partes, proponer las pruebas que a su derecho convenga, conforme a los arts. 351 y 352 del Reglamento del Registro Civil.

— En el marco de las autorizaciones judiciales, que se configuran como un presupuesto necesario para la validez de determinadas actuaciones y constituyen el más amplio campo de desarrollo de las distintas manifestaciones de JV, la oposición suscitada por un interesado en el curso de la tramitación del expediente, salvo declaración expresa de la ley en sentido contrario, no convierte el expediente en contencioso, por contradecir la naturaleza y la finalidad que con el acto se persigue.

Cabe subrayar, en definitiva, que en la regulación actual, la oposición no hace contencioso el expediente de JV en la mayoría de los procedimientos de JV, sino que se conoce y resuelve en el curso de su tramitación, con mínimas excepciones, en los supuestos: de carácter necesario o preceptivo, autorizaciones y en los procedimientos de derecho mercantil [17].

d) La oposición se inadmite

La inadmisión o práctica exclusión de la oposición, se tendrá por no realizada, con la consecuencia de que no se entrará a conocer en el fondo de la misma, en los supuestos en los que la finalidad del acto quedaría frustrada de admitirse la oposición, como sucede en los actos de naturaleza cautelar o ejecutiva, adveración de testamentos y, con carácter general, en los actos de JV de derecho mercantil, respecto de los cuales sólo se acepta en relación con la identidad de las personas o su capacidad legal, es decir, su la legitimación. Así mismo, se excluye la oposición, en general, en los actos de carácter urgente, cuando el acto de JV tiene un carácter coercitivo sobre la voluntad del opositor, y en aquellos supuestos en los que se establece de manera específica en el procedimiento singular.

Como señala Fairén Guillén, queda excluida la oposición y, por tanto, la aplicación del régimen previsto en el art. 1817, en aquéllas cuestiones o asuntos de JV en los que el carácter de ius cogens, de carácter coercitivo sobre la voluntad del opositor, imponen ope legis su indisponibilidad procedimental, en cuanto a su finalización, sin perjuicio de que los interesados puedan acudir al juicio correspondiente[18].

Se trata de procedimientos en los que, si bien se prevé que los interesados puedan realizar alegaciones, se establece que el operador jurídico competente deberá resolver el expediente. Así por ej.:

---

[17] Son actos de JV de carácter necesario aquellos en los que se requiere con carácter preceptivo la intervención de la autoridad judicial. Se trata de supuestos en los que el legislador establece que la producción de determinados efectos requiere la intervención del juez, sin cuya cooperación no se pueden lograr. Así, en el art. 1811 LEC: <Se considerarán actos de JV todos aquellos en que sea necesaria ... la intervención del Juez ...>.

[18] Fairén Guillén, Sobre el paso de la Jurisdicción Voluntaria a la Contenciosa, ADC, 1991, T. XILV, F. III, pp. 941 ss.

- En la adveración y protocolización del testamento ológrafo, se establece en el art. 693 CC: <Cualquiera que sea la resolución del Juez, se llevará a efecto, no obstante oposición, quedando a salvo el derecho de los interesados para ejercitarlo en el juicio que corresponda>.

- En la presentación y adveración de testamento cerrado, conforme al art. 714 CC y a los arts. 1965 a 1968 LEC 1881, en los que no se prevé la posibilidad de oposición. Art. 1965: <Podrán presenciar la apertura del pliego y lectura del testamento, si lo tienen por conveniente, los parientes del testador en quienes pueda presumirse algún interés, sin permitirles que se opongan a la práctica de la diligencia por ningún motivo, aunque presenten otro testamento posterior>.

- En relación con los procedimientos de JV de derecho mercantil, conforme al art. 2011 LEC 1881. Regla **4.ª**: <La intervención de las terceras personas a quienes se cite, la del Ministerio Fiscal y de los Fiscales municipales, en su caso, se limitará a adquirir el conocimiento de quiénes sean las personas que intervienen en las diligencias y a su capacidad legal respecto al carácter con que lo hacen. A este efecto se les entregarán las diligencias ultimadas que sean, antes de que recaiga providencia judicial dándolas por terminadas, para que expongan lo que vieren convenirles. Cualquier otra reclamación que hicieren fuera de los casos relativos a la identidad y a la capacidad legal de las personas concurrentes, sólo dará lugar a que se les reserve su derecho para que puedan ejercitarlo donde y como lo estimen conveniente>.

e) La oposición en los expedientes notariales y registrales

Respecto a la oposición en los expedientes notariales y registrales, y en relación de forma específica con el expediente de reanudación del tracto sucesivo, afirma J.M De Prada, que presidió la Ponencia 2002-2005, que constituida en la CGDC, elaboró una Propuesta de ALJV, lo que sigue: <Esta fue una cuestión sobre la que la ponencia realizó una profunda reflexión. Es cierto que la Ley de Enjuiciamiento Civil de 1881 establecía que en caso de oposición por alguno con interés en el asunto éste devendría en contencioso. Pero también lo es que en numerosos expedientes de jurisdicción voluntaria la contradicción está en la base misma del procedimiento y la razón por la que se acude a la tutela judicial y que la experiencia revela que cuando la oposición no era relevante no se suele interrumpir en la práctica el proceso en la práctica.

Además el establecimiento de unas garantías en el procedimiento muy superiores a las existentes en la ley anterior y la introducción de un sistema de recursos llevó a la ponencia a establecer en el párrafo 2º, del artículo 18 que: <Salvo que la ley lo pre-

vea expresamente la formulación de oposición por algún interesado en el asunto no hará contencioso el expediente ni impedirá la tramitación del mismo hasta su resolución, que surtirá los efectos que correspondan a tenor de su contenido en tanto no sea revocada o modificada en proceso declarativo promovido por persona legitimada>. Esta norma estaba incluida dentro del procedimiento de los asuntos llevados por jueces o secretarios luego no alcanzaba a los notarios a los que entiendo se aplicaría lo dispuesto en la legislación notarial.

La verdad es que aceptada la posibilidad de continuar el procedimiento pese a la existencia de contradicción, sobre lo que parece era posible llegar a un acuerdo, quedaba únicamente por resolver el sistema de recursos en los expedientes tramitados por notario.

Mantener en estos expedientes la paralización en supuesto de contradicción implicaría hacer estéril la atribución a los notarios y registradores de una larga serie de los expedientes que se les atribuía haciendo inútil el propósito del Gobierno de aligerar a los juzgados de estas materias. Introducir, como en los judiciales un sistema de recursos no parecía tener encaje en la actuación notarial, desde luego no creo que cupiera un recurso ante los secretarios judiciales que son fedatarios en igualdad de condiciones con los notarios, ni tampoco parece encajar en la función notarial el recurso ante el juez, y desde luego, menos aún ante la Dirección General de los Registros o ante los Colegios Notariales respecto de los cuales el notario es independiente en el ejercicio de su función. No obstante, en mi opinión si hubiera habido solución al problema.

Existe, en efecto, ya en la legislación hipotecaria un expediente de jurisdicción voluntaria atribuido a los notarios que es el de reanudación de tracto sucesivo del artículo 203 LH en el que una vez terminada la actuación notarial esta se somete a homologación judicial [19].

---

[19] Se refiriere J.M. De Prada a las reglas 7ª y 8ª del art. 203 de la LH.

Séptima: <Practicadas estas diligencias y las pruebas que el Notario considere convenientes para comprobación de la notoriedad pretendida, hayan sido o no propuestas por el requirente, dará por terminada el acta, haciendo constar si, a su juicio, está suficientemente acreditado el hecho>

Octava: <En caso afirmativo, el Notario remitirá copia literal y total de dicha acta al Juzgado de Primera Instancia del partido donde radique la finca. El Juez, oyendo al Ministerio Fiscal, apreciará la prueba y las diligencias practicadas, que, en caso necesario, podrá ampliar para mejor proveer, y si estuviere conforme con lo actuado, lo notificará así al Notario, al cual remitirá testimonio de su resolución para que se protocolice. Si el Juez no estuviere conforme, su resolución será apelable en ambos efectos por el requirente, sustanciándose la apelación por los trámites que para los incidentes previene la Ley de Enjuiciamiento Civil>.

Esto creo hubiera podido trasladarse a los restantes expedientes de jurisdicción voluntaria estableciendo que en el supuesto de presentarse oposición motivada al notario, este la ponderará y si a pesar de lo alegado termina afirmativamente el expediente, lo enviará al juzgado competente para la homologación judicial. Hubiera sido una forma indirecta de introducir el sistema de recursos en los expedientes notariales> [20].

A mi juicio, con carácter general, en los expedientes atribuidos a Notarios y Registradores, sólo la oposición fundada, motivada y justificada mediante un principio de prueba, que se manifieste por persona con interés legítimo que resulte afectado en el expediente, debería obligar al operador jurídico titular de la competencia, Notario o Registrador, al archivo del asunto [21]. En todo caso, frente a la actuación y resolución del Notario o del Registrador, cabría un recurso que se tramitará mediante demanda en juicio verbal[22].

---

[20] De Prada, Por qué fracasó el Proyecto de Ley de Jurisdicción Voluntaria, El Notario del siglo XXI, n. 16, noviembre-diciembre 2007.

[21] A la mencionada regla general, habría que realizar determinadas excepciones, así en el procedimiento de constatación de la doble inmatriculación, en el cual la falta de acuerdo de todos los interesados impide la adopción de la decisión por parte del titular de la competencia, previsiblemente el Registrador, cuando dicha resolución pueda provocar la definitiva constatación registral de la extinción de algún derecho previamente inscrito en cualquiera de los historiales registrales duplicados.

[22] Acerca de la actuación del Notario en los supuestos de oposición en los expedientes no contenciosos en los que se le podría atribuir competencia, se pronuncia asimismo Campo Guerri, La competencia notarial en asuntos no contenciosos, Revista Jurídica del Notariado, Extraordinario 2010, pp. 599-607. En opinión de este A., el notario puede acudir al art 209 del RN que regula como norma general las actas de notoriedad y ofrece criterios a seguir en las principales cuestiones que se pueden suscitar en estas actuaciones: rogación, actividad probatoria, interrupción y oposición. Así, prevé que el notario practique cuantas pruebas estime necesarias, sean o no propuestas por el requirente, pudiendo asimismo aceptar en prueba pericial el perito propuesto por el requirente o nombrar el mismo uno independiente.

Si la oposición se plantea en el expediente tramitado por el notario, distingue Campo Güerri, de acuerdo con lo previsto en el artículo 209 RH, entre aquellos supuestos en que la contienda tiene carácter jurídico de aquellos otros en que tiene carácter meramente económico y opina que en estos segundos, en la medida que la cuestión pueda resolverse de acuerdo con criterios de equidad, el notario no ha de suspender su actuación, sin perjuicio de que deba fundamentar su decisión. Si se trata de oposición con entidad jurídica distingue este autor entre que aquella tenga una naturaleza procedimental o sustantiva, en ambos casos el notario habrá de valorar las alegaciones y pruebas solicitadas por las partes o practicadas de oficio, al efecto de decidir si la oposición tiene o no la relevancia suficiente para poner fin a su actuación o continuar con ella, conforme a lo previsto en el art 209 RH.

C) EFECTOS DE LA CONTROVERSIA EN LOS TEXTOS PRE-LEGISLATIVOS Y LEGISLATIVOS DE JURISDICCIÓN VOLUNTARIA DE LOS AÑOS 2005, 2006, 2012, 2013 Y 2014

a) La oposición en la Propuesta de Anteproyecto de Ley de Jurisdicción Voluntaria, elaborada por una Ponencia constituida en el seno de la Sección 2ª de la CGDC, de octubre de 2005

En el art. 1 del ALJV se contiene la definición de JV y se determinan sus límites[23]: <Se considerarán expedientes de jurisdicción voluntaria todos aquellos en que sea necesaria o se solicite la intervención de un tribunal sin estar empeñada ni promoverse contienda alguna entre partes conocidas y determinadas, sin perjuicio de que en ellos pueda suscitarse oposición, conforme a lo regulado en esta ley>[24].

La referencia al Juez contenida en el art.1811 LEC 1881, se sustituye por Tribunal, al efecto de incluir el reconocimiento de la competencia en esta materia a los Secretarios Judiciales, lo que constituye una de las más relevantes novedades del ALJV.

Otra novedad significativa viene constituida por el inciso final en el que se dispone que la oposición formulada por un interesado no hará necesariamente contencioso el expediente. Si bien el actual art. 1817 de la Ley de 1881 consagra el principio contrario <Si a la solicitud promovida se hiciere oposición por alguno que tenga interés en el asunto, se hará contencioso el expediente ...>, se trata de una presunta disposición general, como ya ha sido analizado, que encuentra numerosas excepciones en la regulación contenida en los procedimientos específicos, especialmente en materia de derecho mercantil.

El ALJV se hace eco de la realidad mencionada, que se recoge en el texto normativo, en el mencionado inciso final del art. 1 [25], y, con carácter específico en el art. 18,2, en el que se establece que: <Salvo que la ley expresamente lo prevea, la formulación

[23] Definir, definitio, un concepto significa delimitarlo, es decir, señalar sus límites, su ámbito de referencia. No abundan, en la legislación española, las definiciones de instituciones contenidas en textos legales. Ya el jurista clásico romano Javoleno, advertía de sus riesgos al afirmar en un fragmento recogido en Digesto,50.17.202 que <Toda definición en Derecho Civil es peligrosa, pues es difícil que no pueda ser alterada>.

[24] Vid. en Fernández de Buján, «El nuevo perfil de la Jurisdicción Voluntaria en el Anteproyecto de Ley deoctubre de 2005. De la tutela de relaciones jurídico privadas a la protección de intereses generales, públicos o sociales». *La Ley*, 8-6-2006; De Prada González, «En torno a la futura ley de jurisdicción voluntaria», en *El Notario del siglo XXI*, diciembre 2005.

[25] Art. 1,1 in fine: <... en los expedientes de jurisdicción voluntaria puede suscitarse oposición conforme a lo regulado en esta Ley>.

de oposición por algún interesado en el asunto no hará contencioso el expediente ni impedirá la tramitación del mismo hasta su resolución ...>.

Se prevé en el Anteproyecto que la oposición acarreará el sobreseimiento del expediente o su conversión en contencioso, sólo en algunos procedimientos específicos, así en:

— Deslinde y amojonamiento (art.147)

— Robo, hurto, extravío o destrucción del título al portador y de la letra, cheque o pagaré (art.252)

— Depósito y venta de mercancías y equipajes en el transporte marítimo (art.289,5)

— Extravío, sustracción o destrucción del conocimiento de embarque (art.301)

— Conciliación (art.30): <... si no hubiere acuerdo alguno, se hará constar que el acto terminó sin avenencia>

— Mediación (art. 40): <Cuando el acuerdo no se lograre ..., el mediador lo comunicará inmediatamente al tribunal, que procederá a alzar la suspensión acordada, dando al proceso el curso que legalmente corresponda>.

Cabe señalar que, en todo caso, en estos dos últimos supuestos no cabría, en puridad, la utilización del término oposición, en sentido técnico.

En el procedimiento de adopción se establece que si los padres pretenden que se les reconozca la necesidad de su asentimiento, conforme al procedimiento regulado en el art. 781 de la Ley de Enjuiciamiento Civil, se procederá a la suspensión del expediente hasta que recaiga resolución en dicho procedimiento (art.63).

b) La oposición en el Anteproyecto de Ley de Jurisdicción Voluntaria, de 2 de junio de 2006, y Proyecto de Ley de Jurisdicción Voluntaria, de 20 de octubre de 2006

El art. 7 ALJV 2006, del Título I, Capítulo II, relativo a las Disposiciones Comunes a todos los administradores de expedientes, supone un cambio sustancial respecto a lo previsto en el Anteproyecto de 2005, al establecer que: <Cuando durante la tramitación del expediente surja una controversia entre los interesados que impida su continuación se procederá a su archivo, excepto los expedientes en que esté comprometido el interés de un menor o incapaz>[26].

---

[26] Vid. en Seoane Cacharrón, «Breve examen crítico del Anteproyecto de Ley de Jurisdicción Voluntaria del Ministerio de Justicia de 1 de junio de 2006», La Ley, 28-9-2006;

La previsión del art. 7 fue objeto de crítica desde diversas sectores y operadores jurídicos, en atención a que la contradicción previa, explícita y manifiesta o implícita, subyacente o sobrevenida, tiene, o puede tener, lugar en otros procedimientos distintos de los que afectan a menores o incapacitados, en especial en supuestos de derecho de familia, en los que el propio rótulo del Capítulo segundo, del Titulo dedicado a la JV en Derecho de Familia, pone de relieve la existencia de la discrepancia: <De la intervención judicial en los casos de desacuerdo conyugal y en la administración de bienes gananciales>.

Parece pues que, al menos en estos casos, debería haberse valorado la conveniencia de su inclusión en el régimen especial previsto en los supuestos de menores e incapaces, si no se quiere incurrir en una contradicción con la propia realidad social y legal. Se trata, en definitiva de supuestos en los que por existir un grado de contradicción atenuada y en atención a su urgencia o a la necesidad de atender a una necesidad imperiosa, el Ordenamiento considera que no resulta ineludible que sean dirimidos por la vía del proceso contencioso. Así, en las discordancias sobre la fijación del domicilio conyugal, la contribución de un cónyuge a las cargas del matrimonio, el consentimiento para la realización de actos de administración y disposición de bienes comunes o su atribución a uno de los cónyuges en los casos previstos en la legislación sustantiva.

Es frecuente, sin embargo, que la contradicción expresa, latente o sobrevenida, se manifieste asimismo en otros muchos supuestos, a los que se ha hecho ya referencia en epígrafes anteriores, y ello no debería sin embargo, en buena lógica, producir el archivo del expediente, cuando esta solución contradiga la naturaleza del acto y el fin que en el mismo se persiga o el acto tenga carácter coercitivo, conforme a la jurisprudencia del TS. En caso contrario, podría producirse un menoscabo del principio contradictorio y una reducción drástica en la eficacia de la Jurisdicción Voluntaria y de la tutela judicial efectiva.

En todo caso, la supresión de la contradicción, cuya oportunidad habría que valorar en los expedientes administrativos notariales o registrales, no debería contemplarse en el procedimiento judicial, en el que audiencia y contradicción son principios que se complementan, que difícilmente se entienden el uno sin el otro, al propio tiempo que se configuran como básicos e inherentes a la naturaleza jurídica del propio procedimiento.

Ramos Méndez, «Cuánta dosis de Jurisdicción Voluntaria Necesitamos», Justicia 2006, pp. 7-25, Rodriguez, Adrados., «El Anteproyecto de Ley de Jurisdicción Voluntaria», Anales de la Real Academia de Jurisprudencia y Legislación, n. 36, Madrid 2006, pp.93-123.

Vid. con carácter general en Fernández de Buján, Hacia una Teoría General de la Jurisdicción Voluntaria T. 1. Iustel 2007. T. II. Iustel 2008.

Por otra parte, cabe señalar que no hay solo meros interesados en los procedimientos de jurisdicción voluntaria, conforme se afirma en la E.de M III del Anteproyecto: <Tampoco tiene lugar(en la jurisdicción voluntaria) el principio contradictorio, toda vez que la existencia de meros interesados en el procedimiento elude de antemano la presencia de partes …>, sino que, por el contrario, pueden existir también afectados, en expresión del T.C.,STC 124/2002,de 20 de mayo, o una pluralidad de interesados, con intereses diferentes, convergentes, divergentes o contrapuestos, contrainteresados, conforme a la terminología utilizada por la doctrina italiana. Así en la STS de 22 de mayo del 2000, se afirma <Si analizamos la actuación del presidente del TSJ en la tramitación y resolución de dicho recurso, se constata la existencia de los requisitos o notas propias del ejercicio jurisdiccional, apareciendo incluso una que, de ordinario, no concurre en otras actuaciones de jurisdicción voluntaria, cual es la contradicción>.

El ALJV de octubre de 2005 tenía en cuenta el nuevo perfil de la institución, que se había puesto de manifiesto en numerosos procedimientos específicos, en los que sin existir lesión de derecho subjetivo o interés legítimo, ni controversia relevante, aunque sí atenuada o debilitada, explícita o subyacente, el legislador había considerado que no existía causa de suficiente entidad como para ser dirimida en proceso contencioso, por lo que el desacuerdo o la contradicción se reconducía a un procedimiento de jurisdicción voluntaria.

La nueva realidad legal encontraba su cauce, como ha sido analizado en el anterior epígrafe, en lo establecido en el artículo 18.2 del Anteproyecto de 2005. Por el contrario, la supresión de la contradicción en el ALJV de 2006, salvo cuando esté comprometido el interés de un menor o incapaz, suponía una vuelta al viejo y superado esquema de una jurisdicción voluntaria estrictamente negocial.

La artificiosidad que suponía la supresión de la oposición, como era previsible, generó contradicciones en el seno del propio texto del Anteproyecto, sin necesidad de esperar a la crítica que produjo su desafortunada inclusión en el texto prelegislativo.

En este sentido, no parecía muy coherente que se suprimiese el principio contradictorio al propio tiempo que se afirmaba en el apartado III de la E.de M. que: <se ha configurado un procedimiento general y básico para los expedientes administrados por Jueces y Secretarios Judiciales fundamentado en el juicio verbal …>, y mucho menos que se llegue a afirmar en el apartado VI de la E.de M. que: <En la regulación del procedimiento al que deberán ajustarse Jueces y Secretarios Judiciales, se refuerza el principio contradictorio en el trámite de la comparecencia …>.

De singular relevancia cabe considerar las atinadas reflexiones al respecto contenidas en los Informes del Consejo Fiscal y del Consejo General del Poder Judicial al Anteproyecto de 2006:

Informe del Consejo General del Poder Judicial: <… la definición que vincula la JV al ejercicio pacífico de derechos y que hace gravitar la diferencia con la Jurisdicción Contenciosa en el elemento negativo de la ausencia de controversia, no es válida para aquellos procedimientos que prevén incidentes de oposición, vías de impugnación o incluso la intervención del MF o de un defensor judicial, precisamente para abrir la vía a posibles discrepancias procedentes de sujetos distintos tanto del proponente como del decisor …

La ausencia de contradicción o la solución pacífica de controversias, dejan de ser los elementos que tradicionalmente han diferenciado la JV de la contenciosa, incrementando la reforma las posibilidades de contradicción sin que ello necesariamente suponga la alteración de los términos del procedimiento> [27].

> <La afirmación de la EM III: "… Tampoco tiene lugar, en la JV, el principio contradictorio …" se ven matizadas en la propia EM VI en relación con los 'expedientes administrados por Jueces y Secretarios Judiciales' para los que si rige el principio de la contradicción en el trámite de la comparecencia. Si a esto se añade la potencial contradicción procesal que va implícita en el trámite de audiencia a los interesados, se ve (denota) con mayor claridad que la ausencia de contradicción cede como elemento diferenciador con la jurisdicción contenciosa>[28].

En el Dictamen del Consejo Fiscal se afirma: <El Anteproyecto- referido al del Gobierno, cuyo contenido al respecto se reproduce en el Proyecto- utiliza como nota definitoria de los expedientes de jurisdicción voluntaria la ausencia de contraposición entre partes, aunque tal vez fuera conveniente matizar esta afirmación para dar cabida a aquellos casos en que la contradicción es muy leve, ya que en muchos actos de jurisdicción voluntaria- fundamentalmente en materia de personas y familia- se supone latente una controversia aunque no tenga entidad suficiente para ser dirimida en un proceso contencioso>[29].

Por otra parte, sería la ausencia de alguna de los fundamentales garantías propias del procedimiento judicial, lo que justificaría la no tramitación por JV de los supuestos en los que planteada una controversia, ésta afectase a los supuestos más delicados y de mayor trascendencia, que son aquellos que afectan a intereses de menores o incapacitados, pero si se regula un procedimiento garantista que se considera aplicable precisamente cuando están en juego intereses de las personas que cabe considerar más vulnerables, como son los menores y los incapacitados, no parece apropiado prever que la contradicción, en el resto de los procedimientos voluntarios, producirá el

---

[27] Informe del CGPJ, Conclusión 3ª.

[28] Informe del CGPJ, p. 32.

[29] Informe del CF, p. 7.

archivo del expediente, por lo que interesado si quiere resolver su problema tendrá que plantear una demanda y acudir a un proceso ordinario.

La prevención frente a la vigente regulación de la JV deriva precisamente de la falta de garantías en su tramitación, en especial en relación con la variabilidad de las resoluciones judiciales, con el principio de audiencia y en materia de prueba, pero remediadas estas carencias y considerado el nuevo procedimiento adecuado para proporcionar tutela judicial efectiva en los supuestos de mayor trascendencia, resultaba incoherente que en los restantes procedimientos de tutela de derechos e intereses legítimos, la oposición de un interesado, derive necesaria o previsiblemente en un proceso contencioso, cuya tramitación y resolución puede prolongarse varios años en el tiempo, pudiendo ser ventilada, dicha oposición, con todas las garantías, en el curso del procedimiento voluntario.

Por otra parte, el reforzamiento del principio de audiencia, de oficio o a instancia de los interesados, contemplado en el Anteproyecto, aumenta además la posibilidad de que se produzca discordia, discrepancia, contraposición o controversia, como se le quiera llamar, entre los intervinientes.

El reforzamiento del principio de aportación de parte, recogido en diversos artículos del procedimiento general, se manifiesta de modo especial en la posibilidad reconocida a los interesados en el art. 13,6, a semejanza también en este aspecto de lo establecido al efecto en la jurisdicción contenciosa, de efectuar alegaciones finales, terminada la práctica de las pruebas y de las diligencias acordadas por el Tribunal. Se produce asimismo un reforzamiento del principio de oralidad, que se manifiesta en la regulación contenida en diversos preceptos: art 7, « El Tribunal oirá a las personas que deban ser oídas por expresa disposición legal …»; art. 13, 3, «Si se hubiera planteado alguna de las cuestiones a que se refiere la regla anterior, el tribunal oídos los comparecientes, la resolverá oralmente en el propio acto …»; art.13, 6, «Terminada la práctica de las pruebas y de las diligencias acordadas por el Tribunal, los interesados que hubieren comparecido podrán efectuar alegaciones, que se realizarán oralmente …». art.15, 3, «Si de las alegaciones presentadas no resultare oposición, el tribunal aprobará el inventario. En caso contrario convocará a todos los interesados a una comparecencia donde les oirá …» etc.

Cabe afirmar, por otra parte, que al afirmarse en el art. 7 que no toda controversia determinará la terminación del expediente, sino sólo cuando la contraposición <impida su continuación> habrá que proceder a valorar entidad de la oposición al efecto de decidir el archivo del expediente. En este sentido, si cabe afirmar que, si bien hubiera sido deseable referirse al carácter relevante de la controversia o incluir la fórmula recogida en el A. 2005, al menos en el Anteproyecto y el Proyecto de Ley de 2006, se dió un pequeño paso adelante respecto a lo previsto en el actual art. 1817 LEC 1881.

En definitiva, un procedimiento que se fundamenta en el juicio verbal, conforme al art. 22, en el que se potencia, con carácter general, el principio de audiencia, y los principios dispositivo y de aportación de parte, en numerosos supuestos, en el que se aproximan las posiciones de solicitantes, interesados y terceros no interesados, y se establece que la resolución no producirá efectos de cosa juzgada material, goza de las suficientes garantías como para prever que la posible contradicción, que no lesión de derecho subjetivo o interés legítimo, que pueda generarse en la tramitación del expediente, se sustancie y resuelva en el seno del propio procedimiento de JV.

El Proyecto de Ley de Jurisdicción Voluntaria, de 20 de octubre de 2006, no modifica en materia de oposición las previsiones contenidas, y analizadas, en el Anteproyecto de 2006.

Especial mención merece, al respecto, la comparecencia de expertos en trámite de asesoramiento sobre el contenido del PLJV en la Comisión de Justicia del Congreso de los Diputados, entre ellos, los días 7 y 14 de mayo de 2007.

A la necesidad de regular la oposición y la contradicción en el procedimiento de JV, se refirieron, los comparecientes que abordaron esta cuestión en la Comisión de Justicia: el Fiscal Jefe de la Sala 1ª del Tribunal Supremo, los dos representantes de los Secretarios Judiciales, el Decano del Colegio de Abogados de Madrid, la Decana del Colegio de Abogados de Barcelona, el Decano del mismo Colegio profesional de Gerona y el Presidente del Consejo General de los Procuradores, y el autor de estas páginas.

En su intervención de 17 de mayo de 2007, en trámite de asesoramiento ante el Congreso de los Diputados, Luis Martí, Decano del Colegio de Abogados de Madrid, a propósito de los efectos de la controversia, manifestó: <la afirmación de que la J.V. carece de contenido contencioso, que de forma simplificadora decimos todos y que hemos leído a lo largo de los años en los textos desde la universidad hasta el presente, no es verdad. En cualquier actuación jurisdiccional hay un germen de preocupación jurídica por parte de alguien que le pide al derecho una solución, que como en muchas ocasiones en la JV no está cargada de especial tensión, si bien nada es leve en materia de derechos, pero que se produce con carácter general en otras actuaciones, conforme nos dice la experiencia, y así suele suceder en los supuestos de fijación de un plazo para el cumplimiento de una obligación, la convocatoria de una junta general o la protocolización de un testamento. Pues bien, la controversia, la tensión o el debate existe en muchos procedimientos, y la capacidad para la transformación en contencioso de estos procedimientos, en los que el equilibrio es muy inestable, no debe estar en las manos arbitrarias de uno de los intervinientes, que al no gustarle como deriva el asunto, proceda a guillotinar el procedimiento convirtiendo la tensión de 20 voltios de la JV en los 220 de la JC> dicho lo cual Martí Mingarro se excusó por la utilización de la metáfora.

En análogo sentido, aunque limitado en su argumentación al derecho de familia, se pronunció el Fiscal de la Sala 1ª del TS en su intervención: <... es difícil que no exista contradicción en los expedientes de familia: las discusiones conyugales, las discusiones sobre administración de bienes, las discusiones sobre quién se queda con los hijos, si van al Juez es que hay problemas. Basta que uno se oponga y haya que ir a un proceso contencioso de 10 años de duración para que no hayamos resuelto el problema. No es sólo en menores e incapaces, sino en familia ... Por tanto hay expedientes que van a necesitar contradicción- otros se archivarán en cuanto se oponga un interesado, aunque luego discutiremos los juristas si es una verdadera oposición o una verdadera contradicción-,porque si no los dejaríamos sin solucionar>.

Especialmente críticos con la no previsión de la contradicción se mostraron la Decana del Colegio de Abogados de Barcelona y el Decano del Colegio de Abogados de Gerona. La entonces decana del I. Colegio de A. de Barcelona, se refería a esta circunstancia y ponía como ejemplo el procedimiento de restitución de menores, en los casos de secuestro del menor por alguno de los progenitores, el denominado secuestro parental, que la Ley de Protección Jurídica del Menor de 1996, obliga a tramitar en el marco de la JV. Lo ponía como ej. de JV con controversia ab initio y de supuesto que requiere la intervención preceptiva de abogado, a los efectos de que los interesados dispongan de un asesoramiento técnico cualificado en relación con la documentación a presentar, las pruebas dirigidas a fundamentar las decisiones tomadas o la petición realizada etc.

En definitiva, si se reconoce que el procedimiento de JV tiene las suficientes garantías como para tramitar y ventilar en su seno las discordancias o contradicciones que se generen en los procedimientos en los que resulten afectados intereses de menores o incapaces, no parece razonable que en los restantes procedimientos la decisión de continuar o no la tramitación del expediente, determinando su archivo, en atención a la relevancia o no de la contradicción- en lo que ello supone de concepto jurídico indeterminado, derive de la sola discrecionalidad del operador jurídico o de los intervinientes, lo que obligará al interesado que se considere afectado en sentido negativo por la resolución acordada a acudir a un juicio ordinario, con todos los posibles inconvenientes que esta decisión plantea, así:

- Se dilata la resolución de los cuestiones planteados o de las necesidades sentidas por los interesados, que se verían obligados a formular una demanda y acudir a un juicio ordinario, cuya sustanciación conllevaría el riesgo de prolongar durante varios años la resolución del problema.
- Se sobrecarga de trabajo a los jueces y se desaprovecha la tramitación ya realizada en sede de JV.
- Se encarece la prestación del servicio de Administración de Justicia al ciudadano al obligarle a plantear un contencioso.

— Se puede producir una desmotivación de los operadores jurídicos que conozcan de los procedimientos de JV, ante posibles oposiciones fraudulentas o maniobras dilatorias que impidiesen la tramitación del expediente, con la consiguiente pérdida del trabajo realizado en sede de JV.

— Se menoscaba el propio procedimiento judicial al prever la exigibilidad de la audiencia y no hacer lo mismo con la contradicción, cuando son dos principios inherentes al procedimiento judicial que difícilmente se pueden concebir el uno sin el otro.

— Se posibilita la aparición de criterios divergentes entre los operadores jurídicos en torno a si la oposición permite o no continuar la tramitación del expediente, o en torno a la relevancia del interés planteado por la persona afectada, con lo que ello supone, en definitiva, de menoscabo de la seguridad jurídica y de la tutela judicial efectiva.

La coherencia conceptual exigiría, por otra parte, que desde el propio artículo primero, en el que se atisba una especie de definición legal de JV, se prevea que la discordancia, previa entre los intervinientes o suscitada en la tramitación, se ventile en el propio curso del expediente, salvo que la ley disponga lo contrario.

Como resultado del debate en el seno de la Comisión de Justicia del Congreso de los Diputados, se aprobó, en este punto, la enmienda n. 100, presentada y defendida por la Portavoz del Grupo Parlamentario Mixto, Begoña Lasagabaster, conforme a la cual en materia de efectos de la controversia, se vuelve a la regulación prevista en el Anteproyecto de 2005 de la Comisión de Codificación, lo que suponía articular un procedimiento judicial respetuoso con las garantías de la tutela judicial efectiva y optar por hacer una Ley eficaz y que resuelva los problemas que se plantean cuando se acude a un operador jurídico para que incoe un procedimiento, dado que la opción por el archivo del expediente cuando genere una controversia y la oposición consiguiente, traería consigo la ineficacia de la Ley y, en consecuencia, los ciudadanos dejarían de acudir a la JV.

La regulación de la oposición se contiene en el art. 7, que quedó con el siguiente tenor: <Salvo que la ley expresamente lo prevea, la formulación de oposición por algún interesado en el asunto no hará contencioso el expediente ni impedirá la tramitación del mismo hasta su resolución, que surtirá los efectos que correspondan a tenor de su contenido en tanto no sea revocada o modificada en proceso declarativo promovido por persona legitimada>.

La disfunción legal que suponía otorgar el mismo tratamiento a procedimientos de naturaleza diferente, como son el judicial y el extrajudicial, se corrigió, en buena medida, en trámite de enmiendas en el Congreso de los Diputados, al aprobarse que en el procedimiento judicial:

a) La oposición no impedirá la continuación en la tramitación del expediente, salvo que la ley disponga lo contrario

b) La posibilidad de recurrir en apelación el auto definitivo del Juez o en revisión el decreto del Secretario Judicial, y

c) La recuperación del carácter preceptivo de la asistencia técnica de abogado y procurador, junto con la previsión del beneficio de justicia gratuita.

La razonable extensión, aprobada en la Comisión de Justicia, de las garantías de procedimiento, a todos los procedimientos de reserva judicial, no sólo respondía a una ineludible exigencia de dogmática jurídica, sino también a razones de orden práctico que, de no ser tenidas en cuenta, abocarían a la ineficacia de la futura ley.

La previsión contenida en el nuevo texto del art. 7, conforme a la cual cabe la controversia y la oposición en los procedimientos de JV, salvo que la ley disponga lo contrario, requeriría, por coherencia, revisar en este punto los procedimientos específicos contenidos en el Anteproyecto y Proyecto de JV de 2006, en los que se procedió, en muchos de ellos, a una sistemática supresión de la controversia, conforme a la nueva concepción de la JV como ejercicio pacífico de los derechos, en contraposición a las previsiones en sentido contrario contenidas en el texto del Anteproyecto de 2005, a los efectos de reintroducir, en su caso, la suprimida posibilidad de oposición.

No proceder a esta revisión, en los procedimientos que siguen, con la perturbación que supondría paralizar el procedimiento ante la existencia de una controversia, obligando a acudir al procedimiento contencioso con los perjuicios correspondientes, supondría defraudar la voluntad del legislador, expresada en la aprobación de la oposición en el trámite de enmiendas en la Comisión de Justicia: Expediente de dominio. Expediente de liberación de gravámenes. Consignación. Testamento ológrafo. Expedientes relativos a contadores partidores. De la exhibición de libros de las personas obligadas a llevar contabilidad. De la solicitud de auditoría de las cuentas de los empresarios. De la convocatoria de juntas o asambleas generales. De la constitución y régimen interno del sindicato de obligacionistas de personas jurídicas que no sean sociedades anónimas. Extravío, sustracción o destrucción del conocimiento de embarque.

Se regulan asimismo en el Proyecto, sin un criterio claro en cuanto al distinto régimen jurídico aplicable en los distintos casos:

a) Procedimientos en los que se prevé de forma específica que la oposición- sin que estén en juego intereses de menores o incapaces, por lo que procedería revisar también en este punto el texto de la Exposición de Motivos- se ventile en el curso del propio procedimiento, como en el nombramiento de tercer perito en el contrato de seguro, conforme al art. 172.2; en la apertura de escotillas, conforme al art. 177 o en la D.F. 6ª, a propósito del nombramiento de auditor de cuentas, efectuado por el Registrador Mercantil.

b) Procedimientos en los que, si bien se prevé que los interesados puedan realizar alegaciones, en atención a su naturaleza preceptiva o coercitiva, se establece que, no obstante la existencia, en su caso, de oposición, el operador jurídico competente deberá resolver el expediente, por ej. en: La presentación y adveración de testamento cerrado, conforme al art. 136.2.

c) Procedimientos en los que se prevé la posibilidad de alegaciones o discordancias, en la medida en que se regula la intervención de interesados, si bien se procede a la supresión de los recursos, en relación con la previsión realizada al respecto en el A. de la CGC, por ej. en: La fijación del plazo para el cumplimiento de las obligaciones, El nombramiento de liquidador o interventor, en los casos previstos legalmente etc.

En el Senado se presentaron enmiendas en el sentido de volver a la regulación en materia de oposición prevista ab initio, pero el dictamen de la Ponencia no cambió el sentido de la mayoría parlamentaria expresada en la Comisión de Justicia del Congreso, por lo que no hubo acuerdo y se trasladó al Pleno la solución del asunto. El 24 de octubre de 2007 el Gobierno optó por retirar el Proyecto de Ley.

c) La oposición en los textos de Jurisdicción Voluntaria de los años 2012, 2013 y 2014: Propuesta de Anteproyecto de Ley de JV de diciembre de 2012. Anteproyecto de Ley de JV de 31 de agosto de 2013 y Proyecto de Ley de JV de 1 de agosto de 2014

El ámbito de la JV en los textos legislativos indicados queda limitado a la regulación del procedimiento general y de los procedimientos específicos en aquellos supuestos en los que la competencia se atribuye al Juez o al Secretario Judicial. Por su parte, la regulación de la oposición y la contradicción se contempla sin cambios en las artículos atinentes de los mencionados textos legales. En ambos aspectos, cabe subrayar, a mi juicio, la oportunidad y el acierto de la toma de postura[30].

En el nuevo procedimiento judicial de JV se refuerzan las garantías y se produce una aproximación de la JV a la regulación propia del procedimiento contencioso. A

30 La regulación de los procedimientos aplicables a los actos en los que la competencia se atribuye a Notarios o Registradores se remite, en los tres textos legales, a la Legislación Notarial o Registral específica, lo que supone un acierto, dado que no parece apropiado utilizar el término Jurisdicción, stricto sensu, fuera del ámbito del órgano judicial.

ello se alude en la EM, III, p. 3, del PLJV: <En especial, se toma especial cuidado en adaptar la regulación de los expedientes de JV a los principios, preceptos y normas generales contenidas en la LEC …>, lo que se conforma con lo afirmado en la relevante STS de 22 de mayo de 2000, que considera la JV como potestad jurisdiccional amparada en el 117. 3 CE: <las actuaciones de JV en las que intervenga un Juez deben estar revestidas de las garantías propias de la jurisdicción …> [31].

La conveniente aproximación de la JV a las reglas generales previstas en la LEC supone un aumento de las garantías de los justiciables y la eliminación de determinadas disfunciones y reglas contrarias a la armonización del sistema, derivadas de una regulación diferenciada en ambas esferas de la jurisdicción, lo que se materializa en diversas disposiciones[32].

En los tres textos prelegislativos, la Propuesta de Anteproyecto, el Anteproyecto y el Proyecto mencionados, se articula, por fin desde la LEC de 1881, un procedimiento judicial general de JV garantista, que tiene su antecedente en la Propuesta de ALJV de 2005, en que se prevé:

— Que la comparecencia, conforme al art. 18, se sustanciará, de forma preferente, en el marco de los principios de oralidad, concentración e inmediación, por los trámites del juicio verbal y se registrará en soporte apto para la grabación del sonido y de la imagen.

---

[31] Vid. al respecto en Ludeña Benítez, Razones para una nueva Ley de Jurisdicción Voluntaria. Análisis de la Exposición de Motivos de la Propuesta de Anteproyecto de Ley de Jurisdicción Voluntaria y del Anteproyecto de Ley de Jurisdicción Voluntaria de 2013. Noticias Jurídicas. Octubre de 2014.

[32] Vid. en Seoane Cacharrón, Breve examen crítico sobre el Borrador de Proyecto de Ley de la Jurisdicción Voluntaria, en Diario La Ley, de 5 de noviembre de 2013; Liébana Ortiz, Ensayo sobre una Teoría General de la Jurisdicción Voluntaria, Editorial Académica 2012;

Fernández de Buján "La Jurisdicción Voluntaria: un mandato legislativo pendiente de cumplimiento ". Discurso de Ingreso en la Real Academia Gallega de Jurisprudencia y Legislación, el día 31 de mayo de 2013. Diputación Provincial de A Coruña 2013, pp. 165; Id. Misteriosa, heterogénea, fascinante Jurisdicción Voluntaria. Tribuna. Actualidad Jurídica Aranzadi, 890, septiembre 2014; Id. El Anteproyecto de ley de Jurisdicción Voluntaria y la Sustracción internacional de menores, Abogados, Revista del Consejo General de la Abogacía, n. 85. Abril 2014, pp. 28-32; Id. A propósito del Anteproyecto de Ley de Jurisdicción Voluntaria, Actualidad Jurídica Aranzadi, 17 de abril de 2014, Año XXIII, número 883, p 10; Id. Luces y sombras del Anteproyecto de Ley de Jurisdicción Voluntaria de 31 de octubre de 2013, La Ley, 18 de marzo de 2014, pp. 1-11. Id. La ley de jurisdicción voluntaria en el horizonte: confluencia de planos, perspectivas, actores y operadores. Diario La Ley, 25 de mayo de 2012, pp. 9- 14; Id. El Proyecto de Ley de Jurisdicción Voluntaria de 1 de agosto de 2014". Registradores, n. 70, enero 2015, pp. 58-64.

— Que se dará audiencia además de a los promoventes, a los afectados e interesados. La previsión conforme a la cual se refuerza el principio de audiencia y la participación activa de solicitantes e interesados en la comparecencia, conforme al art. 18.2.

— Que La formulación de oposición por alguno de los interesados no hará contencioso el expediente, ni impedirá que continúe su tramitación hasta que sea resuelto, salvo que la ley expresamente prevea lo contrario.

La previsión contenida en el art. 18.2 conforme a la cual "Salvo que la ley expresamente lo prevea, la formulación de oposición por alguno de los interesados no hará contencioso el expediente, ni impedirá que continúe su tramitación hasta que sea resuelto", es objeto asimismo de mención especial en el Apartado IX de la EM: "Cuestión a destacar es que, salvo que la Ley expresamente lo prevea, la formulación de oposición por alguno de los interesados no hará contencioso el expediente ...>.

La referencia a que la comparecencia en el procedimiento de JV se sustanciará por los trámites del juicio verbal, la existencia de contradicción en la propia rúbrica de la mayoría de los procedimientos de familia, la previsión de la oposición, y de su resolución, en el curso de la tramitación, en las normas de numerosos procedimientos específicos, así en la mayoría de los supuestos derecho mercantil y de los que afectan a menores, a personas con discapacidad o con la capacidad complementada, no dejan lugar a dudas acerca de la necesidad de la previsión del art. 18.2.

— La supresión de la actual habilidad de todos los días y horas en JV, contenida en el art 1812 LEC 1881.

— Los recursos de reposición, apelación y revisión, la acumulación de procedimientos y, el cumplimiento y ejecución de resoluciones, conforme a lo establecido en la LEC, a cuyas disposiciones se reenvía, en los artículos correspondientes, con carácter general, y supletorio en todo lo no regulado en el texto legal de JV.

— La supresión de la posibilidad de modificar de oficio las providencias o autos no definitivos, prevista en el art. 1818 LEC1881.

— La previsión la práctica de todo tipo de pruebas, conforme al art 18.5, en sustitución de las tradicionales acreditaciones, justificaciones o informaciones de los arts. 1816 y 2111 LEC 1881.

— La previsión del art 20, conforme a la cual los recursos, de reposición, apelación y revisión, son los previstos, con carácter general, por la LEC.

- La previsión conforme a la cual el desarrollo de la comparecencia se registre en soporte apto para la grabación del sonido y de la imagen, de conformidad con lo dispuesto en la LEC, art. 18.6.

- La remisión a lo previsto en la LEC en materia de cumplimiento y ejecución de resoluciones, conforme al art. 22.

- La regulación de la sustanciación del expediente, de forma preferente, en el marco de los principios de oralidad, concentración e inmediación.

En relación con los más relevantes desaciertos, a mi juicio, de la regulación prevista en los mencionados textos legislativos, cabe mencionar:

- La devaluación de la posición de los Secretarios Judiciales, a los que debería reconocerse mayores competencias en una materia como la JV en la que están llamados a ocupar una posición protagonista.

- La no alternatividad de las competencias que se atribuyen a Secretarios Judiciales, Notarios y Registradores, en detrimento de las posibilidades de opción de los justiciables.

- La no preceptividad, con carácter general, de la intervención de abogado y la representación procesal de procurador, en los procedimientos judiciales.

Cabe señalar, en todo caso, que los mencionados textos legislativos, con carácter global, merecen un valoración muy positiva en la medida en que articulan una regulación moderna y garantista de la JV, que se incardina de forma plena en la tutela judicial efectiva, y dejará de ser identificada con supresión o atenuación de garantías, plazos y formalidades.

Conviene subrayar, así mismo, que los auspicios son favorables a la revisión, en la tramitación parlamentaria, de las, a mi juicio, tres deficiencias mencionadas, a la luz de la posición de consenso del Ministerio de Justicia y de las intervenciones de los Portavoces de los Grupos parlamentarios que han tenido ocasión de pronunciarse al respecto.

D) A MODO DE CONCLUSIONES

En la JV no existe un proceso *inter partes*, por lesión, o no reconocimiento, de derecho subjetivo o interés legítimo o como consecuencia de un conflicto relevante; pero si existe, en numerosos supuestos contradicción y oposición y por ello se acude al órgano judicial, por razones de urgencia, para atender a una necesidad perentoria, para resolver un conflicto de relevancia menor, o con la finalidad de evitar la excesiva dilación del proceso contencioso.

De forma progresiva, y especialmente en los últimos decenios, la JV judicial ha evolucionado, desde su originaria conformación, básicamente negocial, constitutiva o complementadora, incardinada en el marco del ejercicio pacífico de derechos, hasta su actual perfil de tutela de intereses públicos y sociales, en los que se ven afectados intereses de menores, personas con capacidad judicial modificada, presuntos incapaces, personas con discapacidad o desamparadas, así como supuestos de tutela sumaria contradictoria en conflictos de intereses considerados de relevancia menor. Y es esta nueva concepción de la JV la que se visualiza y regula en el PLJV.

La JV pactada, negocial, sin conflicto, en la que el órgano judicial se limita a realizar un control de legalidad del acto que se solicita y a colaborar en el nacimiento del acto o relación jurídica, es solo una parte del contenido, amplísimo, de esta esfera de la legislación procesal, por lo que responde a un momento histórico ya superado. La JV lleva camino de convertirse, si se aprueba una LJV como se prevé, en el juicio rápido y con garantías por excelencia en el ámbito del derecho procesal civil.

Si bien la desjudicialización parece haber sido el *leitmotiv* de la reforma, su principio inspirador por antonomasia, a mi juicio, habría que situar en el mismo plano de relevancia, la articulación de un procedimiento judicial de JV garantista, común a Jueces y Secretarios Judiciales, configurado en la estela del juicio verbal y de los juicios especiales regulados en la LEC, de los que básicamente se diferencia por la ausencia de cosa juzgada material fuera del marco de la propia JV.

Conformado el procedimiento de JV como el más rápido de los existentes, gratuito, plenamente garantista y respetuoso con la seguridad jurídica, la nueva regulación de la JV, está llamada a generar confianza y a ser el instrumento adecuado para resolver de forma satisfactoria las cuestiones de suma relevancia que en esta esfera del Ordenamiento se plantean en la esfera personal y patrimonial de las personas. Es por todo ello prioritario proceder a la aprobación de la Ley de Jurisdicción Voluntaria, desde posiciones de consenso y de progreso, a fin de dar respuesta, también en esta parcela del Ordenamiento, al desafío de una Justicia más moderna y eficaz.

— 3 —

LA REFORMA EN CURSO DE LA JURISDICCIÓN VOLUNTARIA*

Sumario: A) Iter legislativo de la reforma hasta el Proyecto de Ley de 1 de agosto de 2014.- B) Concepto. Naturaleza y Contenido de la Jurisdicción Voluntaria.- C) Notas caracterizadoras del Proyecto de Ley de Jurisdicción Voluntaria de 1 de agosto de 2014.- D) Algunas propuestas de mejora.- E) Otras modificaciones de alcance contenidas en el Proyecto de Ley.- F) A modo de conclusión.

A) ITER LEGISLATIVO DE LA REFORMA HASTA EL PROYECTO DE LEY DE 1 DE AGOSTO DE 2014

El 1 de agosto del año en curso se aprobó el Proyecto de Ley de Jurisdicción Voluntaria, JV, que supone un avance sustancial en el proceso de modernización de la Administración de Justicia. Compuesto por 134 artículos, y 25 Disposiciones Complementarias, que modifican 193 artículos de diecisiete textos legales, debe ser valorado, a mi juicio, de forma positiva, con algunas propuestas de mejora a las que me referiré, dado que aborda una reforma en profundidad de la JV, moderna, garantista, situada en sus justos límites, y en consonancia con la realidad social[1].

---

* *Newslet*, Universidad San Pablo CEU-Colegio Nacional de Secretarios Judiciales, n. 2, marzo 2015, pp. 18-24.

[1] Vid. en Fernández de Buján "La Jurisdicción Voluntaria: un mandato legislativo pendiente de cumplimiento ". Discurso de Ingreso en la Real Academia Gallega de Jurisprudencia y Legislación, el día 31 de mayo de 2013. Diputación Provincial de A Coruña 2013, pp. 165; Id. Misteriosa, heterogenea, fascinante Jurisdicción Voluntaria. Tribuna. Actualidad Jurídica Aranzadi, 890, septiembre 2014; Id. El Anteproyecto de ley de Jurisdicción Voluntaria y la Sustracción internacional de menores, Abogados, Revista del Consejo General de la Abogacía, n. 85. Abril 2014, pp. 28-32; Id. A propósito del Anteproyecto de Ley de Jurisdicción Voluntaria,

En el marco del Estado Constitucional de Derecho la reforma de la JV es una de las piezas que quedan todavía por encajar en el marco del Ordenamiento Jurídico, dado que la Ley Procesal Civil del año 2000 optó por regular la JV en una Ley específica, siguiendo también en este punto el modelo constitucional alemán, en el que la actual Ley de Jurisdicción Voluntaria, Freiwllige Gerichtsbarkeit, tiene carácter independiente de la restante legislación procesal[2]. La reforma de la JV fue, por otra parte, una de las materias previstas en el Pacto de Estado por la Justicia, suscrito por los Partidos Políticos mayoritarios, en el año 2001.

En tanto no se apruebe una Ley de Jurisdicción Voluntaria, continúa vigente, con determinadas excepciones, conforme se establece en la disposición derogatoria única, apartados 1 y 2 de la nueva LEC, la regulación contenida en el libro III de la LEC 1881, relativa a la Jurisdicción Voluntaria, así como la correspondiente a la conciliación y a la declaración de herederos abintestato.

El 31 de octubre de 2013, el Consejo de Ministros aprobó el Anteproyecto de Ley de Jurisdicción Voluntaria. Los Informes preceptivos del Consejo General del Poder Judicial y del Consejo Fiscal, valoraron de forma favorable el Anteproyecto, en su conjunto, al tiempo que han subrayado la considerable extensión y complejidad de las cuestiones planteadas y el profundo calado de su contenido.

Ambos textos legales, ALJV y PLV, tienen su antecedente próximo en la Propuesta de Anteproyecto de JV presentada el 1 de diciembre de 2012 al Ministerio de Justicia por la Sección Especial constituida, en el seno de la Comisión General de Codificación, por Orden del Ministerio de Justicia de 20 de abril de 2012 para: <La regulación de la Jurisdicción Voluntaria y la actualización de la Legislación Procesal Civil>[3].

La Ponencia culminó su labor en junio del año 2005, con una Propuesta normativa de 306 artículos y 10 Disposiciones Complementarias. El texto normativo elaborado por la Ponencia, es publicado en el Boletín Informativo del Ministerio de Justicia en octubre del año 2005 bajo la rúbrica de Anteproyecto de Jurisdicción Voluntaria[4].

Actualidad Jurídica Aranzadi, 17 de abril de 2014, Año XXIII, número 883, p 10; Id. Luces y sombras del Anteproyecto de Ley de Jurisdicción Voluntaria de 31 de octubre de 2013, La Ley, 18 de marzo de 2014, pp. 1-11. Id. La ley de jurisdicción voluntaria en el horizonte: confluencia de planos, perspectivas, actores y operadores. Diario La Ley, 25 de mayo de 2012, pp. 9-14.

2 Habschcheid, Freiwillige Gerichtsbarkeit, 7ª ed. Münhen 1983.

3 Vid., con carácter general, en Seoane Cacharrón, Breve examen crítico sobre el Borrador de Proyecto de Ley de la Jurisdicción Voluntaria, en Diario La Ley, de 5 de noviembre de 2013 y en Ludeña Benitez, Razones para una nueva Ley de Jurisdicción Voluntaria. Análisis de la Exposición de Motivos de la Propuesta de Anteproyecto y el Anteproyecto de 2013. Noticias Jurídicas. Octubre 2014.

4 Vid. al respecto en De Prada González, En torno a la futura Ley de Jurisdicción Voluntaria, El Notario del Siglo XXI, n. 4, diciembre de 2005; y en Fernández de Buján, El nuevo perfil de la Jurisdicción Voluntaria en el Anteproyecto de Ley de octubre de 2005. De la tutela

La puesta en marcha de la maquinaria legislativa continua con la revisión interna en el Ministerio de Justicia de la Propuesta de la Ponencia y su materialización en el Anteproyecto de Ley de Jurisdicción Voluntaria, aprobado en Consejo de Ministros de 2 de junio de 2006[5], e integrado por una Exposición de Motivos, ciento ochenta y cuatro artículos[6].

El veinte de octubre de 2006, el Consejo de Ministros aprobó la remisión a las Cortes Generales del Proyecto de Ley de Jurisdicción Voluntaria, integrado por 202 artículos.

En trámite de enmiendas, los Grupos Parlamentarios presentaron, en el curso del debate parlamentario, un total de 562 enmiendas al articulado del Proyecto de Ley, 323 ante la Comisión de Justicia del Congreso y 239 ante la del Senado,, lo que muestra el interés y la seriedad con la que se acometió su estudio[7].

La Comisión de Justicia del Congreso de los Diputados acordó asimismo la celebración de comparecencias, en trámite de asesoramiento del Proyecto. A petición de los grupos parlamentarios, comparecieron ante la Comisión de Justicia, los días 7 y 17 de mayo de 2007, catorce intervinientes, representantes de los operadores jurídicos, de colectivos afectados por la reforma, y expertos en la materia, entre los que tuve el honor de intervenir como miembro de la Ponencia de la Comisión General de Codificación. La celebración de las comparecencias dio lugar a un fructífero debate con los portavoces de los grupos parlamentarios y diputados de la Comisión de Justicia, en un clima global de entendimiento que hacía presagiar la aprobación de la ley en el curso de la legislatura[8]. No obstante todo ello, el 24 de octubre del año 2007, el Gobierno retiró el Proyecto, el día en que iba a ser votado en el Senado[9].

---

de relaciones jurídico privadas a la protección de intereses generales, públicos o sociales, Diario La Ley, de 8 de junio de 2006.

[5] Vid. en Rodriguez Adrados, El Anteproyecto de Ley de Jurisdicción Voluntaria, Anales de la Real Academia de Jurisprudencia y Legislación, Madrid 2006; Seoane Cacharrón, Breve examen crítico del Anteproyecto de ley de Jurisdicción Voluntaria del Ministerio de Justicia de 1 de junio de 2006, Diario La Ley, de 28 de septiembre de 2006.

[6] Vid. en Fernández de Buján, Observaciones al Proyecto de Ley de Jurisdicción Voluntaria de octubre de 2006, I, Diario la Ley, de 27 de noviembre de 2006, y II, Diario la Ley, de 28 de noviembre de 2006; Seoane Cacharrón, Examen del procedimiento judicial común en el Proyecto de Ley de Jurisdicción Voluntaria de 27 de octubre de 2006, en Diario La Ley, de 15 de mayo de 2007.

[7] Vid. en Fernández de Buján, La Jurisdicción Voluntaria en las Cortes Generales, Diario la Ley, de 16 de octubre de 2007.

[8] Diario de Sesiones del Congreso de los Diputados. Comisiones. Justicia, año 2007, n. 821, de 7 de mayo y n. 829, de 17 de mayo. Vid. en Fernández de Buján, *Hacia una teoría general de la Jurisdicción Voluntaria, Tomo I*, Ed. Iustel, Madrid, 2007, pp. 407. Id., *Hacia una teoría general de la Jurisdicción Voluntaria, Tomo II*, Ed. Iustel, Madrid, 2008, pp. 408.

[9] Fernández de Buján, "La Jurisdicción Voluntaria: En busca del tiempo perdido", *Revista Jurídica Registradores*, Madrid, enero de 2008; Id. "Jurisdicción voluntaria: rectificar es de sabios", en *El Notario del siglo XXI*, nº 31, mayo-junio 2010, Madrid, págs. 66-74.

B) CONCEPTO. NATURALEZA Y CONTENIDO DE LA JURISDICCIÓN VOLUNTARIA

Se consideran actos de JV aquellos supuestos en los que se prevé la intervención judicial, de oficio, a instancia del Ministerio Fiscal o a instancia de un interesado, sin que exista un proceso civil en el que se dirima lesión, o no reconocimiento, de un derecho subjetivo o interés legítimo, o una controversia cuya relevancia requiera que deba sustanciarse en sede contenciosa y sin perjuicio de que, salvo que la ley expresamente lo prevea, pueda suscitarse oposición por alguno de los interesados, lo que no hará contencioso el expediente, ni impedirá que continúe su tramitación hasta que sea resuelto, conforme se establece en los artículos 1 y 18.2 del PLJV.

Las numerosas invocaciones a la actuación judicial, que se contienen básicamente en el vigente Libro III de la LEC de 1881, y que se han visto incrementadas, en los últimos decenios, por las continuas referencias a la competencia judicial en numerosas leyes civiles y mercantiles, se producen por diferentes motivos, así: para lograr, la satisfacción de intereses jurídicos que no son objeto de controversia o la tutela de derechos de personas que gozan de especial protección en el Ordenamiento, o bien por razones de urgencia, para atender a una necesidad perentoria, para resolver una controversia o discordancia que el legislador considera de relevancia menor, o evitar, en los casos en que resulte factible, la excesiva dilación del proceso contencioso, mediante el recurso al cauce simplificado y ágil del procedimiento voluntario, que se rige por los principios de inmediatez y concentración.

De forma progresiva la JV ha evolucionado, desde su originaria conformación histórica, básicamente negocial, incardinada en el marco del ejercicio pacífico de derechos, hasta su actual perfil de tutela de intereses públicos y sociales, en los que se ven afectados intereses de menores, personas con capacidad judicial modificada, ausentes, personas con discapacidad, vulnerables o desamparadas, así como supuestos de conflictos de intereses de baja intensidad o relevancia menor, que se producen en la mayoría de los expedientes de derecho de personas y de familia, que el legislador no requiere que se sustancien en el marco de un proceso, sino en el de la tutela simplificada de la JV, que cumple, en estos casos, las funciones de un procedimiento sumario contradictorio o juicio rápido en el ámbito civil.

La regulación de la JV afecta a numerosas instituciones en estrecha conexión con la vida diaria de los ciudadanos, en las que están en juego derechos e intereses de gran relevancia en el ámbito personal y patrimonial de las personas, así: la tutela, la curatela, la guarda de hecho, el acogimiento, la adopción, la habilitación para comparecer en juicio, la intromisión en el honor, la propia imagen o la intimidad personal o familiar de menores o personas con la capacidad judicial complementada, el traslado o la retención ilícita de menores en supuestos de restitución de menores en el ámbito internacional, la protección del patrimonio de personas con discapacidad, la declaración de ausencia, la concesión judicial de la emancipación o el beneficio de la mayoría de edad, la extracción y trasplante de órganos de donantes vivos, la celebración de matrimonio, la separación y divorcio consensual si no hubiere menores ni personas con la capacidad judicial modificada, las discordancias entre los progenitores en el ejercicio de la patria potestad, los conflictos entre los cónyuges, o personas ligadas por análoga relación de afectividad, en el seno de la comunidad conyugal, la conciliación, o la declaración de herederos sin testamento, por citar sólo algunos de los cerca de 200 procedimientos específicos de JV previstos en la legislación.

C) NOTAS CARACTERIZADORAS DEL PROYECTO DE LEY DE JURISDICCIÓN VOLUNTARIA DE 1 DE AGOSTO DE 2014

1) Se regulan en el texto del PLJV sólo los procedimientos que se sustancian en la órbita del órgano judicial atribuidos a Jueces y Secretarios Judiciales. Se prevé que los expedientes que se desjudicialicen, y atribuyan a Notarios y Registradores, se regulen en su legislación específica, básicamente la Ley del Notariado y la Ley Hipotecaria.

En la competencia de los Jueces se mantienen los supuestos que afectan a derechos fundamentales, derechos indisponibles, intereses públicos, condición y estado civil de la persona, menores, personas con la capacidad judicial modificada y derecho de familia, con algunas excepciones, así como determinados procedimientos en materia de obligaciones, sucesiones y mercantil, en atención a su carácter constitutivo, modificativo o extintivo de derechos subjetivos.

Habría que explicitar en la Exposición de Motivos que las competencias atribuidas a los jueces en materia de personas y familia lo son con reserva jurisdiccional. Es decir, no es que el legislador actual opte por la atribución judicial en estos ámbitos, es que no podría dejar de hacerlo a tenor del marco constitucional.

2) Desjudicialización

Se atribuyen a Notarios y Registradores determinadas competencias que se desjudicializan, en atención a que son propias de su tradicional función de seguridad jurídica preventiva, en el marco de la cual sus titulares no sólo deben realizar un control de legalidad de los actos en que intervienen, sino también garantizar los derechos de los intervinientes y de los terceros que, en su caso, puedan verse afectados.

Si bien la máxima garantía de los derechos de la ciudadanía viene dada por la intervención de un Juez, la desjudicialización de determinados supuestos de JV sin contenido jurisdiccional, en los que predominan los elementos de naturaleza administrativa, en atención a que la intervención judicial se limita a la mera presencia, comprobación de hechos, calificación, autenticación, documentación de un acto o negocio, o verificación de las condiciones de la ejecución, no pone en riesgo el cumplimiento de las garantías esenciales de tutela de los derechos e intereses afectados.

3) Procedimiento judicial garantista

Si bien se suele considerar la notable desjudicialización de competencias como el elemento caracterizador de la reforma, a mi juicio, en el mismo plano de relevancia ha de situarse la articulación en el PLJV de un procedimiento general de JV, que al igual que sucede con los procedimientos específicos, incorpora todas las garantías propias de los procedimientos contenciosos. Así en materia de días y horas hábiles, audiencia, aportación de parte, prueba plena, limitación del principio de impulso de oficio a los supuestos atinentes a personas vulnerables, previsión de oposición, grabación de la comparecencia, formulación provisional de conclusiones, recursos, ejecución de las resoluciones, previsión del beneficio de justicia gratuita, y carácter supletorio de la Ley de Enjuiciamiento Civil, lo que impedirá que en el futuro la JV sea identificada con atenuación de garantías, plazos y formalidades, en detrimento de la tutela judicial efectiva.

A ello alude la E.M III: <Se toma especial cuidado en adaptar los expedientes de JV a los principios, preceptos y normas generales contenidos en la LEC…>.

D) ALGUNAS PROPUESTAS DE MEJORA

1) Si bien se reconoce en el PLJV a los Secretarios Judiciales potestad decisoria en determinados procedimientos, su posición se ha visto relegada en el actual Proyecto, en relación con la que se le confería en los anteriores textos legislativos de JV, con la opinión de la doctrina mayoritaria, y con la actual previsión de competencia contenida en la LOPJ.

El papel de los Secretarios Judiciales en la JV debería, en suma, ser reforzado en la tramitación parlamentaria, como reconocidos expertos en Derecho Procesal, con competencia atribuida en el artículo 290 de la LOPJ de 1985, para formular las propuestas definitivas de los autos judiciales en materia de JV, vigente hasta la L.O. 19/2003, de 23 de diciembre, de modificación de la L.O. 6/1985, de 1 de julio, del Poder Judicial, y en el vigente artículo 456, 3 de la LOPJ: <Los secretarios judiciales cuando así lo prevean las leyes procesales tendrán competencia en Jurisdicción voluntaria, asumiendo su tramitación y resolución, sin perjuicio de los recursos que quepa interponer>.

Los procedimientos cuya competencia se atribuye a los Secretarios Judiciales en el PLJV son: 1) Habilitación para comparecer en juicio. 2) Nombramiento de defensor judicial. 3) Declaración de ausencia y de fallecimiento. 4) Albaceazgo, para los casos de renuncia del albacea a su cargo o de prórroga del plazo del albaceazgo. 5) Nombramiento de contador-partidor dativo. 6) Fijación del plazo para el cumplimiento de las obligaciones. 7) Consignación, en caso de acuerdo entre los interesados. 8) Deslinde de fincas no inscritas. 9) Nombramientos de administrador, auditor, interventor y liquidador de una sociedad y, 10) Conciliación.

2) La nota desfavorable del procedimiento judicial garantista de la JV viene dada, a mi juicio, por la no preceptividad de la asistencia técnica de abogado y la representación procesal de procurador, salvo casos puntuales, en el procedimiento judicial, lo que no parece justificado en atención a que se ven afectados derechos indisponibles, la trascendencia económica de los intereses en juego, la necesidad de razonar con criterios de lógica jurídica, la utilidad o conveniencia de adoptar una u otra toma de postura, la proposición o práctica de todo tipo de pruebas, las propias tensiones que generan las controversias en el ejercicio de la patria potestad, las divergencias relativas a la administración de los bienes de menores o incapacitados, o en la administración de bienes gananciales en el seno de la comunidad conyugal. En el sentido mencionado se han pronunciado el CGPJ y el CF, en sus Informes preceptivos.

Los abogados y los procuradores siempre han servido para reforzar la posición de los justiciables en cualquier procedimiento judicial, garantizar el reconocimiento de sus derechos en régimen de igualdad, y coadyuvar en la defensa de sus intereses, por lo que su intervención resulta, con carácter general, necesaria en el logro de la tutela judicial efectiva. La percepción de los ciudadanos y de los operadores jurídicos que intervienen en el curso de procedimientos complejos en los que no se exige la presencia de abogado y procurador, suele consistir en una merma considerable de agilidad en la tramitación y de operatividad en el propio órgano judicial.

3) Se opta, con carácter general, por la atribución en exclusiva de las competencias específicas que se desgajan de la órbita de la Autoridad Judicial, a los Secretarios Judiciales, Notarios y Registradores.

La exclusividad competencial contrasta con la opción de las competencias compartidas y la alternatividad, prevista en los anteriores textos legislativos y prelegislativos de JV, la posición de todos los Grupos Parlamentarios en la tramitación del Proyecto de JV de 2006, los Informes preceptivos del CGPJ y CF al Anteproyecto de JV de 2013, la doctrina mayoritaria, y los propios operadores jurídicos afectados.

A mi juicio, lo aconsejable sería mantener, con las excepciones que se prevean en la Ley, la idea de las competencias compartidas, en atención a que supone un beneficio para el ciudadano que, en régimen de libre elección, podrían optar por acudir, con análogo grado de seguridad jurídica, ante la Oficina Judicial, presidida por el

Secretario Judicial, de forma gratuita, al estar la JV exenta de tasas, o hacerlo ante un Notario o Registrador, cuando considere que el pago del arancel se vea compensado por razones de celeridad, proximidad o especialidad.

Valores como la confianza, la profesionalidad, la cualificación jurídica y la seguridad jurídica son predicables, en los tiempos actuales, al propio tiempo de los Secretarios judiciales, de los Notarios y de los Registradores.

Por otra parte, procede subrayar, que el PLJV prevé, en la DF 13, la modificación de la Ley 1/1996, de 10 de enero, de Asistencia Jurídica Gratuita, consistente en la reducción de los aranceles notariales y registrales, así como la exención total de pago, cuando se acrediten ingresos inferiores a un indicador público de rentas, a fin de evitar que se puedan producir casos de imposibilidad de ejercicio de un derecho por falta de recursos económicos.

La predisposición favorable a las competencias compartidas, por parte de dos de los operadores jurídicos afectados, Notarios y Secretarios Judiciales, ha sido ratificada, en el pasado mes de marzo, en el Primer Encuentro de Fedatarios Públicos, organizado por el Consejo General del Notariado y el Colegio Nacional de Secretarios Judiciales y celebrado en la Universidad San Pablo Ceu, fruto del cual fue un documento en el que se recoge un amplio elenco de expedientes desjudicializados sobre los que existe acuerdo sobre la alternatividad. Sería deseable extender el consenso al Colegio Nacional de Registradores, que en la tramitación legislativa del anterior PLJV de 2006, se mostró asimismo favorable a la previsión de competencias compartidas.

La ausencia de alternatividad en las competencias desjudicializadas en el PLJV tiene, a mi juicio, en definitiva, más inconvenientes que beneficios, y podría generar una cuestión problemática en un asunto sobre el que existía, como ha sido subrayado, un acuerdo sustancial.

4) La reiterada utilización del término expediente para referirse a los actos o al procedimiento judicial de JV, supone una inapropiada administratización de la actividad judicial y una confusión entre acto, procedimiento y expediente en el ámbito de la JV.

En materia de JV la terminología más adecuada, a mi juicio, se corresponde con la utilización de los vocablos acto, procedimiento y expediente. Así, prevista en la legislación sustantiva un acto de JV, es decir, la intervención de un juez, sin que ésta se desarrolle a través del cauce de un proceso, se requerirá, en la mayor parte de los supuestos, que se incoe un procedimiento a solicitud de persona legitimada o, en su caso, de oficio o a instancia del Ministerio Fiscal, en el curso del en el curso del cual se procederá a la tramitación de un expediente, en el que, en su caso, se resolverá sobre la realización del derecho subjetivo o interés legítimo que constituya su objeto.

La utilización abusiva del término expediente, con un carácter totalizador, que abarca de forma indistinta la perspectiva material y la procedimental, constituye un inapropiado reduccionismo lingüístico y una administrativización del procedimiento judicial.

La mención en la rúbrica de los distintos Títulos del PLJV del término expediente en vez de procedimiento, como corresponde y ha sido el utilizado hasta el momento actual por los textos legales y por la doctrina, constituye un manifiesto error.

El Magistrado Gónzalez Poveda, considerado el mayor experto en los procedimiento específicos de JV, utiliza siempre la expresión procedimiento de JV para referirse a cada una las actuaciones relativas al derecho de personas, derecho de obligaciones, derecho de cosas, derecho de familia, derecho de sucesiones, derecho mercantil y derecho marítimo, salvo para aludir a los supuestos que se conocen con la denominación de expedientes de dominio, de reanudación del tracto sucesivo, de inscripción de excesos de cabida y de liberación de cargas y gravámenes.

E) OTRAS MODIFICACIONES DE ALCANCE CONTENIDAS EN EL PROYECTO DE LEY

a) Se prevé la competencia del notario para autorizar, mediante escritura pública, la celebración de matrimonio, así como la separación o divorcio consensual, con formulación de convenio regulador, siempre que no haya menores o personas con la capacidad judicial complementada.

b) Se modifica la Ley de Registro Civil en relación con la necesidad de tramitar, previo a la celebración del matrimonio, un acta notarial o un expediente, elaborado por el Encargado del Registro, Funcionario diplomático o consular o Secretario de Ayuntamiento, de cumplimiento de requisitos, en aras de reforzar las garantías y la seguridad jurídica, especialmente exigibles en asuntos que afectan al estado civil de las personas.

c) Procedimiento de reclamación, ante Notario, de deudas dinerarias no contradichas. Se establece, a grandes rasgos, que el acreedor de una deuda dineraria, pueda solicitar que un Notario, comprobados los requisitos de la deuda reclamada, requiera de pago al deudor, quien podrá satisfacer la deuda o formular oposición, en cuyo caso se procederá al archivo del expediente. Si el deudor no compareciere, sin justa causa, o no alegare motivos de oposición, el acta en la que se recogen tales circunstancias, se convertirá en título ejecutivo suficiente para instar la ejecución forzosa de la deuda.

F) A MODO DE CONCLUSIÓN

Hay q procurar, en definitiva, que la aprobación de la Ley de JV se realice con el mayor consenso posible, con voluntad de permanencia en el tiempo, que se adapte a la actual realidad social, que sea plenamente garantista en la realización de los derechos e intereses de los afectados, y que suponga una racionalización y redistribución de competencias, a fin de dar respuesta, también en esta parcela del Ordenamiento, al desafío de una Justicia más moderna y eficaz.

— 4 —

EL PROYECTO DE LEY DE JURISDICCIÓN VOLUNTARIA DE 1 DE AGOSTO DE 2014*

Sumario: A) Introducción.- B) Notas caracterizadoras y propuestas de mejora: *1) Desjudicialización. 2) Deslinde de procedimientos. 3) Aproximación de la Jurisdicción Voluntaria a la Jurisdicción Contenciosa. 4) Exclusividad competencial en los procedimientos desjudicializados. La alternatividad. 5) Cambios en la terminología empleada. 6) Distintas sedes competenciales. 7) Reserva jurisdiccional. 8) Disposiciones y competencias atinentes a los Registradores.*

A) INTRODUCCIÓN

El Proyecto objeto de examen debe ser valorado de forma favorable en su conjunto. A mi juicio, estamos ante una reforma en profundidad de la Jurisdicción Voluntaria, JV, moderna, garantista, situada en sus justos límites, y en consonancia con la realidad social. En este sentido se han manifestado prácticamente todos los estudios doctrinales realizados al respecto, así como los Informes Preceptivos, del Consejo General del Poder Judicial y del Consejo Fiscal, al Anteproyecto de Ley de Jurisdicción Voluntaria, de 2013, del que trae su origen el PLJV de 2014.

Por su parte, el ALJV de 2013, tiene su antecedente y fundamento en la Propuesta de Anteproyecto de Ley de JV elaborada, en 2012, por una Ponencia constituida en el seno de la Comisión General de Codificación.

---

* *Registradores*, n. 70, octubre-diciembre 2014, pp. 58-63.

B) NOTAS CARACTERIZADORAS Y PROPUESTAS DE MEJORA

Como notas caracterizadoras del texto legal objeto de examen, y propuestas de mejora en aspectos específicos, cabe considerar las siguientes:

1ª) La notable desjudicialización de procedimientos de naturaleza administrativa que salen de su actual órbita judicial, para incardinarse en la competencia de otros operadores jurídicos, lo que supone una acertada racionalización de la institución.

2ª) Se procura deslindar, en el marco de los múltiples y heterogéneos procedimientos, los que tienen su causa en:

a) Actos de JV de naturaleza jurisdiccional, respecto de los que no cabe su atribución a otro operador jurídico que no sean los jueces, que deben resolver en el marco de un procedimiento con todas las garantías propias de la actividad judicial. Así, la autorización para la intromisión legitima en el honor, la propia imagen o la intimidad personal o familia o el reconocimiento de la filiación extramatrimonial de menores o personas con la capacidad judicialmente complementada.

b) Actos de JV que se mantienen en la órbita del órgano judicial en garantía de derechos. Así, la declaración de ausencia y fallecimiento, la habilitación para comparecer en juicio o el nombramiento de defensor judicial, cuya competencia se atribuye a los Secretarios Judiciales y,

c) Actos de JV de naturaleza administrativa. Así, la atribución de la competencias al Notariado en la mayor parte de los expedientes de naturaleza sucesoria, a los Registradores de la Propiedad de los expedientes de dominio, o a los Registradores Mercantiles de la convocatoria de juntas generales, en los casos previstos en la ley.

En el sentido expresado, me he manifestado en pasados[1] y en recientes estudios[2], a los que me remito, acerca de la necesidad de deslindar, racionalizar, articular un

[1] Vid., una selección de los mismos, en Fernández de Buján, *Hacia una teoría general de la Jurisdicción Voluntaria, Tomo I*, Ed. Iustel, Madrid, 2007, pp. 407. Id., *Hacia una teoría general de la Jurisdicción Voluntaria, Tomo II*, Ed. Iustel, Madrid, 2008, pp. 408.

[2] Fernández de Buján "La Jurisdicción Voluntaria: un mandato legislativo pendiente de cumplimiento ". Discurso de Ingreso en la Real Academia Gallega de Jurisprudencia y Legislación, el día 31 de mayo de 2013. Diputación Provincial de A Coruña 2013, pp. 165; Id. Misteriosa, heterogenea, fascinante Jurisdicción Voluntaria. Tribuna. Actualidad Jurídica Aranzadi, 890, septiembre 2014; Id. El Anteproyecto de ley de Jurisdicción Voluntaria y la Sustracción internacional de menores, Abogados, Revista del Consejo General de la Abogacía, n. 85. Abril 2014, pp. 28-32; Id. A propósito del Anteproyecto de Ley de Jurisdicción Voluntaria, Actualidad Jurídica Aranzadi, 17 de abril de 2014, Año XXIII, número 883, p 10; Id. Luces y sombras del Anteproyecto de Ley de Jurisdicción Voluntaria de 31 de octubre de 2013,

procedimiento judicial garantista con los principios constitucionales de tutela sumaria de derechos respecto de las competencias que permanezcan en la órbita judicial, desjudicializar, redistribuir y desregular, según los casos, los más de 150 procedimiento de JV contenidos en los distintos textos legales, de naturaleza tan distinta entre sí, como pueden ser, entre otros muchos: un deslinde voluntario entre colindantes, el nombramiento de un tercer perito en el contrato de seguro, la liquidación judicial de averías marítimas, el patrimonio protegido de personas con discapacidad, las medidas relativas al retorno internacional de menores, o la intervención judicial en los casos de desacuerdos en el seno de la comunidad conyugal, o de discordancias entre los progenitores en el ejercicio de la patria potestad.

Sobre la debilitada posición en la que han quedado en el Proyecto de Ley los Secretarios Judiciales, y la disminución de garantías que supone la no preceptividad, con carácter general, en los procedimientos judiciales, de la asistencia técnica de abogado y la representación procesal de procurador, aspectos ambos que convendría, a mi juicio, reconsiderar en el curso de la tramitación parlamentaria, me he pronunciado asimismo en los estudios mencionados.

3) La notable aproximación del procedimiento judicial general de JV, común para Jueces y Secretarios Judiciales, y de los procedimientos específicos que se mantienen en la competencia judicial, a la regulación del procedimiento contencioso, en especial, a la propia del juicio verbal.

Así, en materia de: días y horas hábiles, audiencia y práctica equiparación de las posiciones de solicitantes, afectados e interesados en la comparecencia, práctica de todo tipo de pruebas, previsión de oposición, limitación del principio de impulso de oficio a los supuestos atinentes a personas vulnerables, recursos de reposición, revisión y apelación, grabación de la comparecencia, formulación provisional de conclusiones, cumplimiento y ejecución de las resoluciones, y supletoriedad de la LEC, lo que impedirá en el futuro la identificación de la JV con supresión de plazos, formalidades y garantías, en detrimento de la tutela judicial efectiva. A ello alude la E.M III: <Se toma especial cuidado en adaptar los expedientes de JV a los principios, preceptos y normas generales contenidos en la LEC…>.

4) Exclusividad competencial en los procedimientos desjudicializados.

Se opta, con carácter general, por la atribución en exclusiva de las competencias específicas que se desgajan de la órbita de la Autoridad Judicial, a los Secretarios Judiciales, Notarios y Registradores.

La Ley, 18 de marzo de 2014, pp. 1-11. Id. La ley de jurisdicción voluntaria en el horizonte: confluencia de planos, perspectivas, actores y operadores. Diario La Ley, 25 de mayo de 2012, pp. 9-14.

La alternatividad había sido la opción de la Propuesta de Anteproyecto de JV de 2005, elaborado en la Comisión General de Codificación, del Anteproyecto de JV y del Proyecto de JV, ambos de 2006, y la posición unánime de todos los Grupos Parlamentarios en la tramitación del Proyecto de JV de 2006.

Los operadores jurídicos afectados han manifestado, por su parte, en diversas ocasiones su conformidad con la alternatividad, y el CGPJ y el Consejo Fiscal, en los Informes preceptivos realizados a los Anteproyectos de JV 2006 y de 2013, se mostraron asimismo favorables a que las competencias desjudicializadas no se atribuyan en exclusiva a los distintos operadores jurídicos, sino que sean compartidas.

A mi juicio, lo aconsejable sería mantener, con las excepciones que se prevean en la Ley, la idea de las competencias compartidas, en atención a que supone un beneficio para los ciudadanos que, en régimen de libre elección, podrían optar por acudir, con análogo grado de seguridad jurídica, ante la Oficina Judicial, presidida por el Secretario Judicial, de forma gratuita, al estar la JV exenta de tasas, o hacerlo ante un Notario o Registrador, cuando considere que el pago del arancel se vea compensado por razones de celeridad, proximidad o especialidad.

Por otra parte, procede subrayar, que el PLJV prevé, en la DF 13, la modificación de la Ley 1/1996, de 10 de enero, de Asistencia Jurídica Gratuita, consistente en la reducción de los aranceles notariales y registrales, así como la exención total de pago, cuando se acrediten ingresos inferiores a un indicador público de rentas, a fin de evitar que se puedan producir casos de imposibilidad de ejercicio de un derecho por falta de recursos económicos.

La predisposición favorable a las competencias compartidas, por parte de dos de los operadores jurídicos afectados, Notarios y Secretarios Judiciales, ha sido ratificada, en el pasado mes de marzo, en el Primer Encuentro de Fedatarios Públicos, organizado por el Consejo General del Notariado y el Colegio Nacional de Secretarios Judiciales y celebrado en la Universidad San Pablo Ceu, fruto del cual fue un documento en el que se recoge un amplio elenco de expedientes desjudicializados sobre los que existe acuerdo sobre la alternatividad. Sería deseable extender el consenso al Colegio Nacional de Registradores, que en la tramitación legislativa del anterior PLJV de 2006, se mostró asimismo favorable a la previsión de competencias compartidas.

La ausencia de alternatividad en las competencias desjudicializadas en el PLJV tiene, a mi juicio, en definitiva, más inconvenientes que beneficios, y podría generar una cuestión problemática en un asunto sobre el que existía un acuerdo sustancial entre los operadores jurídicos afectados y los Grupos Parlamentarios.

5) Constituye un acierto del PLJV los cambios en la terminología empleada. Así: se pasa a utilizar la expresión "capacidad modificada judicialmente" en vez de "incapacitación", "madurez" donde se aludía a "juicio" de los menores, "progenitores" en vez de

"padres", "órganos judiciales" en vez de "autoridades", y se añade la referencia a "normas de la Unión Europea", cuando se alude a "Tratados y Normas Internacionales".

6) Conforme a lo previsto en el art. 1 del PLJV, en la futura Ley de JV se regularán sólo los procedimientos que se tramiten y resuelvan en el marco de la Administración de Justicia, atribuidos a Jueces y Secretarios Judiciales.

Los expedientes cuya competencia se atribuya a Notarios y a Registradores, se regularán, por su parte, en la específica legislación notarial o hipotecaria.

A tal efecto, las Disposiciones finales del PLJV, introducen las modificaciones correspondientes de la Ley del Notariado. El texto refundido de la Ley Hipotecaria, cuya modificación también correspondería que se realizase en el PLJV, no se modifica, salvo en lo que se refiere al artículo 14, al aludirse en la EM IX, a que "su modificación se realizará por las normas de puesta en práctica del informe de la Comisión para la Reforma de las Administraciones Publicas, aprobado por el Consejo de Ministros de 21 de junio de 2013, atendiendo a la relevancia que tiene la inaplazable coordinación entre el Catastro y el Registro".

En el Proyecto de Ley de Reforma de la Ley Hipotecaria y del Catastro, de 13 de junio de 2014, que supone la concreción del mencionado Informe, se aborda la modificación de los expedientes de deslinde, rectificaciones de la configuración de las fincas registrales, expedientes de dominio y doble inmatriculaciones, cargas y gravámenes y reanudación del tracto sucesivo interrumpido. Una primera valoración del texto legal se realiza en Registradores, 68.

En análogo orden de cosas, en relación con los procedimientos de JV en Derecho Marítimo, ni tan siquiera se alude en la aprobado en Consejo de Ministros de 22 de noviembre de 2013, ya Ley EM, a que su regulación se trasvasó al Proyecto de Ley de Navegación Marítima, 14/2014, de Navegación Marítima.

Sería procedente que los cinco procedimientos previstos de JV, de competencia judicial hasta la aprobación de la Ley de Navegación Marítima, Título X, que los incardina en la competencia notarial, bajo la rúbrica de <Certificación Publica>: 1)protestas de mar e incidencias del viaje, 2)liquidación de avería gruesa, 3)depósito y venta de mercancías y equipajes en el transporte marítimo, 4)extravío, sustracción o destrucción del conocimiento de embarque y 5)enajenación de efectos mercantiles alterados o averiados, fuesen trasvasados a la Ley del Notariado y, en régimen de alternatividad, con atribución de competencia a los Secretarios Judiciales, a la futura Ley de JV, conforme a lo previsto, si bien con una menor desjudicialización en la materia, en el Anteproyecto de JV de 2005, elaborado en la Comisión General de Codificación y en el Proyecto de JV de 2006.

El procedimiento de venta forzosa del buque que se mantiene, conforme a lo previsto en el Capítulo III, Título IX, de la Ley de Navegación Marítima, en la competencia de la autoridad judicial debía, por su parte, ser trasvasado al texto de la futura Ley de JV.

La sede más adecuada para los procedimientos de JV de Derecho Marítimo, así como de Derecho Hipotecario, que se mantengan, como competencias compartidas, en la órbita judicial es, a mi juicio, la futura Ley de Jurisdicción Voluntaria, en atención a su autonomía conceptual y a su carácter procedimental, por lo que sería razonable proceder a su trasvase al texto mencionado.

7) El PLJV supone consolidar, a la luz de las competencias de reserva jurisdiccional atribuidas a los Jueces, en materia de derecho de personas y derecho de familia, la evolución de la JV, desde su originaria conformación básicamente negocial, y de ejercicio pacífico de los derechos, en Derecho Romano y Derecho Medieval, hasta su actual perfil de tutela de intereses públicos y sociales, en los que se ven afectados intereses de menores, personas con la capacidad judicial complementada, personas con discapacidad, ausentes, personas en situación de guarda de hecho, derechos fundamentales o indisponibles, así como supuestos de tutela sumaria contradictoria en conflictos de intereses considerados de relevancia menor en el marco del derecho de familia.

En definitiva, como se afirma en el Informe del CGPJ al ALJV 2013, apartado 89: "Debe tenerse en cuenta, de acuerdo con doctrina autorizada en la materia, que no es del todo acertado mantener que la fundamentación de la JV se asienta única y exclusivamente en el apartado 4 del art. 117 CE, sino que, al menos, algunos procedimientos de JV, deben permanecer en el ámbito de la reserva jurisdiccional ex art. 117.3 ", y en el Informe del CF, al Anteproyecto mencionado, apartado 4: "… El Anteproyecto, sin aclararlo expresamente, parece asumir la heterogeneidad del actual contenido de la jurisdicción voluntaria, asumiendo que en parte tiene naturaleza jurisdiccional y en parte naturaleza administrativa, según los actos a los que se refiera…".

8) En relación con las disposiciones y las competencias, atinentes en el PLJV a los Registradores, cabe referirse a las siguientes:

a) En la DF. 2ª del Anteproyecto de Ley de JV, se modificaba el art. 40 CCo en el sentido de prever que el nombramiento de auditor para el examen de las cuentas anuales no se realizase por el Juez sino por el Registrador Mercantil del domicilio del empresario. La nueva atribución de competencia se contraponía a la Propuesta de Código Mercantil elaborada en la Comisión General de Codificación, que mantiene, al respecto, la regulación prevista de la competencia judicial en el vigente artículo 40 del CCo.

   La DF. 2ª del PLJV, modifica lo previsto en el Anteproyecto en el sentido de mantener la competencia en la órbita judicial contenida en el articulado del Proyecto de ley de JV, que prevé, en los artículos 117 a 120, la competencia funcional del Secretario Judicial. Se adiciona el tercer párrafo de la DF. 2ª, respecto de lo previsto en el ALJV, al objeto de ordenar los distintos supuestos de nombramiento de auditores.

b) Se modifican los artículos 169 a 171 de la Ley de Sociedades de Capital, en la DF. 15ª, en el sentido de prever que la convocatoria de la Junta General no se realizará por el Juez de lo Mercantil, sino por el Registrador Mercantil del domicilio social de la sociedad, en los casos en que no fuera convocada dentro del plazo legal o estatuariamente establecido, o bien en casos especiales, previstos en el art. 171, como la muerte o cese del administrador único, de alguno de los administradores mancomunados, o de la mayoría de los miembros del consejo de administración, sin que existan suplentes.

c) El PLJV incorpora, en la DF. 15ª, respecto del ALJV, el apartado 1 del artículo 377 de la Ley de Sociedades de Capital, sobre la convocatoria de la junta general, por el Registrador Mercantil del domicilio social de la sociedad, al que se traslada la actual competencia atribuida al Juez de lo Mercantil, para el nombramiento de liquidadores: "En caso de fallecimiento o cese de liquidador único, de todos los liquidadores solidarios, de alguno de los liquidadores que actúen conjuntamente, o de la mayoría de los liquidadores que actúen colegiadamente, sin que existan suplentes…".

d) El PLJV incorpora, en la DF. 15ª, respecto del ALJV, el apartado 2 del artículo 492 de la Ley de Sociedades de Capital, sobre la convocatoria por el Registrador mercantil, al que se traslada la actual competencia atribuida al Juez de lo Mercantil, del domicilio social, de la junta general de la sociedad anónima europea en el sistema dual, si la junta no fuera convocada dentro de los plazos establecidos por el Reglamento CE n. 2157/ 2001 o lo estatutos.

e) Se modifica, en la DF 16ª, el art. 6 de la Ley 211/1964, sobre regulación de La emisión de obligaciones por Sociedades que no hayan adoptado la forma de Anónimas, Asociaciones u otras personas jurídicas y la constitución del Sindicato de Obligacionistas, en el sentido de prever que: "Si las entidades emisoras no constituyen el sindicato de obligacionistas, podrán tomar la iniciativa y solicitar su constitución los propios obligacionistas que representen, como mínimo el treinta por ciento del total de la serie o emisión, … mediante solicitud ante el Registrador mercantil del domicilio de la entidad emisora…".

f) Se establece un nuevo título de sucesión hereditaria a los efectos del registro, en la modificación del art. 14 de la Ley Hipotecaria, contenida en la DF. 12ª, con la finalidad de reconocer como título de la sucesión hereditaria, a los efectos del Registro, junto al testamento, el contrato sucesorio y el acta de notoriedad para la declaración de herederos abintestato, la declaración administrativa de heredero abintestato a favor del Estado.

g) Se modifican los artículos 86 a 89 de la Ley de 16 de diciembre de 1954, de Hipoteca mobiliaria y prenda sin desplazamiento de la posesión, en la DF. 14ª, en el sentido de prever una nueva regulación de la venta extrajudicial al respecto, lo que supone, entre otros aspectos, la realización de una sola subasta realizada a través del Portal de Subastas de la Agencia Estatal Boletín Oficial del Estado. Se prevé la intervención del Registrador en distintos momentos del procedimiento, así, en el inicio, al objeto de expedir, en formato electrónico, certificación literal del asiento de hipoteca, lo cual hará contar al margen de la inscripción, o al efecto de suspender la venta extrajudicial, por certificación del Registro acreditativa de estar cancelada la hipoteca o de que los mismos bienes están sujetos a otra hipoteca mobiliaria.

En relación con las competencias atribuidas en la regulación vigente al Juez de lo Mercantil, y que en la Propuesta de Proyecto de Ley de JV de 2006, se trasladan a los Registradores Mercantiles, sin perjuicio de la competencia compartida con los Secretarios Judiciales de los Juzgados mercantiles, y cuya inclusión en el actual Proyecto de Ley convendría valorar, cabría mencionar, de manera especial, las siguientes:

a) La exhibición de libros de personas obligadas a llevar la contabilidad, en cuyo caso los interesados podrían asimismo optar por que la competencia notarial.
b) La designación de un interventor que fiscalice las operaciones de liquidación de las sociedades anónimas a petición de accionistas que representen la vigésima parte del capital social, de conformidad con lo previsto en el art. 381 de la Ley de Sociedades de Capital.
c) La designación de liquidador en los supuestos previstos en LOS apartados 1 y 2 del art. 377 de la Ley de Sociedades de Capital.

— 5 —

JURISDICCIÓN VOLUNTARIA*

El 1 de agosto del año en curso se aprobó el Proyecto de Ley de Jurisdicción Voluntaria, PLJV. La reforma de la JV es una de las piezas que quedan por encajar en el marco del Ordenamiento Jurídico, dado que la Ley de Enjuiciamiento Civil del año 2000 optó por regular la JV en una Ley específica.

La reforma de la JV es una de las piezas que quedan por encajar en el marco del Ordenamiento Jurídico, dado que la Ley de Enjuiciamiento Civil del año 2000 optó por regular la JV en una Ley específica.

La regulación de la JV afecta a numerosas instituciones en las que están en juego derechos e intereses de gran relevancia en el ámbito personal y patrimonial de los ciudadanos. Así: la tutela, la curatela, la guarda de hecho, el acogimiento, la adopción, la habilitación para comparecer en juicio, la intromisión en el honor, imagen o la intimidad de menores, el traslado o la retención ilícita en supuestos de sustracción internacional de menores, la protección del patrimonio de personas con discapacidad, la declaración de ausencia, la emancipación, la extracción y trasplante de órganos de donantes vivos, la separación y divorcio consensual, las discordancias en el ejercicio de la patria potestad o en en el seno de la comunidad conyugal o la conciliación, por citar sólo algunos de los más de 200 procedimientos específicos de JV previstos en la legislación.

Se consideran actos de JV aquellos supuestos en los que se prevé la intervención judicial, de oficio o a instancia de un interesado, sin que exista un proceso civil en el que se dirima la lesión de un derecho o interés o un conflicto cuya relevancia requiera que deba sustanciarse en sede contenciosa.

Las continuas invocaciones a actos de JV en leyes civiles y mercantiles, se producen por diferentes motivos. Así: para lograr la satisfacción de intereses que no son objeto de controversia o la tutela de derechos de personas que gozan de especial pro-

---

* Tercera de *ABC*, de 28 de noviembre de 2014.

tección en el Ordenamiento, o bien por razones de urgencia, para atender a una necesidad perentoria, para resolver discordancias que el legislador considera de relevancia menor, o bien para evitar la excesiva dilación del proceso contencioso, mediante el recurso al cauce simplificado y ágil del procedimiento voluntario, que cumple la función de un juicio rápido en el ámbito civil.

Notas caracterizadoras del PLJV

A. Racionalización. Se regulan en el texto del PLJV sólo los procedimientos que se sustancian ante el órgano judicial, atribuidos a Jueces y Secretarios Judiciales. Se prevé que los expedientes que se desjudicialicen, y atribuyan a Notarios y Registradores, se regulen en su legislación específica.

En la competencia de los Jueces se mantienen los supuestos que afectan a derechos fundamentales, derechos indisponibles, intereses públicos, condición y estado civil de la persona, menores, personas con la capacidad judicial modificada y derecho de familia, con algunas excepciones, así como determinados procedimientos en materia de obligaciones, sucesiones y mercantil.

Si bien se reconoce a los Secretarios Judiciales potestad decisoria en determinados procedimientos, su posición se ha visto debilitada en relación con la que se le confería en los anteriores textos legislativos de JV, con la opinión de la doctrina mayoritaria y con lo previsto en la LOPJ. Se trata de uno de los aspectos que habría que reconsiderar en la tramitación parlamentaria.

B. Desjudicialización. Se atribuyen a Notarios y Registradores determinadas competencias, sin contenido jurisdiccional, que son propias de su tradicional función de seguridad jurídica preventiva, en el marco de la cual realizan un control de legalidad de los actos en que intervienen, y garantizan los derechos de los afectados. Así, en supuestos de mera presencia, comprobación de hechos, calificación, autenticación, documentación de un acto o negocio o verificación de las condiciones de la ejecución.

C. Procedimiento judicial garantista. Especial relevancia supone la articulación de un procedimiento general de JV que incorpora las garantías propias de los procedimientos contenciosos. Así, en materia de días y horas hábiles, audiencia, aportación de parte, prueba plena, limitación del principio de impulso de oficio, previsión de oposición, grabación de la comparecencia, formulación de conclusiones, recursos, ejecución, beneficio de justicia gratuita y carácter supletorio de la LEC.

La nota desfavorable de esta nueva formulación garantista de la JV viene dada por la no preceptividad de la asistencia técnica de abogado, salvo casos puntuales, lo que contrasta con su carácter preceptivo en la regulación vigente.

La trascendencia económica de los intereses en juego, la necesidad de razonar con criterios de lógica jurídica, la práctica de todo tipo de pruebas y la afectación de derechos indisponibles e intereses públicos, hacen necesaria la preceptividad del abogado en el procedimiento judicial y la conveniencia de la representación por procurador.

Los abogados y los procuradores refuerzan la posición de los justiciables, garantizan el reconocimiento de sus derechos en régimen de igualdad y agilizan el procedimiento, con lo que ello supone en el logro de la tutela judicial efectiva.

D. Exclusividad. La idea de las competencias compartidas entre operadores en los supuestos desjudicializados, prevista en los anteriores textos de JV, y mantenida por los Grupos Parlamentarios en la tramitación del PLJV de 2006, en los Informes del CGPJ y CF, y por los propios operadores jurídicos, ha sido sustituida en el PLJV por la exclusividad competencial.

A mi juicio, lo aconsejable sería mantener la idea de la alternatividad, dado que supone un beneficio para el ciudadano, que podría optar por acudir, con análogo grado de seguridad jurídica, ante la Oficina Judicial, presidida por el Secretario Judicial, de forma gratuita, al estar la JV exenta de tasas, o hacerlo ante un Notario o Registrador, cuando considere que el pago del arancel se vea compensado por razones de celeridad, proximidad o especialidad.

E. Otras modificaciones de alcance contenidas en el PLJV. La previsión de competencia notarial para autorizar la separación o divorcio consensual, en determinados supuestos, y el expediente de reclamación, ante Notario, de deudas dinerarias no contradichas.

Hay que procurar, en suma, que la aprobación de la LJV se realice con el mayor consenso jurídico y político posible, que se adapte a la actual realidad social, que sea plenamente garantista en la realización de los derechos e intereses de los afectados, y que suponga una racionalización y redistribución de competencias, a fin de dar respuesta, también en esta parcela del Ordenamiento, al desafío de una Justicia más moderna y eficaz.

— 6 —

MISTERIOSA, HETEROGÉNEA, FASCINANTE JURISDICCIÓN VOLUNTARIA*

El pasado uno de agosto, se aprobó en Consejo de Ministros el esperado Proyecto de Ley de Jurisdicción Voluntaria, PLJV. El Anteproyecto de Ley de JV, ALJV, fue aprobado el 31 de agosto de 2013.

La escasa entidad de las reformas introducidas en el Anteproyecto respecto del Proyecto, no justifican los 11 meses transcurridos desde el agosto de 2013 al de 2014, por lo que la demora en aprobarse el texto del PLJV, debe imputarse al calendario de prioridades del Ministerio de Justicia. Hay que decir, en todo caso, que las novedades introducidas, aunque escasas, y no de fondo en su mayoría, han mejorado el contenido del ALJV.

A la vista de la semejanza entre ambos textos prelegislativos, y a fin de evitar reiteraciones, me remito, respecto del contenido, a la crítica del ALJV de 31 de agosto, realizada en AJA 890. Una síntesis del contenido del PLJV de uno de agosto, puede consultarse, en todo caso, en la página web de la Moncloa.

En el estudio mencionado expresé una valoración general positiva del PLJV, en especial, en atención a:

a) El carácter garantista del nuevo procedimiento general de JV, con audiencia y prueba plena, recursos y oposición, en la estela del juicio verbal, la limitación de la JV al órgano judicial, lo que supondrá una superación de la actual identificación de la institución con la supresión, o disminución, de garantías, plazos y formalidades, en detrimento de la tutela judicial efectiva.

   La JV debe regularse, en sede judicial, con las mismas garantías que los restantes procedimientos, en atención a que los derechos e intereses de los intervinientes a los que afecta, no son diferentes de los que se dirimen en el seno de la Jurisdicción Contenciosa, y

* "Tribuna". *Actualidad Jurídica Aranzadi*, 890, septiembre 2014, pp. 2 ss.

b) La necesaria desjudicialización de competencias a favor de cualificados funcionarios públicos.

El marco constitucional en el que se desenvuelve la tutela judicial no supone ningún obstáculo para acometer la desjudicialización de aquellos supuestos que, por su propia naturaleza jurídica, corresponden a la competencia funcional de determinados operadores jurídicos, que ostenten la condición de funcionarios públicos y puedan asumirlos con todas las garantías.

Los procedimientos q quedan sustraídos de la competencia del órgano judicial pueden ser considerados todos ellos de naturaleza administrativa y se integran en diferentes esferas del Derecho Privado. Resulta asimismo acertada la remisión de la regulación de los expedientes que se desjudicializan a la legislación notarial o registral específica.

Entre las discrepancias específicas señaladas, que se mantienen en el PLJV, cabe referirse a:

a) La debilitada posición en el que se sitúa a los Secretarios Judiciales y a los Abogados en la nueva JV.

   Los preceptividad de la intervención de abogado resulta ineludible en el logro de la tutela judicial efectiva, en especial cuando, como sucede en la mayoría de supuestos de JV residenciada en el órgano judicial, se ven afectados derechos de menores, personas con capacidad judicial modificada, personas con discapacidad, intereses públicos, derechos indisponibles, o restricción de derechos fundamentales. La preceptividad de representación procesal por procurador supondría asimismo un incremento de las garantías.

b) La supresión de la alternatividad entre operadores jurídicos, concebida como una ampliación de medios puestos a disposición de los ciudadanos, respecto de las competencias desjudicializadas, prevista en los anteriores textos prelegislativos sobre JV, respecto de la cual existía un práctica unanimidad sobre su oportunidad, en la doctrina, los operadores jurídicos y los Grupos Parlamentarios.

c) Carece de justificación regular procedimientos marítimos de JV en una Ley sustantiva nueva, la Ley de Navegación Marítima, cuando se ha iniciado el proceso de aprobación de una Ley de JV específica, por lo que los mencionados procedimientos deberían ser trasladados a la futura LJV.

d) La ausencia de una referencia expresa a la cosa juzgada, y a sus efectos, en la JV, si bien cabe deducirse de lo previsto en el artículo 6.2 del PLJV.

e) Utilizar el término procedimiento para las competencias que queden residenciadas en el órgano judicial, y el de expediente para las que se desjudicialicen.

f) Las deficiencias que presenta una Exposición de Motivos, que no está a la altura del rigor técnico con el que está escrito el articulado.

g) La reconsideración del denominado procedimiento monitorio notarial.

Así delimitado el objeto de esta Tribuna, cabe señalar, como primera observación, que apenas se han tenido en cuenta, en la labor de revisión interna del Ministerio, las alegaciones formuladas en los Informes preceptivos emitidos, ni las realizadas, al respecto, por la doctrina, ni por los propios operadores jurídicos.

Así, Notarios y Secretarios Judiciales, se han pronunciado, en un documento conjunto, que no ha sido asumido, a favor de incrementar la alternatividad, y el Consejo Fiscal ha propuesto, sin éxito, incorporar al Título II, como procedimientos específicos: a) La autorización judicial que el tutor precisa para acordar el ingreso de un menor tutelado en centro de educación o formación especial, art 271 CC, b) La autorización judicial de esterilización de personas con graves deficiencias psíquicas, art 156,2 CP, c) Autorización judicial de tratamiento médico forzoso de personas con enfermedad mental severa, como alternativa a la incapacitación y al internamiento forzoso.

Cabe señalar, no obstante, que todos los colectivos mencionados, se han mostrado globalmente favorables, a la aprobación del PLJV, con críticas en aspectos concretos, en especial, a la opción por la exclusividad competencial, y a la relegación de los Secretarios Judiciales y los Abogados, en contraposición a lo previsto en los anteriores textos legislativos.

En el PLJV se realizan, sobre todo, mejoras técnicas en distintos artículos, y se incorporan diversas modificaciones más de fondo, entre las que cabe resaltar: a) la previsión del nuevo expediente de deslinde de fincas no inscritas, en el marco del Título VI, relativo a derechos reales, b) la distinción entre la restitución y el retorno del menor como supuestos diferenciados, c) se recupera la competencia de los secretarios de ayuntamiento para tramitar el expediente previo al matrimonio, d) se adiciona la exclusión de las reclamaciones a consumidores del ámbito del procedimiento de reclamación ante notario de deudas dinerarias no contradichas.

Los epítetos con los que se rubrica esta dación de cuenta del PLJV son algunos de los múltiples con los que la doctrina ha calificado la JV. Un listado no taxativo de todos ellos se recoge en la Exposición de Motivos de la Propuesta de Anteproyecto de JV que elaborada en el seno de la Comisión General de Codificación, CGDC, en los años 2002-2005, es rescatada del olvido en el Informe preceptivo del Consejo General del Poder Judicial al ALJV de 2013: <El ALJV sometido a Informe –no hay razón para ocultarlo– tiene un antecedente señero en el PLJV de 2006. El Anteproyecto que dio origen a dicho Proyecto, provenía a su vez de un Borrador hecho público por el Ministerio de Justicia en octubre de 2005. Ese Borrador era el resultado de los trabajos efectuados por una Ponencia de siete miembros designada en el seno de la CGDC en 2002>. En el Informe del CGPJ se aboga por hacer alguna referencia explícita a estos textos, en la EM del nuevo texto legal, al objeto de: <poner de relieve que es el fruto de un esfuerzo más coral y de una tarea más longeva de lo que pudiera parecer…

tendría además la virtud alertar sobre las razones que determinaron que el Proyecto de 2006 no prosperase, lo cual contribuirá a que cuantos operadores se enfrenten a la Norma in fieri en sede tanto de iniciativa legislativa como de tramitación parlamentaria, obren con el máximo sentido de la responsabilidad, al objeto de evitar que este nuevo intento de dotar a nuestro ordenamiento de una LJV fracase>.

Hay q procurar, en definitiva, que la aprobación de la futura LJV se realice con el mayor consenso político posible, con voluntad de permanencia en el tiempo, que se adapte a la actual realidad social y jurídica, que sea plenamente garantista en la realización de los derechos e intereses de los afectados, y que suponga una racionalización y redistribución de competencias, a fin de dar respuesta, también en esta parcela del Ordenamiento, al desafío de una Justicia más moderna y eficaz.

— 7 —

EL ANTEPROYECTO DE LEY DE JURISDICCIÓN VOLUNTARIA Y LA SUSTRACCIÓN INTERNACIONAL DE MENORES*

Sumario: I) Normativa procesal actualmente aplicable.- II) Principales novedades introducidas por el Anteproyecto de Ley de Jurisdicción Voluntaria de 2013.- III) Propuestas de mejora del texto del ALJV de 2013.

I) NORMATIVA PROCESAL ACTUALMENTE APLICABLE

Los artículos 1901 a 1909 de la LEC 1881, a los que se le dio nuevo contenido por Ley 1/1996, de 15 de enero, de Protección Jurídica del Menor, promulgada con objeto fundamentalmente de adaptar nuestra legislación al Convenio de La Haya de 1980, CH80 en adelante, cuya finalidad consistía en la restitución inmediata a su país de residencia del menor trasladado o retenido ilícitamente en cualquier otro Estado miembro, constituyen, desde su entrada en vigor, el cauce procesal aplicable en España, siempre que tenga que aplicarse cualquier Convenio relativo a la sustracción internacional de menores en España, el menor se encuentre en territorio español y el guardador tenga su residencia habitual en cualquiera de los Estados firmantes del Convenio o le sean de aplicación las leyes comunitarias.

La nueva regulación supuso un avance significativo para nuestro país en orden al cumplimiento de la normativa en materia de sustracción internacional de menores.

El capítulo IV, artículos 59 a 67, del malogrado PLJV de 27 de octubre de 2006, trasvasaba al nuevo texto legal la regulación vigente, con la novedad consistente en que la oposición a la restitución se conocía por el mismo Juez ante el que se había presenta-

---

* *Abogados, Revista del Consejo General de la Abogacía*, n. 85. abril 2014, pp. 28-32.

do la solicitud. Igual solución fue la acogida por las dos propuestas de Anteproyecto de JV elaboradas por la CGDC en los años 2005 y 2012.

Se prevé que los mencionados artículos permanezcan en vigor hasta la aprobación de una nueva LJV, conforme a la Disposición Final 18 de la LEC 2000, y a la Disposición Derogatoria única de la LEC.

II) PRINCIPALES NOVEDADES INTRODUCIDAS POR EL ALJV DE 2013

Algunas de las novedades de las que se hace mención, tienen por objeto adaptar la regulación del procedimiento a las previsiones contenidas en el Reglamento CE del Consejo n. 2201/ 2003, relativo entre otras materias a la responsabilidad parental y a las disposiciones propias de la cooperación jurídica internacional.

1) Trasvase del procedimiento de la JV a la Jurisdicción Contenciosa, como un proceso especial. Se trata, a mi juicio, de una toma de postura errónea y contraria al espíritu de la normativa comunitaria y, en concreto, del Reglamento CE n. 2201/2003.

2) Se Introduce la posibilidad de recurrir al auxilio de las Autoridades Centrales implicadas, en el marco comunitario, así como de otras Redes de Cooperación Judicial Internacional.

3) En materia de postulación se establece que las partes deberán actuar con asistencia de abogado y representadas por procurador. Se trata de la solución ya prevista en la Propuesta de ALJV de 2012. Conforme a la actual regulación no se establece la asistencia preceptiva de abogado por tratarse de un asunto urgente.

4) Se refuerza la relevancia de la audiencia al menor, si bien cabría establecer: la obligación de grabar en videoconferencia la audiencia al menor, siempre que sea posible, la obligación de motivar la resolución por la que, en su caso, se acuerde no oír al menor, y la previsión expresa de que el juez pueda denegar la restitución si se comprueba que el menor se opone a la misma con argumentos atendibles.

5) Previsión de medidas cautelares. Si bien en la EM se alude como novedad a las mismas, las mencionadas medidas, ya estaban previstas en el art 45 del ALJV de 2012, y en los artículos 1903 y 1905 de la LEC 1881, en los que se faculta al Juez para adoptar las medidas convenientes para asegurar la restitución del menor.

6) Previsión de comunicaciones directas entre autoridades judiciales.

7) En materia de competencia territorial se establece la competencia del Juzgado de Primera Instancia de la capital de provincia o de Ceita y Melilla, en cuya

circunscripción se halle el menor. La mencionada opción, que atiende al fuero privilegiado de la Autoridad Central, es contraria a la previsión contenida en el CH8O, que se plasma en el art 1902 LEC, que atribuye la competencia al Juzgado en cuya demarcación judicial se halle el menor que ha sido objeto de traslado o retención ilícita. La novedosa atribución de competencia puede, por otra parte, entrar en colisión con el interés del menor, así cuando cuándo tenga que desplazarse a capitales de provincia lejanas de su lugar de residencia, con los consiguientes trastornos y pérdida de tiempo, por lo que parece que debería prevalecer el criterio de la residencia habitual del menor.

8) Se establece que el Juez podrá acordar que se garanticen los derechos de estancia o visita, relación y comunicación con quien incoa el procedimiento, si ello fuera conveniente a los intereses del menor.

9) Conforme al vigente artículo 1908 de la LEC 1881, contra el auto por el que el Juez resuelve si procede o no la restitución del menor sólo cabrá recurso de apelación en un sólo efecto, que deberá resolverse en el plazo improrrogable de 20 días.

Dicho auto tendrá efectos de cosa juzgada material en el marco de la propia JV, pero no impedirá la incoación de un juicio ordinario para dilucidar definitivamente la cuestión.

10) Procedimiento de mediación, 778 ter 12.

11) En materia de recursos, se prevé que contra la resolución q se dicte sólo cabrá recurso de apelación en ambos efectos. Se vuelve con ello a la solución anterior a la Ley 1/ 1996, de protección del menor, a partir de cuya entrada en vigor se establece que.

Admitir que el recurso tendrá efectos suspensivos retrasará la restitución del menor, y con ello la celeridad en la resolución del problema, de modo que parece más razonable que se pueda ejecutar de forma provisional e inmediata la resolución del Juez sin que haya que esperar a la resolución de la Audiencia Provincial. Si ya hay un Juez que ha juzgado ilícita la retención o el traslado, parece que el interés del menor es que se ejecute de forma inmediata. Debe ser el Juez competente, en el país en el que el menor tenga su residencia habitual, quien decidirá, si se plantearen, sobre la cuestiones de fondo relativas a la custodia.

12) Se prevé la posibilidad de que cualquier persona interesada pueda solicitar a la autoridad judicial que haya conocido en España de un asunto de restitución internacional de menores, que le expida un certificado en el que se acredite la ilicitud de un traslado o retención de un menor, en el sentido previsto en el artículo 3 del CH80.

III) PROPUESTAS DE MEJORA RESPECTO DEL TEXTO DEL ALJV DE 2013

A) Mantenimiento del procedimiento de restitución de menores en el marco de la JV, en atención a las argumentos que siguen:

a) Los artículos 1901 a 1909, introducidos por la L.O. de Protección del Menor 1/ 96, de 15 de enero, dictados para armonizar nuestra legislación con lo previsto al respecto en el Convenio de la Haya de 1980, no fueron derogados por la nueva LEC 1/ 2000, sino mantenidos en vigor por la Disposición Derogatoria Única de la nueva LEC, y no parece que esté justificado trasvasarlos ahora, con modificaciones, algunas de ellas mejorables y otras no en consonancia con lo establecido en la CH80, a la LEC de 2000, cuando no se ha hecho en los 14 años transcurridos desde su aprobación, ni en ningunos de los textos prelegislativos ni legislativos aprobados sobre JV, ALJV 2005, ALJV 2006, PLJV 2006, ALJV 2012, y cuando la futura LJV precisamente se caracterizará, a tenor de las previsiones del ALJV, por un reforzamiento de las garantías del procedimiento y una aproximación a la regulación de los procedimientos contenciosos.

b) Hay mayor seguridad de que se produzca una más rápida y efectiva reintegración del menor en el marco de la JV –que lleva camino de convertirse, si se aprueba una LJV como se prevé, en el juicio rápido y con garantías por excelencia en el ámbito del derecho procesal civil– que en la esfera de la JC.

c) En los referenciados textos sobre JV de 2005 y 2006, así como en la Propuesta de Anteproyecto de 2012, elaborada en el seno de la CGDC, se prevé la oposición y la contradicción en el marco del procedimiento de JV y su resolución en el mismo procedimiento de JV, al igual que sucede, por otra parte, en el procedimiento general de JV previsto en el ALJV de 2013 y en los procedimientos específicos que afectan a menores o incapacitados, personas con la capacidad judicial modificada, conforme a la nueva terminología del ALJV.

d) En la JV son hábiles todos los días y horas sin excepción, conforme al 1812 LEC, lo que contribuye a la celeridad del procedimiento, lo que no sucede en la Jurisdicción Contenciosa, por lo que habría que mantener la habilidad de la actual regulación en el marco de este procedimiento, en aras de la brevedad procedimental.

e) Conforme a la actual regulación, cualquier actuación que se suscite fuera de los días y horas hábiles, en atención a la ubicación del procedimiento en la JV y al carácter de urgencia que lo informa, puede tramitarse y, en su caso, ejecutarse, por el juzgado de guardia.

f) Con el procedimiento de JV, tal y como se ha previsto en la propuesta de ALJV de 2012, se logra la misma finalidad, con las mismas garantías y en menor espacio de tiempo, que si la tramitación se incardina en el marco de lo contencioso, al tiempo que resultan más dificultosas las posibles tácticas dilatorias de las partes, que dificulten la celeridad del procedimiento.

El Reglamento CE n. 2201/ 2003 establece, de forma inequívoca, en el art 11.3, que en los supuestos de restitución de los menores, deberán utilizarse los procedimientos más expeditivos que prevea la legislación nacional, lo que parece más conforme con el procedimiento urgente de JV. Por su parte, el Convenio de la Haya, establece en el artículo 2 que los Estados contratantes deben recurrir a los procedimientos de urgencia de que dispongan para garantizar que se cumplan en sus territorios los objetivos del Convenio y las obligaciones convencionales.

B) Si en el partido judicial en el que reside el menor hubiera juzgados de familia, parecería lógico atribuirles la competencia en esta materia, conforme a la recomendación formulada por la Guía de Buenas Prácticas del Convenio de La Haya de 1980, en adelante CH80, en aras de una deseable especialización en un asunto tan delicado como es el secuestro de menores y de la unidad de criterio en las decisiones. La opción por los juzgados especializados, se ha materializado ya en la Justicia británica.

Se trata de unos de los problemas existentes en la actual regulación, en opinión de González Vicente, que se muestra favorable a la opción de los juzgados de familia, junto con el de los recursos y la ejecución.

C) En el propio marco del plazo fijado para el procedimiento, en atención a la relevancia de los intereses en juego, convendría prever breves plazos para la subsanación de defectos de la solicitud, y un trámite de conclusiones, lo que ha sido ya señalado por la doctrina, respecto de la regulación vigente.

D) Debería tenerse en cuenta la previsión contenida en el Reglamento CE 2201/ 03, conforme a la cual la resolución que se adopte en cuanto a la devolución del menor trasladado o retenido ilícitamente se pueda sustituir por la que dicte posteriormente el órgano jurisdiccional del Estado miembro competente.

— 8 —

A PROPÓSITO DEL ANTEPROYECTO DE LEY DE JURISDICCIÓN VOLUNTARIA*

Se hizo esperar desde el día 24 de octubre de 2007 en que el Gobierno retiró el Proyecto de Ley de Jurisdicción Voluntaria de 2006, cuando iba a ser votado en el Pleno del Senado, hasta el día 31 de octubre de 2013, en que se aprobó el Anteproyecto de Ley de Jurisdicción Voluntaria, ALDJV, que se encuentra en trámite de consultas, información y debate público, en el momento actual.

Una primera valoración global del texto del ALDJV debe ser positiva. Como aspectos a resaltar de la reforma cabe subrayar que:

a) Se aborda la desjudicialización de determinadas competencias que se atribuyen a funcionarios públicos de especial prestigio, Secretarios Judiciales, Notarios y Registradores, en atención a su especialización, su consideración como relevantes operadores jurídicos procesales o extraprocesales, y a la seguridad jurídica que supone su intervención como garantes de la legalidad, y

b) Se articula, por fin desde la LEC de 1881, un procedimiento judicial general de JV garantista, que tiene su antecedente en la Propuesta de ALDJV de 2005, en que se prevé:

— Que la comparecencia se sustanciará, de forma preferente, en el marco de los principios de oralidad, concentración e inmediación, por los trámites del juicio verbal y se registrará en soporte apto para la grabación del sonido y de la imagen.
— Que se dará audiencia además de a los promoventes, a los afectados e interesados.
— Que se practicarán todo tipo de pruebas.

---

* *Actualidad Jurídica Aranzadi*, 17 de abril de 2014, Año XXIII, número 883, p 10.

— La formulación de oposición por alguno de los interesados no hará contencioso el expediente, ni impedirá que continúe su tramitación hasta que sea resuelto, salvo que la ley expresamente prevea lo contrario.

— La supresión de la actual habilidad de todos los días y horas en JV, contenida en el art 1812 LEC 1881, y de la posibilidad de modificar de oficio las providencias y autos no definitivos, contenida en el art. 1818 del mismo texto legal.

— Los recursos de reposición, apelación y revisión, la acumulación de procedimientos y, el cumplimiento y ejecución de resoluciones, conforme a lo establecido en la LEC, a cuyas disposiciones se reenvía, en el art 8 del Anteproyecto, con carácter general y supletorio, en todo lo no regulado en el texto legal de JV.

Si bien la desjudicialización parece haber sido el *leitmotiv* de la reforma, su principio inspirador por antonomasia, a mi juicio, pondría en el mismo plano de relevancia, la articulación del mencionado procedimiento judicial garantista, común a Jueces y Secretarios Judiciales, configurado en la estela de los juicios especiales regulados en la LEC, de los que básicamente se diferencia por la ausencia de cosa juzgada material fuera del marco de la propia JV.

Conformado como el procedimiento civil más rápido de los existentes, gratuito, plenamente garantista y respetuoso de la seguridad jurídica, está llamado a ser el instrumento adecuado para resolver, de forma satisfactoria, las cuestiones que se plantean en esta esfera del Ordenamiento, relativas a los derechos subjetivos e intereses de suma relevancia en la esfera personal y patrimonial de las personas, y a generar confianza en la regulación de la JV, suficiente para remover el recelo existente en parte de la doctrina, que no ha mostrado, salvo honrosas excepciones, un especial interés en su estudio, y para impedir, por ende, que en el futuro, se identifique la institución con supresión de plazos, formalidades y garantías.

En la JV no existe un proceso *inter partes*, por lesión, o no reconocimiento, de derecho subjetivo o interés legítimo o como consecuencia de un conflicto relevante; pero si existe, en numerosos supuestos contradicción y oposición y por ello se acude al órgano judicial, conforme a lo previsto en el ALDJV, por razones de urgencia, para atender a una necesidad perentoria, para resolver un conflicto de relevancia menor, o con la finalidad de evitar la excesiva dilación del proceso contencioso.

De forma progresiva, y especialmente en los últimos decenios, la JV judicial ha evolucionado, desde su originaria conformación, básicamente negocial, constitutiva o complementadora, incardinada en el marco del ejercicio pacífico de derechos, hasta su actual perfil de tutela de intereses públicos y sociales, en los que se ven afectados intereses de menores, personas con capacidad judicial modificada, presuntos incapaces, personas con discapacidad o desamparadas, así como supuestos de tutela sumaria contradictoria en conflictos de intereses considerados de relevancia menor.

La JV pactada, negocial, sin conflicto, en la que el órgano judicial se limita a realizar un control de legalidad del acto que se solicita y a colaborar en el nacimiento del acto o relación jurídica, es solo una parte del contenido, amplísimo, de esta esfera de la legislación procesal, por lo que responde a un momento histórico ya superado. Y es esta nueva concepción de la JV la que se visualiza y regula en el ALDJV.

Los aspectos más discutibles contenidos en el ALDJV son, a mi juicio, los atinentes a los siguientes aspectos:

— La Exposición de Motivos, algunos de cuyos párrafos adolecen de un deficiente lenguaje jurídico, contienen afirmaciones discutibles, y denotan un cierto desapego hacia la JV, que se manifiesta en la extrapolación de materias, como los expedientes de dominio y los procedimientos de derecho marítimo, a textos de derecho material.

— La ausencia de alternatividad en las competencias que se desgajan de la órbita judicial, lo que supone crear un problema, con los operadores jurídicos y entre los operadores jurídicos, donde no lo había, dado el sustancial acuerdo que al respecto se había operado entre los propios operadores destinatarios de las competencias, la doctrina científica, los grupos parlamentarios que intervinieron en la tramitación del Proyecto de JV de 2006, y la propia ciudadanía, a la que sustrae la posibilidad de optar por acudir, con análogo grado de seguridad jurídica, al órgano judicial, de forma gratuita o al Notariado o a un Registro Público, cuando consideren que el pago del arancel se ve compensado por razón de celeridad, proximidad o especialización.

  En el sentido mencionado se ha pronunciado asimismo el Consejo General del Poder Judicial, en su Informe, sobre el Anteproyecto, de 27 de febrero de 2014.

— La devaluación de la posición de los Secretarios Judiciales, a los que se atribuye sólo la decisión de siete procedimientos de JV de los 29 que se desjudicializan, lo que se contrapone con la previsión de competencia de estos operadores jurídicos en el art. 456.3 de la LOPJ, con la posición de todos los Grupos Parlamentarios que apoyaron el papel esencial de los SJ en todas las competencias desjudicializadas, con las previsiones legislativas y prelegislativas anteriores en la materia, y con la mayoría de doctrina procesalística que se ha ocupado, en sus publicaciones, sobre este asunto.

— La devaluación de la posición de los abogados, cuya intervención pasa de ser preceptiva, con carácter general, a serlo sólo de forma específica en determinados procedimientos.

Frente a la mencionada previsión de la obligatoriedad de la asistencia técnica configurada más como una excepción que como una regla general, cabe alegar que en la JV hay derechos e intereses de parte, de suma relevancia, que afectan a derechos indisponibles, derechos fundamentales, derechos de la personalidad, a menores, a la capacidad de las personas, al ejercicio de la patria potestad, a la tutela etc., que exigen la presencia de un abogado, que proceda a la defensa de los afectados, mediante el asesoramiento, asistencia técnica y consejo, cuando su interés esté en juego o resulte afectado, y la representación procesal de un procurador.

En el sentido mencionado de mantener la preceptividad de abogados y procuradores, se ha pronunciado asimismo el Consejo General del Poder Judicial, en su mencionado Informe, sobre el ALDJV.

— Otros aspectos a revisar son: a) La ausencia de previsión de la cosa juzgada, b) La problemática competencia atribuida al Notariado para reclamar deudas dinerarias no contradichas, cuestionada en el Informe del CGPJ sobre el ALDJV, c) La ausencia de reserva jurisdiccional en las competencias atribuidas en exclusiva a la Autoridad Judicial, a la que se alude asimismo de forma crítica en el Informe del CGDPJ sobre el ALDJV, y c) El trasvase del procedimiento de sustracción de menores en la marco a la LEC, cuando su incardinación en el ámbito de la JV por la Ley Organica de protección del menor de 1996, obedeció ya entonces a razones de brevedad, economía procesal y escasas formalidades propias de la JV, lo que supone una más rápida y efectiva reintegración del menor, y precisamente cuando va a regularse la JV con mayores garantías en el procedimiento.

En definitiva, hay que elaborar una ley de Jurisdicción Voluntaria, con el máximo consenso político y jurídico que resulte posible, a fin de asegurar su permanencia en el tiempo, que adapte la institución a la dogmática procesal y a la actual realidad social, y que de respuesta, también en esta parcela del Ordenamiento, al desafío de una Justicia más moderna y eficaz.

— 9 —

LA JURISDICCIÓN VOLUNTARIA: UN MANDATO LEGISLATIVO PENDIENTE DE CUMPLIMIENTO*

Sumario: 1) El problema del concepto, naturaleza jurídica y contenido de la jurisdicción voluntaria a la luz de la experiencia histórica.- 2) Reforma legislativa pendiente.- 3) Una posible clasificación de los procedimientos de Jurisdicción Voluntaria.- 4) Algunas Propuestas de modificación respecto del texto normativo de JV aprobado en la Comisión de Justicia del Congreso de los Diputados.- 5) Racionalización y redistribución de competencias: A) Competencias que deben permanecer en la órbita de la Autoridad Judicial. B) Competencias atribuibles a los Secretarios Judiciales. C) Competencias susceptibles de ser atribuidas a lo Registradores. D) Competencias susceptibles de ser atribuidas al Notariado.- 6) Reflexiones finales.- 7) Anexo: Elenco de bibliografía específica del Autor sobre Jurisdicción Voluntaria.

1) EL PROBLEMA DEL CONCEPTO, NATURALEZA JURÍDICA Y CONTENIDO DE LA JURISDICCIÓNVOLUNTARIA A LA LUZ DE LA EXPERIENCIA HISTÓRICA

A) Introducción. En Roma la jurisdicción fue competencia exclusiva durante siglos de los magistrados y con posterioridad de los jueces. Sólo éstos podían, a través de la vía de un proceso fingido *in iure cessio*, o por medio de un *decretum* por el que se decidía un asunto consensuado por los solicitantes o de obligada intervención del juez, autorizar o colaborar en el nacimiento, modificación o extinción de una relación jurídica.

---

* *Discurso de Ingreso en la Real Academia Gallega de Jurisprudencia y Legislación*, mayo de 2013, pp. 15-146.

En el lenguaje jurídico romano, con el término *iurisdictio* se indica el poder de que está investido el magistrado, la actividad que éste realiza, e incluso la función para cuyo cumplimiento al magistrado le es atribuido el correspondiente poder[1]. Establecida esta premisa y sentada la afirmación de que la *iurisdictio* romana no se corresponde en todos sus aspectos -en especial hasta la época clásica- con la jurisdicción actual, me parece que se puede iniciar el análisis, partiendo de la genérica definición dada por Luzzato[2], que se refiere a un concepto que ha sufrido notables variaciones en función de las diversas épocas de desarrollo del Derecho Romano, y de las diversas formas del proceso, conforme a la cual la *iurisdictio* comprendería "el conjunto de facultades atribuidas a los magistrados a los cuales se confió, en Roma, la administración de la justicia civil, y a partir del siglo III d.C, y con ciertos límites, también la criminal".

Dificultad especial presenta la determinación del contenido y el fundamento de la *iurisdictio*. Etimológicamente, el término deriva de *ius dicere*, lo que parece que hace referencia, a primera vista, a la idea de decir, mostrar o indicar por parte del magistrado el Derecho aplicable[3], pero la misma raíz etimológica constituye la base de los términos *iudex* y *iudicium*, y parece claro que el juez privado del *ordo iudiorum privatorum* no tenía *iurisdictio*[4]. Por ello, como se ha puesto de relieve por la doctrina, el análisis filológico no nos arroja excesiva luz sobre el problema que nos ocupa.

Respecto al fundamento de la *iurisdictio*, especialmente referido al proceso por acciones de la ley, se han mantenido por la doctrina dos hipótesis extremas y diversas

---

1 Vid en este sentido Pugliese *"Il processo formulare"*, I, p.39. En relación con la amplísima literatura existente sobre la *iurisdictio*, cabe señalar, además de la citada en la obra de Pugliese, entre otros, los siguientes estudios: Girard, *"Organisation judiciaire des romains*, cit, págs. 167 y ss; Wlassak, *"Romische Prozessgesetze"*, I, cit. Lauria, *"Iurisdictio"* en Studi in memoria di P. Bonfante, II, cit. p.481 y ss; De Martino *La giurisdizione in diritto romano*, cit, p.3 y ss; Luzzato, *Procedura civile romana* II, *Les legis actiones*, cit. p. 154 y ss; III, *La genesi del processo formulare*, pag. 134 y ss; Gioffredi, *Contributi allo studio del processo civile romano*, cit. p. 9 y ss; Kaser, *Das römische Zivilprozessrecht*, cit., p.132 ss; Murga, *Derecho Romano Clásico*, II, *El proceso*, Zaragoza 1980, p.36-49; Biscardi, *Lezioni sul processo privato romano*, Catania 1982; Cannata, *Profilo istituzionale del processo privato romano*, I, *Le legis actiones*, Torino, 1980; II, *I processo formulare*, Torino, 1982; Buti, *Il praetor e le formalità introduttive del processo formulare*, Camerino 1984.

2 Luzzato, s.v. "Giurisdizione", en *Enc. del Diritto*, pp.1 y ss.

3 Acerca del origen y del significado del término *iurisdictio*, vid., entre otros autores, De Martino, *"la Giurisdizione nel diritto romano"*, cit, p.59 ss y Buti, *Il praetor e le formalità introduttive del processo formulare*, cit, p.11 y ss. La idea de indicar se pone de manifiesto en diversas expresiones: *dictatoram dicere, multam dicere, diem dicere, edicere, interdicere*, etc.

4 Vid. esta idea profusamente documentada por Bekker, *Über Anfang und Ende des "in iure" Verfahrens im rom. Formularprozess: ius dicere-litem contestari"*, en Z.S.S, XXVII, 1906, p.1-12.

opiniones intermedias entre ambas. Lauria[5] excluye toda relación entre *iurisdictio* e *imperium*. Su tesis ha sido agudamente criticada por la doctrina, especialmente por Pugliese[6] y Luzzato[7], que han puesto de relieve, entre otros aspectos, que la delegación de la *iurisdictio* encuentra su propio fundamento en el *imperium* magistratual[8], y que la misma terminología de *iudicia imperio continentia* confirma que, en la concepción romana, la *iurisdictio* encontraba su fundamento en el *imperium*.

Por el contrario, para Leifer[9], la *iurisdictio* sería una de tantas manifestaciones del *imperium*, por lo que correspondería a todos los magistrados titulares del mismo. Como objeciones de orden general, la doctrina ha señalado, frente a la opinión de este autor[10], entre otros argumentos, que existen magistrados desprovistos de *imperium*, y provistos de *iurisdictio*, como los cuestores, los ediles y los magistrados municipales.

La doctrina mayoritaria, a la que me adhiero, acepta las teorías intermedias que, con diversos matices, sostienen De Martino[11], Pugliese[12] y Luzzatto[13], conforme a las cuales, el término *iurisdictio* hace referencia a un conjunto autónomo de poderes del magistrado, distintos del *imperium*, dado que pueden ser objeto de delegación y conferidos a magistrados privados de *imperium*, pero no independientes de éste, en cuanto que el *imperium* constituye su fundamento.

Respecto al contenido, Lauria[14] identifica la *iurisdictio* con el pronunciamiento de los *tria verba legitima*: *do, dico, addico*, a los que se refieren numerosos textos, y ciertamente parece probable la identidad originaria entre *dicere* (*dico*) y *iuris dictio*, en cuanto que *dicere* constituiría la actividad más relevante del magistrado. La tesis de Lauria, que ha tenido algunos seguidores[15], no ha sido aceptada por la doctrina mayoritaria[16], que ha señalado, entre otros reparos, que los *tria verba* no son más que

---

5 LAURIA, *iurisdictio*,cit., pp.481 y ss.

6 PUGLIESE, *Il processo formulare*, I, cit., pp.66-70.

7 LUZZATTO, *Procedura civile romana*, cit., pp.186 y ss.

8 Vid. D., 1.21.3 (Iulianus, libro quinto *Digestorum*): "*Et si praetor sit is, qui alienam iurisdictionem exsequitur, non tamen pro suo imperio agit, sed pro eo cuius mandatu ius dicit, quotiens partibus eius fungitur*".

9 LEIFER, *Die Einheit des Gewaltgedankens im römischen Staatsrechts*, Leipzig, 1914.

10 Vid., por todos, PUGLIESE, *Il processo formulare*, I, cit., pp.66 y ss.

11 DE MARTINO, *La Giurisdizione in Diritto romano*, cit., pp139 y ss.

12 PUGLIESE, *Il processo formulare*, I, cit., pp.70 y ss.

13 LUZZATTO, *Procedura civile romana*, II, pp.186 y ss.

14 LAURIA, *Iurisdictio*, cit., pp.529 y ss.

15 Cfr. LEVY-BRUHL, *Recherches sur les actions de la loi*, París, 1960, pp.115 y ss.; DÜLL, *Eroffnungsakt in iure und die tria verba praetoris*, en Z.S.S., 57, 1937, pp.76 y ss.

16 Vid en relación con los *tria verba*, en la reciente obra de BUTI, *Il praetor e le formalità introduttive del processo formulare*, cit., pp.81 y ss. y la bibliografía allí citada.

una indicación abreviada y ejemplificativa de los formularios solemnes que debían ser pronunciados por el magistrado en el ejercicio de su jurisdicción[17].

Bekker identifica la *iurisdictio* con la simple declaración introductiva del proceso[18], y De Martino[19] considera que la *iurisdictio* consiste en la indicación a las partes contendientes de la norma aplicable al caso concreto. Por el contrario, en opinión de Gioffredi[20], la *iurisdictio* no es una simple indicación técnica de la norma aplicable, sino que supone una indicación vinculante del ritual a seguir y de los formularios a pronunciar.

En esta línea de investigación abierta por Gioffredi que, a mi juicio, es la que en mayor medida se acerca a la realidad, han expuesto el resultado de sus estudios, con matices diversos, Pugliese[21], Kaser[22] y Luzzato[23].

A efectos de nuestro trabajo, nos interesa especialmente resaltar que el fundamento de la declaración vinculante en que consistía la *iurisdictio*, no puede ser más que el *imperium*, por lo que serían competentes en materia de *iurisdictio* todos los magistrados provistos de *imperium*[24], lo que explicaría, como ha puesto de relieve Luzzatto[25], que la participación de los cónsules en la *in iure cessio* y en otros actos de jurisdicción meramente formal es, precisamente, el residuo de una originaria jurisdicción ejercitada por los magistrados en cuestión.

Un punto de partida seguro en la historia de la *iurisdictio* lo constituye la creación de la magistratura del pretor urbano con funciones jurisdiccionales, por las *leges Liciniae Sextiae* del año 367 a. de C. Tradicionalmente se admite que los cónsules habrían perdido, con la creación de la Pretura, la jurisdicción contenciosa, y conservarían la jurisdicción voluntaria, pero este planteamiento, al que me referiré con detenimiento cuando analice las competencias de los cónsules, presupone expresamente o acepta implícitamente la existencia de una categoría unitaria de jurisdicción

---

17 LUZZATO, *Procedura civile romana,* II, cit., p.185.

18 BEKKER, *Über Anfang und Ende des in iure- Verfaherns im römischen Formularprozess: ius dicere-litem contestari,* cit. Pp1 y ss.

19 DE MARTINO, *La Giurisdizione nel Diritto romano,* cit., pp.149 y ss.

20 GIOFFREDI, *Contributo allo studio del processo civile romano,* cit., pág.10.

21 PUGLIESE, *Il proceso formulare,* I, cit., p.122.

22 KASER, *Das römische Zivilprozessrecht,* cit., pp.28 y ss.

23 LUZZATTO, *Procedura civile romana,* II, cit., pp.196 y ss.

24 En relación con la existencia de una jurisdicción pontificial previa al procedimiento de las acciones de la ley, vid. FUENTESECA, "Las *legis actiones* como etapas del proceso romano", en A.H.D.E., 34, 1964 (Investigaciónes de Derecho procesal romano, Salamanca, 1969, pp.54 y ss); CALONGE, "El *pontifex maximus* y el problema de la distinción entre magistraturas y sacerdocios", en A.H.D.E., 38, 1968, pp.19 y ss; GUIZI, *Aspetti giuridici del sacerdozio romano. Il sacerdozio di vesta,* Napoli, 1968, pp.152 y ss.

25 LUZZATTO, s.v. "*Giurisdizione*", en Enc. del Diritto, cit., pág.192.

contenciosa en el siglo IV a.de C., lo que a mi juicio no puede ser mantenido en el estado actual de nuestras fuentes.

Lo que sí parece evidente es que no sólo los cónsules, sino también otros magistrados provistos de *imperium*, tendrían competencia para intervenir en la *legis actio*, dado que el magistrado investido de *imperium* por la *lex curiata* podía, en pura teoría, realizar actos de *iurisdictio*, en cuanto que ésta era una consecuencia o expresión de *imperium* que le correspondía.

Asimismo, la intervención de otros magistrados en manumisiones, adopciones, emancipaciones, etc., se debía, en ocasiones, a una atribución legislativa de competencia a tales magistrados o bien era producto de una delegación de atribuciones realizadas por el titular del poder correspondiente.

Otro hito importante en la historia del instituto o categoría que en el texto de Marciano se denomina *iurisdictio voluntaria*, tiene lugar cuando se produce la supresión del procedimiento de las *legis actiones*.

Gayo, que es nuestra fuente más importante para el estudio de las acciones de la ley[26], nos dice en un conocido fragmento[27] que las *legis actiones* se fueron desprestigiando paulatinamente, habiendo llegado el formalismo al extremo de que el mínimo error hacía perder el pleito[28] y que su abolición se produjo en virtud de una ley Ebucia y de dos leyes Julia, a partir de las cuales se litigió mediante fórmulas[29]. En el fragmento siguiente[30], Gayo señala que únicamente se conservan las acciones de la ley en dos casos, el supuesto de daño temido[31] y los juicios ante el Tribunal de los centumviros[32].

---

[26] FUENTESECA, "Las *legis actiones* como etapas del proceso romano". Investigaciones de Derecho procesal romano, Salamanca, 1969, pp.45-92.

[27] Gai, *Instituciones,* 4.30: "*Sed istae omnes legis actiones paulatim in odium venerum, namque ex nimia subtilitate veterum, qui tunc iura condiderunt, eo res perducta est, ut vel minimum errasse, litem perderet; itaque per legem Aebutiam et duas Iulias sublatae sunt istae legis actiones, effectumque este, ut per concepta verba, id est per formulas, litigaremus*".

[28] En relación con el carácter predominantemente jurídico de las *legis actiones,* vid. GARCÍA GARRIDO, "Proceso arcaico y *legis actiones* (a propósito de las *Recherches* de LEVY-BRUHL)", en S.D.H.I., 1961, pp.352 t ss; HUVELIN, "L´arbitrium liti aestimandi e l´origine de la formule", en *Mélanges Gerardin,* pp.319 y ss; IGLESIAS, *Derecho Romano,* cit., pp.205-207, y la bibliografía aquí citada; TOUMULESCU, "Les origines de la procédura formulaire", en R.I.D.A., 20, 1973, pp.355 y ss.

[29] En relación con el origen de la fórmula, vid., por ejemplo, GARCÍA GARRIDO, *Prelección. Guía para un curso de Derecho Romano,* Santiago de Compostela, 1962.

[30] Gai, *Institutiones,* 4.31; "*Tantum ex duabus causis permissum est (id legis actionem facere) lege agere, damni infexti et si centumvirale iudicium futurum est...*".

[31] Vid. al respecto el estudio de PARICIO, *La denuncia de obra nueva, en el Derecho Romano Clásico,* Barcelona, 1982.

[32] Cfr., sobre los *centumviri,* BOZZA, *Sulla competenza dei centumviri,* Napoli, 1928.

No nos interesa, a los efectos de nuestro estudio, entrar en la conocida polémica[33] acerca del papel que la ley Ebucia y las leyes Julias cumplieron la introducción del procedimento formulario, pero sí conviene resaltar la referencia a los dos supuestos excepcionales aludidos por Gayo, en los que parece claro que existe un conflicto de intereses que se dirimiría mediante *legis actiones* contenciosas[34], así como la afirmación contenida en los *Fragmenta Vaticana*[35], conforme a la cual "*... nulla legis actio prodita est de futuro*", porque todo ello contrasta con la mención de la *legis actio* en textos de la época clásica, en relación con los supuestos que Marciano considera de *iurisdictio voluntaria*, lo que denota la vigencia de este antiguo procedimiento romano, en la época del proceso formulario.

B) Estructura procesal de la in iure cessio en las épocas republicana y clásica

Los supuestos que Marciano considera de *iurisdictio voluntaria*, y respecto de los cuales los demás jurisconsultos, de forma más técnica, hablan de *legis actio*, requieren para su formalización la realización de una *in iure cessio*, de la cual no son, por otra parte, más que aplicaciones particulares.

El texto de Marciano, en el que se menciona la expresión de *iurisdictio voluntaria*, es el siguiente:

> D.1. 16. 2 pr (Marcianus, *libro I, Institutionum*): "*Omnes Proconsules statim, quam Urbem egressi fuerint, habent iuridictionem; sed non contentiosam, sed voluntariam, ut ecce manumitti apud eos possunt tam liberi, quam servi, et adoptionem fieri.*
>
> *1. Apud legatum vero Proconsulis nemo manumittere potest, quia non habet iurisdictionem talem*".

Como es sabido, los compiladores han suprimido toda alusión en las fuentes a la *in iure cessio*, elimiando la palabra *in iure*, y dejando la palabra *cessio*, pero sin el antiguo significado de allanarse. Nos interesa especialmte el examen de este instituto, puesto que depende de su caracterización y naturaleza jurídica en las diversas épocas, el que podamos o no encuadrar dentro de la *iurisdictio* los supuestos que Marciano denomina de "*iurisdictio voluntaria*".

La primera reflexión que se impone es la derivada de que Gayo no mencione la *in iure cessio* en la enumeración que de las acciones de la ley hace en *Instituciones* 4, 12, lo

[33] Vid. la amplia muestra de bibliografía al respecto, en IGLESIAS, *Derecho Romano*, Madrid, 1983, pág.197, nota 31.

[34] *Lege agere*, en las fuentes jurídicas, se refiere siempre al antiguo procedimiento de las *legis actiones;* cfr. Gai, *Institutiones*, I, 184; IV, 12, 21, 24, 26, 29; *Tituli ex corporo Ulpiani*, XI, 24, 27.

[35] *Fragmenta Vaticana*, 49.

que ha hecho afirmar a un sector de la doctrina que, conforme a un método riguroso, no se deben contar como acciones de la ley aquellas que no han sido señaladas como tales en las fuentes[36].

Ciertamente, llama la atención que Gayo admita que el conjunto de actuaciones que suponen una cesión ante el magistrado se denomine "*legis actio*", y que esta calificación no conlleve la enumeración de la *in iure cessio* dentro del elenco de las *legis actiones*, lo cual probablemente se debe a la caracterización de la *in iure cessio* como un negocio transmisivo de cesión o extinción de determinados derechos, para el que se utiliza la *legis actio sacramento in rem* convenientemente adaptada[37]. Por otra parte, si se acepta lo señalado en los *Fragmenta Vaticana*[38], la *in iure cessio* sería un instituto previo a las XII Tablas, que se habrían limitado a confirmar su existencia[39]: "*Et mancipationem et in iure cessio legis XII Tab. Confirmantur*".

La polémica sobre la naturaleza jurídica de la *in iure cessio* constituye uno de los puntos más controvertidos en la doctrina y ha dado lugar a una división de opiniones en la doctrina, entre aquellos autores[40] que sostienen la jurisdiccionalidad de la *in iure cessio* desde sus orígenes y en diversas épocas hasta su desaparición en la época justinianea[41], y los que sostienen que la *in iure cessio* no ha sido nunca un proceso, ni

---

36 A la *in iure cessio* se refiere Gayo en los siguientes términos, *Institutiones, 2,4*: "*In iure cessio autem hoc modo fit: apud magistratum populi Romani velut praetorem urbanum [aut praesides provinciae is, cui res in iure ceditur, rem tenens ita dicit: hunc ego hominem ex iure Quiritium meum esse aio; deinde postquam hic vindicaverit, praetor interrogat eum, qui cedit, an contra vindicet; quod negante aut tacente tunc ei, qui vindicaverit, eam rem addicit; idque legis actio vocatur...*".

37 Vid., en este sentido, KASER, *Derecho Romano Privado*, trad. Santa Cruz Teijeiro, Madid, 1968, pág.44.

38 En relación con el "*confirmare*" de *Fragmenta Vaticana*, 50, referido a la *mancipatio* y a la *in iure cessio*, vid., por ejemplo, GIOFFREDI, *Diritto e processo nelle antiche forme giuridiche romane*, Roma, 1955, pág.270. En opinión de este autor, con independencia de las dudas que suscita la pertenencia de la norma a las XII Tablas, lo que parece evidente es que se trata de un precepto que corresponde a la más antigua época republicana. Asimismo, en relación con el escepticismo que produce el texto de las XII Tablas, vid. KASER, *Eigentum und Besitz im alterem romischen Recht*, Weimar, 1943, pág.201.

39 En sentido contrario a la opinión mayoritaria de que la *in iure cessio* es una institución existente ya en la época de las XII Tablas, pero posterior a la *mancipatio*, EISELE, *Res mancipi*, Friburgo, 1896, pp.256 y ss; SCHOLOSSMANN, *In iure cessio und mancipatio*, 1904.

40 Conforme a la opinión más común, la *in iure cessio* es un proceso aparente, sustancialmente ficticio, pero formalmente del todo regular. Vid., por todos, en este sentido, BISCARDI, *Lezioni sul processo antico e classico*, Torino, 1967, pp.59 y ss.

41 La *in iure cessio* aparece mencionada por última vez en una constitución del año 293 d. de C., *Consultatio veteris iurisconsulti*, 6.10: "*... quae donatione mancipatione vel in iure cessione trans-*

siquiera en la forma[42]. Asimismo se han avanzado por la doctrina diversas teorías intermedias que, con diferentes matices, consideran que las formalidades procesales de la *in iure cessio*, cuyo cumplimiento habría sido originariamente preceptivo, sufrieron en el transcurso del tiempo cambios profundos.

Especialmente significativos resultan, a mi juicio, las opiniones mantenidas al respecto por Solazzi, De Martino, Luzzatto y Pugliese.

Solazzi, en sede de su estudio específico sobre la *iurisdictio contentiosa* y *voluntaria* en las fuentes romanas, opina a propósito del problema de la jurisdiccionalidad de la *in iure cessio* en relación con los supuestos de la denominada *iurisdictio voluntaria*, que la idea de que la *in iure cessio* es un proceso fingido es madre de equívocos en un caso como el nuestro, en el que las partes conocen recíprocamente sus intenciones y, por su parte, sabe bien el magistrado que el cedente renunciará a su derecho y el reivindicante lo adquirirá, sin que haya existido nunca voluntad de litigar.

En definitiva, para este autor, la *in iure cessio* no es un proceso fingido, sino un acto que se modela sobre el tipo de otro que tiene una causa diversa, por lo que cabría hablar de formas procesales utilizadas para un fin diverso de aquél que le es propio[43].

En opinión de De Martino, la exacta evaluación del problema debe tener como punto de partida que la *iurisdictio* es una actividad del magistrado que no se identifica, ni siquiera en la época más aracica con la *legis actio*. El *ius dicere* puede darse o no en las *legis actiones*, y la supervivencia de la *legis actio* por medio de la *in iure cessio* no tiene nada que ver con el *ius dicere*. Sólo en la época clásica, opina este autor, *iurisdictio* se identificaría con el procedimiento formulario[44].

Sin embargo, parece más acertado, a mi juicio, el sector doctrinal que mantiene el carácter jurisdiccional de las *legis actiones* y de la *in iure cessio*. Así, en opinión de

---

feruntur et reliquia". Sin embargo, CASTELLO, "*L´intervento statuale negli atti costitutive di adozione in* Diritto Romano", cit., pág 704, ha puesto de relieve que si bien de la codificación justinianea resulta que la *in iure cessio* ya no se aplica desde hace tiempo como modo de adquisición de la propiedad o de otros derechos reales, se utliliza todavía en materia de adopción hasta el año 530.

42 En relación con los autores que encuentran dificultades para considerar la *in iure cessio* como proceso aparente o fingido, vid. la bibliografía citada por IGLESIAS, *Derecho Romano,* cit., pág.283, nota 222. Destaca, quizás, la opinión de LEVY-BRUHL, *Recherches sur les actions de la loi*, cit., pág.16, que ha tenido amplio eco, sobre todo, en la doctrina francesa, conforme a la cual, la *in iure cessio* es un acto de carácter administrativo, que supone una decisión del magistrado respecto a la declaración de uno de los intervinientes, y en la que se busca la homologación por la colectividad. Dicha homologación, que es realizada en la *mancipatio* por los testigos, tiene lugar en la *in iure cessio* por la *addictio* del magistrado.

43 SOLAZZI, "*Iurisdictio contentiosa*" *e* "*voluntaria*" *nelle fonti romane,* cit., pp.175-176.

44 DE MARTINO, *La Giurisdizione nel Diritto romano,* cit., pp.287-288.

Luzzatto[45], los supuestos contemplados en los textos anteriormente citados, fomalmente tienen las características de verdaderos y propios procedimientos en juicio, en los cuales, frente a la *vindicatio* de una de las partes, la otra se somete, *cedit in iure*, con la consecuencia de que el magistrado se limita a pronunciar la *addictio* a favor de la otra parte. En el mismo sentido, Pugliese ha puesto de manifiesto que la participación del magistrado no se justifica sino por la forma procesal del acto y, evidentemente participando en él, el magistrado no puede desarrollar más que una actividad procesal, es decir, ejercitar la *iurisdictio*[46].

La estructura procesal en la *in iure cessio* parece clara, y el propio Solazzi admite que la participación del magistrado en este acto sería jurisdiccional en la época de las *legis actiones*, pero niega este carácter a la participación del magistrado en la *in iure cessio* de la época clásica, argumentando que el fin sustancial indirecto de naturaleza negocial habría prevalecido sobre la forma procesal y lo que antes era un proceso habría llegado a ser un simple negocio jurídico para cuya eficacia sería necesaria la participación del magistrado[47]. Me parece acertada la puntualización de Solazzi en orden a poner de relieve la probable evolución[48] habida en la finalidad del instituto de la *in iure cessio*, puesto que estructuralmente se siguen cumpliendo las formalidades requeridas en la intervención del magistrado en estos casos a semejanza de aquellos otros en los cuales se pronuncia igualmente una *addictio* (por ejemplo, en los supuestos de *indefensus* o *confesus*) y nadie niega el carácter jurisdiccional de sus actuaciones.

A mi juicio, parece acertada en su planteamiento la hipótesis señalada por estas teorías intermedias, conforme a las cuales, en la época republicana, las formalidades procesales que requería la realización de una *legis actio*, y que consistían en la realización de una *in iure cessio*, serían cumplidas estrictamente por las partes intervinientes, por lo que no cabría dudar en esta época, de la intrínseca jurisdiccionalidad de los supuestos que se formalizaban por medio de esta instituto.

Mantenida la jurisdiccionalidad de la *in iure cessio* en la época republicana, debemos plantearnos a continuación el problema de su naturaleza jurídica en la época clásica.

Parece probable, a mi juicio, que las formalidades procesales de la *in iure cessio*, que en la época republicana se habrían cumplido estrictamente por las partes, hayan sufrido en la época clásica cambios importantes. Pero de lo que se trata es de pronunciarse acerca de si, no obstante tales cambios, los supuestos en examen permanecieron formalmente dentro de la noción de *iurisdictio*, o bien si el predominio de la

---

45 LUZZATO, *Procedura civile romana*, II, pág.212.

46 PUGLIESE, *Processo formulare*, II, cit., pág.91.

47 SOLAZZI, "*Iurisdictio contentiosa*" *e* "*voluntaria*" *nelle fonti romane*, cit., pp.175 y ss.

48 Vid. asimismo, en relación con la evolución sufrida por la *in iure cessio* en la época clásica, RABEL, "Nachgeformte Rechtsgeschafte", en Z.S.S., pp.309 y ss.

finalidad negocial sobre las formalidades procesales habría conllevado una pérdida de su naturaleza procesal, lo que implicaría, en consecuencia, la exclusión de esta actuaciones del ámbito de la *iurisdictio.*

Ciertamente, parece claro que en la época clásica se produce una atenuación de las formalidades requeridas para la realización de la *in iure cessio* en la época republicana, lo que se gesta a través de un proceso de degradación progresiva que culmina con la desaparición del instituto de la *in iure cessio*, pero el desarrollo de este proceso se vislumbra ya a comienzos del Principado con el inicio, al decir de Luzzatto[49], de la difuminación de la noción y los límites de la *iurisdictio*, lo que supone, como ha señalado Gioffredi, que, a lo largo de la época clásica, la *iurisdictio* se configura como un concepto casi genérico[50], cuyo objeto más común y tradicional seguiría siendo la intervención del magistrado en la controversia, pero que comprendería asimismo la regulación de las relaciones jurídicas privadas que no implicaban controversia, de modo que la aplicación del concepto de *iurisdictio* a los supuestos que en el texto de Marciano se engloban dentro de la categoría de *iurisdictio voluntaria* implicarían un extensión de su uso, pero no una alteración de su significado[51].

Por otra parte, un argumento, a mi juicio fundamental, para mantener el carácter jurisdiccional de la *in iure cessio* en las épocas republicana y clásica, consiste en que ésta se concluye mediante una *addictio*[52] que, como es sabido, es un típico pronunciamiento jurisdiccional[53].

---

49 LUZZATO, *Il problema d´origine del processo extra ordinem.* I: *Premesse di metodo. I cossidetti rimedi pretori,* cit., pp.137 y ss.

50 Existen en las fuentes numerosos textos en los que se refleja el concepto genérico de *iurisdictio* como administración de justicia, cfr.; D., 1.2.2.23; D.1.21.1, pr.; D., 28.3.10. Por otra parte, la amplitud del concepto de *iurisdictio* se deduce de la afirmación de Ulpiano, recogida en D., 2.1.1: "*Ius dicentis officium latissimum est...*".

51 Vid. en este sentido, GIOFFREDI, *Contributo allo studio del processo civile romano,* cit., pág.40.

52 GAL, *Institutiones,* II, 24: "*deinde postquam hic vindicaverit, praetor interrogat eum, qui cedit, an contra vindicet; quo negante aut tacente tunc ei, qui vindicaveri, eam rem addicit...*" *Tituli ex corpore Ulpiani,* 19.10: "*In iure cedit dominus, vindicat is, cui ceditur; addcit praetor*". Sobre la significación de *addicere,* vid. LIEBS: Z.S.S., 1968, pp.238 y ss. En el sentido de mero control de la autoayuda que tiene el *addicere* del magistrado, WOLFF, "The constitutive effect of *in iure cessio*", en *Tulane Law Review,* XXXIII, 1959, pp.525 y ss. Finalmente, en relación con las posibles consecuencias procesales de la *addictio* del magistrado provincial, vid. MURGA, "Efectos procesales de la *addictio* del gobernador de la provincia sobre los pleitos indígenas en la Hispania Romana", en Revista Chilena de Historia del Derecho, 1983, pp.57 y ss.

53 El contenido de la *iurisdictio* se comprende en los llamados *tria verba solemnia: do, dico, addico* (MACROBIO: *Saturnalia,* 1.16.14). Según FESTO, *De verborum significatione,* 13, *addicere* equivaldría a aprobar, con la mera presencia, cualquier actuación realizada por el órgano jurisdic-

Parece, pues, que cabría afirmar que en los supuestos que Marciano engloba bajo la denominación de *iurisdictio voluntaria*, los comparecientes, puestos previamente de acuerdo, entablan un "proceso" formalmente ficticio, pero sustancialmente del todo regular[54], ante el magistrado que preside la *litis* –con marcada finalidad negocial y un menor cumplimiento de las formalidades procesales en la época clásica–, que concluiría mediante una *addictio* magistratual, y se realizaría en el marco de una estructura procesal[55]. En la época postclásica, perdido ya todo vestigio procesal en la realización de las actuaciones correspondientes, se produce la quiebra de su naturaleza procesal, pero, por otra parte, la coetánea disociación en esta etapa entre jurisdicción y proceso, que se había venido gestando en siglos anteriores, provoca la inclusión de tales actuaciones dentro de la noción de *iurisdictio*, que ahora abarca ya cualquier actuación realizada ante el magistrado.

C) Legis actio y jurisdictio voluntaria en las fuentes clásicas y postclásicas

La vigencia de la *legis actio* en la época clásica, en relación con los supuestos que Marciano denomina de *iurisdictio voluntaria*, hace pensar, como ha señalado Girard[56], que probablemente debía estar prevista en las *leges Iuliae iudiciorum privatorum*, que reemplazan definitivamente, en todos los demás casos, el procedimiento de las acciones de la ley por el procedimiento formulario, por lo que no es de extrañar que Augusto haya introducido un reglamento de conjunto de la jurisdicción voluntaria en estas leyes.

Parece asimismo evidente que, a pesar de conservarse la expresión *legis actio* en la época clásica, las formalidades requeridas para el cumplimiento de la *legis actio* en

---

cional: *addicere est proprie idem dicere et approbare dicendo.* Sobre las actividades jurisdiccionales del *dare, dicere* y *addicere,* vid. NOAILLES, *Du droit sacré au droit civil,* París, 1949, pp.284 y ss., y posteriormente, MURGA, *Derecho Romano Clásico,* II, Proceso, cit., pp.36-39.

54 Como ha señalado CASTELLO, "*L´intervento statuale negli atti costitutivi di adozioni in diritto romano*", cit., pág.702, nt.70, tanto en la hipótesis de que la *in iure cessio* diese vida a un negocio traslativo de propiedad, como a una concesión de *status familiae,* tenía siempre la finalidad de dar certeza de la existencia de un derecho por medio de un negocio de naturaleza procesal.

55 Vid. en este sentido, a propósito de la naturaleza jurisdiccional de la *in iure cessio* en épocas republicana y clásica, PUGLIESE, *Il processo formulare,* I, cit., pág.87. Por su parte, LUZZATO modifica su opinión acerca de la naturaleza jurídica de estos actos que se formaliza mediante una *in iure cessio,* referida a la época clásica, dado que en su *Procedura civile romana,* cit., pág.213, había mantenido su pertenencia a la *iurisdictio* y, posteriormente, por el contrario, cuando publica "Il problema d´origine del processo extra ordinem", cit., pág.41, afirma que, después de haber realizado una nueva valoración de los textos correspondientes, en su opinión tales actos quedarían fuera del concepto de *iurisdictio* en época clásica.

56 GIRARD, "*Les leges Iuliae iudiciorum publicorum et privatorum*", en Z.S.S., 1913, pp.368-369.

la época republicana habrían sufrido, en los siglos posteriores, variaciones notables que se traducirían en una progresiva relegación de formas y requisitos[57].

En las fuentes clásicas, salvo las referencias al viejo procedimiento de las acciones de las ley, el término *legis actio* se utiliza para calificar o bien el acto o bien la competencia del magistrado para intervenir en los supuestos que en el texto de Marciano se denominan de *iurisdictio voluntaria*, y quizá el empleo de este término, *legis actio*, en vez de *iurisdictio*, se deba al deseo de los jurisconsultos de poner de relieve el carácter meramente formal del ejercicio de la *iurisdictio* por parte del magistrado en la *legis actio*, cuya supervivencia en materia de jurisdicción voluntaria se explica, como ya hemos señalado, en opinión de Scherillo, en atención a que no se ha producido en relación con la misma la evolución de la concepción originaria de la *iurisdictio* que, desde el poder personal del magistrado, pasó a ser considerada una función pública y conforme a la cual se asocia directamente la potestad jurisdiccional a la persona del magistrado titular de la misma, sin consideración a esferas de competencia o a otras limitaciones[58].

Es posible, por tanto, que a partir de las *leges Iuliae*[59] haya comenzado a vislumbrarse la distinción entre la actuación jurisdiccional que suponía un proceso serio y riguroso y aquellos supuestos en los que el magistrado no intervenía más que para volver auténticos determinados actos voluntarios de la vida privada, en los que no había, en sentido estricto, contención entre las partes, y respecto de los cuales se continuaba utilizando el expediente de una *in iure cessio* a través de las formalidades de una *legis actio*. Parece, pues, que cabría afirmar, con Buonamici, que también en la época clásica las *legis actiones* pacíficamente ejercitadas sirvieron a la jurisdicción voluntaria[60] y, a mi juicio, no cabe hablar, en principio, respecto de los textos en que se menciona la *legis actio*, de interpolaciones o glosemas, porque si bien, como es sabido, los comentaristas postclásicos y los compiladores justinianeos intentaron adaptar las obras de los jurisconsultos clásicos a su época, lo que no parece lógico es que alteren las obras de los clásicos introduciendo una institución como las *legis actiones*, característica de la época republicana.

En definitiva, como ha apuntado Wenger[61], en la época clásica, la expresión *legis actio* puede ser aplicada sin ambages a la *iurisdictio voluntaria*.

---

57 Sobre el problema del lenguaje jurídico que permanece exteriormente inmutable, mientras se producen transformaciones en la semántica del derecho en la materia en examen, vid. CASTELLO, "Il problema evolutivo della adrogatio", en S.D.H.I., 33, 1967, pág.137, nota 17.

58 SCHERILLO, *Lezioni sul processo*, cit., pp.327-328.

59 Vid. en este sentido, DI BLASI, s.v., "*Giurisdizione volontaria*", en N.N.D.I., pág.1095. En opinión de este autor, la distinción habría cobrado plena razón de ser en el tiempo de las *legis actiones*, de época imperial, en la que, abolido el procedimiento de las acciones de la ley, tales formas, reveladoras de la *iurisdictio*, habrían sido conservadas para hacer solemnes determinados negocios jurídicos o para conferirles autenticidad.

60 BUONAMICI, *La Storia della procedura civile romana*, I, Pisa, 1886, pág.60.

61 WENGER, *Istitutione di procedura civile romana*, cit., pág.29.

Los textos en los que aparece la expresión *legis actio* aplicada a la *iurisdictio voluntaria* son, son a mi juicio, los siguientes:

D.1. 16. 3 (Ulpianus, *Libro XXVI ad Sabinum*): *"Nec adoptare potest, omnino enim non est apud eum legis actio"*.

Este texto referido a la falta de competencia del Legado del procónsul en materia de adopción, debe ponerse en correlación con D. 1. 16. 2 pr.1:

"Omnes proconsules statim, quam Urbem egressi fuerint, habent iurisdictionem; sed non contentiosam, sed voluntariam, ut ecce manumitti apud eos possunt tam liberi, quam servi, et adoptiones fieri.

Apud Legatum vero Proconsulis nemo manumittere potest, quia non habet iurisdictionem talem".

D.1.20.1. (Ulpianus, *libro XXVI ad Sabinum*): *"Adoptare quis apud Iuridicum potest, quia data est ei legis actio"*.

D. 1. 7. 4. (Modestinus, *libro II Regularum*): *"Magistratum, apud quem legis actio est, et emancipare filios suos, et in adoptionem dare apud se posse Neratii sententia est"*.

En los textos clásicos, como ha señalado Pugliese, el término *legis actio* designa el acto, es decir, el negocio de estructura procesal, y no el poder o la función del magistrado[62]. En el mismo sentido, Palmieri opina que, en los supuestos contemplados, la *legis actio* designa la posibilidad del particular de actuar en presencia del magistrado[63].

Por otra parte, a mi juicio, en los tres textos citados en nota, si bien se hace sólo referencia expresa a emancipaciones y adopciones, parece evidente que la posibilidad de actuación ante el magistrado competente se extendería a las manumisiones, así como a todas aquellas actuaciones que requiriesen para su formalización el cumplimiento de una *legis actio*.

Asimismo, con el significado de posibilidad del particular de actuar ante el magistrado, se utiliza, a mi juicio, el término *legis actio* por Aulo Gelio, en *Noctium Atticarum*, V, 19.3, y por Flavio Vopisco, en *Aurelianus*, 12-15[64].

---

[62] PUGLIESE, *Processo formulare*, II, cit., pág.92.

[63] PALMIERI, "*Legis actio in alcune fonti giuridiche*", en *Arangio Synteleia*, I, pp.521-522. A propósito de las similitudes sistemáticas entre *Ulpianus ad Sabinum* y las *Institutiones* de Marciano, vid. BUCKLAND, "Marcian", en *Studi in onore di S. Riccobono*, I, pp.273-283, y, posteriormente, REIMUNDO, *La sistematización de la indignidad para suceder según el Derecho Romano clásico*, Oviedo, 1985, pág.213.

[64] *"Adoptantur autem, cum a parente in cuius potestate sunt tertia mancipatione in iure ceduntur atque ab eo qui adoptat apud eum apud quem legis actio est vindicantur"*.

Opina Castelli, en su minuncioso estudio de este fragmento, que en este texto el núcleo de la cuestión está en la exégesis de la frase: "*iube igitur, ut lege agatur*", que hacía referencia a la posibilidad por parte del emperador de participar en la *adrogatio*, como acto de *iurisdictio voluntaria*, dado que Ulpio Critino invita a Valeriano a disponer *ut lege agatur*, porque *apud eum actio est*[65].

Me parece acertada la opinión de Castelli en este punto, pero disiento en la afirmación referida a los tres primeros textos (D. 1. 16. 3; D. 1. 20. 1; D. 1. 7. 4), conforme a la cual la *legis actio* implicaría la posibilidad de realizar un *actus legitimus*, concretamente la *emancipatio* y la *adoptio*, dado que, como observa al respecto Dell'Oro, la *legis actio* del magistrado no se explica más que en orden a un limitado número de negocios, y no a todo *actus legitimus*, por lo que sería mejor definirla como el poder de cumplir la *addictio* en la *in iure cessio*[66].

> Pauli Sententiae, 8. 25. 4: "*Apud magistratus municipales, si habeant legis actionem, emancipari et manumitti potest*".

En opinión de Palmieri[67], en este texto la *legis actio* tiene un sentido diverso y designa el poder que pertenece al propio magistrado. Cabría aceptar la afirmación de Palmieri, pero completándola en el sentido de que de este texto parace deducirse que en unos municipios los magistrados municipales serían competentes para intervenir en una *legis actio* –si tal competencia se le hubiere atribuido o bien en la ley fundacional o bien en una disposición legislativa posterior–, y en otros no tendrían esta competencia[68].

FLAVIO VOPISCO, *Aurelianus*, 14: "*... agentibus igitur gratias omnibus circunstantibus Ulpius Crinitus surrexit atque hac oratione usus est: "Apud maiores nostros, Valeriane Auguste, quod et familiae meae amicum ac proprium fuit, ab optimis quibusque in filiorum locum fortissimi viri semper electi sunt, ut vel senescentes familias vel foetus matrimoniis iam caducos substitutae fecunditas prolis ornaret. Hoc igitur, quod Cocceius Nerva in Traiano adoptando, quod Ulpius Traianus in Adriano, quod Adrianus in Antonino et ceteri deinceps proposita suggestione fecerunt, in adrogando Aureliano, quem mihi vicarium iudicii tui auctoritate fecisti, censui esse referendum, iube igitur ut lege agatur, sitque Aurelianus haeres sacrorum, nominis et bonorum totiusque iuris Ulpio Crinito iam consulari viro, ipse actutum te iudice consularis*".

65 CASTELLI, "L`arrogazione di Aureliano", en *Scritti Giuridici*, Milano, 1923, pp.181-183.

66 DELL'ORO, "*Confirmatio adoptionis non iure factae*", en *Labeo*, 5, 1959, pág.22, nota55.

67 PALMIERI, "*Legis actio* in alcune fonti giuridiche", cit., pág.253.

68 Asimismo, en el sentido de poder que corresponde al magistrado cabe interpretar la referencia a la *legis actio* en el texto de Ammianus Marcellinus, 22. 7. 2, en el que se menciona la competencia del cónsul para celebrar manumisiones:

"*Mamertino ludos edente circenses, manumittendis ex more inductis per admissionum proximum ipse lege agi ocius dixerat, ut solebat, statimque admonitus iurisdictionem eo die ad alterum pertinere ut errato obnoxium decem libris auri semet ipse multavit*".

C. J., 8.4.7 (Imp. Gordianus A. Marciae): "*Hi qui in aliena sunt potestate, iuxta ius civile non nisi apud eum, apud quem plena legis actio est, adoptari possunt*".

Podría afirmarse, en conclusión, que la correspondencia entre *legis actio* y *iurisdictio voluntaria* se pone claramente de manifiesto si atendemos a la equivalencia de los supuestos mencionados en relación con ambos institutos en las fuentes. La expresión *iurisdictio voluntaria* aparece sólo en el fragmento de Marciano correspondiente a D.1. 16. 2 pr., y de forma indirecta en D. 1. 16. 2. 1 al aludir a "*talem iurisdictionem*". En tales textos se hace referencia a manumisiones, emancipaciones y adopciones, supuestos que se contemplan asimismo, como hemos visto, en los textos en los que se menciona la *legis actio*. Por otra parte, como hemos afirmado, parece probable que la alusión a estos tres supuestos se haga a título ejemplificativo, quizá debido a que eran las actuaciones más frecuentes, por lo que cabría añadir, en principio, a los supuestos mencionados, todos aquellos que requiriesen para su formalización el cumplimiento de una *in iure cessio*, realizada por medio de la tramitación de una *legis actio sacramento*.

D) Clasicidad de la contraposición entre iurisdictio contentiosa y iurisdictio voluntaria

Otros aspectos a examinar son el referente a la clasicidad de la contraposición entre *iurisdictio contentiosa* y *iurisdictio voluntaria*, así como el relativo a la utilización del término *iurisdictio voluntaria*, que aparece únicamente en las fuentes romanas en el fragmento de Marciano y que, como es sabido, ha tenido un enorme éxito en los comentaristas y en la legislación posterior, hasta el punto de ser corriente en el lenguaje jurídico moderno.

El análisis de este problema ha dado lugar a una notable división de opiniones en la doctrina, de las que señalaré las más significativas.

Solazzi considera que la distinción entre *iurisdictio contentiosa* y *iurisdictio voluntaria* era desconocida para Augusto y para los juristas clásicos y que la participación del magistrado en una *legis actio* a través de una *in iure cessio* es un acto jurisdiccional en época republicana, mientras que en época clásica es un acto *neque imperii neque iurisdictionis*, siendo a esta tercera categoría de actos, que constituyen una actividad *sui generis* del magistrado, ejercicio de un poder que no entra ni en el *imperium* ni en la *iurisdictio*, a la que aludiría Marciano en el texto de referencia[69].

Parece acertada al respecto la observación de Palmieri, conforme a la cual a partir de fines de la época clásica la expresión *legis actio* adquiere un nuevo significado y es utilizada en el sentido de poder conferido por el Ordenamiento jurídico. El adjetivo *plena* parece tener sentido sólo si se refiere a la competencia del funcionario, por lo que *plena legis actio* equivaldría a "plena competencia conferida por el Ordenamiento jurídico", en Legis actio…, cit, pág.253.

[69] La reconstrucción que propone Solazzi es del siguiente tenor:

"*Omnes proconsules statim quam urbem egressi fuerint habent [quidem imperium, quod non exercent nisi in ea provincia sola quae unicuique decreta est]: iurisdictionem [autem non*

A la tesis de Solazzi se ha opuesto Lauria, el cual, aún admitiendo la no clasicidad de la terminología *iurisdictio voluntaria*, considera que la distinción *iurisdictio contentiosa-voluntaria* es clásica, y señala que los actos comprendidos en esta categoría eran heterogéneos, aun siendo jurisdiccionales, y obedecían, por tanto, a reglas diversas, según que se cumpliesen mediante *legis actio* o por medio de decretos magistraturales[70].

De Martino no acepta una de las ideas básicas de la tesis de Lauria, conforme a la cual la noción de *iurisdictio* se habría degradado y corrompido en la época clásica, y afirma que en la época clásica, la *iurisdictio* se circunscribía al proceso formulario y los demás actos realizados por el magistrado jurisdiccional, o bien entraban dentro del concepto más amplio de *cognitio*, o bien eran encuadrados en una categoría aparte[71].

Luzzatto considera que la distinción que se plasma en el texto atribuido a Marciano se explica en la línea de formulación que caracteriza la obra de la tardía jurisprudencia clásica, y la de las eventuales reelaboraciones realizadas por los comentaristas postclásicos en este campo[72].

Scherillo, que considera jurisdiccionales en la época clásica los actos que requieren para su formulación la realización de una *in iure cessio*, opina que probablemente Marciano, en el texto en cuestión, hablaría como otros jurisconsultos contemporáneos suyos de *legis actio*, y que habrían sido los compiladores justinianeos los que habrían introducido la nueva terminología, con la finalidad de hacer de la jurisdicción voluntaria una categoría netamente distinta de la jurisdicción contenciosa[73].

Gioffredi, que admite asimismo la jurisdiccionalidad en época clásica, de los supuestos que se formalizan mediante los trámites de una *in iure cessio*, considera que habría sido Marciano el autor de la expresión *iurisdictio voluntaria*, en su intento de delimitar la jurisdicción del procónsul, que los compiladores, quizá entendiendo mal el concepto que Marciano quería explicar y llevándolo a un plano completamente diverso, por un deseo de simetría, lo habría contrapuesto al período de *iurisdictio contentiosa*[74].

---

habent prius quam in provinciam venerint: sed statim est apud eos legis actio, ad ea quae neque iurisdictionis sint:] ut ecce [extra pomerium] manumitti apud eos possunt tam liberi quam servi et adoptiones fieri. I. Apud legatum vero proconsulis nemo manumittere potest, quia non [est apud eum legis actio]."

[70] LAURIA, *Iurisdictio,* cit., pp.534-537, nota 326.

[71] Vid., en este último sentido, DE MARTINO, *La Giurisdizione nel Diritto romano,* cit., pp.277-278.

[72] LUZZATO, *Procedura civile romano,* cit., pág.212, e *Il problema d´origine del processo extra ordinem,* cit., pág.141.

[73] SCHERILLO, *Lezione sul processo,* cit., pág.362.

[74] GIOFFREDI, *Contributi allo studio del processo civile romano,* cit., pág.38-39.

Es decir, que mientras Lauria acepta la clasicidad de la distinción *iurisdictio contentiosa-iurisdictio voluntaria*, pero estima que no es clásica la terminología *iurisdictio voluntaria*, Scherillo, sin negar la clasicidad de la distinción, opina que ha sido Marciano el autor de la expresión *iurisdictio voluntaria*, y rechaza la contraposición reflejada en el texto.

Para Kaser[75], en la época clásica no se distinguía de forma sistemática entre *iurisdictio contentiosa* y *iurisdictio voluntaria*, aunque sí existían una reglas especiales para determinadas situaciones que pertenecían a la justicia, pero que no se referían a un procedimiento contencioso. Tales supuestos, en opinión de este autor, no serían encuadrables dentro de la *iurisdictio* en sentido técnico, pero sí se incluirían en un concepto amplio de la *iurisdictio*, respecto de los cuales sería más adecuado hablar de *cognitio*[76].

Finalmente, en opinión de Pugliese, el texto clásico mencionaría la *iurisdictio*, para referirse a los supuestos encuadrados dentro de la "*iurisdictio voluntaria*", dado que si bien el intrínseco carácter jurisdiccional de estos actos pasaría normalmente inadvertido, no dejaría de manifestarse en las obras de clasificación y sistematización de los jurisconsultos. Lo que no acepta este autor es la clasicidad de la contraposición *iurisdictio contentiosa-voluntaria*, que, a su juicio, habría sido probablemente obra de un aislado comentador postclásico[77].

A mi juicio, en relación con la distinción contenida en D. 1. 16. 2, cabría plantearse, en línea de hipótesis, además de la referida de que se trate de una alteración postclásica o justinianea, los siguientes supuestos: *a)* que el texto haya salido exactamente así como lo conocemos de la pluma de Marciano; *b)* que la alteración, postclásica o justinianea, haya consistido no en introducir la expresión *iurisdictio voluntaria* –o el adjetivo *voluntaria*– en el texto de Marciano, sino propiamente en la supresión de estos términos en las obras de otros juristas clásicos; *c)* que la clasificación reflejada en D. 1.16.2 pr., no sea clásica, pero no porque corresponda a la época postclásica o justinianea, sino porque, por el contrario, sea preclásica o republicana.

En mi opinión, cabría interpretar la contraposición entre jurisdicción contenciosa y voluntaria en el sentido de que Marciano, al referirse a los poderes que el

---

[75] KASER, *Das römische Zivilprozessrecht,* cit., pág.134.

[76] En opinión de LUZZATO, s.v., *"Giurisdizione"*, en Encl. del Diritto, cit., pág.194, nota 5, en relación con el desarrollo de la noción de *iurisdictio,* aparece relativamente marginal el hecho de que la *iurisdictio* se refiera tanto a relaciones procesales como extraprocesales; mientras que bastante más importancia tiene el fenómeno de la confluencia de las diversas *cognitiones* hasta la formación de un verdadero y propio proceso unitario: en otras palabras, la transformación de la *cognitio* en *iudicium extra ordinem*. Vid. al respecto, BONINI, *I libri de cognitionibus di Callistrato,* Milano, 1964, especialmente, pp.33 y ss.

[77] PUGLIESE, *Processo formulare,* II, cit., pág.93.

procónsul tiene fuera de su provincia, no afirma, como hacen otros jurisconsultos, que estos poderes se deriven de su competencia en materia de *legis actio*, porque, probablemente, para lograr la finalidad perseguida por sus Instituciones, resultaba más esclarecedora la noción de *iurisdictio*[78], que habría sufrido una progresiva ampliación de su contenido en los siglos precedente, desde su primitiva consideración como poder personal del magistrado hasta su conceptuación como función pública.

En todo caso, como es sabido, la sistematización preocupa especialmente a los jurisconsultos de finales de la época clásica, y el propio hecho de que la clasificación no se encuentre en ningún otro texto de la compilación justinianea avala quizá incluso más la hipótesis de que no se trata de una alteración postclásica o justinianea, que lógicamente podría haberse reflejado en otros textos, particularmente en las obras de "*oficio consulis*" y de "*oficio proconsulis*" de otros jurisconsultos, sino que, por el contrario, la distinción sería obra de Marciano, que es autor asimismo de otra contraposición[79] –la que distingue entre actuación *pro tribunali* y actuación *de plano*– estrechamente relacionada con la que nos ocupa, el cual quizá no habría tenido intención de introducir una novedad institucional en el ámbito de la *iurisdictio*, sino que se ha limitado a calificar como *voluntaria* el ejercicio de determinadas competencias de los procónsules y a incluirlas dentro de la noción de *iurisdictio*, que en la época en que escribe Marciano abarcaría toda la actividad del magistrado jurisdiccional.

---

[78] Respecto a la expresada evolución de la noción de *iurisdictio*, las opiniones son contradictorias, y si bien la opinión mayoritaria con considera como un hecho la ampliación progresiva de su contenido, se polemiza respecto a la época en que se produjo tal ampliación. Para GIOFFREDI, *Contributo allo studio del processo civile romano*, cit., pág.40, en la época clásica se había delineado un concepto de *iurisdictio* casi genérico, cuyo objeto más común y tradicional era la intervención del magistrado en la controversia, pero que comprendía asimismo la regulación de relaciones jurídicas privadas que no implicaban controversia, de modo que la aplicación a los supuestos de la denominada *iurisdictio voluntaria* suponía una extensión de su uso, pero no una mínima alteración de su significado. Por el contrario, en opinión de DE MARTINO, *La Giurisdizione nel Diritto romano*, Pádova, 1937, pág.283, la *iurisdictio* es una función que se concreta en la dirección y preparación del proceso *in iure*, y sólo las sucesivas alteraciones postclásicas del concepto, que se produjeron cuando la sustancial característica de la *iurisdictio* se había perdido irremisiblemente, hicieron reentrar en un concepto devenido ahora muy general y abstracto cualquier acto o poder del magistrado.

En todo caso, la ampliación de la noción de *iurisdictio* en el siglo III de nuestra era, parece que puede deducirse de la afirmación de Ulpiano, recogida en D., 2.1.1: "*Ius dicentis officium latissimum est*".

[79] D., 48.16.1.8 (Marcianus, *libro singulari ad senatus consulum Turpillianum*): "*Abolitio privatim a praesidibus postulari ac impetrari solet, item pro tribunali, non de plano: nec praesens hanc cognitionem alteri demandare potest*".

E) Progresiva disociación entre las nociones de jurisdicción y proceso

Respecto al problema de la naturaleza jurídica de las actuaciones que Marciano engloba dentro de la noción de *iurisdictio voluntaria*, cabría afirmar, en conclusión, que, como hemos señalado anteriormente, en las épocas republicana y clásica, los actos que requieren para su formalización el expediente de una *in iure cessio*, a través de las formalidades de las *legis actiones*, se encuadrarían dentro del concepto de *iurisdictio* en sentido técnico, si bien en la época clásica se habría acentuado la finalidad negocial perseguida por las partes, y se habría atenuado las formalidades procesales de la *legis actio* en relación con las que era necesario observar en época republicana. Respecto a otras particulares competencias atribuidas al magistrado (datio tutoris, transacciones sobre alimentos, autorización para la venta de fundos del pupilo), cabría señalar, con Pugliese[80], que serían consideradas en la época clásica supuestos de *iurisdictio* en sentido no técnico o vulgar, o bien se enmarcarían dentro de la noción de *cognitio*. En la época postclásica, con la abolición de la distinción entre *iurisdictio* y *cognitio*, y la desaparición de la estructura procesal de la *in iure cessio*, lo que conllevaría la ausencia de naturaleza procesal en las actuaciones que se formalizaban, mediante la misma, se habría producido una disociación entre jurisdicción y proceso, por lo que tanto aquellos supuestos que requerían el cumplimiento de una *in iure cessio* que finalizaba mediante una *addictio* del magistrado, como los que se perfeccionaban simplemente mediante un *decretum* magistratual, serían consideradas de *iurisdictio* en sentido estricto, y en la praxis postclasica acabarían siendo englobados dentro de una categoría de actos dogmáticamente afines que, probablemente, Marciano haya denominado por primera vez de *iurisdictio voluntaria*. Verdaderamente, si en las fuentes se distingue entre *imperium merum et mixtum*[81], si se habla de actos *magis imperii quam iurisdictionis*[82], y de actos *neque imperii neque iurisdictionis*[83], y se dice *imperium cui etiam iurisdictions inest*[84], ¿por qué no vamos

---

[80] Vid., en este sentido, y en general en el desarrollo básico de la argumentación, la, a mi juicio, acertada exposición de PUGLIESE: *Il processo formulare,* I, cit., pp.86-91.

[81] D., 2.1.3 (Ulpianus, *libro II de officio Quaestoris): "Imperium aut merum est, aut mixtum est. Merum est imperium, habere gladii potestatem ad animadvertendum facinerosos homines, quod etiam potestas appellatur...".*

[82] D.2.1.4 (Ulpianus, *libro I ad Edictum): "Iubere caveri Praetoria stipulatione, est in possessionem mittere, imperii magis est, quam iurisdictionis";* D., 50.1.26, pr. (Paulus, *libro I, ad Edictum): "Ea, quae magis imperii sunt, quam iurisdictionis...".*

[83] D.,26.1.6.2 (Ulpianus, *libro XXXVIIII ad Sabinum): "Tutoris datio neque imperii est, neque iurisdictionis, sed ei soli competit, cui nominatim hoc dedit lex, vel Senatusconsultum, vel Princeps"*

[84] D., 2.1.3 (Ulpianus, *libro II de officio Quaestoris): "... Mixtum est imperium, cui etiam iurisdictio inest...".* Vid. asimismo en relación con la especial predilección de los compiladores justinianeos por la sistemática y clasificatoria obra de Marciano: BUCKLAND, "Marcian", cit., pp.273-283, y REIMUNDO, *La sistematización de la indignidad para suceder según el Derecho Romano clásico,* I, cit., pp.210-220.

a aceptar que Marciano –en una época en la que preocupaba a la Jurisprudencia la sistematización y la clasificación y en la que, por otra parte, la inseguridad conceptual se reflejaba en la terminología y en las clasificaciones jurisprudenciales– hay podido introducir, aunque el texto adolezca de una deficiente redacción, la distinción entre *iurisdictio contentiosa* y *iurisdictio voluntaria*?

Constituye una afirmación generalizada considerar que los supuestos de jurisdicción voluntaria en Roma tenía unicamente carácter negocial, pero ello, a mi juicio, no responde sino a parte, si bien es cierto que la originaria y la más amplia, de la realidad. En el proceso fingido denominado *in iure cessio*, hay una *confessio* o allanamiento convencional por parte de uno de los intervinientes, que el magistrado conoce y autoriza, por lo que parece no cabe dudar del carácter jurisdiccional, negocial y constitutivo de derechos de la cesión en cuanto se transmite la propiedad, el usufructo, el uso, la habitación, la servidumbre, la enfiteusis, la superficie, la emancipación, la manumisión, la adopción, la posición de heredero etc. Cumplidas las formalidades procesales, que irían disminuyendo con el transcurso del tiempo, el procedimiento concluiría mediante resolución magistratual denominada *addictio*, de efecto constitutivo, que sería equiparable a la cosa juzgada, *res iudicata*, derivada de la sentencia[85], con efecto negativo de cosa juzgada formal, a través de la vía de la *exceptio rei iudicatae* y con efecto positivo de cosa juzgada material, a través de la vía de la *actio iudicatae* en caso de sentencia y de una acción por el hecho, *actio in factum*, que cumpliría el papel de la *actio iudicatae*, en el supuesto de la *addictio*.

Pero además de los supuestos de *in iure cessio*, con carácter negocial, constitutivo y plenamente jurisdiccional característicos de las épocas republicana y clásica, en la praxis postclásica, la categoría de actos de *iurisdictio voluntaria* se aplicaría con su inclusión dentro de la misma de una serie de actuaciones, cuya conclusión se formalizará mediante *decretum* magistratual, dogmáticamente afines entre sí, que tendrían una naturaleza constitutiva, en ocasiones, declarativa o preventiva en otras, o de *ius cogens*, en cuanto que la ley exigiría la preceptiva intervención del magistrado en supuestos como la denominada tutela dativa o aquiliana, caracterizada porque el nombramiento de tutor lo realiza un magistrado, o el supuesto semejante de la *datio curatoris* o la obligada autorización del magistrado para que el tutor proceda a la venta de fundos del pupilo o a la transacción sobre sus derechos. Cabría afirmar, en consecuencia, que mientras que en los supuestos de intervención necesaria del magistrado se tutelaría un interés público, en las actuaciones de jurisdicción voluntaria negocial se tutelan legítimos intereses privados.

---

[85] D. 42. 2. 1: *Al que confiesa se le tiene por juzgado, porque se condena en cierto modo por su misma sentencia; XII Tablas, III, 1: Si el demandado ha confesado o ha sido condenado con arreglo a derecho, concedansele treinta días (para cumplir la sentencia).*

F) Competencia de tabeliones y funcionarios públicos en materia de actos dogmáticamente afines a los propios de *iurisdictio voluntaria*

Finalmente, cabría referirse dentro del campo de actos afines a la *iurisdictio voluntaria*, al uso de hacer transcribir por funcionarios públicos, provistos de *ius actorum conficicudorum*, los más importantes actos jurídicos en los Registros Públicos, y por otra parte, a la actividad de los tabeliones que constituyeron el precedente más remoto de los actuales notarios, a los que se reconoce la pública utilidad de su función, otorgándose a sus documentos, confeccionados públicamente, *instrumenta publice confecta*, especial valoración y eficacia procesal, lo que supone, en opinión de A. D'Ors[86], la conformación de los tabeliones junto con el legislador, como los verdaderos conductores del Derecho en época postclásica[87].

En el estudio del Derecho notarial romano se utilizan un gran número de conceptos de carácter eternamente problemático, lo que hace difícil, como se afirma en el prólogo de la obra de Amelotti y Costamagna, llegar a una formulación conceptual de conjunto, dado que en la utilización de términos como "credibilidad" o "fe pública", la inseguridad es grande porque la interpretación de tales términos no es unívoca ni ha sido siempre la misma a través del tiempo[88]. Por otra parte, habría que distinguir, con Nuñez Lagos, entre la "historia de la función notarial", atribuida a magistrados, jueces, notarios, etc, y la "historia del órgano notarial", ejercida por notarios romanos y eclesiásticos, tabeliones, notarios longobardos y francos[89].

---

86 A. D'Ors *"Documentos y notarios en el Derecho Romano Postclásico"* en *Centenario de la Ley del Notariado*, I, p.89. Asimismo, en opinión de esta autor, quizás el punto final de esta evolución en Derecho Romano encuentre su plasmación en la regulación, en el siglo X, de la corporación notarial en el *Libro del Prefecto* del emperador bizantino León el Sabio. Vid, el texto y la significación de esta obra en el citado estudio, p.84 y 152-161; Vid. asimismo, el conjunto de documentos tabeliónicos comentados por A. D`ORS, "Documentos y notarios en el Derecho Romano Postclásico", cit., pp.95 y ss; así como la aportación de textos y el comentario de AMELOTTI, en *Alle origini del Notariato italiano,* Roma, 1975, pág.22, especialmente el realizado a propósito de la intervención del notario eclesiástico en la *manumissio in ecclesia.*

87 En Roma, los primitivos documentos recogían únicamente los acuerdos o la voluntad de las partes, a los que se añadía un sello (*sigilatio*) y los nombres de los intervinientes. Con posterioridad, estos añadían junto a sus nombres, en resumen del contenido del acto. El término *tabellio* deriva de que la materia sobre la que la materia sobre la que se redactaban los primitivos documentos eran tablillas de madera, de los que se habría pasado a los papiros y de estos a los pergaminos.

88 AMELOTTI-COSTAMAGNA, *Alle origine del notariato italiano,* cit., V.

89 NÚÑEZ LAGOS, "Documento latino y documento germánico", cit., pág.419, nota 1.

El estudio de la historia del órgano notarial en Derecho romano nos llevaría a resaltar el hecho de que a fines de la República, probablemente en relación con la importancia que se comienza a conceder a la escritura[90], aparecen las categorías de *notarii, actuarii, librarii, amanuenses, exceptores*[91], etc.

Los *notarii* se servían de ciertas notas, abreviaturas o signos convencionales para escribir con mayor rapidez. Su función era ya conocida en otros pueblos de la antigüedad, y en Derecho Romano, si bien la realidad es más antigua. El término notario aparece mencionado por primera vez por Séneca[92] y, posteriormente, asimismo utilizado por historiadores y poetas[93]. Pero estos *notarii*, que cumplían esencialmente una función de taquígrafos, no son lo que hoy entendemos por notarios, y si bien parece evidente que de éstos deriva el nombre de aquéllos, la función de los notarios de la antigüedad la cumplían en Roma, como ya hemos dicho, los tabeliones[94]. No obstante, la variada e incluso en algunos textos oscilante terminología utilizada en las fuentes, produjo en ocasiones confusión en los estudiosos, derivada o bien de la similitud terminológica, por ejemplo de *tabellarii, tabularii* y *tabelliones*, o bien de la extensión de la palabra *notarii* a los tabeliones o, finalmente, del hecho de que en la parte oriental del Imperio la denominación *notarius* era equivalente a la de *tabularius*[95]. En la Edad Media, la palabra *notarii* sustituye, con carácter general, a la de *tabelliones*[96].

---

[90] En la Ley de las XII Tablas no se encuentra ninguna alusión a la escritura, y TITO LIVIO, *Ab urbe condita,* VII, 3, nos dice que en el año 360 a. de C.: "*rarae per ea tempora litterae erant...*".

[91] ROGIER, *Etude sur les tabellions. La forze de leurs actes en Droit Romain,* París, 1883, pp.11 y ss.

[92] SÉNECA, *Apocolocyntosis,* 9, 2; vid., en relación con el término *notarius,* MARTÍNEZ SARRIÓN, "El notario en la baja romanidad", en *Anales de la Academia Matritense del Notariado,* XXII, I, pp.28 y ss.

[93] QUINTILIANO, *Institutio oratoria,* 7, 2, 24; PLINIO EL JOVEN, *Epistulae,* 5, 15; 9, 20, 2; 9, 36, 2; SUETONIO, *Titus,* 3; MARCIAL, *Epigrammata,* 5, 51, 2; MANILIUS, *Astronomia,* IV, 197.

[94] Vid., en relación con la actividad de los *notarii,* y su posterior especialización en *testamentarii,* AMELOTTI-COSTAMAGNA, *Alle origini del notariato italiano,* cit., pp.5 y ss. y la bibliografía allí citada.

[95] C.J., 8. 17. 11, Const. Emperador León del 472: "*Scripturas, quae saepe adsolent a quibusdam secrete fieri, intervenientibus amicis nec ne, transigendi vel paciscendi seu fenerandi vel societatis coeundae gratia seu de aliis quibuscumque causis vel contractibus conficiuntur, quae idiochira Graeque appellantur, sive tota series eorum manu contrahentium vel notarii aut alterius cuiuslibet scripta fuerit, ipsorum tamen habeant subscriptiones, sive testibus adhibitis sive non licet conditionales sint, quos vulgo tabularios appellant, sive non, quasi publice scriptas...*".

[96] Vid., sobre este punto, CALASSO, *Medio Evo del diritto,* I, Milán, 1954, pág.243; BONO, *Historia del Derecho notarial español,* cit., I, pág.47, nota 8.

En las fuentes romanas no se contienen referencias a los orígenes de los tabeliones y, si bien la realidad también en este caso debió de ser más antigua, hay que esperar a finales de la época clásica para que el término aparezca utilizado por primera vez por Ulpiano[97].

En una constitución de Constantino, del año 316, se prohíbe a los decuriones tomar el oficio de tabelión, lo que prueba la necesidad de regular un oficio del que se derivaban incompatibilidades ya a principios del siglo IV[98].

Se podría, por tanto, afirmar, con Amelotti, que los tabeliones constituyen una clase profesional de redactores privados de documentos, laboriosamente configurada desde una precedente caótica actividad de escribanos, más o menos competentes o incompetentes, entre los que no han faltado los propios *notarii* o estenógrafos[99].

Los tabeliones han conservado en toda la historia del Derecho Romano su carácter de profesionales privados, si bien en época de la monarquía absoluta, sin llegar a ser considerados funcionarios públicos, fueron sometidos a un estricto control y subordinación por parte del poder público, en consonancia con la general burocratización de la época. Sin embargo, en el proceso de ampliación de competencias que se les atribuyen, además de la redacción de documentos, se les reconoce función consultiva y asesora[100], así como facultades relativas a la asistencia a los Tribunales, redac-

---

[97] D., 48. 19. 9. 4-6 (Ulpianus, *libro decimo de officio proconsulis*) 4: "*Nonnumquam non advocationibus cui interdicitur, sed foro. Plus est autem foro quam advocationibus interdicere: si quidem huic omnino negotiis accomodare se non permittatur. Solet autem ita vel iuris studiosis interdici, vel advocatis, vel tabellionibus sive pragmaticis*"; 5: "*Solet et ita interdici; ne instrumenta omnino forment, neve libellos concipiant, vel testationes consignent*"; 5: "*Solent et sic: Ne eo loci sedeant quo in publico instrumenta deponuntur, archivo forte vel grammatophylacio*".

[98] Cd. Theodosianus, 3, *De decurionibus*, XII, 1, 3; "*Universos decuriones volumus a tabellionum oficiis temperare. Nemo autem ad decurionatum vocatus excusare se poterit, eo quod fuerit tabellio, cum huiusmodi homines si sint idonei, vocari ad decurionatum oporteat. Lex enim quae decuriones a tabellionum officciis voluit submovere, ad decurionatum tabelliones vocari non prohibet*"; *y Cd. Thd., 9. 19.1: "Si quis decurio testamentum vel codicillos aut aliquam deficientis scribserit voluntatem vel conscribendis publicis privatisque instrumentis praebuerit officium, si falsi quaesto moveatur,decurionatus honore seposito questioni, si ita poposcerit causa, subdatur. Sed non statim desinit esse decurio, qui in huiusmodi facto fuerit deprehensus. Quantum enim ad municipales pertinet necessitates, decurio permanet, quantum ad rem gestam et veritatem reserandam, uti decurionatus honore non poterit. Nec vero ist, qui ante fuerit tabello, ad eludendam quaestionem super his, quae ante conscribsit, factus decurio defendi hac poterit dignitate, quoniam scripture veritas, si res poposcerit, per ipsum debet probari auctorem*".

[99] AMELOTTI-COSTAMAGNA, *Alle origine del notariato italiano*, cit., pág.5.

[100] Vid., en este sentido, WOLF, "Faktoren der Rechtsbildung im hellenistischrömischen Aegypten", en Z.S.S., 1933, pág.56, nota 106.

ción de instancias y consignación escrita de declaraciones testificales[101], pero, al no ser considerados en ningún momento como funcionarios públicos, no se les atribuye en sentido estricto plena *fides publica* a los datos por ellos confeccionados, puesto que no se puso nunca en tela de juicio que el *ius actorum conficiendorum* fuera competencia exclusiva de los funcionarios públicos, y que la ejecutoriedad de los contratos y de las sentencias correspondía únicamente a las autoridades judiciales y gubernativas.

El documento tabeliónico no tuvo en Roma ni la consideración de documento privado ni la de documento público, pero en su regulación y en sus efectos se asemejó más a este último, como se refleja ya en la propia denominación que se le atribuye de *instrumentum publice confectum* utilizada en la mayoría de los textos, y en otras expresiones relativas a tales documentos, como, por ejemplo; *scripturae forensia, documenta publice celebrata, documenta publice confecta*[102], etc.

La primera vez, que se conozca, en que se utiliza la denominación de *instrumenta publice confecta* se contiene en una constitución del Emperador Leon, del 472, recogida en C.J., 8. 17. 11, y se hace a propósito de la contraposición entre escrituras privadas e *instrumenta publice confecta*, estableciéndose la preferencia de estas últimas, aunque sean de fecha posterior a las primeras[103].

Asimismo, en la Nov. 73. 7. 1 se resalta claramente no sólo la confección pública de estos documentos "*In his vero, quae conficiuntur publice documentis, si tabellio venerit...*", sino que se les otorga plena credibilidad, plena *fides publica*, cuando el notario atestigüe bajo juramento su propia intervención[104].

---

101 D., 48. 19. 9. 4-5 (Ulpianus, *libro decimo de officio proconsulis*): "*Nonnumquam non advocationibus cui interdicitur, sed foro, plus est autem foro quam forensibus negotiis accommodare se non permittatur, solet autem ita vel iuris studiosis interdici vel advocatis vel tabellionibus "sive pragmaticis"*.

102 Como afirma A. D`ORS, "Documentos y notarios en el Derecho Romano Postclásico", cit., pág.89, sobre todo desde Justiniano, el documento tabeliónico tiende a equiparase al público como *instrumentum*, no *pubicum*, peri sí *publice confectum*. Sobre el concepto de *instrumentu,,* vid., por ejemplo, RICCOBONO, "*Stipulatio e instrumentum nel Diritto giustinianeo*", en Z.S.S., 35, 1914, pp.214 y ss. y AMELOTTI, "Il Documento nel Diritto Giustinianeo. Prassi e legislazione", estudio contenido en *Il mondo del Diritto nell´epoca giustinianea*. Universita degli studi di Bologna. Istituto de Antichitá Ravennati e Bizantine-Ravenna, pp.125-137.

103 C.J., 8. 17. 11. 1: "*Sin autem ius pignoris vel hypothecae ex huiusmodi instrumentis vindicare quis sibi contenderit, eum qui instrumentis publice confectis nititur praeponi, etiamsi posterior dies his contenieatur, nisi forte probatae atque integrae opinionis trium vel amplius virorum subscrptiones isdem idiochiris contineantur: tunc enim quasi publice confecta accipiuntur*".

104 "*si vero neque adnumerator assumptus est et instrumentum ipse tabellio totum per se conscripsit atque supplevit, aut si etiam qui hoc conscripsit non adest aut aliter ipse venire non valet, tamen cum iureiurando propriae completioni attestetur, ut comparationi non fiat locus, sint etiam sic credibilita documenta. Testimonium enim et ex voce complentis factum et iusiurandum habens adiectum praebuit quoddam causae momentum*".

Lo que parece claro, en definitiva, es que la fuerza probatoria de los *instrumenta publice confecta* es superior a la de documentos privados que no daban fe más que cuando eran reconocidos como verdaderos por la persona contra la cual se oponían, y a la de los *instrumenta quasi publice confecta*, cuya fuerza probatoria derivaba de los tres testigos de buena e íntegra reputación que los habían suscrito, e inferior, en principio, a la de los *instrumenta publica* en sentido estricto o documentos auténticos, que producían fe pública por sí mismos[105], lo que les confería una fuerza probatoria plena, y los hacía inatacables en juicio, hasta la inscripción de falsedad[106].

Por su parte, los *instrumenta publice confecta* precisaban, para producir plena *fides publica* por sí mismos: o bien el juramento del notario, o bien ser corroborados por la prueba testimonial o la verificación de las escrituras, o bien la insinuación o depósito[107]

---

[105] Cfr. C.J., 8. 53. 51: "... *superfluum est privatum testimonium, cum publca monumenta sufficiant...*"; C.J., VI, 23, 19: "*Omnium testamentorum solemnitatem superare videtur, quod insertum mera fide precibus inter tot nobilis probatas personas etiam conscientiam principis tentet. Sicut ergo securus erit, cui adtis cuiscumque iudicis, aut municipum, aut auribus privatorum mentis suae postremum publicavit iudicium: ita nec de eius unquam successione tractabitur, cui nobis mediis et toto iure (quod in nostris est scriniis constitutum) teste succedit*".

[106] En relación con la eficacia probatoria del *instrumentum*, vid. ARCHI: "*Civiliter vel criminaliter agere*". *In tema di falso documentale,* SCRITTI FERRINI, I, Milán, pp.1 y ss.; "La proba nel diritto del Basso Impero", en *Iura*, 12, 1961; A. D`ORS, "Documentos y notarios en el Derecho Romano Postclásico", cit., pp.110 y ss. Vid., asimismo, en relación con la necesidad de la forma documental y la publicidad en la realización del vínculo matrimonial, a propósito del fragmento contenido en C.T., 3. 7. 3., ORESTANO, *La struttura giuridica del matrimonio romano*, I, Milano, 1952, pp.386 y ss; AMELOTTI, "Per la reconstruzione de una legge di Teodosio II", en *Studi de Francisci*, 2, 1956, pp.297 y ss., y, posteriormente, GARCÍA GARRIDO, *Relaciones personales y patrimoniales entre esposos y cónyudes en el Derecho Imperial tardío (de Constantino a Teodosio)*, Academia constantiniana, notas críticas, en prensa.

[107] A propósito del fundamento de la creación de los Archivos Públicos, sus clase y las personas que los presiden, vid., en CHAMPETIER, *Des actes publics en Droit Romain*, París, 1880, pp.69 y ss; ROGIER, *Etude sur les tabellions. La force probante de leurs actes en Droit Romain*, cit., pp.62 y ss; DURANDO, *Il tabellionato o notariato nelle leggi medievali italiane e posteriori*, Torino, 1897, pp.22 y ss; BONO, *Historia del Derercho Notarial Español*, I, cit., pp.53 y ss. En relación a la insinuación de las donaciones, resulta significativo el amplio elenco de magistrados declarados competentes en el Cd. Thd., VIII, 12, 8: "*Donationes debere sortiri perpetuam firmitatem cuas corporalis traditio fuerit subsecuta, sancimus, ne usufruptus exceptio protraditione possit intelligi. Cui enim postliberalitatem redonata per frui concupiscit, hoc sebi cuo voluerit modo, consignata videlicet possessione, debet praecipuum custodire ne imperfecta vacillet donatio. Gestorum quoque confectionem, sive ante traditionem, sive post traditionem, fieri oportebit, ut instrumentum quo continetur munificentia apud acta publicetur. In hac cuidem urbe, apud magistrum census: In provinciis vero apud provinciarum rectores: Vel si praesto non fuerint apud magistratus municipalis; vel si civitas ea vel oppidum in quo donatio*

de tales documentos en los Archivos Públicos[108]. Tal *insinuatio apud acta* confería plena autenticidad a los documentos de los tabeliones "… *gesta, quae sunt traslata in publica monumenta, habent perpetuam firmitatem…*"[109].

La insinuación de los documentos tabeliónicos exigía el cumplimiento de determinados requisitos y al observancia de ciertas formalidades[110], cuya realización confería al documento el carácter de público y le otorgaba plena credibilidad[111].

---

celebratur, non habeat magistratus, apud defensorem plebis in qualibet civitate fuerit repertus: curatores enim concidat vilitate: sed iam allegatas apud curatores donationes et gesta confecta calere necesse est…".

[108] Vid, al respecto, en D., 48. 19. 9. 6 (Ulpianus, *libro X de officio Proconsulis): "Solet et sic, ne eo loci sedeant, quo in publico instrumenta deponuntur, archivo forte, vel grammatsphylacio*".

[109] A partir especialmente de comienzos del siglo III, se hace frecuente la costumbre de registrar los documentos en los protocolos de determinados funcionarios públicos: *Insinuatio apud acta* cfr. Cod. J., VII, 52, 6: "*Gesta quae sunt translata in publica monumenta habere volumnus perpetuam firmitatem. Neque enim morte cognitoris perire debet publica fides*". Cod. J. I., 56, 2: "*Magistratus confiendorum actorum habeant potestastem*". Cod. J., II, 1, 2: "*Ist apud quem res agitur acta publica tam c ivilia quam criminalia exiberi inspicienda ad investigandam veritatis fidem iubebit*". Cod. Thd., XII, 1, 151, *De qurionibus: "Municipalia gesta non aliter fieri volumus, quam trium principalium praesentia, excepto magistratu et exceptore publico semperque hic numerus in eadem actorum testificatione servetur: Sic enim et fraudi non patebit occasio et veritati maior crescit auctoritas*". En relación con la idea de que la *insinuatio* en los *gesta municipalia* no consiste en un simple depósito de los documentos, vid., la autorizada opinión de AMELOTTI, *Il documento nel Diritto Giustinianeo*, cit., pp.125-137.

[110] A los requisitos o condiciones exigidas para la insinuación se hace referencia, por ejemplo, en la Nov., 73. 7. 3: "*Si vero nihil aliud inveniatur praeter collationem instrumentorum, quod hactenus valuit fiat, ut qui profert ad aollationes documentum, iuret solemniter; ut autem aliquod omnino causa sumat augmentum ad maiorem negotii fidem et ipse qui haec, ad collationes instrumentorum venit nec quidquam circa eam egit aut machinatus est, quod posit forte veritatem abscondere. De quibus licebit sese liberare contrahentes, si consenserint utrique ad hoc venire ut insinuent instrumenta et profiteantur ea sub gestis monumentorum ipsi contrahentes, quatenus priventes nequitia et corruptione et falsitatibus et quaquecumque alia mala corrigentes praesentem promulgamus legem*". Vid., asimismo, en relación con las formalidades exigidas, BONO, *Historia del Derecgo Notarial español*, I, cit., pág.53.

[111] A la nota de autenticidad conferida al documento por la insinuación, se refierren numerosos textos, cfr., C.J., 8. 54. 30: "… *Et hae donationes, qua in diversis provinciis et civitatibus apud quemlibet expraedictis fuerint publicatae, optineant inconcusan ac perpetuam firmitatem*"; C.J., 7. 52. 6: "*Gesta, quasent translata in publica monumenta, habere volumus perpetuam firmitatem. Neque enim morte cognitoris perire debet publica fides*"; Nov., 49. 2. 2: "*Si vero etiam ex pubilicis archivis proferatur charta, velut desusceptu mensae gloriosissimorum praefectorum (novimus enim etiam aliquid tale quaesitum), et quod ex publicis profertur, et publicum habet testimonium etiam susceptibile hoc esse ad collationes manuum ponimus…*".

Cualquiera que fuese el magistrado que procediese a la insinuación, debía ser necesariamente auxiliado por un escribano y tres miembros de la curia, conforme se establece en C.T. 151: "*Municipalia gesta non aliter fieri volumus quam trium curialim praesentia, excepto magistratu et exceptore publico*". La insinuación, como ha puesto de relieve Rogier[112], tenía lugar ante un verdadero Tribunal. Sin embargo, en C.J. VII, 6. 1. 10[113], se nos dice que la insinuación tenía lugar *quasi in iudicii figura*, lo que implica que no se cumplían en tales actuaciones las formalidades de un proceso. En opinión de Loyseau, este *quasi* cobra sentido para expresar la distinción o contraposición entre los actos contradictorios o contentiosos en los que existe un juez, un demandante y un demandado, y, por tanto, hay *vera iudicia figura*, y los supuestos objeto de nuestro análisis en los que nos encontramos solamente con un juez y un demandado o peticionario y, por tanto, *quasi iudicia figura*[114].

A mi juicio, es aceptable la contraposición de Loyseau, pero ello no excluye la posibilidad de catalogar tales actos considerados *quasi iudicia figura*, es decir, no contenciosos, dentro de la categoría de actuaciones de jurisdicción voluntaria.

En la generalidad de los supuestos, se estableció el carácter voluntario de la insinuación en los Archivos Públicos de cualquier documento, lo cual sería especialmente frecuente respecto de aquellos que no conferían plena *fides publica* en juicio, y que por medio de la insinuación se transformaban en documentos públicos, lo que suponía una mayor seguridad en el tráfico jurídico, que interesaba tanto a los particulares como a la autoridad pública[115].

---

112 ROGIER, *Etude sur les tabellions. La force probante de Leurs actes en Droit Romain*, cit., pág.53.

113 C.J. VII. 6. 10: "*Similique modo si dominus inter acta quendam servum filium suum nominaverit, voci eius, quantum ad liberam conditionem, credentum est. Si enim ipse tali affectioni fuerit accensus, ut etiam filium sum servum nominare non dedigmetur, et hoc non secreto nequo inter solos amicos, sed etiam actis intervenientibus et quasi in iudici figura nominaverit, quo modo potest eum servum iterum saltem morientem habere?*".

114 LOISEAU, *Du Droit des offices*, II, 5., vid. la cita y el comentario de la opinión de este autor en la obra de ROGIER, *Etude sur les tabellion. La force probante de Leus actes en Droit Romain*, cit., pp.63 y ss.

115 Vid., al respecto, C.J., 1. 57.1: "*Iubemus apud Alexandrinae dum taxat clarissimae civitatis iuridicum, licitum et conccesum esse, singulis quibusqunque volentibus donationes conscriptae solemniter instrumenta reserare, eisdenque robur adiiciet gestorum series apud cundem confecta; tamquam si apud virum clarissimum moderatorem provinciae, vel magistratus, vel defensores, plebis habita fuisse dicerentur*"; C., J., II, 4. 28: "*Sive apud acta rectoris provinciae, sive sine actis scriptura intercedente vel non, transactio interposita est; hanc servari conventi*"; C. J., VIII, 54. 30: "*In hac sacratissima urbe conscriptae donationes ibuqumque positarum repum apud magistrum census insinuentur. In aliis vero civitatibus sive absens, sive praesens rector provinciae sit, sive eadem civitas habeat liberan facultatem donationes rerum suarum ubiqumque*

No obstante, con carácter excepcional, se estableció el carácter obligatorio[116] de la insinuación en determinados casos considerados de mayor importancia, como los testamentos solemnes después de la muerte del testador[117], las donaciones de mayor valor[118] y la realizadas entre cónyuges[119].

El proceso evolutivo, al que nos hemos referido en páginas anteriores, de ampliación de competencias del notariado romano, encuentra su culminación en los textos legales de Justiniano, y en la época bizantina, con el reconocimiento a los *tabelliones* de una elevada posición jurídica, que se manifiesta en el hecho de que se sitúa a los tabeliones como responsables de una de las cuatro secciones de los Archivos Públicos en que se insinúan los documentos, y en la elogiosa distinción de Justiniano entre los más eficaces colaboradores de su actuación legislativa[120].

En este sentido, la asimilación de los documentos tabeliónicos a los documentos públicos se lleva quizá a sus últimas consecuencias en una constitución de

---

positarum, sive apud moderatorem cuiuslibet provinciae, sive apud magistratus, sive apud defensorem, cuiusqumque civitates prout maluerit, publicare…".

[116] Al carácter voluntario, como norma general, de la *insinuatio donationis,* se hace referencia, por ejemplo, en C.J., VIII, 54. 31: *"In donationubus quae actis insinuantur non esse necessarium iudicamus vicinos vel alios testes adhibere. Nam superfluum est privatum testimonium cum publica monumenta sufficiant. Verum et illas donationis quas gestis non est necessarium alligari, si forti per tabellionem vel alium scribantur, et sine testium subnotatione valer praecipimus: ita tamen si ipse donator vel alius voluntatem eius secundum solitam observationem subscripserit…".*

[117] Vid., al respecto, *Pauli Sententiae,* IV, 6. 1: "*Tabulae testamenti aperiuntur hoc modo ut testes vel maxima pars eorum adhibeatur, cui signaverint testamentum ita ut agnitis signis, rupto lino aperiatur atque describendi di exempli fiat potestas, ac deinde signo publico obsignatum in archivum redigatur, ut si quando exemplum eius interciderit, sit unde peti possit*".

[118] Así, por ejemplo, en C.J., VIII., 54. 36. 3: *"Ceteris etiam donationibus, quae gestis intervenientibus minime sunt insinuatae, sine aliqua distincione quingentos usque ad solidos valituris hoc etenim tantummodo ad augendas huius modo donationes addendum esse ex praesenti lege decernimus; Anteriore tempore nostra lege praecedente moderando, quausque trecentos solidos facta donationes et sine insinuatitone firmitatem optinere iussae sunt".*

[119] Cfr. C.J., 5, 16. 25: *"Donationes quas parentes in liberos quiusqunque sexus in potestae sua constitutos conferunt vel uxor in suum maritum vel maritus in sua uxorem vel alteruter eorum in aliam personam cui constante matrimonio donare non licet, vel aliae personae in eam cui donare non poterant, ita firmas esse persilentium donatolris vel donatricis sancimus siusque ad quantitatem legitiman, vel eam excedentes actis fuerin intimatae.*

[120] Vid. Nov. 66. 1. pr.: "*Ut autem apertium adhuc causa declaretur sancimus, si scripta fuerit huius modi lex, hanc post duos menses dati ei temporis valere et in republica tractari, sive in hac felicissima civitate, sive in provinciis post insinuationem sufficiente hoc temporis omnibus manifestan eam constituere, et tabellionibus eius cognoscentibus virtutem, et subiectis agnoscentibus legemque servantivus…*"

Justiniano[121], en la que parece equipararse, a efectos de la eficacia del documento, los *documenta forensia* (o tabeliónicos) a los *documenta publica*, y contraponerse ambos a los *documenta privata* y a los *quasi publice confecta*.

Sin embargo, como señala Amelotti, la equiparación de los documentos notariales a los públicos equivaldría a otorgar antes de tiempo plena *fides publica* a la certificación del *tabellio*, lo cual contrastaría con el autoritarismo imperial y, en todo caso, supondría la transformación de los tabeliones en funcionarios públicos[122].

Ciertamente, la atribución de plena *fides publica* a los documentos confeccionados por los tabeliones bajo ciertas condiciones de forma, habría sido incompatible, en la comunidad política romana, con su permanente posición como profesionales privados, incluso en una época como el Dominado, caracterizada por el autoritarismo y la burocratización.

Por otra parte, el reconocimiento de la pública utilidad de su función conllevó para el notario las limitaciones derivadas del sometimiento a una serie de controles, cautelas y reglas dictadas por el poder público, que ya en la época postclásica estableció que el fundamento de la validez de los documentos consistía en la intervención de funcionarios públicos, notarios o testigos, y atribuyó a los tabeliones el ejercicio de hecho de un control de legalidad del correspondiente negocio o documento, así como la asunción de una responsabilidad derivada especialmente de su actuación en la realización de la *completio* y en la formalización de determinados negocios prohibidos o contrarios a la ley[123].

En el desarrollo continuado de la historia jurídica del Notariado moderno, el proceso de ampliación de sus competencaias en materia de jurisdicción voluntaria no conoce intervalos, desde la configuración de la categoría de los tabeliones romanos, como profesionales libres que redactaban documentos en los que se reflejaban actuaciones dogmáticamente afines a las de *iurisdictio voluntaria*[124], hasta que se atribuye

---

121 C.J., 4. 21. 20.

122 El notario asumía responsabilidad respecto a las partes en relación con la forma y el contenido de la *completio*. Vid., en este sentido, AMELOTTI-COSTAMAGNA, *Alle origini del Notariato Italiano*,cit., pág.35; Asimismo, como señala BONO, *Historia del Derecho Notarial Español*, cit., pág. 47, el tabelio era responsable por su cooperación en los negocios prohibidos o contrarios a la Ley a cuya formalización no debía prestarse, así en los casos de ciertos contratos (C. J., 1. 2. 14. 6; 4. 32. 2; 11. 54. 1pr.), y en los testamentos en los que no se cumplieran las prescripciones legales (C.J., 6. 23. 29. 7; Nov., 66. 1, pr.).

123 Vid., asimismo, en relación con la *completio* y *absolutio*, AMELOTTI, II, *Il documento nel Diritto Giustinianeo. Prassi e Legislazione*, cit., pp.132-137.

124 Como señala Di Blasi: sub voce "Giurisdizione volontaria", en N.N.D.I, cit. p. 1096, con la expresión *iurisdictio voluntaria* pasó a designarse tanto a los actos realizados por jueces (*in volentes*), como los otorgados por los notarios: *"Iudices chartularii sunt illi, qui sunt ordinarii et habent iurisdictionem inter volentes tantum; quasi omnes tabelliones sunt iudices ordinarii*

a los notarios en la Edad Media competencia específica en materia de jurisdicción voluntaria.

Al igual que había sucedido con los tabeliones romanos, los notarios medievales, intervienen tanto en la documentación privada, autorizando negocios, testamentos, declaraciones testificales etc., como en la actividad judicial, confeccionando escrituras procesales por mandato de los jueces, hasta el punto de ser considerados los principales colaboradores de éstos. No es infrecuente en los textos medievales la utilización conjunta de los términos *notarius et iudex*, ni que el nobramiento de una persona como notario por parte de las ciudades, obispados, condes o por gobernantes, sea considerado el primer paso para el acceso a la condición de juez.

En relación con las actuaciones de jurisdicción voluntaria, cabe señalar que a partir del siglo IX, se legitiman a través de la vía de un proceso aparente simplificado, con claras influencias de la *in iure cessio* romana. Las cada vez más amplias necesidades negociales explican la creación de jueces *iudices chartularii*, con competencias específicas en esta materia, ante los que se desarrollaba la ficción procesal, que acaba siendo suprimida y sustituida por la simple *confessio* o reconocimiento ante el *iudex*. En el siglo XII, una parte importante de las actuaciones legitimadas a través de la práctica de la *confessio* ante los *iudices*, se atribuyó a los notarios, que estaban adscritos a los tribunales tanto laicos como eclesiásticos. Ante el notario se practicaba la *confessio* de uno de los presentes y una vez autorizada por aquél, producía el mismo efecto que la *confessio* realizada ante el juez, *in iure*. Los documentos confeccionados por el notario se denominaban *instrumenta guarentigiata*, es decir, con claúsula de garantía, garantía otorgada por el propio notario, que se consideraba al propio tiempo título ejecutivo (se decía que el título llevaba aparejada ejecución, *paratam executionem*)[125], y documentto público o auténtico, en cuanto se les reconoce pleno valor probatorio de su propio contenido y existencia y eficacia frente a terceros. Posteriormente, desaparece la exigencia de la garantía otorgada por el notario, *clausula guarentigiata*, y los documentos pasan a denominarse *instrumenta confessionata*, y, conservan la plena ejecutividad, al igual que la sentencia judicial. Se considera a Rolandino y a Salatiel como los más ilustres representantes del notariado medieval y del denominado *ars notariae*, y desde entonces como autores clásicos del derecho notarial.

---

et faciunt instrumenta". Vid., asimismo, al respecto, la correlación establecida por Nuñez Lagos: "Documento latino y documento germánico", en *Anales de la Academia Matritense y del Notariado*, I, p.431, entre la proliferación de juicios fingidos y la creación de jueces especiales que se llamaron "*iudices chartularii*".

[125] Se considera que el carácter ejecutivo del título derivado de los documentos autorizados por los notarios medievales, constituye el fundamento y el antecedente del juicio sumario ejecutivo regulado en el art.1429 de la Lec de 1881.

La evolución referida en las líneas anteriores se produce a lo largo de los siglos IX y XII en todos los paises europeos, singularmente en Italia, Francia, Alemania e Inglaterra. Asimismo en España en el siglo XIII, el Fuero Real y las Partidas regulan ya la figura del notario, denominado escribano público, como un oficio o servicio público, al que se le reconoce la publica utilidad de su función, se la denomina incluso pública persona, y se le otorga fe pública[126]. Las Partidas, considerada como la más importante obra jurídica de la historia de Castilla y de España, es el resultado de la recepción del Derecho Romano justinianeo, al que se adicionan instituciones y principios canónicos y locales. Constituye aimismo la más completa formulación y ordenación notarial del Occidente europeo de la época y uno de los hitos del Derecho notarial español, junto con la Pragmática de Alcalá de 1503[127] y la ley del Notariado de 1862. Se considera asimismo a las Partidas como principal fuente histórica en la que se inspiraron tanto la Ley de Enjuiciamiento Civil de 1855, como la de 1881, caracterizadas ambas por el mantenimiento del carácter jurisdiccional de la jurisdicción voluntaria.

Un desarrollo paralelo, en algunos aspectos, al procedimiento de jurisdicción voluntaria, se produce en los denominados por Fairén plenarios rapidos[128] que se caracterizan por los principios de concentración, oralidad, brevedad de los plazos, limitación de recursos, mayores facultades del juez etc. Especialmente estudiados por Fairén, que los considera el precedente más remoto del actual proceso ordinario de la nueva LEC. Dentro de esta categoría deberían incluirse: a) el procedimiento derivado de las normas canónicas dictadas por el Papa Clemente V en 1306 y 1311, que se conocen con las primeras palabras de aquellas: *saepe contingit* y *dispendiosam*; b) el procedimiento acelerado contenido en el libro del Consulado del Mar del siglo XV, por el que se rigen los mercaderes terrestes y marítimos y c) el procedimiento abreviado contenido en la Instrucción dictada por Carlos V en 1530, conocido como el Proceso de Indias, por dirigirse su aplicación a las tierras de América.

---

126 Hasta el siglo XII la plena fides pública de los documentos notariales podía lograrse o bien mediante el juramento del notario que había otorgado el documento, o bien con el depósito o *insinuatio* de éste en un Registro Público, *insinuatio apud acta*.

127 Vid al respecto RODRIGUZ ADRADOS, *El Derecho Notarial en el Fuero de Segovia y en la legislación de Alfonso X el Sabio*, R.D.N., XLIV, abril-junio, 1964, pp.29-160; Id. La Pragmática de Alcalá, entre las Partidas y la Ley del Notariado, Homenaje a Vallet de Goytisolo, Vol. VII, 1988, pp.517-813.

128 Sobre los plenarios rápidos y su no confusión con los procesos sumarios que se caracterizan por la disminución de las fundamentales garantías procesales de las partes, vid FAIRÉN, *Jurisdicción voluntaria. Juicios sumarios. Las confusiones de la historia. Posibles solucitones*, BICAM, 2, 1990, pp.19-34.

2) REFORMA LEGISLATIVA PENDIENTE.

La disposición legal decimoctava de la Ley de Enjuiciamiento Civil de 7 de enero de 2000 (LEC), por la que se rige la jurisdicción contenciosa en los procesos civiles, recoge el compromiso del Gobierno de remitir a las Cortes Generales un proyecto de ley sobre jurisdicción voluntaria, en el plazo de un año a contar desde la fecha de entrada en vigor de la ley, plazo que, concluida la *vacatio legis* prevista, finalizó el 8 de enero del 2002. La Jurisdicción Voluntaria, JV en adelante, ha sido descrita o calificada por la doctrina y la jurisprudencia con los más variados epítetos: misteriosa, heterogénea, fascinante, atormentada, insistente, machacona y dando respuesta a problemas concretos, repudiada por todos y sin sede científica propia, enojosa, difícil y de poco lucimiento, uno de los más atormentados problemas de la ciencia jurídica europea, la gran olvidada y por qué no decirlo, la gran ignorada, inquisitiva o paradigmática por su brevedad y economía procesal pero, en la práctica, salvo valiosas excepciones, singularmente González Poveda, Ramos Méndez y Almagro Nosete, ha suscitado escaso interés en la doctrina científica, y en el desarrollo argumental de la doctrina jurisprudencial, si nos atenemos a la relevancia de la parcela imprescindible de la realidad social que constituye su campo de aplicación[129], si bien ha de subrayarse

---

[129] En análogo sentido, se manifiesta Muñoz Rojas, *Sobre la jurisdicción voluntaria*, Actualidad Civil, 1989, num. 39/90, pp. 577-585, cuando afirma que: «en el ámbito jurídico, es tan necesaria la jurisdicción voluntaria como la jurisdicción contenciosa: cada una de ellas tiene su respectivo campo de aplicación y no son intercambiables. Si está justificada en nuestro Ordenamiento la reforma de las leyes procesales, la misma o mayor justificación tiene la depuración, actualización o mejora de los expedientes de jurisdicción voluntaria adaptados a la reforma de las leyes sustantivas, sin perjuicio de la ley básica de dichos procedimientos». Especial relevancia en la doctrina española en la materia tienen las obras de Ramos Méndez, *La jurisdicción Voluntaria en Negocios de Comercio*, Madrid 1978; Almagro, en Derecho Procesal Civil, T. I, Vol. II, Valencia 1992; y Gónzalez Poveda, *La Jurisdicción Voluntaria*, Pamplona, 3ª ed. 1997.

En el último decenio, la previsión legislativa referida a la jurisdicción voluntaria ha estimulado la producción doctrinal. Vid. al respecto, entre otros estudios, en Fernández de Buján, A., *Jurisdicción voluntaria*. Madrid, 2001; Id. Hacia una Teoría General de La Jurisdicción Voluntaria I, Iustel, Madrid 2007; Id. Hacia una Teoría General de la Jurisdicción Voluntaria II, Iustel, Madrid 2008; Id. *La Jurisdicción Voluntaria*, Madrid, 2001; *Id.*, «La reforma de la Jurisdicción Voluntaria: problemas, interrogantes, soluciones», *Diario LA LEY,* 23 de marzo de 2005; *Id.*, «El nuevo perfil de la Jurisdicción Voluntaria en el Anteproyecto de Ley de octubre de 2005. De la tutela de relaciones jurídico privadas a la protección de intereses generales, públicos o sociales», *Diario LA LEY,* 8 de junio de 2006 *Id.*, «Observaciones al proyecto de ley de Octubre de 2006 (I)»,*Diario LA LEY,27 de noviembre de 2006;Id.* « Observaciones al proyecto de ley de Octubre de 2006(II)», *Diario LA LEY,28 de noviembre de 2006;Id.*, «La Jurisdicción Voluntaria. El Anteproyecto de junio de 2006», en *El* Notario *del siglo XXI,* agosto de 2006; Id. El fracaso de la Jurisdicción Voluntaria. Registradores, enero-febrero 2008; Id. Comparecen-

que, en el último decenio, la previsión legislativa referida a la jurisdicción voluntaria ha estimulado la producción al respecto[130].

---

cia ante la Comisión de Justicia del Congreso de los Diputados en trámite de asesoramiento, Diario de Sesiones. Congreso de los Diputados, n. 821, de 7 de mayo de 2007; Id. La Jurisdicción Voluntaria en el marco del Estado constitucional de Derecho, Anales de la Academia Matritense del Notariado, 2007, Id. La Oficina Judicial y la Jurisdicción Voluntaria: dos reformas procesales a debate en el panorama legislativo español, Estudios en Homenaje al Profesor Elías Díaz, RJUAM, Revista Jurídica de la UAM, 2009, y en: Publicaciones de la Real Academia de Jurisprudencia y Legislación: Problemas actuales de la Jurisdicción, 2010, T.II, pp. 1462-1477.; Id. El necesario debate sobre el nuevo modelo de Oficina Judicial, Número especial de La Ley sobre la Oficina Judicial. N. 7.191, de 8 de junio de 2009, pp. 8-11; Id. Jurisdicción Voluntaria: aprender de los errores del pasado, Revista: El Notario del siglo XXI, Núm. volumen: 31,2010, pp. 66-74; Id. Xurisdicción voluntaria: una reforma lexislativa pendente para a nova lexislatura, n. 41, Revista Galega de Administración Pública, enero-junio 2011, pp. 11-46; Id. Convención de 2006 sobre los derechos de las persona con discapacidad y proceso de incapacitación: Revista ICADE. Universidad Pontificia Comillas, septiembre-diciembre 2011,pp. 119-155; Id. La Jurisdicción Voluntaria en el Plató. El Notario del siglo XXI, n.41, enero-febrero 2012 pp.22-33; Id. Capacidad, discapacidad, incapacidad, incapacitación, en Revista de Derecho Uned, n.9 2012, pp. 83-92; Id. Incapacitación y Discapacidad. Tratado de Derecho de Familia. Coordinado por Gema Díez-Picazo. Capítulo VII. Thompson-Aranzadi, 2012, pp. 1903-1954; Rodriguez Adrados, El anteproyecto de ley de jurisdicción voluntaria, Anales de la Real Academia de Jurisprudencia y Legislación, Madrid 2006; De Prada González, «En torno a la futura ley de Jurisdicción Voluntaria», en *El Notario del siglo XXI*, diciembre 2005; Id. Por qué ha fracasado el Proyecto de Ley de jurisdicción Voluntaria, El Notario del siglo XXI, 16.2007, pp. 70 ss; Ramos Méndez, «¿Cuánta dosis de jurisdicción voluntaria necesitamos?», *Justicia* 2006; Rodriguez Adrados, « El anteproyecto de ley de jurisdicción voluntaria», *ANALES* Real Academia de Jurisprudencia y legislación, Madrid 2006; Seoane Cacharrón, «Breve examen crítico del Anteproyecto de Ley de Jurisdicción Voluntaria del Ministerio de Justicia de 1 de junio de 2006», *Diario La Ley,* 28 de septiembre de 2006; *Id*, <El Secretario Judicial como órgano de la Jurisdicción Voluntaria en el proyecto de ley de 27 de Octubre de 2006>, *Diario LA LEY,* 15 de Mayo de 2007; *Id*, «Examen del procedimiento Judicial común en el Proyecto de Ley de Jurisdicción Voluntaria», *Diario LA LEY,*6 de Septiembre de 2007.

130 En este sentido, se manifiesta Muñoz Rojas, *Sobre la jurisdicción voluntaria*, Actualidad Civil, 1989, num. 39/90, pp. 577-585, cuando afirma que «en el ámbito jurídico, es tan necesaria la jurisdicción voluntaria como la jurisdicción contenciosa: cada una de ellas tiene su respectivo campo de aplicación y no son intercambiables. Si está justificada en nuestro Ordenamiento la reforma de las leyes procesales, la misma o mayor justificación tiene la depuración, actualización o mejora de los expedientes de jurisdicción voluntaria adaptados a la reforma de las leyes sustantivas, sin perjuicio de la ley básica de dichos procedimientos». Especial relevancia en la doctrina española en la materia tienen las obras de Ramos Mendez, *La jurisdicción Voluntaria en Negocios de Comercio*, Madrid 1978; y González Poveda, *La Jurisdicción Voluntaria*, Pamplona, 3ª ed. 1997.

En el Discurso de Investidura del 19 de diciembre de 2011, Mariano Rajoy expresó, como futuro Presidente del Gobierno, que constituía una de sus prioridades, en el ámbito legislativo, su voluntad de aprobar, en la presente Legislatura, la Ley de Jurisdicción Voluntaria. En el mismo sentido, se pronunciaba, pocos días después, Alberto Ruiz Gallardón, en su toma de posesión como Ministro de Justicia.

La voluntad política manifestada por las mencionadas autoridades del Estado, obedece a la urgencia y a la necesidad de proceder a la reforma la Jurisdicción Voluntaria.

En la afortunada y precisa exposición de motivos de la LEC, al tiempo que se menciona el anhelo y la necesidad social de una Justicia civil nueva, que suponga un acortamiento del tiempo necesario para obtener una resolución jurisdiccional, que satisfaga la demanda de tutela con plenitud de garantías procesales, también se afirma en el apartado quinto que, en cuanto a su contenido general, dicha ley «se configura con exclusión de la materia relativa a la jurisdicción voluntaria que, como en otros países, parece preferible regular en ley distinta». Especial significación tiene en este campo la Ley de Jurisdicción Voluntaria alemana (Freiwllige Gerichtsbarkeit) de 1898 que, con más de treinta reformas parciales, continúa en vigor.

En tanto no se apruebe una Ley de Jurisdicción Voluntaria, continúa vigente, con determinadas excepciones, la regulación contenida en el libro III de la LEC 1881, relativa a la Jurisdicción Voluntaria, así como la correspondiente a la conciliación y a la declaración de herederos abintestato, en los casos en que no existe contienda judicial, conforme se establece en la disposición derogatoria única, apartados 1 y 2 de la nueva LEC. Conviene señalar, por otra parte, que si bien la mayor parte de los supuestos de jurisdicción voluntaria judicial se contienen en el libro III de la LEC, la mayor parte de los actos de jurisdicción voluntaria judicial, y la mayor parte de los correspondientes a la, a mi juicio, impropiamente denominada, jurisdicción voluntaria no judicial, se regulan en textos legislativos diversos, entre los que cabe citar, el Código Civil, el Código de Comercio, la Legislación Hipotecaria, La Ley y el Reglamento del Registro Civil, La Ley del contrato de seguro, La Ley de Propiedad Intelectual, La Ley sobre autorización judicial en materia de extracción de órganos, La Ley en materia de filiación, patria potestad y régimen económico del matrimonio, La Ley en materia de tutela y curatela, La Ley en materia de acogimiento, guarda y custodia de menores y adopción, y La Ley Cambiaria y del Cheque, La Ley sobre sustracción de menores y La Ley sobre protección patrimonial de las personas con discapacidad.

La Jurisdicción Voluntaria ha sido descrita o calificada por la doctrina y la jurisprudencia con los mas variados epítetos: misteriosa, heterogénea, fascinante, atormentada, insistente, machacona y dando respuesta a problemas concretos, repudiada por todos y sin sede científica propia, enojosa, difícil y de poco lucimiento, uno de los más atormentados problemas de la ciencia jurídica europea, la gran olvidada y por qué no decirlo, la gran ignorada, autoritaria, inquisitiva o paradigmática por su brevedad y economía procesal, pero en la práctica, salvo valiosas excepciones, ha suscitado escaso interés en la doctrina científica y en el desarrollo argumental de la doctrina jurisprudencial, si nos atenemos a la relevancia de la parcela imprescindible de la realidad social que constituye.

Sería deseable, en este línea de reflexión, que la profundización en el dialogo entre historia, dogmática y realidad social, nos llevase a deslindar entre aquellas competencias que deben continuar atribuidas al órgano jurisdiccional, por razón de su naturaleza jurídica, o a la consideración de ser los jueces los operadores jurídicos que gozan de un mayor grado de independencia e imparcialidad en el ejercicio de su función, y aquellas otras competencias que atribuidas en su momento -finales del siglo XIX- a los jueces, en atención a su prestigio, a la seguridad jurídica que producía su intervención, a la prevención o desconfianza frente a otros operadores jurídicos, o a razones de mera tradición historicista, oportunidad, conveniencia o división del trabajo, podrían desjudicializarse, al desparecer las razones de política legislativa que constituían su fundamento, y atribuirse, en la parte correspondiente a disposiciones finales, a profesionales del derecho, a quienes corresponda con mayor propiedad el ejercicio de estas funciones, en atención a su propia naturaleza así como a su especialización y cualificación jurídicas. Se trataría con ello no tanto de evitar el colapso de la justicia contenciosa, sino sobre todo de sistematizar y redistribuir funciones, en aras de la racionalización del sistema y como muestra de confianza en la madurez de la sociedad civil. El marco constitucional en el que se desenvuelve la tutela judicial, no supone, por otra parte, ningún obstáculo para acometer la desjudicialización de aquellos supuestos que por su propia naturaleza jurídica, corresponden a la competencia funcional de otros operadores jurídicos.

La desregulación judicial supondrá la reforma de la correspondiente legislación notarial, registral, funcionarial o la de otros agentes jurídicos, respecto de los que se produzca el traspaso de competencias. La necesidad de descargar de trabajo a los jueces, concentrar su actuación en tareas jurisdiccionales, redistribuir competencias y racionalizar el sistema en la Administración de Justicia, constituyó, por otra parte, el objeto de una Recomendación del Consejo de Europa, dirigida a los países miembros de fecha 16 de septiembre de 1986.

La Ley de Jurisdicción Voluntaria deberá por ello regular tan sólo las competencias que se mantienen en la órbita judicial. Ciertamente dirimir conflictos a través del proceso, con todas las garantías propias de la actividad procesal, es el núcleo esencial de la postestad jurisdiccional, pero otorgar tutela judicial fuera del proceso, con respecto a las fundamentales garantías del procedimiento, en asuntos relativos a menores, personas con discapacidad, incapacitados, desvalidos, ausentes, intereses generales, públicos o sociales, restricción de derechos fundamentales o en conflictos no especialmente relevantes, mediante la aplicación del derecho objetivo, forma parte asimismo del contenido de facultades atribuido por el art. 117, 3 de la Constitución a Juzgados y Tribunales, interpretado en sentido amplio.

El apropiado mantenimiento de la denominación Jurisdicción Voluntaria, no debe calificarse en el caso presente, conforme se expone en la Exposición de Motivos de la LEC, como expresión en exceso tributaria de sus orígenes históricos, ni se trataría, tan solo, de uno de los supuestos en los que parece conveniente rendir tributo a la tradición del lenguaje jurídico[131], sino que al fundamento histórico de la pareja nominal «*iurisdictio voluntaria*» utilizada sin intervalos durante casi veinte siglos –y la reforma de la Justicia no debe ni puede prescindir de la historia (EM, XIV)– ha de añadirse el valor derivado del arraigo de una terminología utilizada de forma usual en el lenguaje común y de los operadores jurídicos, así como consolidada en la doctrina y la jurisprudencia y la inutilidad de los esfuerzos doctrinales y legales realizados en otras latitudes para encontrar una expresión comprensiva del fenómeno que nos ocupa[132]. Así, denominaciones como proceso no contencioso o procedimiento en Cámara de Consejo se han revelado como insatisfactorias, y no han logrado sustituir en los propios países en que se han introducido a la denominación clásica que ha seguido presente en las aportaciones científicas y, en ocasiones, de forma casi freudiana, en el propio texto de la ley[133]. Jurisdicción contenciosa y voluntaria, una vez desgajadas de ésta las artificiosas adherencias que no le son propias, constituyen es-

---

[131] Sobre el valor interpretativo de los preámbulos y el problema de la *voluntas legislatoris*, vid., Diez-Picazo, L. M., *Los preámbulos de las leyes*, ADC, T. XIV, 1992, pp. 501-533.

[132] Sobre la consideración del Derecho como precedente histórico, vid. en Fernández de Bujan, A., *Derecho Público Romano. Recepción, Jurisdicción y Arbitraje.* Séptima edición. Madrid 2004, pp. 35 ss. Fernández de Buján, A. *Jurisdicción Voluntaria en Derecho Romano*, Madrid 3ª ed. 1999.

[133] Art. 32, disp. Att. del Código Civil Italiano: «el ministerio público debe ser oído siempre en los procedimientos de jurisdicción voluntaria que tienen contenido patrimonial»; arts. 35 y 36 del D.P.R., 5 de enero de 1967, n. 200, que regulan las funciones y competencias de los cónsules en materia de jurisdicción voluntaria; arts. 9, 66 y 67 de la reciente ley de 31 de mayo de 1995, reformadora del sistema italiano de derecho internacional privado, mediante los que se regulan las hipótesis en que subsiste la jurisdicción del juez italiano en materia de jurisdicción voluntaria, así como los presupuestos y la eficacia en Italia de los procedimientos de jurisdicción voluntaria en los que intervienen jueces extranjeros. Vid. al respecto en Venturini, *Consideración sulla qualificazione dei procedimenti stranieri di giuridiszioni volontaria,* Rivista di Diritto Internazionale privato e procésale, 2003, pp. 813-910. En relación con el estudio histórico de la institución de la jurisdicción voluntaria vid., Fernández de Bujan, A., *Jurisdicción voluntaria en Derecho Romano*, Madrid, 3ª ed. 1999; Id. A propósito de la competencia en materia de *iurisdictio voluntaria* en Derecho Romano, Revista de Derecho Notarial y A.A.M.N., T. XXVIII pp. 95-134; Id. *Diferencias entre los actos de iurisdictio contenciosa y iurisdictio voluntaria en Derecho Romano,* Estudios Homenaje a A. D'Ors, vol. I, Pamplona, 1987, pp. 427-457; Id. *Consideraciones acerca del carácter clásico y jurisdiccional*

feras de la jurisdicción, que requieren una actividad de enjuiciamiento del órgano jurisdiccional, si bien en la jurisdicción voluntaria que se enmarca, en gran parte de su contenido, en el amplio campo del ejercicio pacífico de los derechos, y de ahí la justificación funcional de la denominación, no existen, en general, posiciones contrapuestas, a priori, de personas enfrentadas, salvo supuestos de conflictos de relevancia menor, mientras que en la jurisdicción contenciosa, lo normal es la existencia de una controversia entre los litigantes, aunque hay también procesos declarativos o constitutivos en los que no existe oposición. Se trata de auténticos procesos sin contradicción de voluntades, como por ejemplo sucede en los supuestos de las denominadas sentencias sin oposición.

Abierto el período de debate y estudio previo a la aprobación de la Ley de Jurisdicción Voluntaria, constituida en el seno de la comisión general de codificación del Ministerio de Justicia, en los años 2002 a 2005, y en el año 2012, las Ponencias encargadas de hacer una propuesta de regulación sobre la materia, incluida la reforma de la jurisdicción voluntaria en el Pacto de Estado sobre la Justicia firmado por los dos partidos mayoritarios en España, el 28 de mayo del año 2001, así como en la reciente modificación de la Ley Orgánica del Poder Judicial, por Ley de 23-12-2003, en la que se prevé la competencia de los Secretarios Judiciales, en los actos de jurisdicción voluntaria cuyo conocimiento se les atribuya en las futuras leyes procesales, así como la creación de Servicios Procesales Comunes a la materia, lo que supone un reforzamiento de las funciones de estos profesionales en este campo, en la línea de lo previsto en el art. 290 de la LOPJ de 1985, que les atribuía las propuestas de autos definitivos en materia de jurisdicción voluntaria, suprimidas por la LEC del año 2000.

Ratificado el carácter prioritario de la Ley de Jurisdicción Voluntaria por los sucesivos Ministros de Justicia, desde López Agular hasta Ruiz Gallardón, es el momento de reflexionar sobre una institución que con un marco de aplicación específico, aunque próximo a la jurisdicción contenciosa[134], aspira asimismo a lograr la efecti-

---

de la denominada por Marciano "Iurisdictio voluntaria", en D. 1.16.2. pr., Estudios Homenaje a Juan Iglesias, Madrid, 1987, pp. 197-215.

134 Vid. en Fernández de Buján, A., *Jurisdicción voluntaria.* Madrid, 2001. Id. *La jurisdicción voluntaria en la encrucijada: su conexión con el nuevo modelo procesal de la LEC del año 2000*, Derecho y Opinión, Córdoba, 2000, pp.329-342. Id. *La jurisdicción voluntaria: racionalización y redistribución de competencias,* Libro Homenaje a Sánchez Mera, Madrid 2002, pp. 1997-2036; Id. *La Jurisdicción Voluntaria: una reforma legislativa pendiente.* Estudios Jurídicos. Ministerio de Justicia, vol. IV, 2002, pp. 537-606; Id. *Noción de iurisdictio y etapas. Jurisdicción contenciosa y jurisdicción voluntaria.* Portal electrónico de Derecho, IUSTEL, 2002; Id. *Los principios informadores de la jurisdicción voluntaria: una propuesta de futuro,* Anuario de Derecho de la U.A.M., vol. 3, 2001, pp. 89-149; Id. *Consideraciones de lege ferenda en materia de jurisdicción voluntaria y Anteproyecto de Jurisdicción Voluntaria,* Revista del Colegio de abogados de Lugo, 2001, pp. 22-24 y 2002, pp. 18-22; Id. *Jurisdicción Voluntaria: naturaleza*

vidad de la Justicia, a hacerlo con vocación de permanencia y en estrecho contacto con la realidad social, enunciando problemas, suscitando dudas y esbozando soluciones, conforme a la clásica tricotomía que contribuye al progreso del conocimiento científico.

Un primer paso importante en el cumplimiento del mandato legislativo pendiente de cumplimiento, tuvo lugar en diciembre del año 2002, al ponerse en marcha la maquinaria legislativa con la constitución, en el seno de la Sección Segunda de la Comisión General de Codificación, máximo órgano asesor del Ministerio de Justicia en las tareas prelegislativas, de una Ponencia, presidida por el notario José María de Prada y compuesta por siete miembros, un Magistrado, un Registrador Mercantil, un Secretario Judicial, un Decano de Colegio de Abogados, y dos Catedráticos, que a lo largo de casi tres años de trabajo, elabora una propuesta normativa integrada por 306 artículos y 10 disposiciones complementarias –valoradas y tenidas muy en cuenta las observaciones formuladas por las Secciones de Derecho Civil y de Derecho Mercantil de la Comisión de Codificación– que asumida como Propuesta de Anteproyecto por el Ministerio de Justicia, es publicada en su Boletín Informativo en octubre del año 2005 <como texto preliminar de una nueva regulación de la jurisdicción voluntaria, sin duda necesaria, por lo que se hace pública por su evidente interés para la comunidad jurídica, al objeto de propiciar su conocimiento y libre discusión>, según se subraya en la Nota que antecede a la Memoria Explicativa y a la Exposición de Motivos.

La ponderada propuesta de Anteproyecto elaborada por la Comisión General de Codificación gozó, de forma manifiesta, de una positiva acogida en la comunidad científica y por parte de los operadores jurídicos afectados, Jueces, Secretarios Judiciales, Notarios, Registradores, Abogados y Procuradores de los Tribunales.

A partir de este primer paso relevante del prelegislador, la propuesta de Anteproyecto de la Ponencia fue sometida a una revisión interna en el Ministerio de Justicia, fruto de la cual fue el Anteproyecto de Ley de Jurisdicción Voluntaria, aprobado en Consejo de Ministros de 2 de junio de 2006. Finalmente, el veinte de octubre del año 2006, el Consejo de Ministros aprobó la remisión a las Cortes Generales del Proyecto de Ley de Jurisdicción Voluntaria, para facilitar y agilizar la tutela y garantía de los derechos de la persona, en materia civil y mercantil, que reprodujo, con escasas modificaciones, el texto del Anteproyecto de Ley de junio de 2006, y si bien introdujo mejoras en determinados aspectos contemplados en el Anteproyecto de la Ponencia,

---

jurídica y diferencias de procedimiento con la jurisdicción contenciosa, Actualidad Civil, nº 36, 2001, pp. 1277-1306 y nº 37, pp. 1317-1341; Id. *La reforma legislativa de la jurisdicción voluntaria: reflexiones de presente y perspectivas de futuro,* Derecho de los Negocios, nº 163, 2004, pp. 5-15; Id. *Jurisdicción Voluntaria: Historia (I), Problemas (II), Interrogantes (III y Soluciones (IV), Tribuna Pública,* Mercados, Voz de Galicia, 12-09; 17-09; 26-09 y 3-10-2004.

cambió la concepción de la JV, al administrativizar el procedimiento judicial en la terminología y en el contenido y establecer una artificiosa equiparación, entre procedimientos de diferente naturaleza, como son el judicial y el administrativo notarial y registral, lo que se materializó en la supresión de la contradicción, de los recursos y de la asistencia técnica en los procedimientos de JV judiciales.

La desacertada, a mi juicio, previsión, que implicaba un estéril reduccionismo de la JV al ámbito negocial y administrativo, fue por fortuna corregida en trámite de enmiendas en la Comisión de Justicia del Congreso de los Diputados, que procedió a la recuperación de las connotaciones jurisdiccionales del procedimiento judicial de JV, y a una distinta regulación de los procedimientos judicial y administrativo de JV, en atención a su diferente naturaleza jurídica, y a las reglas de funcionamiento y principios informadores propios de su conformación en el Ordenamiento Jurídico. En trámite de enmiendas se presentaron un total de 323 al articulado del Proyecto.

El 27 de junio de 2007, fue aprobado en la Comisión de Justicia del Congreso de los Diputados, con Competencia Legislativa Plena, el Proyecto de Ley de Jurisdicción Voluntaria, antes denominado Proyecto de Ley de jurisdicción voluntaria para facilitar y agilizar la tutela y garantía de los derechos de la persona en materia civil y mercantil, con un contenido de 229 artículos y 17 disposiciones complementarias, el 24 de julio, el texto legislativo, entró en el Senado, en cuya Comisión de Justicia los distintos Grupos Parlamentarios presentaron y debatieron un total de 239 enmiendas. En trámite de asesoramiento, tuvo asimismo lugar la comparecencia, ante la Comisión de Justicia del Congreso de los Diputados, de 14 expertos en la materia de JV, entre los que tuve el honor de representar a la Comisión General de Codificación. Finalmente, el 24 de octubre de 2007, el Gobierno procedió a retirar el Proyecto, el día en que iba a ser votado en el Pleno del Senado.

Desde entonces hasta hoy la proyectada y, con posterioridad, frustrada reforma de la JV no ha tenido una existencia airosa, al quedar relegada en el ostracismo de los buenos deseos que no llegan a materializarse. Es por ello que los juristas y los conocedores de la relevancia que supone una nueva regulación de la JV, hemos saludado con satisfacción que en el Discurso de Investidura del pasado 19 de diciembre de 2011, Mariano Rajoy expresase, como futuro Presidente del Gobierno español, que constituía una de sus prioridades, en el ámbito legislativo, su voluntad de aprobar, en la presente Legislatura, la Ley de Jurisdicción Voluntaria. En el mismo sentido, se pronunciaba, pocos días después, Alberto Ruiz Gallardón, en su toma de posesión como Ministro de Justicia, y en sus comparecencias en la Comisión de Justicia del Congreso de los Diputados y en el Senado, ésta última el pasado día 5 de marzo de 2012.

Cabría señalar, en primer lugar, que la nueva regulación del proceso en la LEC 2000 caracterizada por principios como la economía procesal, la concentración, la inmediación, la oralidad o el papel activo del juez, ha supuesto un acercamiento a la concepción de mayor agilidad, brevedad y menor formalismo, caracterizadora del procedimiento de jurisdicción voluntaria, el cual debería, a su vez, salir reforzado en la futura ley en orden a la exigencia de un mayor cumplimiento de las garantías procesales propias del contencioso, especialmente en lo referente a los principios de audiencia a las partes interesadas y su participación activa en el desarrollo del procedimiento, así como si se produce alguna duda razonable en el ánimo del juez sobre la relevancia de la contradicción, o en aquellos supuestos en que la ley expresamente lo prevea, se ponga fin al expediente voluntario y se inicie el proceso contencioso correspondiente y todo ello, sin perjuicio de que el interesado pueda en cualquier momento de la tramitación del procedimiento voluntario, o con posterioridad a la resolución del mismo, promover el proceso contencioso que corresponda.

Sin embargo, que se hayan diluido algunas diferencias no implica que se mantengan otras; así por ejemplo, en el marco de la jurisdicción voluntaria no existe el principio de dualidad ni de igualdad de partes, dado que los terceros o interesados no están en pie de igualdad con el solicitante. Por otra parte en el procedimiento de jurisdicción voluntaria no se produce en su plenitud el efecto de cosa juzgada de la resolución judicial, ni se da en toda su extensión el principio contradictorio. Ni la ley ni la Jurisprudencia sientan conclusiones generales sobre el carácter preceptivo o no de la intervención de quienes pueden considerarse afectados en sus derechos por actos de jurisdicción voluntaria, sino que se afirma, por el contrario, la necesidad de valorar cada caso de forma individualizada.

Con la expresión jurisdicción voluntaria se hace referencia a aquellos procedimientos en los que un particular solicita la intervención de un juez, o éste interviene de oficio o a instancia del Ministerio Fiscal sin que exista una contienda o conflicto de intereses con otra persona. El artículo 1811 LEC contiene la definición legal «Se consideran actos de jurisdicción voluntaria todos aquellos en que sea necesaria o se solicite la intervención del Juez, sin estar empeñada, ni promoverse cuestión alguna entre partes conocidas o determinadas».

Son, por ejemplo, supuestos de jurisdicción voluntaria –de entre los más de 200 pendientes de nueva regulación, racionalización y redistribución– la adopción de medidas relativas al traslado o retención ilícita de menores en actuaciones de sustracción internacional; la aprobación del reconocimiento de la filiación extramatrimonial; la protección patrimonial de las personas con discapacidad; la declaración de ausencia o fallecimiento de una persona; que se proceda al nombramiento de un tutor o que se autorice a éste la venta de un inmueble de su pupilo; la constitución de una adopción o de un acogimiento familiar; las autorizaciones relacionadas con el honor, la intimidad o la propia imagen del menor; la autorización para el transplante de órganos de personas fallecidas; que se autorice la convocatoria de una junta general ordinaria de sociedad anónima que no se hubiese convocado en el plazo legal; que se acuerden medidas de garantía en relación con la mala administración de los padres; que se disponga el depósito y venta de mercancías y equipajes en los casos en que el destinatario no abone el flete o el pasaje; la auditoría de las cuentas de los empresarios; el nombramiento de perito en el seguro de daños; que se autorice al capitán del buque, la venta de un cargamento, en peligro de avería, en el puerto de arribada y no en el de destino; la liquidación y distribución de una avería gruesa, en materia de derecho marítimo, o los supuestos de intervención judicial, sin que exista proceso, en relación con la restricción de derechos fundamentales.

Se incluyen asimismo dentro de la esfera de la jurisdicción voluntaria un conjunto de procedimientos dirigidos a la solución judicial de conflictos que el ordenamiento jurídico considera que no tienen entidad suficiente para ser dirimidos en un proceso contencioso, entre los que cabe señalar las controversias entre los progenitores en el ejercicio de la patria potestad, o los desacuerdos entre los esposos en la gestión de los bienes comunes. Se trataría de supuestos en los que la urgencia o la conveniencia de eludir la excesiva dilación del juicio ordinario, justificaría la tutela simplificada, ágil y flexible del procedimiento voluntario, que cumpliría, en estos casos, el papel que correspondería a un especial procedimiento sumario contradictorio.

Son considerados finalmente procedimientos de jurisdicción voluntaria otros supuestos en los que la intervención del juez queda reducida a la mera presencia, comprobación de hechos, calificación, autentificación o documentación del acto o relación jurídica, lo que supone una desnaturalización de lo que debe entenderse por potestad jurisdiccional, ni parece asimismo necesaria en éstos supuestos la actuación judicial en garantía de derechos, que con carácter compartido con otros poderes del Estado, se atribuye a los jueces y tribunales en el artículo 117.4 de la Constitución.

La intervención de oficio del juez y del fiscal está prevista en supuestos de procedimientos de jurisdicción voluntaria que afectan a menores, incapacitados o desvalidos, en estrecha relación con los preceptos constitucionales (arts. 9.2 y 53.3 CE) referidos al Estado social, o bien a la condición y estado civil de las personas, o a intereses jurídico-públicos, generales o sociales[135].

---

[135] Vid., en la doctrina española: GIMENO GAMARRA, *Ensayo de una teoría general sobre jurisdicción voluntaria,* ACD, 1953, pp. 5 ss.; CARRERAS, *Eficacia de las resoluciones de jurisdicción voluntaria*, en Estudios de Derecho Procesal, 1962; PRIETO CASTRO, *Reflexiones doctrinales y legales sobre la jurisdicción voluntaria,* en Trabajos y orientaciones de Derecho Procesal, Madrid 1964, pp. 585 ss.; FONT BOIX, *El Notariado y la jurisdicción voluntaria,* Academia Matritense del Notariado, T. XV, 1967, pp. 272-295; SERRA, *Naturaleza jurídica de la jurisdicción voluntaria,* en Estudios de Derecho Procesal, Barcelona 1969, pp. 619 ss.; ALCALÁ-ZAMORA, *Estudios de Teoría General e Historia del Proceso,* México 1974, tomo 1, pp. 115 ss; RAMOS MÉNDEZ, *La jurisdicción voluntaria en negocios de comercio,* Madrid 1978; ALMAGRO, *El Secretario Judicial y la futura Jurisdicción Voluntaria. III,* J.F.P.J., Madrid 1987, pp. 65-72; MUÑOZ ROJAS, *Sobre la jurisdicción voluntaria,* Actualidad Civil, nº 9, 1989; Id., Actualidad Civil,

No es la jurisdicción voluntaria, como ya ha sido señalado en el apartado primero, una simple expresión nominal que, utilizada por el legislador como campo de experimentación o mero catalizador de procedimientos heterogéneos, carezca de justificación racional, ni de fundamentación histórica. Muy por el contrario, ya en Derecho Romano, existió el sustrato social y la realidad jurídica, de lo que por primera vez, en la historia de la ciencia jurídica europea, un jurista clásico, del siglo III d.C., llamado Marciano, en su obra Instituciones, con posterioridad recogida en el Digesto de Justiniano, denomina jurisdicción voluntaria, «*iurisdictio* voluntaria». Dicha expresión se trasmite en la Edad Media, a través de los glosadores y comentaristas al Derecho Común, y de éste pasa a los códigos modernos y a las legislaciones de los distintos países europeos.

Muchas de las instituciones que conforman hoy la jurisdicción voluntaria se conocían ya en la República romana y se formalizaban o bien a través de un proceso ficticio, al que las partes acudían habiéndose puesto previamente de acuerdo sobre un negocio, o bien a través de la exigencia legal de intervención del magistrado en determinadas actuaciones jurídicas[136].

En el primero de los supuestos, escenificada la ficción procesal, el demandado guardaba silencio ante la petición del actor o demandante, y el allanamiento daba lugar a una resolución del magistrado favorable a lo solicitado. A través de esta ficción procesal, que ya en la época clásica deja de utilizarse como fórmula negocial, se transmitían derechos como el usufructo, la servidumbre o la posición de heredero. La intervención necesaria o preceptiva del magistrado era exigida por la ley en de-

---

nº 39, 1990; Fairén, *Jurisdicción voluntaria, Juicios sumarios: las confusiones de la historia y su evolución,* BICAM, 2/ 1990, pp.19-34; Id. *Sobre el paso de la jurisdicción voluntaria a la contenciosa. El artículo 1817 de la LEC y la problemática actual,* ADC, 1991, pp. 947-969; Martín Ostos, *Hacia un nuevo Secretario Judicial español. La Ley nº 2946,* 25-2-1992; Almagro, con Cortés Domínguez, Gimeno Serra y Moreno Catena, en *Derecho Procesal II, vol. I, Parte General. Proceso Civil.* Valencia 1992, pp. 535-593; Auger, *Reforma de la jurisdicción voluntaria,* Anales Academia Matritense del Notariado, 1992, pp. 7-27; Ramos Méndez, *Derecho Procesal Civil, t. III,* Barcelona 1992, pp. 1289 ss.; Belloch, *Notas en torno al Notariado y la jurisdicción voluntaria,* Revista Jurídica del Notariado 1992, pp. 9-42.; Gómez Ferrer, *Ejercicio de la jurisdicción voluntaria por el notariado,* R.J.N., 1993, pp. 9-178; Ortiz Navarrete, *Procesos y expedientes de jurisdicción voluntaria sobre menores en la ley orgánica 1/1996, de 15 de enero, de Protección Jurídica del Menor,* Actualidad Laboral 1996; González Poveda, *Jurisdicción voluntaria,* 3ª ed., Pamplona 1997; Seoane Cacharrón, *El Secretario Judicial ante la futura ley sobre la jurisdicción voluntaria,* Revista del Centro de Estudios Jurídicos del Ministerio de Justicia, 2003, nº 3, pp. 91-108.

136 Vid., en Fernández de Buján, A., *Jurisdicción voluntaria en Derecho Romano.* cit., pp. 57 a 96; Id., *Jurisdicción Voluntaria: naturaleza jurídica y diferencias de procedimiento con la jurisdicción contenciosa,* Actualidad Civil 36, cit., pp. 1281 ss.

terminados supuestos como la tutela, la adopción, la prestación de alimentos entre parientes, la autorización del curador para proceder a la venta de un inmueble del incapacitado por locura o la puesta en posesión de los bienes hereditarios a favor de un coheredero. Este procedimiento finalizaba mediante el pronunciamiento de un decreto, *decretum*, por el magistrado. Y es éste término clásico de decreto el utilizado en la legislación alemana e italiana para referirse a las resoluciones judiciales por las que se concluyen los procedimientos de jurisdicción voluntaria, así como podría ser el utilizado para referirse a aquellos supuestos en los que se atribuya la competencia al Secretario Judicial, en la futura ley española.

Tanto en los supuestos de jurisdicción voluntaria negocial como preceptiva o necesaria, el magistrado actúa como garante del cumplimiento de las formalidades del proceso o negocio, testigo cualificado y persona autorizante y legitimada por el Poder Público para colaborar en el nacimiento o modificación de la relación jurídica.

Al momento histórico en el que se produce una ampliación del contenido de la *iurisdictio*, sin que ello suponga una alteración de su significado, se refiere Ulpiano, en un texto recogido en D. 2.1.1. en el que se afirma que «la jurisdicción tiene un amplísimo contenido: así por ejemplo abarca el otorgamiento de la posesión de un patrimonio, la autorización para una toma de posesión, el nombramiento de tutores a los pupilos que carezcan de ellos o la atribución de jueces a los litigantes».

Asimiladas en la época clásica romana a la jurisdicción voluntaria determinadas actuaciones formalizadas ante los funcionarios encargados de los Archivos o Registros Públicos y ante los Notarios o Tabeliones, es en la Edad Media cuando se atribuye ya a los Notarios competencias específicas en materia de jurisdicción voluntaria, primero como profesionales adscritos a los tribunales y con posterioridad como titulares de los juzgados, *iudices chartularii*, con competencia específica para conocer de los asuntos de jurisdicción voluntaria, ante los que se desarrollaba la ficción procesal que encubría el negocio de jurisdicción voluntaria, en una primera etapa, superada la cual se procedía a la formalización del procedimiento de jurisdicción voluntaria, tramitado fuera ya del marco del proceso contencioso. Y también en este punto, nos puede ayudar la experiencia histórica, en orden a crear juzgados que tengan atribuida competencia específica en esta materia, en atención a que en torno al 10% de los asuntos que se conocen por los jueces civiles españoles, pertenecen al ámbito de la jurisdicción voluntaria[137].

[137] En la Edad Media, las cada vez más amplias necesidades negociales, aconsejaron la creación de jueces con competencias específicas en el marco de la jurisdicción voluntaria, ante las que se desarrollaba la ficción procesal, que acabó siendo suprimida y sustituida por la simple *confessio* o reconocimiento ante el juez, con plenos efectos de cosa juzgada y fuerza ejecutiva. Hay un momento histórico, no determinado con total precisión, en el que se atribuye a los Notarios la titularidad de los juzgados especializados en el conocimiento de estos asuntos.

Mantenida la jurisdiccionalidad de la jurisdicción voluntaria, en las leyes de Enjuiciamiento Civil de 1855 y de 1881, enmarcada la jurisdicción voluntaria dentro de la legislación procesal, cuya regulación es competencia exclusiva del Estado conforme al 149,6 de la CE, y establecida la tramitación de su normativa a través de la vía de una ley y no de forma reglamentaria, nos encontramos ante la posibilidad de actualizar la institución, y situarla en sus justos límites, sin administrativizarla, sin magnificar su función social, y sin identificarla con una mera supresión de plazos, formalidades y garantías[138].

No es, a mi juicio, por otra parte, la jurisdicción voluntaria una actividad administrativa, cuya titularidad se atribuye a los juzgados y tribunales, conforme a nuestro actual modelo de colaboración entre los poderes del Estado, sino que la protección, gestión o administración de derechos o intereses privados que, con carácter preventivo, se atribuye a los jueces, supone un ejercicio de la potestad jurisdiccional en sentido amplio[139], en atención al carácter de indisponibles de los derechos o intereses legítimos tutelados, a la interrelación entre intereses particulares con intereses generales o sociales, a la especial garantía que supone la intervención judicial o al carácter tuitivo respecto a la posición de menores, incapacitados, personas con discapacidad o desvalidos.

En este sentido, se ha pronunciado el Tribunal Supremo, en una reciente sentencia de 22 de mayo del año 2000, de la que fue Ponente el Magistrado Peces Morate,

---

Vid. al respecto en, Núñez Lagos, *Documento latino y documento germánico.* A.A.M.N., I, pp. 431 ss.; y Di Blasi, *sub voce Giurisdizione volontaria,* N.N.D.I., 1957, pp. 1096 ss.

[138] Vid. en Pedraz, *Constitución Jurisdicción, Proceso,* 1990. Sobre Tutela jurisdiccional en Derecho Privado, vid., con carácter general en Ortells, *Derecho Procesal Civil,* Navarra 2001, pp. 43-63.

[139] Vid. especialmente en Ramos Méndez, *Derecho Procesal Civil, T. III,* cit., pp 1289 ss; Id. *Jurisdicción Voluntaria en negocios de comercio*, cit., pp. 23 ss.

Para Tarzia debe considerarse superado el antiguo aforismo *iurisdictio in sola notione contentiosa consistit*, y es necesario reivindicar algunas garantías fundamentales de la jurisdicción contenciosa también para la jurisdicción voluntaria, así por ejemplo las garantías de la independencia y la tercereidad del juez; para Montesano los derechos subjetivos e intereses tutelados por la jurisdicción tienen la misma naturaleza que los derechos subjetivos lesionados propios de la jurisdicción contenciosa, y especialmente en los casos de tutela de los derechos de los menores e incapacitados, el procedimiento seguido debe cumplir todas las garantías que informan los procesos contenciosos; Para Denti, no cabe individualizar una jurisdicción voluntaria con características autónomas respecto de la jurisdicción en general, sino que, por el contrario, en cuanto que se atribuye a órganos judiciales, no se sustrae a las garantías, subjetivas y objetivas, que caracterizan la actividad judicial. Las opiniones de estos autores se encuentran reflejadas en las Atti del XVII Convengo Nazionale del Processo civile en Palermo, celebrado en 1989.

«si en los casos de actuaciones de jurisdicción voluntaria, el juez o magistrado denegase su intervención, hemos de convenir que el derecho conculcado sería el contemplado en el art. 24.1 de la Constitución, al mismo tiempo que se produciría un incumplimiento del deber impuesto a los jueces y tribunales por el art. 1.7 del Código Civil…».

Cabría, en consecuencia, distinguir dos modelos procesales: a) el de los juicios ordinarios de cognición, caracterizados básicamente por las mayores garantías en materia de alegaciones, pruebas, recursos, aportación de parte, principio dispositivo, etc., que caracterizan tanto los supuestos en que existe conflicto relevante entre las partes, como aquellos otros en que planteado un contradictorio, éste se resuelve sin allanamiento, ni debate, ni controversia, y b) los juicios de jurisdicción voluntaria, caracterizados por una mayor agilidad, menor formalismo, limitación de determinadas garantías, con preservación de las fundamentales garantías de los procesos contradictorios, amplios poderes del juez –sin que quepa hablar de dirigismo judicial– y mayor economía procesal, que conforman aquellos supuestos en que el juez, sin que exista pretensión frente a otra parte, ni controversia de especial relevancia, actúa por imperativo legal, en defensa de intereses públicos o sociales, o con carácter constitutivo, autorizando y controlando la legalidad de la correspondiente actuación[140].

El otorgamiento de amplios poderes instructivos al juez, en materia de jurisdicción voluntaria, en atención al carácter tuitivo y social de muchos de sus procedimientos, con la consiguiente libertad de formalidades y actuación conforme a los principios de lógica judicial e impulso de oficio frente al carácter más reglado del proceso, no debe sin embargo, desembocar en un excesivo dirigismo judicial, que ponga en peligro las fundamentales garantías propias del proceso contradictorio, ni mucho menos en un procedimiento autoritario o inquisitivo[141].

Frente a posiciones maximalistas del tipo «la jurisdicción voluntaria podría ser eliminada de cualquier Ordenamiento Jurídico» o la de «las necesidades negociales y el tráfico jurídico, justifican la aplicación del procedimiento voluntario a supuestos de lesión de derechos o intereses legítimos», se impone una posición realista, en la que sitúan las mas modernas corrientes de la ciencia procesal, partidarias de regular, sin quiebra de las garantías esenciales del proceso, y sin desnaturalizar el marco que le es propio, una parcela imprescindible de la realidad social, en constante expansión, fruto del nuevo perfil de la jurisdicción voluntaria, que ha evolucionado desde la originaria tutela de relaciones jurídico privadas, a la actual protección de derechos indisponibles, intereses generales, públicos o sociales, así como a la resolución de conflictos de intereses considerados de relevancia menor.

---

140 Vid. en Fernández. de Buján, *Jurisdicción Voluntaria*, cit., p. 186.

141 Vid., en De Prada, J.M., *Intervención judicial en el ejercicio de la patria potestad a través del procedimiento de la D.T. 10ª de la Ley 19/1981*, Derecho Judicial, 1996, pp. 57 ss.

En este sentido, me parece plenamente acertado y novedoso el análisis realizado en el Fundamento de Derecho sexto de la mencionada STS de 22 de mayo del año 2000, en relación con la naturaleza de la jurisdicción voluntaria y su consideración como potestad jurisdiccional, amparada por el art. 117,3 CE, conforme al cual «no se puede afirmar que en la denominada jurisdicción voluntaria los jueces y tribunales no están ejerciendo funciones jurisdiccionales (juzgar y hacer ejecutar lo juzgado), con independencia de que ulteriormente quepa sobre lo mismo otro proceso contradictorio y, en consecuencia, esas potestades quedan amparadas por el artículo 117,3 de la Constitución, según el cual su ejercicio ha de hacerse con arreglo a las normas de competencia y procedimiento que las leyes establezcan.

Las demás funciones, que el art. 117.4 CE permite que una Ley atribuya a los jueces y tribunales en garantía de cualquier derecho, son aquéllas que, a diferencia de las denominadas de jurisdicción voluntaria, no comportan protección jurisdiccional de derechos e intereses legítimos, como en los supuestos (citados por los demandados) de participación de jueces o magistrados en los Jurados de Expropiación Forzosa o en la Administración Electoral, en que aquellos se incorporan a otras Administraciones del Estado por la garantía que su presencia en ellas confiere, pero sin paralelismo alguno con el que nos ocupa, aunque este recurso se denomine gubernativo.

Si analizamos la actuación del Presidente del TSJ en la tramitación y resolución de dicho recurso, se constata la existencia de los requisitos o notas propias del ejercicio jurisdiccional, apareciendo incluso una que, de ordinario, no concurre en otras actuaciones de jurisdicción voluntaria en que intervienen los jueces y magistrados, cual es la contradicción.».

Cabría, asimismo, argumentar a favor de la jurisdicción voluntaria en el marco del artículo 117,3 que el artículo 117,4 CE sólo habla de garantía de derechos, y es evidente que a través del procedimiento de jurisdicción voluntaria pueden tutelarse no sólo derechos, sino también intereses legítimos, objeto ambos de la tutela judicial efectiva, a través del cauce del 117,3 CE, que distingue por otra parte entre proceso y normas de procedimiento, lo que puede suponer la inclusión de la jurisdicción voluntaria en el ámbito del ejercicio de la potestad jurisdiccional en sentido amplio.

Tanto el solicitante de un procedimiento de jurisdicción voluntaria, como la parte en un proceso contencioso, tienen derecho a obtener una resolución judicial de fondo, sobre el derecho o interés legítimo pretendido o sobre el conflicto, relevante o no, planteado, y la tramitación ante el juez, en ambos supuestos, debería realizarse con respeto a las fundamentales garantías de procedimiento, que hagan posible la tutela judicial efectiva del justiciable. En esta línea de argumentación cabría señalar que, al igual que sucede en materia contenciosa, cabe plantear una cuestión de constitucionalidad, tanto respeto de un procedimiento en concreto, como de una proyecto específico, en materia de jurisdicción voluntaria.

En los últimos años, el desarrollo procedimental, paralelo a la provisión de intervención de la autoridad judicial sin que exista proceso, se ha recogido, en ocasiones, en la propia ley sustantiva civil o mercantil, generándose una inflación de procedimientos específicos, no siempre justificados en su singularidad, pero que en buena medida se amparaban en la ausencia de un procedimiento global de jurisdicción voluntaria en el libro III de la LEC. Cabría citar entre otros textos en los que se regulan actos de jurisdicción voluntaria: ley 30/1979, de 27 de diciembre, en materia de transplantes de órganos; Ley 50/1980, de 8 de octubre, sobre Contrato de seguro, a propósito de nombramiento de tercer perito; ley 11/1981, de 13 de mayo, en materia de filiación, patria potestad y régimen económico del matrimonio; Ley 30/1981, de 7 de julio, sobre nulidad, separación y divorcio; Ley 1/1982, de 5 de mayo sobre derecho al honor, intimidad personal y familiar y propia imagen, en relación con los menores; ley 13/1983, de 24 de octubre, sobre tutela y curatela; Ley 19/1985, de 16 de julio, Cambiaria y del Cheque; Ley Foral de Navarra 5/1987, de 1 de abril, sobre autorización judicial para enajenar o gravar bienes fideicomisarios; Ley 21/1987, de 11 de noviembre, en materia de acogimiento y adopción; Ley 22/1987, de 11 de noviembre, en materia de Propiedad Intelectual, en supuestos de discrepancias sobre remuneración equitativa del autor, divulgación de la obra, subsanación de omisiones, reanudación de explotación de obra etc., que requieran autorización judicial; Ley de la Generalitat de Cataluña, 40/1991, de 30 de diciembre, reguladora del Código de Sucesiones por causa de muerte, sobre autorización judicial en materia de conmutación o conversión del modo que grava una institución de heredero o de legado; Ley 1/1996, de 15 de enero, de Protección Jurídica del menor; Ley de la Generalitat de Cataluña 9/1998, de 15 de julio, reguladora del Código de Familia, en materia de idoneidad para la adopción; Ley de la Generalitat de Cataluña, 18/2002, de 5 de julio, en materia de cooperativas, Ley 9/2000, de 10 de diciembre, sobre sustracción de menores,; Ley 41/2003, de 18 de noviembre, sobre Protección patrimonial de las personas con discapacidad, etc .

Por otra parte, no todos los supuestos en que está prevista la intervención de un juez, sin que exista proceso, son actos de jurisdicción voluntaria, así por ejemplo, basta un simple escrito, dirigido al juez, sin más trámite de procedimiento, en el que el interesado manifieste su voluntad de renuncia, para repudiar una herencia. No obstante, en la gran mayoría de supuestos de derecho civil o mercantil -y cabría incluso plantearse la existencia de supuestos de jurisdicción voluntaria en el marco del derecho laboral, penal o internacional privado– en que dicha intervención está prevista, tipificado el caso específico en la norma sustantiva, debe producirse el correspondiente desarrollo de las reglas de procedimiento ante el juez, o bien en la propia disposición de derecho material, o bien en el paralelo procedimiento específico recogido en el libro III de la LEC, según las particularidades del caso. En el supuesto de que no se hubieran previsto normas de procedimiento, o éstas resultasen insuficientes, deberá procederse a la aplicación de la normativa que, con carácter fragmentario y supletorio, y con la denominación de disposiciones generales y disposiciones generadas en negocios de comercio, se encuentra plasmada en las partes primera y segunda del libro III de la LEC de 1881.

Parece razonable que la nueva ley de jurisdicción voluntaria regule, por el contrario, un procedimiento unitario, que refleje un acercamiento a la regulación propia del proceso contencioso, en aquellas reglas que se estime procedente, a fin de que no se identifique la jurisdicción voluntaria con supresión o disminución de garantías, plazos o formalidades, en detrimento de la tutela judicial y de la seguridad jurídica, inherentes a cualquier procedimiento de naturaleza judicial. El deseable, a mi juicio, proceso de influencia recíproca entre ambas esferas de la jurisdicción, ha tenido ya una primera manifestación, con la asunción por el código procesal civil del año 2000 de principios caracterizadores de la jurisdicción voluntaria, como la abreviación, la concentración o la libertad de forma.

Resultaría apropiado, asimismo, un reforzamiento de los principios dispositivo y de aportación de parte en el procedimiento voluntario, una atenuación del dirigismo judicial, que en consonancia con la libertad de forma y el carácter más potestativo de la actuación judicial en esta esfera de la jurisdicción, pueda poner en riesgo las fundamentales garantías inherentes a todo procedimiento, una limitación del principio de impulso de oficio a aquellos supuestos de derechos indisponibles o de interés general, públicos o sociales y una aproximación de las posiciones de solicitante, interesados y terceros, en especial en aquellos supuestos en los que el interesado exprese un interés contrario al manifestado por el promovente, es decir, en aquellos casos en que nos encontremos en presencia de lo que se denomina contrainteresado en la legislación italiana, no obstante lo cual, no se produce un sobreseimiento del expediente.

El deseable acercamiento no debe suponer, en modo alguno, confusión entre ambas esferas de la jurisdicción, que tienen un campo de aplicación y unas características netamente diferenciadas, en especial en lo referente a la ausencia de los principios de igualdad de partes, de preclusión y de efecto material de la cosa juzgada en la jurisdicción voluntaria, así como la ausencia, como ya hemos señalado, de lesión de derecho o interés legítimo o de contradicción relevante en el marco de la jurisdicción voluntaria.

La implantación, finalmente, de un auténtico procedimiento global y unitario de jurisdicción voluntaria, que sustituya a las inconexas reglas de procedimiento actuales, debería obligar, en buena lógica, a revisar los numerosos procedimientos específicos contenidos en leyes sustantivas, a los efectos de determinar cuáles procede que continúen vigentes y cuáles no se encuentran justificados conforme a la actual regulación, e incluso cabría plantearse la posibilidad de proceder a una recodificación formal de todos los supuestos de jurisdicción voluntaria en la ley reguladora específica de esta esfera de la jurisdicción, si ello no supusiese una excesiva perturbación en el sistema, que no resultase asumible. Lo que sí parece razonable es procurar que los nuevos procedimientos de jurisdicción voluntaria sean ubicados en la nueva Ley, lo que obligará a regular un procedimiento con la suficiente flexibilidad para acoger los nuevos supuestos que se puedan establecer en el futuro, por razones de coherencia formal, sistemática e incluso educativa de la propia legislación, al desaparecer la justificación de su inclusión en leyes sustantivas, en atención a la inadecuación de la libro III de la LEC de 1881 a la realidad social, debido a su carácter obsoleto, o a la falta de coordinación entre los diversos textos legales[142].

En todo caso, la jurisdicción voluntaria se configura como parte integrante de la idea de Administración de la Justicia, considerada como función con un contenido más amplio que el correspondiente a potestad jurisdiccional. Lo que no parece adecuado es utilizar la noción o la expresión jurisdicción voluntaria fuera del marco judicial o consular, en atención a los parámetros de constitucionalidad establecidos en el art. 117,3 y 4 de la Constitución[143].

Conforme a este criterio, se ha pronunciado la citada STS de 22 de mayo del año 2000: «el que se admita la existencia de actuaciones de jurisdicción voluntaria, atribuidas a órganos no judiciales, para los que tal denominación es harto discutible...».

3) UNA POSIBLE CLASIFICACIÓN DE LOS PROCEDIMIENTOS DE JURISDICCIÓN VOLUNTARIA

Procedimiento general de JV: Días y horas hábiles. Iniciación del expediente. Celebración de la comparecencia. Documentación y pruebas. Actuaciones de oficio. Resolución. Recursos. Imposición de costas. Cuestiones incidentales.

---

142 Vid. al respecto en, Sánchez Barrilao, *Las funciones no jurisdiccionales de los jueces en garantía de derechos*, Madrid, 2002; Diez-Picazo, L.M., *Régimen constitucional del poder judicial*, Madrid 1991, pp. 23 ss.; Como señala Ramos Méndez «los actos constitutivos de jurisdicción voluntaria gráficamente demuestran su jurisdiccionalidad porque deben al juez su existencia jurídica», *Derecho Procesal Civil, t. III, cit., pp. 1289;* Sobre la jurisdiccionalidad de la jurisdicción voluntaria vid. Carnelutti, *Institución del nuovo processo civile italiano, I,* Roma 1951, pp. 1 ss; Sobre la polémica acerca de su naturaleza jurídica vid., con carácter general en Fernández De Bujan, A., *Jurisdicción Voluntaria,* cit., pp. 97 ss; Id *Jurisdicción voluntaria: naturaleza jurídica y diferencias de procedimiento con la jurisdicción contenciosa,* Actualidad Civil 36, cit. pp.1295 ss.

143 Vid. en este sentido en, Habscheeid, *Freiwillige Gerichtsbarkeit,* 7ª ed., München 1983; Denti, *La giurisdizione volontaria revisitata,* Rivista Trimestrale di Diritto e Procedura Civile, 1987, y en Studi in onore di E. Allario, Milano 1989, pp. 181-196; Tarzia, *I procedimenti in camera di consiglio e la tutela dei diritti,* Atti del XVII Congreso Nazionale del Processo civile, cit., pp. 263-270; Montesano, *I procedimenti in camera...,* Atti del XVII Congreso... cit., pp. 256-262.

1) Procedimiento de conciliación.
2) De la mediación intraprocesal.
3) JV en materia de personas: Procedimientos.
   a) Del reconocimiento de la filiación extramatrimonial.
   b) De la habilitación y nombramiento del defensor judicial.
   c) Del acogimiento de menores y adopción.
   d) Del retorno de menores en los supuestos de sustracción internacional.
   e) De la tutela, curatela y guarda de hecho.
   f) De la protección patrimonial de las personas con discapacidad.
   g) Del derecho al honor, a la intimidad y a la propia imagen del menor o incapacitado.
   h) De los actos de disposición o gravamen de bienes o derechos de menores e incapacitados y de la transacción acerca de sus derechos.
   i) De la declaración de ausencia y fallecimiento.
4) JV. en materia de familia: Procedimientos.
   a) Desacuerdos en el ejercicio de la patria potestad.
   b) Relaciones de los menores con sus progenitores que no ejerzan la patria potestad y con sus parientes y allegados.
   c) Medidas de protección respecto del ejercicio inadecuado de la potestad de guarda o de administración de los bienes del menor o incapacitado.
   d) Intervención judicial en los casos de desacuerdo conyugal.
5) JV en materia de derechos reales: Procedimientos.
   a) Deslinde y amojonamiento.
   b) Expediente de dominio.
   c) Expediente de liberación de gravámenes.
6) JV en materia de obligaciones: Procedimientos.
   a) Consignación.
   b) Subastas judiciales no ejecutivas.
   c) Fijación del plazo para el cumplimiento de las obligaciones.
7) JV en materia de sucesiones: Procedimientos.
   a) Declaración de herederos abintestato.
   b) Adveración y protocolización de testamentos ológrafos, cerrados y orales.
   c) Albaceazgo.
   d) Contadores-Partidores.

8) JV en materia mercantil: Procedimientos.
   a) De la exhibición de libros de las personas obligadas a llevar contabilidad.
   b) De la solicitud de auditoría de las cuentas de los empresarios.
   c) De la convocatoria de juntas o asambleas generales.
   d) De la constitución y régimen interno del sindicato de obligacionistas de personas jurídicas que no sean sociedades anónimas.
   e) Del nombramiento de liquidadores e interventores.
   f) Del robo, hurto, extravío o destrucción del título al portador y de la letra, cheque o pagaré.
   g) De los Depósitos mercantiles y veta de los bienes depositados.
   h) Del nombramiento de un tercer perito en caso de desacuerdo en el seguro de daños.
9) JV en materia de Derecho Marítimo: Procedimientos: Protestas de mar. Liquidación de averías. Apertura de escotillas. Enajenación de efectos mercantiles alterados o averiados. Depósito y venta de mercancías y equipajes en el transporte marítimo. Autorización para la descarga del buque. Obligaciones derivadas del transporte marítimo. Extravío, sustracción o destrucción del conocimiento de embarque. Venta del buque.

Procedimiento de Derecho Penal: autorización judicial para la esterilización del incapacitado psíquico.

4) ALGUNAS PROPUESTAS A TENER EN CUENTA A TENER EN CUENTA EN RELACIÓN CON EL TEXTO NORMATIVO APROBADO EN LA COMISIÓN DE JUSTICIA DEL CONGRESO DE LOS DIPUTADOS EN JUNIO DE 2007

1) La utilización de las expresiones <administradores del expediente> y <administración y gestión del expediente>, contenidas en el Proyecto de JV de 2006, podrían resultar apropiadas en referencia a la función propia de los Notarios y de los Registradores, pero aplicadas a Jueces y Secretarios Judiciales, obedece a una concepción administrativista de la JV que ha quedado por fortuna superada en el texto aprobado en sede de la Comisión de Justicia, por lo que sería deseable su sustitución por las expresiones: <operadores jurídicos competentes> y <tramitación del expediente>, en atención a su mayor tecnicismo y a su utilización usual en el lenguaje legislativo, así como en el propio de la doctrina y la jurisprudencia.

En este sentido se ha pronunciado el Consejo General del Poder Judicial en las págs. 34 y 35 de su Informe: <El Anteproyecto denomina "administrador del expediente" a las autoridades o funcionarios a los que la ley, ésta u otra, designe para conocer y resolver los expedientes de JV(art. 2.1), denominación que por ir asociada a la idea de gestión, se considera inadecuada, como se ha indicado, tanto referida a la actividad que se realiza, como, en particular, a la función judicial>, y pág. 20: <Lo que el Anteproyecto denomina administradores del expediente –parece que intentando encontrar una denominación genérica a todos ellos– constituye una denominación poco afortunada dado que los procedimientos de JV no son, en puridad, susceptibles de administración sino de tramitación y resolución…>.

2) En relación asimismo con la terminología cabe señalar q en materia de JV, en estricta técnica jurídica, la más adecuada, a mi juicio, se corresponde con la utilización de los vocablos acto, procedimiento y expediente. En puridad, previsto en la legislación sustantiva un acto de JV, y atribuida su titularidad a un Juez, Secretario Judicial, Notario o Registrador, se requiere, para la realización del derecho subjetivo o interés legítimo que constituya su objeto, que se incoe un procedimiento a solicitud de persona legitimada o, en su caso, de oficio o a instancia del Ministerio Fiscal, si se trata de un procedimiento judicial, en el curso del cual se procederá a la tramitación de un expediente. La utilización abusiva en el Proyecto de Ley, del término expediente, con un carácter totalizador, que abarca de forma indistinta la perspectiva material y la procedimental, constituye un inapropiado reduccionismo lingüístico.

3) La coherencia conceptual exige que desde el propio artículo primero, en el que se atisba una especie de definición legal de JV, se prevea que la discordancia, previa entre los intervinientes o suscitada en la tramitación, se ventile en el propio curso del expediente, salvo que la ley disponga lo contrario. La reflexión expuesta, que pretende ser un ejercicio de realismo y de coherencia entre lo establecido en el art. 1 y lo previsto en el art.7 del Proyecto de 2006, a propósito de los efectos de la controversia, fue asimismo esgrimida por varios de los portavoces de los grupos parlamentarios, en el debate en la Comisión.

4) En relación con la legitimación, art. 3, habría que prever que el procedimiento pudiese ser incoado de oficio, o a instancia del Ministerio Fiscal, como sucede en múltiples supuestos. En el sentido apuntado se manifiesta el Dictamen del Consejo Fiscal, en el comentario de las Disposiciones Comunes <… sería conveniente incluir entre los sujetos legitimados al Ministerio Fiscal ya que, en ocasiones, el ordenamiento le encomienda la obligación de promover el expediente como, por ejemplo, en materia de tutela, ausencia o protección del patrimonio de las personas con discapacidad>.

En relación con el impulso de oficio por parte del Juez, con la finalidad de <ordenar la práctica de cuantas diligencias y actuaciones se estimen oportunas para ase-

gurarse de la procedencia de lo solicitado o de cualquier extremo útil para la resolución del expediente>, cabe subrayar que debiera preverse, con carácter general, en todos los procedimientos con reserva jurisdiccional, en atención a la relevancia de su contenido, así en un procedimiento de declaración de ausencia o fallecimiento o de extracción de órganos y también en aquellos supuestos en los que la resolución del expediente afecte a menores o incapaces, aunque éste no sea de titularidad judicial, por ej. cuando en un expediente de dominio resulten afectados intereses de menores, incapaces o ausentes.

5) En relación con la litispendencia (identidad de objetos) referida a procedimientos sustanciados ante operadores jurídicos de diferente naturaleza, se produce un discutible cambio de regulación en relación con la previsión del Proyecto de otorgar prioridad al expediente que se hubiera iniciado con carácter previo, al establecer en el art. 2.2 que: <Cuando se tramiten simultáneamente ante administradores de diferente naturaleza dos o más expedientes con idéntico objeto y sujetos, proseguirá la tramitación del iniciado ante la Administración de Justicia, y se acordará el archivo de los otros expedientes incoados>.

6) En materia de días y horas hábiles, se vuelve a la previsión realizada en el art. 9 del texto del Anteproyecto de la Comisión de Codificación, que se atiene a lo previsto al efecto en la jurisdicción contenciosa, si bien, a mi juicio, debiera incorporarse una cláusula de estilo del tipo <salvo que la ley disponga lo contrario>, en atención a que el propio texto del Proyecto prevé la habilidad de todos los días y horas en materia de Derecho marítimo, art. 173, así como establece en el art. 13.1 que <Fuera de las horas de audiencia del Juez encargado del Registro Civil, y siempre que la urgencia del asunto lo requiera, le sustituirá el Juez de Instrucción que atienda el servicio de guardia>.

Cabría pues en materia de habilidad, volver al régimen general del art. 1812 de la LEC, cuando estén en juego intereses de menores o incapacitados, que no deberían ser objeto de una régimen menos privilegiado que el que se otorga al Derecho Marítimo, o al menos preverse el régimen general de todos los días y horas hábiles en determinados supuestos como: la restitución de menores en los supuestos de sustracción internacional, respecto del que si se dispone la preferencia en la tramitación del procedimiento, art. 68; la autorización para la intromisión legítima en el honor, intimidad o propia imagen del menor o incapacitado, arts. 78 y 79, o los casos de discordancia en el ejercicio de la patria potestad, que pueden afectar por ej. a la potestad de guarda o a la realización o no de una operación o de una transfusión de sangre, al menor o incapaz, arts. 100 ss.

7) En materia de recursos cabe señalar que el reforzamiento del principio de audiencia, de oficio o a instancia de los interesados, implica la posibilidad de que se produzca discordia, discrepancia, contraposición, controversia, contradicción, en suma,

entre los intervinientes, y que una vez tramitada y resuelta la contradicción, el recurso contra la resolución, es decir, la doble instancia, parece inherente al procedimiento judicial. La no admisión de los recursos tiene sentido en un procedimiento sin contradicción, de ejercicio pacífico de los derechos, pero supone un menoscabo de la seguridad jurídica y de la tutela judicial efectiva, en un procedimiento en el que se admite la posibilidad de controversia y oposición, salvo que la ley disponga lo contrario.

Como fue subrayado por el Decano del Colegio de Abogados de Madrid, Luis Martí, en su intervención <… Un diseño que dice que lo nuclear es el verbal tiene contradicción… y si no hay recursos es algo a corregir. El recurso no es un elemento de dilación, se interpone dentro de plazo o no existe, y lo que tarda es la resolución y no el recurso… Así que si conseguimos que el recurso en esta materia se haga pronto por quien lo tiene que hacer, ya no hay dilación y ahorraría el pleito principal en muchas ocasiones. Además si el recurso se pone quiere decir que la parte que lo interpone está conforme en estar en jurisdicción voluntaria…>. La posición favorable del propio Presidente del Colegio Nacional de Secretarios Judiciales, Antonio Dorado, en su intervención parlamentaria y del Secretario judicial Seoane Caharrón en recientes estudios publicados sobre la JV, a que se articule un recurso contra el decreto del Secretario, por el que resuelve en un procedimiento de su competencia, es una buena muestra de la responsabilidad con la que los operadores jurídicos se posicionan ante el texto legal.

En el sentido expresado, y de conformidad con la filosofía de las intervenciones de los comparecientes, que resultaron unánimes en este punto, se ha aprobado la razonable enmienda 109 del Grupo Parlamentario Mixto, que se recoge en el art. 26, conforme al que se reintroduce la previsión de recurso.

8) En materia de asistencia técnica y de representación procesal, han sido asimismo unánimes en su filosofía las intervenciones de los comparecientes ante la Comisión de Justicia, en el sentido de resaltar que la intervención de abogados y procuradores siempre han servido para reforzar las garantías del procedimiento, la seguridad jurídica y, en consecuencia, la tutela judicial efectiva.

No resulta justificado, a mi juicio, el radical cambio de criterio legislativo en este punto del Proyecto de JV de 2006, respecto del AJV elaborado en la CGC, consistente en suprimir la intervención preceptiva de abogado. La propensión a equiparar o aproximar, también en este aspecto, procedimientos de JV de distinta naturaleza y atribuidos a distintos titulares de competencia, en aras de la simplificación, de la disminución de formalidades y del coste del expediente, puede suponer, sin embargo, en determinados supuestos, una regresión en el reforzamiento de las garantías de los intervinientes.

En el A. de 2005, la representación de los interesados en el procedimiento se había regulado con un criterio análogo a la regulación vigente. El interesado debía ser dirigido por abogado, salvo en casos de conciliación, expedientes de cuantía inferior a dos mil cuatrocientos euros, para presentar la solicitud en expedientes que tengan por objeto la adopción de medidas urgentes o que deban instarse en plazo perentorio, expedientes de reconocimiento de filiación extramatrimonial, y para la intervención de los interesados, distintos del solicitante, siempre que no tenga por objeto formular oposición.

Pues bien, el reforzamiento en el PL de los principios de audiencia, dispositivo y aportación de parte, la atenuación del dirigismo judicial, la posibilidad de la práctica de todo tipo de pruebas, lo que redundará en una superación de la verosimilitud a la que se encuentran abocadas, en ocasiones, las tradicionales informaciones, acreditaciones y justificaciones, previstas en la regulación vigente, unido todo ello al reconocimiento expreso de la posibilidad de contradicción y de recursos, en los procedimientos en los que se vean afectados intereses de menores o incapaces, al propio tiempo que supondrá una mejora en las garantías de los intervinientes y en la dialéctica entre los solicitantes, interesados –en especial en aquellos supuestos en que se manifieste un interés contrario o divergente del solicitante– o terceros no interesados, implicará, en determinados procedimientos, una mayor dificultad y complejidad procesal.

Por otra parte, la trascendencia económica, en ocasiones, de los intereses en juego, la necesidad de razonar con criterios de lógica jurídica la utilidad o conveniencia de adoptar una u otra toma de postura, en otras vicisitudes, la proposición o práctica de pruebas, o bien las propias tensiones que generan las controversias en el ejercicio de la patria potestad, las relaciones de menores con el progenitor que no sea titular de la patria potestad o con parientes o allegados, o las divergencias relativas a la administración de los bienes de menores o incapaces o en la administración de bienes gananciales en el seno de la comunidad conyugal etc., parecen razones suficientes para que se reflexione sobre este punto, al efecto de distinguir entre aquellos supuestos en los que la previsible ausencia de dificultad técnica no hace necesaria o conveniente la preceptiva asistencia letrada, y aquellos otros en los que la posibilidad de contradicción o recursos prevista en los propios procedimientos, como sucede en los casos de menores o incapacitados o la existencia de una discrepancia o contradicción atenuada a priori, lo que tiene lugar en los procedimientos en materia de familia, hacen aconsejable la obligada intervención de un abogado.

Parece aconsejable, en todo caso, el establecimiento de la preceptiva intervención de abogado y la representación procesal por procurador, con carácter general, en todos aquellos procedimientos cuya titularidad se atribuya a los Jueces. En relación con el carácter preceptivo de la intervención de abogado se pronunció la Decana del Colegio de Abogados del Ilustre Colegio de Abogados de Barcelona, en su comparecencia parlamentaria de mayo de 2007, en relación con el Proyecto de JV.

Cabría asimismo plantearse en qué medida resultaría apropiada el carácter preceptivo de la asistencia técnica de abogado y de representación por procurador, en procedimientos tramitados ante los S.J. que pueden revestir una especial complejidad, como los expedientes de dominio y de liberación de cargas y gravámenes, la fijación del plazo para el cumplimiento de las obligaciones, el albaceazgo, o la liquidación de averías.

Parece asimismo razonable argumentar que en atención a lo establecido en el art. 22 del Proyecto de JV: <La comparecencia se sustanciará por los trámites del juicio verbal con las siguientes especialidades...>, resultase preceptiva la intervención de abogado y procurador, conforme al criterio establecido al efecto para el juicio verbal, en los arts. 23 ss LEC, en materia de primera instancia y apelación.

9) La regulación legal de la cosa juzgada no resulta satisfactoria, dado que la dicción legal puede dar lugar a confusión. En el ámbito de la cosa juzgada formal, parece claro que las resoluciones, dictadas en todo tipo de procesos y procedimientos, que devengan firmes resultan inimpugnables, por lo que producen efectos de cosa juzgada formal, a ello se refiere el art. 207 LEC cuando afirma que <transcurridos los plazos previstos para recurrir una resolución sin haberla impugnado, quedará firme y pasada en autoridad de cosa juzgada...>, lo que no obsta, para iniciar un proceso contencioso, con independencia de que hayan variado o no los sujetos, el objeto o las circunstancias o presupuestos propios del procedimiento voluntario precedente y sin que ello deba entenderse, en modo alguno, como una impugnación de la resolución dictada en el marco de la JV.

Sucede, sin embargo, que el art. 25.2, puede generar confusión y cabe interpretar que entra en contradicción con el art. 2.2, al negar efectos de cosa juzgada al auto del Juez y al decreto del Secretario y no distinguir entre cosa juzgada formal, que sí se produce respecto de las resoluciones firmes en el marco de la JV, y cosa juzgada material, que asimismo se produce, a mi juicio, en su efecto negativo, en el ámbito de la propia JV, cuando se afirma en el propio art. 2. 2 que <Resuelto un expediente de JV. Por cualquier administrador, no podrá iniciarse otro expediente sobre idéntico objeto y entre los mismos interesados>, y no se produce, por el contrario, en su efecto negativo, fuera del ámbito de la propia jv., lo que se prevé en el art. 2.3, al disponerse que: <La resolución de un expediente de JV no impedirá la incoación de un proceso judicial con el mismo objeto>.

En definitiva, las resoluciones de JV no comportan efectos de cosa juzgada material fuera del ámbito de la propia JV, pero sí en este ámbito., en sus efectos negativo y positivo. Cabría afirmar, por su parte, en relación con éste último, que cualquier órgano jurisdiccional quedará vinculado en cualquier proceso o procedimiento, y ello encajaría en el denominado efecto positivo de la cosa juzgada material, por el contenido dispositivo de la resolución adoptada en el expediente de JV, siempre que ésta no se cuestione en un proceso ordinario, en cuyo caso el juez no estará vinculado, en medida alguna, por lo decidido en el procedimiento de JV.

Negar efectos de cosa juzgada material a la jurisdicción voluntaria, en su propio marco, introduciría a mi juicio, una peligrosa variable, que sólo generaría inseguridad jurídica a los justiciables y al propio funcionamiento de la Administración de Justicia. Por decirlo con palabras utilizadas por el Fiscal del Tribunal Supremo, Paz Rubio, en su comparecencia ante la Comisión de Justicia, en trámite de asesoramiento del Proyecto de JV: <Estos expedientes producen efecto de cosa juzgada formal porque no se pueden impugnar en el mismo proceso y producen efecto de cosa juzgada material en otro expediente de jurisdicción voluntaria, no en un proceso contencioso posterior pero sí en otro de jurisdicción voluntaria y si se ha resuelto no lo vamos a resolver otra vez, aunque la materia de familia es susceptible de otra modificación>.

Mi propuesta sería que el texto del art. 25.2, referido a la cosa juzgada en la JV, quedase redactado del siguiente tenor: <Cuando el operador jurídico competente sea un Juez resolverá el expediente mediante auto, que no tendrá efectos de cosa juzgada material, fuera del ámbito de la jurisdicción voluntaria.

Si el operador jurídico competente es un Secretario Judicial, lo resolverá mediante decreto, que también carecerá de efectos de cosa juzgada material, fuera del ámbito de la jurisdicción voluntaria>.

10) En relación con los procedimientos que, a mi juicio, podrían ser objeto de inclusión específica en el texto de la futura Ley de JV, aludiré a a) las propuestas del Cermi, b) A la enmienda 64 de Convergencia i Unió, de inclusión de un nuevo capítulo al Título IV, en materia de Personas, bajo la rúbrica <Del procedimiento para la autorización biológica de la filiación, paternidad o maternidad>, y c) A supuestos que incluidos en la LEC, podrían ser trasladados a la futura Ley de JV, en atención a su naturaleza voluntaria.

Desde el sector de la discapacidad, representado por el CERMI, Comité español de representantes de personas con discapacidad, se ha solicitado que: 1) Se articule el procedimiento de JV previsto en el art. 156 del Código Penal, relativo a la autorización judicial de la persona incapaz que adolezca de grave deficiencia psíquica; 2) Se regule la autorización judicial para imponer tratamiento médico forzoso a los enfermos psíquicos y 3) Se valore la conveniencia de que la autorización judicial para el internamiento de personas que padecen trastornos psíquicos, se tramite a través de un procedimiento de JV.

La segunda propuesta del Cermi, que había sido ya asumida en una Proposición de Ley presentada por Convergencia y Unió en 2005 y articulada como procedimiento específico en el Proyecto de Ley, quedó sin efecto al aprobarse una enmienda de supresión del capítulo por el que se había procedido a su regulación. Ahora bien, a mi juicio, la intervención de los representantes del Cermi en la Comisión, así como la posición favorable de varios Portavoces y Comparecientes, con especial referencia por su significación en este Procedimiento, del Fiscal Jefe de la Sala Primera del TS, deberían ser objeto de una nueva valoración.

Las consideraciones, al efecto, atinentes a que se trata de una alternativa, en muchas ocasiones, a una incapacitación, o a un internamiento no voluntario, creo que no han sido suficientemente desvirtuadas por los argumentos en sentido contrario. Se trata de que un acto sanitario como es el tratamiento o el periodo de observación de una persona que no tiene conciencia clara de su enfermedad, pero no hasta el punto de requerir una incapacitación o un internamiento, se articule en un procedimiento con todas las garantías. El problema no está resuelto y los afectados están de acuerdo en la conveniencia y urgencia de la medida. Quizás la ausencia de los preceptivos Dictámenes del Consejo Fiscal y del Consejo General del Poder Judicial, sí deba considerarse una objeción relevante a la articulación del procedimiento en el Texto de referencia.

La tercera propuesta es un claro reflejo del carácter variable y fluido entre ambas esferas de la legislación, manifestado en instituciones como los alimentos provisionales, la incapacitación por locura o el internamiento de personas con trastornos psíquicos que se tramitaron por medio de procedimientos de JV antes de pasar a la esfera contenciosa.

En el supuesto del internamiento, el trasvase se materializó con su inclusión en la LEC 2000. Ahora bien, configurado el Procedimiento de JV con todas las garantías propias de la tutela judicial efectiva, establecida su efectiva aplicación a supuestos en que estén en juego intereses de menores e incapaces, hasta el límite incluso de no proceder al trasvase de la esterilización de persona incapacitada al marco de la Jurisdicción contenciosa, con mayor razón debería considerarse de naturaleza voluntaria el internamiento, lo que redundaría por otra parte en una mayor armonización del sistema.

Parece razonable, asimismo, que si se decide, como así parece, mantener la esterilización prevista en el art. 156.2 del C. Penal en el marco de la JV, sería conveniente proceder a la articulación del procedimiento singularizado, en atención a sus específicas particularidades. Es por todo ello que, a mi juicio, sería un acierto que se valorase en sentido positivo su regulación por el Senado.

La propuesta sobre <Investigación biológica de la filiación, paternidad o maternidad> de Convergencia i Unió, está articulada con todas las garantías, pretende llenar un vacío legal sobre una cuestión de creciente trascendencia social, y tiene un entronque claro, entre otros preceptos constitucionales, en el art. 39.2 CE, conforme al cual: <La Ley posibilitará la investigación de la paternidad>.

Habría que tener en cuenta, finalmente, a los efectos de su posible trasvase a la Ley de JV, que en la LEC se regulan bajo la denominación de procesos, supuestos sin contradicción de voluntades y de clara naturaleza voluntaria, así sucede por ejemplo: en los denominados procesos matrimoniales de separación o divorcio por mutuo consenso; en las demandas en solicitud de eficacia civil, de las resoluciones de Tribunales eclesiásticos sobre nulidad de matrimonio canónico y de las decisiones pontificias sobre matrimonio rato y no consumado, siempre que no se solicite la adopción o la modificación de las medidas establecidas; o en las demandas en juicio verbal en las que se pretende que el Tribunal ponga en posesión de bienes a quien los hubiere adquirido por herencia si no estuvieren siendo poseídos por nadie a título de dueño o usufructuario. Se contempla en este último supuesto el tradicional interdicto de adquirir la posesión, expresión que ha sido suprimida por la LEC, no obstante, el mantenimiento, en otras ocasiones, de términos, principios, reglas y criterios de perenne valor, acuñados por la tradición jurídica y acogidos en las leyes procesales civiles de otros países de nuestra misma área cultural, conforme se afirma, con acierto, en la precisa y afortunada Exposición de Motivos de la Ley Procesal Civil.

Se incluyen de igual modo en la LEC, en atención a motivaciones diversas, instituciones que tienen una naturaleza básicamente de jurisdicción voluntaria, así sucede en relación con las previsiones legislativas referidas a: diligencias preliminares, o a las medidas provisionales previas a las demandas de nulidad, separación o divorcio. En ambos casos, sin embargo, quizás convenga mantener su regulación en sede de la LEC, por razón de sistemática respecto a la regulación de las actuaciones subsiguientes.

5) RACIONALIZACIÓN Y REDISTRIBUCIÓN DE COMPETENCIAS

A) Competencias que deben permanecer en la órbita de la Autoridad Judicial

Con carácter general deben quedar en la órbita de la Autoridad Judicial todos aquellos procedimientos del ámbito del derecho de personas y familia, así como todos aquellos que supongan una restricción de derechos fndamentales o afecten a derechos indisponibles.

No voy a entrar, en la enumeración detallada de los supuestos que a mi juicio, deben mantenerse en sede judicial, en atención o bien a la propia naturaleza jurídica de la función o bien a la mayor garantía que supone su atribución al órgano jurisdiccional, al reconocérsele a su actividad el más alto grado posible de independencia e imparcialidad, si bien si cabe señalar que, en todo caso, con carácter general, deben mantenerse en la órbita judicial:

— Todos aquellos asuntos en los que sea necesario declarar derechos o valorar situaciones con arreglo a criterios de oportunidad, conveniencia o equidad, o bien a la necesidad de aplicar a casos concretos valores más que reglas o decidir entre valores, o bien al hecho de tratarse de situaciones conexas a la jurisdicción contenciosa, o bien supuestos en los que se trate de averiguar hechos o la existencia de derechos, o bien finalmente supuestos que requieran una especial garantía o control por parte de la autoridad pública, en atención a que estemos en presencia de:

a. Procedimientos voluntarios en los que se trata de autorizar la restricción, y controlar su correcto ejercicio, de alguno de los derechos fundamentales y libertades públicas, contenidos en la sección 1ª, capítulo 2º, Título I de la Constitución.
b. Procedimientos relativos al derecho de familia y condición y estado civil de las personas, dado que en ellos confluyen junto con intereses privados, otros que tienen una innegable proyección pública.
c. Procedimientos en los que se garantizan intereses generales, públicos o sociales.
d. Actos que afecten a personas o bienes cuya defensa sea competencia de autoridades públicas o se establezca la preceptiva intervención del Ministerio Fiscal.
e. Actos que afecten a personas con capacidad de obrar limitada.
f. Actos que requieran la formulación de juicios de valor, realizados con posterioridad a la comprobación de hechos o datos en los supuestos de que se trate. Garantías del procedimiento judicial de JV.

La previsible futura concepción de la JV judicial debe caracterizarse por su sustancial aproximación a la jurisdicción contenciosa, en materia de garantías del procedimiento. La previsión legal contenida en el artículo 22 del Proyecto de Ley de 2006 conforme a la cual: <La comparecencia se sustanciará por los trámites del juicio verbal con las siguientes especialidades>, supone la supresión de las particularidades previstas en materia de JV y una práctica equiparación en la regulación de ambas esferas de la jurisdicción. Así en materias como:

— Días y horas hábiles;
— Desaparición de la posibilidad de modificar de oficio las <La providencias y autos no definitivos, conforme al 1818 LEC, que suponía una desvirtuación de lo previsto en la LOPJ, arts. 18 y 267, que establecen el principio de que las resoluciones judiciales sólo quedarán sin efecto en virtud, en su caso, de los recursos previstos por las leyes.
— Reforzamiento del principio de igualdad de partes, en la medida en que se produce una atenuación o práctica desaparición, en algunos casos de JV, de la posición de solicitantes, interesados (es, decir personas con interés concurrente o complementario, de cualquier tipo, jurídico, económico, moral etc., con el del solicitante), contrainteresados (es decir, personas con interés

divergente al expresado por el solicitante) y afectados, en relación con la audiencia, alegaciones, testimonios(por ej. de terceros no interesados a las que el procedimiento no afecta, en sentido estricto, a sus intereses),pruebas (en contraposición a las actuales informaciones, acreditaciones y justificaciones), trámite de conclusiones, registro de la comparecencia en soporte apto para la reproducción del sonido y la imagen, plazo para subsanar los posibles defectos u omisiones en las solicitudes, asistencia técnica, justicia gratuita, recursos etc., así como en aquellos supuestos en que por análogas motivaciones, rige el principio de impulso de oficio en el proceso contencioso o en el procedimiento de JV.

— Previsión de la controversia y la oposición.
— Plazos cortos y prorrogables. Asunción, con carácter general, del principio preclusivo.
— Previsión se subsanación de posibles defectos u omisiones en las solicitudes, conforme al art. 23.1 del Proyecto de Ley de JV de 2006.
— Supresión del régimen singular de la apelación en uno o dos efectos, ex arts. 1819 y 1820. Previsión de supletoriedad de la Ley Procesal Civil, conforme al art. 12 del Proyecto: <La Ley de Enjuiciamiento Civil será de aplicación supletoria a los expedientes de Jurisdicción Voluntaria administrados por Jueces y Secretarios Judiciales en lo no previsto por esta Ley>.

Resultaría apropiado, asimismo, un reforzamiento de los principios dispositivo y de aportación de parte en el procedimiento voluntario, una atenuación del dirigismo judicial, que en consonancia con la libertad de forma y el carácter más potestativo de la actuación judicial en esta esfera de la jurisdicción, pueda poner en riesgo las fundamentales garantías inherentes a todo procedimiento, una limitación del principio de impulso de oficio a aquellos supuestos de derechos indisponibles o de interés general, públicos o sociales y una aproximación de las posiciones de solicitante, interesados y terceros, en especial en aquellos supuestos en los que el interesado exprese un interés contrario al manifestado por el promovente, es decir, en aquellos casos en que nos encontremos en presencia de lo que se denomina contrainteresado en la legislación italiana, no obstante lo cual, no se produce un sobreseimiento del expediente.

El carácter variable y fluido entre jurisdicción contenciosa y jurisdicción voluntaria, en atención a las decisiones contingentes de política legislativa ha sido por otra parte, una constante en la historia de ambas esferas de la jurisdicción, y así por ejemplo los alimentos provisionales y la incapacitación por locura, fueron en una primera época de vigencia de la LEC 1881 expedientes de jurisdicción voluntaria, siendo con posterioridad transvasados a la jurisdicción contenciosa. En la misma línea, el legislador de la Ley Procesal Civil del año 2000 ha incluido en su seno supuestos que con anterioridad se regulaban por el trámite voluntario, como el internamiento de personas incapaces por trastornos psíquicos o conforme al artículo 770 LEC, las pretensiones que se formulan al amparo del título IV, libro I del Código Civil, relativo al matrimonio, que se sustancian por los trámites del juicio verbal.

A la necesidad de regular la contradicción en el procedimiento de JV judicial, que constituía, a mi juicio, la deficiencia de mayor calado del texto legislativo presentado en el año 2006, se refirieron todos los expertos que comparecieron en la Comisión de Justicia del Congreso de los Diputados, los días 7 y 14 de mayo de 2007, a fin de asesorar sobre el contenido del Proyecto.

Carece de sentido articular un procedimiento judicial garantista, como en efecto así se había hecho, en contraposición a la vigente previsión legal que adolece de esta nota caracterizadora, entre otros aspectos, en materia probatoria y de audiencia, y aplicarlo tan sólo a menores e incapaces, como se preveía en el Proyecto del Gobierno de 2006. Resultaba asimismo artificioso optar por una concepción de la JV basada únicamente en la ausencia de conflictividad como elemento diferenciador con la jurisdicción contenciosa, conforme a un modelo ya superado en la vigente legislación sustantiva y procedimental, española y comunitaria, como así fue subrayado en los preceptivos dictámenes del Consejo General del Poder Judicial y del Consejo Fiscal.

Lógicamente si se acude al órgano judicial, en numerosos supuestos de JV en los que no están afectados intereses de menores o incapacitados, es ante la falta de acuerdo entre los interesados. Así, por ejemplo, para proceder a la consignación de un objeto o de una cantidad de dinero; para fijar el plazo para el cumplimiento de una obligación; para obligar a exhibir la contabilidad de una empresa o a auditar las cuentas de un empresario; para convocar una junta o asamblea general; para nombrar un tercer perito en un contrato de seguro; para proceder a liquidar una avería gruesa, o para resolver las discrepancias surgidas en el contrato de fletamento, entre fletador, como titular de las mercancías transportadas y fletante, como porteador de éstas, por señalar sólo alguno de los muchos supuestos en los que la discordancia es manifiesta o está subyacente, es porque existe un problema sin resolver o una necesidad que atender del ciudadano que acude en ayuda del órgano judicial. En otras ocasiones, es el propio texto legal el que prevé que la oposición no hará contencioso el expediente, como así sucede en la presentación y adveración del testamento ológrafo o del testamento cerrado, o en los supuestos de extravío, sustracción o destrucción del conocimiento de embarque.

Muchos de los procedimientos de JV tienen, definitiva, controversia desde el inicio. En su intervención de 17 de mayo de 2007, en trámite de asesoramiento ante el Congreso de los Diputados, la entonces decana del I. Colegio de A. de Barcelona, se refería a esta circunstancia y ponía como ejemplo el procedimiento de restitución de menores, en los casos de secuestro del menor por alguno de los progenitores, el denominado secuestro parental, que la Ley de Protección Jurídica del Menor de 1996, obliga a tramitar en el marco de la JV. Lo ponía como ej. de JV con controversia ab initio y de supuesto que requiere la intervención preceptiva de abogado, a los efectos de que los interesados dispongan de un asesoramiento técnico cualificado en relación con la documentación a presentar, las pruebas dirigidas a fundamentar las decisiones tomadas o la petición realizada etc.

En materia de efectos de la controversia se volvió, en el curso de la tramitación parlamentaria, a la regulación prevista en el Anteproyecto de la Comisión de Codificación, lo que supone optar por hacer una Ley eficaz y que resuelva los problemas que se plantean cuando se acude a un operador jurídico para que incoe un procedimiento, dado que la opción por el archivo del expediente cuando se genere una controversia y la oposición consiguiente, traería consigo la ineficacia de la Ley y, en consecuencia, los ciudadanos dejarían de acudir a la JV. La razonable regulación de la oposición prevista en la Ponencia de la CGDC y asumida en el Congreso de los Diputados se contiene en el art. 7 del Anteproyecto conforme al cual:<Salvo que la ley expresamente lo prevea, la formulación de oposición por algún interesado en el asunto no hará contencioso el expediente ni impedirá la tramitación del mismo hasta su resolución, que surtirá los efectos que correspondan a tenor de su contenido en tanto no sea revocado o modificado en proceso declarativo promovido por persona legitimada>. La fundamental enmienda sobre los efectos de la controversia, la n. 100, sin duda la esencial, a mi juicio, en el logro de una Ley de JV eficaz, fue presentada y defendida en la Comisión de Justicia del Congreso de los Diputados por el Grupo Parlamentario Mixto.

Sanción Constitucional

En relación con la sanción constitucional de la JV me parece plenamente acertado la argumentación contenida en el Fundamento de Derecho sexto de la STS de 22 de mayo del año 2000 (Sala de lo Contencioso-Administrativo, Sección 6ª), de la que fue Ponente el Magistrado Peces Morate: «... El que se admita la existencia de actuaciones de jurisdicción voluntaria, atribuidas a órganos no judiciales, para los que tal denominación es harto discutible, no supone que cuando un juez o tribunal está llamado por Ley a definir un derecho o a velar por él, sin que exista contienda entre partes conocidas o determinadas(artículo 1811 de la vigente Ley de Enjuiciamiento Civil) su actuación no debe estar revestida de las garantías propias de la jurisdicción... No se puede afirmar que en la denominada jurisdicción voluntaria los jueces y tribunales no están ejerciendo funciones jurisdiccionales (juzgar y hacer ejecutar lo juzgado), con independencia de que ulteriormente quepa sobre lo mismo otro proceso contradictorio y, en consecuencia, esas potestades quedan amparadas por el artículo 117,3 de la Constitución, según el cual su ejercicio ha de hacerse con arreglo a las normas de competencia y procedimiento que las leyes establezcan. Las demás funciones, que el art. 117.4 CE permite que una Ley atribuya a los jueces y tribunales en garantía de cualquier derecho, son aquéllas que, a diferencia de las denominadas de jurisdicción voluntaria, no comportan protección jurisdiccional de derechos e intereses legítimos, como en los supuestos (citados por los demandados) de participación de jueces o magistrados en los Jurados de Expropiación Forzosa o en la Administración Electoral, en que aquellos se incorporan a otras Administraciones del Estado por la garantía que su presencia en ellas confiere…>.

Si analizamos la actuación del Presidente del TSJ en la tramitación y resolución de dicho recurso, se constata la existencia de los requisitos o notas propias del ejercicio jurisdiccional, apareciendo incluso una que, de ordinario, no concurre en otras actuaciones de jurisdicción voluntaria en que intervienen los jueces y magistrados, cual es la contradicción.»[144].

Los procedimientos atribuidos a los Jueces en materia de condición y estado civil de la persona, derecho de familia, restricción de derechos fundamentales y derechos indisponibles, implican reserva judicial y jurisdiccional, es decir, el ciudadano no puede acudir a otro operador jurídico que no sea la Autoridad Judicial.

En relación con este punto cabe señalar, a mi juicio, en relación con la afirmación contenida en la exposición de motivos, apartado tercero, del Proyecto de Ley de 2006, conforme a la cual, <tal y como aparece concebida en la presente ley la jurisdicción voluntaria encuentra su amparo en el artículo 117.4 de la Constitución…>, supone a mi juicio una toma de postura doctrinaria en una cuestión sometida a debate en la doctrina europea, así como contrario a la más reciente jurisprudencia del Tribunal Supremo, en cuya sentencia de la Sala Tercera de 22 de mayo del año 2000, dice textualmente: "no se puede afirmar que en la denominada jurisdicción voluntaria, los jueces y tribunales no estén ejerciendo potestades jurisdiccionales, con independen-

---

144 Vid. especialmente en Ramos Méndez, *Derecho Procesal Civil, T. III*, cit., pp 1289 ss; Id. *Jurisdicción Voluntaria en negocios de comercio*, cit., pp. 23 ss.

Para Tarzia debe considerarse superado el antiguo aforismo *iurisdictio in sola notione contentiosa consistit*, y es necesario reivindicar algunas garantías fundamentales de la jurisdicción contenciosa también para la jurisdicción voluntaria, así por ejemplo las garantías de la independencia y la tercereidad del juez; para Montesano los derechos subjetivos e intereses tutelados por la jurisdicción voluntaria tienen la misma naturaleza que los derechos subjetivos lesionados propios de la jurisdicción contenciosa, y especialmente en los casos de tutela de los derechos de los menores e incapacitados, el procedimiento seguido debe cumplir todas las garantías que informan los procesos contenciosos; Para Denti, no cabe individualizar una jurisdicción voluntaria con características autónomas respecto de la jurisdicción en general, sino que, por el contrario, en cuanto que se atribuye a órganos judiciales, no se sustrae a las garantías, subjetivas y objetivas, que caracterizan la actividad judicial. Las opiniones de estos autores se encuentran reflejadas en las Atti del XVII Convengo Nazionale del Processo civile en Palermo, celebrado en 1989.

cia de que anteriormente que pasó lo mismo, otro proceso contradictorio y en consecuencia, estas potestades quedan amparadas por el artículo 117.3 de la Constitución, las demás funciones -continúa diciendo el Tribunal Supremo- que el artículo 117.4 permite que la ley atribuya a juzgados y tribunales en garantía de cualquier derecho, son aquellas que a diferencia de las denominadas de jurisdicción voluntaria, no comportan protección jurisdiccional de derechos o intereses legítimos como en los supuestos de participación de los jueces en jurados de administración forzosa o en la administración electoral". Al debate doctrinal sobre la JV se refirió el Fiscal del TS en su intervención, previa a la aprobación de la enmienda que reintrodujo la posibilidad de oposición, en los siguientes términos: <... hay una polémica doctrinal fuerte -sobre- si la JV está incardinada en el 117.3 o en el 117.4. En puridad se podría decir que la contradicción, en cuanto que se va a resolver contradictoriamente, entraría ya en el conflicto y estaríamos más hablando de proceso y más del 117.3...>.

Por otra parte, la exclusión de la jurisdicción voluntaria del núcleo esencial indisponible y excluyente de funciones que conforman la potestad jurisdiccional de los jueces previsto en el 117.3 y su inclusión en las funciones de los jueces en garantía de derechos conforme al 117.4, respecto de los que no existe una reserva de jurisdicción, comportaría la posibilidad de traspaso en un futuro de las funciones relativas a menores, incapacitados, discapacitados, desvalidos, derechos indisponibles, supuestos atinentes a intereses públicos, restricción de derechos fundamentales, etc. a otros operadores jurídicos que en un momento determinado fueran considerados más idóneos, lo que, a mi juicio, resulta inasumible en el actual marco constitucional, en atención a la naturaleza de los intereses que están en juego y a la necesidad de que su conocimiento y resolución se atribuya al operador jurídico que goza de un mayor grado independencia e imparcialidad, en su estatuto jurídico, en el marco de la Administración del Estado. Lo que sí cabría afirmar es que las competencias atribuidas a los jueces en el ámbito de la jurisdicción voluntaria, se incluyen, dependiendo de la materia, en los párrafos tercero o cuarto del art. 117.

Parece razonable que algunas de las competencias que actualmente se atribuyen a los jueces, puedan trasvasarse a otros operadores jurídicos en el futuro, pero, a mi juicio, hay determinadas competencias respecto de las que no cabe pensar, con el actual marco constitucional, en una titularidad distinta de la judicial, así por ejemplo respecto a la autorización judicial para esterilizar un incapaz, o para el tratamiento no voluntario de una persona con trastornos psíquicos o para una intromisión legítima en el honor, en la intimidad o en la propia imagen de un menor o incapacitado o para autorizar o aprobar el reconocimiento de la filiación no matrimonial de menores o incapaces o para el nombramiento o remoción de un tutor o curador o para autorizar la venta de un bien del patrimonio de una persona con discapacidad o para decidir sobre la custodia de los menores cuando los padres vivan separados o sobre la atribución a uno sólo de los cónyuges de la facultad para realizar actos de administración o disposición de los bienes comunes.

No parece, a mi juicio, razonable que en los señalados y en otros análogos supuestos de JV, quepa cuestionar que el Juez está realizando una actividad de enjuiciamiento propia de la potestad jurisdiccional, consistente en constituir, autorizar, habilitar o complementar la capacidad de una persona, tutelar un interés público o resolver un conflicto cuya relevancia no requiere, a juicio del legislador, que sea dirimido en un proceso contencioso, mediante un procedimiento contradictorio o de ejercicio pacífico del derecho, sustanciado con todas las garantías de la tutela judicial efectiva.

Es decir, hay determinados aspectos que, a mi juicio, necesariamente deben permanecer en el ámbito de la reserva jurisdiccional, y ello, únicamente lo garantiza el 117.3. De modo que el legislador debe ser consciente que si mantiene que la fundamentación de la JV se asienta tan sólo en el párrafo 4 del art. 117 CE, cabría que en el futuro se decidiese que alguno o todos los supuestos mencionados se atribuyesen a otros operadores jurídicos, que en el marco de la JV serían Secretarios Judiciales, Notarios o Registradores.

En el sentido expresado, se ha pronunciado, en su preceptivo Dictamen, el Consejo General del Poder Judicial: pag. 23: <sin la nota de la exclusividad del apartado 3 del art. 117, el problema queda reducido a una mera opción del legislador, que podrá sustraer a la intervención judicial lo que constituyen manifestaciones de carácter constitutivo negocial, autorizaciones, aprobaciones u homologaciones…> y Conclusión segunda, pág. 84: <Al considerar que la intervención judicial en los procedimientos de JV no reviste la nota de exclusividad, al tener encaje constitucional en el apdo. 4 del art. 117…>. En el texto del Anteproyecto elaborado en la Comisión de Codificación, se afirmaba que las competencias judiciales de JV quedaban amparadas por los párrafos tercero y cuarto del artículo 117 de la Constitución.

En definitiva, parece evidente, a mi juicio, que la fundamentación constitucional de la JV, conforme a la fundamental STS de 22 de mayo de 2000, que se refiere la JV de competencia judicial, debe residenciase o en el párrafo 3º del art. 117, o en los párrafos 3º y 4º del art. 117 de la CE, o quizás incluso podría resultar más prudente, que no se hiciese referencia a la naturaleza jurídica de la JV, en una sede, como la Exposición de Motivos, que no parece la más apropiada para este menester, con el agravante, a mayor abundamiento, de tratarse de una cuestión sometida a debate en la doctrina europea, sin que exista una posición mayoritaria al respecto.

Reparar lesiones de derechos o intereses legítimos o su no reconocimiento y dirimir controversias relevantes, constituye el núcleo esencial de la potestad jurisdiccional, y otorgar tutela judicial efectiva fuera del marco proceso contencioso, en conflictos cuya entidad no requiere un juicio ordinario o en defensa de derechos o intereses legítimos de menores, incapaces, personas con discapacidad, derechos indisponibles o intereses generales, públicos o sociales, mediante una actividad de enjuiciamiento y en aplicación del derecho objetivo, con todos los principios y garantías procesales, forma parte asimismo, a mi juicio, del contenido de facultades atribuidas con carácter exclusivo a Juzgados y Tribunales por el art. 117.3 CE o, en determinados supuestos, en garantía de derechos por el artículo 117.4 CE. En todo caso, la JV judicial, se configura como parte integrante de la idea de Administración de Justicia, considerada como función con un contenido más amplio que el propio del ejercicio de la potestad jurisdiccional.

Cabe afirmar, para concluir este punto, que el procedimiento de JV de competencia judicial, para la protección de derechos e intereses legítimos, requiere una labor de enjuiciamiento por parte del Juez equiparable a la propia de la jurisdicción contenciosa, y una tramitación en la que han de respetarse los principios y garantías inherentes a toda actuación judicial, que debe concluir mediante una resolución judicial de fondo, mediante la que el Juez se pronuncie sobre la cuestión planteada en el curso del expediente, a fin de que el ciudadano obtenga la tutela judicial efectiva en el ejercicio de su derecho o interés legítimo. En definitiva, la pérdida de garantías supone, también en el ámbito de los procedimientos de JV, un menoscabo en la tutela judicial efectiva de los derechos e intereses legítimos de los justiciables. Cabe señalar asimismo que, al igual que sucede en el marco de la jurisdicción contenciosa, el ciudadano puede plantear una cuestión de constitucionalidad sobre el procedimiento de JV en su conjunto o sobre alguno de los preceptos específicos de su normativa.

Como actos de Jurisdicción voluntaria obsoletos, de nula aplicación práctica o de escasa eficacia, manifestaciones de la actual discordancia entre lo legislado y la realidad social, que deberá ser corregida en la futura reforma, cabe señalar:

— Las informaciones para dispensa de ley, que en su regulación actual, han perdido significación.
— El aumento de la prima del seguro en tiempos de guerra.
— El procedimiento de apeos y prorrateos de foros.
— La intervención notarial, mediante acta de notoriedad, en la formalización del derecho de tanteo de alguno de los partícipes en la venta de una nave, prevista en el art. 2167 LEC.
— El sometimiento de los actos de notoriedad notarial a la homologación judicial, conforme a los artículos 203 LH y 209 y 297 RH, dado que supone una disfunción del procedimiento, revela una prevención no razonable frente a la competencia notarial y ocasiona una limitación en la práctica de sus efectos, lo que hace aconsejable la revisión o supresión del sistema establecido.
— La requisa de víveres. El supuesto que está regulado en los artículos 616 CCo y 2161,10 LEC debe ser suprimido por anacrónico, al preverse la posibilidad de que el capitán obligue a poner en común durante el viaje marítimo víveres privativos, y que el dueño de los víveres no se conforme o con

la necesidad o con el precio fijado y solicite una información judicial en el primer puerto de arribada.

— El préstamo a la gruesa. El procedimiento, conforme a los artículos 611 CCo y 2161,9 LEC, mediante el cual el capitán solicita autorización judicial para obtener, por medio de un préstamo a la gruesa, medios necesarios para la expedición marítima o para atender necesidades urgentes durante la navegación, es hoy considerado por toda la doctrina como obsoleto, en atención a su no utilización, en la práctica, al haber sido sustituido por otros mecanismos de crédito más propios del moderno tráfico económico.

— La venta de nave inutilizada. En el artículo 2161,6 LEC, se prevé el supuesto de la nave que en viaje se haya inutilizado para la navegación, en cuyo caso, verificada la justificación pericial de la inutilidad, se procederá a su venta en pública subasta, previa la concesión de la autorización por el juez. El procedimiento tenía justificación en 1881, en atención a las dificultades de comunicación que en ocasiones se producían entre el capitán y el naviero, al efecto de decidir sobre la venta del buque. Ahora bien, la facilidad de comunicación existente en la actualidad, convierte en excepcional el supuesto previsto de autorización judicial supletoria respecto del consentimiento del naviero, por lo que parece razonable proponer la supresión del procedimiento.

— El abandono del cargamento para pago de fletes, previsto en los artículos 687 CCo. y 2156 LEC, hace referencia a aquellos supuestos en los que el cargador se niega a recibir la carga, abandonándola en poder del fletante o naviero, con el fin de liberarse del pago del flete, cuando al menos las tres cuartas partes del cargamento líquido porteado se hubiese derramado. Se trata de un procedimiento arcaico y anacrónico que limitado a los supuestos en que el cargamento consiste en líquidos, no ha sido aplicado en los últimos decenios, por lo que debería ser suprimido.

La conformación como voluntarios de determinados supuestos, se habría debido en su momento a la necesidad de arbitrar un procedimiento abreviado o urgente, que eludiera la excesiva dilación del proceso civil ordinario, más que a su verdadera naturaleza jurídica, en atención a la relevancia de la contradicción o conflicto.

El carácter variable y fluido entre jurisdicción contenciosa y jurisdicción voluntaria, en atención a las decisiones contingentes de política legislativa ha sido por otra parte, una constante en la historia de ambas esferas de la jurisdicción, y así por ejemplo los alimentos provisionales y la incapacitación por locura, fueron en una primera época de vigencia de la LEC 1881 expedientes de jurisdicción voluntaria, siendo con posterioridad transvasados a la jurisdicción contenciosa. En la misma línea, el legislador de la Ley Procesal Civil del año 2000 ha incluido en su seno supuestos que con anterioridad se regulaban por el trámite voluntario, como el internamiento de personas incapaces por trastornos psíquicos o conforme al artículo 770 LEC, las pretensiones que se formulan al amparo del título IV, libro I del Código Civil, relativo al matrimonio, que se sustanciarán por los trámites del juicio verbal.

B) Competencias atribuibles a los Secretarios Judiciales

En sede judicial, pero atribuida su competencia a los Secretarios judiciales deberían mantenerse, con carácter general, los procedimientos voluntarios de aseguramiento, prevención y ejecución así como determinados supuestos de homologación. La mayoría de la doctrina procesalista, la Recomendación del Consejo de Europa de 1986, el apartado 11 del Pacto de Estado para la Reforma de la Justicia, suscrito por el PP y el PSOE el 28 de mayo del año 2001, y el Acuerdo del mes de febrero del año 2003 entre el Ministerio de Justicia con las Comunidades Autónomas, que tienen transferidas competencias en esta materia, en el que se reconocen la necesidad de atribuir nuevas competencias a los Secretarios judiciales en materia de ejecución, conciliación y jurisdicción voluntaria en general. La confirmación de esta tendencia se ha manifestado asimismo, como ya hemos tenido la ocasión de señalar e páginas anteriores, en los artículos 438,3 y 5 y 456,3 y 4, de la Ley Orgánica 23-12-2003, por la que se reforme la Ley Orgánica del Poder Judicial de 1985, y en la formulación del Ministro López Aguilar, expresado en Valencia en el año 2004, referidos a la necesidad de reformar la Jurisdicción voluntaria.

El procedimiento podría consistir en reconocerles competencia para dictar decretos motivados, con hechos, fundamentos de derecho y fallo, en los asuntos que se les atribuyan, decretos motivados que serían recurribles ante el Juez en primera instancia. La utilización del término decreto supondría, por otra parte, la recuperación de la denominación de la resolución «*decretum*», con la que el magistrado romano concluía el procedimiento de jurisdicción voluntaria, así como la armonización con la terminología utilizada en la legislación alemana –el Rechtsfleger alemán, equiparable al Secretario Judicial español, concluye el procedimiento de jurisdicción voluntaria, mediante un decreto motivado–, y en la legislación italiana.

Parece, por todo ello, razonable atribuir a estos funcionarios la titularidad competencial en materia de conciliación, ejecución, en el ámbito de las medidas de prevención, aseguramiento y prevención, así como en los supuestos de diligencias preliminares, en los impropiamente denominados procesos de separación o divorcio por mutuo consenso y en el otorgamiento de la posesión de bienes hereditarios, en la hipótesis deseable de que se produzca un trasvase de la regulación de estas instituciones que, no obstante su clara naturaleza voluntaria, se encuentran tipificadas en la Ley de Enjuiciamiento Civil, a la futura Ley de Jurisdicción Voluntaria[145], así como, con ca-

---

[145] Vid. en este sentido en ALMAGRO, *El Secretario Judicial y la futura jurisdicción voluntaria*. Fe pública Judicial, III Jornadas, Madrid 1987, pp. 65 ss; PEDRAZ, *La nueva secretaría judicial*, RPJ, 1992, pp. 85 ss. y MARTÍN OSTOS, *El Secretario Judicial a examen*, Madrid 1994.

rácter alternativo, en todos los procedimientos que se desjudicialicen y se atribuyan a Notarios o Registradores.

En los asuntos de jurisdicción voluntaria cuyo conocimiento se mantenga en la exclusiva competencia de los jueces, podría atribuirse al secretario, la tramitación del expediente que debería en todo caso se estudiado y decidido por el juez en auto motivado. Ello supondría, en estos supuestos, el respeto, al menos de un punto de vista formal, a la supresión de las propuestas de autos definitivos atribuidas a los secretarios judiciales, operada por el código procesal civil del año 2000, así como un reparto de funciones entre jueces y secretarios en esta materia. La atribución de competencia, en los demás supuestos de jurisdicción voluntaria, a los secretarios judiciales, que decidirían mediante decreto motivado, con análogos efectos a los autos judiciales, supondrá, por otra parte, una armonización, en este campo, de la regulación especial, con la correspondiente a otros países comunitarios, de tradición jurídica semejante a al nuestra.

Se descargaría con ello de competencias a los jueces, que se atribuirían a estos funcionarios del derecho, que integran el órgano jurisdiccional, al menos a partir de la LOPJ de 1985, conforme a la opinión de una parte de la doctrina procesalística, cualificados por su preparación jurídica y por su dominio de la técnica procesal, que se encuentran en el momento actual, al decir de la mayoría de los estudiosos que se han pronunciado sobre la cuestión, infrautilizados en el marco de la Administración de Justicia[146], no obstante, la relevancia de las funciones que se les atribuyen en el marco de la Administración de Justicia: dación de fe, dación de cuenta, ordenación procesal y determinadas competencias en el ámbito de la ejecución[147].

Sobre atribución de competencias específicas a los Secretarios Judiciales, vid. Vázquez Sotelo, *La intervención de Secretario en el proceso, I.J.F.P.J.*, Barcelona 1985; Moreno Catena, *La Fe Pública Judicial y la publicidad en la LOPJ*, II JFPJ, Alicante 1986; Lorca Navarrete, *El Secretario Judicial en el contexto de la técnica monitoria civil*, VJJFPJ, Salamanca 1990; Habscheid, *El Rechtspfleger en Europa*, trad. Bujosa, Berlín 1989; Núñez Rodríguez, *La intervención del Secretario Judicial en el Registro Civil*, IV JFPJ, 1991, Seoane Cacharrón, *Hacia un modelo europeo de Secretario Judicial*, V JFPJ, Salamanca 1990; Id. *El Secretario Judicial ante la futura ley sobre jurisdicción voluntaria*, Revista Centro Estudios Ministerio de Justicia 2003, pp. 91-108.

146 Marina, *Calificación registral. Reflexiones sobre las vías de impugnación*, AAMN, t. 32, 1991, pp. 496 ss.; González Pérez, *La impugnación de los actos registrales*, RCDI, 1955, pp. 413 ss.; Gerona Peña, *La jurisdicción voluntaria en el ámbito notarial y registral*. Estudios de Derecho Procesal, vol. III, 1996, pp 3936 ss.; Amorós, *La buena fe en la interpretación de los problemas hipotecarios*, RCDI, 1967.

147 Vid. en este sentido, Ortiz Navacerrada, *El Secretario Judicial en el borrador de Proyecto de la nueva Ley de Enjuiciamiento civil*, en Actualidad Civil núm. 33, pp. 15-21 septiembre de 1997. Opinaba ya entonces este autor que mejorarían los rendimientos prácticos del órgano jurisdiccional, si el Secretario Judicial asumiera sin reservas, la totalidad de actuaciones estrictamente ejecutivas que todavía continúan, en parte al menos, residenciadas en el Juez.

Sería deseable, en todo caso que, se valorase la creación, en el futuro, de juzgados que tuviesen atribuida la competencia en exclusiva en esta materia, tal como sucedía en la Edad Media, con los *iudices chartularii*, ante los que, en atención a su especialización judicial, se desarrollaba, con carácter exclusivo, la ficción procesal que encubría el negocio de jurisdicción voluntaria. En los pasados decenios en torno a un 10% de los asuntos conocidos en los juzgados civiles se corresponden con procedimientos de jurisdicción voluntaria.

C) Competencias susceptibles de ser atribuidas a lo Registradores

Sin entrar en el examen detallado de los procedimientos que, a mi juicio, especialmente en el campo del derecho de cosas y en el del tráfico mercantil y de sociedades, cabría atribuir en esta materia, al Cuerpo de Registradores de la Propiedad y Mercantiles, cabe afirmar que parece, en principio, razonable el reconocimiento a estos relevantes operadores jurídicos de todas las competencias relacionadas con los actos de publicidad directa, como son las inscripciones, en cuanto titulares de una función pública, con arreglo a la cual proceden a la valoración y calificación, conforme a la ley, con fundamentales efectos jurídicos, de los actos en que intervienen, y respecto de los que cabe, en todo caso, el control y revisión judicial[148].

Los Registradores, en cuanto órganos de las Administración, que ejercen una potestad pública, a través del procedimiento registral, podrían asumir todos aquellos procedimientos que tengan clara vocación registral y se incardinen, de manera especial, aunque no exclusiva, en el marco de los derechos reales, como los expedientes de dominio, de liberación de cargas y gravámenes, deslindes voluntarios, la inscripción de derechos reales sobre fincas no inscritas, la anotación preventiva del crédito refaccionario, la nota marginal de doble inmatriculación o la rectificación de errores en los Asientos del Registro de la Propiedad, y en la esfera del derecho mercantil y societario, así la exhibición de libros de contabilidad, la convocatoria de juntas gene-

---

[148] Vid. al respecto en Font Boix, *El notariado y la jurisdicción voluntaria,* en Academia Matritense del Notariado, t. XV, 1967, pp.; Almagro, *Derecho Procesal,* cit., pp. 530 ss.; Solis Villa, *La defensa de los consumidores y la función notarial,* Estudios Academia Sevillana del Notariado, Madrid 1998; Rodríguez Adrados, *Borrador para un Proyecto de Ley de jurisdicción voluntaria notarial y de modificación de determinados artículos del Código Civil, de la LEC y de la L.H,* Agosto 1991, Inédito, reseñado y consultado en el estudio de Gómez-Ferrer; Gómez-Ferrer, *Ejercicio de la Jurisdicción Voluntaria por el Notario,* Revista Jurídica del Notariado, 1993, pp.9-178; Gómez Colomer, con Montero, Montón y Barona, cit., p.903; Auger, *Reforma de la Jurisdicción Voluntaria,* Anales de la Academia Matritense y del Notariado, 33, 1992, pp. 7-27; Belloch, J.A, *Notas en torno al Notariado y la Jurisdicción voluntaria,* Revista Jurídica del Notariado, 1993, pp. 9-42; Fernández De Bujan, A., *Jurisdicción Voluntaria,*cit., pp. 141-162.

rales de sociedades anónimas, de responsabilidad limitada, o asambleas generales de cooperativas, en determinados supuestos, o bien, el nombramiento de coadmnistrador, interventores, liquidadores auditores o expertos independientes, en situaciones previstas en la legislación específica.

Baste decir que, tanto en materia civil como en mercantil determinados procedimientos que se desjudicialicen pueden ser atribuidos con idéntica eficacia tanto a Notarios como a Registradores, que en los supuestos desjudicializados deban mantenerse los principios de audiencia y contradicción, al propio tiempo que suprimirse toda huella procesal y de manifestación de imperio, y que es en sede de disposiciones finales de la futura Ley Jurisdicción Voluntaria, donde deben incluirse los supuestos que salen de la órbita judicial y en sede de la legislación hipotecaria, notarial y registral, donde debe residenciarse la regulación correspondiente.

Notarios y Registradores son al propio tiempo, profesionales privados del derecho y órganos de la Administración pública, titulares activos de las funciones públicas que les atribuye el Ordenamiento Jurídico, y responsables de las actuaciones desarrolladas en su ejercicio ante los órganos judiciales.

Las resoluciones dictadas en sede de jurisdicción voluntaria, así como las actuaciones atribuidas a otros profesionales del derecho, como resultado de la desjudicialización de competencias en esta materia, podrán en todo caso ser objeto de control o revisión judicial en proceso ordinario.

D) Competencias susceptibles de ser atribuidas al Notariado

A lo largo de los siglos IX al XII, en todos los países europeos y singularmente en Inglaterra, Francia, Alemania en Inglaterra, así como en España a partir del siglo XIII, se produce una evolución jurídica consistente en que una parte importante de las actuaciones negociales de JV se realizaban ante los notarios que estaban adscritos a los tribunales tanto laicos, como eclesiásticos. De forma especial, a partir del siglo XII, el conocimiento y resolución de una parte importante de supuestos de JV que se sustanciaban ante los jueces se atribuyó a los Notarios, que se configuran como el órgano por excelencia de la JV en la Europa del Medioevo.

Como ha sido subrayado por Rodriguez Adrados, con anterioridad a la Ley del Notariado de 1862 estaban unidas la fe pública judicial y extrajudicial, y las funciones de documentación propias de los escribanos de los juzgados estaban consideradas como actos de JV. Con la entrada en vigor de la Ley de 1862, se atribuye la fe pública judicial a los Secretarios Judiciales y la fe pública extrajudicial a los Notarios, y se reconoce a estos últimos la función de dar fe de los contratos y demás actos extrajudiciales, pero no se desgajan del ámbito judicial las funciones de documentación, declaración derechos y mera presencia, que desempeñaban los escribanos con anterioridad a la Ley de 1862.

Por otra parte, en el mismo siglo XIX, la Ley Hipotecaria de 1861, configura el actual Registro de la Propiedad y el cuerpo de Registradores de la Propiedad sobre la base de las antiguas contadurías de hipotecas, con la finalidad de proteger a los titulares de derechos inscritos, asentar el sistema hipotecario y agilizar el tráfico jurídico inmobiliario, La Ley Orgánica del Poder Judicial de 1870 configura con carácter independiente el cuerpo nacional de Secretarios judiciales, y las dos leyes de enjuiciamiento civil promulgadas, dedican la de 1855, el segundo de sus dos libros a la JV, y la de 1881, el primero de sus tres libros a Disposiciones comunes a la JC y a la JV, el segundo a la JC, y el tercero, todavía vigente, a la JV.

Pues bien, la previsible atribución al Notariado de diversas competencias actualmente de titularidad judicial y, en su caso, la posibilidad que se reconocería a los justiciables para acudir de forma opcional a la actuación notarial, entre uno de los varios operadores jurídicos posibles, en determinadas materias, supondría, en definitiva, no sólo devolver a estos funcionarios públicos y profesionales del derecho, un protagonismo en esta materia que ya les había sido atribuido por la historia, sino también el reconocimiento de unas competencias cuyo ejercicio les corresponden por su propia naturaleza, en atención al desempeño de funciones de autenticación, notificación, documentación y garantía de derechos, lo que hace que el notario actual, en palabras de Rodríguez Adrados, no sea un mero fedatario público, sino que ejerce un oficio público en cuanto a su función certificante y autorizante, al propio tiempo que realiza un juicio de legalidad del acto en que interviene y de asesoramiento de los intervinientes, con sometimiento al control o revisión judicial.

Si regulada la alternatividad, como parece probable, si nos atenemos a las posiciones de los grupos parlamentarios en el debate y aprobación de las enmiendas al respecto en la tramitación del Proyecto de Ley de JV, el justiciable podrá acudir a un Secretario Judicial en atención, a la gratuidad de la Justicia, a la tradicional seguridad que puede proporcionarle al justiciable la actuación ante la Administración de Justicia, o a otras circunstancias, o podrá optar, en los casos previstos, por requerir la prestación del servicio a una Notaría o a un Registro Público, una vez valorado que la satisfacción del arancel fijado por el Gobierno por la prestación del servicio público solicitado, le compensa, por ejemplo, en términos de proximidad, especialidad o celeridad en la resolución del asunto.

A mi juicio, valores como la confianza, la profesionalidad, la cualificación jurídica y la seguridad jurídica son predicables, en los tiempos actuales, al propio tiempo de los Secretarios Judiciales, de los Notarios y de los Registradores.

La seguridad jurídica, proclamada en el art.9.3 CE,, es la suma de legalidad y certeza, según subraya de forma reiterada el Tribunal Constitucional. Por su parte, Delgado Echevarría destaca que el art 149.1.8 CE, al atribuir la competencia exclusiva al Estado sobre la ordenación de los instrumentos públicos lleva al plano constitucional la institución del Notariado, a través de su más objetivo producto como es el instrumento público. A su vez, la esencia de la función notarial, y del documento público notarial, por medio del cual el Estado cumple el deber de garantizar la seguridad jurídica, se contiene en los artículos 1, 17bis y 24 de la Ley del Notariado, art. 1 del Reglamento Notarial, art. 1218 del CC, y art 319 LEC[149].

Conviene asimismo apuntar que la decisión del justiciable de acudir a un operador jurídico distinto del órgano judicial supone, por otra parte, un ahorro de costes para la Administración de Justicia, y que el modelo se seguridad jurídica preventiva o extrajudicial existente, notarial y registral, es una referencia para países emergentes y desarrollados europeos y de otras latitudes[150].

En relación, finalmente, con la atribución de competencias que, podrían ser transferidas al Notariado[151], cabe señalar que parece necesaria una mayor colaboración e implicación en este campo, de quienes ostentan la doble condición de titulares de una función pública al servicio de los intereses generales, y de profesionales privados del derecho, lo que supone, por otra parte, la recuperación de su legítimo protagonismo en esta materia, que ya les había sido reconocido por la historia, en atención al desempeño de funciones de autenticación, notificación, documentación, acreditación y ciertos supuestos de homologación y de fe pública extrajudicial, mera presencia o comprobación de hechos, garantía de derechos, que se han visto reforzadas en el último siglo, en consonancia con la seguridad jurídica preventiva y la finalidad antilitigiosa de la actividad notarial, y que han hecho que el Notario actual, en palabras de Rodríguez Adrados, «no sea un mero fedatario público, sino que realiza un juicio de legalidad del acto en que interviene, cuidando que no sea contrario a las leyes ordinarias y a los presupuestos constitucionales, al propio tiempo que debe realizar un juicio de asesoramiento de los intervinientes»[152].

---

[149] Vid. al respecto en Campo Guerri, La competencia notarial en asuntos no contenciosos. Revista Jurídica del Notariado. N. extraordinario 2010, pp. 517- 641.

[150] Sobre actividad y función notarial, en especial, en relación con las personas con discapacidad, vid. en Castro-Girona, La convención de los derechos de las personas con discapacidad y la actuación notarial: el notario "*ombudsman* social, Ediar, Buenos Aires 2011, pp. 451-476.

[151] Vid en este sentido RODRÍGUEZ ADRADOS, *Naturaleza jurídica del documento auténtico notarial*, RDN, XLI-XLII, jul-dcb. 1963, pp 71-183; Id., *Formación del instrumento público, validez, eficacia y libre circulación del negocio jurídico así documentado, incluso en las relaciones de Derecho Internacional Privado*, RDN, XCVII-XCVIII, jul-dcb 1977, pp. 109-38; Id., *La persistencia histórica de la oralidad en la escritura pública*, Madrid, 1996, pp. 177 ss.

[152] Vid. al respecto en NUÑEZ LAGOS, *Hechos y derechos en el documento público*, Madrid 1950, pp. 414 ss.; DE LA CÁMARA, *Valor jurídico y aplicaciones de las actas notariales de notoriedad en Derecho español*, Madrid, 1950; RODRÍGUEZ ADRADOS, *Cuestiones de técnica notarial en materia de actas*, RDN, CXXXVI, abril-junio, 1987.

En relación con la asignación de competencias específicas relacionadas con el Notariado en el Proyecto de Ley de 2006, aprobado en el Congreso de los Diputados y retirado en el Senado, procederé a reiterar, con alguna mínima adición y revisión, lo que ya he escrito en ésta y otras sedes al respecto, que coincide, en la mayor parte de los casos, con lo aprobado en sede parlamentaria.

Las competencias compartidas podrían conformarse:

A) Entre Secretarios Judiciales y Notarios:

1 Deslinde y amojonamiento.

2 Consignación. Sería competencia del Notario declarar, en su caso, bien hecha la consignación, es decir, cumplidos los requisitos de identidad e integridad de la prestación, y sería el Secretario quien podrá declarar cancelada la obligación, conforme a la previsión del Proyecto.

3. Declaración de herederos abintestato, de cualquier grado y condición.

Debe, a mi juicio, subrayarse, no obstante, que la disposición de la Ley 10/1992, de30 de abril, de Medidas Urgentes de la Reforma Procesal, que modificó el art. 979 de la LEC de 1881, para atribuir a los Notarios, en sustitución de los Jueces, la mencionada competencia exclusiva, ha resultado un acierto, en atención a casi nula conflictividad producida al respecto desde su entrada en vigor.

4. Presentación, adveración, apertura y protocolización de testamentos cerrados.

5. Presentación, adveración y protocolización de testamentos ológrafos.

6. Presentación, adveración y protocolización de testamentos otorgados en forma oral.

7. Albaceazgo: la no aceptación o renuncia del albacea en el caso de que éste acepte perder lo que le hubiese dejado el testador, conforme al artículo 900 CC.

8. Depósitos en materia mercantil y en transporte marítimo.

El Proyecto de JV atribuye asimismo al Notariado, en la Disposición Adicional segunda, ocho procedimientos de derecho hipotecario y dos de derecho mercantil, con competencia compartida con los Secretarios Judiciales, en todos los casos, y con los Registradores en determinados supuestos. En relación con estos procedimientos previstos en la D.A. 2ª, se ha pronunciado José María de Prada, alguna de cuyas reflexiones, que suscribo en todos sus extremos, son las que siguen:

9. Nota marginal de doble inmatriculación. Conforme al artículo 313.2 de la LH, el titular inscrito de cualquier derecho real sobre una finca puede acudir al

Juez –con la reforma sería al Secretario Judicial o al Notario– a fin de solicitar que se proceda a la realización de una nota marginal advirtiendo de la posible doble inmatriculación.

10. Procedimiento para completar las circunstancias de los títulos para practicar anotaciones preventivas, conforme al artículo 74 LH. Opina De Prada que si hay acuerdo entre los interesados el Notario podrá ordenar la anotación, pero es dudoso que pueda hacerlo si el otro interesado, como será lo normal, se oponga.

11,12,13. Anotaciones preventivas de legado, de derecho hereditario y de crédito refaccionario: entiende De Prada que si las parte están de acuerdo no parece que haya obstáculos para la intervención notarial, pero si hay controversia o se trata de interesados desconocidos repugna un poco a la esencia de la función notarial que pueda el notario por sí, y aunque sea previo un expediente, ordenar la realización de estas actuaciones.

14. Formación de inventario en garantía de bienes reservables. Observa De Prada que la intervención del notario consistiría en recoger la constancia del carácter reservable de los bienes.

15, 16. En los procedimientos de reconocimiento y depósito cautelar previsto en el art. 367 C.Co y de reconocimiento de efectos mercantiles previstos en los artículos 327, 336, y 366 del C.Co, la actuación notarial encajaría en el acta de presencia para constatar las deficiencias en las mercaderías vendidas o transportadas.

B) Entre Secretarios Judiciales, Notarios y Registradores de la Propiedad o Mercantiles, en determinados expedientes en los que los ciudadanos podrían optar por solicitar la tramitación del expediente ante cualquiera de los tres operadores jurídicos, como podría acordarse en:

1. El expediente de dominio. En relación con la competencia notarial, debería reconocerse la inmatriculación mediante acta de notoriedad y suprimirse la intervención judicial homologadora de la decisión del Notario, en los supuestos de actas notariales de notoriedad para reanudar el tracto sucesivo o registrar los excesos de cabida, por suponer una desnaturalización de la función notarial y una desconfianza hacia su actuación que no parece tener ningún fundamento ni razón de ser. Al expediente de dominio se dedicó una de las partes de una reciente conferencia pronunciada, en este Ilustre Colegio, por el notario José Antonio García Vila.

2. El expediente de liberación de gravámenes.

3. La exhibición de libros de las personas obligadas a llevar la contabilidad.

4. La constitución y régimen interno del sindicato de obligacionistas de personas jurídicas que no sean sociedades anónimas.

5. La nota marginal de doble inmatriculación.

6. El Procedimiento para completar las circunstancias de los títulos para practicar anotaciones preventivas.

La temática sucesoria en el Anteproyecto de 2005 y en el Proyecto de Ley de 2006, ha sido estudiada con detalle, por José María De Prada y Juan José Marín. Asimismo se han ocupado, entre otros autores, de estudiar en relación con el Notariado, las propuestas de ambos textos legislativos, los notarios Rodriguez Adrados, De Prada, Gómez-Ferrer, García Vila y Campo Guerri.

En relación con la atribución de otras posibles competencias compartidas entre Secretarios Judiciales y Notarios, no previstas en el Proyecto de JV, cabría mencionar, a mi juicio, las siguientes:

1. La presencia y documentación que requiere un matrimonio civil, es una función propia de la labor del Notario y del Secretario Judicial.

2. La separación y divorcio por mutuo consenso, podría asimismo formalizarse ante Notario o Secretario judicial, salvo la aprobación del convenio regulador, en los casos de existencia de menores de edad o incapacitados, que deberá ser aprobado por el Juez.

3. En las uniones de hecho podría regularse la función acreditadora y documentadora del Notario respecto a la existencia real de la convivencia y al tiempo de relación previo a tal acto de constatación.

4. En materia de adopción de mayores de edad y de menores emancipados.

5. La reconciliación que el art. 84 del CC. exige que los cónyuges pongan en conocimiento del Juez, a fin de poner término al procedimiento de separación y dejar sin efecto ulterior lo en él resuelto, podría acreditarse mediante acta notarial.

6. La formalización de inventarios prevista en diversos textos del Código Civil y Ley de Enjuiciamiento Civil y atribuida al Juez, encaja mejor en la función propia de los Notarios y Secretarios Judiciales. Al efecto, en el Anteproyecto de 2005 se había regulado en el artículo 15, ubicado en sede de procedimiento general, la práctica del inventario de bienes.

7. La posesión judicial de bienes a favor de quienes los hubieren adquirido por herencia, si no estuvieren siendo poseídos por nadie a título de dueño o usufructuario –es decir, el tradicional interdicto de adquirir la posesión, conforme a la denominación clásica, sustituida en el art. 250.3 LEC– podría atribuirse al Notariado y a los Secretarios Judiciales, como expediente de JV.

8. La posesión judicial en los casos en que no proceda el interdicto de adquirir, que conforme a la previsión del Proyecto, pasaría a la competencia de los Secretarios

Judiciales, art. 13.3, es asimismo materia cuyo conocimiento y resolución debería atribuirse, de forma compartida, a Notarios y Secretarios Judiciales.

9. Las subastas judiciales no ejecutivas, atribuidas en el Proyecto de JV en exclusiva a los Secretarios Judiciales, constituyen asimismo, a mi juicio, actuaciones propias de la función notarial, al igual que ya sucede respecto a la realización extrajudicial ejecutiva de bienes de naturaleza diversa, por lo que convendría establecer su carácter de expediente compartido por ambos operadores jurídicos. Se trataría con ello de atenerse a lo previsto en el Anteproyecto de 2005, art. 171.3 que establecía que salvo que la Ley o el tribunal que la hayan ordenado expresamente dispongan lo contrario, los interesados podrán instar la enajenación en subasta notarial.

En relación con este punto, quiero destacar la opinión de Serrano de Nicolás, referente a la dudosa legalidad de la actual regulación del procedimiento de ejecución notarial hipotecaria. Conforme opina este Autor, la futura Ley de JV, es la sede adecuada para articular la regulación de la realización extrajudicial, como venta, o como pacto marciano, al igual que sucede en la legislación francesa, dado que la previsión reglamentaria actual, en puridad, no es una venta, ni judicial ni extrajudicial, y carece de amparo de legal[153].

10. La protocolización de memorias testamentarias, en los derechos civiles especiales en los que exista como institución propia.

11. La manifestación del heredero, que se hubiese reservado el derecho de deliberar, relativa a la aceptación o el repudio de la herencia, a la que se refiere el art. 1019 CC, deberá realizarse ante el Secretario Judicial, y debería preverse asimismo la competencia notarial.

12- Los testamentos militar y marítimo, arts. 716 a 721 y 722 a 731 CC, o determinadas manifestaciones testamentarias de Derecho Civil de Comunidades Autónomas, en los que no ha intervenido el Notario, requieren la acreditación de su autenticidad y la comprobación del cumplimiento de los requisitos y formalidades legales, lo que constituye una función propia de la actuación notarial. Lo mismo cabría afirmar del testamento realizado en peligro de muerte inminente, en tiempo de epidemia, arts. 700 a 704 CC, o en caso de naufragio, art. 731 CC, en los que la actuación consistente en autenticar, calificar y documentar las afirmaciones de los testigos, constituyen una función propia de la actuación notarial, como sucede, en general, en una materia, como la testamentaria, esencialmente notarial desde el originario derecho romano, en el que tabeliones eran juristas prácticos especializados en testamentos y contratos.

---

[153] Vid. al respecto en Serrano de Nicolás, La ineficient execució hipotecària, n.2/2011, junio 2011, pp. 3-4, y en La admisión del pacto comisorio como alternativa a la ineficiente subasta hipotecaria (judicial o notarial) El Notario del siglo XXI, N. 21, 2008, pp. 130-135.

13. El procedimiento de protesta de mar e incidencias de viaje, en cuanto que se trata de un acto de documentación y presencia, propio de la función notarial.

14. La apertura de escotillas, que cabe documentar mediante un acta de presencia notarial.

A los supuestos mencionados añadiría, después de la lectura del valioso documento de trabajo sobre desjudicialización en el ámbito civil elaborado, en el año 2010, por una Comisión constituida en el seno del Departament de Justicia de la Generalitat de Catalunya[154], las propuestas que siguen:

- La división de cosa común, por disolución de matrimonio o por herencia, si no hay conflicto entre los interesados, podría realizarse por vía notarial, buscando la autocomposición. Habitualmente, los condóminos no se oponen a la división, sino que sólo quieren asegurar el mejor precio o buscan la adjudicación a uno de los copropietarios. Por otra parte, conforme se subraya en el documento, el Código Civil Catalán establece criterios claros para la división y en muchas ocasiones se produce una reducción importante del valor de los bienes por el ejercicio de la actio communi dividundo en sede judicial y la vía notarial puede asegurar una mejor realización, en la línea seguida por el Código catalán.

En el caso de división de la herencia, prevista en el artículo 782 LEC, si no hay menores o personas incapacitadas, debería preverse, en consecuencia, como suficiente, la vía notarial. En este punto, me parece especialmente oportuno lo escrito por Ángel Serrano en el sentido de que para solucionar los problemas que en ocasiones se producen en las particiones de herencias, una de las posibles vías de solución consistiría en insertar en los testamentos una cláusula en la que se someta a arbitraje del notario la resolución de las posibles discrepancias entre los herederos[155].

— El requerimiento de pago, por vía notarial, en el juicio monitorio, conforme a la recomendación de los Presidentes de los Tribunales Superiores de Justicia, en su reunión de noviembre de 2009.

— El expediente de pérdida de letra de cambio, como procedimiento de fijación jurídica propio de la función notarial.

— La declaración notarial de herederos abintestato extensible a los colaterales y a la respectiva Comunidad Autónoma, de no existir parientes dentro del cuarto

---

[154] Vid. el Documento en Revista La Notaria, Col-legi de Notaris de Catalunya, n.2/2010, pp.30-52.

[155] Serrano de Nicolás, Intervención en el Colegio Notarial de Jalisco en 2004. Podium Notarial, pp.245-251, www.juridicas.unam.mx

grado, con asistencia letrada, en su caso, de al menos un mismo abogado para todos los interesados.

— La conclusión del contrato de arrendamiento con abandono del domicilio por parte del arrendatario, no supone ningún conflicto dado que deriva de la renuncia del arrendatario. Este hecho puede comportar la entrega de llaves, la devolución de la fianza o la devolución de la posesión sin intervención judicial, sino por vía notarial, por la que puede acreditarse mediante el correspondiente acta notarial de entrega, exhibición, presencia etc., las correspondientes actuaciones, relacionadas con la finca. Se trataría, en definitiva, de acreditar la entrega de posesión de bienes inmuebles o, en su caso, de bienes muebles, sin que exista contradicción, ni haya sido necesario el uso de la fuerza pública para el desahucio.

En relación, con carácter general, con el procedimiento notarial, cabe señalar que el Decano del Ilustre Colegio de Abogados de Girona, Salvador Capdevila y Bas, en su intervención ante la Comisión de Justicia del Congreso, en mayo de 2007, manifestó, en relación con los recursos, que existe el riesgo de que el procedimiento judicial que se articule en el futuro, –en los casos en los que la competencia se atribuya al Secretario Judicial, se entiende, dado que la competencia judicial es exclusiva– sea más riguroso q el procedimiento notarial o registral previsto para el mismo supuesto.

En opinión de Capdevila y Bas, dado que lo razonable es que, en el procedimiento judicial, el auto del juez sea recurrible en apelación y el decreto del Secretario Judicial lo sea mediante recurso de revisión ante el juez y el auto de éste lo vuelva a ser en apelación, con lo q la doble instancia con lo que ello supone de reforzamiento de las garantías procesales y de la tutela judicial efectiva, quedaría asegurada en sede judicial, habría que plantearse la posibilidad de prever el recurso gubernativo ante la DGRN, en los supuestos de JV desjudicializados, o bien ante los problemas de legalidad que ello pudiese plantear, prever el recurso o la revisión de la decisión del Notario o Registrador, de manera directa ante la autoridad judicial.

En la misma línea de reforzamiento de garantías del futuro procedimiento notarial y registral se ha manifestado Ramos Méndez al subrayar que en cualquier hipótesis que se desjudicialice y puedan identificarse intereses contrapuestos, habrá que mantener y respetarlos principios de audiencia y contradicción a fin de facilitar la decisión del operador jurídico competente.

Ante la ausencia de regulación en este punto, opina Campo Güerri que habrá que decidir si el instrumento público a autorizar es una escritura o un acta, si bien el cauce formal más habitual será el acta y dentro de éstas, la de notoriedad, prevista, entre otros, en el artículo 209 del Reglamento Notarial.

Si la oposición se plantea en el expediente tramitado por el notario distingue Campo Güerri, de acuerdo con lo previsto en el artículo 209 RH, entre aquellos supuestos en que la contienda tiene carácter jurídico de aquellos otros en que tiene carácter meramente económico y opina que en estos segundos, en la medida que la cuestión pueda resolverse de acuerdo con criterios de equidad, el notario no ha de suspender su actuación, sin perjuicio de que deba fundamentar su decisión y pone como ejemplo el acta notarial instada conforme al derecho catalán, en la que se pretenda la determinación de los parientes más próximos para autorizar la enajenación de un bien perteneciente a un menor, en cuyo caso el notario deberá limitarse a constatar que se dan los presupuestos legales de parentesco y proximidad, así como las correspondientes declaraciones de voluntad de autorización y enajenación, y no estará obligado a suspender la realización del acta por el hecho de que otro pariente del menor se oponga alegando razones económicas, de precio o de oportunidad, con independencia todo ello, añadiría yo, de la posibilidad de instar la revisión judicial de la actuación notarial.

Si se trata de oposición con entidad jurídica distingue el mencionado autor entre que aquella tenga una naturaleza procedimental o sustantiva, en ambos casos el notario habrá de valorar las alegaciones y pruebas solicitadas por las partes o practicadas de oficio, al efecto de decidir si la oposición tiene o no la relevancia suficiente para poner fin a su actuación o continuar con ella, conforme a lo previsto en el art 209 RH[156].

En tanto no se apruebe una Ley de Jurisdicción Voluntaria, continúa vigente, con determinadas excepciones, conforme se establece en la disposición derogatoria única, apartados 1 y 2 de la nueva LEC, la regulación contenida en el libro III de la LEC 1881, relativa a la Jurisdicción Voluntaria, así como la correspondiente a la conciliación y a la declaración de herederos abintestato.

En contraposición, sin embargo, con la mencionada previsión legal, con la conciliación ha pasado lo que sucedió con las diligencias preliminares, que siendo ambas instituciones propias de la jurisdicción voluntaria han sido reguladas en sedes de naturaleza heterogenea. Así, la conciliación en la reciente Ley de Reforma de la legislación procesal para la implantación de la Nueva Oficina Judicial del año 2009, y las diligencias preliminares en la propia Ley de Enjuiciamiento Civil, reguladora de la jurisdicción contenciosa[157].

---

[156] Vid. al repespecto en Campos Guerri, La competencia notarial en asuntos no contenciosos, cit., pp. 599 ss.

[157] En este sentido en Díez-Picazo, I., *Derecho Procesal Civil. El proceso de declaración*, Madrid, 2001, pp. 229: «… aunque la doctrina considera las diligencias preliminares actuaciones de jurisdicción voluntaria, y la jurisdicción voluntaria ha quedado fuera del ámbito objetivo de la LEC, en este caso el legislador ha hecho una excepción a esa regla. Probablemente la razón de que la LEC, regule las diligencias preliminares pese a ser actos de jurisdicción voluntaria debe buscarse en la necesidad que había de introducir cambios en su regulación para darles mayor eficacia, lo que no debía esperar hasta la aprobación de la futura Ley de Jurisdicción Voluntaria».

Conviene señalar, por otra parte, que si bien un amplio número de los supuestos de jurisdicción voluntaria judicial se contienen en el libro III de la LEC, otros muchos en los que está prevista la intervención del juez o se incluyen en el marco de la denominada jurisdicción voluntaria notarial o registral, se regulan en textos legislativos diversos, como el Código Civil, el Código de Comercio, la Legislación hipotecaria, o la Ley y el Reglamento del Registro Civil.

El título competencial de la futura LJV es el artículo 149.1.6 de la C.E., que atribuye al Estado la regulación de la legislación procesal, excepto alguna disposiciones concretas que se dictan al amparo de la competencia que corresponde al Estado en materia de legislación civil, mercantil, y de ordenación de los registros e instrumentos públicos, conforme al artículo 149.1.6 y 8 CE, sin perjuicio de las necesarias especialidades que en este orden se deriven de las particularidades del derecho sustantivo de las Comunidades Autónomas. En este sentido cabe mencionar la intervención del portavoz de CIU, Jordi Jane, quien afirmó en el curso del debate parlamentario que: <… la LJV que se apruebe debe estar claramente ajustada al marco estatutario, por tanto al Estatut de Cataluña, que es tanto como decir al marco constitucional, dado que los estatutos forman parte del bloque de constitucionalidad. Así el art. 147 del Estatut de Autonomía de Cataluña da competencia ejecutiva a la Generalitat en el establecimiento de las demarcaciones notariales y registrales>.

7) REFLEXIONES FINALES

1) No parece, en principio, razonable judicializar supuestos cuya competencia se encuentra, en el momento actual, atribuida a otros operadores jurídicos, aunque si se vislumbra la oportunidad de reordenar, con mejor criterio, determinadas competencias fuera de su actual marco[158].

2) Parece razonable incardinar, en líneas generales, la futura regulación de la jurisdicción voluntaria, en lo que constituye el actual marco de referencia de esta institución en las legislaciones más próximas de nuestro entorno comunitario como Italia, Portugal, Francia o Alemania: supuestos negociales, pequeños desacuerdos en el marco de la convivencia matrimonial o de las parejas de hecho, o en el ejercicio de la patria potestad autorizaciones, homologaciones, declaración de derechos, control de determinados actos, resoluciones urgentes, tutela de intereses públicos generales

---

158 Vid. En esta línea de argumentación, como en general en toda su reflexión sobre la jurisdicción voluntaria las, a mi juicio, acertadas propuestas sobre la jurisdicción voluntaria, formuladas por Ramos Méndez, *La jurisdicción voluntaria en negocios de comercio,* cit. pp.17 ss; Id. *Derecho Procesal Civil*, T. III. Cit. pp.1289 ss.

o sociales, en los que la actuación de los particulares trasciende de la esfera de la autonomía privada lo que se ha dado en denominar jurisdicción voluntaria tutelar de determinadas relaciones jurídico-privadas que afectan a menores, incapacitados, desvalidos o ausentes y supuestos de autorización judicial en la restricción, garantía y control en el ejercicio de los derechos fundamentales y libertades públicas.

3) En el marco de la jurisdicción voluntaria no cabe que los particulares conformen un procedimiento de naturaleza constitutiva, cautelar o ejecutiva, al margen de los preceptos legales existentes, lo que supone el mantenimiento del principio del *numerus clausus* en esta parcela del Ordenamiento.

4) Las disposiciones generales contenidas en la primera y segunda parte del libro III LEC 1881 no integran un procedimiento completo, sino que constituyen un conjunto de disposiciones parciales, por lo que habrá que acometer la tarea de elaborar unas auténticas y completas Disposiciones Generales en la futura Ley de la materia. Convendría elaborar, en este sentido, una teoría general sobre la jurisdicción voluntaria, en la que se recojan sus principios informadores, y las reglas de procedimiento que incardine esta esfera de la jurisdicción en el marco de la ciencia procesal del siglo XXI y no en el campo de la mera técnica procedimental.

5) Se impone la necesidad de una ley sustancialmente nueva, elaborada desde una posición reflexiva, metódica y sistemática, superadora de la concepción de la jurisdicción voluntaria como residual frente a la contenciosa y que conecte con la realidad social del actual momento histórico, más complejo en ocasiones y más simplificado en otras, que el existente cuando se aprobó el libro III de la LEC de 1881 que, todavía vigente, ha permanecido en vigor más de 120 años. Las resoluciones dictadas en sede de jurisdicción.

6) voluntaria, así como las actuaciones atribuidas a otros profesionales del derecho, como resultado de la desjudicialización de competencias en esta materia, podrán en todo caso ser objeto de control o revisión judicial en proceso ordinario.

7) La nueva regulación de los procedimientos de jurisdicción voluntaria debería suponer la desaparición de las contradicciones que, denunciadas por la doctrina, produce la actual legislación en la materia, y que sólo pueden ser suplidas por la armonización sistemática y la interpretación correctora de los textos. La desregulación y racionalización deberá ir precedida, no obstante, de una revisión de supuestos que han caído en desuso, tienen nula aplicación práctica o son auténticos cadáveres legislativos, a los efectos de su no inclusión en el nuevo texto legal[159].

---

[159] Sobre la consideración de las diligencias preliminares como actos de jurisdicción voluntaria vid. en MONTERO AROCA, *Derecho Jurisdiccional II, Parte Especial,* con GÓMEZ COLOMER, MONTÓN y BARONA, Valencia 2000, pp. 153 ss; En análogo sentido, señala DÍEZ-

8) El marco constitucional en el que se desenvuelve la tutela judicial, no supone, por otra parte ningún obstáculo en esta materia, para racionalizar el sistema, redistribuir entre jueces y secretarios las competencias asignadas al órgano jurisdiccional y desjudicializar aquellos supuestos que por su propia naturaleza jurídica, comprenden a otros profesionales del derecho, en especial notarios y registradores de la propiedad y mercantiles, en atención a su especialización y a la competencia funcional que se les reconoce por el Ordenamiento Jurídico.

9) Es hora ya de que la jurisdicción voluntaria deje de ser un campo de experimentación del legislador. Hay que elaborar una ley lo más completa posible que, escrita con buena técnica jurídica, conforme a las exigencias de la dogmática del derecho procesal:

a) articule un procedimiento general con todas las garantías inherentes a cualquier actuación judicial, entre las que cabe destacar, que la oposición no impida la continuación en la tramitación del expediente, salvo que la ley disponga lo contrario, la posibilidad de recurrir en apelación el auto definitivo del Juez o en revisión el decreto del Secretario Judicial y el mantenimiento, salvo las excepciones previstas en la Ley, del carácter preceptivo de la asistencia técnica de abogado y la representación del procurador, junto con la previsión del beneficio de justicia gratuita, frente a la actual identificación de la institución con supresión o disminución de garantías, plazos o formalidades, en detrimento de la tutela judicial efectiva.

b) suprima los procedimientos obsoletos, reforme los todavía útiles, y traslade de otros textos legales los que tienen naturaleza voluntaria y se considere que deban ser incorporados al nuevo texto legislativo.

c) desjudicialice competencias, en aras de la racionalización del sistema, y las atribuya a otros profesionales del derecho, Notarios y Registradores, de forma especial, las que razonablemente les correspondan por su propia naturaleza, especialización y posición funcional en el marco del Ordenamiento Jurídico.

Picazo, I., *Derecho Procesal Civil. El proceso de declaración*, Madrid, 2001, pp. 229: «… aunque la doctrina considera las diligencias preliminares actuaciones de jurisdicción voluntaria, y la jurisdicción voluntaria ha quedado fuera del ámbito objetivo de la LEC, en este caso el legislador ha hecho una excepción a esa regla. Probablemente la razón de que la LEC, regule las diligencias preliminares pese a ser actos de jurisdicción voluntaria debe buscarse en la necesidad que había de introducir cambios en su regulación para darles mayor eficacia, lo que no debía esperar hasta la aprobación de la futura Ley de Jurisdicción Voluntaria».

Sobre la consideración de los supuestos de separación y divorcio por mutuo convenio, como actos de jurisdicción voluntaria, afirma Gómez Colomer, en *Derecho Jurisdiccional II., Parte Especial*, cit. pp. 729 ss., que «estamos probablemente ante el mejor ejemplo que se puede poner de jurisdicción voluntaria, pues la ausencia de controversia es total…».

d) redistribuya competencias en el seno del órgano judicial entre Jueces y Secretarios Judiciales, y

e) reconozca al justiciable la posibilidad de optar, en determinados procedimientos respecto de los que no exista reserva judicial, entre acudir a un Secretario Judicial o a un operador jurídico extrajudicial, Notario o Registrador de la Propiedad o Mercantil, lo que constituye una manifestación de confianza en la madurez de la sociedad civil.

f) Constituya el punto de partida para la elaboración de una dogmática y una teoría general de la jurisdicción voluntaria, con principios informadores y reglas de procedimiento, que la incardine de forma definitiva en el campo de la ciencia procesal y la aleje de la mera técnica procedimental.

Doctrina y Jurisprudencia están de acuerdo, en que es hora ya de que la jurisdicción voluntaria, deje de ser un campo de experimentación del legislador. En el marco de la necesaria adaptación de ese organismo vivo que es el Derecho, al progreso de la civilización, el legislador está llamado a tomar en consideración, los logros de la especulación intelectual de la doctrina científica y las aportaciones y experiencias de los demás operadores jurídicos, realizadas durante la pasada centuria y en los años transcurridos de la presente, a los efectos de lograr una regulación de la jurisdicción voluntaria, que al propio tiempo que tenga en cuenta las necesarias enseñanzas de la historia y de la tradición procesalística española, «no hay dogmática sin historia o no debería haberla –escribía Tomas y Valiente en 1996– porque los conceptos e instituciones no nacen en un vacío puro e intemporal, sino a consecuencia de procesos históricos de los que arrastran una carga quizá invisible pero condicionante», combine de forma adecuada, las obligadas soluciones de política jurídica, con la realidad social del momento actual, y una adecuada proyección hacia el futuro. Sería deseable que sin atender en este punto, al conocido aserto goethiano, de que todo lo incompleto es fecundo, se elabore una ley lo más completa posible que, escrita con buena técnica jurídica, conforme a las exigencias de la dogmática del derecho procesal, suprima los expedientes obsoletos, reforme los todavía útiles, traslade e incorpore de otros textos legales los que tienen naturaleza voluntaria y sistematice y redistribuya competencias, en aras de la racionalización del sistema, desjudicializando, a favor de otros profesionales del derecho, las que razonablemente les correspondan por su propia naturaleza, a fin de dar respuesta, en definitiva, también en esta parcela del Ordenamiento Jurídico, al desafío de una justicia, más moderna y eficaz.

— 10 —

LUCES Y SOMBRAS DEL ANTEPROYECTO DE LEY DE JURISDICCIÓN VOLUNTARIA DE 31 DE OCTUBRE DE 2013*

Sumario: I) Iter legislativo de la reforma pendiente.- II) Líneas generales. Principios Informadores y Propuestas de mejora del Anteproyecto de Ley de JV de 2013: *A) Imprecisiones y deficiencias en la Exposición de Motivos. B) Desjudicialización. C) Exclusividad competencial en los procedimientos desjudicializados. Devaluación de la posición de los Secretarios Judiciales. D) Procedimiento judicial general y específicos garantistas. Devaluación de la posición de los Abogados. Acerca de la ausencia de previsión de la cosa juzgada. E) Nuevos procedimientos específicos previstos. F) Especial consideración de los Procedimientos de: Reclamación ante Notario de Deudas dinerarias no contradichas. Retorno de los menores en casos de secuestro internacional y Procedimientos de naturaleza Matrimonial. G) Ausencia de previsión de reserva jurisdiccional respecto de las competencias atribuidas a la Autoridad Judicial. H) Otras modificaciones reseñables: Adaptación a la Convención de Naciones Unidas sobre Derechos de las Personas con Discapacidad y a la Legislación sobre protección a la infancia*.- III) Reflexiones finales.

I) ITER LEGISLATIVO DE LA REFORMA PENDIENTE

El pasado 31 de octubre de 2013, el Consejo de Ministros aprobó el Anteproyecto de Ley de Jurisdicción Voluntaria, JV en adelante.

El texto del Anteproyecto tiene su antecedente en la Propuesta de Anteproyecto de JV presentada el 1 de diciembre de 2012 al Ministerio de Justicia por la Sección Especial constituida, en el seno de la Comisión General de Codificación, por Orden

* *Diario La Ley*, n. 8273, el 18 de marzo de 2014.

del Ministerio de Justicia de 20 de abril de 2012, para <La regulación de la Jurisdicción Voluntaria y la actualización de la Legislación Procesal Civil>[1].

La mencionada Propuesta, publicada por el Ministerio en el año 2013, está integrada por una Exposición de Motivos que consta de diez Apartados, 129 artículos distribuidos en ocho Títulos, cuatro Disposiciones Adicionales, una Disposición Transitoria, una Disposición Derogatoria y ocho Disposiciones Finales.

El Anteproyecto de Ley de JV de 31 de octubre 2013, está basado en el texto elaborado por la Sección Especial, si bien introduce algunas novedades que, en general, suponen una mejora del texto que le sirve de referencia. Está integrado por una Exposición de Motivos, que consta de doce Apartados, 130 artículos distribuidos en ocho Títulos, y catorce Disposiciones Complementarias, de las cuales tres son Adicionales, una Transitoria, una Derogatoria y nueve Finales.

El contenido de los ocho Títulos se corresponde con las siguientes materias: Título Preliminar: Disposiciones Generales. I) De las normas comunes en materia de tramitación de los expedientes de Jurisdicción Voluntaria. II) De los expedientes de Jurisdicción Voluntaria en materia de personas. III) De los expedientes de Jurisdicción Voluntaria en materia de familia. IV) De los expedientes de Jurisdicción Voluntaria relativos al Derecho Sucesorio V) De los expedientes de Jurisdicción Voluntaria en materia de Obligaciones. VI) Conciliación y VII) De los expedientes de Jurisdicción Voluntaria en materia Mercantil.

En el marco del Estado constitucional de Derecho, la reforma de la JV es una de las piezas que quedaba todavía por encajar en el organigrama de la Administración de Justicia, dado que el legislador de la Ley Procesal Civil, ha optado, en lo que constituye la primera novedad respecto de las leyes procesales anteriores, por regular la Jurisdicción Voluntaria, JV en adelante, en una Ley específica.

La Ley de Enjuiciamiento Civil de 7 de enero del 2OOO, LEC, por la que se rige la jurisdicción contenciosa en los procesos civiles, establece en su Disposición Final decimoctava que: <En el plazo de un año, a contar de la fecha de entrada en vigor de esta Ley, el Gobierno remitirá a las Cortes Generales un proyecto de Ley sobre jurisdicción voluntaria>[2]. La reforma de la JV había sido, por otra parte, una de las mate-

1 Vid. con carácter general en Seoane Cacharrón, Breve examen crítico sobre el Borrador de Proyecto de Ley de la Jurisdicción Voluntaria, en Diario La Ley, de 5 de noviembre de 2013.

2 Vid. al respecto en Fernández de Buján, Jurisdicción Voluntaria, Civitas 2000; Id. Los principios informadores de la Jurisdicción Voluntaria: una propuesta de futuro. Anuario de Derecho de la UAM, vol. 3, 2001, pp. 89-149; Id. La Jurisdicción Voluntaria: una reforma legislativa pendiente. Estudios Jurídicos. Ministerio de Justicia, vol. IV, 2002, pp. 537-606; Id. La Jurisdicción Voluntaria: racionalización y redistribución de competencias. Libro Homenaje a Sánchez

rias previstas en el Pacto de Estado por la Justicia, suscrito por los Partidos Políticos mayoritarios, en el año 2001.

En tanto no se apruebe una Ley de Jurisdicción Voluntaria, continúa vigente, con determinadas excepciones, conforme se establece en la disposición derogatoria única, apartados 1 y 2 de la nueva LEC, la regulación contenida en el libro III de la LEC 1881, relativa a la Jurisdicción Voluntaria, así como la correspondiente a la conciliación y a la declaración de herederos abintestato.

Conviene señalar, por otra parte, que si bien un amplio número de los supuestos de jurisdicción voluntaria judicial se contienen en el libro III de la LEC, otros muchos en los que está prevista la intervención del juez o se incluyen en el marco de la denominada jurisdicción voluntaria notarial o registral, se regulan en textos legislativos diversos, como el Código Civil, el Código de Comercio, la Legislación hipotecaria, o la Ley y el Reglamento del Registro Civil.

En los últimos años, se ha generado, en un marco de expansión de la institución, una inflación de procedimientos específicos, sin que exista proceso, contemplados en leyes civiles o mercantiles, que no siempre resultan justificados en su especificidad, pero que en buena medida se amparan en la ausencia de un procedimiento global de jurisdicción voluntaria en el libro III de la LEC. En total, existen en torno a 200 procedimientos específicos de JV[3].

Cabría citar, entre otros textos, en los que se regulan actos de jurisdicción voluntaria, las siguientes disposiciones legislativas: ley 30/1979, de 27 de diciembre, en materia de trasplantes de órganos; Ley 50/1980, de 8 de octubre, sobre Contrato de seguro, a propósito de nombramiento de tercer perito; ley 11/1981, de 13 de mayo, en materia de filiación, patria potestad y régimen económico del matrimonio; Ley 30/1981, de 7 de julio, sobre nulidad, separación y divorcio; Ley 1/1982, de 5 de mayo sobre derecho al honor, intimidad personal y familiar y propia imagen, en relación con los menores; ley 13/1983, de 24 de octubre, sobre tutela y curatela; Ley 21/1987, de 11 de noviembre, en materia de acogimiento y adopción; Ley 1/1996, de 15 de enero, de Protección Jurídica del menor; Ley de la Generalitat de Cataluña 9/1998, de 15

Mera. Madrid 2002, pp. 1997-2036; Id. La reforma legislativa de la jurisdicción voluntaria: naturaleza jurídica y diferencias de procedimiento con la jurisdicción contenciosa. Actualidad Civil, n. 36, 2001, pp.1277-1306, y n. 37. pp. 1317-1341. Id. La reforma de la Jurisdicción Voluntaria: problemas, interrogantes, soluciones. Diario La Ley, de 23 de marzo de 2005.

[3] Sobre procedimientos específicos de JV, vid. en Gonzalez Poveda, La Jurisdicción Voluntaria. Doctrina y Formularios, que analiza en su magna obra sobre la materia, más de 143 procedimientos específicos de JV., 4ª ed., Thomson Aranzadi, 2008, pp. 1829. Vid. asimismo en Ramos Méndez, La Jurisdicción Voluntaria en Negocios de Comercio, Madrid 1978, y en Almagro, Derecho Procesal Civil, II, vol. I, Valencia 1992, pp. 535-593.

de julio, reguladora del Código de Familia, en materia de idoneidad para la adopción; Ley 9/2000, de 10 de diciembre, sobre sustracción de menores,; Ley 41/2003, de 18 de noviembre, sobre Protección patrimonial de las personas con discapacidad, etc.

Los intentos de regulación de la JV en cumplimiento del mandato del legislador, previos al actual Anteproyecto de Ley de JV de 2013, se iniciaron con la constitución, en noviembre del año 2002, en el seno de la Sección Segunda de Derecho Mercantil, que presidía a la sazón el Prof. Aurelio Menéndez, de la Comisión General de Codificación, máximo órgano asesor del Ministerio de Justicia en las tareas prelegislativas, de una Ponencia, compuesta de siete miembros, a la que se encarga la elaboración de un texto preparatorio de Anteproyecto de Ley de Jurisdicción Voluntaria.

La Ponencia culminó su labor en junio del año 2005, con una Propuesta normativa de 306 artículos y 10 Disposiciones Complementarias, <valoradas y tenidas muy en cuenta –conforme se afirma en su Exposición de Motivos– las observaciones que a su articulado le fueron formuladas por las Secciones de Derecho Mercantil y de Derecho Civil de la Comisión General de Codificación>. El texto normativo elaborado por la Ponencia, es publicado en el Boletín Informativo del Ministerio de Justicia en octubre del año 2005 bajo la rúbrica de Anteproyecto de Jurisdicción Voluntaria[4].

La puesta en marcha de la maquinaria legislativa, a partir de este primer paso de la Comisión de Codificación, continua con la revisión interna en el Ministerio de Justicia de la Propuesta de la Ponencia y su materialización en el Anteproyecto de Ley de Jurisdicción Voluntaria, aprobado en Consejo de Ministros de 2 de junio de 2006[5], e integrado por una Exposición de Motivos, ciento ochenta y cuatro artículos, repartidos en nueve Títulos, y dieciocho Disposiciones Complementarias, de las cuales ocho son adicionales, una transitoria, una derogatoria y ocho finales. La reducción del articulado se debió fundamentalmente a la ausencia de regulación de los procedimientos concernientes al derecho marítimo, que fueron introducidos en el posterior Proyecto de Ley de 2006[6].

---

4 Vid. al respecto en De Prada González, En torno a la futura Ley de Jurisdicción Voluntaria, El Notario del Siglo XXI, n. 4, diciembre de 2005; y en Fernández de Buján, El nuevo perfil de la Jurisdicción Voluntaria en el Anteproyecto de Ley de octubre de 2005. De la tutela de relaciones jurídico privadas a la protección de intereses generales, públicos o sociales, Diario La Ley, de 8 de junio de 2006.

5 Vid. en Rodriguez Adrados, El Anteproyecto de Ley de Jurisdicción Voluntaria, Anales de la Real Academia de Jurisprudencia y Legislación, Madrid 2006; Seoane Cacharrón, Breve examen crítico del Anteproyecto de ley de Jurisdicción Voluntaria del Ministerio de Justicia de 1 de junio de 2006, Diario La Ley, de 28 de septiembre de 2006.

6 Vid. en Fernández de Buján, Observaciones al Proyecto de Ley de Jurisdicción Voluntaria de octubre de 2006, I, Diario la Ley, de 27 de noviembre de 2006, y II, Diario la Ley, de 28 de noviembre de 2006; Seoane Cacharrón, Examen del procedimiento judicial común en el Proyecto de Ley de Jurisdicción Voluntaria de 27 de octubre de 2006, en Diario La Ley, de 15 de mayo de 2007.

El veinte de octubre de 2006, el Consejo de Ministros aprobó la remisión a las Cortes Generales del Proyecto de Ley de Jurisdicción Voluntaria, JV, para facilitar y agilizar la tutela y garantía de los derechos de la persona, en materia civil y mercantil. El Proyecto de Ley, constaba de una Exposición de Motivos, 202 artículos, distribuidos en X Títulos y 17 Disposiciones Complementarias y reproducía, con escasas modificaciones, el texto del Anteproyecto de Ley de junio de 2006.

En trámite de enmiendas, los Grupos Parlamentarios presentaron, en el curso del debate parlamentario, un total de 562 enmiendas al articulado del Proyecto de Ley, 323 ante la Comisión de Justicia del Congreso y 239 ante la del Senado,, lo que muestra el interés y la seriedad con la que se acometió su estudio[7].

La Comisión de Justicia del Congreso de los Diputados acordó asimismo la celebración de comparecencias, en trámite de asesoramiento del Proyecto. A petición de los grupos parlamentarios, comparecieron ante la Comisión de Justicia, los días 7 y 17 de mayo de 2007, catorce intervinientes, representantes de los operadores jurídicos, de colectivos afectados por la reforma, y expertos en la materia, entre los que tuve el honor de intervenir como miembro de la Ponencia de la Comisión General de Codificación. La celebración de las comparecencias dio lugar a un fructífero debate con los portavoces de los grupos parlamentarios y diputados de la Comisión de Justicia, en un clima global de entendimiento que hacía presagiar la aprobación de la ley en el curso de la legislatura[8]. No obstante todo ello, el 24 de octubre del año 2007, el Gobierno retiró el Proyecto, el día en que iba a ser votado en el Senado[9].

El título competencial de la futura LJV es el artículo 149.1.6 de la C.E., que atribuye al Estado la regulación de la legislación procesal, excepto alguna disposiciones concretas que se dictan al amparo de la competencia que corresponde al Estado en materia de legislación civil, mercantil, y de ordenación de los registros e instrumentos públicos, conforme al artículo 149.1.6 y 8 CE, sin perjuicio de las necesarias especialidades que en este orden se deriven de las particularidades del derecho sustantivo de las Comunidades Autónomas[10].

---

7 Vid. en Fernández de Buján, La Jurisdicción Voluntaria en las Cortes Generales, Diario la Ley, de 16 de octubre de 2007.

8 Diario de Sesiones del Congreso de los Diputados. Comisiones. Justicia, año 2007, n. 821, de 7 de mayo y n. 829, de 17 de mayo.

9 Fernández de Buján, "La Jurisdicción Voluntaria: En busca del tiempo perdido", *Revista Jurídica Registradores*, Madrid, enero de 2008; Id. "Jurisdicción voluntaria: rectificar es de sabios", en *El Notario del siglo XXI*, nº 31, mayo-junio 2010, Madrid, págs. 66-74.

10 Sobre la etapa anterior a la actual previsión legislativa sobre JV, vid. en síntesis, en Fernández de Buján "La ley de jurisdicción voluntaria en el horizonte: confluencia de planos, perspectivas, actores y operadores. Diario La Ley, 25 de mayo de 2012, pp. 9-14.

II) Líneas generales. Principios Informadores y Propuestas de mejora del Anteproyecto de Ley de JV de 2013: A) Imprecisiones y deficiencias en la Exposición de Motivos. B) Desjudicialización. C) Exclusividad competencial en los procedimientos desjudicializados. Devaluación de la posición de los Secretarios Judiciales. D) Procedimiento judicial general y específicos garantistas. Devaluación de la posición de los Abogados. Acerca de la ausencia de previsión de la cosa juzgada. E) Nuevos procedimientos específicos previstos. F) Especial consideración de los Procedimientos de: Reclamación ante Notario de Deudas dinerarias no contradichas, Retorno de los menores en casos de secuestro internacional, y procedimientos de naturaleza Matrimonial. G) Ausencia de previsión de reserva jurisdiccional respecto de las competencias atribuidas a la Autoridad Judicial. H) Otras modificaciones reseñables: Adaptación a la Convención de Naciones Unidas sobre Derechos de las Personas con Discapacidad y a la Legislación sobre protección a la infancia.

A) Imprecisiones y deficiencias en la Exposición de Motivos

En lo que afecta al lenguaje jurídico, las páginas atinentes a la Exposición de Motivos son las más imprecisas y descuidadas del texto legal, al punto de que alguno de los párrafos produce la impresión de haber sido escrito desde el desconocimiento y un cierto desapego hacia la institución a la que atañe. Procede pues revisarla y modificarla en profundidad. Haré mención al respecto de algunos detalles.

En el apartado I se afirma, en referencia a la JV: <… El lugar central de la LEC en nuestro sistema de justicia… es difícilmente compatible con el mantenimiento en su articulado de algunas materias que merecían un tratamiento legal diferenciado>, lo que resulta cuando menos discutible.

Más bien parece, a mi juicio, que los legisladores procesales de 1855 y 1881, dada la relevancia que conceden a la JV –si nos atenemos a que en la Ley de 1855, de los libros que la componen, uno era de JV y en la L. de 1881, vigente hasta el año 2000, de los tres libros, uno era de Disposiciones Comunes a la Jurisdicción Contenciosa y a la JV, el segundo regulaba la JC, y el III, con más de 370 artículos se dedica integro a la JV y continua vigente en el momento actual, con numerosas modificaciones– parece que consideran este sector del Ordenamiento una esfera de la Jurisdicción diferenciada de la JC, por lo que no se plantean su regulación en textos legales diferenciados.

Si desde hace más de un siglo y medio, ni el legislador ni la doctrina sintieron en España la necesidad de deslindar en textos legales singulares la JC y la JV, parece excesivo afirmar en una EM, que resulta difícilmente compatible mantener en el articulado de la LEC la regulación JV. No se deben utilizar criterios actuales en la interpretación de legislaciones pasadas, ni realizar afirmaciones apodícticas al respecto en una EM.

De forma más acertada y prudente, se afirma en el apartado V de la LEC 2000: <En cuanto a su contenido general, esta Ley se configura con exclusión de la materia relativa a la Jurisdicción Voluntaria que, como en otros países, parece preferible regular en ley distinta>.

Aunque en puridad habría que matizar que la materia de JV tan sólo se regula en leyes procesales específicas, ajenas por tanto a los Códigos procesales civiles, en Alemania y Austria en el seno de la Unión Europea, cabría remitirse a la líneas mencionadas de la LEC, si se quiere justificar la regulación de la JV en una ley específica, y suprimir asimismo las impropias afirmaciones contenidas en las líneas que siguen del mencionado apartado I, in fine, de la EM del Anteproyecto 2013: <Entre estas materias se encuentra, de forma pacíficamente aceptada, la jurisdicción voluntaria. Su regulación dentro de la Ley de Enjuiciamiento Civil, como ha ocurrido en España desde 1855, era fruto más bien de la vocación recopiladora de nuestro derecho histórico … Por esta razón, ahora se opta, al igual que en la mayoría de las naciones de nuestro entorno, por separar la jurisdicción voluntaria de la regulación procesal común…> y en el apartado II: <La ley de la Jurisdicción Voluntaria no se justifica sólo… como un simple cauce de homologación legislativa con otras naciones…>.

La realidad de los hechos, que se materializa en la inclusión de la JV en el texto procesal común desde el año 1855 hasta el 2000, parece concluyente. Afirmar que la regulación de JV no resulta compatible con la JC en un mismo texto legal, y que ello es pacíficamente aceptado, no responde a la realidad. Ninguno de los más destacados expertos en JV de nuestro país, desde Manresa hasta González Poveda ha cuestionado en ninguno de sus estudios la ubicación de la JV.

La opción legal por regular la JV en un texto específico es obviamente legítima, ahora bien, no parece la EM de la Ley de JV la sede más adecuada para teorizar que <la regulación de la JV en la Ley de Enjuiciamiento Civil fue fruto de la vocación recopiladora de nuestro derecho histórico>, en contraposición, conviene reiterarlo, a la realidad del hecho de su mantenimiento, sin debate doctrinal alguno, en el seno de las dos leyes procesales civiles existentes hasta el año 2000, durante 150 años.

La reiterada utilización del término expediente para referirse a los actos o al procedimiento judicial de JV, así en las pp. 3, 7, 8, 11, 12, 13, supone una inapropiada administratización de la actividad judicial y una confusión entre acto, procedimiento y expediente en el ámbito de la JV.

En materia de JV la terminología más adecuada, a mi juicio, se corresponde con la utilización de los vocablos acto, procedimiento y expediente. Así, prevista en la legislación sustantiva un acto de JV, es decir, la intervención de un juez, sin que ésta se desarrolle a través del cauce de un proceso, se requerirá, en la mayor parte de los supuestos, que se incoe un procedimiento a solicitud de persona legitimada o, en su caso, de oficio o a instancia del Ministerio Fiscal, en el curso del en el curso del cual se procederá a la tramitación de un expediente, en el que, en su caso, se resolverá sobre la realización del derecho subjetivo o interés legítimo que constituya su objeto.

La utilización abusiva del término expediente, con un carácter totalizador, que abarca de forma indistinta la perspectiva material y la procedimental, constituye un inapropiado reduccionismo lingüístico y una administrativización del procedimiento judicial.

La mención en la rúbrica de los distintos Títulos del Anteproyecto de 2013 del término expediente en vez de procedimiento, como corresponde y ha sido el utilizado hasta el momento actual por los textos legales y por la doctrina, constituye un manifiesto error.

Gónzalez Poveda, Magistrado del Tribunal Supremo y considerado el mayor experto en los procedimiento específicos de JV, utiliza siempre la expresión procedimiento de JV para referirse a cada una las actuaciones relativas al derecho de personas, derecho de obligaciones, derecho de cosas, derecho de familia, derecho de sucesiones, derecho mercantil y derecho marítimo, salvo para aludir a los supuestos que se conocen con la denominación de expedientes de dominio, de reanudación del tracto sucesivo, de inscripción de excesos de cabida y de liberación de cargas y gravámenes.

La referencia <al carácter adjetivo o auxiliar de la JV como cauce de actuación y de efectividad de determinados derechos>, mencionada en el apartado IV, refleja una fórmula, en buena medida superada, y una concepción doctrinal sobre la naturaleza del Derecho Procesal que no debe traerse a una EM.

La afirmación contenida en el apartado V <… no es nuevo el debate sobre si sería pertinente mantener en este campo la exclusividad de los tribunales de justicia –y, dentro de ellos, del personal jurisdicente– o si sería preferible encomendar su conocimiento a otros órganos y funcionarios públicos> es desafortunada, y no refleja la realidad de la situación, dado que no existe el pretendido debate doctrinal sobre la necesaria desjudicialización de determinados procedimientos de JV, sino sobre el grado de la misma y acerca de la atribución de las competencias desjudicializadas a unos u otros operadores jurídicos, Secretarios Judiciales, Notarios y Registradores.

No cabe afirmar sin matices, como se hace en el párrafo 2º del apartado V, que la Ley de JV <… opta por atribuir el conocimiento de un número significativo de los asuntos que tradicionalmente se incluían bajo la rúbrica de la jurisdicción voluntaria a los Secretarios Judiciales, a los Notarios y a los Registradores de la Propiedad y Mercantiles …>, dado que los Secretarios Judiciales han sido relegados en el texto legal al atribuírseles tan sólo competencia para decidir en siete procedimientos, lo que contrasta con la amplia competencia que se les había reconocido en los Anteproyectos de JV de 2005 y 2006 y en el Proyecto de JV de 2006, con la previsión específica de competencia en materia de JV de estos operadores, conforme al artículo 456 LOPJ, y con la doctrina ampliamente mayoritaria que les reconoce un papel relevante en la futura Ley de JV.

La referencia, contenida en el apartado V, a que los profesionales a los que se atribuya competencia en JV: <… reúnen sobrada capacidad para actuar…> debería sustituirse por: <… están plenamente capacitados…>.

La expresión contenida en el párrafo 3º del apartado V <… el estado o modo de ser de determinados negocios …>, referido a actos de JV, es inapropiada.

La alusión, contenida en el apartado VI, a que se ha buscado <desde el primer momento el máximo consenso con los colectivos implicados>, es probable que no sea compartida por algunos de los operadores jurídicos afectados, especialmente Secretarios Judiciales y Abogados, por lo que debería reconsiderarse la fórmula o mejor el contenido del Anteproyecto en lo que afecta a estos operadores jurídicos.

La referencia a que se asigna la competencia al operador jurídico a quien le <le fuera constitucionalmente exigible la tramitación de dicha materia>, contenida en la p.7, es desafortunada al ser, en todo caso, tan sólo aplicable a la competencia judicial en el marco del artículo 117.3 CE, pero en modo alguno cabe aludir a exigibilidad constitucional referida a las competencias que se atribuyan en el futuro a diferentes operadores jurídicos, dado que en caso contrario podría llegarse al absurdo de considerar que la actual atribución de la JV al Juez podría no ser constitucional.

En el apartado VII se afirma: <… se ha procurado que la atribución de competencias a los Secretarios judiciales en materia de JV no se haga a costa de perjudicar el ejercicio de otras importantes misiones que por ley les corresponden, tomando especial cuidado de hacerles cargo de la decisión de expedientes…>. La relegación de los SJ en el presente texto legal no debería justificarse con las competencias que por ley tienen ya reconocidas, y debe sustituirse la deficiente redacción <… tomando especial cuidado de hacerles cargo…>, por <… mediante la atribución…>. En el mismo apartado se afirma que el SJ va a encargarse de la decisión de algunos expedientes en los que se pretende obtener <la constancia fehaciente sobre el modo de ser de un determinado derecho…>, lo que denota, una vez más, una deficiencia en la expresión de la idea que se quiere plasmar.

En el listado de competencias atribuidas a los Secretarios Judiciales, en el apartado VII, falta la mención de las siguientes: Nombramiento de contador-partidor. Nombramiento de administrador, interventor y liquidador. Consignación y Fijación del plazo para el cumplimiento de las obligaciones.

En el apartado IX se afirma que "no se modifica la Ley Hipotecaria en esta Ley –parece que se hace con ello implícita referencia a los expedientes de dominio, de reanudación del tracto, de excesos de cabida y de liberación de cargas y gravámenes-sino que se acometerá la reforma de la misma en el Informe de la Comisión para la Reforma de las Administraciones Públicas, debido a la relevancia de la coordinación entre catastro y registro ", lo que sorprende sobremanera, en atención a que se trata de dos supuestos que habían sido previstos y regulados en el Anteproyecto de JV de 2012 y cuya naturaleza voluntaria no está en discusión, por lo que el cambio de sede para incardinarlos en otro texto legal, y previsiblemente de regulación, no resulta suficientemente justificado.

En el mismo orden de cosas, ni tan siquiera se alude en la EM a la no regulación en el ALJV, como texto específico y procedimental sobre la materia, de los procedimientos de JV de Derecho Marítimo, hasta ahora incardinados en el Libro III de la LEC, y a su inclusión en un texto de derecho sustantivo como es el Proyecto de Ley de Navegación Marítima, que se encuentra en el momento actual en trámite parlamentario.

B) Desjudicialización

El marco constitucional en el que se desenvuelve la tutela judicial, no supone, ningún obstáculo para acometer la desjudicialización de aquellos supuestos que, por su propia naturaleza jurídica, corresponden a la competencia funcional de determinados operadores jurídicos que ostentan la condición de funcionarios públicos:

a) Secretarios Judiciales, como reconocidos expertos en Derecho Procesal, con competencia atribuida, de conformidad con lo previsto en el artículo 290 de la LOPJ de 1985, para formular las propuestas definitivas de los autos judiciales en materia de JV, vigente hasta la L.O. 19/2003, de 23 de diciembre, de modificación de la L.O. 6/1985, de 1 de julio, del Poder Judicial, y competentes en JV, conforme al artículo 456, 3 de la LOPJ: <Los secretarios judiciales cuando así lo prevean las leyes procesales tendrán competencia en Jurisdicción voluntaria, asumiendo su tramitación y resolución, sin perjuicio de los recursos que quepa interponer>.

b) Notarios y Registradores de la Propiedad y Mercantiles, como reconocidos profesionales del derecho en las cuestiones de su competencia, cuya función se enmarca en lo que se ha venido a denominar seguridad jurídica preventiva, en la medida en que sus titulares deben realizar un control de legalidad de los actos en que intervienen, así como garantizar los derechos de los intervinientes y de los terceros que, en su caso, puedan verse afectados.

De los 50 procedimientos de JV previstos en el ALJV o trasladados, de forma desacertada, a otros textos jurídicos: 21 se mantienen en la competencia de la Autoridad Judicial, y 29 se desjudicializan.

De los 29 procedimientos desjudicializados: 7 se atribuyen a los Secretarios Judiciales, de ellos dos compartidos con los Notarios, y 15 a los Notarios y 7 a los Registradores, entre ellos los de derechos reales, en los que a los Registradores se les atribuye la función esencial, con previsión de intervención notarial.

Los procedimientos que quedan sustraídos de la competencia de la Autoridad Judicial pueden ser considerados todos ellos de naturaleza administrativa y se integran en diferentes esferas del Derecho Privado: 6 corresponden a de derecho sucesorio, 3 a derecho de obligaciones, 6 a Derecho mercantil, 4 a Derechos reales, 5 son de derecho de familia, como subastas, matrimonio, separación o divorcio, y 5 pertenecen a Derecho marítimo (conforme a lo previsto en el Proyecto de Ley de Navegación Marítima de 2013).

La modificación de los expedientes de JV relativos a derechos reales, contenidos en la Ley Hipotecaria, queda excluida de forma sorprendente del Anteproyecto, conforme se afirma en el apartado IX de la EM, en el que se hace remisión "a su modificación por las normas de puesta en práctica del informe de la Comisión para la Reforma de las Administraciones Públicas, aprobado por el Consejo de Ministros de 21 de junio de 2013, atendiendo, en este caso, a la relevancia que tiene la inaplazable coordinación entre el Catastro y el Registro y el establecimiento de la regulación de un sistema de comunicación bidireccional entre ambas instituciones".

Se trata de un párrafo confuso sobre una materia cuya modificación se sustrae a su sede natural que es el ALJV y que supone, por otra parte, una rectificación no suficientemente justificada respecto de la regulación específica de estos expedientes contenida en la Propuesta de Anteproyecto de Jurisdicción Voluntaria elaborada y aprobada por la Ponencia constituida en el seno de la CGDC en 2012, de la que formaban parte representantes del Notariado y de los Registradores.

En el momento de escribirse estas páginas tan sólo se sabe con carácter cierto que existe un borrador de Anteproyecto de Ley de modificación de determinados artículos de la Ley Hipotecaria y del Texto refundido de la Ley del Catastro Inmobiliario, que modifica la redacción de los expedientes de dominio, liberación de cargas y gravámenes y reanudación del tracto sucesivo ya regulados en la Propuesta de Anteproyecto de JV de 2012 y que han sido suprimidos del texto del ALJV de 2013.

En relación con los procedimientos de derecho marítimo, cabe señalar que su regulación se trasvasa al Proyecto de Ley de Navegación Marítima aprobado en Consejo de Ministros de 22 de noviembre de 2013, en el que se regulan tres procedimientos de JV de exclusiva competencia judicial (Embargo preventivo de buque, Liquidación de avería gruesa, Venta forzosa del buque y Limitación de responsabilidades por actos marítimos), y cinco procedimientos de JV, bajo la rúbrica de <Certificación Pública>, atribuidos a los Notarios (Protestas de mar por incidencias de viaje, Depósito y venta de mercancías y equipajes en el transporte marítimo, Extravío sustracción o destrucción del conocimiento de embarque y Enajenación de efectos mercantiles alterados o averiados), actualmente de competencia judicial, conforme a lo previsto en la LEC de 1881, y de competencia compartida, con carácter general, entre Secretarios Judiciales y Notarios, en el Anteproyecto de JV de 2005, elaborado en la CGDC y en el Proyecto de JV de 2006, lo que parece más razonable.

En cuanto a su ubicación, cabe reiterar que la sede más adecuada para modificar los procedimientos de JV de derecho marítimo, no es una ley de derecho material, como La Ley de la Navegación Marítima, en contraposición a la concepción doctrinal mayoritaria en la materia y a lo previsto en los anteriores textos sobre JV, y cuando se está en pleno proceso de elaboración de un texto específico, con autonomía conceptual y procedimental, sobre este sector del Ordenamiento, sino el ALJV.

C) Exclusividad competencial en los procedimientos desjudicializados. Devaluación de la posición de los Secretarios Judiciales

Se opta por la atribución en exclusiva de las competencias específicas, que se desgajan de la órbita de la Autoridad judicial, a los distintos operadores jurídicos: Secretarios Judiciales, que pierden en el nuevo texto legal la atribución con carácter general de competencia en los supuestos desjudicializados, Notarios y Registradores.

La alternatividad, que había sido la opción de las dos textos de Anteproyecto de JV de 2005, el de la CGDC y el del Gobierno, del Proyecto de Ley de JV de 2006, y la posición común de todos los Grupos parlamentarios en la tramitación en las Cámaras Legislativas es, por tanto, sustituida por la exclusividad competencial.

Con la previsión de alternatividad de los anteriores textos legislativos de JV todas las competencias que salían de la órbita judicial se trasladaban a la competencia de los Secretarios, si bien en numerosos supuestos se podía alternativamente acudir a Notarios o Registradores o a ambos operadores jurídicos.

Parece que lo aconsejable sería mantener con las excepciones que se establezcan por ley, la idea de las competencias compartidas, y la alternatividad, es decir, la posibilidad de que el ciudadano acuda a uno u otro operador jurídico, entendida ésta como una ampliación de medios puestos a disposición de los ciudadanos, que podrían, en régimen de libre elección y competencia acudir ante el órgano judicial, en concreto ante la oficina judicial presidida por un Secretario judicial, o hacerlo, en determinados supuestos, ante uno u otro de los operadores jurídicos previstos, Notarios o Registradores.

La previsión del régimen de libre competencia entre operadores jurídicos resulta, por otra parte, más concorde con los principios que inspiran la legislación de la Unión Europea, que el régimen de exclusividad.

Devaluación de la posición de los Secretarios Judiciales

Conforme al actual ALJV en la mayoría de las procedimientos que no se reservan al Juez, los justiciables tendrán que acudir necesariamente a Notarios o a Registradores, al atribuírseles la exclusividad de una parte sustancial de las competencias desjudicializadas, y no podrán hacerlo de forma alternativa a los Secretarios Judiciales, lo que no se compadece de forma adecuada con la previsión de competencia de los Secretarios en materia de JV, establecida el artículo 456, 3 de la LOPJ (la única de todas las disposiciones legales vigentes que atribuye competencia en JV a un colectivo), con las previsiones legales del todos los textos Prelegislativos y Legislativos anteriores –Propuesta de ALJV de 2005, ALJV de 2006 y PLJV de 2006–, con la posición de todos los Grupos Parlamentarios expresada en la tramitación del PLJV de 2006, con la doctrina que de forma mayoritaria se ha pronunciado a favor de la alternatividad y del papel relevante de los Secretarios Judiciales en la JV, e incluso con la posición expresada, con carácter general, hasta el momento presente, por los propios cuerpos de operadores jurídicos afectados.

Cabe subrayar asimismo en el art. 438 LOPJ se prevé la creación de Servicios Procesales Comunes de Jurisdicción Voluntaria bajo a Dirección de los SJ, y que el artículo 85.2 LOPJ reserva el conocimiento de los actos de JV a los Juzgados de primera instancia, de los cuales forman parte los Secretarios Judiciales, respecto de los cuales se prevé que los decretos dictados en resolución de los asuntos de JV cuya competencia se les atribuya, son en todo caso susceptibles de ser recurridos en revisión ante el Juez, con lo que ello supone de incremento de las garantías del justiciable.

Los procedimientos cuya competencia se atribuye a los Secretarios Judiciales en el ALJV son: 1) Habilitación para comparecer en juicio y Nombramiento de defensor judicial 2) Declaración de ausencia y de fallecimiento. 3) Conciliación. 4) Nombramiento de contador-partidor. 5) Nombramiento de administrador, interventor y liquidador. 5) Consignación. 6) Fijación del plazo para el cumplimiento de las obligaciones.

Han sido suprimidos en el ALJV de la competencia de los Secretarios Judiciales, respecto de la Propuesta de ALJV, elaborada por la Comisión constituida en 2012 en el seno de la CGDC: 1) Nombramiento de tercer perito en el contrato de seguro y 2) Robo, hurto o extravío de títulos al portador.

Excluir, entre otros procedimientos, a los Secretarios Judiciales de la competencia, con carácter alternativo, por ejemplo, en las subastas judiciales, en los expedientes de dominio, en las declaraciones de herederos abintestato o en el ámbito del derecho mercantil o marítimo no parece procedente.

La alternatividad entre Notarios y Secretarios Judiciales, reconocida en sólo dos procedimientos, la consignación de deudas dinerarias y el nombramiento de contador partidor dativo, no se fundamenta en la especial naturaleza de ambos supuestos respecto de otros análogos en los que ésta no resulta prevista, ni en ninguna consideración especial recogida en el texto del ALJV.

No resulta pues justificado que en la EM, apartado VII, se afirme que se les otorga a los Secretarios Judiciales un especial protagonismo en la JV, dado que se les atribuye competencia sólo en 7 procedimientos de los 29 que salen de la órbita judicial, en un texto en el que estaban llamados a ser protagonistas si nos atenemos a los antecedentes legislativos y a los distintos indicadores mencionados[11].

D) Procedimiento judicial general y específicos garantistas. a) Devaluación de la posición de los Abogados. b) Acerca de la ausencia de previsión de la cosa juzgada

Hay que articular un procedimiento general con todas las garantías inherentes a cualquier actuación judicial, entre las que cabe destacar, que la oposición no impida continuar la tramitación del expediente, salvo que la ley disponga lo contrario, la posibilidad de recurrir en apelación el auto definitivo del Juez o en revisión el decreto del Secretario Judicial y el mantenimiento, salvo las excepciones previstas en la Ley, del carácter preceptivo de la asistencia técnica de abogado y la representación del procurador, junto con la previsión del beneficio de justicia gratuita, frente a la actual identificación de la institución con supresión o disminución de garantías, plazos o formalidades, en detrimento de la tutela judicial efectiva.

El ámbito de la JV queda delimitado en el ALJV, a mi juicio de forma acertada, a la regulación del procedimiento general de JV y de los procedimientos específicos en aquellos supuestos en los que la competencia se atribuye al Juez o al Secretario Judicial.

La regulación de los procedimientos aplicables a los actos en los que la competencia se atribuye a Notarios o Registradores se remite, en el ALJV, a la Legislación Notarial o Registral específica, lo que supone un acierto, dado que no parece apropiado utilizar el término Jurisdicción, stricto sensu, fuera del ámbito del órgano judicial.

En el nuevo procedimiento judicial de JV se refuerzan las garantías y se produce una aproximación de la JV a la regulación propia del procedimiento contencioso. A ello se alude en la EM, III, p. 3: <En especial, se toma especial cuidado en adaptar la regulación de los expedientes de JV a los principios, preceptos y normas generales

[11] Vid. al respecto en Seoane Cacharrón, "El Proyecto de Ley de Navegación Marítima discrimina a los Secretarios Judiciales en perjuicio de los ciudadanos ", en el Diario La Ley, del 4 de diciembre de 2013.

contenidas en la LEC…>, lo que se conforma con lo afirmado en la relevante STS de 22 de mayo de 2000, que considera la JV como potestad jurisdiccional amparada en el 117. 3 CE: <las actuaciones de JV en las que intervenga un Juez deben estar revestidas de las garantías propias de la jurisdicción…>.

La conveniente aproximación de la JV a las reglas generales previstas en la LEC se manifiesta genera un aumento de las garantías de los justiciables y la eliminación de determinadas disfunciones y reglas contrarias a la armonización del sistema, derivadas de una regulación diferenciada, lo que se materializa en diversas disposiciones contenidas en el ALJV, entre las que cabe mencionar:

— La previsión del artículo 18, relativa a la celebración de la comparecencia, conforme a la cual: "La comparecencia se sustanciará por los trámites previstos en la Ley de Enjuiciamiento Civil para la vista del juicio verbal con las siguientes especialidades".
— La supresión de la previsión de habilidad respecto de todos los días y horas en JV, contenida en el art 1812 LEC1881.
— La supresión de la posibilidad de modificar de oficio las providencias o autos no definitivos, prevista en el art. 1818 LEC1881.
— La previsión conforme a la cual se refuerza el principio de audiencia, art. 18, 2 y la participación activa de solicitantes e interesados en la comparecencia.
— La previsión contenida en el art. 18.2 conforme a la cual "Salvo que la ley expresamente lo prevea, la formulación de oposición por alguno de los interesados no hará contencioso el expediente, ni impedirá que continúe su tramitación hasta que sea resuelto", es objeto asimismo de mención especial en el Apartado IX de la EM: "Cuestión a destacar es que, salvo que la Ley expresamente lo prevea, la formulación de oposición por alguno de los interesados no hará contencioso el expediente…>.

La referencia a que la JV se sustanciará por los trámites del juicio verbal, la existencia de contradicción en la propia rúbrica de la mayoría de los procedimientos de familia, la previsión de la oposición, y de su resolución en el curso de la tramitación, en las normas de numerosos procedimientos específicos, así en la mayoría de los supuestos derecho mercantil y de los que afectan a menores, a personas con discapacidad o con la capacidad complementada, no dejan lugar a dudas acerca de la necesidad de la disposición comentada.

— La previsión la práctica de todo tipo de pruebas, conforme al art 18.5, en sustitución de las tradicionales acreditaciones, justificaciones o informaciones de los arts. 1816 y 2111 LEC 1881.
— La previsión del art 20, conforme a la cual los recursos, de reposición, apelación y revisión, son los previstos, con carácter general, por la LEC.

— La previsión conforme a la cual el desarrollo de la comparecencia se registre en soporte apto para la grabación del sonido y de la imagen, de conformidad con lo dispuesto en la LEC, art. 18.6.
— La remisión a lo previsto en la LEC en materia de cumplimiento y ejecución de resoluciones, conforme al art. 22.
— La regulación de la sustanciación del expediente, de forma preferente, en el marco de los principios de oralidad, concentración e inmediación.

a) Devaluación de la posición de los Abogados

Conforme a la regulación vigente en la que es preceptiva la intervención de abogado en los procedimientos de JV, salvo en determinados y escasos supuestos previstos en la Ley, en el ALJV de 2013 se opta por la no preceptividad de la asistencia técnica de abogado, salvo en supuestos específicos. La supresión de esta preceptividad en el ALJV 2006 y en el PLJV 2006, fue contestada de forma rotunda por la abogacía, y restablecida en la tramitación parlamentaria del PLJV de 2006.

En el ALJV de 2013, no se establece, por tanto, en lo que constituye uno de los desaciertos más manifiestos del texto legislativo, la asistencia preceptiva de abogado, con carácter general, ni en los procedimientos sustanciados ante los jueces, ni en aquellos cuya competencia se atribuye a los Secretarios judiciales, sino que se opta por requerir la preceptividad de la asistencia de abogado sólo en determinados procedimientos, de modo que la obligatoriedad de la asistencia técnica de este profesional del derecho se configura más como una excepción que como una regla general.

Conviene alegar al respecto que en la JV hay derechos e intereses de parte que afectan a derechos indisponibles, derechos fundamentales, la personalidad, a la intimidad, a los menores, a la capacidad, al ejercicio de la patria potestad, a la tutela etc., de suma relevancia que exigen la presencia de un abogado, que proceda a la defensa de los afectados, mediante el asesoramiento, asistencia técnica y consejo, cuando su interés esté en juego o resulte afectado.

En todos los procedimientos de competencia de los jueces y en muchos de los que podrían ser atribuidos a los secretarios judiciales, debería preverse la intervención preceptiva de abogado y la representación procesal de procurador, en atención diversos criterios aplicables aplicables a unos u otros de los procedimientos de JV, como son: la trascendencia económica de los intereses en juego, la necesidad de razonar con criterios de lógica jurídica, la utilidad o conveniencia de adoptar una u otra toma de postura, la proposición o práctica de todo tipo de pruebas, las propias tensiones que generan las controversias en el ejercicio de la patria potestad, las relaciones de menores con el progenitor que no sea titular de la patria potestad o con parientes o allegados, las divergencias relativas a la administración de los bienes de menores o incapacitados, o en la administración de bienes gananciales en el seno de la comunidad conyugal, la administración del patrimonio protegido de personas con discapacidad, los derechos indisponibles, la restricción de derechos fundamentales, etc.

Los abogados siempre han servido para reforzar la posición de los justiciables en cualquier procedimiento, garantizar el reconocimiento de sus derechos en régimen de igualdad, facilitar su ejercicio en el marco de la Administración de Justicia y coadyuvar en la defensa de los intereses de las partes, promoventes o afectados en el procedimiento, por lo que su intervención resulta ineludible en el logro de la tutela judicial efectiva.

La experiencia que perciben los ciudadanos y los distintos operadores jurídicos que intervienen en el curso de procedimientos complejos en los que no se exige la presencia de abogado o la representación procesal de procurador, suele consistir en la percepción de una merma considerable en la agilidad en la tramitación y de un manifiesto trastorno en la operatividad del propio órgano judicial.

b) Acerca de la ausencia de previsión de la cosa juzgada

No se prevé en el ALJV de 2013, la cosa juzgada respecto de las resoluciones en materia de JV, lo que constituye una novedad, y a mi juicio un desacierto manifiesto, respecto de la previsión de la cosa juzgada en la regulación vigente, y en todos los textos prelegislativos, ALJV de 2005 y 2006 y legislativos de JV, PLJV de 2006, en lo que se conforma no como una adaptación a los principios de la LEC sino, por el contrario, como una supresión de la noción de cosa juzgada en JV, prevista en la regulación vigente de JV y propia de cualquier procedimiento judicial.

Constituyen cuestiones diferentes la previsión de efectos de la litispendencia, regulada en el artículo 6 del ALJV 2013, y la previsión de efectos de la resolución judicial, auto o decreto, mediante la que se concluye el procedimiento de JV, no regulada en el texto del ALJV.

En el ámbito de la cosa juzgada formal, parece claro que las resoluciones, dictadas en todo tipo de procesos y procedimientos, que devengan firmes resultan inimpugnables, por lo que producen efectos de cosa juzgada formal, a ello se refiere el art. 207 LEC cuando afirma que <transcurridos los plazos previstos para recurrir una resolución sin haberla impugnado, quedará firme y pasada en autoridad de cosa juzgada…>, lo que no obsta, para iniciar un proceso contencioso, con independencia de que hayan variado o no los sujetos, el objeto o las circunstancias o presupuestos propios del procedimiento voluntario precedente y sin que ello deba entenderse, en modo alguno, como una impugnación de la resolución dictada en el marco de la JV.

Las resoluciones de JV no comportan, por otra parte, efectos de cosa juzgada material fuera del ámbito de la propia JV, pero sí en este ámbito.

Así cabe afirmar que cualquier órgano jurisdiccional quedará vinculado, y ello encajaría en el denominado efecto positivo de la cosa juzgada material, en cualquier proceso o procedimiento, por el contenido dispositivo de la resolución adoptada en el expediente de JV, siempre que ésta no se cuestione en un proceso ordinario, en cuyo caso el juez no estará vinculado, en medida alguna, por lo decidido en el procedimiento de JV. Negar efectos de cosa juzgada material a la jurisdicción voluntaria, en su propio marco, introduciría a mi juicio, una peligrosa variable, que sólo generaría inseguridad jurídica a los justiciables y al propio funcionamiento de la Administración de Justicia.

Por decirlo con palabras utilizadas por el Fiscal de la Sala Primera del Tribunal Supremo, Paz Rubio, en su comparecencia ante la Comisión de Justicia, en trámite de asesoramiento del Proyecto de JV EN 2007: <Estos expedientes producen efecto de cosa juzgada formal porque no se pueden impugnar en el mismo proceso y producen efecto de cosa juzgada material en otro expediente de jurisdicción voluntaria, no en un proceso contencioso posterior pero sí en otro de jurisdicción voluntaria y si se ha resuelto no lo vamos a resolver otra vez, aunque la materia de familia es susceptible de otra modificación>[12].

Convendría, por todo ello, reintroducir en el ALJV la cosa juzgada en precepto que podría articularse con el siguiente tenor: <Cuando el operador jurídico competente sea un Juez resolverá el expediente mediante auto, que no tendrá efectos de cosa juzgada material, fuera del ámbito de la jurisdicción voluntaria.

Si el operador jurídico competente es un Secretario Judicial, lo resolverá mediante decreto, que carecerá asimismo de efectos de cosa juzgada material, fuera del ámbito de la jurisdicción voluntaria>.

E) Nuevos procedimientos específicos previstos

El ALJV incorpora un total de nueve procedimientos específicos, en relación con la regulación actual y con las previsiones procedimentales contenidas en los textos prelegislativos y legislativos de JV elaborados en los últimos 8 años:

1) Dispensa judicial del impedimento por muerte dolosa del cónyuge anterior, cuya competencia, al igual que en el segundo de los supuestos mencionados, corres-

[12] Paz Rubio, Comparecencia en trámite de asesoramiento en la Comisión de Justicia del Congreso de los Diputados, para informar en relación con el Proyecto de Ley de Jurisdicción Voluntaria, Diario de Sesiones. Comisión de Justicia, año 2007, n. 821, pp. 38-43.

pondía al Ministerio de Justicia, conforme al 48 CC. 2) Dispensa judicial de parentesco para contraer matrimonio, prevista en el 48 CC. 3) Autorización judicial al usufructuario para reclamar créditos vencidos. 4) Autorización o aprobación judicial para los casos en los que la ley prevea la aceptación o repudiación de la herencia. 5) Disolución judicial de sociedades. 6) Acta matrimonial y escritura pública de celebración de matrimonio. 7) Acta de notoriedad para la constancia del régimen económico matrimonio legal. 8) Separación o divorcio por mutuo acuerdo, sin hijos menores de edad. 9) Reclamación, ante Notario, de deudas dinerarias no contradichas.

El ALJV elimina el supuesto de emancipación por matrimonio. El motivo es que la edad para contraerlo se ha elevado a los dieciséis años, lo que hace innecesario mantener esa posibilidad.

F) Especial consideración de los Procedimientos de: a) Reclamación, ante Notario, de deudas dinerarias no contradichas, b) Retorno de los menores en casos de secuestro internacional, y c) Procedimientos Matrimoniales

a) Procedimiento de Reclamación, ante Notario, de deudas dinerarias no contradichas

Se configura como una de las mayores novedades del ALJV, y está llamado a ser, si se mantiene en el texto del Proyecto de LJV, uno de los supuestos que mayor controversia puede suscitar en la tramitación parlamentaria.

En el nuevo procedimiento notarial se establece, a grandes rasgos, que el acreedor de una deuda dineraria, liquida, determinada, vencida, exigible y documentada, pueda solicitar que un Notario, comprobados los requisitos de la deuda reclamada, requiera de pago al deudor o a algunas de las personas determinadas por su especial relación con él.

Si el deudor no satisface la deuda en la plazo de 20 días a partir de la entrega del requerimiento, o no compareciere en la Notaria o comparecido no formulase oposición, el acta en la que se recogen tales circunstancias, se convertiría en título ejecutivo suficiente para instar la ejecución forzosa de la deuda.

Especiales problemas puede plantear el juicio de valor que el Notario debe realizar acerca de la adecuación y suficiencia del documento que constituye el medio de prueba de la existencia de la deuda requerido para exigir la reclamación, lo que resulta esencial para determinar si la pretensión resulta fundada, lo cual parece más propio de la tutela judicial que de la notarial, por más que el Notario merezca la máxima consideración y respeto en su función.

No resulta por tanto claro que la nueva competencia asignada a los Notarios encaje bien en lo que ha sido hasta el presente la función tradicional del Notariado, aunque bien es cierto que ésta se ha ensanchado en los últimos años de manera notable con la previsión de competencia del Notariado en diferentes esferas del Ordenamiento, como el fraude fiscal y el blanqueo de capitales, y este prestigioso Cuerpo de operadores jurídicos está ejerciendo las funciones asignadas por ley en las distintas materias con el mayor rigor y profesionalidad, en lo que constituye un sello de identidad de la Corporación Notarial.

El procedimiento de deudas dinerarias no contradichas, denominado Juicio Monitorio notarial en alguno de los estudios publicados sobre su regulación, se configura, por otra parte, en la estela del Procedimiento Monitorio Judicial, que regulado en los artículos 812 a 818 LEC, se conforma como un juicio declarativo especial privilegiado, dirigido a la obtención de un título ejecutivo de forma rápida en determinados supuestos de reclamación judicial de deudas dinerarias[13].

En los últimos años en torno a la mitad de los juicios incoados en el Orden jurisdiccional civil son juicios monitorios, tramitados y resueltos, de forma satisfactoria, por los Secretarios Judiciales –salvo que se formule oposición en cuya caso el asunto se resolverá por el Juez en el juicio que corresponda– colectivo al que se atribuyó esta competencia, por la Ley 13/ 2009, de reforma de la legislación procesal para la implantación de la oficina judicial, para descargar de trabajo a los Jueces.

b) Procedimiento de Sustracción de menores en casos de secuestro internacional

Se opta en el ALJV por sustraer el procedimiento para el retorno de los menores en los casos de sustracción internacional del marco de la JV, en el que se incardinaba desde 1996, conforme a la previsión de la Ley de Protección Jurídica del Menor aprobada en ese año, e incorporarlo a la LEC como un proceso contencioso.

Los artículos 1901 a 1909 de la LEC 1881, a los que se le dio nuevo contenido por la mencionada Ley 1/1996, de 15 de enero, que fue promulgada con objeto fundamentalmente de adaptar nuestra legislación al Convenio de La Haya de 1980, CH80, cuya finalidad consistía en la restitución inmediata a su país de residencia del menor trasladado o retenido ilícitamente en cualquier otro Estado miembro, constituyen, desde su entrada en vigor, el cauce procesal aplicable, siempre que el menor, cuya restitución se solicita, se encuentre en territorio español, el guardador tenga su residencia habitual en cualquiera de los Estados firmantes del Convenio o le sean de

13 Vid. al respecto en Casado Rodriguez, Sobre el novedoso Juicio Monitorio Notarial, en Diario La Ley, de 26 de febrero de 2014.

aplicación las leyes comunitarias, y tenga que aplicarse cualquier Convenio relativo a la sustracción internacional de menores en España.

La nueva regulación supuso un avance significativo para nuestro país en orden al cumplimiento de la normativa en materia de sustracción internacional de menores. Su consideración en la Ley de 1996, obedeció a razones de brevedad, economía procesal y escasas formalidades propias de la JV, dado el carácter perentorio de las situaciones que contempla y la necesidad de que el procedimiento fuera lo más rápido posible.

La nueva regulación de la JV se caracteriza por un aumento de las garantías y una aproximación a la Jurisdicción Contenciosa. Así se afirma en los Apartados II de la EM: "La Ley de Jurisdicción Voluntaria ofrece al ciudadano medios efectivos y sencillos que faciliten la obtención de determinados efectos jurídicos de una forma pronta y con respeto de todos los derechos e intereses implicados...", y III "... la Jurisdicción Voluntaria opta por el cauce procedimental menos costoso y más rápido, desde el respeto máximo de las garantías y de la seguridad jurídica ...".

La nueva regulación garantista de la JV justifica, aún en mayor medida que la previsión en 1996 del procedimiento específico actual en el ámbito de la JV, el mantenimiento del procedimiento de secuestro internacional de menores en el marco de la JV. De haberse sentido la necesidad de trasvasar el procedimiento a la LEC del año 2000, no tendría sentido esperar al 2014, cuando va precisamente va a regularse la JV con mayores garantías.

Cabe en definitiva subrayar que hay mayor seguridad de que se produzca una más rápida y efectiva reintegración del menor en el marco de la JV –que lleva camino de convertirse, si se aprueba una LJV como se prevé, en el juicio rápido y con garantías por excelencia en el ámbito del derecho procesal civil– que en la esfera de la Jurisdicción Contenciosa.

El APLJ prevé asimismo algunas modificaciones que suponen una mejora en el procedimiento vigente y otras que resultan más discutibles. Entre las primeras cabe señalar: a) la posibilidad de recurrir al auxilio de las Autoridades Centrales implicadas, en el marco comunitario, así como de otras Redes de Cooperación Judicial Internacional, b) la previsión de que Juez acuerde que se garanticen los derechos de estancia o visita, relación con quien incoa el procedimiento, y c) la previsión de que, en cualquier momento del procedimiento, ambas partes, o el Juez, en atención a determinadas circunstancias, soliciten la suspensión del mismo para someterse a mediación.

Más discutible es que se aluda como novedad a la previsión de adoptar medidas cautelares, cuando ya en la regulación vigente se prevén en los artículos 1903 y 1905 LEC1881 y la previsión de que el recurso de apelación contra la resolución del Juez tendrá efectos suspensivos, dado que ello supondrá un retraso en la restitución del menor y con ello la rapidez en la resolución del problema, que en su caso deberá plantearse ante la autoridad competente del país en el que tenga su residencia habitual el menor.

c) Procedimientos Matrimoniales

En el apartado X de la EM, en relación con las nuevas previsiones introducidas en materia de matrimonio, se establece que la reforma del Código Civil afecta a la determinación de la concurrencia de los requisitos para contraer matrimonio y su celebración, así como a la posibilidad de acordar por los cónyuges sin hijos menores de edad su separación o divorcio fuera del ámbito judicial, atribuyendo al Notario funciones que hasta ahora correspondían al Juez y que conllevan una reforma de la Ley 20/2011, de 21 de julio, del Registro Civil y de la Ley del Notariado.

En diversas ocasiones el autor de estas páginas se ha pronunciado por la procedencia de la competencia compartida por Notarios y Secretarios Judiciales en los tres supuestos mencionados: celebración de matrimonio, separación y divorcio por mutuo consenso, en aquellos supuestos en los que los intervinientes no tengan hijos menores ni personas incapacitadas (conforme a la nueva redacción las personas incapacitadas pasan a denominarse: personas con la capacidad judicial complementada)[14].

Si los procedimientos de separación y divorcio por mutuo consenso se sustancian ante un Secretario Judicial parece razonable prever la preceptividad de abogado, dado que los Secretarios Judiciales competentes en procedimientos de JV no están obligados, ni pueden, por ley, en el ejercicio de su función, asesorar a las partes que intervienen en el procedimiento, por lo que habría que prever la preceptividad de la asistencia técnica de abogado, en el marco de procedimientos garantistas y de especial complejidad o relevancia, como son los supuestos de separación o divorcio consensuales, en aras de la consecución de tutela judicial efectiva de los derechos e intereses legítimos de los justiciables en este sector del Ordenamiento.

No cabe, sin embargo, a mi juicio, argumentar de igual forma si la separación o el divorcio se formaliza ante Notario, debido a que este profesional y funcionario público, imparcial en el ejercicio de su cargo, debe informar a las partes sobre la legalidad de las actuaciones en que intervienen, conforme a su función de control de legalidad en las competencias que se le atribuyen, lo que garantiza la seguridad jurídica de forma plena.

---

[14] Vid. al respecto en Fernández de Buján, Reflexiones y propuestas a propósito de la futura Ley de Jurisdicción Voluntaria ", Revista Jurídica del Notariado, n. 79, julio-septiembre 2011, pp. 177-226.

La presencia del abogado en las separaciones o divorcios consensuales que se tramiten tramitadas ante los Notarios constituirá siempre un plus de garantía, como sucede en cualquier otro procedimiento en el que las partes cuenten con la asistencia de abogado, en atención a que puede suponer un reforzamiento de las posiciones e intereses de cada de ellas, pero parece que deberían ser éstas quienes de forma voluntaria, y no por imperativo legal, decidan, en su caso, acudir con un Abogado ante el Notario titular de la competencia.

Así quedarían redactados, al respecto, los preceptos modificados: Artículo 87 CC: «También los cónyuges podrán acordar su divorcio de mutuo acuerdo mediante la formulación de un convenio regulador en escritura pública ante Notario, en la forma y con el contenido regulado en el artículo 82, cuando concurran los mismos requisitos y circunstancias exigidos en él.».

Art 82. 2 CC: <No será de aplicación lo dispuesto en el 82 cuando existan hijos menores no emancipados o con la capacidad judicial complementada que dependan de sus progenitores.

Los acuerdos de los cónyuges adoptados para regular las consecuencias de la nulidad, separación o divorcio presentados ante el órgano judicial serán aprobados por el Juez salvo si son dañosos para los hijos o gravemente perjudiciales para uno de los cónyuges>.

Se contempla asimismo en el ALJV una reforma del Código Civil en materia de matrimonio consistente en reconocer el derecho a celebrar matrimonio religioso con efectos civiles a las comunidades evangélicas, israelitas e islámicas, equiparándose al efecto al resto de confesiones que ya disfrutaban de esta realidad.

G) Ausencia de previsión de reserva jurisdiccional respecto de las competencias atribuidas a la Autoridad Judicial

No se prevé en el ALJV la reserva jurisdiccional del 117.3 CE respecto de las competencias atribuidas a la Autoridad Judicial en materias tan sensibles como menores, incapacitados, personas con discapacidad, restricción de derechos fundamentales etc., dado que, si bien se prevé que estos supuestos serán de competencia judicial, no se afirma que tales competencias tienen naturaleza estrictamente jurisdiccional, lo que implica reserva jurisdiccional y su incardinación en el art. 117.3 CE, en atención a que, conforme se afirma, con acierto en este punto, en el Apartado II de la EM, "en este ámbito de la actividad judicial… están en juego intereses de gran relevancia dentro de la esfera personal y patrimonial de las personas".

Se mantienen asimismo en la órbita judicial algunas competencias del ámbito de derecho de obligaciones, sucesorio y mercantil, respecto de las que no sería necesario la reserva jurisdiccional del 117.3 CE, dado que su sede competencial se justifica por la garantía de derechos del artículo 117.4 CE.

En el ALJV de 2013 no distingue, en definitiva, entre el 117.3 y 117.4 CE, y si debería hacerse, a mi juicio, como así se preveía en el ALJV elaborado por la CGDC en 2005, mediante la constatación que la Jurisdicción Voluntaria tiene su fundamento en los apartados 3 y 4 del artículo 117 CE.

Acerca del riesgo de no prever de forma expresa la reserva jurisdiccional propia del 117.3 CE, en el sentido de que ello podría suponer que, en el futuro, se decidiese atribuir todas o algunas de las más sensibles de las competencias incardinadas en el marco de la JV a otros operadores jurídicos distintos de la Autoridad Judicial, ya advirtió, en su preceptivo Dictamen al Anteproyecto de Ley de JV de 2006, el Consejo General del Poder Judicial: <sin la nota de la exclusividad del apartado 3 del art. 117, el problema queda reducido a una mera opción del legislador, que podrá sustraer a la intervención judicial lo que constituyen manifestaciones de carácter constitutivo negocial, autorizaciones, aprobaciones u homologaciones…>[15].

En análogo sentido, y de forma especialmente clarividente, la idea se había ya expresado en la STS de 22 de mayo de 2000: <… no se puede afirmar que en la denominada JV los jueces y tribunales no están ejerciendo potestades jurisdiccionales(juzgar y hacer ejecutar lo juzgado), con independencia de que ulteriormente quepa sobre lo mismo otro proceso contradictorio, y, en consecuencia, estas potestades quedan amparadas por el art 117.3 CE… Si analizamos la actuación del presidente del Tribunal Superior de Justicia en la tramitación y resolución del recurso, se constata la existencia de los requisitos o notas propias del ejercicio jurisdiccional, apareciendo incluso una que, de ordinario, no concurre en otras actuaciones de Jurisdicción Voluntaria, cual es la contradicción>, y por Paz Rubio en la ya mencionada comparecencia en trámite de asesoramiento del Proyecto de Ley de JV de 2006: <… hay una polémica doctrinal fuerte, si la jurisdicción voluntaria está incardinada en el 117.3 o 117.4. En puridad, se podría decir que la contradicción, en cuanto que se va a resolver contradictoriamente, entraría ya en conflicto y estaríamos más hablando de proceso y más del 117.3…>[16].

H) Otras modificaciones reseñables: Adaptación a la Convención de Naciones Unidas sobre Derechos de las Personas con Discapacidad y a la Legislación sobre protección a la infancia.

En el Apartado III de la EM se da cuenta de las mencionadas adaptaciones mediante una declaración del siguiente tenor: <Esta ley se ha elaborado al mismo tiempo que

---

[15] Informe del Consejo General del Poder Judicial al Anteproyecto de Ley de Jurisdicción Voluntaria de 2006, p. 23.

[16] Paz Rubio, Comparecencia en trámite de asesoramiento en la Comisión de Justicia del Congreso de los Diputados, para informar en relación con el Proyecto de Ley de Jurisdicción Voluntaria, cit., pp. 38.

otras reformas importantes de normas que también aquí son objeto de modificaciones, como sucede con el Código Civil, la Ley 1/2000, de 7 de enero, de Enjuiciamiento Civil y la Ley Orgánica 1/1996, de 15 de enero, de Protección Jurídica del Menor. Ello es así, en primer lugar y en lo que se refiere a las dos primeras normas que se señalan, porque está en marcha su adaptación a la Convención de Naciones Unidas sobre Derechos de las Personas con Discapacidad, la cual afecta tanto al régimen de la tutela y la curatela, como a la nueva terminología, en la que se abandona el empleo de los términos de incapaz o incapacitación, que se sustituyen por la referencia a las personas cuya capacidad está judicialmente complementada. Y, en segundo lugar y por lo que se refiere a la última de la leyes indicada, porque también el contenido de esta ley se coordina con la Ley de actualización de la legislación sobre protección a la infancia, que dará una nueva regulación, entre otras cuestiones, al acogimiento de menores>.

III) REFLEXIONES FINALES

a) Es hora ya de que la jurisdicción voluntaria deje de ser un cajón de sastre y un campo de experimentación del legislador.

b) De forma progresiva, y especialmente en los últimos decenios, la JV judicial ha evolucionado, desde su originaria conformación, básicamente negocial, constitutiva o complementadora, incardinada en el marco del ejercicio pacífico de derechos, hasta su actual perfil de tutela de intereses públicos y sociales, en los que se ven afectados intereses de menores, personas con capacidad judicial complementada, presuntos incapaces, personas con discapacidad o desamparadas, así como supuestos de tutela sumaria contradictoria en conflictos de intereses considerados de relevancia menor.

c) En la JV no existe un proceso *inter partes*, por lesión, o no reconocimiento, de derecho subjetivo o interés legítimo o como consecuencia de un conflicto relevante; pero si existe, en numerosos supuestos, controversia, contradicción y oposición y por ello se acude a la autoridad judicial, conforme a lo previsto por la Ley, por razones de urgencia o para atender a una necesidad perentoria, para resolver un conflicto de relevancia menor, o con la finalidad de evitar la excesiva dilación del proceso contencioso.

La JV pactada, negocial, sin conflicto, en la que el órgano judicial se limita a realizar un control de legalidad del acto que se solicita y a colaborar en el nacimiento del acto o relación jurídica, es solo una parte del contenido, amplísimo, de esta esfera de la legislación procesal, por lo que responde a una concepción y a un momento histórico ya superado.

d) Hay que articular un procedimiento general y procedimientos específicos de JV plenamente garantistas, conforme a las exigencias de la dogmática del derecho procesal, que excluyan de forma concluyente que la JV sea identificada en el futuro con supresión o disminución de garantías, plazos o formalidades, en detrimento de la tutela judicial efectiva.

El procedimiento judicial general y los específicos sobre JV, deben ser regulados, en lo que en buena lógica debería ser uno de los avances de la futura Ley de JV, con las connotaciones y garantías propias de su naturaleza, tales como: la contradicción, cuando la ley así lo prevea, la postulación, en su doble vertiente de asistencia técnica de abogado y de representación por procurador, y los recursos.

e) Hay que deslindar entre aquellas competencias que deben continuar.

atribuidas al órgano jurisdiccional, por razón de su naturaleza jurídica, o a la consideración de ser los Jueces los operadores jurídicos que gozan de un mayor grado de independencia e imparcialidad en el ejercicio de su función, y aquellas otras competencias que atribuidas en su momento –finales del siglo XIX– a los Jueces, en atención a su prestigio, a la seguridad jurídica que producía su intervención, a la prevención o desconfianza frente a otros operadores jurídicos, o a razones de mera tradición historicista, oportunidad, conveniencia o división del trabajo, podrían atribuirse, en el seno del órgano judicial, a los Secretarios judiciales, reconocidos expertos en Derecho Procesal, o desjudicializarse en sentido estricto, al desparecer las razones de política legislativa que constituían su fundamento, y atribuirse, en la parte correspondiente a disposiciones finales de la futura Ley de JV, a profesionales del Derecho, Notarios y Registradores de la Propiedad y Mercantiles a quienes corresponda con mayor propiedad el ejercicio de estas funciones, en atención a su propia naturaleza, así como a su especialización y cualificación jurídicas.

f) Alternatividad.

La regla general, aceptada tanto por parte de los operadores jurídicos, como de los Grupos parlamentarios intervinientes en la tramitación parlamentaria del PLJV de 2006, respecto de los actos de JV que salgan de la órbita de la autoridad judicial, ha sido, hasta el actual ALJV de 2013 en el que se opta, a mi juicio de forma errónea, por la exclusividad competencial, la previsión de que el justiciable optase por acudir, o bien al propio órgano judicial, personificado en el Secretario Judicial, o bien a un funcionario del Cuerpo de Notarios o Registradores.

A mi juicio, valores como la confianza, la profesionalidad, la cualificación jurídica y la seguridad jurídica son predicables, en los tiempos actuales, al propio tiempo de los Secretarios judiciales, de los Notarios y de los Registradores.

Cabría asimismo apuntar, en favor de esta opción, que la decisión del justiciable de acudir a un operador jurídico distinto del órgano judicial supone, desde otro punto de vista, un ahorro de costes para la Administración de Justicia.

g) Hay que elaborar una ley de Jurisdicción Voluntaria, con el máximo consenso político posible y con voluntad de permanencia en el tiempo, que regule la competencia en esta materia del órgano judicial, limite la utilización del término Jurisdicción a este ámbito, adapte la institución a la actual realidad social y constituya el punto de partida para la elaboración de una dogmática y una teoría general sobre la Jurisdicción Voluntaria[17] que la incardine de forma definitiva en el campo de la ciencia procesal y la aleje de la mera técnica procedimental, a fin de dar respuesta, también en esta parcela del Ordenamiento, al desafío de una Justicia más moderna y eficaz.

---

[17] Fernández de Buján, Hacia una Teoría General de la Jurisdicción Voluntaria, Vol. I, Iustel 2007, pp. 401; Id. Hacia una Teoría General de la Jurisdicción Voluntaria. La Jurisdicción Voluntaria en las Cortes Generales, Vol. II, Iustel 2008, pp 408; Alonso Furelos, Reflexiones sobre la vigente Legislación Española de la Jurisdicción Voluntaria en su Parte General y bases para su reforma. Dykinson 2012, pp.157.

— 11 —

OPERADORES JURÍDICOS COMPETENTES EN JURISDICCIÓN VOLUNTARIA A LA LUZ DE LA EXPERIENCIA HISTÓRICA*/**

Abstract: *La competencia para conocer y resolver en los supuestos de jurisdicción voluntaria se atribuyó a largo de los siglos a distintos operadores jurídicos, en función de la variable posición de éstos en el Ordenamiento, y de la superación de la concepción de la jurisdicción voluntaria como meramente negocial, pactada, o de ejercicio pacífico de los derechos.*

Abstract: The competence to hear and resolve cases of voluntary jurisdiction was conferred to different legal operators throughout the centuries, depending on their variable position in the legal system, and on the overcoming concept of voluntary jurisdiction as purely contractual, agreed or peaceful exercise of rights.

Palabras clave: *Jurisdicción Voluntaria; iurisdictio voluntaria; Autoridad jurisdiccional; Iudex; Tabellio; Notario; Registrador. Secretario del tribunal.*

Keywords: Voluntary Jurisdiction; iurisdictio voluntaria; iudex; Jurisdictional authority; Tabellio; Notary; Registry; Clerk of the court.

---

* Estudios en Homenaje al Prof. Juan Manuel Barquero, *Revista Jurídica de la Facultad de Derecho de La Universidad Autónoma de Madrid*, n. 28, 2013, pp. 53-65.

** En afectuoso recuerdo del magnífico compañero y brillante profesor universitario que fue Juanma Barquero.

1) LA IURISDICTIO VOLUNTARIA EN EL DERECHO ROMANO: MAGISTRADOS. JUECES. TABELIONES TITULARES DE LA FUNCIÓN NOTARIAL. EMPLEADOS PÚBLICOS ENCARGADOS DE LA LLEVANZA DE LOS ARCHIVOS PÚBLICOS

En Roma, de cuyo Derecho somos tributarios todos los juristas, privatistas y publicistas, la jurisdicción fue competencia exclusiva, durante los primeros siglos, de determinados magistrados y, con posterioridad, de los jueces, a partir del momento en el que éstos dejan de ser ciudadanos elegidos por las partes para dirimir sus controversias, para pasar a ser juristas profesionales, titulares de la potestad jurisdiccional y de una función pública que ejercen en el marco de la Administración de Justicia[1].

Sólo los magistrados o los jueces, dependiendo de la etapa histórica, eran, por tanto, en sentido estricto, competentes, en los asuntos de JV, a través de la vía de un proceso fingido, *in iure cessio*, o de un procedimiento que concluía mediante una resolución denominada decreto, *decretum*, por el que se decidía un asunto consensuado por los solicitantes, o de obligada intervención judicial, mediante la cual se procedia a autorizar, habilitar, legitimar, autenticar o colaborar en: el nacimiento, modificación o extinción de una relación jurídica.

En el texto de un jurista clásico romano denominado Marciano, contenido en D. 1.16.2. pr. se utiliza por primera y única vez en las fuentes romanas la expresión *iurisdictio voluntaria* para contraponerla a iurisdictio contentiosa. El tenor del fragmento en su inicio es el siguiente:

> D.1. 16. 2 pr (Marcianus, *libro I, Institutionum*): "*Omnes Proconsules statim, quam Urbem egressi fuerint, habent iurisdictionem; sed non contentiosam, sed voluntariam, ut ecce manumitti apud eos possunt tam liberi, quam servi, et adoptione fieri.*

La expresión *iurisdictio voluntaria* aparece sólo en el fragmento de Marciano correspondiente a D.1. 16. 2 pr., y de forma indirecta en D. 1. 16. 2. 1 al aludir a "*talem iurisdic-*

---

1 Vid al respecto en: Fernández de Buján, A., *Jurisdicción voluntaria en Derecho Romano*, Ed. Reus, Madrid, 1986 y 1999, 140 pp.; Id. "Elenco de manifestaciones de iurisdictio voluntaria en Derecho clásico y en la praxis postclásica", *Revista de Historia de Derecho Húngaro*, Budapest, 1988, págs. 18-39; "Consideraciones acerca del carácter clásico y jurisdiccional de la denominada por Marciano "Iurisdictio voluntaria", en D. 1.16.2. pr.", *Estudios Homenaje a Juan Iglesias*, Madrid, 1988, págs. 197-215; "A propósito de la competencia en materia de "iurisdictio voluntaria" en Derecho Romano", *Revista de Derecho Notarial, Anales de la Academia Matritense del Notariado*, CXXXI, Madrid, 1996, págs. 95-134; "Hacia una Teoría General de la Jurisdicción Voluntaria ", Iustel, I, 2007, pp. 404 y II, 20O8, pp. 408.

tionem". En tales textos se hace referencia a manumisiones, emancipaciones y adopciones, supuestos que se contemplan asimismo en los textos clásicos en los que se alude, en relacion con los mismos, al procedimiento verbal denominado *legis actio*. Dos de estos supuestos la emancipación judicial y la adopción son supuestos paradigmaticos de JV con procedimientos específicos. Asimismo otras instituciones que han conformado históricamente la jurisdicción voluntaria hasta el momento actual se conocían ya en la República romana, así la curatela por grave deficiencia psíquica, cura furiosi, la transacción sobre alimentos, transactio alimentorum, el nombramiento de tutor, datio tutoris etc.

La contraposición entre jurisdicción contenciosa y voluntaria reflejada en el texto de Marciano, se explica en el sentido de que el jurista, al referirse a los poderes que el procónsul tiene fuera de su provincia, no afirma, como hacen otros jurisconsultos, que estos poderes se deriven de su competencia en materia de proceso verbal de *legis actio*, porque, probablemente, para lograr la finalidad perseguida por sus Instituciones, como obra dirigida a la enseñanza y formación de los empleados públicos, resultaba más esclarecedora la noción de *iurisdictio*, que con anterioridad a la que el jurista escribe su obra, había sufrido una progresiva ampliación de su contenido, desde su primitiva consideración como poder personal del magistrado, hasta su conformación como función pública.

Parece probable que la alusión a estos tres supuestos en el texto clásico se haga a título ejemplificativo, quizá debido a que eran las actuaciones más frecuentes en el momento histórico en el que se escribe la obra de referencia, si bien cabría añadir, a los supuestos mencionados, todos aquellos que requiriesen para su formalización el cumplimiento de una *in iure cessio*, realizada por medio de la tramitación de un procedimiento verbal previsto en la ley, legis actio, o bien a través de la exigencia legal de intervención del magistrado en determinadas actuaciones.

Constituye una afirmación generalizada considerar que los supuestos de jurisdicción voluntaria en Roma tenía en todos los casos carácter negocial, pero ello, a mi juicio, no responde sino a parte, si bien es cierto que la originaria y más amplia, de la realidad jurídica romana.

En el proceso fingido denominado *in iure cessio*, al que las partes acudían habiéndose puesto previamente de acuerdo sobre un negocio o sobre una relación jurídica de otra naturaleza, hay una *confessio* o allanamiento convencional por parte de uno de los intervinientes, que el magistrado conoce y autoriza. Es decir, escenificada la ficción procesal, el demandado guardaba silencio ante la petición del actor o demandante, y el allanamiento del demandado daba lugar a una resolución del magistrado favorable a lo solicitado.

El cumplimiento de las formalidades procesales hasta el momento del allanamiento del demandado, conllevaba la naturaleza jurisdiccional de la actuación del magistrado y su finalidad prevalentemente negocial y constitutiva de derechos, en cuanto que por medio de este expediente procesal se procedía a transmitir la propiedad, el usufructo, el uso, la habitación, la servidumbre, la enfiteusis, la superficie o la posición de heredero, o bien se procedía al nombramiento de tutor, datio tutoris, o curador, datio curatoris, o se autorizaba una emancipación, manumisión, adopción, transacción sobre alimentos etc.

Cumplidas las formalidades procesales, que se irían atenuando con el transcurso del tiempo, el procedimiento concluiría mediante una resolución magistratual denominada *addictio*, de efecto constitutivo, que sería equiparable a la cosa juzgada, *res iudicata*, derivada de la sentencia, con efecto negativo de cosa juzgada formal, a través de la vía de la *exceptio rei iudicatae* y con efecto positivo de cosa juzgada material, a través de la vía de una acción por el hecho, *actio in factum*, que cumpliría el papel de la *actio iudicatae*, en el supuesto de la *addictio*.

Además de los supuestos de *in iure cessio* propios de las épocas republicana y clásica, caracterizados por su naturaleza negocial, constitutiva y plenamente jurisdiccional, en la praxis la categoría de actos de *iurisdictio voluntaria* se habría ampliado con su inclusión dentro de la misma de una serie de actuaciones, dogmáticamente afines entre sí, cuya conclusión se formalizará mediante *decretum* magistratual, que acabaría sustituyendo, en el siglo III de C., de forma definitiva a la in iure cessio, y que tendrían una naturaleza constitutiva, en ocasiones, declarativa o preventiva en otras, y de *ius cogens en aquellos casos en los que* la ley exigía la necesaria o preceptiva intervención del magistrado en determinados supuestos como la tutela o curatela dativa, caracterizada porque el nombramiento de tutor o curador lo realiza un magistrado, o la obligada autorización del magistrado para que el tutor proceda a la venta de fundos del pupilo o a la transacción sobre sus derechos, la prestación de alimentos entre parientes, la autorización del curador para proceder a la venta de un bien inmueble del incapacitado por locura o la puesta en posesión de los bienes hereditarios a favor de un coheredero.

El decretum del magistrado sería por tanto la resolución con la que concluiría el procedimiento mediante el cual el titular de la potestad procedería a realizar un control de legalidad de la solicitud o acuerdo inter partes, al propio tiempo que procede a constituir, autorizar, habilitar o declarar la existencia de un derecho.

Y es éste término clásico de decreto, decretum, el previsto en la legislación alemana e italiana para referirse a las resoluciones judiciales por las que se concluyen los procedimientos de jurisdicción voluntaria, así como está llamado a ser el utilizado para referirse a aquellos supuestos en los que se atribuya la competencia en materia de JV al Secretario Judicial, en la futura ley de JV española.

Cabría afirmar, en consecuencia, que mientras que en los supuestos de intervención necesaria del magistrado se tutelaría un interés público, en las actuaciones de jurisdicción voluntaria negocial se tutelan legítimos intereses privados. En todo caso, tanto en los supuestos de jurisdicción voluntaria negocial, como en los supuestos de JV preceptiva o necesaria, el magistrado actúa como garante del cumplimiento de las formalidades del proceso o negocio, testigo cualificado y persona autorizante y legitimada por el Poder Público para colaborar en el nacimiento o modificación de la relación jurídica.

Progresiva disociación entre las nociones de jurisdicción y proceso

En la época clásica, abolido el tipo de proceso denominado de las acciones de la ley, que era básicamente verbal, e introducido el procedimiento por escrito o formulario, se seguía, no obstante, utilizando la referencia al mencionado procedimiento oral, legis actio, de forma excepcional, en los textos clásicos, en relación con los supuestos que Marciano denomina de *iurisdictio voluntaria*, probablemente en atención a oralidad y libertad de formas que caracteriza la JV desde Roma hasta hoy, lo que hace pensar a autores como Girard, que probablemente la regulación de los actos que posteriormente por Marciano, en el siglo III incluye en la categoría JV, debía estar prevista en las Leyes reguladoras de la ordenación de los jucios privados, *leges Iuliae iudiciorum privatorum*, del siglo I de nuestra era[2].

Es posible, por tanto, que a partir de las mencionadas leyes procesales haya comenzado a vislumbrarse la distinción entre la actuación jurisdiccional que suponía un proceso entablado para dirimir la lesión o el no reconocimiento de un derecho subjetivo o interés legítimo, y aquellos supuestos en los que el magistrado intervenía para dotar de existencia jurídica, o para conferirles autenticidad, a determinados actos voluntarios de la vida privada, en los que no había, en sentido estricto, controversia entre las partes.

Parece pues acertado el sector doctrinal que mantiene el carácter jurisdiccional de las *legis actiones* y de la *in iure cessio*, referidas a la JV. Así, Pugliese ha puesto de manifiesto que la partipación del magistrado no se justifica sino por la forma procesal del acto y, evidentemente participando en él, el magistrado no puede desarrollar más que una actividad procesal, es decir, ejercitar la *iurisdictio*.

Conforme a la opinión de Solazzi, en la etapa clásica respecto a la republicana, se habría producido una evolución habida en la finalidad del instituto de la *in iure cessio*, si bien se seguirían cumpliendo las formalidades requeridas en la intervención del magistrado en estos casos, a semejanza de aquellos otros en los cuales se pronun-

---

[2] Vid. al respecto, con carácter general, en Fernández de Buján, "Jurisdicción y Arbitraje en Derecho Romano ", Iustel, 2006, pp. 241.

cia igualmente una *addictio* (por ejemplo, en los supuestos de *indefensus* o *confesus*) y nadie niega el carácter jurisdiccional de sus actuaciones.

A lo largo de la época clásica, la *iurisdictio* se configura, por otra parte, como un concepto casi genérico y equivalente a administración de justicia, así en D., 1.2.2.23; D.1.21.1, pr.; D., 28.3.10, y si bien su contenido esencial seguiría siendo la intervención del magistrado en la controversia, se habría ampliado su competencia al conocimiento de determinadas relaciones jurídico privadas en las que no existía lesión o no reconocimiento de un derecho subjetico, sin que ello supusiese una alteración de su naturaleza.

Al momento histórico, acaecido en el curso del siglo III de nuestra era, en el que se produce una ampliación del contenido de la *iurisdictio,* sin que ello suponga una mutación de su significado, se refieren diversos textos, entre los que cabe mencionar la afrimación de Ulpiano recogida en D., 2.1.1, conforme a la cual «la jurisdicción tiene un amplísimo contenido, Ius dicentis officium latissimun *est*: así por ejemplo, ejemplica el jurista, abarca: la puesta en posesión de los bienes hereditarios a quienes los han recibido por herencia, la autorización para una toma de posesión de bienes ajenos en garantía, el nombramiento de jueces a los litigantes o de tutores a los pupilos que carezcan de ellos ».

En la época postclásica, se habría perdido ya todo vestigio procesal en la realización de las actuaciones correspondientes, que se resolverían mediante un decreto del Magistrado, se bien la coetánea disociación en esta etapa entre jurisdicción y proceso, que se había venido gestando en siglos anteriores, provoca la inclusión de tales actuaciones dentro de la noción de *iurisdictio*, que ahora abarca ya cualquier actuación realizada ante un magistrado jurisdiccional.

Verdaderamente, si en las fuentes de la época se distingue entre *imperium merum et mixtum,* si se habla de actos *magis imperii quam iurisdictionis,* y de actos *neque imperii neque iurisdictionis,* y se dice *imperium cui etiam iurisdictions inest,* ¿por qué no vamos a aceptar que Marciano –en una época en la que preocupaba a la Jurisprudencia la sistematización y la clasificación y en la que, por otra parte, la inseguridad conceptual se reflejaba en la terminología y en las clasificaciones jurisprudenciales– haya podido introducir, la distinción entre *iurisdictio contentiosa* y *iurisdictio voluntaria*?

En relación con la competencia de los tabeliones y empleados públicos encargados de los Registros Públicos, en actos dogmáticamente afines a los propios de *iurisdictio voluntaria,* cabe referirse a la atribución de la competencia, a los titulares del derecho para confeccionar actas, ius actorum conficiendorum, para transcribir en los Registros los más importantes actos jurídicos, así como a la actividad de los tabeliones, que constituyeron el precedente más remoto de los actuales notarios, a quienes se reconoce la pública utilidad de su función, otorgándose a sus documentos, confeccionados públicamente, *instrumenta publice confecta*, especial valoración y eficacia procesal.

En virtud del ius actorum conficiendorum se otorgaba, a los empleados públicos, titulares de este derecho, la facultad de confeccionar y autorizar actas y expedientes en los que se reflejaban las actuaciones y procedimientos que tenían lugar en su presencia. Una copia de tales expedientes, que tenía el carácter de documento público, se entregaba a los interesados. Tales documentos gozaban de pleno valor probatorio, fides publica, respecto de todas las autoridades del Estado y, por tanto, también ante los Tribunales de Justicia.

Se podría, afirmar, con Amelotti, en relación con los tabeliones en Derecho Romano, que constituyen una clase profesional de redactores privados de documentos, laboriosamente configurada desde una precedente actividad de escribanos, entre los que no han faltado los propios *notarii* o estenógrafos.

Los tabeliones han conservado en toda la historia del Derecho Romano su carácter de profesionales privados, si bien en época de la monarquía absoluta, sin llegar a ser considerados funcionarios públicos, fueron sometidos a un estricto control y estructuración por parte del poder público, en consonancia con la general burocratización de la época.

En el proceso de ampliación de competencias que se les atribuyen a los tabelliones, además de la redacción de documentos que recogen básicamente actos, negocios o testamentos, se les reconoce función consultiva y asesora, así como facultades relativas a la asistencia a los Tribunales, redacción de instancias y consignación escrita de declaraciones testificales, si bien al no ser considerados en ningún momento funcionarios públicos, no se les atribuye en sentido estricto plena *fides publica* a los documentos por ellos confeccionados, puesto que no se puso nunca en tela de juicio que el *ius actorum conficiendorum* fuera competencia exclusiva de los funcionarios públicos, y que la ejecutoriedad de los contratos y de las sentencias correspondía únicamente a las autoridades judiciales y gubernativas.

El documento tabeliónico no tuvo en Roma ni la consideración de documento privado ni la de documento público, pero en su regulación y en sus efectos se asemejó más a este último, como se refleja ya en la propia denominación que se le atribuye de *instrumentum publice confectum,* utilizada en la mayoría de los textos, y en otras expresiones relativas a tales documentos, como, por ejemplo; *scripturae forensia, documenta publice celebrata, documenta publice confecta* etc.

Lo que parece claro, en definitiva, es que la fuerza probatoria de los *instrumenta publice confecta* es superior a la de documentos privados que no daban fe más que cuando eran reconocidos como verdaderos por la persona contra la cual se oponían, y a la de los *instrumenta quasi publice confecta*, cuya fuerza probatoria derivaba de los tres testigos de buena e íntegra reputación que los habían suscrito, e inferior, en principio, a la de los *instrumenta publica* en sentido estricto o documentos auténticos, que producían fe pública por sí mismos, lo que les confería una fuerza probatoria plena, y los hacía inatacables en juicio, hasta la inscripción de falsedad.

Por su parte, los *instrumenta publice confecta* precisaban, para producir plena *fides publica* por sí mismos: o bien el juramento del notario, o bien ser corroborados por la prueba testimonial o la verificación de las escrituras, o bien la insinuación o depósito de tales documentos en los Archivos Públicos[3].

La insinuación de los documentos tabeliónicos exigía el cumplimiento de determinados requisitos y al observancia de ciertas formalidades, cuya realización confería al documento el carácter de público y le otorgaba plena credibilidad.

En la generalidad de los supuestos, se estableció el carácter voluntario de la insinuación en los Archivos Públicos de cualquier documento, lo cual sería especialmente frecuente respecto de aquellos que no conferían plena *fides publica* en juicio, y que por medio de la insinuación se transformaban en documentos públicos, lo que suponía una mayor seguridad en el tráfico jurídico, que interesaba tanto a los particulares como a la autoridad pública.

No obstante, con carácter excepcional, se estableció el carácter obligatorio, de la insinuación en determinados casos considerados de mayor importancia, como los testamentos solemnes después de la muerte del testador, las donaciones de mayor valor y la realizadas entre cónyuges.

El proceso evolutivo, de ampliación de competencias del notariado romano, encuentra su culminación en los textos legales de Justiniano, y en la época bizantina, con el reconocimiento a los *tabelliones* de una elevada posición jurídica, que se manifiesta en el hecho de que se sitúa a los mismos como responsables de una de las cuatro secciones de los Archivos Públicos en que se insinúan los documentos, y en la elogiosa distinción de Justiniano entre los más eficaces colaboradores de su actuación legislativa.

En este sentido, la asimilación de los documentos tabeliónicos a los documentos públicos se lleva quizá a sus últimas consecuencias en una constitución de Justiniano, en la que parece equipararse, a efectos de la eficacia del documento, los *documenta forensia* (o tabeliónicos) a los *documenta publica*, y contraponerse ambos a los *documenta privata* y a los *quasi publice confecta*.

En el estudio del Derecho notarial romano se utilizan un gran número de conceptos de carácter eternamente problemático, lo que hace difícil, como se afirma en el prólogo de la obra de Amelotti y Costamagna, llegar a una formulación conceptual de conjunto, dado que en la utilización de términos como "credibilidad" o "fe pública", la inseguridad es grande porque la interpretación de tales términos no es unívoca ni

---

[3] Vid. en AMELOTTI-COSTAMAGNA, Alle origini del Notariato italiano, Roma 1975 y en AMELOTTI, Il Documento nel Diritto Giustinianeo. Prassi e legislazione, Bologna 1985.

ha sido siempre la misma a través del tiempo. Por otra parte, habría que distinguir, con Nuñez Lagos, entre la "historia de la función notarial", atribuida a magistrados, jueces, notarios, etc, y la "historia del órgano notarial", ejercida por notarios romanos y eclesiásticos, tabeliones, notarios longobardos y francos[4].

El estudio de la historia del órgano notarial en Derecho romano nos llevaría a resaltar el hecho de que a fines de la República, probablemente en relación con la importancia que se comienza a conceder a la escritura[5], aparecen las categorías de *notarii, actuarii, librarii, amanuenses, exceptores*[6], etc.

Los *notarii* se servían de ciertas notas, abreviaturas o signos convencionales para escribir con mayor rapidez. Su función era ya conocida en otros pueblos de la antigüedad, y en Derecho Romano, si bien la realidad es más antigua. El término notario aparece mencionado por primera vez por Séneca[7] y, posteriormente, asimismo utilizado por historiadores y poetas[8]. Pero estos *notarii*, que cumplían esencialmente una función de taquígrafos, no son lo que hoy entendemos por notarios, y si bien parece evidente que de éstos deriva el nombre de aquéllos, la función de los notarios de la antigüedad la cumplían en Roma, como ya hemos dicho, los tabeliones[9]. No obstante, la variada e incluso en algunos textos oscilante terminología utilizada en las fuentes, produjo en ocasiones confusión en los estudiosos, derivada o bien de la similitud terminológica, por ejemplo de *tabellarii, tabularii* y *tabelliones*, o bien de la extensión de la palabra *notarii* a los tabeliones o, finalmente, del hecho de que en la parte oriental del Imperio la denominación *notarius* era equivalente a la de *tabularius*[10]. En la Edad Media, la palabra *notarii* sustituye, con carácter general, a la de *tabelliones*[11].

---

4 NÚÑEZ LAGOS, "Documento latino y documento germánico", Anales de la Academia Matritense del Notariado I, pág.419, nota 1.

5 En la Ley de las XII Tablas no se encuentra ninguna alusión a la escritura, y TITO LIVIO, *Ab urbe condita,* VII, 3, nos dice que en el año 360 a. de C.: "*rarae per ea tempora litterae erant...*".

6 ROGIER, *Etude sur les tabellions. La forze de leurs actes en Droit Romain,* París, 1883, pp.11 y ss.

7 SÉNECA, *Apocolocyntosis,* 9, 2; vid., en relación con el término *notarius,* MARTÍNEZ SARRIÓN, "El notario en la baja romanidad", en *Anales de la Academia Matritense del Notariado,* XXII, I, pp.28 y ss.

8 QUINTILIANO, *Institutio oratoria,* 7, 2, 24; PLINIO EL JOVEN, *Epistulae,* 5, 15; 9, 20, 2; 9, 36, 2; SUETONIO, *Titus,* 3; MARCIAL, *Epigrammata,* 5, 51, 2; MANILIUS, *Astronomia,* IV, 197.

9 Vid., en relación con la actividad de los *notarii,* y su posterior especialización en *testamentarii,* AMELOTTI-COSTAMAGNA, *Alle origini del notariato italiano,* cit., pp.5 y ss. y la bibliografía allí citada.

10 C.J., 8. 17. 11, Const. Emperador León del 472.

11 Vid., sobre este punto, CALASSO, *Medio Evo del diritto,* I, Milán, 1954, pág.243; BONO, *Historia del Derecho notarial español,* cit., I, pág.47, nota 8.

En las fuentes romanas no se contienen referencias a los orígenes de los tabeliones y, si bien la realidad también en este caso debió de ser más antigua, hay que esperar a finales de la época clásica para que el término aparezca utilizado por primera vez por Ulpiano[12]. En una constitución de Constantino, del año 316, se prohíbe a los decuriones tomar el oficio de tabelión, lo que prueba la necesidad de regular un oficio del que se derivaban incompatibilidades ya a principios del siglo IV[13].

Sin embargo, como señala Amelotti, la equiparación de los documentos notariales a los públicos equivaldría a otorgar antes de tiempo plena *fides publica* a la certificación del *tabellio*, lo cual contrastaría con el autoritarismo imperial y, en todo caso, supondría la transformación de los tabeliones en funcionarios públicos, lo que no llegó a suceder en la época romana, dado que la atribución de plena *fides publica* a los documentos confeccionados por los tabeliones bajo ciertas condiciones de forma, habría sido incompatible, en la comunidad política romana, con su permanente posición como profesionales privados, incluso en una época como el Dominado, caracterizada por el autoritarismo y la burocratización.

Por otra parte, el reconocimiento de la pública utilidad de su función conllevó para el notario las limitaciones derivadas del sometimiento a una serie de controles, cautelas y reglas dictadas por el poder público, que ya en la época postclásica estableció que el fundamento de la validez de los documentos consistía en la intervención de funcionarios públicos, notarios o testigos, y atribuyó a los tabeliones el control de legalidad del correspondiente negocio o documento, así como la asunción de una responsabilidad derivada especialmente de su actuación en la realización de la autorización notarial o *completio* y en la formalización de determinados negocios prohibidos o contrarios a la ley.

2) JURISDICCIÓN VOLUNTARIA MEDIEVAL: NOTARIOS, JUECES DOCUMENTADORES, IUDICES CHARTULARII. NOTARIUS ET IUDEX

En el desarrollo continuado de la historia jurídica del Notariado moderno, el proceso de ampliación de sus competencias en materia de jurisdicción voluntaria no conoce intervalos, desde la configuración de la categoría de los tabeliones romanos, como profesionales libres que redactaban documentos en los que se reflejaban actuaciones dogmáticamente afines a las de *iurisdictio voluntaria*, hasta que la competencia en materia de JV, con carácter general, se atribuye a los notarios en la Edad Media, época en la que la palabra *notarii* sustituye, con carácter general, a la de *tabelliones*.

---

12 D., 48. 19. 9. 4-6 (Ulpianus, *libro decimo de officio proconsulis*) 4.

13 Cd. Theodosianus, 3, *De decurionibus*, XII, 1, 3; *y Cd. Thd., 9. 19.1.*

Al igual que había sucedido con los tabeliones romanos, los notarios medievales, intervienen tanto en la documentación privada, autorizando negocios, testamentos, declaraciones testificales etc., como en la actividad judicial, confeccionando escrituras procesales por mandato de los jueces, hasta el punto de ser considerados los principales colaboradores de éstos. No es infrecuente en los textos medievales la utilización conjunta de los términos *notarius et iudex*, ni que el nobramiento de una persona como notario por parte de las ciudades, obispados, condes o por gobernantes, sea considerado el primer paso para el acceso a la condición de juez.

En relación con las actuaciones de jurisdicción voluntaria, cabe señalar que a partir del siglo IX, se produce un retorno a la conformación de la JV en la etapa republicacna romana, en la medida en la que se legitiman a través de la vía de un proceso aparente simplificado, con claras influencias de la *in iure cessio* romana.

Las cada vez más amplias necesidades negociales explican, por otra parte, la creación de jueces, *iudices chartularii*, con competencias específicas en esta materia, ante los que se desarrollaba la ficción procesal, que acaba siendo suprimida y sustituida por la simple *confessio* o reconocimiento ante el *iudex*.

En el siglo XII, una parte importante de las actuaciones legitimadas a través de la práctica de la *confessio* ante los *iudices*, se atribuyó a los notarios, que estaban adscritos a los tribunales tanto laicos como eclesiásticos. Ante el notario se practicaba la *confessio* de uno de los presentes y una vez autorizada por aquél, producía el mismo efecto que la *confessio* realizada ante el juez, *in iure*. Los documentos confeccionados por el notario se denominaban *instrumenta guarentigiata*, es decir, con claúsula de garantía, garantía otorgada por el propio notario, y el documento notarial se consideraba al propio tiempo título ejecutivo (se decía que el título llevaba aparejada ejecución, *paratam executionem*), y documento público o auténtico, en cuanto que se les reconoce pleno valor probatorio de su propio contenido y existencia, así como eficacia frente a terceros. Posteriormente, desaparece la exigencia de la garantía otorgada por el notario, *clausula guarentigiata*, y los documentos pasan a denominarse *instrumenta confessionata*, al propio tiempo que se les reconoce plena ejecutividad, al igual que la sentencia judicial.

Se considera a Rolandino y a Salatiel como los más ilustres representantes del notariado medieval y del denominado ars notariae, y desde entonces autores clásicos del derecho notarial.

Un desarrollo paralelo, en algunos aspectos, al procedimiento de jurisdicción voluntaria, se produce en los denominados por Fairén plenarios rapidos[14] que se ca-

---

[14] Sobre los plenarios rápidos y su no confusión con los procesos sumarios que se caracterizan por la disminución de las fundamentales garantías procesales de las partes, vid FAIRÉN, *Jurisdicción voluntaria. Juicios sumarios. Las confusiones de la historia. Posibles solucitones*, BICAM, 2, 1990, pp.19-34.

racterizan por los principios de concentración, oralidad, brevedad de los plazos, limitación de recursos, mayores facultades del juez etc. Especialmente estudiados por Fairén, que los considera el precedente más remoto del actual proceso ordinario de la nueva LEC. Dentro de esta categoría deberían incluirse: a) el procedimiento derivado de las normas canónicas dictadas por el Papa Clemente V en 1306 y 1311, que se conocen con las primeras palabras de aquellas: *saepe contingit* y *dispendiosam*; b) el procedimiento acelerado contenido en el libro del Consulado del Mar del siglo XV, por el que se rigen los mercaderes terrestes y marítimos y c) el procedimiento abreviado contenido en la Instrucción dictada por Carlos V en 1530, conocido como el Proceso de Indias, por dirigirse su aplicación a las tierras de América.

La evolución referida se produce a lo largo de los siglos IX y XII en todos los paises europeos, singularmente en Italia, Francia, Alemania e Inglaterra. En España en el siglo XIII, el Fuero Real y las Partidas regulan ya la figura del notario, denominado escribano público, como un oficio o servicio público, al que se le reconoce la publica utilidad de su función, se le denomina incluso pública persona, y se le otorga fe pública.

Se configuran también las Partidas como la más completa formulación y ordenación notarial del Occidente europeo de la época y uno de los hitos del Derecho notarial español, junto con la Pragmática de Alcalá de 1503 y la ley del Notariado de 1862.

Cabría decir, por todo ello, en definitiva, que asimiladas a la J.V., en la época clásica romana, determinadas actuaciones formalizadas ante los funcionarios encargados de los Archivos o Registros Públicos y ante los Notarios o Tabeliones, es en la Edad Media cuando se atribuye ya a los Notarios competencias específicas en materia de jurisdicción voluntaria, primero como profesionales adscritos a los tribunales y con posterioridad como titulares de los juzgados, *iudices chartularii*, con competencia específica para conocer de los asuntos de jurisdicción voluntaria, ante los que se desarrollaba la ficción procesal que encubría el negocio de jurisdicción voluntaria, en una primera etapa, superada la cual se procedía a la formalización del procedimiento de jurisdicción voluntaria, tramitado fuera ya del marco del proceso contencioso.

3) LA JURISDICCIÓN VOLUNTARIA EN EL XIX ESPAÑOL: CÓDIGOS PROCESALES DE 1855 Y 1881. LEY HIPOTECARIA DE 1861. LEY DEL NOTARIADO DE 1862. LEY ÓRGANICA DEL PODER JUDICIAL DE 1870

La configuración de la J.V., como ha sido perfilada en el apartado anterior, se mantiene con pequeñas variantes hasta el xiglo XIX. La publicación de los dos primeros Códigos Procesales españoles de 1855 y d 1881 suponen un cambio de concepción de la JV, que pasa a ser básicamente de competencia judicial, no obstante la influencia del Código de las Partidas, de acusada base romanística, en otras muchas materias, en ambas leyes procesales.

El Código de 1855 está dividido en los libros, el segundo de los cuales se dedica de forma íntegra a la JV. La LEC de 1881, se compone de tres libros, el primero de los cuales se dedica a Disposiciones comunes a la JC y a la JV, el segundo a la JC, y el tercero, todavía vigente, en el libro III, a la JV., lo que constituye una manifestación, por otra parte, de la relevancia de la JV en la legislación procesal española del XIX.

En el XIX español se aprueban asimismo otras tres Leyes que afectan a operadores jurídicos que deben tener, a mi juicio, una importancia relevante en la futura configuración de la JV.

1ª) La Ley Hipotecaria de 1861, que configura el actual Registro de la Propiedad y crea el cuerpo de Registradores de la Propiedad, a quienes se atribuye como titulares de una función pública la valoración y calificación, con fundamentales efectos jurídicos, de supuestos dogmáticamente afines a los propios de la JV.

2ª) La Ley del Notariado de 1862. Como ha sido subrayado por Rodriguez Adrados, con anterioridad a la mencionada ley estaban unidas la fe pública judicial y extrajudicial, y las funciones de documentación propias de los escribanos de los juzgados estaban consideradas como actos de JV[15].

Con la entrada en vigor de la Ley de 1862, se atribuye la fe pública judicial a los Secretarios Judiciales y la fe pública extrajudicial a los Notarios, y se reconoce a estos últimos la función de dar fe de los contratos y demás actos extrajudiciales, pero no se desgajan del ámbito judicial las funciones de documentación, declaración derechos y mera presencia, que desempeñaban los escribanos con anterioridad a la Ley de 1862.

3ª) La Ley Orgánica del Poder Judicial de 1870 que configura con carácter independiente el cuerpo nacional de Secretarios judiciales y crea el Registro Civil, cuya llevanza se atribuye a los Jueces, competencia que si bien se mantiene en el momento actual, es objeto de polémica en el marco político y jurídico.

La reforma de 23 de diciembre de 2003, de la Ley Órganica del Poder Judicial de 1985, atribuye, en los artículos 438,3 y 456.3 b) y 4, competencia a los Secretarios

---

15 Vid., con caracter general, sobre la función notarial en RODRÍGUEZ ADRADOS, *Naturaleza jurídica del documento auténtico notarial*, RDN, XLI-XLII, jul-dcb. 1963, pp 71-183; Id., *Formación del instrumento público, validez, eficacia y libre circulación del negocio jurídico así documentado, incluso en las relaciones de Derecho Internacional Privado*, RDN, XCVII-XCVIII, jul-dcb 1977, pp. 109-38; Id., *La persistencia histórica de la oralidad en la escritura pública*, Madrid, 1996, pp. 177 ss.

Judiciales <en materia de Jurisdicción Voluntaria, cuando así lo prevean las leyes procesales, asumiendo la tramitación y resolución de los expedientes, sin perjuicio de los reecursos que quepa interponer…>[16].

De todo lo anterior cabría extraer como primera conclusión que no es la jurisdicción voluntaria, una simple expresión nominal que, utilizada por el legislador actual como campo de experimentación o mero catalizador de procedimientos heterogéneos, carezca de justificación racional, ni de fundamentación histórica. Por el contrario, ya en Derecho Romano, existió el sustrato social y la realidad jurídica, de lo que por primera vez, en la historia de la ciencia jurídica europea, un jurista clásico, del siglo III d.C., llamado Marciano, en su obra Instituciones, con posterioridad recogida en el Digesto de Justiniano, denomina jurisdicción voluntaria, «*iurisdictio* voluntaria». Dicha expresión se trasmite en la Edad Media, a través de los glosadores y comentaristas al Derecho Común, y de éste pasa a los códigos modernos y a las legislaciones de los distintos países europeos.

[16] Vid, con carácter general, en torno al previsible papel del Secretario Judicial en la futura regulación de la Jurisdicción Voluntaria en: SEOANE CACHARRÓN, El Secretario Judicial como órgano de la Jurisdicción Voluntaria en el Proyecto de Ley de 27 de octubre de 2006, La Ley, 15 de mayo de 2007; Fernández de Buján, Hacia una Teoría General de la Jurisdicción Voluntaria, Iustel, T. I 2007, T. II 2008.

— 12 —

INCAPACITACIÓN Y DISCAPACIDAD[*]

Sumario: I. Normas generales y normas específicas sobre personas con discapacidad.- II. capacidad. incapacidad. discapacidad.- III. La incapacitación: *1. concepto y causas. 2. actos previos a la interposición de la demanda: medidas cautelares, prueba anticipada, diligencias preliminares. 3. legitimación y procedimiento.*- IV. La incapacitación de los menores de edad.- V. La reintegración de la capacidad y la modificación del alcance de la incapacitación.- VI. El internamiento no voluntario por razón de trastorno psíquico.- VII. La esterilización del discapacitado psíquico.- VIII. Análisis jurisprudencial.

I. NORMAS GENERALES Y NORMAS ESPECÍFICAS SOBRE PERSONAS CON DISCAPACIDAD

A) Normas Generales

— Decisión 2000/750/CE, de 27 de noviembre, del Consejo de la Unión Europea. Establece un programa de acción comunitario para luchar contra la discriminación.

— El año 2003 fue declarado por la Unión Europea como: <Año europeo de las personas con discapacidad>, conforme a la Decisión 2001/51/CE, de 20 de diciembre, del Consejo. El Consejo de la Unión y los representantes de los Gobiernos han expresado, con este motivo, la reafirmación de <los derechos básicos de las personas con discapacidad en lo relativo a la igualdad de acceso a las actividades sociales y económicas>, y la creación de un programa de acción comunitaria en materia de igualdad entre hombres y mujeres.

---

[*] Tratado de Derecho de Familia. Dirección Gema Díez-Picazo. Capítulo VII. Thompson-Aranzadi 2012, pp. 1895-1946.

— Decisión 771/2006/CE, de 17 de mayo, del Consejo. Establece el Año Europeo de la Igualdad de Oportunidades para Todos -2007- Hacia una sociedad justa.

— Convención sobre los derechos de las personas con discapacidad, formalizada en Nueva York el 13 de diciembre de 2006 y ratificada por España el 23 de noviembre de 2007, BOE n. 96 de 21/4/2008. Forma parte del Ordenamiento Jurídico Español en virtud de lo dispuesto en los artículos 96.1 CE y 1.5 CC.

— Protocolo Facultativo de la Convención sobre los derechos de las personas con discapacidad, en vigor en España desde el 3 de mayo de 2008, de conformidad con lo establecido en el artículo 13.1 del mismo. Resulta especialmente significativo subrayar, del contenido de este documento, las siguientes disposiciones:

En el Preámbulo de la Convención sobre los Derechos de las Personas con Discapacidad, los Estados Partes:

Recuerdan: que los principios de la Carta de las Naciones Unidas proclaman que la libertad, la justicia y la paz en el mundo tienen por base el reconocimiento de la dignidad y el valor inherentes y de los derechos iguales e inalienables de todos los miembros de la familia humana (a) y

Reconocen:

— Que las Naciones Unidas, en la Declaración Universal de Derechos Humanos y en los Pactos Internacionales de Derechos Humanos, proclaman que toda persona tiene los derechos y libertades enunciados en estos instrumentos sin distinción de ninguna índole (b).

— Que la discapacidad es un concepto que evoluciona y que resulta de la interacción entre las personas con deficiencias y las barreras debidas a la actitud y al entorno que evitan su participación plena y efectiva en la sociedad, en igualdad de condiciones con los demás(e).

— Que la discriminación contra cualquier persona por razón de su discapacidad constituye una vulneración de la dignidad y el valor inherentes al ser humano (h).

— La diversidad de las personas con discapacidad (i).

— La necesidad de promover y proteger los derechos humanos de todas las personas con discapacidad, incluidas aquellas que necesitan un apoyo más intenso (j).

— La importancia que para las personas con discapacidad reviste su autonomía e independencia individual, incluida la libertad de tomar sus propias decisiones (n).

Artículo 1: Las personas con discapacidad incluyen a aquellas que tengan deficiencias físicas, mentales, intelectuales o sensoriales a largo plazo que, al interactuar con diversas barreras, puedan impedir su participación plena y efectiva en la sociedad, en igualdad de condiciones con las demás.

Artículo 2: A los fines de la presente Convención: <... se garantizará a las personas con discapacidad el goce o ejercicio, en condiciones con los demás, de todos los derechos humanos y libertades fundamentales>.

Artículo 4: Los Estados Partes se comprometen a: a) Adoptar todas las medidas legislativas, administrativas y de otra índole que sean pertinentes para hacer efectivos los derechos reconocidos en la presente Convención.

B) Normas específicas:

— Especial protección en el Ordenamiento Constitucional en los Artículos 10, 14 y 49 de la Constitución Española.

Artículo 10:

1. La dignidad de la persona, los derechos inviolables que le son inherentes, el libre desarrollo de la personalidad, el respeto a la ley y a los derechos de los demás son fundamento del orden político y de la paz social.

2. Las normas relativas a los derechos fundamentales y a las libertades que la Constitución reconoce se interpretarán de conformidad con la Declaración Universal de Derechos Humanos y los tratados y acuerdos internacionales sobre las mismas materias ratificados por España.

Artículo 14: Los españoles son iguales ante la ley, sin que pueda prevalecer discriminación alguna por razón de nacimiento, raza, sexo, religión, opinión o cualquier otra condición o circunstancia personal o social. Supone el contenido de este artículo la integración de las personas con discapacidad, al no permitir la discriminación de personas por ninguna razón.

Con arreglo a este artículo no cabe en modo alguno la discriminación de las personas discapacitadas.

Artículo 49: Los públicos realizarán una política de previsión, tratamiento, rehabilitación e integración de los disminuidos físicos, sensoriales y psíquicos, a los que prestarán la atención especializada que requieran y los ampararán especialmente para el disfrute de los derechos que este Título otorga a todos los ciudadanos.

Este artículo ha propiciado la modificación de numerosos preceptos estatales y autonómicos con el objeto de adaptarse a lo en él preceptuado, a fin de garantizar a los discapacitados el ejercicio de todos los derechos.

— Ley de integración social de los minusválidos de 1982, que supuso un desarrollo del art. 49.2 CE.

De entre las disposiciones específicas que, de manera directa, afectan a las personas con discapacidad o, de forma indirecta, pueden afectarlas, en atención a su posible inclusión en las categorías de incapaces, incapacitados de hecho o incapacitados en sentido estricto, cabe mencionar las que siguen

— Ley 13/1983, de 24 de octubre, de modificación del Código Civil, en materia de tutela, por la que entre otros aspectos novedosos: se sustituyó la tutela de familia por la tutela de autoridad y se admitió la posibilidad de que puedan ser tutoras las personas jurídicas.
— Ley 21/1987, de 11 de noviembre, que introduce dos regímenes de guarda y protección de menores, la tutela ex lege y la guarda legal. La actual dicción del artículo 172, por el que se regula la tutela ex lege y la guarda legal, coincide, en sus líneas esenciales, con la originaria redacción de este precepto, introducida por la Ley 21/ 87, de 11 de noviembre, de modificación del Código Civil.
— Ley Orgánica de 21 de junio de 1989, de actualización del Código Penal, por la que se establece la posibilidad de incapacitar a un deficiente psíquico, mediante el preceptivo procedimiento judicial.
— Ley 1/96, de 15 de enero, que establece la obligación de informar, con carácter de urgencia, a los titulares de la patria potestad o de la tutela, en los supuestos de asunción de la tutela de los menores por parte de la Entidad Pública, y reconoce la posibilidad de recurrir, ante la jurisdicción civil, las resoluciones que aprecien el desamparo y declaren la asunción de la tutela por ministerio de la ley.
— Ley 51/2003, de 2 de diciembre. Igualdad de oportunidades, no discriminación y accesibilidad universal de las personas con discapacidad. Introduce un nuevo sistema de protección para personas con discapacidad, sin que exista resolución de incapacitación, que se configura como una situación administrativa y no un estado civil, y que se atribuye a quienes están afectados por una minusvalía psíquica igual o superior al 33% o una minusvalía física o sensorial igual o mayor al 65 %.
— Ley 53/2003, de 10 de diciembre. Empleo público de discapacitados.
— La Ley 41/2003, de 18 de noviembre, de protección patrimonial de las personas con discapacidad que, entre otras disposiciones:

1) Introduce una distinción en el art. 2.2, en relación con las personas con discapacidad, conforme a la cual: "a efectos de esta ley únicamente tendrán la consideración de personas con discapacidad: a) Las afectadas

por una minusvalía psíquica igual o superior al 33%, b) las afectadas por una minusvalía física o sensorial igual o superior al 65%".

2) Introduce la figura de los patrimonios protegidos para estas personas y

3) Añade el párrafo tercero al artículo 239 CC, que contempla la denominada tutela por ministerio de la ley, por el que se regula: a) El supuesto de inexistencia de alguna de las personas previstas como tutoras en el artículo 234 CC, en el caso de personas incapacitadas, conforme al artículo 200 del CC, y no se designe por el Juez, aunque ello no esté previsto en el texto legal, una persona idónea para desempeñar la tutela y b) El supuesto de que el incapaz se encuentre en una situación de desamparo, en el que la tutela será asumida por la entidad pública que en el respectivo territorio tenga encomendada la tutela de los incapaces.

— Real Decreto 177/2004, de 30 de enero. Determina la composición, funcionamiento y funciones de la Comisión de protección patrimonial de las personas con discapacidad.

— Real Decreto 290/2004, en cuya Disposición Adicional única establece que en los certificados y resoluciones de reconocimiento del grado de minusvalía, expedidos por organismo competente, se hará constar el tipo de minusvalía en las categorías de psíquica, física o sensorial, según corresponda.

— Real Decreto 1971/2004, de 20 de febrero, por el que se regulan los enclaves laborales como medida de fomento del empleo de las personas con discapacidad.

— Ley 39/2006, de 14 de diciembre, de Promoción de la Autonomía Personal y Atención a las Personas en situación de Dependencia.

— Ley 35/2006, de 28 de noviembre, reguladora del IRPF, que establece que, salvo disposición en contrario, tendrán la consideración de personas con discapacidad, los contribuyentes que acrediten un grado de minusvalía igual o superior al 33%. Se recogen en esta Ley diferentes medidas que inciden en la previsión social, tanto en el marco de las aportaciones como en el de las prestaciones. Se toma en consideración también, en esta Ley, por primera vez, el concepto de dependencia, a efectos fiscales, y se distingue de las nociones de envejecimiento y de discapacidad, situaciones a las que se atribuyen asimismo beneficios fiscales.

— Ley 54/ 2007, de 28 de diciembre, que introduce en el apartado 6 del art. 172 CC, la remisión expresa a los plazos y condiciones determinados por la Ley de Enjuiciamiento Civil, en los supuestos de recurso de las resoluciones que aprecien el desamparo y declaren la asunción de la tutela por ministerio de la ley. Se introducen asimismo por esta Ley, los apartados 7 y 8 del art. 172 CC, mediante los cuales se faculta a los padres, cuya patria potestad ha quedado suspendida, a solicitar durante dos años la revocación de la declaración de desamparo, así como se permite que la entidad pública, de oficio o a instancia de entidad o persona interesada, pueda revocar la declaración de desamparo y decidir la vuelta del menor con su familia, si no se encuentra integrado de forma estable en otra familia o si se entiende que es lo más adecuado, en interés del menor.

— Ley 1/2009, de 25 de marzo, de reforma, de la Ley del Registro Civil en materia de incapacitaciones, cargos tutelares y administradores de patrimonios protegidos, y de la Ley 41/2003, de Protección patrimonial de las personas con discapacidad, conforme a la cual se introduce una mejora en el trato fiscal para la constitución y el mantenimiento de los patrimonios protegidos, y se aclara, de forma satisfactoria, el concepto de acto de disposición de determinados bienes integrados en los patrimonios protegidos, habida cuenta de la disparidad de criterios existentes en la práctica. Así, conforme al último párrafo del apartado 2 del art. 5, añadido por la Ley 1/2009: <En todo caso, y en consonancia con la finalidad propia de los patrimonios protegidos de satisfacción de necesidades vitales de sus titulares, con los mismos bienes y derechos en él integrados, así como con sus frutos, productos y rendimientos, no se considerarán actos de disposición el gasto de dinero y el consumo de bienes fungibles integrados en el patrimonio protegido, cuando se hagan para atender las necesidades vitales de la persona protegida>.

— Con carácter general, en materia de discapacidad, puede consultarse: el elenco de disposiciones citadas por Ignacio Serrano, en Revista Jurídica del Notariado, n. 52, octbr-dcbr 2004, pp. 235 ss, y en Protección Personal de las Personas con Discapacidad. Tratamiento sistemático de la Ley 41/2003. Madrid 2008; Díaz-Alabart, Legislación básica sobre discapacitados. Técnos. Madrid 2004; Alcaín Martinez, Legislación sobre discapacidad. Thomson-Aranzadi-Cermi. 2005.

2. CAPACIDAD. INCAPACIDAD. DISCAPACIDAD

Todo ser humano tiene capacidad jurídica, desde su nacimiento –incluso desde la concepción, para los efectos que le sean favorables– por el mero hecho de serlo, que no podrá ser suprimida, ni limitada, sino por causa de muerte.

La capacidad, en abstracto, para ser sujeto de derechos y obligaciones, se conoce bajo la denominación de capacidad jurídica, y la aptitud o capacidad, en concreto, para realizar actos jurídicos válidos y asumir, en consecuencia, derechos u obligaciones específicas, como pueden ser otorgar un testamento, comparecer en concepto de testigo, intervenir en calidad de fiador, contraer matrimonio, o ser constreñido a la devolución de un préstamo, se denomina capacidad de obrar. Cabría pues hablar, en el primero de los supuestos, de poder de titularidad y, en el segundo, de poder de ejercicio[1].

La capacidad jurídica, por otra parte, no admite grados, lo que sí sucede con la capacidad de obrar. Así, el mayor de edad tiene una grado de capacidad de obrar muy superior al menor de edad, o las personas incapacitadas tienen, de forma personalizada, el grado de capacidad de obrar que les reconoce la sentencia de incapacitación, que oscilará entre la privación y la limitación en su ejercicio, conforme a la graduación de su extensión, si bien no parece que la persona pueda resultar privada, en puridad, de la totalidad de su capacidad de obrar. Por otra parte, la incapacitación, a igual que la minoría de edad, no supone un cambio, en modo alguno, en la titularidad de los derechos fundamentales de la persona incapacitada, aunque sí en su forma de ejercicio, lo que obliga a la conformación específica, en la sentencia constitutiva, de la situación jurídica de la persona incapacitada, conforme a sus conveniencias y necesidades.

La regla general es pues la capacidad de la persona y la excepción la incapacidad. El principio de presunción de capacidad está previsto en nuestro derecho. El término incapacitado expresa, en un sentido técnico, de forma indubitada, la situación en la que se encuentra una persona respecto de la que una sentencia ha determinado su estado civil como tal, si bien, en ocasiones, se utiliza el vocablo incapacitado en un sentido no técnico, que difiere de la idea expresada. Así en el art. 663 CC, se establece que están incapacitadas para testar personas que se encuentran en una determinada situación, pero respecto de las cuales no existe necesariamente una declaración judicial de incapacidad.

El término incapaz se utiliza, por el contrario, de forma más difusa, para aludir a diferentes situaciones: a) A las personas incapacitadas por sentencia, así en los artículos 121 o 199 del CC, o el artículo 428.2 C. Penal, b) A las personas que se encuentran en la situación prevista en el artículo 200 del CC, sin que medie sentencia, es decir, a los incapacitados de hecho, así en el artículo 303 CC, c) A quienes no están capacitados para realizar un acto concreto, así en el art. 745 CC, en el que se prevé quienes son incapaces de suceder, y d) A las personas con discapacidad, con carácter general.

En todo caso, ha de señalarse que, en sentido técnico, la discapacidad es una situación administrativa y la incapacitación un estado civil, que deriva de la existencia de una sentencia firme. Ninguna persona puede, por tanto, ser considerada incapacitada, sin una sentencia firme que lo declare, lo que parece abonar la tesis del carácter

---

1 Vid., con carácter general, en Gullón Ballesteros, Capacidad jurídica y capacidad de obrar, en Los discapacitados, su protección jurídica. Cuadernos de Derecho Judicial. Madrid 1999, pp. 11-22.

constitutivo de esta resolución judicial. El carácter exclusivamente judicial de la incapacitación, contrasta con las facultades de suspensión de la patria potestad o la tutela que se otorgan a las entidades públicas de la Administración, respecto de los menores en situación de desamparo[2].

La relación entre incapacidad y discapacidad es poliédrica. Así, no parece concebible, en la práctica, que una persona incapacitada no sufra algún tipo de discapacidad y, por el contrario, la mayoría de las personas con discapacidad no están incapacitadas, o bien porque no resulta necesario este grado de limitación de su capacidad de obrar o bien porque, no obstante su condición de personas incapacitadas de hecho, debido a la ausencia de capacidad para el autogobierno, no han sido incapacitadas por sentencia judicial. Constituye, por ello, lo usual, que las personas incapacitadas, cuya tutela ha sido conferida a una persona jurídica fundacional, sufran algún tipo de discapacidad.

En el sentido expresado, cabe afirmar, con Ignacio Serrano, que el perfil de las personas tuteladas por Fundaciones tutelares de personas con deficiencia mental, es el de una persona mayor de edad, huérfana o no, desamparada e incapacitada por discapacidad intelectual, en definitiva, una persona mayor, discapacitada y desamparada[3]. Cabe subrayar, por otra parte, que la primera causa de discapacidad se refiere a las deficiencias ostearticulares, más de la cuarta parte de las deficiencias registradas. Le siguen en importancia, las deficiencias visuales y auditivas, alrededor del 18 % de las discapacidades, y las mentales, en torno al 11%. El número total de personas con discapacidad para realizar alguna de las actividades de la vida diaria asciende a algo más de 2.285.000[4].

Consideran Vargas Cabrera y Sainz de Robles, preferible el término de discapacitado al de incapacitado, para referirse a la persona que se somete a un proceso de

---

[2] Pereña Vicente, El incapacitado ante la nueva protección jurídica del discapacitado, Actualidad Civil, n.15, 2004, pp. 1758-1772.

[3] Vid. en Serrano, I., Discapacidad e incapacidad en la Ley 41/ 2003 de 28 de noviembre, Revista Jurídica del Notariado, N. 52, octubre-diciembre 2004, pp. 231 ss. Por su parte, Millán Moya, en su intervención ante la Subcomisión para el estudio de la discapacidad en el Congreso de los Diputados, en mayo de 2002, en su condición de Secretario General del Cermi, Comité Español de Representantes de Personas con discapacidad, señala que "el retrato robot de la persona discapacitada española es el de una mujer, de entre treinta y cuarenta y cinco años, con una discapacidad física o psíquica, de mediana o severa intensidad, sin estudios o como mucho con estudios primarios, sin experiencia laboral ., que normalmente vive en el hogar de sus padres, en situación de dependencia de éstos …".

[4] Vid. al respecto en Jimenez Lara y Huete García, Los discapacitados en España: Datos estadísticos. Aproximación desde la encuesta sobre Discapacidades, Deficiencias y Estado de Salud de 1999. Ministerio de Trabajo y Asuntos Sociales. Real Patronato sobre Discapacidad. Madrid 2003.

incapacitación[5]. En opinión de Vargas Cabrera, el término disminuido utilizado por la CE resulta más moderado que el de incapacitado empleado por el CC y la LEC. Considera este autor, que ha de partirse de un concepto de discapacidad inspirado en la CE y en los textos internacionales, modulando respuestas flexibles y acompasadas desde los distintos ámbitos legislativos, administrativos y judiciales. Propone, para el logro de la finalidad señalada, la elaboración de un estatuto general sobre la discapacidad, que considere al discapacitado como sujeto protagonista del proceso de incorporación al medio en el que vive. Por su parte, Leña Fernández aboga por una mayor desjudicialización y flexibilización del funcionamiento de la tutela y un desplazamiento del control judicial al ámbito familiar[6].

En relación con aquellas personas que sufren una discapacidad psíquica, sin entrar en la discapacidad de tipo físico o sensorial, cabe subrayar que la terminología empleada para referirse a las mismas ha sufrido una profundo cambio, que ha tendido a la dignificación del nombre con que se las designa y así, desde la utilización de vocablos como anormales, subnormales, deficientes mentales o minusválidos psíquicos, se ha llegado a la actual denominación de discapacitados psíquicos. Se ha producido asimismo una evolución tanto en la clasificación científica de los distintos tipos de discapacidades, como en el tratamiento y la ayuda requerida por las personas que se encuentran en estas situaciones. Cabe subrayar, por otra parte, que existen discapacidades de muy diferente naturaleza y que, en consecuencia, requieren un tra-

---

5 Vid. en de Vargas Cabrera, "Aspectos civiles y procesales de la incapacidad", La Protección Jurídica del Discapacitado, I Congreso Regional. Tirant lo Blanch-Junta Castilla y León, Coordinación y Prólogo de Ignacio Serrano, AAVV, Valencia 2003, pp. 121 ss; Sainz de Robles, Una perspectiva histórica, La Protección Jurídica del discapacitado I, cit., pp. 25 ss.; López Frías, El ejercicio de los derechos personalísimos de los enfermos psíquicos, Revista de Derecho Privado, abril 1999, PP. 296-320; Martinez Díe, Los discapaces no incapacitados. Situaciones especiales de protección. Universidad Internacional Menéndez y Pelayo. Consejo General del Notariado. Madrid 1999.

6 Vid. al respecto en Leña Fernández, Igualar diferencias: un reto jurídico para los discapacitados psíquicos, en La protección jurídica del discapacitado I, cit., pp. 251 ss. A propósito de la tutela como institución protectora de menores e incapaces en la historia de las legislaciones de los países europeos, vid. en García Cantero, Estudio comparado de la tutela, La protección jurídica del discapacitado I, cit., pp. 85-120. Señala este A. que en la era codificadora, la tutela en Europa se decanta en torno a dos modelos, uno de carácter preferentemente familiar(privado) y otro en el que priman, a primera vista, los intereses públicos, sea en forma de tutela judicial o encomendada a órganos administrativos; La posición jurídica de las personas con discapacidad psíquica, en perspectiva histórica, es analizada por Martinez de Morentín, en De la cura furiosi en las XII Tablas, a la protección del disminuido psíquico en el Derecho actual (a propósito de la STS de 20 de noviembre de 2002), en Hacia una visión global de los mecanismos jurídico-privados de protección en materia de discapacidad, De Salas, coord., Editorial El Justicia de Aragón, 2010, en prensa.

tamiento específico y diferenciado, así en los supuestos de: demencia, sordomudez, prodigalidad, discapacidad cíclica, casos límite, paranoia, esquizofrenia, oligofrenia, depresiones profundas, psicopatías varias, drogodependencia, alcoholismo etc.

El 22 de mayo de 2001, la Organización Mundial de la Salud, aprobó mediante Resolución adoptada en su 54 Asamblea Mundial, un elenco clasificatorio de las distintas discapacidades y situaciones que afectan a la salud, con la denominación de Clasificación Internacional del Funcionamiento de la Discapacidad y de la Salud, conocida por las siglas CIF[7].

Por lo que hace referencia al patrimonio protegido de las personas con discapacidad cabe señalar que la Ley 41/2003, de 18 de noviembre, de Protección patrimonial de las personas con discapacidad y de modificación del Código Civil, de la Ley de Enjuiciamiento Civil y de la normativa tributaria con esta finalidad[8], regula mecanismos de protección de las personas con discapacidad, centrados en el aspecto patrimonial y en los incentivos fiscales a las personas que, sin obligación de prestar alimentos, realicen aportaciones para constituir o incrementar un patrimonio protegido, con cuyos rendimientos pueda la persona con discapacidad hacer frente a sus necesidades[9].

---

7 Acerca de la posición jurídica de los discapacitados en el Ordenamiento Jurídico Español, vid., con carácter general, en López Guerra, Discapacitados, derechos fundamentales e igualdad en el marco de la administración de justicia, en La administración de justicia y las personas con discapacidad. Ed. Escuela Libre, Fundación Once-Consejo General del Poder Judicial. Madrid 2000; Varela Autrán, La discapacidad en el Derecho Español y en la Constitución Española, Discapacidad Intelectual y Derecho. Aequitas. Madrid 2004; Marín Calero, La integración jurídica y patrimonial de las personas con discapacidad psíquica o intelectual, Fundación Aequitas-Edt. Ramón Areces. Madrid 2005; Rovira Sueiro, Relevancia de la voluntad de la persona para afrontar su propia incapacidad. Fundación Aequitas. Edt. Ramón Areces, Madrid 2005; Delgado y C. Gallén, Coordnrs, Normalidad y límite. Construcción e integración social del borderline. Fundación Aequitas-Edt. Ramón Areces, Madrid 2006.

8 Vid., con carácter general, sobre esta fundamental Ley, en materia de discapacidad, Serrano, I., Protección patrimonial de las personas con discapacidad. Tratamiento sistemático de la Ley 41/2003. Iustel 2008; y en Díaz Alabart, La protección jurídica de las personas con discapacidad (Estudio de la Ley 41/2003, de Protección Patrimonial de las personas con discapacidad) Ibermutamur-Associació catalana Nabui 2004; Entrena Palomero, Patrimonio Protegido de las personas con discapacidad, Observatorio de la discapacidad, Minusval 2004; Protección jurídica y patrimonial de los discapacitados, Escola Gallega de Administración Pública, coord. Bello Janeiro. Santiago de Compostela 2004; Protección jurídica patrimonial de las personas con discapacidad, Pérez de Vargas Muñoz, coord., La Ley-Universidad Rey Juan Carlos, Madrid 2006.

9 Vid. asimismo sobre la Ley 41/ 2003, en Muñoz de Dios, El patrimonio del discapacitado, en La protección jurídica de discapacitados, incapaces y personas en situaciones especiales. Consejo General del Notariado. Madrid 2000; Martín Calero, Comentarios a la Ley de protección patrimonial de las personas con discapacidad, en relación con el patrimo-

Desde el punto de vista del procedimiento a seguir, la Disposición adicional primera de la Ley 41/2003, tiene por rúbrica <Actos de Jurisdicción Voluntaria> y establece que: <Las actuaciones judiciales previstas en el capítulo I de esta ley se tramitarán como actos de jurisdicción voluntaria sin que la oposición que pudiera hacerse a la solicitud promovida transforme en contencioso el expediente>.

Si bien el texto legal hace referencia de forma genérica a actuaciones judiciales, cabe afirmar que no se refiere a cualquier actuación judicial sino tan sólo a aquellas que se conforman por su propia naturaleza como actos de jurisdicción voluntaria y requieren, en consecuencia, la incoación de un procedimiento. Así por ejemplo, no se tramitará como expediente de jurisdicción voluntaria la prescripción legal, contenida en el art.8, conforme a la cual el juez deberá notificar a la gestora o a la sociedad correspondiente, la integración en el patrimonio protegido de las participaciones en fondos de inversión o en instituciones de inversión colectiva, así como de las acciones o participaciones en sociedades mercantiles.

En relación con la normativa aplicable en materia de procedimiento, en el marco de la Ley 41/2003, cabe señalar que nos encontramos en el momento actual en un periodo de transición, dado que en el marco del Estado constitucional de Derecho, una de las piezas que todavía queda por encajar en el organigrama de la Administración de Justicia es la correspondiente a la Jurisdicción voluntaria. La Ley de Enjuiciamiento Civil de 7 de enero del 2000, LEC, por la que se rige la jurisdicción contenciosa en los procesos civiles, establece en su Disposición Final decimoctava que «En el plazo de un año, a contar de la fecha de entrada en vigor de esta Ley, el Gobierno remitirá a las Cortes Generales un proyecto de Ley sobre jurisdicción voluntaria»[10].

Dado que la Ley 41/2003 no regula un procedimiento específico de jurisdicción voluntaria, salvo la disposición singular de que la oposición que pudiera hacerse a la solicitud promovida no transformará en contencioso el expediente y determinadas disposiciones relativas a aspectos puntuales, ni se contempla, por otra parte, un procedimiento específico en el vigente Libro III de la LEC de 18881, hasta el momento

---

nio protegido de las personas con discapacidad, Instituto Valenciano de Estudios Notariales. Valencia 2005; López-Galiacho, Aportaciones al estudio del patrimonio protegido del discapacitado. RCDI, n. 867, 2005; Luna Serrano, El patrimonio protegido del discapacitado, en La protección jurídica del discapacitado. II Congreso Regional, Tirant lo Blanch-Junta de Castilla y León, Valencia 2007, pp. 97-144.

[10] Vid. en relación con el malogrado Proyecto de Ley de Jurisdicción Voluntaria y sus antecedentes legislativos, en Fernández de Buján, Hacia una Teoría General de la Jurisdicción Voluntaria, I y II, Madrid 2007 y 2008. En el Anteproyecto y en el Proyecto de Ley se contenía un Procedimiento específico relativo a la Protección del patrimonio de las personas con discapacidad, en el que se preveía la competencia, la legitimación y determinadas normas en materia de tramitación y apelación de la resolución del tribunal.

en que se produzca la aprobación y entrada en vigor de la futura Ley de Jurisdicción Voluntaria, son de aplicación las Disposiciones Generales, arts.1811 a 1824, contenidas en el Libro III de la Ley de 1881, configuradoras de un procedimiento general fragmentario e inconexo, así como las normas específicas contenidas en los procedimientos de tutela, curatela, y las correspondientes a enajenación de bienes de menores e incapacitados y transacción acerca de sus derechos, si bien se precisa al respecto en el art.5.2 de la Ley 41/2003, que: <En ningún caso será necesaria la subasta pública para la enajenación de los bienes y derechos que integran el patrimonio protegido, no siendo de aplicación lo establecido al efecto en el Título XI del Libro III de la Ley de Enjuiciamiento Civil de 3 de febrero de 1881>.

De entre los artículos correspondientes al procedimiento general, cabe destacar el art. 1815 LEC, relativo a la intervención del Ministerio Fiscal, dado que resulta de expresa aplicación al procedimiento del patrimonio protegido. Conforme a la dicción legal: <Se oirá precisamente al Ministerio Fiscal cuando la solicitud promovida afecte a los intereses públicos; y cuando se refiera a persona o cosa cuya protección o defensa competan a la Autoridad. El Ministerio Fiscal emitirá por escrito su dictamen, a cuyo efecto se le entregará el expediente>.

El papel del Ministerio Fiscal como defensor real del discapacitado psíquico, tanto en juicio, como fuera de él, ha sido especialmente puesto de relieve por Leña Fernández, al tratarse de un órgano más dinámico, que con más movilidad y bastante más flexible, que el órgano judicial[11]. En el mismo sentido se han pronunciado Vargas Cabrera y Cuadrado Iglesias, en atención a que de la normativa legal el Ministerio Fiscal se configura como el defensor por excelencia de los intereses de las personas con discapacidad, al encomendársele la función de velar por el respeto de sus derechos y por la efectividad de las instituciones y mecanismos de protección que para atender a sus necesidades prevén las leyes[12].

El art. 3.7 del Estatuto del Ministerio Fiscal establece como misión del mismo: <Asumir, o en su caso, promover, la representación en juicio y fuera de él de quienes por carecer de capacidad de obrar o de representación legal no pueden actuar por sí mismos, así como promover la constitución de organismos tutelares que las leyes establezcan y formar parte de aquellos otros que tengan por objeto la protección y defensa de menores y desvalidos>.

---

11 Leña Fernández, Igualar diferencias: un reto jurídico para los discapacitados psíquicos, en La protección jurídica del discapacitado I, cit., pp. 256 ss. Vid. asimismo, con carácter general, del mismo autor, El notario y la protección del discapacitado, Madrid 1997.

12 Vargas Cabrera, Aspectos civiles y procesales de la discapacidad, en La protección jurídica del discapacitado I, cit, pp.126 ss.; Cuadrado Iglesias, Reflexiones acerca del patrimonio protegido de las personas con discapacidad, Estudios en homenaje al Prof. Albaladejo, I, Madrid 2004, en especial pp.1142,1144 y 1147.

Distingue Ortells, a propósito de las posiciones del Ministerio Fiscal en el proceso civil, entre aquellos supuestos en que participa en calidad de parte, aquellos en que participa como representante provisional de incapaces y ausentes y la participación del Ministerio Fiscal en determinadas actuaciones procesales[13]. Con carácter general, la doctrina considera preceptiva la intervención del MF en todos aquellos supuestos que afectan a la condición o estado civil de las personas, en defensa de intereses generales o sociales, o bien deberes jurídico-públicos. Se trata, por tanto, de supuestos en que los intereses públicos están por encima de los intereses de los particulares. Al decir de Fairén, cabría afirmar que determinados actos de jurisdicción voluntaria son de ius cogens, están regidos por el principio inquisitivo, por lo que no le son aplicables los principios clásicos del sistema procesal intradispositivo[14].

Para Prieto Castro, el Ministerio Fiscal ha de ser oído en la jurisdicción voluntaria, en calidad de órgano informante o como parte, según los casos. El Ministerio Fiscal sería parte cuando actúa en defensa de los intereses de aquellas personas que no pueden hacerlo por sí mismas. Cuando desempeña su función de defensa del interés público, el Ministerio Fiscal sería órgano colaborador del Juez o Tribunal, fundamentalmente informando, emitiendo su dictamen[15]. Como interesado, observa González Poveda, el Ministerio Fiscal puede adoptar en los actos de jurisdicción voluntaria, la posición de solicitante o promotor del expediente o la de tercero interviniente, es decir, como mero interesado[16].

En relación con las actuaciones Judiciales y del Ministerio Fiscal previstas en la Ley 43/2003 cabría distinguir, al efecto, en el texto legal, distintas actuaciones de naturaleza diferente:

a) Actuaciones judiciales de jurisdicción voluntaria, como puede ser la adopción, a instancia del Ministerio Fiscal, de cualquier medida específica que redunde en interés del patrimonio protegido de la persona con discapacidad, conforme al art. 7.1.

b) Actuaciones judiciales que no se configuran como actos de jurisdicción voluntaria, y que no requieren la instancia del Ministerio Fiscal, como puede ser la notificación por el juez a la sociedad correspondiente, de la inclusión de participaciones en fondos de inversión en el conjunto de bienes y derechos que conforman el patrimonio protegido de una persona con discapacidad, conforme al art. 8.2.

---

13 Ortells Ramos, Derecho procesal civil, Thomson-Aranzadi,6ª ed., pp.109ss.

14 Fairén Guillén, Sobre el paso de la jurisdicción voluntaria a la contenciosa, ADC., 1191, pp.947 ss.

15 Prieto Castro, *Contribución dogmática del Ministerio Fiscal*, en <Trabajos y Orientaciones del Derecho Procesal>, Madrid, 1964, pp. 106 y ss.

16 González Poveda, *la Jurisdiccion Voluntaria*, Aranzadi 1997, 3ª ed., pp. 106 y ss.

c) Actuaciones del Ministerio Fiscal enmarcadas en el ámbito de los procedimientos de jurisdicción voluntaria, en la medida en que el Juez actuará a instancia del Ministerio Fiscal, como puede ser el supuesto consistente en que los padres, tutores o curadores de la persona con discapacidad se oponen a la aportación, por persona con interés legítimo, de derechos al patrimonio protegido, en cuyo caso el solicitante, deberá acudir al Ministerio Fiscal, quien instará del Juez lo que proceda en beneficio de la persona con discapacidad, conforme al art. 4.2.

d) Actuaciones del Ministerio Fiscal previstas o no de forma singular en el capítulo I de la Ley 43/2003, que no se enmarcan en el ámbito de los procedimientos de jurisdicción voluntaria. Conforme al art. 7.1: <El Ministerio Fiscal actuará de oficio o a solicitud de cualquier persona, y será oído en todas las actuaciones judiciales relativas al patrimonio protegido>.

Los supuestos específicos de intervención judicial o del ministerio fiscal, previstos en el capítulo I de la Ley 43/2003, son los siguientes:

1) La acreditación de minusvalía mediante resolución judicial firme, conforme al art. 2.3. Se prevé asimismo que la acreditación de la minusvalía se acredite mediante certificado expedido conforme a lo establecido reglamentariamente[17].

2) En caso de negativa (si bien el texto legal habla de negativa injustificada, será el juez quien decida si la negativa es o no injustificada) de los padres, tutores o curadores (el texto legal omite a los curadores, que deben ser incluidos), el solicitante, que podrá serlo cualquier persona con interés legítimo, podrá acudir al fiscal, quien instará del juez lo que proceda atendiendo al interés de la persona con discapacidad, conforme al art. 3.2.

3) En el caso de que el juez autorice la constitución del patrimonio protegido, la resolución judicial dictada al efecto tendrá como mínimo el siguiente contenido, conforme al art. 3:

a) El inventario de los bienes y derechos que inicialmente constituyan el patrimonio protegido.

b) La determinación de las reglas de administración y, en su caso, de fiscalización, incluyendo los procedimientos de designación de las personas que hayan de integrar los órganos de administración o, en su caso, de fiscalización.

c) Cualquier otra disposición que se considere oportuna respecto a la administración o conservación del mismo.

---

17 Vid., con carácter general, en relación con las actuaciones judiciales y del ministerio fiscal previstas en la Ley 41/2003, en Fernández de Buján, A., La Protección Jurídica del Discapacitado, I, cit., pp. 191-2013.

Se prevé también en el art. 3 que el patrimonio protegido se constituya en documento público, en cuyo caso éste deberá tener asimismo el contenido mínimo al que ya me he referido a propósito de la resolución judicial, o por resolución judicial.

4) En el caso de que una persona con interés legítimo pretendiese realizar una aportación de bienes o derechos simultanea o posterior a la constitución del patrimonio protegido, y los padres, tutores o curadores, negasen su consentimiento, la persona que hubiera ofrecido la aportación podrá acudir al fiscal, que instará del juez lo que proceda atendiendo al interés de la persona con discapacidad, conforme al art. 4.2.

5) Cuando el constituyente del patrimonio protegido no sea el propio beneficiario del mismo, las reglas de administración establecidas en el documento público de constitución, deberán prever la obligatoriedad de la autorización judicial en los mismos supuestos que el tutor la requiere respecto de los bienes del tutelado, de acuerdo con lo previsto en los artículos 271 y 272 del Código Civil o, en su caso, conforme a lo dispuesto en las normas de derecho civil, foral o especial, que fueran aplicables. No será, sin embargo, necesaria la autorización cuando el beneficiario tenga capacidad de obrar suficiente, conforme todo ello se establece en el at. 5.2.

6) Los constituyentes o el administrador, podrán instar al Ministerio Fiscal que solicite del juez competente la excepción de la autorización judicial, prevista en el art. 5.2, en determinados supuestos, en atención a la composición del patrimonio, las circunstancias personales de su beneficiario, las necesidades derivadas de su minusvalía, la solvencia del administrador o cualquier otra circunstancia de análoga naturaleza, conforme al art. 5.3.

7) En los supuestos en que no resulte posible la designación de administrador conforme a las reglas establecidas en el documento público o resolución judicial de constitución, el juez competente proveerá lo que corresponda, a solicitud del Ministerio Fiscal, conforme al art.5.6.

8) En el párrafo final del art. 6,en el que se regula la extinción del patrimonio protegido, se establece que: <En el caso de que no pudiere darse a los bienes y derechos (que constituyen el patrimonio protegido), la finalidad prevista por sus aportantes, se les dará otra, la más análoga y conforme a la prevista por éstos, atendiendo, cuando proceda, a la naturaleza y valor de los bienes y derechos que integren el patrimonio protegido y en proporción, en su caso, al valor de las diferentes aportaciones>. Si bien no se recoge de forma expresa en el texto legal, parece razonable pensar que deberá ser el juez quien decida acerca del destino de los bienes y derechos, conforme a la finalidad más análoga a la prevista por los aportantes[18].

---

[18] Vid. al respecto la interpretación de Cuadrado Iglesias, en Reflexiones acerca del patrimonio protegido de las personas con discapacidad, cit., pp. 1149-1150.

9) El patrimonio protegido podrá extinguirse por decisión judicial, que podrá acordarse de oficio, a mi juicio, o a instancia del Ministerio Fiscal, conforme al art. 7.1, en interés de la persona con discapacidad, si bien ambas modalidades de extinción no se encuentran previstas de forma singular en el art.6, que lleva por rúbrica: extinción.

10) La supervisión de la administración del patrimonio protegido corresponde al Ministerio Fiscal, quien instará del juez lo que proceda en beneficio de la persona con discapacidad, conforme al art. 7.1, párrafo primero.

11) El Ministerio Fiscal actuará de oficio o a solicitud de cualquier persona, y será oído en todas las actuaciones judiciales relativas al patrimonio protegido, conforme al art.7.1, párrafo 2.

12) Si formasen parte del patrimonio protegido, participaciones en fondos de inversión o en instituciones de inversión colectiva, o bien acciones o participaciones en sociedades mercantiles, el juez o el notario autorizante, en su caso, deberán notificar la cualidad de éstos a la gestora de los fondos o a la sociedad mercantil, conforme al art. 8.2.

13) Se garantiza que el juez que esté conociendo de la constitución de la tutela pueda, mediante los mecanismos oportunos, conocer la eventual existencia de disposiciones relativas a la misma, sean de los padres, sean del propio incapaz, conforme se afirma en la Exposición de Motivos, apartado VI, de la Ley 41/2003. En este sentido, se dispone en el art.9.1 que: <En los procedimientos de incapacitación, el juez recabará certificación del Registro Civil y, en su caso, del registro de actos de última voluntad, a los efectos de comprobar la existencia de las disposiciones a las que se refiere el párrafo final del art. 9[19].

14) El supuesto de intervención judicial, recogido en el art. 12, por el que se modifica el art.1792 del Código Civil, entre otros artículos, en materia de alimentos, en aquellos casos en los que falte la previsión de la prestación de alimentos, producido el fallecimiento del obligado a prestarlos o la concurrencia de cualquier circunstancia grave que impida la pacífica convivencia entre las partes[20].

---

[19] Vid al respecto por ej, en relación con la autotutela, Fernández Prida, La autotutela, en La protección jurídica del discapacitado I, cit. pp.59ss; O´Callagham, Autotutela: propuesta de la Ley 41/2003,de Protección patrimonial de las personas con discapacidad, en Economist&Iurist, mayo 2006,pp.64 ss.

[20] Vid. al respecto en Cobacho Gómez, La obligación legal de alimentos y la tutela, en La Protección jurídica del discapacitado. II Congreso regiona. Coordinación y prólogo de Serrano García. Junta de Catilla y León- Tirant lo Blanch, Valencia 2007, pp. 79 ss.

3. LA INCAPACITACIÓN

3.1. Concepto y causas

El proceso de incapacitación es la fórmula prevista en la legislación para velar por la persona y el patrimonio de los presuntos incapaces. Tiene naturaleza jurisdiccional, contenciosa y contradictoria y está informado por los principios dispositivo, de legalidad y de oficialidad. La sentencia que declare la incapacitación fijará la extensión y límites de ésta y determinará el régimen de tutela o guarda de la persona que se considere incursa en la situación contemplada en el artículo 200 CC: <Enfermedades o deficiencias persistentes de carácter físico o psíquico que impidan a la persona gobernarse por sí misma>–. Si la persona incapacitada es menor de edad continuará bajo el régimen de patria potestad, que se prorrogará, si se mantiene la incapacitación, al llegar a la mayoría de edad. Si el hijo mayor de edad soltero que viviere en compañía de sus padres o de cualquiera de ellos fuere incapacitado, se rehabilitará la patria potestad, que será ejercida por quien correspondieres si el hijo fuese menor de edad, conforme al art. 171 CC.

El proceso de incapacitación está regulado en el Capítulo segundo, del Título primero, del libro IV de la LEC, bajo la rúbrica de <De los procesos sobre la capacidad de las personas>, junto con el proceso de prodigalidad, el proceso de reintegración de la capacidad y modificación del alcance de la incapacitación y el proceso de internamiento no voluntario por razón de trastorno psíquico. El articulado correspondiente a estos procesos comprende los artículos 756 a 763 LEC. La sustanciación del proceso de incapacitación se realiza por los trámites del juicio verbal[21]. Como previsión de futuro, hay que tener en cuenta, por otra parte, que la Disposición Final primera de la Ley 1/2009, de 25 de marzo, autoriza al Gobierno a que, en el plazo de seis meses desde la entrada en vigor de la Ley, remita a las Cortes Generales un Proyecto de Ley de reforma de la legislación reguladora de los procedimientos de incapacitación judicial, que pasarán a denominarse procedimientos de modificación de la capacidad de obrar[22].

Sobre la oportunidad de sustanciar las solicitudes de incapacitación no contradictorias por el procedimiento de jurisdicción voluntaria, como así sucede en la le-

---

[21] Vid. en Calaza López, Los procesos sobre la capacidad de las personas, Iustel, Madrid 2007, pp. 130 ss. y, con carácter general, sobre la nueva concepción garantista de la jurisdicción voluntaria, en Fernández de Buján, Observaciones al Proyecto de Ley de Jurisdicción Voluntaria, II, La Ley, n. 6.600, de 28 de noviembre de 2006, pp. 11 ss.

[22] Con carácter general, vid en Revisión de los procedimientos relativos a la incapacidad. Jornadas Fundación Aequitas 2004, Colecc. N. 3 La llave, dirigida por Blanca Entrena, Madrid 2004.

gislación alemana, y acontecía en la legislación española con anterioridad a la LEC de 2000, se ha pronunciado una parte de la doctrina e instituciones que representan a los familiares y allegados a las personas afectadas, lo que parece razonable en atención a la mayor agilidad y economía de medios que supone el procedimiento voluntario y a lo penoso que resulta demandar y cumplir los trámites que supone el proceso de incapacitación, cuando las partes y el Ministerio Fiscal manifiestan su conformidad o la no oposición a la declaración de incapacidad[23].

El artículo 199 CC prevé como garantías del proceso: a) la necesidad de una resolución judicial en forma de sentencia firme, dictada por juez competente, en un proceso declarativo y contradictorio, que declare la incapacitación, b) la tipicidad –sólo las causas establecidas–, y c) la reserva de ley formal, es decir, las causas deben ajustarse a las contempladas en la ley que en este caso se corresponde con lo previsto en los artículos 200 y 201 CC, que recogen la base fáctica de la incapacidad: enfermedades o deficiencias persistentes, de carácter físico o psíquico, que impidan a las personas gobernarse por sí mismas[24]. Conforme a la actual redacción, que deriva de la reforma de 1983, la configuración de las causas puede ser concebida como abierta, a diferencia de lo que ocurría con la anterior regulación, que preveía una lista determinada de causas.

Si bien el texto del artículo 200 se refiere a enfermedades o deficiencias de carácter físico o psíquico, cabe señalar que el carácter físico no es suficiente por sí mismo para determinar una incapacitación, en la medida en que no repercuta en la naturaleza psíquica de la deficiencia o enfermedad[25]. En este sentido, cabe señalar con Díez-Picazo, que quedan englobados en la fórmula abierta que utiliza el art. 200, los trastornos físicos que impiden completamente la comunicación o el desarrollo de la personalidad, como pueden resultar un prolongado coma profundo o una hemiplejía[26].

---

[23] Vid., con carácter general, sobre la nueva concepción garantista de la jurisdicción voluntaria, en Fernández de Buján, Observaciones al Proyecto de Ley de Jurisdicción Voluntaria, II, La Ley, n. 6.600, de 28 de noviembre de 2006, pp. 11 ss.

[24] En relación con los artículos 199 a 201 CC vid., con carácter general, Díez-Picazo, L, Comentarios a las reformas de nacionalidad y tutela, Coordinadores, Amorós, M, y Bercovitz, R., Madrid 1986, pp.175-183; Parra, M.A., Comentario del Título IX del Libro Primero del CC., De la Incapacitación. Comentarios al Código Civil, Coordinador, Rams, J., Barcelona 2000,pp. 1651 ss.

[25] El porcentaje de incapacitaciones motivadas por deficiencias psíquicas es muy superior al de las fundadas en enfermedades psíquicas, vid. en este sentido en Delgado Bueno y Ruiz de la Cuesta, Aspectos Médico-legales del internamiento y de la incapacitación, en <Los discapacitados y su protección jurídica>, Estudios de Derecho Judicial, n. 22, CGPJ, Madrid 1999, pp. 65 ss; Ramos Chaparro, Enfermedad física, autogobierno e incapacitación (Comentario a la sentencia de la Audiencia Provincial de Valladolid de 18 de enero de 1994), Poder Judicial, Madrid 1994, pp. 397-412.

[26] Díez-Picazo, L., Comentarios al art. 200. Comentarios a las Reformas de Nacionalidad y Tutela, cit., pp. 178 ss.; Santos Urbaneja, Causa y motivo de la incapacitación civil. Una

El elemento clave es pues el carácter psíquico de la enfermedad o deficiencia y su persistencia en el tiempo y, como consecuencia de ello, la imposibilidad de la persona para gobernarse por sí misma, en cuanto que no resultaría suficiente, por ejemplo, una patología permanente que no impidiese el autogobierno de la persona. La discapacidad física o sensorial es tenida en cuenta en la legislación civil, en determinados supuestos, así, se establecen reglas especiales, cuando quien otorga el testamento es una persona ciega o sordomuda, artículos 697, 698 y 708, o a efectos de la determinación de la idoneidad para ser testigo, conforme al artículo 361 LEC: "Podrán ser testigos todas las personas, salvo las que se hallen permanentemente privadas de razón o del uso de los sentidos respecto de hechos sobre los que únicamente quepa tener conocimiento por dichos sentidos".

La persistencia de la enfermedad o deficiencia alude a la necesidad de su prolongación en el tiempo. En el sentido expresado se pronuncia la STS de 28 de julio de 1998: <... para que se incapacite a una persona no sólo es suficiente que padezca una enfermedad persistente de carácter físico o psíquico... lo que verdaderamente sobresale es la concurrencia del segundo requisito, o sea, que el trastorno tanto sea permanente como que oscile en intensidad, y le impida gobernarse a la (persona) afectada por sí misma>, es decir, la enfermedad o deficiencia persistente, de carácter físico o psíquico, debe producir en el presunto incapaz un trastorno permanente u oscilante en intensidad, que le impida a la persona gobernarse por sí misma. En el mismo sentido, en STS de 26 de julio de 1999, se afirma la consideración de incapacitante de un supuesto en el que la situación de incapacidad no es constante o permanente, sino esporádica, pero en el que las fases clínicas o críticas se repiten.

En cuanto a la idea de gobernarse a sí mismo cabe señalar, con Díez-Picazo, que constituye el centro de gravedad de todo el artículo 200, y lo que quiere decir es que dejada la persona a merced de sus propios impulsos y fuerzas, existe la posibilidad de que lleve a cabo una actividad socialmente valorada como inconveniente o perjudicial para ella misma, por eso el gobierno de sí mismo por sí mismo significa la adopción de decisiones y la realización de actos concernientes a su propia esfera jurídica tanto en el plano estricto de la personalidad como en el plano económico o patrimonial. Sólo cuando la incidencia que la enfermedad física o mental persistente o la deficiencia ejerza en el autogobierno de la persona se produzca, y se produzca en grado estimable, la incapacidad será procedente.

En el sentido expresado, se pronuncia la STS n.282/2009, correspondiente a un recurso de casación e infracción procesal, en la que se afirma que la capacidad de las personas es un atributo de la personalidad y "sólo cabe limitarla en los supuestos como el que nos ocupa porque Dª V. por sí sola le es imposible participar libremente

---

reflexión sobre el artículo 200 del Código Civil, en Revisión de los procedimientos relativos a la incapacidad. Jornadas de la Fundación Aequitas, Madrid 2004, pp. 25 ss.

en los distintos aspectos de la vida, personales (vestir, pasear etc.), familiares (llevar la casa, compra etc.) o sociales (visitas, relaciones etc.) –no puede estar presente en estas actuaciones–, e incluso aquellas otras que vienen impuestas por la administración del patrimonio que posee (ha conferido poder general), por lo que necesita la protección, vigilancia o representación de otras personas, que sustituyan o complementen aquella cualidad o estado de la que carece...". Distingue asimismo la sentencia entre la posibilidad de que una persona, con "un estado depresivo grave con síntomas psicóticos" pueda realizar actos simples de su vida cotidiana, lo que no justificaría una resolución de incapacitación y, sin embargo, no se encuentre en condiciones de acometer la realización de actos complejos, como la administración de sus bienes, lo que requeriría el nombramiento de un tutor respecto del patrimonio.

En cuanto a la necesidad de que la persistencia de la anomalía impida el autogobierno de la persona, se afirma asimismo en la citada STS n. 282/2009, que "debe destacarse en este punto la importancia de la valoración que el Juez haga de los informes o dictámenes periciales, pues se puede padecer una enfermedad o deficiencia inhabilitante y, sin embargo, si su sintomatología externa es excluida mediante el oportuno tratamiento o remedio, de modo que el sujeto pueda comportarse con normalidad, no existirá causa de incapacitación, ya que los avances de la medicina en el terreno psiquiátrico permiten hoy un comportamiento normal a enfermos que hace unos años hubieran sido condenados a largas estancias, cuando no reclusiones de por vida, en establecimientos psiquiátricos; de donde se infiere que el carácter persistente de la enfermedad no sea suficiente para la incapacitación sino que se requiere también, como consecuencia de la misma, que el sujeto sea incapaz de gobernarse a sí mismo...".

Del texto del art. 200 CC, parece que debe asimismo deducirse que debe existir un nexo causal entre la enfermedad o deficiencia persistente y el impedimento que ello supone para la persona en orden a gobernarse por sí misma.

El Ministerio Fiscal, en el marco asimismo del recurso de casación analizado, subraya que, de acuerdo con la Convención sobre los derechos de las personas con discapacidad, firmada en Nueva York, el 13 de diciembre de 2006, "la declaración de incapacidad vulnera la dignidad de la persona incapaz y su derecho a la igualdad en cuanto la priva de su capacidad de obrar y la discrimina respecto de las personas capaces". La Convención, continua en su argumentación el Ministerio Fiscal, adopta el "modelo social" de discapacidad que sustituye al "modelo médico o rehabilitador" actualmente vigente en buena parte de nuestro derecho, al que se confiere únicamente carácter residual. La configuración tradicional de la incapacitación, desde una concepción que tiene como base el modelo médico, puede suponer una limitación excesiva o incluso absoluta de la capacidad de obrar, en aquellas personas con alguna deficiencia física, intelectual o psicosocial, impidiéndoles la realización de actos de carácter personal y patrimonial o suponiendo en la práctica, un modela de sustitución en la toma de decisiones. La Convención tanto en su Preámbulo, como en su estructura normativa, adopta el modelo social y el principio de no discriminación, colisionando con la figura tradicional de la incapacitación, como mecanismo sustitutivo de la capacidad de obrar, y obliga a "adoptar "una nueva herramienta basada en un sistema de apoyos que se proyecte sobre las circunstancias concretas de la persona, el acto o negocio a realizar".

En relación con la valoración referida del Ministerio Fiscal, se considera en la ST objeto de análisis, que el sistema de protección establecido en el Código Civil para la incapacitación, sigue vigente, con la lectura que se propone:

1º Que se tenga siempre en cuenta que el incapaz sigue siendo titular de sus derechos fundamentales y que la incapacitación es sólo una forma de protección. Esta es la única posible interpretación del artículo 200 CC y del artículo 760.1 LEC.

2º La incapacitación no es una medida discriminatoria porque la situación merecedora de la protección tiene características específicas y propias. Estamos hablando de una persona cuyas facultades intelectivas y volitivas no le permiten ejercer sus derechos como persona porque le impiden autogobernarse. Por tanto no se trata de un sistema de protección de la familia, sino única y exclusivamente de la persona afectada.

En una primera valoración, parece que podría afirmarse que la actual configuración jurídica de la incapacitación, no obstante la positiva valoración que merece su regulación para la mayoría de la doctrina y el carácter garantista del proceso de incapacitación, no goza, de forma generalizada, de suficiente confianza por parte de las familias afectadas. En relación con este aspecto, ha sido subrayado por la doctrina, que es patente el rechazo sociológico a la incapacitación de una persona, conforme se avala con los datos proporcionados por la Encuesta sobre Discapacidad realizada en 1968-1988 por el Consejo Económico y Social por el Consejo Económico y Social, en la que consta que en España existen 800.000 personas discapaces necesitadas de tutela, de las cuales el número de incapacitados no llega al 15 %[27] Pues bien, el mencionado rechazo tiene como motivación, a juicio de Fernández Prida, el hecho que el procedimiento de incapacidad no resulta adecuado dado que las garantías que ofrece al declarado incapaz son más aparentes que reales, y no existe una especialización judicial a la hora de administrar el patrimonio de los incapacitados, ya que tan sólo

[27] Vid. al respecto en Segura Zurbano, La auto-incapacitación, la auto-tutela y los poderes preventivos de la incapacidad, Cuadernos de Derecho Judicial, XX, 2005. Id. Revisión de los procedimientos relativos a la incapacidad. Jornadas Fundación Aequitas. Madrid 2004; González Porras, Algunas cuestiones sobresalientes en la reforma del Código Civil sobre la protección de las personas discapacitadas o incapacitadas, en Personalidad y capacidad jurídica, T. II, Universidad de Córdoba 2005.

se limita a aprobar o denegar las autorizaciones solicitadas. Se ha abogado, por ello, desde un sector de la doctrina, por la regulación de procedimientos de incapacitación diferenciados, frente al actual modelo de un procedimiento de incapacitación indiferenciado[28]. La persona incapacitada mantiene su capacidad jurídica y se ve limitada, de forma total o parcial, en su capacidad de obrar, mediante el régimen de tutela o curatela.

3.2. Actos previos a la interposición de la demanda: Medidas cautelares. Prueba anticipada. Diligencias preliminares

Las medidas cautelares se solicitarán, de ordinario, junto con la demanda principal, si bien podrán también solicitarse medidas cautelares antes de la demanda si quien en ese momento las pide alega y acredita razones de urgencia y necesidad, conforme al art. 730. 1 y 2 LEC. Tienen, en todo caso, un carácter instrumental respecto a la sentencia dictada, en su caso, en el proceso de incapacitación, en el que se adoptan. A la accesoriedad de las medidas cautelares se refiere el apartado primero del art. 731 LEC: <No se mantendrá la medida cautelar cuando el proceso principal haya terminado…>.

En sede específica del procedimiento de incapacitación, el art. 762. 1 LEC, regula la adopción de medidas cautelares, con anterioridad a la presentación de la demanda de incapacitación, al establecer que cuando el tribunal tenga conocimiento de que una persona puede incurrir en una causa de incapacitación, adoptará de oficio las medidas que estime necesarias para la adecuada protección del presunto incapaz o de su patrimonio y pondrá el hecho en conocimiento del Ministerio Fiscal para que promueva, si lo estima procedente, la incapacitación.

Además de la previsión de la adopción de oficio de las medidas cautelares por parte del tribunal, en el apartado 2 del art. 756, se dispone que el Ministerio Fiscal podrá instar al Tribunal la adopción de medidas cautelares: <El Ministerio Fiscal podrá también, en cuanto tenga conocimiento de posible causa de incapacitación de una persona, solicitar del Tribunal la inmediata adopción de las medidas a que se refiera

---

[28] Fernández Prida, La autotutela, VVAA, La protección jurídica del discapacitado, cit. pp. 60 ss; Soriano Campos, Autotutela, Algunas notas sobre esta nueva figura jurídica, en Revisión de los procedimientos relativos a la incapacidad, Jornadas Fundación Aequitas, Madrid 2004; O´Callaghan, Autotutela: propuesta de la Ley 41/2003, de Protección Patrimonial de las personas con discapacidad, Economist & Iuris, n. 100, Madrid 2006; Berrocal Lanzarot, Protección jurídica de las personas mayores ante su eventual incapacitación en la Ley 41/2003, de 18 de diciembre: la institución de la autotutela. Anuario de derechos humanos, Nº. 9, 2008, pp. 15-141.

el apartado anterior>. Por otra parte, no obstante la ausencia de previsión legal al respecto, parece razonable pensar que también el resto de legitimados activos para promover el proceso de incapacitación, podrán asimismo solicitar la adopción de las medidas que consideren necesarias.

Si la medida de protección del presunto incapaz es adoptada con anterioridad a la interposición de la demanda o la promoción de la incapacitación por el Ministerio Fiscal, ante la ausencia de previsión legal específica respecto al plazo de vigencia de la medida cautelar, y en evitación del perjuicio que se pudiera ocasionar al presunto incapaz, puede considerarse aplicable lo previsto en el art. 730.2, conforme al cual: <Las medidas que se hubieren acordado quedarán sin efecto si la demanda no se presentare ante el mismo tribunal que conoció de la solicitud de aquéllas en los veinte días siguientes a su adopción>.

La adopción de las medidas cautelares previas debe obedecer a la apariencia de buen derecho, fumus boni iuris, traducida en una apariencia de incapacidad, y puede tener carácter personal o patrimonial. Desde el ámbito de la carrera fiscal, se ha propuesto que el tribunal valore la conveniencia de nombrar un tutor provisional, que se ocupe de la administración patrimonial y del cuidado personal del presunto incapaz y que podría ser confirmado como tutor si la sentencia de incapacitación optase por esta medida de guarda[29].

Ante la gravedad que, por ejemplo, puede suponer la adopción de medidas cautelares especialmente gravosas, como pueden ser un tratamiento médico forzoso o una limitación en la movilidad del presunto incapaz, al tratarse de medidas restrictivas de derechos fundamentales, los tribunales optan, en ocasiones, según se ha señalado por la doctrina, por la no adopción de tales medidas cautelares previas, en espera del resultado del proceso de incapacitación, lo que puede comportar una situación de riesgo real para la persona y el patrimonio del afectado[30].

En relación con la prueba anticipada cabe señalar que su práctica no sólo resulta factible, por quien pretenda incoarlo, sino que también puede realizarse de oficio, en atención al principio de oficialidad que caracteriza este procedimiento, conforme al cual el tribunal tiene debe buscar la verdad material en relación con el presunto incapaz, sin que deba conformarse con la verdad formal aportada por las partes. A la anticipación y aseguramiento de la prueba se refieren los artículos 293 a 298, correspondientes a la sección cuarta, del capítulo V, del libro II de la LEC. Conforme al

---

[29] Vid. al respecto en López-Mora, Revisión de los procedimientos relativos a la incapacidad, Jornadas Fundación Aequitas, Madrid 2004, pp. 101 ss.

[30] Vid. en este sentido en Fabrega Ruiz, Protección de incapaces: Actuaciones previas del Fiscal. Medidas cuatelares y de protección, en Revisión de los procedimientos relativos a la incapacidad, IV Jornadas Fundación Aequitas, Madrid 2004, pp. 42 ss.

apartado primero del art. 293: <Previamente a la iniciación de cualquier proceso, el que pretenda incoarlo, o cualquiera de las partes durante el curso del mismo, podrá solicitar del tribunal la práctica anticipada de algún acto de prueba, cuando exista el temor fundado de que, por causa de las personas o por el estado de las cosas, dichos actos no puedan realzarse en el momento procesal generalmente previsto>.

En materia de diligencias preliminares, ante la ausencia de disposiciones específicas, se aplicarán las disposiciones correspondientes a los juicios declarativos, entre los que se incluye el juicio verbal, comprendidas en los arts. 256 a 272 LEC. Así el proceso de incapacitación podrá prepararse con la petición de diligencias preliminares dirigidas a la persona respecto de la que se presente la demanda, a fin de que declare sobre algún hecho relativo a su capacidad, representación o legitimación, cuyo conocimiento sea necesario para el pleito, conforme al art. 256 LEC.

3.3. Legitimación y procedimiento

La legitimación activa para instar el proceso de incapacitación obedece, conforme al art. 757 LEC, a razones de:

- Iniciativa de la propia persona afectada: el presunto incapaz, conforme a la disposición introducida al efecto por la Ley 41/2003, de 18 de noviembre.
- Parentesco: descendientes, ascendientes o hermanos del presunto incapaz.
- Afectividad: el cónyuge o quien se encuentre en una situación de hecho asimilable.
- Patria potestad o tutela: quienes ejerzan la patria potestad o la tutela del presunto incapaz cuando este fuere, al propio tiempo, menor de edad, para promover su propia incapacitación.
- Cargo público: el Ministerio Fiscal, quién deberá promover la incapacitación si las personas mencionadas en el apartado 1 del art. 757 LEC –presunto incapaz, y personas ligadas por vínculos de parentesco o afinidad–, no existieran o no la hubieran solicitado[31].

Como señala Díez-Picazo, el llamamiento a los descendientes se hace de forma global y sin referencia alguna al grado de parentesco en la línea descendiente, en la

---

[31] Acerca de la distinción entre legitimación y capacidad de conducción procesal, vid. en Gimeno Sendra y Calaza López, ¿Puede un juez inadmitir de oficio una demanda por falta de legitimación e las partes?, La Ley, 6.125, de 11 de noviembre de 2004. En relación con el concepto de capacidad procesal, vid. asimismo en Menéndez García, en Comentarios a la Ley de la Jurisdicción Contencioso-Administrativa de 1998, AAVV, Civitas, Madrid 1999, pp. 213 ss.

que se encuentran con el presunto incapaz. Están, por tanto, llamados los hijos, los nietos y, en su caso, los biznietos y no hay ninguna excepción según el tipo de relación de filiación que se haya producido[32].

En el apartado tercero del art. 757 se establece, por otra parte, que "Cualquier persona está facultada para poner en conocimiento del Ministerio Fiscal los hechos que puedan ser determinantes de la incapacitación. Las autoridades y funcionarios públicos que, por razón de sus cargos, conocieran la existencia de posible causa de incapacitación en una persona, deberán ponerlo en conocimiento del Ministerio Fiscal"[33] Se trata, por tanto, de personas que no están legitimadas, sino tan sólo facultadas u obligadas por razón de su cargo, para poner en conocimiento del Ministerio Fiscal la posible causa de incapacitación que, a su juicio, afecta al presunto incapaz.

Se establece en el art. 757, apartado 2, que el Ministerio Fiscal deberá promover la incapacitación, si las personas para ello legitimadas, cónyuge o quien se encuentre en una situación de hecho asimilable, descendientes, ascendientes o hermanos del presunto incapaz, no existieran o no lo hubieran solicitado[34]. Se establece asimismo la posibilidad de que cualquier persona pueda poner en conocimiento del Ministerio Fiscal los hechos que puedan ser determinantes de la incapacidad, en consonancia con el papel del Ministerio Público como defensor legal de los intereses de las personas discapacitadas e incapacitadas, conforme al art. 757, apartado 3. En cuanto a la legitimación pasiva cabe señalar que corresponderá a la persona respecto de la cual se aduce la causa de incapacitación.

El presunto incapaz puede actuar con su propia defensa y representación, si así no lo hiciese, su defensa corresponderá, con carácter imperativo, al Ministerio Fiscal y, si éste hubiera sido el promotor del procedimiento, a un defensor judicial, conforme se dispone en el art. 758 LEC: <El presunto incapaz... puede comparecer en el proceso con su propia defensa y representación. Si no lo hiciere será defendido por el

---

32 Díez-Picazo, L., Comentarios al artículo 202 CC, cit., pp. 183 ss. La disposición derogatoria única, apartado 2.1 de la LEC de 2000, derogó los artículos 202 a 214 CC, lo que supuso el traslado a la legislación procesal, de la normas de procedimiento referidas a los procesos sobre la capacidad de las personas, contenidas en el Código Civil.

33 Vid., con carácter general, sobre el proceso de incapacitación en De la Oliva-Díez Picazo Gimenez-Vegas Torres, Derecho Procesal Civil. Ejecución forzosa. Procesos especiales, 3ª ed. 2005, pp. 420 ss; Gimeno Sendra, Derecho Procesal Civil. Vol. II. Los procesos especiales, Ed. Colex. Madrid 2005; Ortells y Cucarella, Proceso civil práctico, Tomo IX, 2006, arts. 756 ss.

34 Como señala Díez-Picazo, L., Comentarios al artículo 202 CC, cit., p. 186, la idea que parece presidir esta regla es la de un difuso interés público; que toda situación determinante de incapacitación produzca la incapacitación; que exista certidumbre en todas las situaciones jurídicas personales en bien de las personas para el autogobierno, pero también en interés de la generalidad.

Ministerio Fiscal, siempre que no haya sido éste el promotor del procedimiento. En otro caso, se designará un defensor judicial, a no ser que estuviere ya nombrado>[35].

El procedimiento para la declaración de incapacidad está regulado en los arts 756 a 763 LEC, que se encuadran en el capítulo II del Libro IV de la LEC, que lleva por rúbrica De los procesos especiales, y la tramitación se ajusta a las normas del juicio verbal, con peculiaridades[36]. En este sentido, se dispone en el art. 753 LEC que: <Salvo que expresamente se disponga otra cosa, los procesos a que se refiere este título se sustanciarán por los trámites del juicio verbal, pero de la demanda se dará traslado al Ministerio Fiscal, cuando proceda, y a las demás personas que, conforme a la Ley, deban ser parte en el procedimiento, hayan sido o no demandados, emplazándoles para que la contesten en el plazo de veinte días…>.

La iniciación del proceso de incapacitación se produce, conforme al art. 399.1 LEC, al igual que en los demás procesos civiles, por interposición de la demanda, que deberá contener la petición de incapacitación y la causa concreta la motiva, si bien el tribunal podrá declarar la incapacitación en atención a una causa diferente a la alegada por el demandante. El demandante podrá asimismo proponer al tribunal la persona o personas que desempeñen, en su caso, la tutela o curatela de la persona declarada incapaz. En todo caso, en atención al principio de oficialidad que caracteriza al proceso de incapacitación, el tribunal no se encuentra vinculado por las alegaciones de los intervinientes, una vez que el proceso de incapacitación se promueve, eso sí necesariamente, a instancia de parte o del Ministerio Fiscal, dado que en ningún caso puede iniciarse de oficio.

La demanda habrá de dirigirse frente al presunto incapaz y acompañarse de la pertinente documentación, correspondiente a representación, acreditación del parentesco o afinidad con la persona afectada y dictámenes médicos o psiquiátricos que avalen la pretensión de incapacitación.

En relación con el Juzgado competente, el art. 23.3 de la LOPJ dispone que: <Los Juzgados y Tribunales españoles serán competentes en materia de incapacitación y de

---

[35] El presunto incapaz, escribe Díez-Picazo, en Comentarios al artículo 207 CC, cit., pp. 191 ss., cualquiera que sea su estado natural de conocimiento y de voluntad, puede constituirse como parte en el proceso a través de su propia defensa y su propia representación. Lo dice así el inciso final del artículo 207. Y ello es lógico porque no hay que pensar sólo en los casos normales en que el incapaz presunto se va a transformar en incapaz definitivo. Hay que pensar también en los casos anómalos o patológicos –que alguna vez se presentan– en que se pretende hacer pasar por incapaz –por enfermo mental o persona mentalmente disminuida– a quien no lo es en realidad.

[36] Para un examen detallado del procedimiento, vid. en Calaza López, Los procesos sobre la capacidad de las personas, cit., pp. 125-223.; Fernández López, El procedimiento de incapacitación, en Revisión de los procedimientos relativos a la incapacidad. Jornadas Fundación Aequitas. Madrid 2004; Berrocal Lanzarot, De nuevo sobre el proceso de incapacitación, Revista de Derecho Procesal, n. 1. 2005, pp. 21-100.

medidas de protección de la persona o de los bienes de los menores o incapacitados cuando éstos tuvieren su residencia habitual en España>, lo que implica que, en las materias indicadas en el artículo mencionado, a los extranjeros residentes en España se les aplicará en materia de procedimiento la normativa procesal contenida en la LEC y la legislación sustantiva del país de su nacionalidad.

Por su parte, el art. 756 de la LEC dispone que: <Será competente para conocer de las demandas sobre capacidad y declaración de prodigalidad el Juez de Primera Instancia del lugar en que resida la persona a la que se refiera la declaración que se solicite>. En aquellas localidades en las que existen Juzgados especializados en materia de capacidad de las personas, corresponderá a estos órganos judiciales el conocimiento de las causas de incapacitación[37]. El Tribunal examinará de oficio su competencia para conocer del asunto, y su falta de competencia podrá asimismo ser apreciada a instancia de parte.

En relación con la acumulación de procesos, cabe señalar que estando pendiente un proceso de incapacitación de una persona, todos aquellos procesos en los que el presunto incapaz sea parte deberán quedar supeditados a la conclusión del proceso de incapacitación. Por otra parte, sin fueren varios los procesos de incapacitación incoados frente a un mismo presunto incapaz, se producirá una acumulación de los distintos procesos, conforme todo ello con lo dispuesto en el art. 76 LEC: <La acumulación de procesos sólo se ordenará: 1º) cuando la sentencia que haya de recaer en uno de los procesos pueda producir efectos prejudiciales en el otro y 2º) cuando entre los objetos de los procesos cuya acumulación se pide exista tal conexión que, de seguirse por separado, pudieren dictarse sentencias con pronunciamientos o fundamentos contradictorios, incompatibles o mutuamente excluyentes>.

Una vez interpuesta la demanda el Juez dará traslado de la misma al presunto incapaz, al Ministerio Fiscal, cuando proceda y a todos los legitimados, en atención al interés que pueden tener estar personas en defender la plena capacidad o la incapacidad del presunto incapaz, en el curso del procedimiento, si bien cabe también asimismo que las personas legitimadas se limiten a declarar en el curso del proceso como personas allegadas al presunto incapaz sin adoptar una posición activa a favor o en contra de la demanda de incapacitación[38].

---

37 Vid. en relación con los Juzgados especializados en incapacidades y tutelas y su posición en relación con los Juzgados de Primera Instancia en Entrena Kleitt, Un problema de Derecho intertemporal: el órgano competente para deferir la tutela, Jornadas de Derecho Procesal, CGPJ, Madrid, 1984, pp. 92 ss; Lete del Río, Pasado y presente de la tutela o guarda de los menores o incapacitados, Líneas de inspiración de la reforma del Código Civil en materia de tutela, Documentación Jurídica, nº 41, tomo XI, enero-marzo 1984, pp. 35 ss.

38 Vid. en Colmenero Menéndez de Luarca, El Ministerio Fiscal en los procesos de incapacitación, Madrid 1998.

El demandado dará contestación a la demanda por escrito en un plazo de 20 días, conforme señala el art. 753 LEC y podría formular, por medio de reconvención, la pretensión o pretensiones que considere que le competen respecto del demandante. Formulada la contestación a la demanda, la no asistencia del demandado a la vista del juicio oral no supone su declaración en rebeldía y, en sentido contrario, la falta de asistencia del demandado a la vista equivale a su desistimiento, conforme al art. 442 LEC, siempre que cuente con la conformidad del Ministerio Fiscal, conforme al art. 751.2 LEC. Con carácter general, a la indisponibilidad del objeto del proceso en esta materia, se refiere el apartado 1 del art. 751 LEC: <En los procesos a que se refiere este Título no surtirán efecto la renuncia, el allanamiento ni la transacción>.

En orden a la fase de prueba, cabe señalar que el art. 759, que lleva por rúbrica Pruebas y audiencias preceptivas en los procesos de incapacitación, dispone que en los procesos de incapacitación, además de las pruebas que se practiquen de conformidad con el art. 752 LEC, necesariamente el tribunal deberá realizar las siguientes actividades probatorias:

- — Procederá al examen directo del presunto incapaz[39].
- — Oirá a los parientes más próximos del presunto incapaz[40].
- — Valorará los preceptivos dictámenes periciales médicos, sin perjuicio de cualesquiera otros dictámenes médicos que, de oficio o a instancia de parte, en relación con las pretensiones de la demanda[41].

---

[39] En relación con el peculiar carácter de medio de prueba del examen por el Juez del presunto incapaz, vid. SSTS de 2 de febrero y 12 de junio de 2008 y SAP de Barcelona de 15 de febrero de 2006. Vid. asimismo, STS de 31 de diciembre de 1991, acerca de la consideración del examen de la persona con discapacidad, no como reconocimiento judicial, ni inspección personal, sino como un medio de prueba directa, legal y obligada para dictar la resolución judicial.

[40] Vid al respecto SSTS de 20 de febrero de 1989, de 12 de junio de 1989, de 20 de marzo de 1991, de 24 de mayo de 1991, de 15 de diciembre de 1996, de 4 de marzo de 2000, acerca del carácter imperativo y de orden público del examen directo del presunto incapaz y de la audiencia a sus parientes más próximos. Vid. asimismo, STS de 19 de febrero de 1996, sobre la no procedencia de la audiencia, en el proceso de incapacitación, de aquéllos parientes que actúen en el procedimiento como demandantes, ni la de los que intervengan en situación de litigantes demandados.

En relación con la audiencia a los parientes más próximos, considera Díez-Picazo, L., Comentarios al art. 208 CC, cit., p. 193, que debe tratarse, como es obvio, de parientes distintos de aquéllos que hayan promovido el proceso de incapacitación, aunque nada impide que el juez interrogue también a éstos. Asimismo, como opina este autor, dado que la Ley no aclara los límites que circunscriben el conjunto de <parientes más próximos>, ello permite un buen margen de arbitrio judicial, siempre que sea oído un buen número de personas.

[41] Vid al respecto en SAP de Barcelona, de 23 de diciembre de 2005.

En caso de apelación de la sentencia, el tribunal de segunda instancia deberá proceder a una nueva valoración de las pruebas[42], conforme al art. 759.3 LEC.

El procedimiento de incapacitación concluye mediante sentencia, que tiene carácter constitutivo y no tiene efectos retroactivos. La previsión legal relativa a la sentencia de incapacitación, se contiene en el art. 760. 1 LEC, conforme al cual: <La sentencia que declare la incapacitación deberá graduar la extensión y límites de la incapacidad, así como el régimen de tutela o guarda a que haya de quedar sometido el incapacitado y se pronunciará, en su caso, sobre la necesidad de internamiento, sin perjuicio de lo dispuesto en el artículo 763>[43].

La determinación del grado de incapacidad, su extensión y límites, en expresión legal, deberá realizarse en atención a la intensidad de la enfermedad o deficiencia en la capacidad intelectual y volitiva de la persona incapacitada. Leña Fernández ha subrayado las tres principales barreras con las que se encuentra el tribunal en el ejercicio de la obligación de graduación: a) La traslación del campo clínico, que corresponde a los médicos que dictaminan sobre la enfermedad o deficiencia del presunto incapaz, al campo jurídico, que corresponde al Juez, en colaboración con el Fiscal, resulta siempre difícil y problemática, b) La práctica judicial demuestra que la realidad es siempre más rica que cualquier previsión teórica, de manera que la enumeración, en la sentencia, a modo de listado cerrado, de los actos que puede realizar el incapacitado deviene insuficiente, c) La experiencia demuestra que los medios personales y materiales de los Juzgados son absolutamente insuficientes para abordar, con honestidad y rigor, un tema tan complejo como lo es la incapacitación y su adecuada graduación[44].

La graduación de la incapacidad ha de guardar, por otra parte, una estrecha relación con el régimen de protección establecido por la sentencia de incapacitación, de

---

42 Vid. en este sentido, SAP de Barcelona, de 23 de diciembre de 2005.

43 En relación con el texto del art. 210 CC, introducido por la Ley de 24 de octubre de 1983, que se mantiene inalterado en el primer párrafo del apartado 1 del art. 760 LEC, escribe Díez-Picazo, en Comentarios al Art. 210 CC, que la sentencia, ante todo, determina la extensión de la incapacitación ordenando una incapacitación plena, para todos los actos de la vida jurídica, o una incapacitación de carácter limitado. En este último caso habrá de puntualizarse un elenco de los actos para los que se reconoce capacidad a la persona y aquéllos otros respecto de los cuales la incapacitación funciona. Lógicamente puede no tratarse de un sistema de lista y podrán los actos incluidos en uno y otro punto designarse con sus rasgos generales.

44 Vid. en Leña Fernández, Graduación de la incapacidad, Jornadas Fundación Aequitas, Madrid 2004, pp. 208 ss; López Frías, Algunas notas sobre la graduación de la incapacitación en beneficio del incapacitado, Actualidad Civil, n. 13, 24-30 marzo 2003; Chimeno Cano, Incapacitación, tutela e internamiento del enfermo mental, 2ºed, Thomson-Aranzadi, 2004; Cabrera Mercado, La graduación de la sentencia dictada en el proceso de incapacitación, en Discapacidad intelectual y derecho, IV Jornadas de la Fundación Aequitas, Madrid 2004.

tutela o curatela[45]. A estas razones de coherencia interna de la sentencia la doctrina cuando subraya que el Juez, al fijar la extensión y los límites de la incapacitación, debe determinar el órgano de guarda, en atención a aquéllos límites que él mismo fijó; consecuentemente, existirá una proporción lógica entre el alcance de la incapacitación y el tipo de guarda determinado, no siendo posible, por ejemplo, declarar la incapacidad total y determinar como órgano adecuado a aquélla incapacidad la curatela[46]. En la STS 282/2009, referida a un proceso de incapacitación, en el escrito de contestación correspondiente al trámite de traslado al Ministerio Fiscal del recurso de casación y del de infracción procesal, se afirma que debe desterrarse la regla de acuerdo con la cual, la incapacitación priva al declarado incapaz de ejercer todos o parte de sus derechos, y de obrar conforme a sus preferencias, siendo sustituido por un tutor, y añade que "la figura sustitutiva y vigente más acorde en el derecho español sería la del curador, en cuanto que se configura como graduable y abierta al apoyo para actos determinados en función de las preferencias del caso y de las circunstancias concretas, siempre que su actuación cuente con la voluntad de la persona incapaz, con sus preferencias, para actos concretos y su apoyo a los que se le marquen sea revisable por los tribunales".

El nombramiento de tutor o curador puede efectuarse en la propia sentencia de incapacitación, o bien, con posterioridad, en procedimiento de jurisdicción voluntaria[47]. En relación con el primero de los supuestos, el art. 759.2 LEC dispone que: <Cuando se hubiera solicitado en la demanda de incapacitación el nombramiento de la persona o personas que hayan de asistir o representar al incapaz y velar por él, sobre esta cuestión se oirá a los parientes más próximos del presunto incapaz, a éste, si tuviere suficiente juicio, y a las demás personas que el tribunal considere oportuno>. En todo caso, en la constitución de la tutela o curatela, debe primar, ante todo, el in-

---

45 A propósito de un deseable, de lege ferenda, tratamiento conjunto de la discapacidad y la incapacidad, en el marco del proceso civil especial de incapacitación, en los casos en que así lo pretendiesen y declarasen los particulares, vid. en Calaza López, Los procesos sobre la capacidad de las personas, cit. pp. 197-198; En relación con un posible cambio legislativo en materia de tutela, vid. en López-Mora Gonzalez, en Revisión de los procedimientos relativos a la incapacidad, cit., pp. 149 ss.

46 Vid., en el sentido expresado, en Martín Guilarte, Los procesos sobre la capacidad de las personas en la nueva LEC, Actualidad Civil, n. 33, 10 a 16 de septiembre de 2001, pp. 1170 ss.; En relación con disposiciones específicas relativas a la incapacitación de una persona, vid. en Soto Ruiz, El estatus jurídico de las personas con discapacidad, en Tratado sobre Discapacidad, Directores R. De Lorenzo y L.C. Pérez Bueno, Madrid 2007, pp. 592 ss.; Vid. asimismo en O´Callaghan, La declaración de incapacidad, en La protección jurídica de discapacitados, incapaces y personas en situaciones especiales. Consejo General del Notariado. Madrid 2000.

47 Vid. al respecto en Fernández de Buján, Hacia una Teoría General de la Jurisdicción Voluntaria, II, Madrid 2008, pp. 225 ss.

terés de la persona incapacitada, por encima de cualquier otra consideración. En este sentido se pronuncia la STS de 22 de julio de 1993, cuando afirma que el concepto de <beneficio del incapacitado> es el que debe presidir la designación del cargo tutelar, frente a otras preferencias de tipo familiar. La tutela y la curatela se configuran, por tanto, como instituciones que suplen o complementan, mediante el asentimiento, el consentimiento o la autorización del tutor o curador, las limitaciones a la capacidad de obrar de la persona tutelada o sometida a curatela, derivadas de la sentencia de incapacitación, deben ejercerse siempre, y con carácter prioritario a cualquier otra consideración, en beneficio de dicha persona, así como tender a la recuperación de su capacidad[48].

El régimen de tutela que provoca la incapacitación afectará, en mayor o menor grado, a la persona y patrimonio de menores o mayores de edad, según los casos, mientras que el régimen de curatela, se constituirá en aquellos supuestos en los que el grado de discernimiento de la persona suponga una atenuación de su capacidad que afecte no tanto a su autogobierno, como a la administración de sus bienes. El proceso de incapacitación dará lugar, por tanto, a la constitución de la tutela cuando queda acreditada una limitación funcional de la persona para regir su capacidad y administrar sus bienes, y a la constitución de la curatela en relación con aquellas personas que, en atención a su grado de discernimiento, requieren un complemento de su capacidad en el marco patrimonial.

La constitución de la tutela o de la curatela, deberá promoverse en un procedimiento de jurisdicción voluntaria, como ya ha sido señalado, como remedio a las limitaciones a la capacidad de obrar derivadas de la sentencia de incapacitación, siendo el juez una pieza clave en el nuevo sistema de tutela de autoridad, conforme al art. 231 CC, establecido a partir de la reforma de 1983, en contraposición a la anterior concepción de tutela de familia. La determinación de la tutela o la curatela depende pues de la valoración que el juez realice del supuesto de hecho planteado como objeto de su conocimiento. Conforme al art. 287 del CC <... procede la curatela para las personas a quienes la sentencia de incapacitación o, en su caso, la resolución judicial que la modifique coloquen bajo esta forma de procedimiento en atención a su grado de discernimiento>. En tales supuestos, la curatela de la persona incapacitada <tendrá por objeto la asistencia del curador para aquellos actos que expresamente imponga la sentencia que la haya establecido>, conforme al art. 289 CC, y se suele denominar curatela impropia, respecto de los supuestos propios de curatela, contemplados en el art. 286 CC[49].

---

48 Vid., en el sentido expresado, en Serrano García, Prólogo a la Protección Jurídica del Discapacitado, cit., pp. 14 ss.

49 Vid. al respecto en Guilarte Martín Calero, La curatela en el nuevo sistema de capacidad graduable. Madrid 1996.

A la delimitación entre tutela y curatela, en el marco de la incapacitación, se hace referencia en la STS 282/2009, Fundamento de Derecho Octavo, "La incapacitación, con el consiguiente nombramiento de tutor, es una medida de protección para quienes no pueden autogobernarse y por tanto, se toma en su beneficio y no en el de familiares o de otras personas en su entorno. En consecuencia no es posible someter a una persona que sufre las limitaciones que quedan probadas en el presente procedimiento a una medida cautelar como es la curatela, que es una institución de guarda de la persona a la que se nombra un asistente en atención a su grado de discernimiento, para que pueda realizar determinados tipos de actos, de acuerdo con lo dispuesto en el art. 289 CC; la curatela es un órgano estable pero de actuación intermitente que se caracteriza porque la función no consiste en la representación de quien está sometido a ella, sino completar la capacidad de quien la posee, pero necesita un plus para la realización de determinados actos. La diferencia se encuentra entonces en que el sometido a tutela carece de capacidad y por ello la medida de protección la representación, mientras que el sometido a curatela es capaz, pero requiere un complemento de capacidad".

La doctrina española, en general, acogió de forma favorable, el riguroso control por parte de la Autoridad Judicial del ejercicio de la función tutelar, implantado por la reforma de 1983[50], frente al anterior sistema de tutela de familia, y la práctica confirmado la visión positiva de la doctrina, si bien, con el paso de los años, se han ido manifestando diversas voces críticas, entre las que cabe mencionar a R. Leña y Salinero Román, que han puesto de de relieve que la actual complejidad de las situaciones que se le plantean al juez en las tutelas e incapacitaciones, requieren una formación específica y una dedicación, de la que el titular de la potestad jurisdiccional no está, en la mayoría de las ocasiones, en condiciones de disponer. El debate sobre el grado de judicialización aconsejable para la tutela vuelve pues a plantearse casi treinta años después de la reforma del Derecho de Familia en este punto[51].

---

[50] La reforma de la incapacitación y tutela materializada en la Ley 13/1983, tiene su antecedente en las conclusiones publicadas en 1975 por un equipo de trabajo, constituído en 1975 por iniciativa de la Fundación General Mediterranea, presidido por el profesor Luis Díez-Picazo y formado por los profesores Bercovitz, Rogel, Cabanillas y Caffarena. EL texto articulado elaborado por este equipo de profesores, que se conformó en la práctica como un anteproyecto privado sobre la materia, se sustituye el sistema de unidad de guarda –tutela–, por el de pluralidad de guarda –tutela, curatela y, eventualmente, defensor judicial y guardador de hecho–, el sistema de tutela orgánica, de tutor, protutor y consejo de familia, por el de tutela individual, tutor o curador, y la tutela de familia por la tutela de autoridad. Vid. al respecto en Tutela e instituciones afines, TIII, de la obra El nuevo régimen de familia, 1990, pp. 50 ss.

[51] Vid. al respecto en Leña, Igualar diferencias: un reto jurídico para los discapacitados psíquicos, en la Protección jurídica del incapacitado I, cit., pp. 251 ss., y en Salinero Román, Delación y ejercicio de la tutela por persona jurídica, en La Protección Jurídica del Discapacitado I, cit., pp. 133 ss. Con carácter general sobre la reforma en materia de tutela, vid. en García Cantero, Los principios de la nueva normativa sobre la tutela, RGLJ, julio 1985, pp. 85 ss.

Conforme a la previsión contenida en el nuevo art. 242 del C.C., introducida por la Ley 13/ 1983, la tutela puede recaer en personas jurídico-públicas, o en personas jurídico privadas, como pueden ser corporaciones, asociaciones o fundaciones de interés público, que tengan entre sus fines la protección de menores o incapaces[52]. Son asimismo destinatarios de la tutela, conforme al art. 222 CC, además de los incapacitados, cuando así lo establezca la sentencia de incapacitación:

— Los menores no emancipados que no estén bajo la patria potestad.
— Quienes se encuentren en situación de patria potestad prorrogada, al cesar ésta, salvo que proceda la curatela, y.
— Los menores que se hallen en situación de desamparo.

La tutela por parte de una persona jurídica pública se produce, conforme al art. 239 del CC cuando ninguna de las personas previstas en el art. 234 CC asume la condición de tutor y cuando el incapaz se encuentra en situación de desamparo. Entre las ventajas de las personas jurídicas tutores pueden contarse la posible duración indefinida de éstas, con lo que ello supone de estabilidad, en relación con las personas físicas, y su previsible especialización, entre los inconvenientes más notorios suele aducirse el de la despersonalización en las relaciones con la persona tutelada, lo que ha hecho escribir a Ignacio Serrano que no debería haber ningún discapacitado incapacitado sin -una persona física- un delegado tutelar, que le de cariño, que le visite y, en definitiva, que le acompañe.

El art. 303 CC, por otra parte, prevé la realidad fáctica que se produce cuando la Autoridad Judicial tiene conocimiento de la existencia de un guardador de hecho de un presunto incapaz[53]. Ante esta situación, el juez:

— Deberá tomar las medidas cautelares de control y vigilancia que estime oportunas, así como poner el hecho en conocimiento del Ministerio Fiscal, para que promueva, si lo estima procedente, el proceso de incapacitación, conforme al art. 762.1 LEC.
— Dispondrá la constitución de la tutela, conforme al art. 228 CC, y

---

[52] Muñiz Espada, Las personas jurídico-privadas tutoras, Barcelona 1944; Más Mayoral, La asunción de la tutela por ministerio de la ley: intervención de entidad pública tutelar, en Revisión de los procedimientos relativos a la incapacidad, Jornadas Fundación Aequitas. Madrid 2004; Gil Rodriguez, La "Entidad Pública" y las "Entidades Privadas" en la tutela de incapaces desamparados, en VVAA, La protección jurídica del discapacitado II, cit., pp. 21 ss.

[53] Vid. al respecto en Heredia Puente y Fabrega Ruiz, La guarda de hecho como mecanismo protector de los incapaces, RJE La Ley, n. 447, de 11 de marzo de 1998; Fábrega Ruiz, La guarda de hecho y la protección de personas con discapacidad, Fundación Aequitas-Edt. Ramón Areces, Madrid 2006.

— Procederá, en su caso, hasta la designación de tutor, al nombramiento de un administrador que cuide de los bienes, asumiendo, por su parte, el Ministerio Fiscal, la representación y defensa de la persona que deba ser sometida a tutela, en tanto no recaiga resolución judicial que ponga fin al procedimiento de constitución de la institución de guarda, conforme al art. 299 bis CC.

— En el supuesto de que recayendo la tutela de la persona incapacitada en una persona jurídica, la persona tutelada no se adaptase al régimen interno de la institución de acogida o de residencia, deberá iniciarse un procedimiento de jurisdicción voluntaria de remoción de la tutela, conforme al art. 247 CC, en el curso del cual, el juez puede adoptar como medida cautelar la suspensión del tutor en sus funciones, mientras dura la tramitación, y el nombramiento de un defensor judicial del tutelado.

Está prevista la exclusión de la publicidad en el proceso de incapacitación, conforme a lo dispuesto en el art. 754 LEC: <Los tribunales podrán decidir, mediante providencia, de oficio o a instancia de parte, que los actos y vistas se celebren a puerta cerrada, y que las actuaciones sean reservadas, siempre que las circunstancias lo aconsejen>.

La sentencia en los juicios de incapacitación, que puede ser recurrida en apelación ante la Audiencia Provincial y, en su caso, en casación, ante el Tribunal Supremo, produce efectos de cosa juzgada de la misma forma que en cualquier otro juicio jurisdiccional, si bien en la medida en que se revise y gradúe la incapacitación en atención a la modificación de las circunstancias que dieron lugar a la incapacidad, se producirá una variación de los límites objetivos de la cosa juzgada. Así conforme al art. 761.1 LEC: <La sentencia de incapacitación no impedirá que, sobrevenidas nuevas circunstancias, pueda instarse un nuevo proceso que tenga por objeto dejar sin efecto o modificar el alcance de la incapacitación ya establecida>[54].

La sentencia dictada en el proceso de incapacitación, así como las posteriores modificaciones que, en su caso, se produzcan en su alcance y contenido, se inscribirán de oficio en el Registro Civil y, a petición de parte, en los Registros de la Propiedad y Mercantil, si hubiese circunstancias que lo justificare, conforme a lo dispuesto en el art. 755 LEC[55].

---

[54] En relación con la particular configuración legal otorgada a la cosa juzgada derivada de las sentencias de incapacitación, vid. Calaza López, Los procesos sobre la capacidad de las personas, cit. pp.222 ss y, con carácter general, de la misma autora, en, La cosa juzgada. Madrid 2008.

[55] Vid. al respecto en Gómez Gálligo, El Registro de la Propiedad y la protección del discapacitado, en Registro de la Propiedad y protección de las personas con discapacidad. Colegio de Registradores de la Propiedad y Mercantiles de España. Madrid 2006.

4. LA INCAPACITACIÓN DE LOS MENORES DE EDAD

El art. 201 prevé la incapacitación de los menores de edad: <Los menores de edad podrán ser incapacitados cuando concurra en ellos causa de incapacitación y se prevea razonablemente que la misma persistirá después de la mayoría de edad>. El texto de este artículo ha sido introducido por la Ley 13/1983, de reforma del Código Civil en materia de tutela, que asumió la posición de Federico de Castro, relativa a la conveniencia de regular la incapacitación de los menores de edad en los supuestos previstos por la ley. En opinión de Díez-Picazo, la previsión legal al respecto constituye una respuesta lógica si se parte de la idea de que la menor edad no es incapacidad sino capacidad limitada, y se comprende que el menor de edad tiene un margen de capacidad limitada, desterrándose la antigua idea de la incapacidad de los menores. Si en los casos de menor edad hay un margen de capacidad, puede ser conveniente para los titulares de la patria potestad situar al menor en un estatuto más estricto, como el de la incapacitación, con el que durante la menor edad sus posibilidades se reduzcan (v. gr. aceptar donaciones; cfr. arts. 625 y 626 CC)[56].

El juez valorará, en atención a los dictámenes médicos al respecto, el alcance de la enfermedad o deficiencia del menor de edad, al efecto de determinar su probable persistencia cuando éste alcance la mayoría de edad, lo que se ha denominado una incapacitación ad cautelam[57]. En todo caso, parece razonable que la incapacitación no se promueva hasta que los menores alcancen una edad mínima[58]. Por otra parte, si la causa de incapacitación no se mantuviera en el futuro, deberá promoverse, de forma inmediata la reintegración de de la capacidad.

Lo dispuesto en el art. 201 debe ponerse en relación con el art. 171 y 278 del CC que regulan la patria potestad prorrogada y la rehabilitada y la prórroga de la tutela. Así, conforme se establece en los mencionados textos legales:

— Si el menor de edad ha sido incapacitado, la patria potestad se prorroga al llegar a la mayor edad, es decir que, en este caso, no se constituye tutela

---

[56] Díez-Picazo, Comentarios a las reformas de nacionalidad y tutela, art. 201, Amoros y Bercovitz, Coordinadores, Madrid 1986,pp. 181 ss. Con carácter general sobre la posición jurídica del menor de edad, vid. en Alonso Pérez, La situación jurídica del menor en la Ley Orgánica 1/1996, de 15 de enero, de Protección Jurídica del Menor, de modificación del Código Civil y de la LEC: luces y sombras. Actualidad Civil, n.2/6, de 12 de enero de 1997; Gullón Ballesteros, Sobre la Ley 1/1996, de Protección Jurídica del menor, La Ley, n. 3970, de 8 de febrero de 1996; Linacero de la Fuente, Protección jurídica del menor, Madrid 2001; Serrano Ruiz-Calderón, Abandono y desamparo de menores en el Derecho civil español, Madrid 2004.

[57] Vid. en Gete-Alonso, La nueva normativa en materia de incapacidad de obrar de la persona, 2ªed. Madrid 1992.

[58] Vid. al respecto en Vid al respecto en Parra Lucán, Comentarios al art. 201, en Comentarios al Código Civil, Coord. Rams Albesa. T.II,2º, Barcelona 2002.

sobre quien ha accedido a la mayoría de edad, sino que quienes ejercían la patria potestad sobre el menor, la siguen ejerciendo cuando éste accede a la mayoría de edad (art. 171).

— Continuará el tutor en el ejercicio de su cargo si el menor sujeto a tutela hubiese sido incapacitado antes de la mayoría de edad, conforme a lo dispuesto en la sentencia de incapacitación (art. 278). Cabría asimismo la posibilidad de que llegada a la mayoría de edad el incapacitado, el Juez decidiese modificar el alcance de la incapacidad y sustituir el régimen de tutela por el de curatela.

— Si el hijo mayor de edad soltero, que viviere en compañía de sus padres o de cualquiera de ellos, fuere incapacitado, se rehabilitará la patria potestad, que será ejercida por quien correspondiere si el hijo fuese menor de edad (art. 171).

En el último inciso de su párrafo primero se prevé la graduación de la incapacitación, al disponer que la patria potestad: "se ejercerá con sujeción a lo especialmente dispuesto en la resolución de incapacitación y, subsidiariamente, en las reglas del presente título".

El art. 757.4 de la LEC atribuye la promoción del proceso de incapacitación de menores de edad, en los casos en que proceda conforme a la Ley, a quienes ejerzan la patria potestad o la tutela, lo que supone una limitación de las personas legitimadas, respecto de lo previsto, en el mismo precepto legal, respecto a la promoción de la incapacitación en los demás supuestos. La legitimación corresponderá a ambos progenitores, por lo que será suficiente que la solicitud se promueva por uno sólo de ellos. No estarán legitimados quienes hubiesen sido privados de la patria potestad, conforme al art. 170 CC o hubieran sido suspendidos en el ejercicio de la misma o de la tutela ordinaria, como consecuencia del desamparo del menor, conforme al art. 172 CC. Aún cuando no se hace mención expresa del Ministerio Fiscal entre los titulares de legitimación activa, parece razonable reconocer o, en su defecto, proponer de lege ferenda, su legitimación para promover la incapacitación en este supuesto, en atención a la especial posición del Ministerio Público como defensor de los intereses de los menores de edad en los que concurran las circunstancias previstas en la ley[59].

Incoado el procedimiento, la defensa y representación del menor corresponderá al Ministerio Fiscal. Si se reconociese la legitimación al Ministerio Público para iniciar el procedimiento, y ésta se ejercitase, se designará un defensor judicial al menor, a no ser que estuviere ya nombrado, conforme al art. 758 LEC, que regula la personación del demandado.

---

59 Vid., en este sentido, en Fernández Martín-Granizo, Comunicación a la segunda Ponencia, en Jornadas de Derecho Procesal, CGPJ 1984, pp. 109 ss.

5. REINTEGRACIÓN DE LA CAPACIDAD Y MODIFICACIÓN DEL ALCANCE DE LA INCAPACITACIÓN

Conforme al art. 761.1 LEC: <La sentencia de incapacitación no impedirá que, sobrevenidas nuevas circunstancias, pueda instarse un nuevo proceso que tenga por objeto dejar sin efecto o modificar el alcance de la incapacitación ya establecida>[60].

Si en la sentencia por la que se concluye el nuevo proceso de revisión de la incapacitación de una persona se dispone la reintegración de su capacidad, se produce la extinción de la tutela, o su sustitución por la curatela, si en la nueva sentencia se dispone la modificación del alcance de la capacidad y ello resultase lo más conveniente a la situación del incapacitado, conforme al art. 277 CC: <se extingue la tutela: … 2. Al dictarse la resolución judicial que ponga fin a la incapacitación o que modifique la sentencia de incapacitación en virtud de la cual se sustituya la tutela por la curatela>. La desaparición del régimen de guarda y protección, tutela o curatela, establecido en la sentencia de reintegración de la capacidad, supondrá, por tanto, el pleno restablecimiento de la capacidad de la persona incapacitada en el anterior proceso de incapacitación[61].

La pretensión de modificación del alcance de la capacidad, en el caso de que se estime, puede suponer una mitigación o un agravamiento del régimen de incapacitación y, por tanto, una variación de las facultades que configuran el grado de capacidad de obrar atribuido por sentencia a la persona incapacitada, así como el mantenimiento o la sustitución del régimen de guarda y de la persona o personas que ostenten la titularidad de los cargos de tutor o curador. En todo caso, el Juez no está vinculado por la petición del demandante, sino que deberá atender ante todo al interés de la persona incapacitada, por lo que deberá proceder a la reintegración de su capacidad o la minoración o agravamiento de su capacidad de obrar.

Dictada la sentencia en el proceso por el que se incapacita a una persona, cualquier variación que suponga una desaparición, una disminución o un agravamiento del alcance de la causa de incapacidad y se considere previsible que se mantenga en el tiempo, deberá materializarse en la incoación de un nuevo proceso, mediante el que se procederá o bien a la reintegración de la capacidad de la persona o bien a la modificación de su grado de incapacidad, en función de las nuevas circunstancias de hecho[62],

---

[60] Vid., con carácter general, en Banacloche Palao, El proceso de reintegración de la capacidad. Ed. Aranzadi. Pamplona 1998, pp. 88 ss.

[61] En la SAP de Barcelona, de 14 de noviembre de 2003 se subraya la idea de la total rehabilitación producida por la sentencia de reintegración de la capacidad.

[62] Como subraya García y García Sotuga, en Comentarios a la LEC, coordinados por Cordón Moreno, Muerza Esparza, Armenta Deu y Tapia Fernández, Vol. II., Aranzadi 2001, pp. 772 ss, las circunstancias sobrevenidas configuran la causa petendi de una nueva pretensión en la que está inherente el mismo interés público, o incluso mayor, que la primera.

cuyo desconocimiento supondría un contravención radical de la libertad, la dignidad y el libre desarrollo de la personalidad del incapacitado[63].

Las nuevas circunstancias deben suponer una influencia positiva o negativa en el autogobierno de la persona incapacitada y, en consecuencia, tener el adecuado reflejo en la nueva sentencia[64] Si se trata de una mejoría total o considerable, ello debe materializarse en una reintegración de la capacidad[65] Si se tratase de una recuperación parcial, la nueva sentencia deberá rehabilitar al incapacitado en su capacidad, en la medida en que se corresponda con la nueva situación. Si la persona incapacitada hubiese sufrido una pérdida de autogobierno, la nueva sentencia debería proceder a una modificación restrictiva y proporcional de su capacidad[66].

La legitimación para iniciar el nuevo proceso corresponde:

— Al cónyuge de la persona incapacitada o a quien se encuentre en una situación de hecho asimilable.
— A los descendientes.
— A los ascendientes.
— A los hermanos de la persona incapacitada.
— A quienes ejercieran cargo tutelar o tuvieren bajo su guarda al incapacitado, conforme a los arts. 228 y 269.3 CC.
— Al Ministerio Fiscal.
— Al propio incapacitado, que deberá obtener expresa autorización judicial para actuar en el proceso por sí mismo, si se le hubiera privado, en la sentencia de incapacitación, de capacidad para comparecer en juicio, conforme al 761.2º II LEC.

---

63 En relación con el escaso número de procesos de reintegración de la capacidad y de modificación del alcance de la incapacitación, vid. Sancho Gargallo, en AAVV, Comentarios a la nueva Ley de Enjuiciamiento Civil, coordinados por Fernández-Ballesteros, Rifá Soler y Valls Gombau, Barcelona 2000, pp. 3455 ss.

64 A la necesidad de que existan circunstancias nuevas y diferentes a las existentes en el momento de la incapacitación, para que se produzca una reintegración de la capacidad, se hace referencia en la SAP de Lleida de 22 de marzo de 2006.

65 Vid al respecto en en la STS de 20 de noviembre de 2002, y en relación la misma en Martinez de Morentin, De la cura furiosi en las XII Tablas a la protección del disminuido físico en el Derecho actual. A propósito de la STS de 20 de noviembre de 2002, cit., pp. 41 ss.

66 A la restricción de la capacidad y a la revisabilidad de la sentencia de incapacitación se hace referencia en la STC 174/2002, de 9 de octubre: <La incapacitación total sólo deberá adoptarse cuando sea necesario para asegurar la adecuada protección de la persona del enfermo mental permanente, pero deberá determinar la extensión y límites de la medida y deberá ser siempre revisable>.

Si la reintegración de la capacidad o la modificación del alcance de la incapacitación se solicitase respecto de un menor de edad incapacitado, la legitimación correspondería tan sólo a quienes ejerciesen la patria potestad o la tutela, por aplicación analógica del art. 759.4 LEC.

En sentido estricto, el verdadero legitimado pasivo, en este tipo de procesos, es la propia persona incapacitada, si bien cabe que puedan adherirse a su posición quienes están legitimados para promover el juicio de reintegración o modificación de la capacidad. Si es el propio incapacitado el que solicita la reintegración de la capacidad o la modificación del alcance de la incapacitación, lo hará frente a sí mismo, lo que supondrá la ausencia de contradicción. Nos encontraríamos de hecho en un supuesto característico de jurisdicción voluntaria.

Los trámites propios del procedimiento son los ya analizados al respecto en el proceso de incapacitación. La doctrina ha recalcado la necesidad de que el Juez facilite al máximo el inicio de este proceso revisorio, dada la relevancia de los derechos fundamentales en juego[67], así como ha subrayado que no se trata de un proceso corrector de las deficiencias acaecidas en el proceso de incapacitación, para lo cual existen mecanismos específicos de control, sino de un nuevo proceso, incoado con la finalidad de reintegrar a una persona en su primigenio estado civil o de adaptar mediante, resolución judicial, la posición de la persona incapacitada a las nuevas circunstancias acaecidas desde la sentencia de incapacitación[68].

Cabe la posibilidad de acumular varias peticiones por parte del demandante, así puede solicitar la reintegración de la capacidad y, en su defecto, la aminoración de su régimen de incapacitación o el reconocimiento de concretas facultades, o bien la sustitución de la persona que ejerza la tutela o la curatela. Cabe asimismo que se solicite un agravamiento de la posición de una persona incapacitada y al propio tiempo una restricción de ejercicio de determinadas facultadas reconocidas al incapacitado en la sentencia de incapacitación. Por su parte, el demandado puede adoptar diversas posiciones frente a la demanda, así puede manifestar su deseo de que se mantenga su actual situación, o que se aumente o disminuya su grado de incapacitación. Si el demandado incapacitado, fuese asimismo el demandante en el proceso, procederá a manifestar que está de acuerdo con la petición correspondiente, lo que ciertamente convertirá en formal la dualidad de partes en el proceso.

---

[67] Vid. en Aparicio Auñón, en AAVV, Comentarios a la nueva Ley de Enjuiciamiento Civil, T.IV, Director Lorca Navarrete, Lex Nova, Valladolid 2000, pp. 4020 ss.

[68] Vid en Guilarte Martín-Calero Algunas reflexiones acerca de la incapacitación, la rehabilitación y la privación de la patria potestad: comentario a la sentencia del Tribunal Constitucional de 9 de octubre de 2002, STC 174/2002, Actualidad Civil, 2/2003, 17, pags. 633-646.

En materia probatoria se procederá a la práctica de todas aquellas pruebas, propuestas por las partes o decretadas de oficio por el juez, necesarias para formar la convicción del juez y apropiadas para el descubrimiento de la verdad material acerca del objeto del proceso.

La sentencia por la que se estima la reintegración de la capacidad o la modificación de su alcance, tiene carácter constitutivo, eficacia erga omnes, a partir de su inscripción en el Registro Civil correspondiente y efectos de cosa juzgada. Será susceptible de recurso de apelación ante la Audiencia Provincial y, en su caso, de recurso de casación ante el Tribunal Supremo.

6. INTERNAMIENTO NO VOLUNTARIO POR RAZÓN DE TRASTORNO PSÍQUICO

El art. 763 LEC regula el internamiento no voluntario por razón de trastorno psíquico, como un proceso especial, mediante el cual se procederá, en su caso, por parte del Tribunal donde tenga su residencia la persona afectada por un trastorno psíquico, a la autorización para su internamiento, en un hospital, clínica psiquiátrica o centro especializado en el tratamiento de enfermos psíquicos, en aquellos casos en dicha persona no otorgue su consentimiento o carezca de voluntad para prestarlo[69]. La autorización judicial del internamiento, o su ratificación, en los supuestos de internamiento urgente, tiene una finalidad básicamente terapéutica, de tratamiento para la rehabilitación, y no meramente asistencial de la persona afectada.

El texto del art. 763 es del siguiente tenor: 1. <El internamiento, por razón de trastorno psíquico, de una persona que no esté en condiciones de decidirlo por sí, aunque esté sometida a la patria potestad o a tutela, requerirá autorización judicial, que será recabada del tribunal del lugar donde resida la persona afectada por el internamiento.

---

[69] Vid. en Lacaba Sánchez, El internamiento de incapaces: problemática del artículo 211 del Código Civil, RJE La Ley, 1993-4, pp. 1013-1017; Perdiguero Bautista, El internamiento por razón de trastorno psíquico tras la Ley Orgánica 1/1996, de Protección jurídica del menor. La Ley, n. 4069, 1996-3, pp. 1447 ss.; Magro Servet, La modificación legislativa de las medidas de internamiento no voluntario de personas por razones psíquicas en la nueva Ley de Enjuiciamiento Civil, RJE-La Ley, n.4, 2000, pp. 1457-1463; Santos Morón, El supuesto de hecho del internamiento del artículo 763 LEC 1/2000, Tirant lo Blanch, Valencia 2002; Aznar López, El internamiento de las personas con discapacidad psíquica y su relación con la incapacitación a la luz de la nueva Ley de Enjuiciamiento Civil, en La protección jurídica del discapacitado I, cit., pp. 231-249.

La autorización será previa a dicho internamiento, salvo que razones de urgencia hicieren necesaria la inmediata adopción de la medida. En este caso, el responsable del centro en que se hubiere producido el internamiento deberá dar cuenta de éste al tribunal competente lo antes posible y, en todo caso, dentro del plazo de 24 horas, a los efectos de que se proceda a la preceptiva ratificación de dicha medida, que deberá efectuarse en el plazo máximo de 72 horas desde que el internamiento llegue a conocimiento del tribunal…>.

En el caso de que sea un menor quien haya de ser internado, conforme al art. 763.2 LEC, el internamiento habrá de realizarse en un establecimiento de salud mental adecuado a su edad, previo informe del servicio de asistencia del menor[70].

Además de la previsión legal del art. 763, el internamiento involuntario de una persona afectada por un trastorno psíquico, se contempla en otras disposiciones legales, en las que se prevén diferentes situaciones jurídicas que pueden dar lugar a un internamiento. Cabría al respecto, enumerar distintos tipos de internamiento, en atención a las distintas resoluciones judiciales que pueden dar lugar al mismo:

a) Por efecto de resolución judicial por la que se autoriza el internamiento y que pone fin al proceso especial previsto en el art. 763, 1, párrafo 1º LEC.
b) Cuando, por razón de urgencia, se produce el internamiento, sin autorización judicial, en un centro hospitalario de la persona afectada, lo que exige una resolución judicial de ratificación, conforme a lo establecido en el art. 763.1, párrafo 2º LEC.
c) Como consecuencia de una medida cautelar, adoptada con carácter preventivo en el curso del proceso de incapacitación o del específico proceso de internamiento, en cualquier estado del procedimiento, conforme al art. 762 LEC[71].
d) Cuando así se acuerde en la sentencia que declare la incapacitación de una persona, conforme al art. 760.1 LEC, sin perjuicio de lo dispuesto en el art. 763 LEC[72].

---

[70] Vid. al respecto en Ariza Segovia, Significado y efectos del internamiento en instituciones de acogida infantiles y juveniles, Madrid 1993.

[71] Como señala Ramos Méndez, Enjuiciamiento Civil. Como gestionar los litigios civiles, T.II, Atelier. Barcelona 2008, la medida consistente en el internamiento de una persona aparecería, en principio, como susceptible de ser tratada como una medida tuitiva o cautelar, en función de un eventual juicio de incapacitación. Sin negar esta instrumentalidad, lo cierto es que la ley la ha configurado autónomamente, por lo que no necesariamente debe seguir un juicio a continuación, lo que aconseja extremar las precauciones en cuanto a la adopción de la medida.

[72] Vid., con carácter general, en López-Barja de Quiroga, El internamiento de enajenados, Poder Judicial, n. 4, 1986, pp. 57 ss; Escudero Moratalla, *Régimen legal del tratamiento ambulatorio de los discapacitados*, Revista General Informática de Derecho, Nº. 1, 2006.

Hay que distinguir, en todo caso, entre el internamiento forzoso, que es el que se realiza contra la voluntad de la persona, el internamiento involuntario, que es el que tiene lugar en ausencia de la voluntad de la persona y el internamiento voluntario, que es el que tiene lugar con consentimiento o a instancia de la persona afectada[73].

El internamiento no voluntario viene caracterizado por las notas de subsidiariedad, instrumentalidad, proporcionalidad, provisionalidad y gravedad.

El internamiento tendrá carácter subsidiario, en el sentido de medida inevitable, respecto de cualquier otra medida menos gravosa para la persona afectada por el trastorno psíquico, como puede ser un tratamiento médico voluntario o forzoso. Sólo deberá, por tanto, procederse al internamiento, en aquéllos casos en los que éste resulte indispensable o bien para procurar la mejoría del enfermo o bien para evitar que éste se autolesione u ocasione un perjuicio grave a terceros. La inevitabilidad del internamiento responde, por otra parte, a la preeminencia que debe otorgarse, en situaciones no excepcionales, a la libertad frente a la capacidad. En todo caso, el internamiento de una persona afectada por un grave trastorno psíquico no debe encuadrarse en el marco de las medidas de seguridad de ámbito social[74].

La resolución judicial de internamiento tendrá asimismo carácter instrumental, en el sentido de que se otorga para proporcionar cobertura jurídica al dictamen del especialista médico competente que determine la necesidad del internamiento[75].

La proporcionalidad del internamiento, alude a la exigencia de que el carácter excepcional de una medida tan radical como es privar de la libertad a una persona, que afecta a uno de sus derechos fundamentales, previsto en el art. 17 CE, y que constituye quizás el bien jurídico de mayor valor –libertas res inestimabilis est, la libertad es inestimable, en expresión de la Jurisprudencia romana– debe justificarse en atención al grado de intensidad del trastorno psíquico.

---

[73] Vid. al respecto en Aznar López; El internamiento de las personas con discapacidad, en La protección jurídica del discapacitado I, cit. pp. 232 ss; Ramos Chaparro, El internamiento de incapaces presuntos, Revista General de Jurisprudencia y Legislación, septbr. 1988, pp. 495 ss; Gazenmuller Roig, El internamiento voluntario, Los derechos de las personas con discapacidad. Aspectos jurídicos, 2007, pp. 365 ss.

[74] A propósito de la distinción entre el internamiento civil, como medida de protección, y el internamiento penal, como medida de seguridad, vid. en Mateo Ayala, La medida de seguridad de internamiento psiquiátrico. Su ejecución y control. Instituto de criminología de la Universidad Complutense. Madrid 2004, pp. 102 ss.

[75] En el sentido expresado, subraya Peces Morate, en Problemática del internamiento judicial de enfermos psiquiátricos, Actualidad Civil, n.35, 22 a 28 dcbre de 1986, pp. 2431 ss, que <si los facultativos estiman que no se precisa internamiento para el tratamiento del enfermo no es admisible que una decisión del Juez imponga el internamiento contraindicado clínicamente>.

La provisionalidad de la resolución judicial se refiere a que la autorización de internamiento debe someterse a control periódico, al efecto de determinar el mantenimiento o la supresión de la privación de libertad de la persona afectada.

El internamiento involuntario sólo debe autorizarse en casos de especial gravedad, tales como crisis agudas del enfermo psíquico, depresiones profundas con riesgo de suicidio o, en general, situaciones de alto riesgo de la persona afectada, en las que la ausencia de tratamiento en un centro especializado puede ocasionar perjuicios irreversibles[76].

No se requiere, a diferencia de la incapacitación, que el trastorno psíquico tenga carácter permanente, sino que es suficiente con que sea ocasional y transitorio, siempre que su gravedad impida a la persona decidir por sí misma la necesidad o conveniencia de su propio internamiento[77].

Para qué el internamiento involuntario se encuentre justificado deberían concurrir, de conformidad con los estudios realizados al respecto, las siguientes circunstancias: a) que el paciente presente una enfermedad que requiera tratamiento inmediato, b) que el tratamiento pueda ser realizado exclusivamente en régimen de hospitalización, c) que el ingreso se realice en beneficio del paciente y/o para la protección de terceras personas y d) que exista imposibilidad de tratamiento ambulatorio por abandono social. Conforme a la doctrina, al respecto, del Tribunal Europeo de Derechos Humanos, TEDH, Sentencia de 28 de mayo de 1985, para proceder al internamiento en Centro especializado, deben concurrir los siguientes requisitos: <Que el afectado padezca una perturbación mental real, comprobada médicamente de forma objetiva, y que esa perturbación presente un carácter o magnitud que justifique el internamiento, por no poder vivir esa persona libremente en sociedad; por otro lado, el internamiento no puede prolongarse lícitamente sino en la medida en que persista la situación de perturbación que impida la vida en libertad>.

El proceso de internamiento se iniciará, con carácter general a instancia de parte, y ante la inexistencia de disposición legal específica, cabe entender que la legitimación activa para solicitar la autorización judicial previa al internamiento corresponderá a los legitimados para la incoación del proceso de incapacitación. Si las personas legitimadas no existiesen o no procediesen a solicitar el internamiento, corresponderá al Ministerio Fiscal la legitimación para la promoción del proceso. En el caso de tratarse del internamiento de un menor, por razón de trastorno psíquico, la legitimación activa se atribuye a quienes ejerzan la patria potestad o la tutela. La legitimación pasiva corresponderá a

[76] Vid. al respecto en Cutillas Torns, Consideraciones sobre el internamiento de presuntos incapaces, La ley, n. 1879, de 8 de enero de 1988.

[77] Vid., con carácter general en, García García, Marco jurídico de la enfermedad mental. Incapacitación e internamiento. Ed. Revista General del Derecho. Valencia 2000, pp. 176 ss.

la persona afectada por el internamiento, quien podrá comparecer en el proceso con su propia defensa y representación o, en su caso, mediante abogado de oficio, o con la defensa del Ministerio Fiscal o de un defensor judicial. Si bien no resulta frecuente, el Tribunal puede acordar de oficio el procedimiento, si llega a tener conocimiento de una situación de hecho que se adecue a la previsión del art. 763 LEC.

En el caso de autorización previa al momento del internamiento, será competente el tribunal del lugar donde resida la persona afectada. Si el internamiento se efectuase, por razón de urgencia, sin la preceptiva autorización, el juzgado competente para la ratificación corresponderá al del lugar en que radique el centro donde se haya producido el internamiento, conforme al art. 763.1 LEC. El Juez que autorice o ratifique el internamiento será asimismo el competente para efectuar el control de la estancia de la persona internada, así como para acordar su mantenimiento o alzamiento de la medida, con independencia de los traslados que se produzcan, en su caso, de la persona afectada a otros centros, para su mejor tratamiento o estancia[78].

El Ministerio Fiscal será parte en el proceso cuando alguno de los interesados sea menor, incapacitado o esté en situación de ausencia legal, conforme al art. 749. 2 LEC. En los demás supuestos, iniciado el procedimiento, el Tribunal deberá dar traslado de la solicitud de autorización o ratificación, conforme a lo dispuesto en el art. 763.3 LEC, a la persona afectada por la decisión, al Ministerio Fiscal y a cualquier otra persona cuya comparecencia estime conveniente o le sea solicitada por el afectado por la medida. La fase de prueba, no queda, por tanto, circunscrita a la emisión del informe del facultativo y al examen personal del afectado por el juez, pues las demás partes en el proceso, afectado y Ministerio Fiscal, quedan obligados a adoptar una postura activa en la apreciación de las causas graves que justifiquen la adopción de la medida[79].

Las normas procesales por las que se rigen los trámites del procedimiento a seguir no varían, por otra parte, en función de si se ha interpuesto la pretensión de internamiento, iniciado de oficio el procedimiento o solicitado la ratificación del internamiento realizado con carácter de urgencia, salvo la peculiaridad que supone, en este último caso, la existencia de, al menos, dos dictámenes, el del profesional médico que haya evaluado a la persona internada de forma urgente, y el del especialista encargado del tratamiento de la persona afectada por el trastorno psíquico[80]. Sobre el tipo de procedimiento, la doctrina se ha pronunciado con opiniones diferentes, ante la ausencia de una referencia expresa en la LEC[81].

---

78 Vid. en este sentido, en la SAP de Castellón de 9 de octubre de 2004.

79 Vid en el sentido indicado, en Pindado García, La discapacidad en las Sentencias del Tribunal Constitucional, cit., pp. 858-859.

80 Vid. en este sentido en Sancho Gargallo, en AAVV, Comentarios a la nueva Ley de Enjuiciamiento Civil, Barcelona 2000, pp. 3473 ss.

81 Así, para Díez-Picazo Giménez, el Tribunal puede seguir el procedimiento que estime conveniente, en Derecho Procesal Civil. Ejecución forzosa. Procesos especiales. con De La

A la necesidad del examen personal por parte del tribunal, así como al preceptivo dictamen de un especialista en trastornos psíquicos, se refiere el art. 763.3: <Antes de conceder la autorización o de ratificar el internamiento que ya se ha efectuado, el tribunal oirá a la persona afectada por la decisión, al Ministerio Fiscal y a cualquier otra persona cuya comparecencia estime conveniente o le sea solicitada por el afectado por la medida. Además, y sin perjuicio de que pueda practicar cualquier otra prueba que estime relevante para el caso, el tribunal deberá examinar por sí mismo a la persona de cuyo internamiento se trate y oír el dictamen de un facultativo por él designado …>. Parece razonable pensar, a la vista de la indefinición legal respecto de la persona del facultativo, que el Tribunal proceda a valorar la emisión del dictamen oral o a asignar la elaboración del informe médico a un especialista en psiquiatría o a un forense judicial. En el caso de que se trate de ratificar el internamiento urgente, serán varios, como ya ha sido señalado, los informes médicos emitidos por distintos profesionales médicos. Valorados los respectivos informes el tribunal decidirá acerca de la autorización del internamiento solicitado o acerca de su ratificación, en aquellos casos en que el internamiento ya se hubiere producido con anterioridad, por razón de urgencia[82].

En todas las actuaciones, la persona afectada por la medida de internamiento podrá disponer de representación y defensa en los términos señalados en el artículo 758 de la LEC.

El control judicial del internamiento se materializa asimismo en la exigencia legal de seguimiento con posterioridad a la resolución judicial. Conforme al art. 763.4 LEC: <En la misma resolución que acuerde el internamiento se expresará la obligación de los facultativos que atiendan a la persona internada de informar periódicamente al tribunal sobre la necesidad de mantener la medida, sin perjuicio de los demás informes que el tribunal pueda requerir cuando lo crea pertinente>.

Los informes periódicos serán emitidos cada seis meses, a no ser que el tribunal, atendida la naturaleza del trastorno que motivó el internamiento, señale un plazo menor[83]. Recibidos los referidos informes, el Tribunal, previa la práctica, en su

---

Oliva y Vegas Torres, cit., pp. 431 ss, Gimeno Sendra y Morenilla Allard, en Derecho Procesal Civil, Vol. II. Los procesos especiales, Madrid 2005, pp. 265 ss., estiman que el procedimiento a seguir debe ser el juicio verbal, y Lete del Río, en Internamiento por razón de trastorno psíquico, Actualidad Civil, n. 43, 18 a 24 nvbr. 2002, pp. 1315 ss., considera que la tramitación debe ser la correspondiente a un procedimiento de jurisdicción voluntaria.

[82] En relación con los derechos fundamentales de las personas internadas de forma involuntaria, la Recomendación 1235, 1994, de 12 de abril, de la Asamblea Parlamentaria del Consejo de Europa, sobre psiquiatría y derechos humanos, establece la no utilización de medios mecánicos de contención, y la limitación del aislamiento, en los supuestos de internamiento no voluntario por razón de trastorno psíquico.

[83] El art. 255 del Código de Familia de Cataluña, prevé el control judicial de la situación de la persona internada cada dos meses.

caso, de las actuaciones que considere imprescindibles, acordará lo procedente sobre la continuación o no del internamiento>. En el párrafo final de este precepto legal se prevé, no obstante, la posibilidad de que sea el facultativo que trate a la persona internada quien proceda a dar de alta al enfermo: <Sin perjuicio de lo dispuesto en los párrafos anteriores, cuando los facultativos que atiendan a la persona internada consideren que no es necesario mantener el internamiento, darán el alta al enfermo, y lo comunicarán inmediatamente al tribunal competente>.

La resolución judicial que autoriza o ratifica el internamiento suele adoptar la forma de auto, que era el tipo de resolución propia del procedimiento de jurisdicción voluntaria por el que se tramitaba el internamiento con anterioridad a la regulación como proceso contencioso por la LEC de 2000, si bien parece más adecuada la forma de sentencia. Su efecto se cosntreñirá a una persona y a una situación específica, por lo que los posteriores internamientos que, en su caso, se impongan la misma persona afectada, requerirán la tramitación de un nuevo proceso. Parece razonable que la resolución de internamiento lleve implícita la autorización para el tratamiento, que corresponda a la persona afectada, a juicio de los especialistas, si bien ello constituye un aspecto sobre el que el art. 763 no se pronuncia de forma expresa y es objeto de debate en la doctrina[84].

No todo internamiento debe dar lugar, de forma necesaria, a una incapacitación de la persona afectada y, al contrario, lo normal será que la persona incapacitada no sea internada en un centro sanitario. El alta médica de una persona internada no supondrá, por otra parte, de forma automática, la resolución de la incapacitación en la que, en su caso, estuviere incursa la persona, sino que será necesario que ello sea acordado por el tribunal de forma específica.

El recurso frente a la decisión de internamiento por parte del tribunal está previsto en el art. 763.3: <En todo caso, la decisión que el tribunal adopte en relación con el internamiento será susceptible de recurso de apelación> y, aunque no se contiene en el texto legal de forma expresa, frente a la sentencia dictada por el Tribunal de segunda instancia, cabrá el recurso de casación ante el Tribunal Supremo.

Desde el sector de la discapacidad, representado por el CERMI, Comité español de representantes de personas con discapacidad, se solicitó, en octubre de 2007, con

---

[84] De forma favorable a que el internamiento suponga al propio tiempo la posibilidad de proporcionar el tratamiento adecuado a la persona con trastorno psíquico, se ha pronunciado Bustos Valdivia, Consideraciones sobre el internamiento por razón de trastorno psíquico a partir de la Ley Orgánica de Protección del Menor de 15 de mayo de 1996, Actualidad Civil, n. 35, 25 septbr a 1 de octubre de 2000, p. 1297 ss. En sentido contrario, se manifiesta Aznar López, en Internamientos civiles y derechos fundamentales de los usuarios de centros sanitarios, sociales y sociosanitarios, Granada 2000, pp. 63 ss

ocasión de la tramitación del Proyecto de Ley de Jurisdicción Voluntaria: a) Que se regulase la autorización judicial para imponer tratamiento médico forzoso a los enfermos psíquicos y, b) Que se valorase la conveniencia de que la autorización judicial para el internamiento no voluntario de personas que padecen trastornos psíquicos, se tramite a través de un procedimiento de Jurisdicción Voluntaria.

Pues bien, en relación con la segunda de las propuestas, cabe señalar que asunto cuya propuesta de valoración se solicita constituye un claro reflejo del carácter variable y fluido entre las dos esferas de la jurisdicción, la contenciosa y la voluntaria, manifestado en instituciones como los alimentos provisionales, la incapacitación por locura o el internamiento de personas con trastornos psíquicos, que se tramitaron por medio de procedimientos de Jurisdicción Voluntaria, antes de pasar a la esfera contenciosa. En el supuesto del internamiento no voluntario, el trasvase se materializó con su inclusión en la LEC 2000, art. 763, que vino a sustituir al art. 211 CC, que fue introducido por la Ley 13/1983, que reconducía el internamiento al marco de los procedimientos de jurisdicción voluntaria y exigía la autorización judicial, lo que fue acogido de forma muy positiva por la doctrina[85].

Pues bien, a mi juicio, en los supuestos en los que la persona con un trastorno psíquico grave no esté en condiciones de oponerse o de manifestar su opinión sobre la privación de libertad con efectos terapéuticos, sería más apropiado un procedimiento específico de jurisdicción voluntaria, con las garantías propias de cualquier actuación jurisdiccional, que evitase trámites innecesarios e inapropiados, así como costes económicos y, sobre todo, psicológicos a la persona afectada y a sus familiares, dado que por ejemplo parece más apropiado en estos casos en los que no existe contradicción, la presentación de una solicitud, en el marco de la jurisdicción voluntaria, que la interposición de una demanda en el marco de un juicio verbal, de naturaleza contenciosa. Por otra parte, y en razón de la coherencia del sistema, si se mantiene la esterilización del incapaz psíquico en el marco de la Jurisdicción Voluntaria, con mayor razón debería considerarse de naturaleza voluntaria el internamiento no voluntario por razón de trastorno psíquico[86].

---

[85] Acerca de la constitucionalidad del art. 211 CC, vid. STC, de 1 de julio de 1999, desestimatoria de una cuestión de constitucionalidad referida al art. 211 CC –que se corresponde con el actual art. 753 LEC–, al considerar que las garantías procedimentales contenidas en el art. 211 CC, no constituyen, a los efectos de la reserva de ley orgánica del art. 81 CE, desarrollo del derecho fundamental a la libertad personal del art. 17 CE .

[86] Sobre este punto, y en relación con la Disposición Adicional de la Ley 13/1983, que establece que el procedimiento que hay que aplicar a las diversas actuaciones judiciales previstas en el artículo 211 es el de jurisdicción voluntaria, se pronuncia Bercovitz, R., en Comentarios al artículo 211 del CC, Comentarios a las Reformas de Nacionalidad y Tutela, cit., pp. 208 ss, cuando afirma que parece lógico admitir que la persona afectada puede oponerse en el procedimiento de internamiento, y puede asimismo no existir acuerdo entre los parientes

7. LA ESTERILIZACIÓN INVOLUNTARIA DEL INCAPACITADO PSÍQUICO

La L.O. de 21 de junio de 1989, de actualización del Código Penal, añadió un nuevo párrafo al artículo 428, que básicamente se corresponde, en su tenor literal, con el actual artículo 156.2 del CP, conforme a la reforma del mencionado texto legal realizada por L.O. de 23 de septiembre de 1995: "No será punible la esterilización de persona incapaz que adolezca de grave deficiencia psíquica, cuando aquella, tomándose como criterio rector el del mayor interés del incapaz, haya sido autorizada por el Juez, bien en el mismo procedimiento de incapacitación, bien en un expediente de jurisdicción voluntaria, tramitado con posterioridad al mismo, a petición del representante legal del incapaz, oído el dictamen de dos especialistas, el Ministerio fiscal y previa exploración del incapaz".

Planteada la inconstitucionalidad del antiguo artículo 428 del CP., fue denegada por el Tribunal Constitucional en la ST. n.215/1994, de 14 de julio. La esterilización, involuntaria, de la persona con discapacidad psíquica se autoriza, por tanto, en determinados supuestos, en atención a principios superiores. Por parte de las fundaciones, asociaciones y padres de discapacitados psíquicos, se adujeron a favor de la reforma legal introducida, la conveniencia de una relación sexual sin riesgo de descendencia, y la evitación del riesgo de una descendencia que padezca la misma enfermedad. La esterilización voluntaria de una persona, que es un acto personalísimo, había sido ya regulada en el año 1983.

Desde el sector de la discapacidad, representado por el CERMI, se solicitó en octubre de 2007, con ocasión asimismo de la tramitación del Proyecto de Ley de Jurisdicción Voluntaria: que se articulase el procedimiento de Jurisdicción Voluntaria previsto en el art.156 del Código Penal, relativo a la autorización judicial para la esterilización de la persona incapaz que adolezca de grave deficiencia psíquica.

El procedimiento no podrá iniciarse de oficio, sino a petición del representante legal del incapaz, y la solicitud deberá tramitarse bien en el propio proceso de incapacitación, bien en un posterior procedimiento de jurisdicción voluntaria. La legiti-

---

del artículo 202 CC. El sustanciar la oposición, escribe este autor, por el cauce de un proceso declarativo supondrá una tramitación demasiado lenta para las necesidades del caso, por lo que habrá que entender que: <la referencia a la jurisdicción voluntaria implica precisamente la tramitación en todo caso de las actuaciones judiciales a través de dicha jurisdicción, incluso si existe oposición. Quizás esta solución sea preferible, aunque no esté expresamente prevista, y aunque sea contraria con la naturaleza misma de esta jurisdicción. Ya tenemos un antecedente similar en la Disposición Transitoria 10 de la Ley 11/1981, con respecto a las controversias surgidas en las relaciones matrimoniales, aunque ciertamente en ella era más explícito el recurso a la jurisdicción voluntaria precisamente para solucionar temas contenciosos>.

mación para promover el proceso de esterilización, no coincide, sin embargo, con la establecida para el proceso de incapacitación, que se atribuye a un mayor número de personas, conforme al artículo 757 de la LEC. El representante legal del incapaz deberá alegar y probar el mayor interés del incapaz en la incapacitación[87].

La determinación de lo que pueda entenderse por grave deficiencia psíquica, que impida a la persona la autodeterminación sexual, compete al Juez, que debe proceder a valorar el dictamen de los especialistas y el resultado de su propia exploración personalizada de la persona incapacitada, para decidir al respecto, conforme se desprende del auto del T.C. n. 261/1998, de 24 de noviembre. El preceptivo dictamen de los especialistas no vincula al juez, si bien deberá valorarlos junto con el informe del Ministerio Fiscal, quien debería no sólo pronunciarse sobre la conveniencia o no de la medida en función del interés del incapaz, sino también sobre la concurrencia o no de los requisitos formales y materiales, siendo asimismo conveniente, en opinión de Lete, que estuviese presente durante la exploración del incapaz por parte del juez[88].

8. ANÁLISIS JURISPRUDENCIAL

Con carácter general, cabe consultar: Torres Mateos, Tutela, Curatela, Guarda de menores o incapacitados y Defensor judicial, Thomson-Aranzadi, Pamplona 2007; Terrero Chacón, Discapacidad en la Jurisprudencia del Tribunal Supremo, en Tratado sobre Discapacidad. De Lorenzo y Pérez Bueno, Directores, Thomson-Aranzadi, Pamplona 2008, pp. 811-836; Pindado García, La discapacidad en las Sentencias del Tribunal Constitucional, en Tratado sobre Discapacidad, cit., pp. 837-886; Martinez Rivero, Tratamiento de la discapacidad en el Tribunal Europeo de Justicia, en Tratado sobre Discapacidad, cit., pp. 869-884; Alonso Parreño, Los derechos del niño con discapacidad en España. Cermi. Cinca. 2009.

— SSTS de 20 de febrero de 1989, de 12 de junio de 1989, de 20 de marzo de 1991, de 24 de mayo de 1991, de 15 de diciembre de 1996, de 4 de marzo de 2000, acerca del carácter imperativo y de orden público del examen directo del presunto incapaz y de la audiencia a sus parientes más próximos.

---

[87] Vid. al respecto en Lete del Río, La esterilización del deficiente psíquico, en La Protección Jurídica del Discapacitado, cit., pp.33-58. Con buen criterio, opina asimismo este autor, en p. 51, que el hecho de que el juez utilice como criterio rector el del <mayor interés del incapaz>, constituye un concepto jurídico indeterminado, y por lo tanto abierto a la interpretación por parte del juez, al tiempo que se pregunta si existe algún estudio o tratado sobre "el interés del incapacitado", y en Sobremonte Andrés, Comentario al artículo 156 del actual Código Penal. Esterilización de incapaces, en Revista General de Derecho, n. 646-647, 1998, pp. 8852 ss.

[88] Vid. en Lete del Río, La esterilización del deficiente psíquico, cit., pp. 41-44.

- STC de 4 de julio de 1990, acerca del internamiento en Centro especializado del declarado incapaz.
- STS de 31 de diciembre de 1991, acerca de la consideración del examen de la persona con discapacidad, no como reconocimiento judicial, ni inspección personal, como un medio de prueba directa, legal y obligada para dictar la resolución judicial.
- STS de 22 de julio de 1993, acerca de que el concepto de <beneficio del incapacitado> es el que debe presidir la designación del cargo tutelar, frente a otras preferencias de tipo tutelar.
- *SAP de Valladolid, de 18 de enero de 1994, acerca de enfermedad física, autogobierno e incapacitación.*
- Recomendación 1235, 1994, de 12 de abril, de la Asamblea Parlamentaria del Consejo de Europa, sobre psiquiatría y derechos humanos, que estable la no utilización de medios mecánicos de contención, y la limitación del aislamiento, en los supuestos de internamiento no voluntario por razón de trastorno psíquico.
- STC de 1994, de 14 de julio, en relación con la constitucionalidad del art. 428, párrafo 2º del CP –cuyo texto se corresponde con el actual art. 156.2 del CP– por el que se regula la esterilización de los incapaces que adolezcan de grave deficiencia psíquica.
- STSJ de Cataluña, de 19 de septiembre 1994, acerca de la consideración de la actividad de seguimiento del incapaz como no separable del propio internamiento, sino como una etapa o fase de ejecución del mismo.
- STC de 3 de octubre de 1994, en relación con el derecho fundamental de las personas con discapacidad a acceder en condiciones de igualdad a las funciones y cargos públicos.
- STS de 31 de octubre de 1994, acerca de la ausencia o impedimento del autogobierno como factor determinante de la incapacitación.
- STS de 30 de diciembre de 1995, sobre la legitimación pasiva de la demanda de incapacitación.
- STS de 19 de febrero de 1996, sobre la no procedencia de la audiencia, en el proceso de incapacitación, de aquéllos parientes que actúen en el procedimiento como demandantes, ni la de los que intervengan en situación de litigantes demandados.
- STS, de 27 de enero de 1998, acerca de la naturaleza de la sentencia en la que se declara la incapacitación de una persona.
- Auto del T.C. de 1998, de 24 de noviembre, acerca de la constitucionalidad del art. 156.2 del CP y sobre la determinación de lo que pueda entenderse por grave deficiencia psíquica, que impida a la persona la autodeterminación sexual, al efecto de la esterilización de persona incapaz.

— STS de 28 de julio de 1998, en materia de incapacitación, acerca de la necesidad de que la enfermedad o deficiencia persistente, de carácter físico o psíquico, produzca en el presunto incapaz un trastorno permanente u oscilante en intensidad, que le impida a la persona gobernarse por sí misma.
— STC, de 1 de julio de 1999, desestimatoria de una cuestión de constitucionalidad referida al art. 211 CC, que se corresponde con el actual art. 753 LEC, al considerar que las garantías procedimentales contenidas en el art. 211 CC, no constituyen, a los efectos de la reserva de ley orgánica del art. 81 CE, desarrollo del derecho fundamental a la libertad personal del art. 17 CE.
— STS de 26 de julio de 1999, sobre la consideración de incapacitante de aquellos supuestos en los que la situación de incapacidad no es constante o permanente, sino esporádica, siempre que las fases clínicas o críticas se repitan.
— STC de 18 de diciembre de 2000, acerca del contenido de la representación legal en materia de incapacitación.
— Auto de la AP Huelva, de 30/11/ 2000, en materia de ejercicio de la tutela por personas jurídicas, en el que se afirma que las personas jurídicas públicas no pueden carecer de recursos que le impidan el adecuado desempeño de una tutela, pues siempre podrán arbitrar las partidas presupuestarias necesarias para la realización de las funciones protectoras que legalmente tienen encomendadas, lo que implica que el párrafo 2 del art. 251, que considera motivo de excusa el no disponer o carecer de medios suficientes, sólo resultaría aplicable a las personas jurídicas privadas.
— STC, de 18 de diciembre de 2000, sobre actos personalísimos de personas sometidas a tutela.
— STS de 4 de marzo de 2002, sobre la actuación de oficio del Tribunal en materia probatoria previa a la declaración de incapacitación.
— SAP de Ávila, 9 de abril de 2002, acerca de la estabilidad afectiva y personal de las personas con deficiencia mental integradas laboralmente en la sociedad.
— STC n. 174/2002, de nueve de octubre, que declara, en el plano de la constitucionalidad, que el derecho a la personalidad jurídica del ser humano, consagrado en el artículo 6 de la declaración universal de los derechos humanos de 10 de diciembre de 1948, lleva implícito el reconocimiento del derecho a la capacidad jurídica de la persona y a los derechos inviolables que le son inherentes, así como al libre desarrollo de la personalidad (art. 10.1 CE).
— SAP de Barcelona, de 14 de noviembre de 2003, acerca de la total rehabilitación producida por la sentencia de reintegración de la capacidad.
— STS de 20 de noviembre de 2002, acerca de la graduación de la incapacidad y la determinación de la tutela y la curatela como instituciones protectoras.

- STS de 14 de mayo de 2003, por la que se considera posible la sustitución de la prueba pericial psiquiátrica que propongan las partes por el reconocimiento del presunto incapaz llevado a cabo por el médico forense adscrito al Juzgado.
- SAP de Barcelona, Auto de 12 de mayo de 2004, acerca de la interpretación de las normas reguladoras del proceso de incapacitación.
- SAP de Castellón, de 11 de febrero de 2005, acerca de los motivos de nombramiento de curador en un caso de incapacitación.
- STS de 14 de julio de 2004, acerca de las tres dimensiones o intensidades que tiene el autogobierno de una persona, desde el punto de vista médico, y de la excepcionalidad de una incapacitación por una discapacidad física.
- SAP de Castellón de 9 de octubre de 2004, acerca del mantenimiento de la competencia en el Juzgado que haya autorizado o ratificado el internamiento, con independencia de los eventuales cambios de centro de la persona afectada.
- STS de 15 de julio de 2005, respecto a la necesidad de reiterar las pruebas en segunda instancia, en el proceso de incapacitación.
- SAP de Barcelona, de 23 de diciembre de 2005, en relación con la reintegración de la capacidad y los dictámenes periciales médicos en el proceso de incapacitación.
- SAP de Lleida, de 22 de marzo de 2006, acerca de la necesidad de que existan circunstancias nuevas y diferentes a las existentes en el momento de la incapacitación, para que se produzca una reintegración de la capacidad.
- SAP de Ciudad Real, de 30 de septiembre de 2006, acerca de la necesidad de que el restablecimiento de la persona incapacitada tenga una cierta estabilidad, continuidad y permanencia, al efecto de la reintegración de la capacidad.
- AAP de Lleida, de 3 de octubre de 2006, acerca del mantenimiento de la competencia del Juzgado que acordó el internamiento, en el caso de traslado de la persona internada a otro centro, así como para acordar las convenientes medidas de control, continuación o alzamiento de la restricción de libertad de la persona afectada.
- SSTS de 2 de febrero y 12 de junio de 2008 y SAP de Barcelona de 15 de febrero de 2006, en relación con el peculiar carácter de medio de prueba del examen por el Juez del presunto incapaz.
- STS n.282/2009, de veintinueve de abril, sobre el proceso de incapacitación, en relación con la posible sustitución de la tutela por la curatela, como institución propia de la persona incapacitada.

— 13 —

LA LEY DE JURISDICCIÓN VOLUNTARIA EN EL HORIZONTE: CONFLUENCIA DE PLANOS, PERSPECTIVAS, ACTORES Y OPERADORES*

Abstract: *Es el momento de que la Jurisdicción Voluntaria deje de ser un campo de experimentación para el legislador. Tenemos ahora la oportunidad de modernizar la Justicia en esta materia y de hacerlo con la intención de asegurar su permanencia en el futuro, desde una posición de consenso y progreso.*

Palabras clave: *Jurisdicción Voluntaria; autoridad jurisdiccional; secretario del tribunal; notario; registro.*

Sumario: I) Dogmática jurídica: *A) Terminología. B) Principios informadores. C) Sanción constitucional. D) Redefinir. E) Redelimitar. F) Racionalizar: Deslindar. Redistribuir. Desjudicializar. Desregular. G) Articular procedimientos garantistas.* II) Actores intervinientes. III) Operadores jurídicos. IV) Grupos Parlamentarios. V) Realidad social y Opinión pública.

I) DOGMÁTICA JURÍDICA

Me limitaré a esbozar, en este primer apartado, determinados aspectos relativos a la dogmática, cuyo desarrollo he abordado, con cierto detenimiento, en otros estudios, a los que me remito, algunos de los cuales han sido publicados en esta prestigiosa sede de Diario La Ley.

---

* Diario del Derecho. La Ley. N ° 7866, de 25 de mayo de 2012.

En los apartados que siguen, procuraré realizar algunas reflexiones novedosas que puedan servir de ayuda en el proceso de racionalización y reforma de la JV, en el que estamos incursos, y que nos debería conducir, a la aprobación, en la actual Legislatura, de una Ley de Jurisdicción Voluntaria que, elaborada desde posiciones de consenso y de progreso y con voluntad de permanencia en el tiempo, sepa proyectarse en el futuro y dar respuesta en el presente a lo que constituye una urgente necesidad social.

Cabe señalar, antes que nada, que no se trata, con la reforma en ciernes, tanto de adecuar el Libro III de la LEC de 1881, relativo a la JV, y las demás Leyes específicas atinentes a la misma, cuanto de elaborar una Ley de JV sustancialmente nueva, conforme a postulados acordes con los tiempos presentes y a una filosofía diversa a la existente.

De entre las múltiples cuestiones que cabe plantear en el ámbito de la dogmática en materia de JV, procederé a aludir a las que siguen.

A) Terminología

En materia de JV, en puridad, la terminología más adecuada, a mi juicio, se corresponde con la utilización de los vocablos acto, procedimiento y expediente.

Así, prevista en la legislación sustantiva un acto de JV, es decir, la intervención de un juez, sin que ésta se desarrolle a través del cauce de un proceso, se requerirá, en la mayor parte de los supuestos, que se incoe un procedimiento a solicitud de persona legitimada o, en su caso, de oficio o a instancia del Ministerio Fiscal, en el curso del cual se procederá a la tramitación de un expediente, en el que, en su caso, se procederá a la realización del derecho subjetivo o interés legítimo que constituya su objeto.

La utilización abusiva del término expediente, con un carácter totalizador, que abarca de forma indistinta la perspectiva material y la procedimental, constituye, por tanto, un inapropiado reduccionismo lingüístico.

B) Principios informadores

La nueva y afortunada regulación del proceso en la LEC del año 2000, caracterizada por principios como la economía procesal, la concentración, la inmediación, la oralidad o el papel activo del juez, ha supuesto un acercamiento a la concepción de mayor agilidad, brevedad y menor formalismo, caracterizadora del procedimiento de jurisdicción voluntaria, el cual debería, a su vez, salir reforzado en la futura ley en orden a la exigencia de un mayor cumplimiento de las garantías procesales propias del contencioso, especialmente en lo referente a la admisión de todo tipo de pruebas, a los principios de audiencia a las partes interesadas y a su participación activa en el desarrollo del procedimiento.

Los juicios de jurisdicción voluntaria, caracterizados por una mayor agilidad, menor formalismo, preservación de las fundamentales garantías de los procesos contradictorios, amplios poderes del juez y mayor economía procesal, conforman aquellos supuestos en que el juez, sin que exista lesión de derecho subjetivo o interés legítimo, ni controversia de especial relevancia interviene, a solicitud de interesado o por imperativo legal, en defensa de menores, incapaces, personas con discapacidad, desvalidos, ausentes, intereses públicos o sociales, o bien con carácter constitutivo, preventivo, declarativo o ejecutivo, al propio tiempo que procede a controlar la legalidad de la actuación en la que interviene.

Se incluyen asimismo dentro de la esfera de la jurisdicción voluntaria un conjunto de procedimientos dirigidos a la solución judicial de conflictos que el ordenamiento jurídico considera que no tienen entidad suficiente para ser dirimidos en un proceso contencioso. Se trataría de supuestos en los que la urgencia o la conveniencia de eludir la excesiva dilación del juicio ordinario, justificaría la tutela simplificada, ágil y flexible del procedimiento voluntario, que cumpliría, en estos casos, el papel que correspondería a un especial procedimiento sumario contradictorio o juicio rápido en el ámbito civil.

El otorgamiento de amplios poderes al juez, en materia de jurisdicción voluntaria, en atención al carácter tuitivo y social de muchos de sus procedimientos, con la consiguiente libertad de formalidades y actuación conforme a los principios de lógica judicial e impulso de oficio frente al carácter más reglado del proceso, no debe sin embargo, desembocar en un excesivo dirigismo judicial, que ponga en peligro las fundamentales garantías propias del proceso contradictorio, ni mucho menos derivar en un procedimiento autoritario o inquisitivo.

C) Sanción constitucional

Dirimir conflictos a través del proceso, con todas las garantías propias de la actividad procesal, es el núcleo esencial de la potestad jurisdiccional, pero otorgar tutela judicial fuera del proceso, con respecto a las fundamentales garantías del procedimiento y mediante la aplicación del derecho objetivo, en asuntos relativos a menores, personas con discapacidad, incapacitados, desvalidos, ausentes, intereses generales, públicos o sociales, derecho de familia en asuntos contradictorios, derechos indisponibles, restricción de derechos fundamentales o en conflictos no especialmente relevantes, forma parte asimismo del contenido de facultades atribuido por el art. 117, 3 de la Constitución a Juzgados y Tribunales, interpretado en sentido amplio.

Hay, por tanto, determinados procedimientos que, a mi juicio, deben permanecer en el ámbito de la reserva jurisdiccional, y ello, únicamente lo garantiza el 117.3 de la Constitución. Cabe citar al respecto, entre otros supuestos, las autorizaciones judiciales para esterilizar un incapacitado con grave deficiencia psíquica, para el tratamiento no voluntario de una persona con trastorno psíquico agudo, para una intromisión legítima en el honor, en la intimidad o en la propia imagen de un menor o incapacitado, para el reconocimiento de la filiación no matrimonial de menores o incapaces, para el nombramiento o remoción de un tutor o curador, o para decidir en los casos de secuestro parental, sobre la custodia de los menores cuando los padres vivan separados o sobre la atribución a uno sólo de los cónyuges de la facultad para realizar actos de administración o disposición de los bienes comunes.

No parece, a mi juicio, que en los procedimientos de JV señalados y en otros análogos, quepa cuestionar que el Juez realice una actividad de enjuiciamiento propia de la potestad jurisdiccional, en el marco de un procedimiento sustanciado con todas las garantías de la tutela judicial efectiva, consistente en constituir, autorizar, habilitar o complementar la capacidad de una persona, tutelar un interés público o resolver un conflicto de relevancia menor.

Mantener que la fundamentación de la JV se asienta tan sólo en el párrafo 4 del art. 117 CE, relativo a las competencias que les sean atribuidas por ley a los Juzgados y Tribunales en garantía de derechos, supondría que, en el futuro, pudiese decidirse que alguno o todos los supuestos mencionados se atribuyesen a otros operadores jurídicos distintos de la autoridad judicial. Parece pues razonable o bien incardinar los procedimientos de Jurisdicción Voluntaria que se mantengan en el futuro en la órbita judicial en los apartados 3 y 4 del artículo 117 de la CE, como así se establece en el Anteproyecto de la Comisión de Codificación, o bien obviar esta cuestión en la futura Ley de JV.

En el sentido expresado, se manifestó el Tribunal Supremo en el Fundamento de Derecho sexto de la sentencia de 22 de mayo del año 2000, en relación con la naturaleza de la jurisdicción voluntaria y su consideración como potestad jurisdiccional, amparada por el art. 117,3 CE, y se pronunció, en su preceptivo Dictamen al Anteproyecto de Ley de JV de 2006, el Consejo General del Poder Judicial, pág. 23: <sin la nota de la exclusividad del apartado 3 del art. 117, el problema queda reducido a una mera opción del legislador, que podrá sustraer a la intervención judicial lo que constituyen manifestaciones de carácter constitutivo negocial, autorizaciones, aprobaciones u homologaciones…>.

Sin la nota de la reserva jurisdiccional, que informa el 117,3 CE, cabría mantener alguna competencia en la órbita judicial, en garantía de derechos, conforme al 117.4 CE, así la declaración de ausencia y fallecimiento, si bien la mayor parte de las competencias que en la regulación vigente se atribuyen a los jueces sin contenido jurisdiccional, es previsible y razonable, a mi juicio, que se trasladen a la competencia de los Secretarios Judiciales, o se desjudicialicen, en sentido estricto, y se atribuyan a Notarios y Registradores.

D) Redefinir

En la JV no existe un proceso inter partes, por lesión, o no reconocimiento, de derecho subjetivo o interés legítimo o como consecuencia de un conflicto relevante, pero si existe, en numerosos supuestos, contienda controversia, contradicción y oposición y por ello se acude a la autoridad judicial, conforme a lo previsto por la ley, por razones de urgencia o para atender a una necesidad perentoria, ante la existencia de un conflicto de relevancia menor o con la finalidad de evitar la excesiva dilación del proceso contencioso.

En algunos supuestos la controversia está en la propia rúbrica del procedimiento, así en todos los supuestos de derecho de familia en los que se prevé la intervención judicial en la solución de controversias relativas a la atribución y régimen del ejercicio de la patria potestad o referidas a la custodia de los hijos cuando los progenitores vivan separados, o en aquellos casos en que esté prevista la autorización o aprobación judicial cuando el titular de la patria potestad fuese un menor no emancipado, o cuando las controversias surjan en la marco de las relaciones –así en el régimen de visitas– de los menores con el progenitor que no ejerza la patria potestad, o con sus parientes y allegados, o respecto a la determinación de las medidas de protección atinentes al ejercicio inadecuado de la potestad de guarda o administración de los bienes de los menores o incapaces, a que se refieren los artículos 158, 164,165, 167 y 216 del Código Civil.

En el mismo ámbito del derecho de familia, se prevé la intervención judicial en procedimientos de JV referidos a desacuerdos conyugales, así en supuestos de discordancia sobre fijación de domicilio, disposición sobre la vivienda u objetos de uso ordinario, contribución de uno de los cónyuges a las cargas del matrimonio, realización de actos de administración o disposición sobre bienes comunes o su atribución a uno sólo de los cónyuges, así como acerca de las medidas relativas a sus cautelas o limitaciones, o en otros procedimientos, como puede ser el denominado secuestro parental, es decir, la adopción de medidas referidas al traslado o retención ilícita de menores en actuaciones de sustracción internacional.

En otros supuestos, la existencia de la controversia no se encuentra recogida en la rúbrica del procedimiento, sino que la propia norma prevé que si surge la controversia por la oposición de uno de los afectados o de los interesados que manifiesten un interés contrario al declarado por el solicitante, el conflicto se sustancie en el propio procedimiento por la autoridad judicial, así en la autenticación del testamento ológrafo o del testamento cerrado, o en los casos de oposición por parte de los representantes legales de la persona con discapacidad, a la aceptación de las aportaciones al patrimonio de ésta, discordancia que resolverá el juez, en interés de la persona discapacitada, mediante auto que podrá ser apelado ante la Audiencia, o en los procedimientos en que se sustancien expedientes de dominio o de liberación de cargas y gravámenes, o determinados asuntos relativos a contadores partidores, consignación, fijación del plazo para el cumplimiento de las obligaciones, exhibición de libros de personas obligadas a llevar la contabilidad, solicitud de auditoría de cuentas a los empresarios, convocatoria judicial de juntas generales, constitución y régimen interno del sindicato de obligacionistas, nombramiento de tercer perito en el contrato de seguro, depósito y venta de mercancías y equipajes en los casos en que el destinatario no abone el flete o el pasaje, extravío, sustracción o destrucción del conocimiento de embarque, liquidación y distribución judicial de averías gruesas etc.

La JV pactada, negocial, sin conflicto, en la que el órgano judicial se limita a realizar un control de legalidad del acto que se solicita y a colaborar en el nacimiento del acto o relación jurídica, es sólo una parte del contenido, amplísimo, de esta esfera de la legislación procesal, por lo que responde a una concepción y a un momento histórico ya superado.

Cabría pues afirmar que, de forma progresiva, y especialmente en los últimos decenios, la JV. ha evolucionado, desde su originaria conformación, básicamente negocial, constitutiva o complementadora, incardinada en el marco del ejercicio pacífico de derechos, hasta su actual perfil de tutela de intereses públicos y sociales, en los que se ven afectados intereses de menores, personas incapacitadas, presuntos incapaces, personas con discapacidad o desamparadas, así como supuestos de tutela sumaria contradictoria en conflictos de intereses considerados de relevancia menor.

E) Redelimitar

No parece adecuado, en sentido técnico, utilizar la noción o la expresión jurisdicción voluntaria fuera del marco judicial, en atención a los parámetros de constitucionalidad establecidos en los párrafos 3 y 4 del artículo 117 de la Constitución.

Ni los Secretarios Judiciales, ni los Notarios, ni los Registradores ejercen jurisdicción, por lo que, en principio, habría que restringir, en el marco del vigente Ordenamiento Jurídico, la denominación de JV al ámbito judicial. En sentido técnico-jurídico estricto, sólo cabría, en consecuencia, reconocer competencia en esta materia a los Jueces.

Sentadas las anteriores afirmaciones, cabría reflexionar asimismo, en relación con este punto, sobre las consideraciones siguientes:

a) La jurisdicción voluntaria se configura como parte integrante de la idea de Administración de Justicia, considerada como función con un contenido más amplio que el correspondiente a potestad jurisdiccional.

b) El Notariado ha sido históricamente el órgano por excelencia de JV en la legislación del ius commune, y el Cuerpo de Registradores, al igual que sucede con el de Notarios, tiene atribuidas competencias que guardan analogía con algunas de las que se encuentran en la actualidad en la órbita judicial, lo que constituye uno de los argumentos que justifican la desjudicialización de un amplio número de competencias y su atribución a estos operadores jurídicos, pero la desjudicialización parece incompatible con la atribución de jurisdicción, –conforme al actual marco constitucional referido a la potestad jurisdiccional– a estos reconocidos funcionarios y profesionales del derecho, respecto de los cuales podría acuñarse la expresión de competencias notariales y registrales <en asuntos no judiciales o en asuntos no contenciosos>, que deberán regularse en la legislación notarial y registral. La Ley de Jurisdicción Voluntaria debería por ello regular tan sólo las competencias que se mantienen en la órbita judicial. la competencia de los Secretarios Judiciales, en los actos de jurisdicción voluntaria cuyo conocimiento se les atribuya en las futuras leyes procesales.

c) La consideración de los Secretarios Judiciales como parte integrante del órgano judicial, unido al hecho de que en la modificación de la Ley Orgánica del Poder Judicial, por Ley de 23-12-2003, artículos 438,3 y 5 y 456,3 y 4, se reconoce a este Cuerpo nacional de funcionarios competencia en materia de JV en los supuestos en los que las leyes procesales así lo determinen, y la probable articulación, conforme a lo previsto en el Proyecto de JV de 2006, de un procedimiento general unitario de JV aplicable a Jueces y Secretarios Judiciales, podría justificar la utilización, en sentido amplio, de la expresión JV, referida a las competencias de los Secretarios Judiciales, en la medida en que ésta quedaría restringida al ámbito de actuación de los Juzgados y Tribunales.

F) Racionalizar: Deslindar. Desjudicializar. Redistribuir. Desregular

Los actuales actos de J.V. no tienen un carácter unitario sino, por el contrario, una naturaleza heterogénea, fruto del constante incremento de supuestos previstos en la legislación sustantiva en los que se prevé la intervención del juez sin que su actuación se encauce en el marco de un proceso.

La actual JV tiene pues en parte naturaleza jurisdiccional y en parte naturaleza administrativa, según los actos a los que nos refiramos, por lo que no cabe atribuir a la JV naturaleza jurisdiccional o administrativa con carácter global, sino que los actos de JV tienen una naturaleza muy diferente entre sí. Así un pacífico deslinde voluntario entre colindantes, la adveración de un testamento ológrafo, la elevación a escritura pública de un testamento otorgado sin intervención notarial, una subasta judicial no ejecutiva, los expedientes de dominio, la convocatoria judicial de una junta general, el nombramiento de un interventor o liquidador o auditor en los casos previstos legalmente o el examen de la contabilidad de los empresarios, por citar algunos supuestos entre los varios centenares previstos en la legislación, que podrían ser considerados, conforme al art. 117.4 CE, actos atribuidos a los jueces en garantía de derechos, no tienen sin embargo un contenido estrictamente jurisdiccional, sino que más bien parece que nos encontramos ante una actividad de prevalente carácter administrativo, que atribuida en su momento a la autoridad judicial en atención a razones diversas, ha perdido, en el momento actual, su justificación competencial, por lo que sería conveniente su desjudicialización, y consiguiente atribución a otros centros de referencia, operadores jurídicos de la Administración del Estado, que se produciría sin merma de las garantías de la tutela efectiva de los derechos e intereses legítimos de los justiciables.

Por el contrario, la autorización judicial para la esterilización de un discapacitado psíquico, el procedimiento para obtener la autorización o aprobación del reconocimiento de filiación extramatrimonial de un menor o un incapacitado o el conflicto derivado del secuestro parental de un menor de edad y el procedimiento para su restitución, son actos de JV, pero de naturaleza muy diferente a la administrativa.

Ante la heterogeneidad de la JV, es por tanto necesaria una labor de racionalización de esta esfera del Ordenamiento, que deslinde lo Jurisdiccional, lo Judicial en Garantía de Derechos y lo Administrativo, redistribuya competencias en el marco del órgano judicial entre Jueces y Secretarios Judiciales, desjudicialice competencias que no supongan ejercicio de la potestad jurisdiccional y las atribuya a Notarios y Registradores y desregule procedimientos obsoletos o nula aplicación práctica.

Respecto de los actos de JV que no suponen ejercicio de la potestad jurisdiccional, hay que decidir si se mantienen en la órbita de la autoridad judicial en garantía de derechos, o se atribuyen a otros funcionarios públicos, Secretarios Judiciales Notarios y Registradores.

Hay que deslindar entre aquellas competencias que deben continuar atribuidas al órgano jurisdiccional, por razón de su naturaleza jurídica, o a la consideración de ser los jueces los operadores jurídicos que gozan de un mayor grado de independencia e imparcialidad en el ejercicio de su función, y aquellas otras competencias que atribuidas en su momento –finales del siglo XIX– a los jueces, en atención a su prestigio, a la seguridad jurídica que producía su intervención, a la prevención o desconfianza frente a otros operadores jurídicos, o a razones de mera tradición historicista, oportunidad, conveniencia o división del trabajo, podrían atribuirse, en el seno del órgano judicial, a los Secretarios Judiciales, o desjudicializarse en sentido estricto, al desparecer las razones de política legislativa que constituían su fundamento, y atribuirse, en la parte correspondiente a disposiciones finales de la futura Ley de JV, a profesionales del derecho, a quienes corresponda con mayor propiedad el ejercicio de estas funciones, en atención a su propia naturaleza así como a su especialización y cualificación jurídicas.

Son considerados en la regulación actual procedimientos de jurisdicción voluntaria supuestos en los que la intervención del juez queda reducida a la mera presencia, comprobación de hechos, calificación, autentificación o documentación del acto o relación jurídica, lo que supone una desnaturalización de lo que debe entenderse por potestad jurisdiccional, sin que resulte necesaria en éstos supuestos la actuación judicial en garantía de derechos que, con carácter compartido con otros poderes del Estado, se atribuye a los jueces y tribunales en el artículo 117.4 de la Constitución.

En la modificación de la Ley Orgánica del Poder Judicial, por Ley de 23-12-2003, artículos 438,3 y 5 y 456,3 y 4, se prevé, la competencia de los Secretarios Judiciales, en los actos de jurisdicción voluntaria cuyo conocimiento se les atribuya en las futuras leyes procesales, lo que supone asimismo un reconocimiento expreso de la competencia de estos profesionales del derecho en este ámbito, en la línea con lo previsto en el art. 290 de la LOPJ de 1985, que ya les atribuía las propuestas de autos definitivos en materia de jurisdicción voluntaria.

La función notarial y registral, por su parte, se enmarcan en lo que se ha denominado seguridad jurídica preventiva, en la medida en que sus titulares deben realizar un control de legalidad de los actos en que intervienen así como garantizar los derechos de los intervinientes y de los terceros que, en su caso, puedan verse afectados.

El notario autoriza o interviene en determinados actos o negocios jurídicos, que traslada a un documento al que el Ordenamiento otorga la naturaleza de documento público y reconoce el carácter de título ejecutivo y probatorio en los ámbitos judicial y extrajudicial. Los Registradores, como titulares de una función pública, proceden a la valoración y calificación, conforme a la ley, con fundamentales efectos jurídicos, de los actos en que intervienen, respecto de los que cabe, en todo caso, como sucede con las actuaciones notariales, el control y revisión judicial.

El marco constitucional en el que se desenvuelve la tutela judicial, no supone, por otra parte, ningún obstáculo para acometer la desjudicialización de aquellos supuestos que por su propia naturaleza jurídica, corresponden a la competencia funcional de otros operadores jurídicos.

Se trataría no tanto de evitar el colapso de la justicia contenciosa, sino sobre todo de sistematizar y redistribuir funciones, en aras de la racionalización del sistema y como muestra de confianza en la madurez de la sociedad civil.

La necesidad de descargar de trabajo a los jueces, concentrar su actuación en tareas jurisdiccionales, redistribuir competencias y racionalizar el sistema en la Administración de Justicia, constituyó, por otra parte, el objeto de una Recomendación del Consejo de Europa, dirigida a los países miembros de fecha 16 de septiembre de 1986.

Desregular. La desregulación deberá ir precedida de una revisión de supuestos que han caído en desuso, tienen nula aplicación práctica o son auténticos cadáveres legislativos, a los efectos de su no inclusión en el nuevo texto legal. Como actos de Jurisdicción voluntaria obsoletos, de nula aplicación práctica o de escasa eficacia, manifestaciones de la actual discordancia entre lo legislado y la realidad social, que deberá ser corregida en la futura reforma, cabe señalar: las informaciones para dispensa de ley, el aumento de la prima del seguro en tiempos de guerra, el procedimiento de apeos y prorrateos de foros, la requisa de víveres, el préstamo a la gruesa, el abandono del cargamento para pago de fletes.

G) Articular procedimientos garantistas: procedimiento judicial general, y procedimientos específicos de naturaleza garantista

La ausencia de un procedimiento judicial garantista, aplicable a Jueces y Secretarios Judiciales, es uno de los flancos más endebles y puntos más débiles de la actual conformación de la institución y una de las razones que explican la actual prevención, en determinados ámbitos, frente a la misma.

Se trataría de regular, en la futura Ley de Jurisdicción Voluntaria, un procedimiento general de JV de tutela sumaria, y con plenitud de garantías, de derechos e intereses legítimos sin que exista proceso, es decir, contienda por lesión de derechos o intereses de las partes, ni controversia relevante. Por muy sencillo que sea el acto de JV en el que se establece la intervención judicial es necesario la previsión de un procedimiento específico o la remisión al procedimiento general, que satisfaga la demanda de tutela con plenitud de garantías.

Para Denti, no cabe individualizar una jurisdicción voluntaria con características autónomas respecto de la jurisdicción en general, sino que, por el contrario, en cuanto que se atribuye a órganos judiciales, no se sustrae a las garantías, subjetivas y objetivas, que caracterizan la actividad judicial.

El futuro procedimiento judicial general de JV, unitario para Jueces y Secretarios Judiciales, al igual que los procedimientos específicos de JV, cuya competencia se mantenga en el seno del órgano judicial, debe ser regulado con todas las connotaciones y garantías propias de su naturaleza, como son la contradicción, los recursos, y la asistencia técnica de abogado y representación procesal de procurador, con carácter preceptivo general, en relación con la postulación, en los expedientes que se tramiten ante la autoridad judicial y, en aquellos supuestos que, tramitados ante los Secretarios Judiciales, planteen en especial grado de complejidad, como pueden ser los expedientes de dominio o los de liberación de cargas y gravámenes.

Tanto el solicitante de un procedimiento de jurisdicción voluntaria, como la parte en un proceso contencioso, tienen derecho a obtener una resolución judicial de fondo, sobre el derecho o interés legítimo pretendido o sobre el conflicto, relevante o no, planteado, y la tramitación ante el juez, en ambos supuestos, debería realizarse con respeto a las fundamentales garantías de procedimiento, que hagan posible la tutela judicial efectiva del justiciable. En esta línea de argumentación cabría señalar que, al igual que sucede en materia contenciosa, cabe plantear una cuestión de constitucionalidad, tanto respeto de un procedimiento en concreto, como de una norma específica, en materia de jurisdicción voluntaria.

La articulación de un procedimiento judicial general, con todas las garantías propias del juicio verbal, en los textos prelegislativos y legislativos de JV, aprobados en los años 2005 y 2006, explica las peticiones del CERMI, formuladas al hilo de la nueva formulación garantista, relativas a la reflexión y, en su caso, inclusión en el seno de la futura LJV de:

1) El procedimiento voluntario de esterilización de personas con graves deficiencias psíquicas, previsto en el artículo 156.2 del Código Penal.
2) El procedimiento de tratamiento médico forzoso de personas con enfermedad mental agudo, como alternativa a la incapacitación y al internamiento forzoso, y.
3) El procedimiento de internamiento no voluntario por razón de trastorno psíquico, regulado en sede de jurisdicción voluntaria con anterioridad a la LEC del año 2000.

La desjudicialización requerirá la regulación de los procedimientos atribuidos a Notarios y Registradores en la específica legislación notarial y registral. Así por ejemplo los Notarios autorizan escrituras, actas y testimonios, así como intervienen pólizas, de conformidad con sus propias disposiciones, que difieren de las que se corresponden con las contenidas en la legislación procesal. La desjudicialización obedecerá, en unos casos, a la propia naturaleza de los actos atribuidos a la autoridad judicial y, en otros casos, más bien al principio de oportunidad que hace aconsejable, en el momento actual, la atribución de la competencia en determinadas materias, actualmente en la órbita judicial, en garantía de derechos, al Notariado o al Cuerpo de Registradores de la Propiedad y Mercantiles.

La implantación, finalmente, de un auténtico procedimiento global y unitario de jurisdicción voluntaria, que sustituya a las inconexas reglas de procedimiento actuales, debería obligar, en buena lógica, a revisar los numerosos procedimientos específicos contenidos en leyes sustantivas, a los efectos de determinar cuáles procede que continúen vigentes y cuáles no se encuentran justificados conforme a la actual regulación, e incluso cabría plantearse la posibilidad de proceder a una recodificación formal de todos los supuestos de jurisdicción voluntaria en la ley reguladora específica de esta esfera de la jurisdicción, si ello no supusiese una excesiva perturbación en el sistema, que no resultase asumible. Lo que sí parece razonable es procurar que los nuevos procedimientos de jurisdicción voluntaria sean ubicados en la nueva Ley, lo que obligará a regular un procedimiento con la suficiente flexibilidad para acoger los nuevos supuestos que se puedan establecer en el futuro, por razones de coherencia formal, sistemática e incluso educativa de la propia legislación, al desaparecer la justificación de su inclusión en leyes sustantivas, en atención a la inadecuación de la libro III de la LEC de 1881 a la realidad social, debido a su carácter obsoleto, o a la falta de coordinación entre los diversos textos legales.

Es necesario que la nueva ley de jurisdicción voluntaria regule, por el contrario, un procedimiento unitario, que refleje un acercamiento a la regulación propia del proceso contencioso, en aquellas reglas que se estime procedente, a fin de que no se identifique la jurisdicción voluntaria con supresión o disminución de garantías, plazos o formalidades, en detrimento de la tutela judicial y de la seguridad jurídica, inherentes a cualquier procedimiento de naturaleza judicial. El deseable, a mi juicio, proceso de influencia recíproca entre ambas esferas de la jurisdicción, ha tenido ya una primera manifestación, con la asunción por el código procesal civil del año 2000 de principios caracterizadores de la jurisdicción voluntaria, como la abreviación, la concentración o la libertad de forma.

Resultaría apropiado, asimismo, un reforzamiento de los principios dispositivo y de aportación de parte en el procedimiento voluntario, una atenuación del dirigismo judicial, que en consonancia con la libertad de forma y el carácter más potestativo de la actuación judicial en esta esfera de la jurisdicción, pueda poner en riesgo las fundamentales garantías inherentes a todo procedimiento, una limitación del principio de impulso de oficio a aquellos supuestos de derechos indisponibles o de interés general, públicos o sociales y una aproximación de las posiciones de solicitante, interesados y terceros, en especial en aquellos supuestos en los que el interesado exprese un interés contrario al manifestado por el promovente, es decir, en aquellos casos en que nos encontremos en presencia de lo que se denomina contrainteresado en la legislación italiana, no obstante lo cual, no se produce un sobreseimiento del expediente.

El deseable acercamiento no debe suponer, en modo alguno, confusión entre ambas esferas de la jurisdicción, que tienen un campo de aplicación y unas características diferenciadas, en especial en lo referente al efecto material de la cosa juzgada, así como la ausencia de lesión de derecho o interés legítimo o de contradicción relevante en el marco de la jurisdicción voluntaria.

II) ACTORES INTERVINIENTES: AFECTADOS. INTERESADOS. TERCEROS NO INTERESADO. AUTORIDAD JUDICIAL. MINISTERIO FISCAL

Ni la ley ni la Jurisprudencia sientan conclusiones generales sobre el carácter preceptivo o no de la intervención de quienes pueden considerarse afectados en sus derechos por actos de jurisdicción voluntaria, sino que se afirma, por el contrario, la necesidad de valorar cada caso de forma individualizada.

La intervención de oficio del juez y del fiscal está prevista en supuestos de procedimientos de jurisdicción voluntaria que afectan a menores, incapacitados o desvalidos, en estrecha relación con los preceptos constitucionales (arts. 9.2 y 53.3 CE) referidos al Estado social, o bien a la condición y estado civil de las personas, o a intereses jurídico-públicos, generales o sociales. Cuando en el procedimiento unitario atribuido a la competencia de los Jueces o de los Secretarios Judiciales se vean afectados derechos de menores o incapacitados o intereses públicos, deberá intervenir, en todo caso, el Ministerio Fiscal.

Acerca de las distintas hipótesis de intervención judicial.

Dentro de la actual conformación de la JV hay que distinguir distintos supuestos, subsumibles dependiendo de su naturaleza en los apartados 3 o 4 del artículo 117CE, que cabría encuadrar en el cuadro que subsiguiente:

a) Tutela sumaria negocial, pactada, o voluntaria en sentido estricto, cuya competencia se atribuye a la autoridad judicial en garantía de derechos, conforme al artículo 117.4 CE, y respecto de la que cabría la desjudicialización en su mayoría.

b) Tutela sumaria con reserva jurisdiccional, en materia de condición y estado civil de la persona, derecho de familia, derechos indisponibles y restricción de derechos fundamentales, encuadrable en el marco del artículo 117.3 de la CE, con carácter general.

   Los derechos subjetivos e intereses tutelados por la jurisdicción tienen la misma naturaleza que los derechos subjetivos lesionados propios de la jurisdicción contenciosa, y especialmente en los casos de tutela de los derechos de los menores e incapacitados, el procedimiento seguido debe cumplir todas las garantías que informan los procesos contenciosos.

b) Tutela sumaria necesaria, en atención a que la intervención judicial está prevista en la ley y resulta preceptiva para el nacimiento, modificación o extinción de determinadas relaciones jurídicas, subsumible en el 117.3 y 4 CE.

c) Tutela sumaria contradictoria desde el inicio del procedimiento, subsumible en el 117.3 y 4 CE. Los actos de JV que fueron pacíficos en su origen, dejaron de serlo en una etapa posterior, y así sucede en derecho actual, en el que en muchos de los supuestos de JV hay un conflicto entre los intervinientes o un grado mayor o menor de tensión entre las partes que el legislador, por razones de urgencia, ante la necesidad de atender a una necesidad perentoria o con la finalidad de evitar la dilación de un juicio contencioso, decide que sea sustanciado en el marco de la JV.

d) Tutela sumaria contradictoria en la que la oposición y el conflicto surgen y se resuelven en el curso de la tramitación del expediente.

e) Tutela sumaria contradictoria en la que la oposición determina el archivo del expediente y, en su caso, la tramitación del asunto en sede contenciosa, cuando así lo determine la ley.

f) Tutela sumaria de supuestos susceptibles redistribuidos en el seno del órgano judicial y atribuidos a los Secretarios Judiciales.

g) Tutela sumaria de supuestos susceptibles de ser desjudicializados y atribuidos a Notarios y Registradores, al propio tiempo que, de forma alternativa, a los Secretarios Judiciales.

III) OPERADORES JURÍDICOS. GRUPOS PARLAMENTARIOS

Cabe destacar la razonable posición, con carácter general, de no reivindicación gremialista, por parte de los operadores jurídicos afectados por la futura regulación de JV, tanto en el debate y análisis sobre la atribución de facultades y competencias que encajan en las funciones que cada uno de los profesionales desempeñan, realizado con anterioridad a la tramitación legislativa del Proyecto de Ley de JV, como durante el proceso de presentación de enmiendas ante el Congreso y el Senado.

La regla general, aceptada tanto por los Operadores Jurídicos como por los Grupos Parlamentarios, respecto de los actos de JV que salgan de la órbita de la autoridad judicial, sería la posibilidad de que el justiciable opte por acudir, o bien al propio órgano judicial, personificado en el Secretario judicial, o bien a un funcionario del Cuerpo de Notarios o Registradores, de modo que los ciudadanos puedan, de forma alternativa, dirigirse a uno u otro operador jurídico, en régimen de libre elección, en atención a la cercanía, confianza, rapidez o coste del servicio. La tramitación ante uno u otro operador deberá realizarse, en todo caso, con respeto a las fundamentales garantías de procedimiento.

Creo, en definitiva, que lo más aconsejable es la idea de las competencias compartidas, y la alternatividad, es decir, la posibilidad de que el ciudadano acuda a uno u otro operador jurídico, cuando así esté previsto, entendida ésta como una ampliación de medios puestos a disposición de los ciudadanos para garantizar sus derechos, lo que supondría, en consecuencia, la posibilidad de iniciar el procedimiento, en todos los casos que no se atribuyan a la autoridad judicial, ante el órgano judicial, en concreto ante la Oficina Judicial presidida por un Secretario Judicial, o hacerlo, en determinados supuestos, ante uno u otro de los operadores jurídicos previstos, Notarios o Registradores.

Regulada la alternatividad, como parece probable, si nos atenemos a las posiciones de los Grupos Parlamentarios en el debate, el justiciable podría acudir a un Secretario Judicial en atención, a la gratuidad de la Justicia, a la tradicional seguridad que puede proporcionarle la actuación ante la Administración de Justicia, o a otras circunstancias, o podría optar, en los casos previstos, por requerir la prestación del servicio a una Notaría o a un Registro Público, una vez valorado que la satisfacción del arancel, fijado por el Gobierno, por la prestación del servicio público solicitado, le compensa, por ejemplo, en términos de proximidad, especialidad o celeridad en la resolución del asunto.

A mi juicio, valores como la confianza, la profesionalidad, la cualificación jurídica y la seguridad jurídica son predicables, en los tiempos actuales, al propio tiempo de los Secretarios Judiciales, de los Notarios y de los Registradores. Conviene asimismo apuntar que la decisión del justiciable de acudir a un operador jurídico distinto del órgano judicial supone, por otra parte, un ahorro de costes para la Administración de Justicia.

En relación con la previsible posición de los distintos Grupos Parlamentarios con representación en Las Cortes, cabe señalar que en la tramitación del Proyecto de Ley de JV de 2006, se presentaron un total de 562 enmiendas al articulado y a la exposición de motivos, de las cuales 323 correspondieron a la Comisión de Justicia del Congreso y 293 a la Comisión de Justicia del Senado, lo que constituye una buena prueba del interés y la seriedad con que se acometió el estudio y el debate del Proyecto por parte de todos los Grupos Parlamentarios.

No obstante la, a mi juicio, la desacertada equiparación, en el Proyecto de 2006, entre el procedimiento judicial y el procedimiento administrativo, que suponía la supresión, en numerosos supuestos, de las connotaciones propias de cualquier procedimiento judicial, como son la contradicción, la postulación y los recursos, si bien fue corregida en trámite de enmiendas de la Comisión de Justicia del Congreso, constituyó, en mi opinión, a la postre, la principal causa de la retirada del Proyecto de Ley de JV en octubre de 2007.

La JV se enmarca en una esfera del Ordenamiento de marcado carácter técnico-jurídico, alejada de posiciones políticas partidistas, y no debería considerarse como un cajón de sastre, ni como un campo de experimentación del legislador.

La reforma de la JV es, por otra parte, una de las materias previstas en el Pacto de Estado por la Justicia, suscrito por los Partidos Políticos mayoritarios en el año 2001, constituye un mandato legislativo pendiente de cumplimiento, conforme a la previsión de la Disposición Final 18 de la LEC de 2002 y ha sido considerada una prioridad legislativa por el Presidente del Gobierno, Mariano Rajoy en el Discurso de Investidura, y por el Ministro de Justicia, Ruiz Gallardón, en sus intervenciones ante la Comisión de Justicia del Congreso y del Senado, la última de las cuales tuvo lugar el pasado cinco de marzo de 2012.

IV) REALIDAD SOCIAL Y OPINIÓN PÚBLICA

Opinión pública. Disminuir la carga de trabajo de los juzgados a fin de lograr una Justicia más rápida y eficaz.

Frente a posiciones maximalistas del tipo «la jurisdicción voluntaria podría ser eliminada de cualquier Ordenamiento Jurídico» o la de «las necesidades negociales y el tráfico jurídico, justifican la aplicación del procedimiento voluntario a supuestos de lesión de derechos o intereses legítimos», se impone una posición realista, en la que sitúan las más modernas corrientes de la ciencia procesal, partidarias de regular, sin quiebra de las garantías esenciales del proceso, y sin desnaturalizar el marco que le es propio, una parcela imprescindible de la realidad social, en constante expansión, fruto del nuevo perfil de la jurisdicción voluntaria, que ha evolucionado desde la originaria tutela de relaciones jurídico privadas, a la actual protección de derechos indisponibles, intereses generales, públicos o sociales, así como a la resolución de conflictos de intereses considerados de relevancia menor.

Los juristas y la sociedad en general, nos encontramos en una etapa de reflexión sobre una institución que debe ser regulada por el legislador con vocación de permanencia y que tiene una estrecha conexión con la vida diaria de los ciudadanos, por la trascendencia práctica de muchos de sus procedimientos, así en materia de mediación, conciliación, acogimiento, adopción, tutela, ausencia, declaración de herederos, desavenencias familiares o en el ejercicio de la patria potestad, discapacidad, incapacidad, desamparo, protección de personas con discapacidad, declaración de ausencia, trasplante de órganos, filiación extramatrimonial de menores o incapacitados, secuestro parental, tratamientos forzosos de personas con trastornos psíquicos, aceptación de una herencia, convocatoria de juntas o asambleas generales o nombramiento de tercer perito en un seguro de daños. Se trata por tanto de una materia respecto de la que el justiciable, como escribió un juez inglés, puede percibir de manera directa que se hace justicia, en atención a la brevedad, simplificación e inmediatez del procedimiento.

Algunas de las propuestas e inmediatas reacciones, de las que hemos tenido noticia en estos días, y que han transcendido a la opinión pública, en relación con las posibles competencias del Notariado en materia de matrimonios civiles, separaciones y divorcios por mutuo consenso, son una buena prueba de la repercusión social de la reforma en ciernes.

Nos encontramos pues ante la posibilidad de actualizar la institución, y situarla en sus justos límites, sin administrativizar el procedimiento judicial, sin magnificar su función social, y sin identificarla con una mera supresión de plazos, formalidades y garantías. Es por ello el momento de reflexionar sobre una institución que con un marco de aplicación específico, aunque próximo a la jurisdicción contenciosa, debe enmarcarse en la permanente aspiración de lograr la efectividad de la Justicia, y de hacerlo con vocación de permanencia y en estrecho contacto con la realidad social, enunciando problemas, suscitando dudas y esbozando soluciones, conforme a la clásica tricotomía que contribuye al progreso del conocimiento científico, a fin de dar respuesta, también en esta parcela del Ordenamiento al desafío de una Justicia más moderna y eficaz.

— 14 —

JURISDICCIÓN VOLUNTARIA*

En el Discurso de Investidura del pasado 19 de diciembre, Mariano Rajoy expresó, como una de sus prioridades, su voluntad de aprobar, en la presente Legislatura, la Ley de Jurisdicción Voluntaria. En el mismo sentido, se pronunció, pocos días después, Alberto Ruiz Gallardón, en su toma de posesión como Ministro de Justicia.

En el marco del Estado Constitucional de Derecho, la reforma de la Jurisdicción Voluntaria, JV en adelante, es una de las piezas que queda todavía por encajar en el organigrama de la Administración de Justicia, dado que el legislador de la Ley Procesal Civil del año 2000, optó por regular la JV en una Ley específica, lo que constituye en nuestra legislación, y una asunción del modelo procesal alemán. La Disposición Final 18 del mencionado texto legal prevé el envío a las Cortes, en el plazo de un año, de un Proyecto de Ley de JV.

En el año 2002 se constituyó, en el seno de la Comisión General de Codificación, Sección de Derecho Mercantil, presidida por Aurelio Menéndez, la Ponencia de JV, formada por siete juristas expertos en la materia, un Magistrado, un Registrador Mercantil, un Secretario Judicial, un Abogado y dos Catedráticos, bajo la presidencia del Notario José María de Prada. Fue pactada, desde el consenso, en especial, entre el PP, representado por el Ministro de Justicia, José María Michavila, y el PSOE, representado por su entonces portavoz en la Comisión de Justicia del Congreso de los Diputados, Juan Fernando López Aguilar. La reforma de la JV había sido, por otra parte, una de las materias previstas en el Pacto de Estado por la Justicia, suscrito por los mencionados Partidos Políticos en el año 2001.

La Ponencia de JV, finalizó la elaboración de una Propuesta de Anteproyecto de JV en el año 2005, que sirvió de base al Proyecto de JV presentado por el Gobierno en el año 2006. Los Grupos Parlamentarios, presentaron 562 enmiendas, en el curso del debate parlamentario, lo que muestra el interés y la seriedad con la que se acometió

* Tercera de ABC de 9 de enero de 2011.

su estudio, y se produjo la comparecencia en la Comisión de Justicia del Congreso, en trámite de asesoramiento, de 14 expertos entre la materia, entre los que tuve el honor de comparecer en representación de Comisión de Codificación. No obstante todo ello, el 24 de octubre del año 2007, el Gobierno retiró el Proyecto, el día en que iba a ser votado en el Senado.

Desde que, por primera vez, se procedió a contraponer la jurisdicción contenciosa a la jurisdicción voluntaria, en un texto clásico romano recogido en la Compilación de Justiniano, se entiende por actuaciones de JV, en sentido estricto, aquellos supuestos en los que se prevé en una norma jurídica de derecho material, la intervención de la autoridad judicial, a solicitud de uno o varios promoventes, o bien de oficio, o a instancia del Ministerio Público, sin que exista proceso, es decir, contienda por lesión de derecho subjetivo o interés legítimo, o controversia relevante que deba sustanciarse en sede contenciosa.

Los actos de JV que fueron pacíficos en su origen histórico, dejaron de serlo en una etapa posterior y así sucede en el derecho actual en el que en muchos de los supuestos de JV hay un conflicto entre los intervinientes o un grado mayor o menor de tensión entre las partes, que el legislador no considera de suficiente relevancia como para ser tramitada en un proceso contencioso. En alguno de los supuestos, el conflicto se encuentra recogido en la propia rúbrica del procedimiento. Así en los procedimientos de discordancia en el ejercicio de la patria potestad o en el marco de la comunidad conyugal, en otros actos, la controversia es manifiesta o está latente, así en la convocatoria judicial de una junta general, en la liquidación judicial de averías o en la fijación judicial del plazo para el cumplimiento de una obligación.

De entre los problemas fundamentales a resolver en la futura JV cabe señalar los siguientes:

a) Deslindar entre actos de JV de naturaleza jurisdiccional y actos de JV de naturaleza administrativa. La actual JV tiene, en parte, naturaleza jurisdiccional y, en parte, naturaleza administrativa, según los actos a los que nos refiramos, por lo que no cabe atribuir a los varios centenares de actos de JV contenidos en nuestra legislación, naturaleza jurisdiccional o administrativa con carácter global, así un pacífico deslinde voluntario entre colindantes, el nombramiento por la autoridad judicial de un tercer perito dirimente en el contrato de seguro de daños, la esterilización de un discapacitado psíquico con autorización judicial o el conflicto derivado del secuestro parental de un menor de edad, son, todos ellos, actos de JV, pero de naturaleza muy diferente.

b) Redistribuir las competencias en materia de JV, en el seno del órgano judicial, entre Jueces y Secretarios Judiciales. De entre los actos de JV actualmente atribuidos a la autoridad judicial hay que distinguir entre aquellos que tienen una naturaleza jurisdiccional, respecto de los que no cabe, por tanto, su atribución a otros operadores jurídicos que no sean los jueces, en la medida en que suponen un ejercicio de la potestad jurisdiccional que se traduce en reserva jurisdiccional –así en todos aquellos supuestos que afectan a la condición y estado civil de la persona, derecho de familia, menores e incapaces, personas con discapacidad, y materias sobre las que los interesados no puedan disponer libremente, como pueden ser la autorización para la intromisión legítima en el honor, la intimidad o la propia imagen de un menor o incapacitado, el reconocimiento de la filiación extramatrimonial de menores o incapacitados, las discordancias en relación con la custodia de los menores o respecto a las relaciones del menor con sus parientes y allegados, o las discrepancias atinentes a la administración o disposición de bienes en el seno del matrimonio– y los demás actos de JV, en el ámbito de los derechos reales, derecho de obligaciones, derecho hereditario, derecho mercantil y derecho de la navegación marítima, que carecen de naturaleza jurisdiccional, por lo que cabe su atribución a otros operadores jurídicos, distintos de la autoridad judicial.

c) Atribuir las competencias en los actos de JV de naturaleza no jurisdiccional, con carácter alternativo, y sin pérdida de garantías, a Secretarios Judiciales, Notarios y Registradores, lo que quizás constituya el aspecto más delicado de la JV. En relación con los actos de JV sin contenido jurisdiccional, atribuidos a los jueces, a lo largo de los siglos, en garantía de derechos, por razones históricas o de confianza en la autoridad judicial, hay que hacer compatible el reconocimiento de competencia, en estos supuestos, a los Secretarios Judiciales, cualificados expertos en derecho procesal, conforme a lo establecido en la LOPJ, y al propio tiempo, acometer la razonable desjudicialización de la inmensa mayoría de estas actuaciones, de naturaleza administrativa, y proceder a su atribución a los Notarios y Registradores, en su condición de funcionarios públicos y profesionales del derecho especialmente cualificados para el conocimiento de estas actuaciones, lo que supone operar en el campo de la seguridad jurídica que estos Cuerpos han contribuido, de forma notable, a crear y reforzar.

d) El procedimiento judicial de JV, debe ser regulado con las connotaciones y garantías propias de su naturaleza como son la contradicción, la postulación en su doble vertiente de asistencia técnica de abogado y de representación por procurador, y los recursos, y el procedimiento administrativo que se prevea para las actos de JV desjudicializados, debe ser objeto de regulación en la legislación hipotecaria y notarial.

La desacertada equiparación entre ambos tipos de procedimiento, que implicaba un estéril y artificioso reduccionismo de la JV al ámbito negocial y administrativo en el Proyecto de JV de 2006, si bien fue corregida en trámite de enmiendas en la

Comisión de Justicia del Congreso, constituyó, a mi juicio, a la postre, la principal causa de retirada del Proyecto de JV en octubre de 2007.

La Ley de JV es, por tanto, un mandato legislativo pendiente, su regulación constituye una urgente necesidad social, y se enmarca en una esfera del Ordenamiento de marcado carácter técnico jurídico, por lo que es prioritario, proceder, como han expresado Mariano Rajoy y Ruiz Gallardón, a su aprobación, lo que puede hacerse, a mi juicio, desde posiciones de consenso y de progreso, a fin de dar respuesta, también en esta parcela del Ordenamiento, al desafío de una Justicia más moderna y eficaz.

— 15 —

CONVENCIÓN DE 2006 SOBRE LOS DERECHOS DE LAS PERSONAS CON DISCAPACIDAD Y PROCESO DE INCAPACITACIÓN*

Abstract: *La Convención Internacional de 2006 sobre los Derechos de las personas con discapacidad, ratificada por España en 2008, supone en cambio de paradigma en la concepción y el tratamiento de las personas con discapacidad, que obliga a modificar y adaptar la legislación española al respecto. La naturaleza contenciosa del actual proceso de incapacitación, en aquellos casos en que no existe conflicto, si bien obedece al carácter garantista que impregna su regulación, no parece el procedimiento más adecuado para los intereses de la persona con discapacidad, en atención a la mayor agilidad y economía de medios del procedimiento voluntario, y a lo penoso que puede resultar la presentación de la demanda de incapacitación.*

Keywords: *Convención Internacional. Derechos de las personas con discapacidad. Proceso de incapacitación. Jurisdicción Voluntaria.*

Abstract: The 2006 International Convention on rights of handicapped people, ratified by Spain in 2008, entails a change in the paradigm of the understanding and treatment of handicapped people that will force a modification and adaptation of Spanish legislation on

---

* *Revista ICADE, Universidad Pontificia de Comillas*, septiembre-diciembre de 2011, pp. 119-155.

El presente estudio, escrito en homenaje a ICADE, cuyo reconocido prestigio y acrisolada tradición universitaria se conmemora, con legítimo orgullo, con ocasión del 50 aniversario de su Fundación, se realiza en el marco del Proyecto de Investigación La jurisdicción Voluntaria: un mandato legislativo pendiente de cumplimiento, financiado por el Ministerio de Ciencia e Innovación. DER2008 - 06460 - CO2-01, del que su Autor es el Investigador Principal.

the subject. The litigious nature of the present process of incapacitation, in those cases where there is no conflict, while it does answer to the guarantee-securing nature that pervades its regulation, does not seem like the most adequate proceeding for the interests of the handicapped person. This is so because the voluntary process offers more agility and economy of means, as opposed to the sometimes laborious filing of a claim of incapacitation.

Keywords: International Convention. Rights of handicapped people. Process of incapacitation. Voluntary process.

1. LA CONVENCIÓN INTERNACIONAL DE 2006 SOBRE LOS DERECHOS DE LAS PERSONAS CON DISCAPACIDAD

La Convención Internacional sobre los Derechos delas Personas con Discapacidad y su Protocolo Facultativo fueron aprobados el 13 de diciembre de 2006 por la Asamblea General de las Naciones Unidas. Ambos, son tratados internacionales que recogen los derechos de las personas con discapacidad así como las obligaciones de los Estados Partes de promover, proteger y asegurar esos derechos.

La Convención de 2006 es el resultado de un largo proceso, en el que participaron varios actores: Estados miembros de la ONU, Observadores de la ONU, Cuerpos y organizaciones de especial relevancia de la ONU, Relator Especial sobre Discapacidad, Instituciones de derechos humanos nacionales, y Organizaciones no gubernamentales, entre las que tuvieron un papel destacado las organizaciones de personas con discapacidad y sus familias, que actuaron bajo la premisa del ya acuñado lema <nada de la discapacidad sin la discapacidad>.

La aprobación por parte de la ONU de la Convención sobre los derechos de las Personas con Discapacidad, ha escrito Castro Girona, ha supuesto un hecho histórico para más de 650 millones de personas en el mundo, pues sitúa la discapacidad en el ámbito de los Derechos Humanos y supone un cambio de paradigma en el tratamiento y concepción de las personas con dicapacidad[1].

España ratificó la Convención y su Protocolo Facultativo por Instrumento de ratificación de la Jefatura del Estado, publicado en el Boletín Oficial del Estado de 21de abril de 2008, y entró en vigor el 3 de mayo de este mismo año. A partir de este momento, y conforme a lo establecido en el apartado primero del artículo 96 de la Constitución Española de 1978, y art. 1.5 del Código Civil forma parte del ordenamiento interno, por lo que resulta necesaria la adaptación y modificación de diversas normas para hacer efectivos los derechos que la Convención recoge. Asimismo, la Unión Europea, por Decisión del Consejo de 24 de noviembre de 2009, ha aprobado la Convención Internacional de las Naciones Unidas sobre los derechos de las personas con discapacidad.

Especial protección dispensan a las personas con discapacidad los artículos 14 y 49 del Ordenamiento Constitucional español: Artículo 14: Los españoles son iguales ante la ley, sin que pueda prevalecer discriminación alguna por razón de nacimiento, raza, sexo, religión, opinión o cualquier otra condición o circunstancia personal o social. Supone el contenido de este artículo la integración de las personas con discapacidad, al no permitir la discriminación de personas por ninguna razón.

Con arreglo a este artículo no cabe en modo alguno la discriminación de las personas discapacitadas.

Artículo 49: Los poderes públicos realizarán una política de previsión, tratamiento, rehabilitación e integración de los disminuidos físicos, sensoriales y psíquicos, a los que prestarán la atención especializada que requieran y los ampararán especialmente para el disfrute de los derechos que este Título otorga a todos los ciudadanos. Este artículo ha propiciado la modificación de numerosos preceptos estatales y autonómicos con el objeto de adaptarse a lo en él preceptuado, a fin de garantizar a los discapacitados el ejercicio de todos los derechos.

El texto constitucional, al regular en su artículo 49 la atención a las personas con discapacidad, se inspiró en el modelo médico o rehabilitador, predominante en el momento de su aprobación, el cual consideraba la discapacidad como un problema

---

[1] Vid. en este sentido en, Castro Girona, La convención de los derechos de las personas con discapacidad y la actuación notarial: el notario "ombuds-man social", en Red Iberoamericana de Expertos en Discapacidad y Derechos Humanos, *www.derechoshumanos.aequitas.org/documentos.php*, mayo 2011 y, con carácter general, e La Convención Internacional de las Naciones Unidas y, con carácter general, la obra Derechos humanos de las Personas con Discapacidad: La Convención Internacional de las Naciones Unidas, coordinada por Miguel Angel Cabra, Francisco Bariffi y Agustina Palacios, publicada por la Fundación Aequitas y la Editorial Ramón Areces, Madrid 2007.

de la persona, causado directamente por una enfermedad, accidente o condición de su salud, que requiere asistencia médica y rehabilitadora, en forma de un tratamiento individualizado prestado por profesionales. La Convención supera este modelo médico asumiendo el modelo social, que configura la discapacidad como un complejo conjunto de condiciones, muchas de las cuales están originadas o agravadas por el entorno social.

En virtud del artículo 4 de la Convención, los Estados Partes se comprometen a adoptar todas las medidas legislativas, administrativas y de otra índole que sean pertinentes para asegurar el pleno ejercicio de todos los derechos humanos y las libertades fundamentales de las personas con discapacidad sin discriminación alguna por motivos de discapacidad.

En desarrollo de la prescripción contenida en el mencionado artículo 4 cabe mencionar, entre otras, las siguientes disposiciones:

A) La Ley 1/2009, de 25 de marzo, de reforma, de la Ley del Registro Civil en materia de incapacitaciones, cargos tutelares y administradores de patrimonios protegidos, y de la Ley 41/2003, de Protección patrimonial de las personas con discapacidad. En su Disposición final primera, que lleva por rúbrica: Reforma de la legislación reguladora de los procedimientos de modificación de la capacidad de obrar, se establece que: <El Gobierno, en el plazo de seis meses desde la entrada en vigor de esta Ley, remitirá a las Cortes Generales un Proyecto de Ley de reforma de la legislación reguladora de los procedimientos de incapacitación judicial, que pasarán a denominarse procedimientos de modificación de la capacidad de obrar, para su adaptación a las previsiones de la Convención Internacional sobre los Derechos de las Personas con Discapacidad, adoptada por Naciones Unidas el 13 de diciembre de 2006>.

B) El Acuerdo de Consejo de Ministros de 30 de marzo de 2010, por el que se aprobó el Informe sobre las medidas necesarias para la adaptación de la legislación española a la Convención de la ONU sobre los derechos de las personas con discapacidad y se encomendó a los entonces Ministerios de Sanidad y Política Social; Ciencia e Innovación; Cultura; Defensa; Economía y Hacienda; Educación; Fomento; Igualdad; Industria, Turismo y Comercio; Interior; Justicia; Medio Ambiente y Medio Rural y Marino; Presidencia; Política Territorial; Trabajo e Inmigración y Vivienda, que, en el ámbito de sus competencias, impulsasen las reformas comprometidas en el mismo, siempre dentro de las disponibilidades presupuestarias existentes en cada momento.

C) El Proyecto de Ley, de 17 de diciembre de 2010, de adaptación normativa a la convención internacional sobre los derechos de las personas con discapacidad, en el que se encomienda su aprobación con competencia legislativa plena, conforme al artículo 148 del Reglamento, a la Comisión de Sanidad, Política Social y Consumo, encontrándose, en el momento de redactarse estas páginas, en periodo de ampliación de enmiendas[2].

D) El Borrador, de marzo de 2011, del Anteproyecto de ley, de reforma del código civil, del estatuto orgánico del ministerio fiscal y de la ley 1/2000 de enjuiciamiento civil en materia de modificación judicial de la capacidad y de las medidas de protección y apoyo de menores y de personas con capacidad modificada judicialmente.

---

[2] El objetivo de esta Ley es, según se afirma en su Exposición de Motivos, imprimir un nuevo impulso para alcanzar el objetivo de adecuación de la regulación en materia de discapacidad a las directrices marcadas por la Convención, recogiéndose las pertinentes adaptaciones en diez artículos.

En cuanto a su contenido, se modifican distintos artículos de la Ley 51/2003, de 2 de diciembre, de igualdad de oportunidades, no discriminación y accesibilidad universal de las personas con discapacidad, destacando el ajuste de la definición legal de «persona con discapacidad» a la contenida en la Convención. También se incorpora un nuevo supuesto de sanción accesoria en la Ley 49/2007, de 26 de diciembre, por la que se establece el régimen de infracciones y sanciones en materia de igualdad de oportunidades, no discriminación y accesibilidad universal de las personas con discapacidad. En materia de sanidad, se modifican diversas leyes de modo que se incluye la discapacidad como nueva causa de no discriminación de la persona en su relación con las distintas administraciones públicas sanitarias, y se regula el derecho a la información en formatos adecuados que resulten accesibles y comprensibles a las personas con discapacidad, así como la prestación del consentimiento en diversos campos sanitarios. En materia de empleo, se aumenta, en las ofertas de empleo público, el cupo de reserva de las vacantes para ser cubiertas entre personas con discapacidad al siete por ciento contenido en la Ley 7/2007, de 12 de abril, del Estatuto Básico del Empleado Público y se crea, por vez primera con rango legal, una cuota específica, dentro de la genérica, para personas con discapacidad intelectual. Además, se regulan protocolos de actuación específicos en materia de protección civil para las personas con discapacidad, y en el ámbito de la cooperación internacional se incluye la discapacidad de un modo expreso y diferenciado. Por último, en el marco de la Estrategia Global de Acción para el Empleo de Personas con discapacidad 2008-2012 se incentiva el cumplimiento del Objetivo 4 de promover una mayor contratación de personas con discapacidad en el mercado de trabajo ordinario, ordenando al Gobierno la revisión de la normativa legal y reglamentaria y la adopción de medidas para asegurar el cumplimiento de la cuota de reserva del 2% de los puestos de trabajo para personas con discapacidad en las empresas de más de 50 trabajadores.

Esta norma ha sido informada favorablemente por el Consejo Nacional de la Discapacidad, en el que participan las organizaciones representativas de personas con discapacidad y de sus familias.

2. EL BORRADOR DE ANTEPROYECTO DE LEY EN MATERIA DE MODIFICACIÓN JUDICIAL DE LA CAPACIDAD

A) Como precedentes prelegislativos del reciente Borrador de Anteproyecto hecho público por el Ministerio de Justicia, cabe considerar

a) El documento, de 1 de junio de 2010, en el que se recogen las Conclusiones de la Convención sobre los Derechos de las Personas con Discapacidad y el Acceso a la Justicia en España, elaborado por el Congreso de Expertos en Justicia y Derechos Humanos, que ha sido impulsado por la Fundación Aequitas y el Ministerio de Justicia. El referido documento, realizado por especialistas en el ámbito de la Justicia y el conocimiento de la Convención Internacional, evalúa la repercusión de la disposición normativa existente, efectúa propuestas de mejora en relación con la eficacia, la eficiencia y la calidad del servicio público de la Justicia en los ámbitos de la igualdad y la no discriminación, el igual reconocimiento ante la Ley, el acceso a la seguridad jurídica y la libertad y seguridad de la persona con discapacidad, y hace referencia, entre otras muchas propuestas, a tres tipos de medidas que facilitarían el acceso a la justicia de las personas vulnerables.

En primer lugar, las de carácter físico, es decir, la adecuación de los edificios judiciales a los tipos de discapacidad. Un segundo bloque, de índole jurídica, que requiere la creación de cuerpos de intérpretes jurados, psicólogos y asistentes sociales y de una oficina de orientación legal adaptada. Y en tercer lugar un conjunto de modificaciones legales entre las que el documento menciona la opción de acceso a empleos públicos, en línea con la reciente reforma laboral, que incluye un apartado específico a este aspecto hacia las personas con discapacidad, y muy especialmente hacia las personas con capacidad intelectual límite.

Las conclusiones inciden, por otra parte, en la importancia de impulsar tribunales y fiscalías especializadas, en combinación con cursos de formación judicial, de forma que se consiga, al menos, un tribunal de "buenas prácticas" en materia de discapacidad por provincia. También se alerta contra "la trampa de los juicios rápidos", ya que, pese a su eficacia, pueden evitar que se busquen mecanismos de indagación de ciertas enfermedades o discapacidades en presuntos delincuentes que pudieran haber sido inducidos por terceros a cometer actos delictivos. El informe, por otro lado, solicita cambios tanto en el Código Civil como en la Ley de Enjuiciamiento Civil, alguno de cuyos preceptos –se observa– no casan con las normas de Derecho positivo que establece la Convención de la ONU.

b) La propuesta articulada, de marzo de 2011, del Real Patronato sobre Discapacidad, en la que se contempla la modificación de los actuales artículos 199 a 201, correspondientes al Título IX, De la incapacitación, del Libro I del Código Civil, así como de los artículos 756 a

763, correspondientes al Capítulo II, De los procesos sobre la capacidad de las personas, del Título I, Libro IV, de la Ley de Enjuiciamiento Civil 1/ 2000.

Se prevén, entre otras disposiciones, en el documento elaborado por el Real Patronato:

— En el marco de la provisión de apoyos para el pleno ejercicio de la capacidad jurídica por parte de las personas con discapacidad, se establece que podrán ser arbitrados personalmente por éstas los apoyos que precisen cuando posean en el momento de su aplicación la capacidad natural suficiente. En estos casos, el nombramiento del apoyo podrá hacerse por medio de resolución judicial o de documento público notarial, en el que se hagan constar idénticos términos a los requeridos para la resolución judicial en relación al alcance y los mecanismos de control de la asistencia.

  Si existieren causas que impidieren o limitaren la libre adopción de decisiones, se prevé que el programa de apoyos personalizado se establezca por resolución judicial.

— La guarda de hecho de las personas con discapacidad.

— Los mecanismos de control judicial de los actos jurídicos realizados con apoyos.

— Los supuestos de apoyo intenso, cuando sea estrictamente necesario para proteger los intereses de la persona que no pueda ejercer su capacidad jurídica mediante otro tipo de apoyos.

— La tramitación judicial relativa a la determinación o provisión de apoyos se realizará en el marco de un procedimiento de jurisdicción voluntaria específico, que se transformará en contencioso, en la modalidad de juicio verbal, si se formulase oposición por la persona con discapacidad o por persona o entidad legitimada.

B) Los artículos de la Convención de 2006 que pueden ser considerados como la causa próxima de la propuesta de modificación legislativa del Ministerio de Justicia son el 12 y el 13 del Texto Articulado

Artículo 4 a): Los Estados Partes se comprometen: Adoptar todas las medidas legislativas, administrativas y de otra índole que sean pertinentes para hacer efectivos los derechos reconocidos en la presente Convención.

Artículo 12. Igual reconocimiento como persona ante la ley.

1. Los Estados Partes reafirman que las personas con discapacidad tienen derecho en todas partes al reconocimiento de su personalidad jurídica.

2. Los Estados Partes reconocerán que las personas con discapacidad tienen capacidad jurídica en igualdad de condiciones con las demás en todos los aspectos de la vida.

3. Los Estados Partes adoptarán las medidas pertinentes para proporcionar acceso a las personas con discapacidad al apoyo que puedan necesitar en el ejercicio de su capacidad jurídica.

4. Los Estados Partes asegurarán que en todas las medidas relativas al ejercicio de la capacidad jurídica se proporcionen salvaguardias adecuadas y efectivas para impedir los abusos de conformidad con el derecho internacional en materia de derechos humanos. Esas salvaguardias asegurarán que las medidas relativas al ejercicio de la capacidad jurídica respeten los derechos, la voluntad y las preferencias de la persona, que no haya conflicto de intereses ni influencia indebida, que sean proporcionales y adaptadas a las circunstancias de la persona, que se apliquen en el plazo más corto posible y que estén sujetas a exámenes periódicos por parte de una autoridad o un órgano judicial competente, independiente e imparcial. Las salvaguardias serán proporcionales al grado en que dichas medidas afecten a los derechos e intereses de las personas.

5. Sin perjuicio de lo dispuesto en el presente artículo, los Estados Partes tomarán todas las medidas que sean pertinentes y efectivas para garantizar el derecho de las personas con discapacidad, en igualdad de condiciones con las demás, a ser propietarias y heredar bienes, controlar sus propios asuntos económicos y tener acceso en igualdad de condiciones a préstamos bancarios, hipotecas y otras modalidades de crédito financiero, y velarán por que las personas con discapacidad no sean privadas de sus bienes de manera arbitraria.

En relación con el contenido del art. 12 cabe realizar las observaciones que siguen:

— En el apartado 2 del art. 12 no se distingue entre capacidad jurídica y capacidad de obrar en relación con las personas con discapacidad.

— En el apartado 3 del art. 12 se opta por un modelo de apoyo en la toma de decisiones, que supone una novedad respecto del actual modelo fundamentado, con carácter general, en la representación o sustitución de la persona con discapacidad.

— En el apartado 4 del art 12 al referirse a que las medidas relativas al ejercicio de la capacidad jurídica estarán sujetas a exámenes periódicos por parte de una autoridad o un órgano judicial competente, independiente e imparcial, parece asumir la posibilidad de que un profesional, diferente de la Autoridad Judicial, intervenga en la determinación y el control de la actuación de las personas de apoyo de la persona con discapacidad.

En relación con la posible intervención de un profesional diferente del Juez, en el marco de las actuaciones mencionadas en el art. 12.4., cabe observar que los notarios ostentan la doble condición de funcionarios públicos investidos de autoridad en el marco de sus competencias, que ejercitan, por delegación del Estado, con independencia e imparcialidad, y profesionales del derecho, respecto de los que cabe la libre elección por parte de los ciudadanos, y operan, en este ámbito, en estrecho contacto con la realidad social, económica y familiar de la discapacidad y con los derechos individuales de las personas, así en relación con las capacidades mencionadas en la Convención en el art 12.5., por lo que podría conformarse, a mi juicio, en el marco del Ordenamiento Jurídico español, como la autoridad independiente e imparcial a la que, en concurrencia con el órgano judicial competente, podría atribuirse, de conformidad con el artículo 12 de la Convención, la competencia para garantizar, mediante la autorización de escritura pública, el efectivo ejercicio de la capacidad jurídica de la persona con discapacidad[3].

Cabría observar, en definitiva, que La Convención de 2006 contempla para las personas con discapacidad un modelo de sistema de capacidad basado en el apoyo y la asistencia de una tercera persona en la toma de decisiones, que contrasta con el tradicional y vigente, basado, en líneas generales, en la protección y, en los casos de las personas declaradas incapaces por sentencia judicial, en la sustitución o representación en la toma de decisiones de la persona con discapacidad que haya sido incapacitada por sentencia judicial.

Art. 13 de la Convención. Acceso a la Justicia:

1. Los Estados Partes asegurarán que las personas con discapacidad tengan acceso a la justicia en igualdad de condiciones con las demás, incluso mediante ajustes de procedimiento y adecuados a la edad, para facilitar el desempeño de las funciones efectivas de esas personas como participantes directos e indirectos, incluida la declaración como testigos, en todos los procedimientos judiciales, con inclusión de la etapa de investigación y otras etapas preliminares.

2. A fin de asegurar que las personas con discapacidad tengan acceso efectivo a la justicia, los Estados Partes promoverán la capacitación adecuada de los que trabajan en la administración de justicia, incluido el personal policial y penitenciario.

C) Principales novedades contenidas en el Borrador de Anteproyecto

En el texto del documento prelegislativo se hace mención, entre otras, a las siguientes propuestas:

---

[3] Castro Girona, La Convención de los derechos de las personas con discapacidad: el notario "ombusdman social", cit., en el último apartado de su trabajo.

Se propone la sustitución de la terminología incapacidad e incapacitación, por la de modificación judicial de la capacidad y persona con capacidad modificada judicialmente.

Se cambia el modelo de representación o sustitución en la toma de decisiones por el modelo de apoyo.

Se restringe el instrumento de la incapacitación a aquellas situaciones en las que no resulte posible conocer la voluntad de la persona afectada por la incapacidad, debido a la persistencia en la persona de una discapacidad que le impide gobernarse por sí misma.

Se flexibiliza el marco legal al efecto de que la sentencia judicial ofrezca la medida de apoyo proporcional y adecuada a las individuales circunstancias y necesidades de la persona afectada.

Se introduce la figura del defensor provisional para las personas en que no concurre una causa de modificación de la capacidad pero están imposibilitadas temporalmente por razón de trastorno físico o psíquico para cuidar de sus intereses.

Se regula la autorización judicial para el tratamiento ambulatorio no voluntario por razón de trastorno psíquico.

Se prevé un nuevo procedimiento de modificación de la capacidad y designación de figura de apoyo. No se concreta, en este punto, si el procedimiento es de naturaleza contenciosa o voluntaria, pero lo razonable será articular un procedimiento de jurisdicción voluntaria cuando no existe oposición de las personas legitimadas, de la persona afectada o del Ministerio Fiscal, y transformar el procedimiento en contencioso cuando esta oposición se manifieste, como así se ha subrayado en la atinada propuesta del Consejo Nacional sobre la Discapacidad.

3. DISCAPACIDAD Y JURISDICCIÓN VOLUNTARIA: EL PATRIMONIO PROTEGIDO DE LAS PERSONAS CON DISCAPACIDAD

Por lo que hace referencia al patrimonio protegido de las personas con discapacidad cabe señalar que la Ley 41/2003, de 18 de noviembre, de Protección patrimonial de las personas con discapacidad y de modificación del Código Civil, de la Ley de Enjuiciamiento Civil y de la normativa tributaria con esta finalidad[4], regula

---

[4] La Ley 41/2003, de 18 de noviembre, de protección patrimonial de las personas con discapacidad, entre otras disposiciones:

mecanismos de protección de las personas con discapacidad, centrados en el aspecto patrimonial y en los incentivos fiscales a las personas que, sin obligación de prestar alimentos, realicen aportaciones para constituir o incrementar un patrimonio protegido, con cuyos rendimientos pueda la persona con discapacidad hacer frente a sus necesidades[5].

Desde el punto de vista del procedimiento a seguir, la Disposición adicional primera de la Ley 41/2003, tiene por rúbrica <Actos de Jurisdicción Voluntaria> y establece que: <Las actuaciones judiciales previstas en el capítulo I de esta ley se tramitarán como actos de jurisdicción voluntaria sin que la oposición que pudiera hacerse a la solicitud promovida transforme en contencioso el expediente>.

---

1) Introduce una distinción en el art. 2.2, en relación con las personas con discapacidad, conforme a la cual: "a efectos de esta ley únicamente tendrán la consideración de personas con discapacidad: a) Las afectadas por una minusvalía psíquica igual o superior al 33%, b) las afectadas por una minusvalía física o sensorial igual o superior al 65%".

2) Introduce la figura de los patrimonios protegidos para estas personas y.

3) Añade el párrafo tercero al artículo 239 CC, que contempla la denominada tutela por ministerio de la ley, por el que se regula: a) El supuesto de inexistencia de alguna de las personas previstas como tutoras en el artículo 234 CC, en el caso de personas incapacitadas, conforme al artículo 200 del CC, y no se designe por el Juez, aunque ello no esté previsto en el texto legal, una persona idónea para desempeñar la tutela y b) El supuesto de que el incapaz se encuentre en una situación de desamparo, en el que la tutela será asumida por la entidad pública que en el respectivo territorio tenga encomendada la tutela de los incapaces.

[5] Vid., con carácter general, sobre esta fundamental Ley, en materia de discapacidad, Serrano, I., Protección patrimonial de las personas con discapacidad. Tratamiento sistemático de la Ley 41/2003. Iustel 2008; y en Díaz Alabart, La protección jurídica de las personas con discapacidad (Estudio de la Ley 41/2003, de Protección Patrimonial de las personas con discapacidad) Ibermutamur-Associació catalana Nabui 2004; Entrena Palomero, Patrimonio Protegido de las personas con discapacidad, Observatorio de la discapacidad, Minusval 2004; Protección jurídica y patrimonial de los discapacitados, Escola Gallega de Administración Pública, coord. Bello Janeiro. Santiago de Compostela 2004; Protección jurídica patrimonial de las personas con discapacidad, Pérez de Vargas Muñoz, coord., La Ley-Universidad Rey Juan Carlos, Madrid 2006.

Vid. asimismo sobre la Ley 41/ 2003, en Muñoz de Dios, El patrimonio del discapacitado, en La protección jurídica de discapacitados, incapaces y personas en situaciones especiales. Consejo General del Notariado. Madrid 2000; Martín Calero, Comentarios a la Ley de protección patrimonial de las personas con discapacidad, en relación con el patrimonio protegido de las personas con discapacidad, Instituto Valenciano de Estudios Notariales. Valencia 2005; López-Galiacho, Aportaciones al estudio del patrimonio protegido del discapacitado. RCDI, n. 867, 2005; Luna Serrano, El patrimonio protegido del discapacitado, en La protección jurídica del discapacitado. II Congreso Regional, Tirant lo Blanch-Junta de Castilla y León, Valencia 2007, pp. 97-144.

Si bien el texto legal hace referencia de forma genérica a actuaciones judiciales, cabe afirmar que no se refiere a cualquier actuación judicial sino tan sólo a aquellas que se conforman por su propia naturaleza como actos de jurisdicción voluntaria y requieren, en consecuencia, la incoación de un procedimiento. Así por ejemplo, no se tramitará como expediente de jurisdicción voluntaria la prescripción legal, contenida en el art.8, conforme a la cual el juez deberá notificar a la gestora o a la sociedad correspondiente, la integración en el patrimonio protegido de las participaciones en fondos de inversión o en instituciones de inversión colectiva, así como de las acciones o participaciones en sociedades mercantiles.

En relación con la normativa aplicable en materia de procedimiento, en el marco de la Ley 41/2003, cabe señalar que nos encontramos en el momento actual en un periodo de transición, dado que en el marco del Estado constitucional de Derecho, una de las piezas que todavía queda por encajar en el organigrama de la Administración de Justicia es la correspondiente a la Jurisdicción voluntaria. La Ley de Enjuiciamiento Civil de 7 de enero del 2000, LEC, por la que se rige la jurisdicción contenciosa en los procesos civiles, establece en su Disposición Final decimoctava que <En el plazo de un año, a contar de la fecha de entrada en vigor de esta Ley, el Gobierno remitirá a las Cortes Generales un proyecto de Ley sobre jurisdicción voluntaria>[6].

Dado que la Ley 41/2003 no regula un procedimiento específico de jurisdicción voluntaria, salvo la disposición singular de que la oposición que pudiera hacerse a la solicitud promovida no transformará en contencioso el expediente y determinadas disposiciones relativas a aspectos puntuales, ni se contempla, por otra parte, un procedimiento específico en el vigente Libro III de la LEC de 1881, hasta el momento en que se produzca la aprobación y entrada en vigor de la futura Ley de Jurisdicción Voluntaria, son de aplicación las Disposiciones Generales, arts.1811 a 1824, contenidas en el Libro III de la Ley de 1881, configuradoras de un procedimiento general fragmentario e inconexo, así como las normas específicas contenidas en los procedimientos de tutela, curatela, y las correspondientes a enajenación de bienes de menores e incapacitados y transacción acerca de sus derechos, si bien se precisa al respecto en el art.5.2 de la Ley 41/2003, que: <En ningún caso será necesaria la subasta pública para la enajenación de los bienes y derechos que integran el patrimonio protegido, no siendo de aplicación lo establecido al efecto en el Título XI del Libro III de la Ley de Enjuiciamiento Civil de 3 de febrero de 1881>.

---

[6] Vid. en relación con el malogrado Proyecto de Ley de Jurisdicción Voluntaria y sus antecedentes legislativos, en Fernández de Buján, Hacia una Teoría General de la Jurisdicción Voluntaria, I y II, Madrid 2007 y 2008. En el Anteproyecto y en el Proyecto de Ley se contenía un Procedimiento específico relativo a la Protección del patrimonio de las personas con discapacidad, en el que se preveía la competencia, la legitimación y determinadas normas en materia de tramitación y apelación de la resolución del tribunal.

De entre los artículos correspondientes al procedimiento general, cabe destacar el art. 1815 LEC, relativo a la intervención del Ministerio Fiscal, dado que resulta de expresa aplicación al procedimiento del patrimonio protegido. Conforme a la dicción legal: <Se oirá precisamente al Ministerio Fiscal cuando la solicitud promovida afecte a los intereses públicos; y cuando se refiera a persona o cosa cuya protección o defensa competan a la Autoridad. El Ministerio Fiscal emitirá por escrito su dictamen, a cuyo efecto se le entregará el expediente>.

El papel del Ministerio Fiscal como defensor real del discapacitado psíquico, tanto en juicio, como fuera de él, ha sido especialmente puesto de relieve por Leña Fernández, al tratarse de un órgano más dinámico, que con más movilidad y bastante más flexible, que el órgano judicial[7]. En el mismo sentido se han pronunciado Vargas Cabrera y Cuadrado Iglesias, en atención a que de la normativa legal el Ministerio Fiscal se configura como el defensor por excelencia de los intereses de las personas con discapacidad, al encomendársele la función de velar por el respeto de sus derechos y por la efectividad de las instituciones y mecanismos de protección que para atender a sus necesidades prevén las leyes[8].

El art. 3.7 del Estatuto del Ministerio Fiscal establece como misión del mismo: <Asumir, o en su caso, promover, la representación en juicio y fuera de él de quienes por carecer de capacidad de obrar o de representación legal no pueden actuar por sí mismos, así como promover la constitución de organismos tutelares que las leyes establezcan y formar parte de aquellos otros que tengan por objeto la protección y defensa de menores y desvalidos>.

Distingue Ortells, a propósito de las posiciones del Ministerio Fiscal en el proceso civil, entre aquellos supuestos en que participa en calidad de parte, aquellos en que participa como representante provisional de incapaces y ausentes y la participación del Ministerio Fiscal en determinadas actuaciones procesales[9]. Con carácter general, la doctrina considera preceptiva la intervención del MF en todos aquellos supuestos que afectan a la condición o estado civil de las personas, en defensa de intereses generales o sociales, o bien deberes jurídico-públicos. Se trata, por tanto, de supuestos en que los intereses públicos están por encima de los intereses de los particulares. Al decir de Fairén, cabría afirmar que determinados actos de jurisdicción voluntaria son

---

[7] Leña Fernández, Igualar diferencias: un reto jurídico para los discapacitados psíquicos, en La protección jurídica del discapacitado I, cit., pp. 256 ss. Vid. asimismo, con carácter general, del mismo autor, El notario y la protección del discapacitado, Madrid 1997.

[8] Vargas Cabrera, Aspectos civiles y procesales de la discapacidad, en La protección jurídica del discapacitado I, cit, pp.126 ss.; Cuadrado Iglesias, Reflexiones acerca del patrimonio protegido de las personas con discapacidad, Estudios en homenaje al Prof. Albaladejo, I, Madrid 2004, en especial pp.1142,1144 y 1147.

[9] Ortells Ramos, *Derecho procesal civil*, Thomson-Aranzadi,6ª ed., 2000, pp.109 ss.

de ius cogens, están regidos por el principio inquisitivo, por lo que no le son aplicables los principios clásicos del sistema procesal intradispositivo[10].

Para Prieto Castro, el Ministerio Fiscal ha de ser oído en la jurisdicción voluntaria, en calidad de órgano informante o como parte, según los casos. El Ministerio Fiscal sería parte cuando actúa en defensa de los intereses de aquellas personas que no pueden hacerlo por sí mismas. Cuando desempeña su función de defensa del interés público, el Ministerio Fiscal sería órgano colaborador del Juez o Tribunal, fundamentalmente informando, emitiendo su dictamen[11]. Como interesado, observa González Poveda, el Ministerio Fiscal puede adoptar en los actos de jurisdicción voluntaria, la posición de solicitante o promotor del expediente o la de tercero interviniente, es decir, como mero interesado[12].

En relación con las actuaciones Judiciales y del Ministerio Fiscal previstas en la Ley 43/2003 cabría distinguir, al efecto, en el texto legal, distintas actuaciones de naturaleza diferente:

a) Actuaciones judiciales de jurisdicción voluntaria, como puede ser la adopción, a instancia del Ministerio Fiscal, de cualquier medida específica que redunde en interés del patrimonio protegido de la persona con discapacidad, conforme al art. 7.1.

b) Actuaciones judiciales que no se configuran como actos de jurisdicción voluntaria, y que no requieren la instancia del Ministerio Fiscal, como puede ser la notificación por el juez a la sociedad correspondiente, de la inclusión de participaciones en fondos de inversión en el conjunto de bienes y derechos que conforman el patrimonio protegido de una persona con discapacidad, conforme al art. 8.2.

c) Actuaciones del Ministerio Fiscal enmarcadas en el ámbito de los procedimientos de jurisdicción voluntaria, en la medida en que el Juez actuará a instancia del Ministerio Fiscal, como puede ser el supuesto consistente en que los padres, tutores o curadores de la persona con discapacidad se oponen a la aportación, por persona con interés legítimo, de derechos al patrimonio protegido, en cuyo caso el solicitante, deberá acudir al Ministerio Fiscal, quien instará del Juez lo que proceda en beneficio de la persona con discapacidad, conforme al art. 4.2.

---

10 Fairén Guillén, «Sobre el paso de la jurisdicción voluntaria a la contenciosa», en *ADC.*, 1991, pp. 947 ss.

11 Prieto Castro, *Contribución dogmática del Ministerio Fiscal*, en <Trabajos y Orientaciones del Derecho Procesal>, Madrid, 1964, pp. 106 y ss.

12 González Poveda, *la Jurisdiccion Voluntaria*, Aranzadi 1997, 3ª ed., pp. 106 y ss.

d) Actuaciones del Ministerio Fiscal previstas o no de forma singular en el capítulo I de la Ley 43/2003, que no se enmarcan en el ámbito de los procedimientos de jurisdicción voluntaria. Conforme al art. 7.1: <El Ministerio Fiscal actuará de oficio o a solicitud de cualquier persona, y será oído en todas las actuaciones judiciales relativas al patrimonio protegido>.

Los supuestos específicos de intervención judicial o del ministerio fiscal, previstos en el capítulo I de la Ley 43/2003, son los siguientes:

1) La acreditación de minusvalía mediante resolución judicial firme, conforme al art. 2.3. Se prevé asimismo que la acreditación de la minusvalía se acredite mediante certificado expedido conforme a lo establecido reglamentariamente[13].

2) En caso de negativa (si bien el texto legal habla de negativa injustificada, será el juez quien decida si la negativa es o no injustificada) de los padres, tutores o curadores (el texto legal omite a los curadores, que deben ser incluidos), el solicitante, que podrá serlo cualquier persona con interés legítimo, podrá acudir al fiscal, quien instará del juez lo que proceda atendiendo al interés de la persona con discapacidad, conforme al art. 3.2.

3) En el caso de que el juez autorice la constitución del patrimonio protegido, la resolución judicial dictada al efecto tendrá como mínimo el siguiente contenido, conforme al art. 3:

a) El inventario de los bienes y derechos que inicialmente constituyan el patrimonio protegido.

b) La determinación de las reglas de administración y, en su caso, de fiscalización, incluyendo los procedimientos de designación de las personas que hayan de integrar los órganos de administración o, en su caso, de fiscalización.

c) Cualquier otra disposición que se considere oportuna respecto a la administración o conservación del mismo.

Se prevé también en el art. 3 que el patrimonio protegido se constituya en documento público, en cuyo caso éste deberá tener asimismo el contenido mínimo al que ya me he referido a propósito de la resolución judicial, o por resolución judicial.

4) En el caso de que una persona con interés legítimo pretendiese realizar una aportación de bienes o derechos simultanea o posterior a la constitución del patrimonio protegido, y los padres, tutores o curadores, negasen su consentimiento, la persona

---

[13] Vid., con carácter general, en relación con las actuaciones judiciales y del ministerio fiscal previstas en la Ley 41/2003, en Fernández de Buján, A., *La Protección Jurídica del Discapacitado*, II, cit., pp. 191-213.

que hubiera ofrecido la aportación podrá acudir al fiscal, que instará del juez lo que proceda atendiendo al interés de la persona con discapacidad, conforme al art. 4.2.

5) Cuando el constituyente del patrimonio protegido no sea el propio beneficiario del mismo, las reglas de administración establecidas en el documento público de constitución, deberán prever la obligatoriedad de la autorización judicial en los mismos supuestos que el tutor la requiere respecto de los bienes del tutelado, de acuerdo con lo previsto en los artículos 271 y 272 del Código Civil o, en su caso, conforme a lo dispuesto en las normas de derecho civil, foral o especial, que fueran aplicables. No será, sin embargo, necesaria la autorización cuando el beneficiario tenga capacidad de obrar suficiente, conforme todo ello se establece en el at. 5.2[14].

6) Los constituyentes o el administrador, podrán instar al Ministerio Fiscal que solicite del juez competente la excepción de la autorización judicial, prevista en el art. 5.2, en determinados supuestos, en atención a la composición del patrimonio, las circunstancias personales de su beneficiario, las necesidades derivadas de su minusvalía, la solvencia del administrador o cualquier otra circunstancia de análoga naturaleza, conforme al art. 5.3.

7) En los supuestos en que no resulte posible la designación de administrador conforme a las reglas establecidas en el documento público o resolución judicial de constitución, el juez competente proveerá lo que corresponda, a solicitud del Ministerio Fiscal, conforme al art.5.6.

8) En el párrafo final del art. 6,en el que se regula la extinción del patrimonio protegido, se establece que: <En el caso de que no pudiere darse a los bienes y derechos (que constituyen el patrimonio protegido), la finalidad prevista por sus aportantes, se les dará otra, la más análoga y conforme a la prevista por éstos, atendiendo, cuando proceda, a la naturaleza y valor de los bienes y derechos que integren el patri-

[14] Ley 1/2009, de 25 de marzo, de reforma, de la Ley del Registro Civil en materia de incapacitaciones, cargos tutelares y administradores de patrimonios protegidos, y de la Ley 41/2003, de Protección patrimonial de las personas con discapacidad, conforme a la cual se introduce una mejora en el trato fiscal para la constitución y el mantenimiento de los patrimonios protegidos, aclara, de forma satisfactoria, el concepto de acto de disposición de determinados bienes integrados en los patrimonios protegidos, habida cuenta de la disparidad de criterios existentes en la práctica. Así, conforme al último párrafo del apartado 2 del art. 5, añadido por la Ley 1/2009: <En todo caso, y en consonancia con la finalidad propia de los patrimonios protegidos de satisfacción de necesidades vitales de sus titulares, con los mismos bienes y derechos en él integrados, así como con sus frutos, productos y rendimientos, no se considerarán actos de disposición el gasto de dinero y el consumo de bienes fungibles integrados en el patrimonio protegido, cuando se hagan para atender las necesidades vitales de la persona protegida>.

monio protegido y en proporción, en su caso, al valor de las diferentes aportaciones>. Si bien no se recoge de forma expresa en el texto legal, parece razonable pensar que deberá ser el juez quien decida acerca del destino de los bienes y derechos, conforme a la finalidad más análoga a la prevista por los aportantes[15].

9) El patrimonio protegido podrá extinguirse por decisión judicial, que podrá acordarse de oficio, a mi juicio, o a instancia del Ministerio Fiscal, conforme al art. 7.1, en interés de la persona con discapacidad, si bien ambas modalidades de extinción no se encuentran previstas de forma singular en el art.6, que lleva por rúbrica: extinción.

10) La supervisión de la administración del patrimonio protegido corresponde al Ministerio Fiscal, quien instará del juez lo que proceda en beneficio de la persona con discapacidad, conforme al art. 7.1, párrafo primero.

11) El Ministerio Fiscal actuará de oficio o a solicitud de cualquier persona, y será oído en todas las actuaciones judiciales relativas al patrimonio protegido, conforme al art.7.1, párrafo 2.

12) Si formasen parte del patrimonio protegido, participaciones en fondos de inversión o en instituciones de inversión colectiva, o bien acciones o participaciones en sociedades mercantiles, el juez o el notario autorizante, en su caso, deberán notificar la cualidad de éstos a la gestora de los fondos o a la sociedad mercantil, conforme al art. 8.2.

13) Se garantiza que el juez que esté conociendo de la constitución de la tutela pueda, mediante los mecanismos oportunos, conocer la eventual existencia de disposiciones relativas a la misma, sean de los padres, sean del propio incapaz, conforme se afirma en la Exposición de Motivos, apartado VI, de la Ley 41/2003. En este sentido, se dispone en el art.9.1 que: <En los procedimientos de incapacitación, el juez recabará certificación del Registro Civil y, en su caso, del registro de actos de última voluntad, a los efectos de comprobar la existencia de las disposiciones a las que se refiere el párrafo final del art. 9[16].

14) El supuesto de intervención judicial, recogido en el art. 12, por el que se modifica el art.1792 del Código Civil, entre otros artículos, en materia de alimentos, en aquellos casos en los que falte la previsión de la prestación de alimentos, producido el

---

[15] Vid. al respecto la interpretación de Cuadrado Iglesias, en Reflexiones acerca del patrimonio protegido de las personas con discapacidad, cit., pp. 1149-1150.

[16] Vid al respecto por ej, en relación con la autotutela, Fernández Prida, La autotutela, en La protección jurídica del discapacitado I, cit. pp.59ss; O´Callaghan, Autotutela: propuesta de la Ley 41/2003,de Protección patrimonial de las personas con discapacidad, en Economist&Iurist, mayo 2006,pp.64 ss.

fallecimiento del obligado a prestarlos o la concurrencia de cualquier circunstancia grave que impida la pacífica convivencia entre las partes[17].

4. EL PROCESO DE INCAPACITACIÓN

A) Presunción de capacidad, incapacidad, y discapacidad

El principio de presunción de capacidad está previsto en nuestro derecho. La regla general es, por tanto, la capacidad de la persona y la excepción la incapacidad. El término incapacitado expresa, en un sentido técnico, de forma indubitada, la situación en la que se encuentra una persona respecto de la que una sentencia ha determinado su estado civil como tal, si bien, en ocasiones, se utiliza el vocablo incapacitado en un sentido no técnico, que difiere de la idea expresada. Así en el art. 663 CC, se establece que están incapacitadas para testar personas que se encuentran en una determinada situación, pero respecto de las cuales no existe necesariamente una declaración judicial de incapacidad.

La capacidad jurídica, por otra parte, no admite grados, lo que sí sucede con la capacidad de obrar. Así, el mayor de edad tiene una grado de capacidad de obrar muy superior al menor de edad, o las personas incapacitadas tienen, de forma personalizada, el grado de capacidad de obrar que les reconoce la sentencia de incapacitación, que oscilará entre la privación y la limitación en su ejercicio, conforme a la graduación de su extensión, si bien no parece que la persona pueda resultar privada, en puridad, de la totalidad de su capacidad de obrar. Por otra parte, la incapacitación, a igual que la minoría de edad, no supone un cambio, en modo alguno, en la titularidad de los derechos fundamentales de la persona incapacitada, aunque sí en su forma de ejercicio, lo que obliga a la conformación específica, en la sentencia constitutiva, de la situación jurídica de la persona incapacitada, conforme a sus conveniencias y necesidades.

El término incapaz se utiliza, por el contrario, de forma más difusa, para aludir a diferentes situaciones: a) A las personas incapacitadas por sentencia, así en los artículos 121 o 199 del CC, o el artículo 428.2 C. Penal, b) A las personas que se encuentran en la situación prevista en el artículo 200 del CC, sin que medie sentencia, es decir, a

---

17 Vid. al respecto en Cobacho Gómez, «La obligación legal de alimentos y la tutela», en *La Protección jurídica del discapacitado.* II Congreso regional. Coordinación y prólogo de Serrano García. Junta de Castilla y León- Tirant lo Blanch, Valencia 2007, pp. 79 ss.; MUÑOZ GARCÍA C., "Reflexiones acerca de las sanciones por incumplimiento de las obligaciones alimenticias, contractuales y legales", La Ley, año XXXI, número 7313, 4 de enero de 2010, pp. 1-5.

los incapacitados de hecho, así en el artículo 303 CC, c) A quienes no están capacitados para realizar un acto concreto, así en el art. 745 CC, en el que se prevé quienes son incapaces de suceder, y d) A las personas con discapacidad, con carácter general.

En todo caso, ha de señalarse que, en sentido técnico, la discapacidad es una situación administrativa y la incapacitación un estado civil, que deriva de la existencia de una sentencia firme[18]. Ninguna persona puede, por tanto, ser considerada incapacitada, sin una sentencia firme que lo declare, lo que parece abonar la tesis del carácter constitutivo de esta resolución judicial. El carácter exclusivamente judicial de la incapacitación, contrasta con las facultades de suspensión de la patria potestad o la tutela que se otorgan a las entidades públicas de la Administración, respecto de los menores en situación de desamparo[19].

La relación entre incapacidad y discapacidad es poliédrica. Así, no parece concebible, en la práctica, que una persona incapacitada no sufra algún tipo de discapacidad y, por el contrario, la mayoría de las personas con discapacidad no están incapacitadas, o bien porque no resulta necesario este grado de limitación de su capacidad de obrar o bien porque, no obstante su condición de personas incapacitadas de hecho, debido a la ausencia de capacidad para el autogobierno, no han sido incapacitadas por sentencia judicial. Constituye, por ello, lo usual, que las personas incapacitadas, cuya tutela ha sido conferida a una persona jurídica fundacional, sufran algún tipo de discapacidad[20].

---

18 La Ley 51/2003, de 2 de diciembre, de Igualdad de oportunidades, no discriminación y accesibilidad universal de las personas con discapacidad, introdujo un nuevo sistema de protección para personas con discapacidad, sin que exista resolución de incapacitación, que se configura como una situación administrativa y no un estado civil, y que se atribuye a quienes están afectados por una minusvalía psíquica igual o superior al 33% o una minusvalía física o sensorial igual o mayor al 65 %.

Conforme al art. 1 de la Convención de 2006: <Las personas con discapacidad incluyen a aquellas que tengan deficiencias físicas, mentales, intelectuales o sensoriales a largo plazo que, al interactuar con diversas barreras, puedan impedir su participación plena y efectiva en la sociedad, en igualdad de condiciones con las demás>.

19 De la Cuesta y Aguilar, La tutela familiar y disposiciones a favor del menor e incapaz, Bosch, Barcelona, 1994, pp. 17-21; Vargas Cabrera, Aspectos civiles y procesales de la discapacidad, en la Protección Jurídica del discapacitado, I Congreso Regional, coordinador Ignacio Serrano García, Tirant Lo Blanch, Valencia 2003, p. 126; Pereña, El incapacitado ante la nueva protección jurídica del discapacitado, *Actualidad Civil*, n.15, 2004, pp. 1758-1772.

20 En el sentido expresado, cabe afirmar, con Ignacio Serrano, «Discapacidad e incapacidad en la Ley 41/ 2003 de 28 de noviembre», *Revista Jurídica del Notariado*, núm. 52, octubre-diciembre 2004, pp. 231 ss., que el perfil de las personas tuteladas por Fundaciones tutelares de personas con deficiencia mental, es el de una persona mayor de edad, huérfana o no, desamparada e incapacitada por discapacidad intelectual, en definitiva, una persona mayor, discapacitada y desamparada.

Consideran Vargas Cabrera y Sainz de Robles, preferible el término de discapacitado al de incapacitado, para referirse a la persona que se somete a un proceso de incapacitación[21]. En opinión de Vargas Cabrera, el término disminuido utilizado por la CE resulta más moderado que el de incapacitado empleado por el CC y la LEC[22]. Considera este autor, que ha de partirse de un concepto de discapacidad inspirado en

---

Por su parte, Millán Moya, en su intervención ante la Subcomisión para el estudio de la discapacidad en el Congreso de los Diputados, en mayo de 2002, en su condición de Secretario General del Cermi, Comité Español de Representantes de Personas con discapacidad, señala que "el retrato robot de la persona discapacitada española es el de una mujer, de entre treinta y cuarenta y cinco años, con una discapacidad física o psíquica, de mediana o severa intensidad, sin estudios o como mucho con estudios primarios, sin experiencia laboral ., que normalmente vive en el hogar de sus padres, en situación de dependencia de éstos ...".

Cabe subrayar, por otra parte, que la primera causa de discapacidad se refiere a las deficiencias ostearticulares, más de la cuarta parte de las deficiencias registradas. Le siguen en importancia, las deficiencias visuales y auditivas, alrededor del 18 % de las discapacidades, y las mentales, en torno al 11%.

El número total de personas con discapacidad para realizar alguna de las actividades de la vida diaria asciende a algo más de 2.285.000. Vid. al respecto en Jiménez Lara y Huete García, *Los discapacitados en España: Datos estadísticos. Aproximación desde la encuesta sobre Discapacidades, Deficiencias y Estado de Salud de 1999.* Ministerio de Trabajo y Asuntos Sociales. Real Patronato sobre Discapacidad. Madrid 2003.

21 Vid. en de Vargas Cabrera, «Aspectos civiles y procesales de la incapacidad», en AAVV, *La Protección Jurídica del Discapacitado, I Congreso Regional*, cit., pp. 121 ss; Sainz de Robles, «Una perspectiva histórica», *La Protección Jurídica del discapacitado I*, cit., pp. 25 ss.; López Frías, «El ejercicio de los derechos personalísimos de los enfermos psíquicos», en *Revista de Derecho Privado*, abril 1999, pp. 296-320; Martinez Díez, *Los discapaces no incapacitados. Situaciones especiales de protección.* Universidad Internacional Menéndez y Pelayo. Consejo General del Notariado. Madrid 1999.

22 En todo caso, la segunda de las acepciones del término incapacitado contenida en el DRAE –la primera alude a <falto de capacidad o aptitud para hacer algo>– deberían ser actualizada en su referencia a la interdicción civil: <dícese de la persona sujeta a interdicción civil>, y resultaría asimismo deseable una armonización en la utilización de los términos incapacitado y discapacitado en los textos legales.

Acerca de la posición jurídica de los discapacitados en el Ordenamiento Jurídico Español, vid., con carácter general, en López Guerra, Discapacitados, derechos fundamentales e igualdad en el marco de la administración de justicia, en La administración de justicia y las personas con discapacidad. Ed. Escuela Libre, Fundación Once-Consejo General del Poder Judicial. Madrid 2000; Varela Autrán, La discapacidad en el Derecho Español y en la Constitución Española, Discapacidad Intelectual y Derecho. Aequitas. Madrid 2004; Martín Calero, La integración jurídica y patrimonial de las personas con discapacidad psíquica o intelectual, Fundación Aequitas-Edt. Ramón Areces. Madrid 2005; Rovira Sueiro, Relevancia de la voluntad de la persona para afrontar su propia incapacidad. Fundación Aequitas. Edt. Ramón

la CE y en los textos internacionales, modulando respuestas flexibles y acompasadas desde los distintos ámbitos legislativos, administrativos y judiciales. Propone, para el logro de la finalidad señalada, la elaboración de un estatuto general sobre la discapacidad, que considere al discapacitado como sujeto protagonista del proceso de incorporación al medio en el que vive. Por su parte, Leña Fernández aboga por una mayor desjudicialización y flexibilización del funcionamiento de la tutela y un desplazamiento del control judicial al ámbito familiar[23].

En relación con aquellas personas que sufren una discapacidad psíquica, sin entrar en la discapacidad de tipo físico o sensorial, cabe subrayar que la terminología empleada para referirse a las mismas ha sufrido una profundo cambio, que ha tendido a la dignificación del nombre con que se las designa y así, desde la utilización de vocablos como anormales, subnormales, deficientes mentales o minusválidos psíquicos, se ha llegado a la actual denominación de discapacitados psíquicos. Se ha producido asimismo una evolución tanto en la clasificación científica de los distintos tipos de discapacidades, como en el tratamiento y la ayuda requerida por las personas que se encuentran en estas situaciones. Cabe subrayar, por otra parte, que existen discapacidades de muy diferente naturaleza y que, en consecuencia, requieren un tratamiento específico y diferenciado, así en los supuestos de: demencia, sordomudez, prodigalidad, discapacidad cíclica, casos límite, paranoia, esquizofrenia, oligofrenia, depresiones profundas, psicopatías varias, drogodependencia, alcoholismo etc.[24].

Areces, Madrid 2005; Delgado y C. Gallén, Coordnrs, Normalidad y límite. Construcción e integración social del borderline. Fundación Aequitas-Edt. Ramón Areces, Madrid 2006.

[23] Vid. al respecto en Leña Fernández, «Igualar diferencias: un reto jurídico para los discapacitados psíquicos», en *La protección jurídica del discapacitado I*, cit., pp. 251 ss. A propósito de la tutela como institución protectora de menores e incapaces en la historia de las legislaciones de los países europeos, vid. en García Cantero, «Estudio comparado de la tutela», en *La protección jurídica del discapacitado* I, cit., pp. 85-120. Señala este A. que en la era codificadora, la tutela en Europa se decanta en torno a dos modelos, uno de carácter preferentemente familiar(privado) y otro en el que priman, a primera vista, los intereses públicos, sea en forma de tutela judicial o encomendada a órganos administrativos. La posición jurídica de las personas con discapacidad psíquica, en perspectiva histórica, es analizada por Martínez de Morentin, en «De la cura furiosi en las XII Tablas, a la protección del disminuido psíquico en el Derecho actual (a propósito de la STS de 20 de noviembre de 2002)», en *Anuario de Derecho Civil*, Abril-junio 2004, pp. 775-825.

[24] El 22 de mayo de 2001, la Organización Mundial de la Salud, aprobó mediante Resolución adoptada en su 54 Asamblea Mundial, un elenco clasificatorio de las distintas discapacidades y situaciones que afectan a la salud, con la denominación de Clasificación Internacional del Funcionamiento de la Discapacidad y de la Salud, conocida por las siglas CIF. El año 2003 fue declarado por la Unión Europea como: <Año europeo de las personas con discapacidad>, conforme a la Decisión 2001/51/CE, de 20 de diciembre, del Consejo. El Consejo de la Unión y los representantes de los Gobiernos han expresado, con este motivo,

B) Concepto, causas y garantías del proceso de incapacitación

El proceso de incapacitación es la fórmula prevista en la legislación para velar por la persona y el patrimonio de los presuntos incapaces. Tiene naturaleza jurisdiccional, contenciosa y contradictoria y está informado por los principios dispositivo, de legalidad y de oficialidad. La sentencia que declare la incapacitación fijará la extensión y límites de ésta y determinará el régimen de tutela o guarda de la persona que se considere incursa en la situación contemplada en el artículo 200 CC: <Enfermedades o deficiencias persistentes de carácter físico o psíquico que impidan a la persona gobernarse por sí misma>. Si la persona incapacitada es menor de edad continuará bajo el régimen de patria potestad, que se prorrogará, si se mantiene la incapacitación, al llegar a la mayoría de edad. Si el hijo mayor de edad soltero que viviere en compañía de sus padres o de cualquiera de ellos fuere incapacitado, se rehabilitará la patria potestad, que será ejercida por quien correspondieres si el hijo fuese menor de edad, conforme al art. 171 CC.

El proceso de incapacitación está regulado en el Capítulo segundo, del Título primero, del libro IV de la LEC, bajo la rúbrica de <De los procesos sobre la capacidad de las personas>, junto con el proceso de prodigalidad, el proceso de reintegración de la capacidad y modificación del alcance de la incapacitación y el proceso de internamiento no voluntario por razón de trastorno psíquico. El articulado correspondiente a estos procesos comprende los artículos 756 a 763 LEC. La sustanciación del proceso de incapacitación se realiza por los trámites del juicio verbal[25]. Como previsión de futuro, hay que tener en cuenta, por otra parte, que la Disposición Final primera de la Ley 1/2009, de 25 de marzo, autoriza al Gobierno a que, en el plazo de seis meses desde la entrada en vigor de la Ley, remita a las Cortes Generales un Proyecto de Ley de reforma de la legislación reguladora de los procedimientos de incapacitación judicial, que pasarán a denominarse procedimientos de modificación de la capacidad de obrar[26].

---

la reafirmación de <los derechos básicos de las personas con discapacidad en lo relativo a la igualdad de acceso a las actividades sociales y económicas>, y la creación de un programa de acción comunitaria en materia de igualdad entre hombres y mujeres.

Con carácter general, en materia de discapacidad, puede consultarse: el elenco de disposiciones citadas por Ignacio Serrano, en Revista Jurídica del Notariado, n. 52, octbr-dcbr 2004, pp. 235 ss, y en Protección Personal de las Personas con Discapacidad. Tratamiento sistemático de la Ley 41/2003. Madrid 2008; Díaz-Alabart, Legislación básica sobre discapacitados. Técnos. Madrid 2004; Alcaín Martinez, Legislación sobre discapacidad. Thomson-Aranzadi-Cermi. 2005.

[25] Vid. en Calaza López, Los procesos sobre la capacidad de las personas, Iustel, Madrid 2007, pp. 130 ss. y, con carácter general, sobre la nueva concepción garantista de la jurisdicción voluntaria, en Fernández de Buján, Observaciones al Proyecto de Ley de Jurisdicción Voluntaria, II, La Ley, n. 6.600, de 28 de noviembre de 2006, pp. 11 ss.

[26] Con carácter general, vid en Revisión de los procedimientos relativos a la incapacidad. Jornadas Fundación Aequitas 2004, Colecc. N. 3 La llave, dirigida por Blanca Entrena,

Sobre la oportunidad de sustanciar las solicitudes de incapacitación no contradictorias por el procedimiento de jurisdicción voluntaria, como así sucede en la legislación alemana, y acontecía en la legislación española con anterioridad a la LEC de 2000, se ha pronunciado una parte de la doctrina e instituciones que representan a los familiares y allegados a las personas afectadas, lo que parece razonable en atención a la mayor agilidad y economía de medios que supone el procedimiento voluntario y a lo penoso que resulta demandar y cumplir los trámites que supone el proceso de incapacitación, cuando las partes y el Ministerio Fiscal manifiestan su conformidad o la no oposición a la declaración de incapacidad[27].

El artículo 199 CC prevé como garantías del proceso: a) la necesidad de una resolución judicial en forma de sentencia firme, dictada por juez competente, en un proceso declarativo y contradictorio, que declare la incapacitación, b) la tipicidad –sólo las causas establecidas–, y c) la reserva de ley formal, es decir, las causas deben ajustarse a las contempladas en la ley que en este caso se corresponde con lo previsto en los artículos 200 y 201 CC, que recogen la base fáctica de la incapacidad: enfermedades o deficiencias persistentes, de carácter físico o psíquico, que impidan a las personas gobernarse por sí mismas[28]. Conforme a la actual redacción, que deriva de la reforma de 1983, la configuración de las causas puede ser concebida como abierta, a diferencia de lo que ocurría con la anterior regulación, que preveía una lista determinada de causas.

Si bien el texto del artículo 200 se refiere a enfermedades o deficiencias de carácter físico o psíquico, cabe señalar que el carácter físico no es suficiente por sí mismo para determinar una incapacitación, en la medida en que no repercuta en la naturaleza psíquica de la deficiencia o enfermedad[29]. En este sentido, cabe señalar con Díez-Picazo, que quedan englobados en la fórmula abierta que utiliza el art. 200, los trastornos

---

Madrid 2004, y en Iglesias Canle y Candal Jarrín, Los procesos sobre capacidad de las personas. Especial referencia a las personas dependientes. Tirant. Valencia 2009.

[27] Vid., con carácter general, sobre la nueva concepción garantista de la jurisdicción voluntaria, en Fernández de Buján, Observaciones al Proyecto de Ley de Jurisdicción Voluntaria, II, La Ley, n. 6.600, de 28 de noviembre de 2006, pp. 11 ss.

[28] En relación con los artículos 199 a 201 CC vid., con carácter general, Díez-Picazo, L, Comentarios a las reformas de nacionalidad y tutela, Coordinadores, Amorós, M, y Bercovitz, R., Madrid 1986, pp.175-183; Parra, M.A., Comentario del Título IX del Libro Primero del CC., De la Incapacitación. Comentarios al Código Civil, Coordinador, Rams, J., Barcelona 2000, pp. 1651 ss.

[29] El porcentaje de incapacitaciones motivadas por deficiencias psíquicas es muy superior al de las fundadas en enfermedades psíquicas, vid. en este sentido en Delgado Bueno y Ruiz de la Cuesta, Aspectos Médico-legales del internamiento y de la incapacitación, en <Los discapacitados y su protección jurídica>, Estudios de Derecho Judicial, n. 22, CGPJ, Madrid 1999, pp. 65 ss; Ramos Chaparro, Enfermedad física, autogobierno e incapacitación (Comen-

físicos que impiden completamente la comunicación o el desarrollo de la personalidad, como pueden resultar un prolongado coma profundo o una hemiplejía[30].

El elemento clave es pues el carácter psíquico de la enfermedad o deficiencia y su persistencia en el tiempo y, como consecuencia de ello, la imposibilidad de la persona para gobernarse por sí misma, en cuanto que no resultaría suficiente, por ejemplo, una patología permanente que no impidiese el autogobierno de la persona. La discapacidad física o sensorial es tenida en cuenta en la legislación civil, en determinados supuestos, así, se establecen reglas especiales, cuando quien otorga el testamento es una persona ciega o sordomuda, artículos 697, 698 y 708, o a efectos de la determinación de la idoneidad para ser testigo, conforme al artículo 361 LEC: "Podrán ser testigos todas las personas, salvo las que se hallen permanentemente privadas de razón o del uso de los sentidos respecto de hechos sobre los que únicamente quepa tener conocimiento por dichos sentidos".

La persistencia de la enfermedad o deficiencia alude a la necesidad de su prolongación en el tiempo. En el sentido expresado se pronuncia la STS de 28 de julio de 1998: <… para que se incapacite a una persona no sólo es suficiente que padezca una enfermedad persistente de carácter físico o psíquico… lo que verdaderamente sobresale es la concurrencia del segundo requisito, o sea, que el trastorno tanto sea permanente como que oscile en intensidad, y le impida gobernarse a la (persona) afectada por sí misma>, es decir, la enfermedad o deficiencia persistente, de carácter físico o psíquico, debe producir en el presunto incapaz un trastorno permanente u oscilante en intensidad, que le impida a la persona gobernarse por sí misma. En el mismo sentido, en STS de 26 de julio de 1999, se afirma la consideración de incapacitante de un supuesto en el que la situación de incapacidad no es constante o permanente, sino esporádica, pero en el que las fases clínicas o críticas se repiten.

En cuanto a la idea de gobernarse a sí mismo cabe señalar, con Díez-Picazo, que constituye el centro de gravedad de todo el artículo 200, y lo que quiere decir es que dejada la persona a merced de sus propios impulsos y fuerzas, existe la posibilidad de que lleve a cabo una actividad socialmente valorada como inconveniente o perjudicial para ella misma, por eso el gobierno de sí mismo por sí mismo significa la adopción de decisiones y la realización de actos concernientes a su propia esfera jurídica tanto en el plano estricto de la personalidad como en el plano económico o patrimonial. Sólo cuando la incidencia que la enfermedad física o mental persistente

---

tario a la sentencia de la Audiencia Provincial de Valladolid de 18 de enero de 1994), Poder Judicial, Madrid 1994, pp. 397-412.

30 Díez-Picazo, L., Comentarios al art. 200. Comentarios a las Reformas de Nacionalidad y Tutela, cit., pp. 178 ss.; Santos Urbaneja, Causa y motivo de la incapacitación civil. Una reflexión sobre el artículo 200 del Código Civil, en Revisión de los procedimientos relativos a la incapacidad. Jornadas de la Fundación Aequitas, Madrid 2004, pp. 25 ss.

o la deficiencia ejerza en el autogobierno de la persona se produzca, y se produzca en grado estimable, la incapacidad será procedente.

En el sentido expresado, se pronuncia la STS n.282/2009, correspondiente a un recurso de casación e infracción procesal, en la que se afirma que la capacidad de las personas es un atributo de la personalidad y "sólo cabe limitarla en los supuestos como el que nos ocupa porque Dª V. por sí sola le es imposible participar libremente en los distintos aspectos de la vida, personales (vestir, pasear etc.), familiares (llevar la casa, compra etc.) o sociales (visitas, relaciones etc.) –no puede estar presente en estas actuaciones–, e incluso aquellas otras que vienen impuestas por la administración del patrimonio que posee (ha conferido poder general), por lo que necesita la protección, vigilancia o representación de otras personas, que sustituyan o complementen aquella cualidad o estado de la que carece...". Distingue asimismo la sentencia entre la posibilidad de que una persona, con "un estado depresivo grave con síntomas psicóticos" pueda realizar actos simples de su vida cotidiana, lo que no justificaría una resolución de incapacitación y, sin embargo, no se encuentre en condiciones de acometer la realización de actos complejos, como la administración de sus bienes, lo que requeriría el nombramiento de un tutor respecto del patrimonio.

En cuanto a la necesidad de que la persistencia de la anomalía impida el autogobierno de la persona, se afirma asimismo en la citada STS 282/2009, que "debe destacarse en este punto la importancia de la valoración que el Juez haga de los informes o dictámenes periciales, pues se puede padecer una enfermedad o deficiencia inhabilitante y, sin embargo, si su sintomatología externa es excluida mediante el oportuno tratamiento o remedio, de modo que el sujeto pueda comportarse con normalidad, no existirá causa de incapacitación, ya que los avances de la medicina en el terreno psiquiátrico permiten hoy un comportamiento normal a enfermos que hace unos años hubieran sido condenados a largas estancias, cuando no reclusiones de por vida, en establecimientos psiquiátricos; de donde se infiere que el carácter persistente de la enfermedad no sea suficiente para la incapacitación sino que se requiere también, como consecuencia de la misma, que el sujeto sea incapaz de gobernarse a sí mismo...".

Del texto del art. 200 CC, parece que debe asimismo deducirse que debe existir un nexo causal entre la enfermedad o deficiencia persistente y el impedimento que ello supone para la persona en orden a gobernarse por sí misma.

El Ministerio Fiscal, en el marco asimismo del recurso de casación analizado, subraya que, de acuerdo con la Convención sobre los derechos de las personas con discapacidad, firmada en Nueva York, el 13 de diciembre de 2006, "la declaración de incapacidad vulnera la dignidad de la persona incapaz y su derecho a la igualdad en cuanto la priva de su capacidad de obrar y la discrimina respecto de las personas capaces". La Convención, continua en su argumentación el Ministerio Fiscal, adopta el "modelo social" de discapacidad que sustituye al "modelo médico o rehabilitador" actualmente vigente en buena parte de nuestro derecho, al que se confiere únicamente carácter residual. La configuración tradicional de la incapacitación, desde una concepción que tiene como base el modelo médico, puede suponer una limitación excesiva o incluso absoluta de la capacidad de obrar, en aquellas personas con alguna deficiencia física, intelectual o psicosocial, impidiéndoles la realización de actos de carácter personal y patrimonial o suponiendo en la práctica, un modelo de sustitución en la toma de decisiones. La Convención tanto en su Preámbulo, como en su estructura normativa, adopta el modelo social y el principio de no discriminación, colisionando con la figura tradicional de la incapacitación, como mecanismo sustitutivo de la capacidad de obrar, y obliga a "adoptar "una nueva herramienta basada en un sistema de apoyos que se proyecte sobre las circunstancias concretas de la persona, el acto o negocio a realizar".

En relación con la valoración referida del Ministerio Fiscal, se considera en la ST objeto de análisis, que el sistema de protección establecido en el Código Civil para la incapacitación, sigue vigente, con la lectura que se propone:

1º Que se tenga siempre en cuenta que el incapaz sigue siendo titular de sus derechos fundamentales y que la incapacitación es sólo una forma de protección. Esta es la única posible interpretación del artículo 200 CC y del artículo 760.1 LEC.

2º La incapacitación no es una medida discriminatoria porque la situación merecedora de la protección tiene características específicas y propias. Estamos hablando de una persona cuyas facultades intelectivas y volitivas no le permiten ejercer sus derechos como persona porque le impiden autogobernarse. Por tanto no se trata de un sistema de protección de la familia, sino única y exclusivamente de la persona afectada.

En una primera valoración, parece que podría afirmarse que la actual configuración jurídica de la incapacitación, no obstante la positiva valoración que merece su regulación para la mayoría de la doctrina y el carácter garantista del proceso de incapacitación, no goza, de forma generalizada, de suficiente confianza por parte de las familias afectadas. En relación con este aspecto, ha sido subrayado por la doctrina, que es patente el rechazo sociológico a la incapacitación de una persona, conforme se avala con los datos proporcionados por la Encuesta sobre Discapacidad realizada en 1968-1988 por el Consejo Económico y Social, en la que consta que en España existen 800.000 personas discapaces necesitadas de tutela, de las cuales el número de incapacitados no llega al 15 %[31]. Pues bien, el mencionado rechazo tiene como motivación, a juicio de Fernández Prida, el hecho que el pro-

---

[31] Vid. al respecto en Segura Zurbano, La auto-incapacitación, la auto-tutela y los poderes preventivos de la incapacidad, Cuadernos de Derecho Judicial, XX, 2005. Id. Revisión de los procedimientos relativos a la incapacidad. Jornadas Fundación Aequitas. Madrid 2004; González Porras, Algunas cuestiones sobresalientes en la reforma del Código Civil sobre la

cedimiento de incapacidad no resulta adecuado dado que las garantías que ofrece al declarado incapaz son más aparentes que reales, y no existe una especialización judicial a la hora de administrar el patrimonio de los incapacitados, ya que tan sólo se limita a aprobar o denegar las autorizaciones solicitadas. Se ha abogado, por ello, desde un sector de la doctrina, por la regulación de procedimientos de incapacitación diferenciados, frente al actual modelo de un procedimiento de incapacitación indiferenciado[32]. La persona incapacitada mantiene su capacidad jurídica y se ve limitada, de forma total o parcial, en su capacidad de obrar, mediante el régimen de tutela o curatela.

C) Legitimación. Postulación, pruebas, sentencia, graduación de la incapacitación: tutela o curatela y recursos

La legitimación activa para instar el proceso de incapacitación obedece, conforme al art. 757 LEC, a razones de:

— Iniciativa de la propia persona afectada: el presunto incapaz, conforme a la disposición introducida al efecto por la Ley 41/2003, de 18 de noviembre[33].

— Parentesco: descendientes, ascendientes o hermanos del presunto incapaz.

— Afectividad: el cónyuge o quien se encuentre en una situación de hecho asimilable.

— Patria potestad o tutela: quienes ejerzan la patria potestad o la tutela del presunto incapaz cuando este fuere, al propio tiempo, menor de edad, para promover su propia incapacitación.

---

protección de las personas discapacitadas o incapacitadas, en Personalidad y capacidad jurídica, T. II, Universidad de Córdoba 2005.

32 Fernández Prida, La autotutela, VVAA, La protección jurídica del discapacitado, cit. pp. 60 ss; Soriano Campos, Autotutela, Algunas notas sobre esta nueva figura jurídica, en Revisión de los procedimientos relativos a la incapacidad, Jornadas Fundación Aequitas, Madrid 2004; O´Callaghan, Autotutela: propuesta de la Ley 41/2003, de Protección Patrimonial de las personas con discapacidad, Economist & Iuris, n. 100, Madrid 2006; Berrocal Lanzarot, Protección jurídica de las personas mayores ante su eventual incapacitación en la Ley 41/2003, de 18 de diciembre: la institución de la autotutela. Anuario de derechos humanos, Nº. 9, 2008, pp. 15-141

33 Observa Gimeno Senra, Derecho Procesal Civil, T. II, Los procesos especiales, Madrid 2005, pp. 249 ss., que la posibilidad de que el presunto incapaz pueda instar su propia incapacidad, conviertiendo al demandante en actor contra sí mismo, desdibuja aún más los contornos de este proceso en el que –como en los procedimientos de jurisdicción voluntaria– no existe conflicto de intereses, sino una única finalidad de protección de los derechos del presunto incapaz.

— Cargo público: el Ministerio Fiscal, quién deberá promover la incapacitación si las personas mencionadas en el apartado 1 del art. 757 LEC –presunto incapaz, y personas ligadas por vínculos de parentesco o afinidad–, no existieran o no la hubieran solicitado[34].

Como señala Díez-Picazo, el llamamiento a los descendientes se hace de forma global y sin referencia alguna al grado de parentesco en la línea descendiente, en la que se encuentran con el presunto incapaz. Están, por tanto, llamados los hijos, los nietos y, en su caso, los biznietos y no hay ninguna excepción según el tipo de relación de filiación que se haya producido[35].

En el apartado tercero del art. 757 se establece, por otra parte, que "Cualquier persona está facultada para poner en conocimiento del Ministerio Fiscal los hechos que puedan ser determinantes de la incapacitación. Las autoridades y funcionarios públicos que, por razón de sus cargos, conocieran la existencia de posible causa de incapacitación en una persona, deberán ponerlo en conocimiento del Ministerio Fiscal"[36]. Se trata, por tanto, de personas que no están legitimadas, sino tan sólo facultadas u obligadas por razón de su cargo, para poner en conocimiento del Ministerio Fiscal la posible causa de incapacitación que, a su juicio, afecta al presunto incapaz.

Se establece en el art. 757, apartado 2, que el Ministerio Fiscal deberá promover la incapacitación, si las personas para ello legitimadas, cónyuge o quien se encuentre en una situación de hecho asimilable, descendientes, ascendientes o hermanos del presunto incapaz, no existieran o no lo hubieran solicitado[37]. Se establece asimismo

---

[34] Acerca de la distinción entre legitimación y capacidad de conducción procesal, vid. en Gimeno Sendra y Calaza López, ¿Puede un juez inadmitir de oficio una demanda por falta de legitimación de las partes?, La Ley, 6.125, de 11 de noviembre de 2004. En relación con el concepto de capacidad procesal, vid. asimismo en Menéndez García, en Comentarios a la Ley de la Jurisdicción Contencioso-Administrativa de 1998, AAVV, Civitas, Madrid 1999, pp. 213 ss.

[35] Díez-Picazo, L., Comentarios al artículo 202 CC, cit., pp. 183 ss. La disposición derogatoria única, apartado 2.1 de la LEC de 2000, derogó los artículos 202 a 214 CC, lo que supuso el traslado a la legislación procesal, de las normas de procedimiento referidas a los procesos sobre la capacidad de las personas, contenidas en el Código Civil.

[36] Vid., con carácter general, sobre el proceso de incapacitación en De la Oliva-Díez Picazo Gimenez-Vegas Torres, Derecho Procesal Civil. Ejecución forzosa. Procesos especiales, 3ª ed. 2005, pp. 420 ss; Gimeno Sendra, Derecho Procesal Civil. Vol. II. Los procesos especiales, Ed. Colex. Madrid 2005; Ortells y Cucarella, Proceso civil práctico, Tomo IX, 2006, arts. 756 ss.

[37] Como señala Díez-Picazo, L., Comentarios al artículo 202 CC, cit., p. 186, la idea que parece presidir esta regla es la de un difuso interés público; que toda situación determinante de incapacitación produzca la incapacitación; que exista certidumbre en todas las situaciones jurídicas personales en bien de las personas para el autogobierno, pero también en interés de la generalidad.

la posibilidad de que cualquier persona pueda poner en conocimiento del Ministerio Fiscal los hechos que puedan ser determinantes de la incapacidad, en consonancia con el papel del Ministerio Público como defensor legal de los intereses de las personas discapacitadas e incapacitadas, conforme al art. 757, apartado 3. En cuanto a la legitimación pasiva cabe señalar que corresponderá a la persona respecto de la cual se aduce la causa de incapacitación.

El presunto incapaz puede actuar con su propia defensa y representación[38], si así no lo hiciese, su defensa corresponderá, con carácter imperativo, al Ministerio Fiscal y, si éste hubiera sido el promotor del procedimiento, a un defensor judicial, conforme se dispone en el art. 758 LEC: <El presunto incapaz… puede comparecer en el proceso con su propia defensa y representación. Si no lo hiciere será defendido por el Ministerio Fiscal, siempre que no haya sido éste el promotor del procedimiento. En otro caso, se designará un defensor judicial, a no ser que estuviere ya nombrado>[39].

El procedimiento para la declaración de incapacidad está regulado en los arts 756 a 763 LEC, que se encuadran en el capítulo II del Libro IV de la LEC, que lleva por rúbrica De los procesos especiales, y la tramitación se ajusta a las normas del juicio verbal, con peculiaridades[40]. En este sentido, se dispone en el art. 753 LEC que: <Salvo que expresamente se disponga otra cosa, los procesos a que se refiere este título se sustanciarán por los trámites del juicio verbal, pero de la demanda se dará traslado al Ministerio Fiscal, cuando proceda, y a las demás personas que, conforme a la Ley, deban ser parte en el procedimiento, hayan sido o no demandados, emplazándoles para que la contesten en el plazo de veinte días…>.

---

[38] En relación con la asistencia jurídica gratuita respecto de las personas con discapacidad, vid. en Iglesias Canle y Candal Jarrín, Los procesos sobre la capacidad de las personas, cit. pp. 51 ss.

[39] El presunto incapaz, escribe Díez-Picazo, en Comentarios al artículo 207 CC, cit., pp. 191 ss., cualquiera que sea su estado natural de conocimiento y de voluntad, puede constituirse como parte en el proceso a través de su propia defensa y su propia representación. Lo dice así el inciso final del artículo 207. Y ello es lógico porque no hay que pensar sólo en los casos normales en que el incapaz presunto se va a transformar en incapaz definitivo. Hay que pensar también en los casos anómalos o patológicos –que alguna vez se presentan– en que se pretende hacer pasar por incapaz –por enfermo mental o persona mentalmente disminuida– a quien no lo es en realidad.

[40] Para un examen detallado del procedimiento, vid. en Calaza López, Los procesos sobre la capacidad de las personas, cit., pp. 125-223.; Fernández López, El procedimiento de incapacitación, en Revisión de los procedimientos relativos a la incapacidad. Jornadas Fundación Aequitas. Madrid 2004; Berrocal Lanzarot, De nuevo sobre el proceso de incapacitación, Revista de Derecho Procesal, n. 1. 2005, pp. 21-100.

La iniciación del proceso de incapacitación se produce, conforme al art. 399.1 LEC, al igual que en los demás procesos civiles, por interposición de la demanda, que deberá contener la petición de incapacitación y la causa concreta la motiva, si bien el tribunal podrá declarar la incapacitación en atención a una causa diferente a la alegada por el demandante[41]. El demandante podrá asimismo proponer al tribunal la persona o personas que desempeñen, en su caso, la tutela o curatela de la persona declarada incapaz. En todo caso, en atención al principio de oficialidad que caracteriza al proceso de incapacitación, el tribunal no se encuentra vinculado por las alegaciones de los intervinientes, una vez que el proceso de incapacitación se promueve, eso sí necesariamente, a instancia de parte o del Ministerio Fiscal, dado que en ningún caso puede iniciarse de oficio.

La demanda habrá de dirigirse frente al presunto incapaz y acompañarse de la pertinente documentación, correspondiente a representación, acreditación del parentesco o afinidad con la persona afectada y dictámenes médicos o psiquiátricos que avalen la pretensión de incapacitación.

En relación con el Juzgado competente, el art. 23.3 de la LOPJ dispone que: <Los Juzgados y Tribunales españoles serán competentes en materia de incapacitación y de medidas de protección de la persona o de los bienes de los menores o incapacitados cuando éstos tuvieren su residencia habitual en España>, lo que implica que, en las materias indicadas en el artículo mencionado, a los extranjeros residentes en España se les aplicará en materia de procedimiento la normativa procesal contenida en la LEC y la legislación sustantiva del país de su nacionalidad.

Por su parte, el art. 756 de la LEC dispone que: <Será competente para conocer de las demandas sobre capacidad y declaración de prodigalidad el Juez de Primera Instancia del lugar en que resida la persona a la que se refiera la declaración que se solicite>. En aquellas localidades en las que existen Juzgados especializados en materia de capacidad de las personas, corresponderá a estos órganos judiciales el conocimiento de las causas de incapacitación[42]. El Tribunal examinará de oficio su competencia

---

41 Observa Moreno Catena, Derecho Procesal Civil. Parte especial. Valencia 2005, pp. 43 ss, que el legislador se separa tanto de la forma de demanda sucinta, como de la posibilidad de presentar una demanda formularia, por lo que es preciso entender que el escrito de demanda habrá de ser suficientemente razonado y fundamentado.

42 Vid. en relación con los Juzgados especializados en incapacidades y tutelas y su posición en relación con los Juzgados de Primera Instancia en Entrena Klett, Un problema de Derecho intertemporal: el órgano competente para deferir la tutela, Jornadas de Derecho Procesal, CGPJ, Madrid, 1984, pp. 92 ss; Lete del Río, Pasado y presente de la tutela o guarda de los menores o incapacitados, Líneas de inspiración de la reforma del Código Civil en materia de tutela, Documentación Jurídica, nº 41, tomo XI, enero-marzo 1984, pp. 35 ss.

para conocer del asunto, y su falta de competencia podrá asimismo ser apreciada a instancia de parte.

En relación con la acumulación de procesos, cabe señalar que estando pendiente un proceso de incapacitación de una persona, todos aquellos procesos en los que el presunto incapaz sea parte deberán quedar supeditados a la conclusión del proceso de incapacitación. Por otra parte, sin fueren varios los procesos de incapacitación incoados frente a un mismo presunto incapaz, se producirá una acumulación de los distintos procesos, conforme todo ello con lo dispuesto en el art. 76 LEC: <La acumulación de procesos sólo se ordenará: 1º) cuando la sentencia que haya de recaer en uno de los procesos pueda producir efectos prejudiciales en el otro y 2º) cuando entre los objetos de los procesos cuya acumulación se pide exista tal conexión que, de seguirse por separado, pudieren dictarse sentencias con pronunciamientos o fundamentos contradictorios, incompatibles o mutuamente excluyentes>.

Una vez interpuesta la demanda el Juez dará traslado de la misma al presunto incapaz, al Ministerio Fiscal, cuando proceda y a todos los legitimados, en atención al interés que pueden tener estar personas en defender la plena capacidad o la incapacidad del presunto incapaz, en el curso del procedimiento, si bien cabe también asimismo que las personas legitimadas se limiten a declarar en el curso del proceso como personas allegadas al presunto incapaz sin adoptar una posición activa a favor o en contra de la demanda de incapacitación[43].

El demandado dará contestación a la demanda por escrito en un plazo de 20 días, conforme señala el art. 753 LEC y podría formular, por medio de reconvención, la pretensión o pretensiones que considere que le competen respecto del demandante. Formulada la contestación a la demanda, la no asistencia del demandado a la vista del juicio oral no supone su declaración en rebeldía y, en sentido contrario, la falta de asistencia del demandante a la vista equivale a su desistimiento, conforme al art. 442 LEC, siempre que cuente con la conformidad del Ministerio Fiscal, conforme al art. 751.2 LEC. Con carácter general, a la indisponibilidad del objeto del proceso en esta materia, se refiere el apartado 1 del art. 751 LEC: <En los procesos a que se refiere este Título no surtirán efecto la renuncia, el allanamiento ni la transacción>.

En orden a la fase de prueba, cabe señalar que el art. 759, que lleva por rúbrica Pruebas y audiencias preceptivas en los procesos de incapacitación, dispone que en los procesos de incapacitación, además de las pruebas que se practiquen de conformidad con el art. 752 LEC, necesariamente el tribunal deberá realizar las siguientes actividades probatorias:

---

[43] Vid. en Colmenero Menéndez de Luarca, El Ministerio Fiscal en los procesos de incapacitación, Madrid 1998.

— Procederá al examen directo del presunto incapaz[44].

— Oirá a los parientes más próximos del presunto incapaz [45].

— Valorará los preceptivos dictámenes periciales médicos, sin perjuicio de cualesquiera otros dictámenes médicos que, de oficio o a instancia de parte, en relación con las pretensiones de la demanda[46].

En caso de apelación de la sentencia, el tribunal de segunda instancia deberá proceder a una nueva valoración de las pruebas[47], conforme al art. 759.3 LEC.

El procedimiento de incapacitación concluye mediante sentencia, que tiene carácter constitutivo y no tiene efectos retroactivos. La previsión legal relativa a la sentencia de incapacitación, se contiene en el art. 760. 1 LEC, conforme al cual: <La sentencia que declare la incapacitación deberá graduar la extensión y límites de la incapacidad, así como el régimen de tutela o guarda a que haya de quedar sometido el incapacitado y se pronunciará, en su caso, sobre la necesidad de internamiento, sin perjuicio de lo dispuesto en el artículo 763>[48].

---

[44] En relación con el peculiar carácter de medio de prueba del examen por el Juez del presunto incapaz, vid. SSTS de 2 de febrero y 12 de junio de 2008 y SAP de Barcelona de 15 de febrero de 2006. Vid. asimismo, STS de 31 de diciembre de 1991, acerca de la consideración del examen de la persona con discapacidad, no como reconocimiento judicial, ni inspección personal, sino como un medio de prueba directa, legal y obligada para dictar la resolución judicial.

[45] Vid al respecto SSTS de 20 de febrero de 1989, de 12 de junio de 1989, de 20 de marzo de 1991, de 24 de mayo de 1991, de 15 de diciembre de 1996, de 4 de marzo de 2000, acerca del carácter imperativo y de orden público del examen directo del presunto incapaz y de la audiencia a sus parientes más próximos. Vid. asimismo, STS de 19 de febrero de 1996, sobre la no procedencia de la audiencia, en el proceso de incapacitación, de aquéllos parientes que actúen en el procedimiento como demandantes, ni la de los que intervengan en situación de litigantes demandados.

En relación con la audiencia a los parientes más próximos, considera Díez-Picazo, L., Comentarios al art. 208 CC, cit., p. 193, que debe tratarse, como es obvio, de parientes distintos de aquéllos que hayan promovido el proceso de incapacitación, aunque nada impide que el juez interrogue también a éstos. Asimismo, como opina este autor, dado que la Ley no aclara los límites que circunscriben el conjunto de <parientes más próximos>, ello permite un buen margen de arbitrio judicial, siempre que sea oído un buen número de personas.

[46] Vid al respecto en SAP de Barcelona, de 23 de diciembre de 2005

[47] Vid. en este sentido, SAP de Barcelona, de 23 de diciembre de 2005.

[48] En relación con el texto del art. 210 CC, introducido por la Ley de 24 de octubre de 1983, que se mantiene inalterado en el primer párrafo del apartado 1 del art. 760 LEC, escribe Díez-Picazo, en Comentarios al Art. 210 CC, que la sentencia, ante todo, determina la extensión de la incapacitación ordenando una incapacitación plena, para todos los actos de la vida jurídica, o una incapacitación de carácter limitado. En este último caso habrá de puntualizarse

La determinación del grado de incapacidad, su extensión y límites, en expresión legal, deberá realizarse en atención a la intensidad de la enfermedad o deficiencia en la capacidad intelectual y volitiva de la persona incapacitada. Leña Fernández ha subrayado las tres principales barreras con las que se encuentra el tribunal en el ejercicio de la obligación de graduación: a) La traslación del campo clínico, que corresponde a los médicos que dictaminan sobre la enfermedad o deficiencia del presunto incapaz, al campo jurídico, que corresponde al Juez, en colaboración con el Fiscal, resulta siempre difícil y problemática, b) La práctica judicial demuestra que la realidad es siempre más rica que cualquier previsión teórica, de manera que la enumeración, en la sentencia, a modo de listado cerrado, de los actos que puede realizar el incapacitado deviene insuficiente, c) La experiencia demuestra que los medios personales y materiales de los Juzgados son absolutamente insuficientes para abordar, con honestidad y rigor, un tema tan complejo como lo es la incapacitación y su adecuada graduación[49].

La graduación de la incapacidad ha de guardar, por otra parte, una estrecha relación con el régimen de protección establecido por la sentencia de incapacitación, de tutela o curatela[50]. A estas razones de coherencia interna de la sentencia se refiere la doctrina cuando subraya que el Juez, al fijar la extensión y los límites de la incapacitación, debe determinar el órgano de guarda, en atención a aquéllos límites que él mismo fijó; consecuentemente, existirá una proporción lógica entre el alcance de la incapacitación y el tipo de guarda determinado, no siendo posible, por ejemplo, declarar la incapacidad total y determinar como órgano adecuado a aquélla incapa-

---

un elenco de los actos para los que se reconoce capacidad a la persona y aquéllos otros respecto de los cuales la incapacitación funciona. Lógicamente puede no tratarse de un sistema de lista y podrán los actos incluidos en uno y otro punto designarse con sus rasgos generales.

49 Vid. en Leña Fernández, Graduación de la incapacidad, Jornadas Fundación Aequitas, Madrid 2004, pp. 208 ss; López Frías, Algunas notas sobre la graduación de la incapacitación en beneficio del incapacitado, Actualidad Civil, n. 13, 24-30 marzo 2003; Chimeno Cano, Incapacitación, tutela e internamiento del enfermo mental, 2ºed, Thomson-Aranzadi, 2004; Cabrera Mercado, La graduación de la sentencia dictada en el proceso de incapacitación, en Discapacidad intelectual y derecho, IV Jornadas de la Fundación Aequitas, Madrid 2004; Rovira Sueiro, Relevancia de la voluntad de la persona para afrontar su propia discapacidad, Editorial Universitaria Ramón Areces, Madrid 2005, pp. 38-40; Pereña Vicente, Dependencia e incapacidad. Libre elección del cuidador o del tutor. Madrid 2008.

50 A propósito de un deseable, de lege ferenda, tratamiento conjunto de la discapacidad y la incapacidad, en el marco del proceso civil especial de incapacitación, en los casos en que así lo pretendiesen y declarasen los particulares, vid. en Calaza López, Los procesos sobre la capacidad de las personas, cit. pp. 197-198; En relación con un posible cambio legislativo en materia de tutela, vid. en López-Mora Gonzalez, en Revisión de los procedimientos relativos a la incapacidad, cit., pp. 149 ss.

cidad la curatela[51]. En la STS 282/2009, referida a un proceso de incapacitación, en el escrito de contestación correspondiente al trámite de traslado al Ministerio Fiscal del recurso de casación y del de infracción procesal, se afirma que debe desterrarse la regla de acuerdo con la cual, la incapacitación priva al declarado incapaz de ejercer todos o parte de sus derechos, y de obrar conforme a sus preferencias, siendo sustituido por un tutor, y añade que "la figura sustitutiva y vigente más acorde en el derecho español sería la del curador, en cuanto que se configura como graduable y abierta al apoyo para actos determinados en función de las preferencias del caso y de las circunstancias concretas, siempre que su actuación cuente con la voluntad de la persona incapaz, con sus preferencias, para actos concretos y su apoyo a los que se le marquen sea revisable por los tribunales".

El nombramiento de tutor o curador puede efectuarse en la propia sentencia de incapacitación, o bien, con posterioridad, en procedimiento de jurisdicción voluntaria[52]. En relación con el primero de los supuestos, el art. 759.2 LEC dispone que: <Cuando se hubiera solicitado en la demanda de incapacitación el nombramiento de la persona o personas que hayan de asistir o representar al incapaz y velar por él, sobre esta cuestión se oirá a los parientes más próximos del presunto incapaz, a éste, si tuviere suficiente juicio, y a las demás personas que el tribunal considere oportuno>. En todo caso, en la constitución de la tutela o curatela, debe primar, ante todo, el interés de la persona incapacitada, por encima de cualquier otra consideración. En este sentido se pronuncia la STS de 22 de julio de 1993, cuando afirma que el concepto de <beneficio del incapacitado> es el que debe presidir la designación del cargo tutelar, frente a otras preferencias de tipo familiar. La tutela y la curatela se configuran, por tanto, como instituciones que suplen o complementan, mediante el asentimiento, el consentimiento o la autorización del tutor o curador, las limitaciones a la capacidad de obrar de la persona tutelada o sometida a curatela, derivadas de la sentencia de incapacitación, deben ejercerse siempre, y con carácter prioritario a cualquier otra consideración, en beneficio de dicha persona, así como tender a la recuperación de su capacidad[53].

---

[51] Vid., en el sentido expresado, en Martín Guilarte, Los procesos sobre la capacidad de las personas en la nueva LEC, Actualidad Civil, n. 33, 10 a 16 de septiembre de 2001, pp. 1170 ss.; En relación con disposiciones específicas relativas a la incapacitación de una persona, vid. en Soto Ruiz, El estatus jurídico de las personas con discapacidad, en Tratado sobre Discapacidad, Directores R. De Lorenzo y L.C. Pérez Bueno, Madrid 2007, pp. 592 ss.; Vid. asimismo en O´Callaghan, La declaración de incapacidad, en La protección jurídica de discapacitados, incapaces y personas en situaciones especiales. Consejo General del Notariado. Madrid 2000.

[52] Vid. al respecto en Fernández de Buján, Hacia una Teoría General de la Jurisdicción Voluntaria, II, Ed. Iustel, Madrid 2008, pp. 225 ss.

[53] Vid., en el sentido expresado, en Serrano García, Prólogo a la Protección Jurídica del Discapacitado, cit., pp. 14 ss.

El régimen de tutela que provoca la incapacitación afectará, en mayor o menor grado, a la persona y patrimonio de menores o mayores de edad, según los casos, mientras que el régimen de curatela, se constituirá en aquellos supuestos en los que el grado de discernimiento de la persona suponga una atenuación de su capacidad que afecte no tanto a su autogobierno, como a la administración de sus bienes. El proceso de incapacitación dará lugar, por tanto, a la constitución de la tutela cuando queda acreditada una limitación funcional de la persona para regir su capacidad y administrar sus bienes, y a la constitución de la curatela en relación con aquellas personas que, en atención a su grado de discernimiento, requieren un complemento de su capacidad en el marco patrimonial.

La constitución de la tutela o de la curatela, deberá promoverse en un procedimiento de jurisdicción voluntaria, como ya ha sido señalado, como remedio a las limitaciones a la capacidad de obrar derivadas de la sentencia de incapacitación, siendo el juez una pieza clave en el nuevo sistema de tutela de autoridad, conforme al art. 231 CC, establecido a partir de la reforma de 1983, en contraposición a la anterior concepción de tutela de familia. La determinación de la tutela o la curatela depende pues de la valoración que el juez realice del supuesto de hecho planteado como objeto de su conocimiento. Conforme al art. 287 del CC <... procede la curatela para las personas a quienes la sentencia de incapacitación o, en su caso, la resolución judicial que la modifique coloquen bajo esta forma de procedimiento en atención a su grado de discernimiento>. En tales supuestos, la curatela de la persona incapacitada <tendrá por objeto la asistencia del curador para aquellos actos que expresamente imponga la sentencia que la haya establecido>, conforme al art. 289 CC, y se suele denominar curatela impropia, respecto de los supuestos propios de curatela, contemplados en el art. 286 CC[54].

A la delimitación entre tutela y curatela, en el marco de la incapacitación, se hace referencia en la STS 282/2009, Fundamento de Derecho Octavo, "La incapacitación, con el consiguiente nombramiento de tutor, es una medida de protección para quienes no pueden autogobernarse y por tanto, se toma en su beneficio y no en el de familiares o de otras personas en su entorno. En consecuencia no es posible someter a una persona que sufre las limitaciones que quedan probadas en el presente procedimiento a una medida cautelar como es la curatela, que es una institución de guarda de la persona a la que se nombra un asistente en atención a su grado de discernimiento, para que pueda realizar determinados tipos de actos, de acuerdo con lo dispuesto en el art. 289 CC; la curatela es un órgano estable pero de actuación intermitente que se caracteriza porque la función no consiste en la representación de quien está sometido a ella, sino completar la capacidad de quien la posee, pero necesita un plus para

[54] Vid. al respecto en Guilarte Martín Calero, La curatela en el nuevo sistema de capacidad graduable. Madrid 1996.

la realización de determinados actos. La diferencia se encuentra entonces en que el sometido a tutela carece de capacidad y por ello la medida de protección la representación, mientras que el sometido a curatela es capaz, pero requiere un complemento de capacidad".

La doctrina española, en general, acogió de forma favorable, el riguroso control por parte de la Autoridad Judicial del ejercicio de la función tutelar, implantado por la reforma de 1983[55], frente al anterior sistema de tutela de familia, y la práctica confirmado la visión positiva de la doctrina, si bien, con el paso de los años, se han ido manifestando diversas voces críticas, entre las que cabe mencionar a R. Leña y Salinero Román, que han puesto de relieve que la actual complejidad de las situaciones que se le plantean al juez en las tutelas e incapacitaciones, requieren una formación específica y una dedicación, de la que el titular de la potestad jurisdiccional no está, en la mayoría de las ocasiones, en condiciones de disponer. El debate sobre el grado de judicialización aconsejable para la tutela vuelve pues a plantearse casi treinta años después de la reforma del Derecho de Familia en este punto[56].

Conforme a la previsión contenida en el nuevo art. 242 del C.C., introducida por la Ley 13/ 1983, la tutela puede recaer en personas jurídico-públicas, o en personas jurídico privadas, como pueden ser corporaciones, asociaciones o fundaciones de interés público, que tengan entre sus fines la protección de menores o incapaces[57]. Son

---

[55] La reforma de la incapacitación y tutela materializada en la Ley 13/1983, tiene su antecedente en las conclusiones publicadas en 1975 por un equipo de trabajo, constituído en 1975 por iniciativa de la Fundación General Mediterranea, presidido por el profesor Luis Díez-Picazo y formado por los profesores Bercovitz, Rogel, Cabanillas y Caffarena. EL texto articulado elaborado por este equipo de profesores, que se conformó en la práctica como un anteproyecto privado sobre la materia, se sustituye el sistema de unidad de guarda –tutela–, por el de pluralidad de guarda –tutela, curatela y, eventualmente, defensor judicial y guardador de hecho–, el sistema de tutela orgánica, de tutor, protutor y consejo de familia, por el de tutela individual, tutor o curador, y la tutela de familia por la tutela de autoridad. Vid. al respecto en Tutela e instituciones afines, TIII, de la obra El nuevo régimen de familia, 1990, pp. 50 ss.

[56] Vid. al respecto en Leña, Igualar diferencias: un reto jurídico para los discapacitados psíquicos, en la Protección jurídica del incapacitado I, cit., pp. 251 ss., y en Salinero Román, Delación y ejercicio de la tutela por persona jurídica, en La Protección Jurídica del Discapacitado I, cit., pp. 133 ss. Con carácter general sobre la reforma en materia de tutela, vid. en García Cantero, Los principios de la nueva normativa sobre la tutela, RGLJ, julio 1985, pp. 85 ss.

[57] Muñiz Espada, Las personas jurídico-privadas tutoras, Barcelona 1994; Más Mayoral, La asunción de la tutela por ministerio de la ley: intervención de entidad pública tutelar, en Revisión de los procedimientos relativos a la incapacidad, Jornadas Fundación Aequitas. Madrid 2004; Gil Rodriguez, La "Entidad Pública" y las "Entidades Privadas" en la tutela de incapaces desamparados, en VVAA, La protección jurídica del discapacitado II, cit., pp. 21 ss.

asimismo destinatarios de la tutela, conforme al art. 222 CC, además de los incapacitados, cuando así lo establezca la sentencia de incapacitación:

— Los menores no emancipados que no estén bajo la patria potestad.
— Quienes se encuentren en situación de patria potestad prorrogada, al cesar ésta, salvo que proceda la curatela, y
— Los menores que se hallen en situación de desamparo.

La tutela por parte de una persona jurídica pública se produce, conforme al art. 239 del CC cuando ninguna de las personas previstas en el art. 234 CC asume la condición de tutor y cuando el incapaz se encuentra en situación de desamparo. Entre las ventajas de las personas jurídicas tutores pueden contarse la posible duración indefinida de éstas, con lo que ello supone de estabilidad, en relación con las personas físicas, y su previsible especialización, entre los inconvenientes más notorios suele aducirse el de la despersonalización en las relaciones con la persona tutelada, lo que ha hecho escribir a Ignacio Serrano que no debería haber ningún discapacitado incapacitado sin –una persona física– un delegado tutelar, que le dé cariño, que le visite y, en definitiva, que le acompañe.

El art. 303 CC, por otra parte, prevé la realidad fáctica que se produce cuando la Autoridad Judicial tiene conocimiento de la existencia de un guardador de hecho de un presunto incapaz[58]. Ante esta situación, el juez:

— Deberá tomar las medidas cautelares de control y vigilancia que estime oportunas, así como poner el hecho en conocimiento del Ministerio Fiscal, para que promueva, si lo estima procedente, el proceso de incapacitación, conforme al art. 762.1 LEC.
— Dispondrá la constitución de la tutela, conforme al art. 228 CC, y
— Procederá, en su caso, hasta la designación de tutor, al nombramiento de un administrador que cuide de los bienes, asumiendo, por su parte, el Ministerio Fiscal, la representación y defensa de la persona que deba ser sometida a tutela, en tanto no recaiga resolución judicial que ponga fin al procedimiento de constitución de la institución de guarda, conforme al art. 299 bis CC.
— En el supuesto de que recayendo la tutela de la persona incapacitada en una persona jurídica, la persona tutelada no se adaptase al régimen interno de la institución de acogida o de residencia, deberá iniciarse un procedimiento

---

[58] Vid. al respecto en Ventoso Escribano, La reforma de la tutela, Colex, Madrid 1985, p. 127. Heredia Puente y Fabrega Ruiz, La guarda de hecho como mecanismo protector de los incapaces, RJE La Ley, n. 447, de 11 de marzo de 1998; Fábrega Ruiz, La guarda de hecho y la protección de personas con discapacidad, Fundación Aequitas- Edt. Ramón Areces, Madrid 2006.

de jurisdicción voluntaria de remoción de la tutela, conforme al art. 247 CC, en el curso del cual, el juez puede adoptar como medida cautelar la suspensión del tutor en sus funciones, mientras dura la tramitación, y el nombramiento de un defensor judicial del tutelado.

Está prevista la exclusión de la publicidad en el proceso de incapacitación, conforme a lo dispuesto en el art. 754 LEC: <Los tribunales podrán decidir, mediante providencia, de oficio o a instancia de parte, que los actos y vistas se celebren a puerta cerrada, y que las actuaciones sean reservadas, siempre que las circunstancias lo aconsejen>.

La sentencia en los juicios de incapacitación, que puede ser recurrida en apelación ante la Audiencia Provincial y, en su caso, en casación, ante el Tribunal Supremo, produce efectos de cosa juzgada de la misma forma que en cualquier otro juicio jurisdiccional, si bien en la medida en que se revise y gradúe la incapacitación en atención a la modificación de las circunstancias que dieron lugar a la incapacidad, se producirá una variación de los límites objetivos de la cosa juzgada. Así conforme al art. 761.1 LEC: <La sentencia de incapacitación no impedirá que, sobrevenidas nuevas circunstancias, pueda instarse un nuevo proceso que tenga por objeto dejar sin efecto o modificar el alcance de la incapacitación ya establecida>[59].

La sentencia dictada en el proceso de incapacitación, así como las posteriores modificaciones que, en su caso, se produzcan en su alcance y contenido, se inscribirán de oficio en el Registro Civil y, a petición de parte, en los Registros de la Propiedad y Mercantil, si hubiese circunstancias que lo justificare, conforme a lo dispuesto en el art. 755 LEC[60].

En materia probatoria se procederá a la práctica de todas aquellas pruebas, propuestas por las partes o decretadas de oficio por el juez, necesarias para formar la convicción del juez y apropiadas para el descubrimiento de la verdad material acerca del objeto del proceso.

La sentencia por la que se estima la reintegración de la capacidad o la modificación de su alcance, tiene carácter constitutivo, eficacia erga omnes, a partir de su inscripción en el Registro Civil correspondiente y efectos de cosa juzgada. Será sus-

---

59 En relación con la particular configuración legal otorgada a la cosa juzgada derivada de las sentencias de incapacitación, vid. Calaza López, Los procesos sobre la capacidad de las personas, cit. pp. 222 ss y, con carácter general, de la misma autora, en, La cosa juzgada. Madrid 2008.

60 Vid. al respecto en Gómez Gálligo, El Registro de la Propiedad y la protección del discapacitado, en Registro de la Propiedad y protección de las personas con discapacidad. Colegio de Registradores de la Propiedad y Mercantiles de España. Madrid 2006.

ceptible de recurso de apelación ante la Audiencia Provincial y, en su caso, de recurso de casación ante el Tribunal Supremo.

Las normas procesales por las que se rigen los trámites del procedimiento a seguir no varían, por otra parte, en función de si se ha interpuesto la pretensión de internamiento, iniciado de oficio el procedimiento o solicitado la ratificación del internamiento realizado con carácter de urgencia, salvo la peculiaridad que supone, en este último caso, la existencia de, al menos, dos dictámenes, el del profesional médico que haya evaluado a la persona internada de forma urgente, y el del especialista encargado del tratamiento de la persona afectada por el trastorno psíquico[61]. Sobre el tipo de procedimiento, la doctrina se ha pronunciado con opiniones diferentes, ante la ausencia de una referencia expresa en la LEC[62].

A la necesidad del examen personal por parte del tribunal, así como al preceptivo dictamen de un especialista en trastornos psíquicos, se refiere el art. 763.3: <Antes de conceder la autorización o de ratificar el internamiento que ya se ha efectuado, el tribunal oirá a la persona afectada por la decisión, al Ministerio Fiscal y a cualquier otra persona cuya comparecencia estime conveniente o le sea solicitada por el afectado por la medida. Además, y sin perjuicio de que pueda practicar cualquier otra prueba que estime relevante para el caso, el tribunal deberá examinar por sí mismo a la persona de cuyo internamiento se trate y oír el dictamen de un facultativo por él designado...>. Parece razonable pensar, a la vista de la indefinición legal respecto de la persona del facultativo, que el Tribunal proceda a valorar la emisión del dictamen oral o a asignar la elaboración del informe médico a un especialista en psiquiatría o a un forense judicial. En el caso de que se trate de ratificar el internamiento urgente, serán varios, como ya ha sido señalado, los informes médicos emitidos por distintos profesionales médicos. Valorados los respectivos informes el tribunal decidirá acerca de la autorización del internamiento solicitado o acerca de su ratificación, en aquellos casos en que el internamiento ya se hubiere producido con anterioridad, por razón de urgencia[63].

---

[61] Vid. en este sentido en Sancho Gargallo, en AAVV, Comentarios a la nueva Ley de Enjuiciamiento Civil, Barcelona 2000, pp. 3473 ss.

[62] Así, para Díez-Picazo Giménez, el Tribunal puede seguir el procedimiento que estime conveniente, en Derecho Procesal Civil. Ejecución forzosa. Procesos especiales. con De La Oliva y Vegas Torres, cit., pp. 431 ss, Gimeno Sendra y Morenilla Allard, en Derecho Procesal Civil, Vol. II. Los procesos especiales, Madrid 2005, pp. 265 ss., estiman que el procedimiento a seguir debe ser el juicio verbal, y Lete del Río, en Internamiento por razón de trastorno psíquico, Actualidad Civil, n. 43, 18 a 24 nvbr. 2002, pp. 1315 ss., considera que la tramitación debe ser la correspondiente a un procedimiento de jurisdicción voluntaria.

[63] En relación con los derechos fundamentales de las personas internadas de forma involuntaria, la Recomendación 1235, 1994, de 12 de abril, de la Asamblea Parlamentaria del Consejo de Europa, sobre psiquiatría y derechos humanos, establece la no utilización de

En todas las actuaciones, la persona afectada por la medida de internamiento podrá disponer de representación y defensa en los términos señalados en el artículo 758 de la LEC.

El control judicial del internamiento se materializa asimismo en la exigencia legal de seguimiento con posterioridad a la resolución judicial. Conforme al art. 763.4 LEC: <En la misma resolución que acuerde el internamiento se expresará la obligación de los facultativos que atiendan a la persona internada de informar periódicamente al tribunal sobre la necesidad de mantener la medida, sin perjuicio de los demás informes que el tribunal pueda requerir cuando lo crea pertinente>.

Los informes periódicos serán emitidos cada seis meses, a no ser que el tribunal, atendida la naturaleza del trastorno que motivó el internamiento, señale un plazo menor[64]. Recibidos los referidos informes, el Tribunal, previa la práctica, en su caso, de las actuaciones que considere imprescindibles, acordará lo procedente sobre la continuación o no del internamiento. En el párrafo final de este precepto legal se prevé, no obstante, la posibilidad de que sea el facultativo que trate a la persona internada quien proceda a dar de alta al enfermo: <Sin perjuicio de lo dispuesto en los párrafos anteriores, cuando los facultativos que atiendan a la persona internada consideren que no es necesario mantener el internamiento, darán el alta al enfermo, y lo comunicarán inmediatamente al tribunal competente>.

La resolución judicial que autoriza o ratifica el internamiento suele adoptar la forma de auto, que era el tipo de resolución propia del procedimiento de jurisdicción voluntaria por el que se tramitaba el internamiento con anterioridad a la regulación como proceso contencioso por la LEC de 2000, si bien parece más adecuada la forma de sentencia. Su efecto se constreñirá a una persona y a una situación específica, por lo que los posteriores internamientos que, en su caso, se impongan la misma persona afectada, requerirán la tramitación de un nuevo proceso. Parece razonable que la resolución de internamiento lleve implícita la autorización para el tratamiento, que corresponda a la persona afectada, a juicio de los especialistas, si bien ello constituye un aspecto sobre el que el art. 763 no se pronuncia de forma expresa y es objeto de debate en la doctrina[65].

---

medios mecánicos de contención, y la limitación del aislamiento, en los supuestos de internamiento no voluntario por razón de trastorno psíquico.

[64] El art. 255 del Código de Familia de Cataluña, prevé el control judicial de la situación de la persona internada cada dos meses.

[65] De forma favorable a que el internamiento suponga al propio tiempo la posibilidad de proporcionar el tratamiento adecuado a la persona con trastorno psíquico, se ha pronunciado Bustos Valdivia, Consideraciones sobre el internamiento por razón de trastorno psíquico a partir de la Ley Orgánica de Protección del Menor de 15 de mayo de 1996, Actualidad Civil, n. 35, 25 septbr a 1 de octubre de 2000, p. 1297 ss. En sentido contrario, se manifiesta

No todo internamiento debe dar lugar, de forma necesaria, a una incapacitación de la persona afectada y, al contrario, lo normal será que la persona incapacitada no sea internada en un centro sanitario. El alta médica de una persona internada no supondrá, por otra parte, de forma automática, la resolución de la incapacitación en la que, en su caso, estuviere incursa la persona, sino que será necesario que ello sea acordado por el tribunal de forma específica.

El recurso frente a la decisión de internamiento por parte del tribunal está previsto en el art. 763.3: <En todo caso, la decisión que el tribunal adopte en relación con el internamiento será susceptible de recurso de apelación> y, aunque no se contiene en el texto legal de forma expresa, frente a la sentencia dictada por el Tribunal de segunda instancia, cabrá el recurso de casación ante el Tribunal Supremo.

Desde el sector de la discapacidad, representado por el CERMI, Comité español de representantes de personas con discapacidad, se solicitó, en octubre de 2007, con ocasión de la tramitación del Proyecto de Ley de Jurisdicción Voluntaria: a) Que se regulase la autorización judicial para imponer tratamiento médico forzoso a los enfermos psíquicos y, b) Que se valorase la conveniencia de que la autorización judicial para el internamiento no voluntario de personas que padecen trastornos psíquicos, se tramite a través de un procedimiento de Jurisdicción Voluntaria.

Pues bien, en relación con la segunda de las propuestas, cabe señalar que asunto cuya propuesta de valoración se solicita constituye un claro reflejo del carácter variable y fluido entre las dos esferas de la jurisdicción, la contenciosa y la voluntaria, manifestado en instituciones como los alimentos provisionales, la incapacitación por locura o el internamiento de personas con trastornos psíquicos, que se tramitaron por medio de procedimientos de Jurisdicción Voluntaria, antes de pasar a la esfera contenciosa. En el supuesto del internamiento no voluntario, el trasvase se materializó con su inclusión en la LEC 2000, art. 763, que vino a sustituir al art. 211 CC, que fue introducido por la Ley 13/1983, que reconducía el internamiento al marco de los procedimientos de jurisdicción voluntaria y exigía la autorización judicial, lo que fue acogido de forma muy positiva por la doctrina[66].

Pues bien, a mi juicio, en los supuestos en los que la persona con un trastorno psíquico grave no esté en condiciones de oponerse o de manifestar su opinión sobre

Aznar López, en Internamientos civiles y derechos fundamentales de los usuarios de centros sanitarios, sociales y sociosanitarios, Granada 2000, pp. 63 ss.

[66] Acerca de la constitucionalidad del art. 211 CC, vid. STC, de 1 de julio de 1999, desestimatoria de una cuestión de constitucionalidad referida al art. 211 CC –que se corresponde con el actual art. 753 LEC–, al considerar que las garantías procedimentales contenidas en el art. 211 CC, no constituyen, a los efectos de la reserva de ley orgánica del art. 81 CE, desarrollo del derecho fundamental a la libertad personal del art. 17 CE.

la privación de libertad con efectos terapéuticos, sería más apropiado un procedimiento específico de jurisdicción voluntaria, con las garantías propias de cualquier actuación jurisdiccional, que evitase trámites innecesarios e inapropiados, así como costes económicos y, sobre todo, psicológicos a la persona afectada y a sus familiares, dado que por ejemplo parece más apropiado en estos casos en los que no existe contradicción, la presentación de una solicitud, en el marco de la jurisdicción voluntaria, que la interposición de una demanda en el marco de un juicio verbal, de naturaleza contenciosa. Por otra parte, y en razón de la coherencia del sistema, si se mantiene la esterilización del incapaz psíquico en el marco de la Jurisdicción Voluntaria, con mayor razón debería considerarse de naturaleza voluntaria el internamiento no voluntario por razón de trastorno psíquico[67].

Es hora ya de que la Jurisdicción Voluntaria deje de ser un campo de experimentación del legislador. Estamos ante la oportunidad de modernizar la Justicia en esta materia y de hacerlo con voluntad de permanencia en el tiempo, desde una posición de consenso y de progreso, en una esfera del Ordenamiento de marcado carácter técnico-jurídico.

---

67 Sobre este punto, y en relación con la Disposición Adicional de la Ley 13/1983, que establece que el procedimiento que hay que aplicar a las diversas actuaciones judiciales previstas en el artículo 211 es el de jurisdicción voluntaria, se pronunció Bercovitz, R., en Comentarios al artículo 211 del CC, Comentarios a las Reformas de Nacionalidad y Tutela, cit., pp. 208 ss, al afirmar que parece lógico admitir que la persona afectada pueda oponerse en el procedimiento de internamiento, y pueda asimismo no existir acuerdo entre los parientes del artículo 202 CC. El sustanciar la oposición, escribía este autor, por el cauce de un proceso declarativo supondrá una tramitación demasiado lenta para las necesidades del caso, por lo que habrá que entender que: <la referencia a la jurisdicción voluntaria implica precisamente la tramitación en todo caso de las actuaciones judiciales a través de dicha jurisdicción, incluso si existe oposición. Quizás esta solución sea preferible, aunque no esté expresamente prevista, y aunque sea contraria con la naturaleza misma de esta jurisdicción. Ya tenemos un antecedente similar en la Disposición Transitoria 10 de la Ley 11/1981, con respecto a las controversias surgidas en las relaciones matrimoniales, aunque ciertamente en ella era más explícito el recurso a la jurisdicción voluntaria precisamente para solucionar temas contenciosos>.

— 16 —

REFLEXIONES Y PROPUESTAS A PROPÓSITO DE LA FUTURA LEY DE JURISDICCIÓN VOLUNTARIA*

Abstract: *Es hora ya de que la Jurisdicción Voluntaria deje de ser un campo de experimentación del legislador. Estamos ante la oportunidad de modernizar la Justicia en esta materia y de hacerlo con voluntad de permanencia en el tiempo, desde una posición de consenso y de progreso, en una esfera del Ordenamiento de marcado carácter técnico-jurídico.*

---

* Revista Jurídica del Notariado, n. 79, julio-septiembre 2011, pp. 177-226.

El texto del presente estudio fue objeto, con mínimas modificaciones, de exposición en una Conferencia que bajo el título "La hora de la Jurisdicción Voluntaria ", fue pronunciada por el Autor en el Colegio Notarial de Cataluña, en su sede de Barcelona, el día 22 de febrero del año 2012. Agradezco al Decano del Colegio Notarial de Cataluña, Joan Carles Ollé Favaró y al Notario Ángel Serrano de Nicolás, la invitación que al efecto me formularon, así como al Notario Víctor M. Garrido de Palma, su propuesta de publicación en esta ilustre Revista Jurídica.

Las palabras introductorias a la Conferencia fueron las que siguen: Ilmo. Sr. Decano del Colegio Notarial de Cataluña, Dignísimas Autoridades, señoras y señores: Bona nit, encantat d´estar aquí, avui, amb vustès. És un gran honor per a mi intervenir davant d'aquesta Corporació de reconegut prestigi i de necessària referència en el món del dret, com és l'il·lustre Collegi de Notaris de Catalunya i fer-ho davant rellevants juristes que m'honoren amb la seva presència en aquest acte.

Quiero expresar mi profundo agradecimiento al Decano de este Colegio, Joan Carles Ollé Favaró, por la invitación que me ha formulado, al Notario y Director de La Notaría, Ángel Serrano de Nicolás, por su entrañable y generosa amistad, al Prof. Ramos Méndez por sus palabras de presentación y su magisterio, que me ha iluminado siempre en mis estudios sobre JV, y a todos los presentes, que han hecho el esfuerzo de acompañarme en este día, gozoso para mí. Quiero también tener un especial recuerdo a la memoria de Joan Miquél, gran romanista y maestro, que nos hubiera acompañado en este acto, en el que tenemos la fortuna de contar con la presencia de su esposa Rosa y con una amplia representación de la romanística catalana. Y dicho esto, que es de justicia, entro en la exposición objeto de mi intervención, que voy a estructurar, a efectos de una mejor sistematización, en siete apartados.

Palabras clave: *Jurisdicción Voluntaria; autoridad jurisdiccional; Secretario del tribunal; Notario; Registrador.*

Abstract: It is time that Voluntary Jurisdiction ceases to be a mere area of experimentation for the legislator. We now have the opportunity to modernize Justice in this subject and to do so with the will of assuring its permanence in the future, from a position of consensus and progress and in a decidedly technical sphere of the Jurisdictional Order.

Keywords: Voluntary Jurisdiction; Jurisdictional authority; Clerk of the court; Notary; Registry.

1) REFORMA LEGISLATIVA PENDIENTE: LIBRO III LEC 1881. PROCEDIMIENTOS ESPECÍFICOS. ITER LEGISLATIVO DE LA TRAMITACIÓN PARLAMENTARIA

En el marco del Estado Constitucional de Derecho, una de las piezas que todavía queda por encajar en el organigrama de la Administración de Justicia, es la correspondiente a la Jurisdicción voluntaria. La Ley de Enjuiciamiento Civil de 7 de enero del 2OOO, LEC, por la que se rige la jurisdicción contenciosa en los procesos civiles, establece en su Disposición Final decimoctava que: <En el plazo de un año, a contar de la fecha de entrada en vigor de esta Ley, el Gobierno remitirá a las Cortes Generales un proyecto de Ley sobre jurisdicción voluntaria>.

La reforma de la jurisdicción voluntaria, JV en adelante, fue asimismo prevista en el Pacto de Estado sobre la Justicia, firmado por los dos partidos mayoritarios, el 28 de mayo del año 2001.

Por otra parte, en la afortunada y precisa Exposición de Motivos de la LEC se afirma, en el apartado quinto, que en cuanto a su contenido general, dicha ley «se configura con exclusión de la materia relativa a la jurisdicción voluntaria que, como en otros países, parece preferible regular en ley distinta». Especial significación tiene en este campo la Ley de Jurisdicción Voluntaria alemana (Freiwllige Gerichtsbarkeit) de 1898 que, con más de treinta reformas parciales, continúa en vigor.

Un primer paso importante en el cumplimiento del mandato legislativo pendiente de cumplimiento, tuvo lugar en diciembre del año 2002, al ponerse en marcha la maquinaria legislativa con la constitución, en el seno de la Sección Segunda de la Comisión General de Codificación, máximo órgano asesor del Ministerio de Justicia en las tareas prelegislativas, de una Ponencia, presidida por el notario José María de Prada y compuesta por siete miembros, un Magistrado, un Registrador Mercantil, un Secretario Judicial, un Decano de Colegio de Abogados, y dos Catedráticos, que a lo largo de casi tres años de trabajo, elabora una propuesta normativa integrada por 306 artículos y 10 disposiciones complementarias –valoradas y tenidas muy en cuenta las observaciones formuladas por las Secciones de Derecho Civil y de Derecho Mercantil de la Comisión de Codificación– que asumida como Propuesta de Anteproyecto por el Ministerio de Justicia, es publicada en su Boletín Informativo en octubre del año 2005 <como texto preliminar de una nueva regulación de la jurisdicción voluntaria, sin duda necesaria, por lo que se hace pública por su evidente interés para la comunidad jurídica, al objeto de propiciar su conocimiento y libre discusión>, según se subraya en la Nota que antecede a la Memoria Explicativa y a la Exposición de Motivos.

La ponderada propuesta de Anteproyecto elaborada por la Comisión General de Codificación gozó, de forma manifiesta, de una positiva acogida en la comunidad científica y por parte de los operadores jurídicos afectados, Jueces, Secretarios Judiciales, Notarios, Registradores, Abogados y Procuradores de los Tribunales.

A partir de este primer paso relevante del prelegislador, la propuesta de Anteproyecto de la Ponencia fue sometida a una revisión interna en el Ministerio de Justicia, fruto de la cual fue el Anteproyecto de Ley de Jurisdicción Voluntaria, aprobado en Consejo de Ministros de 2 de junio de 2006. Finalmente, el veinte de octubre del año 2006, el Consejo de Ministros aprobó la remisión a las Cortes Generales del Proyecto de Ley de Jurisdicción Voluntaria, para facilitar y agilizar la tutela y garantía de los derechos de la persona, en materia civil y mercantil, que reprodujo, con escasas modificaciones, el texto del Anteproyecto de Ley de junio de 2006, y si bien introdujo mejoras en determinados aspectos contemplados en el Anteproyecto de la Ponencia, cambió la concepción de la JV, al administrativizar el procedimiento judicial en la terminología y en el contenido y establecer una artificiosa equiparación, entre procedimientos de diferente naturaleza, como son el judicial y el administrativo notarial y registral, lo que se materializó en la supresión de la contradicción, de los recursos y de la asistencia técnica en los procedimientos de JV judiciales.

La desacertada, a mi juicio, previsión, que implicaba un estéril reduccionismo de la JV al ámbito negocial y administrativo, fue por fortuna corregida en trámite de enmiendas en la Comisión de Justicia del Congreso de los Diputados, que procedió a la recuperación de las connotaciones jurisdiccionales del procedimiento judicial de JV, y a una distinta regulación de los procedimientos judicial y administrativo de JV, en atención a su diferente naturaleza jurídica, y a las reglas de funcionamiento y principios informadores propios de su conformación en el Ordenamiento Jurídico. En trámite de enmiendas se presentaron un total de 323 al articulado del Proyecto.

El 27 de junio de 2007, fue aprobado en la Comisión de Justicia del Congreso de los Diputados, con Competencia Legislativa Plena, el Proyecto de Ley de Jurisdicción Voluntaria, antes denominado Proyecto de Ley de jurisdicción voluntaria para facilitar y agilizar la tutela y garantía de los derechos de la persona en materia civil y mercantil, con un contenido de 229 artículos y 17 disposiciones complementarias, el 24 de julio, el texto legislativo, entró en el Senado, en cuya Comisión de Justicia los distintos Grupos Parlamentarios presentaron y debatieron un total de 239 enmiendas. En trámite de asesoramiento, tuvo asimismo lugar la comparecencia, ante la Comisión de Justicia del Congreso de los Diputados, de 14 expertos en la materia de JV, entre los que tuve el honor de representar a la Comisión General de Codificación. Finalmente, el 24 de octubre de 2007, el Gobierno procedió a retirar el Proyecto, el día en que iba a ser votado en el Pleno del Senado.

Desde entonces hasta hoy la proyectada y, con posterioridad, frustrada reforma de la JV no ha tenido una existencia airosa, al quedar relegada en el ostracismo de los buenos deseos que no llegan a materializarse. Es por ello que los juristas y los conocedores de la relevancia que supone una nueva regulación de la JV, hemos saludado con satisfacción que en el Discurso de Investidura del pasado 19 de diciembre de 2011, Mariano Rajoy expresase, como futuro Presidente del Gobierno español, que constituía una de sus prioridades, en el ámbito legislativo, su voluntad de aprobar, en la presente Legislatura, la Ley de Jurisdicción Voluntaria. En el mismo sentido, se pronunciaba, pocos días después, Alberto Ruiz Gallardón, en su toma de posesión como Ministro de Justicia, y en sus comparecencias en la Comisión de Justicia del Congreso de los Diputados y en el Senado, ésta última el pasado día 5 de marzo de 2012.

En tanto no se apruebe una Ley de Jurisdicción Voluntaria, continúa vigente, con determinadas excepciones, conforme se establece en la disposición derogatoria única, apartados 1 y 2 de la nueva LEC, la regulación contenida en el libro III de la LEC 1881, relativa a la Jurisdicción Voluntaria, así como la correspondiente a la conciliación y a la declaración de herederos abintestato.

En contraposición, sin embargo, con la mencionada previsión legal, con la conciliación ha pasado lo que sucedió con las diligencias preliminares, que siendo ambas instituciones propias de la jurisdicción voluntaria han sido reguladas en sedes de naturaleza heterogenea. Así, la conciliación en la reciente Ley de Reforma de la legislación procesal para la implantación de la Nueva Oficina Judicial del año 2009, y las diligencias preliminares en la propia Ley de Enjuiciamiento Civil, reguladora de la jurisdicción contenciosa[1].

Conviene señalar, por otra parte, que si bien un amplio número de los supuestos de jurisdicción voluntaria judicial se contienen en el libro III de la LEC, otros muchos en los que está prevista la intervención del juez o se incluyen en el marco de la denominada jurisdicción voluntaria notarial o registral, se regulan en textos legislativos diversos, como el Código Civil, el Código de Comercio, la Legislación hipotecaria, o la Ley y el Reglamento del Registro Civil.

En los últimos años, se ha generado, en un marco de expansión de la institución, una inflación de procedimientos específicos, sin que exista proceso, contemplados en leyes civiles o mercantiles, que no siempre resultan justificados en su especificidad, pero que en buena medida se amparan en la ausencia de un procedimiento global de jurisdicción voluntaria en el libro III de la LEC. Cabría citar, entre otros textos, en los que se regulan actos de jurisdicción voluntaria, las siguientes disposiciones legislativas: ley 30/1979, de 27 de diciembre, en materia de trasplantes de órganos; Ley 50/1980, de 8 de octubre, sobre Contrato de seguro, a propósito de nombramiento de tercer perito; ley 11/1981, de 13 de mayo, en materia de filiación, patria potestad y régimen económico del matrimonio; Ley 30/1981, de 7 de julio, sobre nulidad, separación y divorcio; Ley 1/1982, de 5 de mayo sobre derecho al honor, intimidad personal y familiar y propia imagen, en relación con los menores; ley 13/1983, de 24 de octubre, sobre tutela y curatela; Ley 19/1985, de 16 de julio, Cambiaria y del Cheque; Ley Foral de Navarra 5/1987, de 1 de abril, sobre autorización judicial para enajenar o gravar bienes fideicomisarios; Ley 21/1987, de 11 de noviembre, en materia de acogimiento y adopción; Ley 22/1987, de 11 de noviembre, en materia de Propiedad Intelectual, en supuestos de discrepancias sobre remuneración equitativa del autor, divulgación de la obra, subsanación de omisiones, reanudación de explotación de obra etc., que requieran autorización judicial; Ley de la Generalitat de Cataluña, 40/1991, de 30 de diciembre, reguladora del Código de Sucesiones por causa de muerte, sobre autorización judicial en materia de conmutación o conversión del modo que grava una institución de heredero o de legado; Ley 1/1996, de 15 de enero, de Protección Jurídica del menor; Ley de la Generalitat de Cataluña 9/1998, de 15 de julio, reguladora del Código de Familia, en materia de idoneidad para la adopción; Ley de la Generalitat

---

[1] En este sentido en Díez-Picazo, I., *Derecho Procesal Civil. El proceso de declaración*, Madrid, 2001, pp. 229: «... aunque la doctrina considera las diligencias preliminares actuaciones de jurisdicción voluntaria, y la jurisdicción voluntaria ha quedado fuera del ámbito objetivo de la LEC, en este caso el legislador ha hecho una excepción a esa regla. Probablemente la razón de que la LEC, regule las diligencias preliminares pese a ser actos de jurisdicción voluntaria debe buscarse en la necesidad que había de introducir cambios en su regulación para darles mayor eficacia, lo que no debía esperar hasta la aprobación de la futura Ley de Jurisdicción Voluntaria».

de Cataluña, 18/2002, de 5 de julio, en materia de cooperativas, Ley 9/2000, de 10 de diciembre, sobre sustracción de menores,; Ley 41/2003, de 18 de noviembre, sobre Protección patrimonial de las personas con discapacidad, etc.

El título competencial de la futura LJV es el artículo 149.1.6 de la C.E., que atribuye al Estado la regulación de la legislación procesal, excepto alguna disposiciones concretas que se dictan al amparo de la competencia que corresponde al Estado en materia de legislación civil, mercantil, y de ordenación de los registros e instrumentos públicos, conforme al artículo 149.1.6 y 8 CE, sin perjuicio de las necesarias especialidades que en este orden se deriven de las particularidades del derecho sustantivo de las Comunidades Autónomas. En este sentido cabe mencionar la intervención del portavoz de CIU, Jordi Jane, quien afirmó en el curso del debate parlamentario que: <... la LJV que se apruebe debe estar claramente ajustada al marco estatutario, por tanto al Estatut de Cataluña, que es tanto como decir al marco constitucional, dado que los estatutos forman parte del bloque de constitucionalidad. Así el art. 147 del Estatut de Autonomía de Cataluña da competencia ejecutiva a la Generalitat en el establecimiento de las demarcaciones notariales y registrales>.

2. EL NUEVO PERFIL DE LA INSTITUCIÓN

A) Concepto y Evolución Histórica

La Jurisdicción Voluntaria, JV en adelante, ha sido descrita o calificada por la doctrina y la jurisprudencia con los más variados epítetos: misteriosa, heterogénea, fascinante, atormentada, insistente, machacona y dando respuesta a problemas concretos, repudiada por todos y sin sede científica propia, enojosa, difícil y de poco lucimiento, uno de los más atormentados problemas de la ciencia jurídica europea, la gran olvidada y por qué no decirlo, la gran ignorada, inquisitiva o paradigmática por su brevedad y economía procesal pero, en la práctica, salvo valiosas excepciones, singularmente González Poveda, Ramos Méndez y Almagro Nosete, ha suscitado escaso interés en la doctrina científica, y en el desarrollo argumental de la doctrina jurisprudencial, si nos atenemos a la relevancia de la parcela imprescindible de la realidad social que constituye su campo de aplicación[2], si bien ha de subrayarse que, en el último

---

2 En análogo sentido, se manifiesta Muñoz Rojas, *Sobre la jurisdicción voluntaria*, Actualidad Civil, 1989, num. 39/90, pp. 577-585, cuando afirma que: «en el ámbito jurídico, es tan necesaria la jurisdicción voluntaria como la jurisdicción contenciosa: cada una de ellas tiene su respectivo campo de aplicación y no son intercambiables. Si está justificada en nuestro Ordenamiento la reforma de las leyes procesales, la misma o mayor justificación tiene la depuración, actualización o mejora de los expedientes de jurisdicción voluntaria adaptados

a la reforma de las leyes sustantivas, sin perjuicio de la ley básica de dichos procedimientos». Especial relevancia en la doctrina española en la materia tienen las obras de Ramos Méndez, *La jurisdicción Voluntaria en Negocios de Comercio*, Madrid 1978; Almagro, en Derecho Procesal Civil, T. I, Vol. II, Valencia 1992; y Gónzalez Poveda, *La Jurisdicción Voluntaria*, Pamplona, 3ª ed. 1997.

En el último decenio, la previsión legislativa referida a la jurisdicción voluntaria ha estimulado la producción doctrinal. Vid. al respecto, entre otros estudios, en Fernández de Buján, A., *Jurisdicción voluntaria*. Madrid, 2001; Id. Hacia una Teoría General de La Jurisdicción Voluntaria I, Iustel, Madrid 2007; Id. Hacia una Teoría General de la Jurisdicción Voluntaria II, Iustel, Madrid 2008; Id. *La Jurisdicción Voluntaria,* Madrid, 2001; *Id.*, «La reforma de la Jurisdicción Voluntaria: problemas, interrogantes, soluciones», *Diario LA LEY,* 23 de marzo de 2005; *Id.*, «El nuevo perfil de la Jurisdicción Voluntaria en el Anteproyecto de Ley de octubre de 2005. De la tutela de relaciones jurídico privadas a la protección de intereses generales, públicos o sociales», *Diario LA LEY,* 8 de junio de 2006 *Id.*,«Observaciones al proyecto de ley de Octubre de 2006 (I)»,*Diario LA LEY,27 de noviembre de 2006;Id.* « Observaciones al proyecto de ley de Octubre de 2006(II)», *Diario LA LEY,28 de noviembre de 2006;Id.*, «La Jurisdicción Voluntaria. El Anteproyecto de junio de 2006», en *El* Notario *del siglo XXI,* agosto de 2006; Id. El fracaso de la Jurisdicción Voluntaria. Registradores, enero-febrero 2008; Id. Comparecencia ante la Comisión de Justicia del Congreso de los Diputados en trámite de asesoramiento, Diario de Sesiones. Congreso de los Diputados, n. 821, de 7 de mayo de 2007; Id. La Jurisdicción Voluntaria en el marco del Estado constitucional de Derecho, Anales de la Academia Matritense del Notariado, 2007, Id. La Oficina Judicial y la Jurisdicción Voluntaria: dos reformas procesales a debate en el panorama legislativo español, Estudios en Homenaje al Profesor Elías Díaz, RJUAM, Revista Jurídica de la UAM, 2009, y en: Publicaciones de la Real Academia de Jurisprudencia y Legislación: Problemas actuales de la Jurisdicción, 2010, T.II, pp. 1462-1477.; Id. El necesario debate sobre el nuevo modelo de Oficina Judicial, Número especial de La Ley sobre la Oficina Judicial. N. 7.191, de 8 de junio de 2009, pp. 8-11; Id. Jurisdicción Voluntaria: aprender de los errores del pasado, Revista: El Notario del siglo XXI, Núm. volumen: 31,2010, pp. 66-74; Id. Xurisdicción voluntaria: una reforma lexislativa pendente para a nova lexislatura, n. 41, Revista Galega de Administración Pública, enero-junio 2011, pp. 11-46; Id. Convención de 2006 sobre los derechos de las persona con discapacidad y proceso de incapacitación: Revista ICADE. Universidad Pontificia Comillas, septiembre-diciembre 2011,pp. 119-155; Id. La Jurisdicción Voluntaria en el Plató. El Notario del siglo XXI, n.41, enero-febrero 2012 pp.22-33; Id. Capacidad, discapacidad, incapacidad, incapacitación, en Revista de Derecho Uned, n.9 2012, pp. 83-92; Id. Incapacitación y Discapacidad. Tratado de Derecho de Familia. Coordinado por Gema Díez-Picazo. Capítulo VII. Thompson-Aranzadi, 2012, pp. 1903-1954; Rodriguez Adrados, El anteproyecto de ley de jurisdicción voluntaria, Anales de la Real Academia de Jurisprudencia y Legislación, Madrid 2006; De Prada González, «En torno a la futura ley de Jurisdicción Voluntaria», en *El Notario del siglo XXI,* diciembre 2005; Id. Por qué ha fracasado el Proyecto de Ley de jurisdicción Voluntaria, El Notario del siglo XXI, 16.2007, pp. 70 ss; Ramos Méndez, «¿Cuánta dosis de jurisdicción voluntaria necesitamos?», *Justicia* 2006; Rodriguez Adrados, « El anteproyecto de ley de jurisdicción voluntaria», *ANALES* Real Academia de Jurisprudencia y legislación, Madrid 2006; Seoane Cacharrón, «Breve examen

decenio, la previsión legislativa referida a la jurisdicción voluntaria ha estimulado la producción doctrinal.

Frente a posiciones maximalistas del tipo «la jurisdicción voluntaria podría ser eliminada de cualquier Ordenamiento Jurídico» o la de «las necesidades negociales y el tráfico jurídico, justifican la aplicación del procedimiento voluntario a supuestos de lesión de derechos o intereses legítimos», se impone una posición realista, en la que se sitúan las más modernas corrientes de la ciencia procesal, partidarias de regular, sin quiebra de las garantías esenciales del proceso, y sin desnaturalizar el marco que le es propio, una parcela imprescindible de la realidad social, en constante expansión, fruto del nuevo perfil de la jurisdicción voluntaria, que ha evolucionado desde la originaria tutela de relaciones jurídico privadas, a la actual protección de derechos indisponibles, intereses generales, públicos o sociales, así como a la resolución de conflictos de intereses considerados de relevancia menor.

No debería, finalmente, extenderse artificiosamente el campo de la jurisdicción voluntaria fuera de su propio ámbito, por meras razones de economía procesal, lo que se produciría si se tramitasen por la vía del procedimiento voluntario supuestos de tutela de derechos o intereses lesionados o supuestos de conflicto relevante. No se puede establecer una jurisdicción voluntaria contra natura por un simple deseo de celeridad. Una cosa es que se facilite la transacción, y el compromiso, y otra es que se desnaturalice en un procedimiento voluntario, el conocimiento de supuestos en los que lo que subyace es la tradicional lucha por el derecho.

Sería deseable, en todo caso que, se valorase la creación, en el futuro, de juzgados que tuviesen atribuida la competencia en exclusiva en esta materia, tal como sucedía en la Edad Media, con los *iudices chartularii*, que pertenecían normalmente a la profesión notarial, ante los que, en atención a su especialización judicial, se desarrollaba, con carácter exclusivo, la ficción procesal que encubría el negocio de jurisdicción voluntaria. En los pasados decenios, en torno a un 10% de los asuntos conocidos en los juzgados civiles se corresponden con procedimientos de jurisdicción voluntaria.

No es la jurisdicción voluntaria, por otra parte, una simple expresión nominal que, utilizada por el legislador como campo de experimentación o mero catalizador de procedimientos heterogéneos, carezca de justificación racional, ni de fundamentación histórica. Muy por el contrario, ya en Derecho Romano, existió el sustrato social y la realidad jurídica, de lo que por primera vez, en la historia de la ciencia

---

crítico del Anteproyecto de Ley de Jurisdicción Voluntaria del Ministerio de Justicia de 1 de junio de 2006», *Diario La Ley,* 28 de septiembre de 2006; *Id,* <El Secretario Judicial como órgano de la Jurisdicción Voluntaria en el proyecto de ley de 27 de Octubre de 2006>, *Diario LA LEY,* 15 de Mayo de 2007; *Id,* «Examen del procedimiento Judicial común en el Proyecto de Ley de Jurisdicción Voluntaria», *Diario LA LEY,*6 de Septiembre de 2007.

jurídica europea, un jurista romano, del siglo III d.C., llamado Marciano, en su obra Instituciones, con posterioridad recogida en el Digesto de Justiniano, denomina jurisdicción voluntaria, «*iurisdictio* voluntaria». <Todos los procónsules, una vez que salen de la ciudad, tienen jurisidicción, pero no contenciosa sino voluntaria, por ej pueden autorizar manumisiones, emancipaciones y adopciones>, si bien la realidad jurídica que se engloba en la expresión JV se remonta a los primeros siglos de la experiencia jurídica romana, así a tres supuestos paradigmáticos de JV, el nombramiento de tutor de los menores no sometidos a patria potestas y de curador en los casos de personas con enfermedad mental aguda y de prodigalidad, se hace ya mención en el Código de las XII Tablas del siglo V a C.

La JV era entonces, en Derecho Romano, pacifica, negocial y voluntaria, y de ahí la denominación de Marciano, en la medida en la que las partes acudían de común acuerdo ante el Magistrado y fingían la existencia de un conflicto, que de inmediato se diluía ante el allanamiento que una de las partes realizaba ante la afirmación de la otra, y por medio de esta fórmula procesal se hacía efectiva la transmisión de un derecho de servidumbre, de usufructo, la posición de heredero, un derecho de alimentos entre parientes etc.

Cuando escribe Marciano el texto de referencia ha desaparecido ya la ficción procesal, que reaparece siglos después en la Edad Media, y lo que hace el magistrado es un control de legalidad de la solicitud del promovente o del acuerdo inter partes, y verificado éste, procede a autorizar, habilitar, constituir o declarar la existencia de un derecho, en una etapa en la que el ejercicio de la jurisdicción es ya un oficio de un contenido amplísimo, que no sólo se identifica con el proceso, como así fue durante siglos, sino que comprende cualquier acto o poder del Magistrado jurisdiccional, conforme parece derivarse de un texto de Ulpiano, contenido en D. 2.1.1: <El oficio del magistrado es amplísimo, ius dicentis officium latissimum est, así pues, puede proceder al nombramiento de tutor a quien carece de él, poner en posesión de los bienes hereditarios a quien los haya recibido por herencia, ordenar la entrega en posesión de bienes o nombrar jueces a los litigantes>.

Asimiladas en la época clásica romana a la jurisdicción voluntaria determinadas actuaciones formalizadas ante los funcionarios encargados de los Archivos o Registros Públicos y ante los Notarios o Tabeliones, es en la Edad Media cuando se atribuye ya a los Notarios competencias específicas en materia de jurisdicción voluntaria, primero como profesionales adscritos a los tribunales, civiles y eclesiásticos y, con posterioridad, como ya ha sido subrayado, como titulares de los juzgados, *iudices chartularii*, con competencia específica para conocer de los asuntos de jurisdicción voluntaria, ante los que se desarrollaba la ficción procesal que encubría el negocio de jurisdicción voluntaria, en una primera etapa, superada la cual, se procedía a la formalización del procedimiento de jurisdicción voluntaria, tramitado fuera ya del marco del proceso contencioso.

La expresión JV se trasmite en la Edad Media, a través de los glosadores y comentaristas al Derecho Común, y de éste pasa a los códigos modernos y a las legislaciones de los distintos países europeos.

La denominación de Jurisdicción Voluntaria tiene, por tanto, una fundamentación histórica derivada de su utilización sin intervalos durante casi veinte siglos, y la reforma de la Justicia no debe ni puede prescindir de la historia, en afortunada expresión de la EM de la LEC, a lo que ha de añadirse el valor derivado del arraigo de una terminología utilizada de forma usual en el lenguaje común, en el de los operadores jurídicos y en la tradición jurisprudencial, así como la inutilidad de los esfuerzos doctrinales y legales realizados en otras latitudes para encontrar una expresión comprensiva del fenómeno que nos ocupa.

Así, denominaciones como proceso no contencioso o procedimiento en Cámara de Consejo se han revelado como insatisfactorias, y no han logrado sustituir en los propios países en que se han introducido a la denominación clásica que ha seguido presente en las aportaciones científicas y, en ocasiones, de forma casi freudiana, en el propio texto de la ley[3]. Jurisdicción contenciosa y voluntaria, una vez desgajadas de ésta las artificiosas adherencias que no le son propias, constituyen esferas de la jurisdicción, que requieren una actividad de enjuiciamiento del órgano jurisdiccional, si bien en la jurisdicción voluntaria judicial que se enmarca, en gran parte de su contenido, en el amplio campo del ejercicio pacífico de los derechos, y de ahí la justificación funcional de la denominación, no existen, en general, posiciones contrapuestas, a priori, de personas enfrentadas, salvo supuestos de conflictos de relevancia menor, mientras que en la jurisdicción contenciosa, lo normal es la existencia de una controversia entre los litigantes, aunque hay también procesos declarativos o constitutivos en los que no existe oposición. Se trata, en estos casos, de auténticos procesos sin contradicción de voluntades como, por ejemplo, sucede en los supuestos de las denominadas sentencias sin oposición.

---

[3] Art. 32, disp. Att. del Código Civil Italiano: «el ministerio público debe ser oído siempre en los procedimientos de jurisdicción voluntaria que tienen contenido patrimonial»; arts. 35 y 36 del D.P.R., 5 de enero de 1967, n. 200, que regulan las funciones y competencias de los cónsules en materia de jurisdicción voluntaria; arts. 9, 66 y 67 de la reciente ley de 31 de mayo de 1995, reformadora del sistema italiano de derecho internacional privado, mediante los que se regulan las hipótesis en que subsiste la jurisdicción del juez italiano en materia de jurisdicción voluntaria, así como los presupuestos y la eficacia en Italia de los procedimientos de jurisdicción voluntaria en los que intervienen jueces extranjeros. Vid. al respecto en Venturini, *Consideración sulla qualificazione dei procedimenti stranieri di giuridiszioni volontaria,* Rivista di Diritto Internazionale privato e procésale, 2003, pp. 813-910. En relación con el estudio histórico de la institución de la jurisdicción voluntaria vid., Fernández de Bujan, A., *Jurisdicción voluntaria en Derecho Romano*, Madrid, 3ª ed. 1999.

B) Contenido

Con la expresión jurisdicción voluntaria, en sentido estricto, se hace referencia a aquellos procedimientos en los que un particular solicita la intervención de un juez, o éste interviene de oficio o a instancia del Ministerio Fiscal sin que exista una contienda relevante con otra persona, o una lesión de derecho subjetivo o interés legítimo.

Son, por ejemplo, supuestos de jurisdicción voluntaria –de entre los más de 200 pendientes de nueva regulación, racionalización y redistribución– la adopción de medidas relativas al traslado o retención ilícita de menores en actuaciones de sustracción internacional, es decir, el conocido como secuestro parental, la aprobación del reconocimiento de la filiación extramatrimonial; la protección patrimonial de las personas con discapacidad; la declaración de ausencia o fallecimiento de una persona; que se proceda al nombramiento de un tutor o que se autorice a éste la venta de un inmueble de su pupilo; la constitución de una adopción o de un acogimiento familiar; las autorizaciones relacionadas con el honor, la intimidad o la propia imagen del menor; la autorización para el trasplante de órganos de personas fallecidas; que se autorice la convocatoria de una junta general ordinaria de sociedad anónima que no se hubiese convocado en el plazo legal; que se acuerden medidas de garantía en relación con la mala administración de los padres; que se disponga el depósito y venta de mercancías y equipajes en los casos en que el destinatario no abone el flete o el pasaje; la auditoría de las cuentas de los empresarios; el nombramiento de perito en el seguro de daños; que se autorice al capitán del buque, la venta de un cargamento, en peligro de avería, en el puerto de arribada y no en el de destino; la liquidación y distribución de una avería gruesa, en materia de derecho marítimo, o los supuestos de intervención judicial, sin que exista proceso, en relación con la restricción de derechos fundamentales.

Se incluyen asimismo dentro de la esfera de la jurisdicción voluntaria un conjunto de procedimientos dirigidos a la solución judicial de conflictos que el ordenamiento jurídico considera que no tienen entidad suficiente para ser dirimidos en un proceso contencioso, entre los que cabe señalar las controversias entre los progenitores en el ejercicio de la patria potestad, o los desacuerdos entre los esposos en la gestión de los bienes comunes. Se trataría de supuestos en los que la urgencia o la conveniencia de eludir la excesiva dilación del juicio ordinario, justificaría la tutela simplificada, ágil y flexible del procedimiento voluntario, que cumpliría, en estos casos, el papel que correspondería a un especial procedimiento sumario contradictorio.

Son considerados finalmente procedimientos de jurisdicción voluntaria judicial otros supuestos en los que la intervención del juez queda reducida a la mera presencia, comprobación de hechos, calificación, autentificación o documentación del acto o relación jurídica, lo que supone una desnaturalización de lo que debe entenderse por potestad jurisdiccional, ni parece asimismo necesaria en éstos supuestos la actuación judicial en garantía de derechos, que con carácter compartido con otros poderes del Estado, se atribuye a los jueces y tribunales en el artículo 117.4 de la Constitución.

Sería pues deseable, en este ámbito de reflexión, y en atención a las enseñanzas de la experiencia histórica, la dogmática jurídica y la realidad social propia de esta esfera del Ordenamiento, deslindar entre aquellas competencias que deben continuar atribuidas al órgano jurisdiccional, por razón de su naturaleza jurídica, o bien debido a la consideración de los jueces como los operadores jurídicos que gozan de un mayor grado de independencia e imparcialidad en el ejercicio de su función, y aquellas otras competencias que, atribuidas en su momento –finales del siglo XIX– a los jueces, en atención a su prestigio, a la seguridad jurídica que producía su intervención, a la prevención o desconfianza frente a otros operadores jurídicos, o a razones de mera tradición historicista, oportunidad, conveniencia o división del trabajo, podrían desjudicializarse, al desparecer las razones de política legislativa que constituían su fundamento, y atribuirse, en la parte correspondiente a disposiciones finales, a profesionales del derecho, Notarios y Registradores de la Propiedad y Mercantiles, a quienes corresponden con mayor propiedad el ejercicio de estas funciones, en atención a su propia naturaleza así como a su especialización y cualificación jurídicas. Se trataría con ello no tanto de evitar el colapso de la justicia contenciosa, sino sobre todo de sistematizar y redistribuir funciones, en aras de la racionalización del sistema y como demostración de confianza en la madurez de la sociedad civil.

La intervención de oficio del juez y del fiscal está prevista en supuestos de procedimientos de jurisdicción voluntaria que afectan a menores, incapacitados o desvalidos, en estrecha relación con los preceptos constitucionales (arts. 9.2 y 53.3 CE) referidos al Estado social, o bien a la condición y estado civil de las personas, o a intereses jurídico-públicos, generales o sociales.

C) Garantías del procedimiento judicial de JV

La previsible futura concepción de la JV judicial debe caracterizarse por su sustancial aproximación a la jurisdicción contenciosa, en materia de garantías del procedimiento. La previsión legal contenida en el artículo 22 del Proyecto de Ley de 2006 conforme a la cual: <La comparecencia se sustanciará por los trámites del juicio verbal con las siguientes especialidades>, supone la supresión de las particularidades previstas en materia de JV y una práctica equiparación en la regulación de ambas esferas de la jurisdicción. Así en materias como:

- Días y horas hábiles;
- Desaparición de la posibilidad de modificar de oficio las <La providencias y autos no definitivos, conforme al 1818 LEC, que suponía una desvirtuación de lo previsto en la LOPJ, arts. 18 y 267, que establecen el principio de que

las resoluciones judiciales sólo quedarán sin efecto en virtud, en su caso, de los recursos previstos por las leyes.

— Reforzamiento del principio de igualdad de partes, en la medida en que se produce una atenuación o práctica desaparición, en algunos casos de JV, de la posición de solicitantes, interesados (es, decir personas con interés concurrente o complementario, de cualquier tipo, jurídico, económico, moral etc., con el del solicitante), contrainteresados (es decir, personas con interés divergente al expresado por el solicitante) y afectados, en relación con la audiencia, alegaciones, testimonios(por ej. de terceros no interesados a las que el procedimiento no afecta, en sentido estricto, a sus intereses),pruebas (en contraposición a las actuales informaciones, acreditaciones y justificaciones), trámite de conclusiones, registro de la comparecencia en soporte apto para la reproducción del sonido y la imagen, plazo para subsanar los posibles defectos u omisiones en las solicitudes, asistencia técnica, justicia gratuita, recursos etc., así como en aquellos supuestos en que por análogas motivaciones, rige el principio de impulso de oficio en el proceso contencioso o en el procedimiento de JV.
— Previsión de la controversia y la oposición.
— Plazos cortos y prorrogables. Asunción, con carácter general, del principio preclusivo.
— Previsión se subsanación de posibles defectos u omisiones en las solicitudes, conforme al art. 23.1 del Proyecto de Ley de JV de 2006.
— Supresión del régimen singular de la apelación en uno o dos efectos, ex arts. 1819 y 1820. Previsión de supletoriedad de la Ley Procesal Civil, conforme al art. 12 del Proyecto: <La Ley de Enjuiciamiento Civil será de aplicación supletoria a los expedientes de Jurisdicción Voluntaria administrados por Jueces y Secretarios Judiciales en lo no previsto por esta Ley>.

Resultaría apropiado, asimismo, un reforzamiento de los principios dispositivo y de aportación de parte en el procedimiento voluntario, una atenuación del dirigismo judicial, que en consonancia con la libertad de forma y el carácter más potestativo de la actuación judicial en esta esfera de la jurisdicción, pueda poner en riesgo las fundamentales garantías inherentes a todo procedimiento, una limitación del principio de impulso de oficio a aquellos supuestos de derechos indisponibles o de interés general, públicos o sociales y una aproximación de las posiciones de solicitante, interesados y terceros, en especial en aquellos supuestos en los que el interesado exprese un interés contrario al manifestado por el promovente, es decir, en aquellos casos en que nos encontremos en presencia de lo que se denomina contrainteresado en la legislación italiana, no obstante lo cual, no se produce un sobreseimiento del expediente.

El carácter variable y fluido entre jurisdicción contenciosa y jurisdicción voluntaria, en atención a las decisiones contingentes de política legislativa ha sido por otra parte, una constante en la historia de ambas esferas de la jurisdicción, y así por ejemplo los alimentos provisionales y la incapacitación por locura, fueron en una primera época de vigencia de la LEC 1881 expedientes de jurisdicción voluntaria, siendo con posterioridad transvasados a la jurisdicción contenciosa. En la misma línea, el legislador de la Ley Procesal Civil del año 2000 ha incluido en su seno supuestos que con anterioridad se regulaban por el trámite voluntario, como el internamiento de personas incapaces por trastornos psíquicos o conforme al artículo 770 LEC, las pretensiones que se formulan al amparo del título IV, libro I del Código Civil, relativo al matrimonio, que se sustancian por los trámites del juicio verbal.

A la necesidad de regular la contradicción en el procedimiento de JV judicial, que constituía, a mi juicio, la deficiencia de mayor calado del texto legislativo presentado en el año 2006, se refirieron todos los expertos que comparecieron en la Comisión de Justicia del Congreso de los Diputados, los días 7 y 14 de mayo de 2007, a fin de asesorar sobre el contenido del Proyecto.

Carece de sentido articular un procedimiento judicial garantista, como en efecto así se había hecho, en contraposición a la vigente previsión legal que adolece de esta nota caracterizadora, entre otros aspectos, en materia probatoria y de audiencia, y aplicarlo tan sólo a menores e incapaces, como se preveía en el Proyecto del Gobierno de 2006. Resultaba asimismo artificioso optar por una concepción de la JV basada únicamente en la ausencia de conflictividad como elemento diferenciador con la jurisdicción contenciosa, conforme a un modelo ya superado en la vigente legislación sustantiva y procedimental, española y comunitaria, como así fue subrayado en los preceptivos dictámenes del Consejo General del Poder Judicial y del Consejo Fiscal.

Lógicamente si se acude al órgano judicial, en numerosos supuestos de JV en los que no están afectados intereses de menores o incapacitados, es ante la falta de acuerdo entre los interesados. Así, por ejemplo, para proceder a la consignación de un objeto o de una cantidad de dinero; para fijar el plazo para el cumplimiento de una obligación; para obligar a exhibir la contabilidad de una empresa o a auditar las cuentas de un empresario; para convocar una junta o asamblea general; para nombrar un tercer perito en un contrato de seguro; para proceder a liquidar una avería gruesa, o para resolver las discrepancias surgidas en el contrato de fletamento, entre fletador, como titular de las mercancías transportadas y fletante, como porteador de éstas, por señalar sólo alguno de los muchos supuestos en los que la discordancia es manifiesta o está subyacente, es porque existe un problema sin resolver o una necesidad que atender del ciudadano que acude en ayuda del órgano judicial. En otras ocasiones, es el propio texto legal el que prevé que la oposición no hará contencioso el expediente, como así sucede en la presentación y adveración del testamento ológrafo o del testamento cerrado, o en los supuestos de extravío, sustracción o destrucción del conocimiento de embarque.

Muchos de los procedimientos de JV tienen, definitiva, controversia desde el inicio. En su intervención de 17 de mayo de 2007, en trámite de asesoramiento ante el

Congreso de los Diputados, la entonces decana del I. Colegio de A. de Barcelona, se refería a esta circunstancia y ponía como ejemplo el procedimiento de restitución de menores, en los casos de secuestro del menor por alguno de los progenitores, el denominado secuestro parental, que la Ley de Protección Jurídica del Menor de 1996, obliga a tramitar en el marco de la JV. Lo ponía como ej. de JV con controversia ab initio y de supuesto que requiere la intervención preceptiva de abogado, a los efectos de que los interesados dispongan de un asesoramiento técnico cualificado en relación con la documentación a presentar, las pruebas dirigidas a fundamentar las decisiones tomadas o la petición realizada etc.

En materia de efectos de la controversia se volvió, en el curso de la tramitación parlamentaria, a la regulación prevista en el Anteproyecto de la Comisión de Codificación, lo que supone optar por hacer una Ley eficaz y que resuelva los problemas que se plantean cuando se acude a un operador jurídico para que incoe un procedimiento, dado que la opción por el archivo del expediente cuando se genere una controversia y la oposición consiguiente, traería consigo la ineficacia de la Ley y, en consecuencia, los ciudadanos dejarían de acudir a la JV. La razonable regulación de la oposición prevista en la Ponencia de la CGDC y asumida en el Congreso de los Diputados se contiene en el art. 7 del Anteproyecto conforme al cual:<Salvo que la ley expresamente lo prevea, la formulación de oposición por algún interesado en el asunto no hará contencioso el expediente ni impedirá la tramitación del mismo hasta su resolución, que surtirá los efectos que correspondan a tenor de su contenido en tanto no sea revocado o modificado en proceso declarativo promovido por persona legitimada>. La fundamental enmienda sobre los efectos de la controversia, la n. 100, sin duda la esencial, a mi juicio, en el logro de una Ley de JV eficaz, fue presentada y defendida en la Comisión de Justicia del Congreso de los Diputados por el Grupo Parlamentario Mixto.

D) Sanción Constitucional

En relación con la sanción constitucional de la JV me parece plenamente acertado la argumentación contenida en el Fundamento de Derecho sexto de la STS de 22 de mayo del año 2000 (Sala de lo Contencioso-Administrativo, Sección 6ª), de la que fue Ponente el Magistrado Peces Morate: «... El que se admita la existencia de actuaciones de jurisdicción voluntaria, atribuidas a órganos no judiciales, para los que tal denominación es harto discutible, no supone que cuando un juez o tribunal está llamado por Ley a definir un derecho o a velar por él, sin que exista contienda entre partes conocidas o determinadas(artículo 1811 de la vigente Ley de Enjuiciamiento Civil) su actuación no debe estar revestida de las garantías propias de la jurisdicción... No se puede afirmar que en la denominada jurisdicción voluntaria los jueces y tribunales no están ejerciendo funciones jurisdiccionales (juzgar y hacer ejecutar lo juzgado), con independencia de que ulteriormente quepa sobre lo mismo otro proceso contradictorio y, en consecuencia, esas potestades quedan amparadas por el artículo 117,3 de la Constitución, según el cual su ejercicio ha de hacerse con arreglo a las normas de competencia y procedimiento que las leyes establezcan. Las demás funciones, que el art. 117.4 CE permite que una Ley atribuya a los jueces y tribunales en garantía de cualquier derecho, son aquéllas que, a diferencia de las denominadas de jurisdicción voluntaria, no comportan protección jurisdiccional de derechos e intereses legítimos, como en los supuestos (citados por los demandados) de participación de jueces o magistrados en los Jurados de Expropiación Forzosa o en la Administración Electoral, en que aquellos se incorporan a otras Administraciones del Estado por la garantía que su presencia en ellas confiere…>.

Si analizamos la actuación del Presidente del TSJ en la tramitación y resolución de dicho recurso, se constata la existencia de los requisitos o notas propias del ejercicio jurisdiccional, apareciendo incluso una que, de ordinario, no concurre en otras actuaciones de jurisdicción voluntaria en que intervienen los jueces y magistrados, cual es la contradicción»[4].

Los procedimientos atribuidos a los Jueces en materia de condición y estado civil de la persona, derecho de familia, restricción de derechos fundamentales y derechos indisponibles, implican reserva judicial y jurisdiccional, es decir, el ciudadano no puede acudir a otro operador jurídico que no sea la Autoridad Judicial.

En relación con este punto cabe señalar, a mi juicio, en relación con la afirmación contenida en la exposición de motivos, apartado tercero, del Proyecto de Ley de 2006, conforme a la cual, <tal y como aparece concebida en la presente ley la jurisdicción voluntaria encuentra su amparo en el artículo 117.4 de la Constitución…>, supone a

---

4 Vid. especialmente en Ramos Méndez, *Derecho Procesal Civil, T. III*, cit., pp 1289 ss; Id. *Jurisdicción Voluntaria en negocios de comercio*, cit., pp. 23 ss.

Para Tarzia debe considerarse superado el antiguo aforismo *iurisdictio in sola notione contentiosa consistit*, y es necesario reivindicar algunas garantías fundamentales de la jurisdicción contenciosa también para la jurisdicción voluntaria, así por ejemplo las garantías de la independencia y la tercereidad del juez; para Montesano los derechos subjetivos e intereses tutelados por la jurisdicción voluntaria tienen la misma naturaleza que los derechos subjetivos lesionados propios de la jurisdicción contenciosa, y especialmente en los casos de tutela de los derechos de los menores e incapacitados, el procedimiento seguido debe cumplir todas las garantías que informan los procesos contenciosos; Para Denti, no cabe individualizar una jurisdicción voluntaria con características autónomas respecto de la jurisdicción en general, sino que, por el contrario, en cuanto que se atribuye a órganos judiciales, no se sustrae a las garantías, subjetivas y objetivas, que caracterizan la actividad judicial. Las opiniones de estos autores se encuentran reflejadas en las Atti del XVII Convengo Nazionale del Processo civile en Palermo, celebrado en 1989.

mi juicio una toma de postura doctrinaria en una cuestión sometida a debate en la doctrina europea, así como contrario a la más reciente jurisprudencia del Tribunal Supremo, en cuya sentencia de la Sala Tercera de 22 de mayo del año 2000, dice textualmente: "no se puede afirmar que en la denominada jurisdicción voluntaria, los jueces y tribunales no estén ejerciendo potestades jurisdiccionales, con independencia de que anteriormente que pasó lo mismo, otro proceso contradictorio y en consecuencia, estas potestades quedan amparadas por el artículo 117.3 de la Constitución, las demás funciones –continúa diciendo el Tribunal Supremo– que el artículo 117.4 permite que la ley atribuya a juzgados y tribunales en garantía de cualquier derecho, son aquellas que a diferencia de las denominadas de jurisdicción voluntaria, no comportan protección jurisdiccional de derechos o intereses legítimos como en los supuestos de participación de los jueces en jurados de administración forzosa o en la administración electoral". Al debate doctrinal sobre la JV se refirió el Fiscal del TS en su intervención, previa a la aprobación de la enmienda que reintrodujo la posibilidad de oposición, en los siguientes términos: <… hay una polémica doctrinal fuerte –sobre– si la JV está incardinada en el 117.3 o en el 117.4. En puridad se podría decir que la contradicción, en cuanto que se va a resolver contradictoriamente, entraría ya en el conflicto y estaríamos más hablando de proceso y más del 117.3…>.

Por otra parte, la exclusión de la jurisdicción voluntaria del núcleo esencial indisponible y excluyente de funciones que conforman la potestad jurisdiccional de los jueces previsto en el 117.3 y su inclusión en las funciones de los jueces en garantía de derechos conforme al 117.4, respecto de los que no existe una reserva de jurisdicción, comportaría la posibilidad de traspaso en un futuro de las funciones relativas a menores, incapacitados, discapacitados, desvalidos, derechos indisponibles, supuestos atinentes a intereses públicos, restricción de derechos fundamentales, etc. a otros operadores jurídicos que en un momento determinado fueran considerados más idóneos, lo que, a mi juicio, resulta inasumible en el actual marco constitucional, en atención a la naturaleza de los intereses que están en juego y a la necesidad de que su conocimiento y resolución se atribuya al operador jurídico que goza de un mayor grado independencia e imparcialidad, en su estatuto jurídico, en el marco de la Administración del Estado. Lo que sí cabría afirmar es que las competencias atribuidas a los jueces en el ámbito de la jurisdicción voluntaria, se incluyen, dependiendo de la materia, en los párrafos tercero o cuarto del art. 117.

Parece razonable que algunas de las competencias que actualmente se atribuyen a los jueces, puedan trasvasarse a otros operadores jurídicos en el futuro, pero, a mi juicio, hay determinadas competencias respecto de las que no cabe pensar, con el actual marco constitucional, en una titularidad distinta de la judicial, así por ejemplo respecto a la autorización judicial para esterilizar un incapaz, o para el tratamiento no voluntario de una persona con trastornos psíquicos o para una intromisión legítima en el honor, en la intimidad o en la propia imagen de un menor o incapacitado o para autorizar o aprobar el reconocimiento de la filiación no matrimonial de menores o incapaces o para el nombramiento o remoción de un tutor o curador o para autorizar la venta de un bien del patrimonio de una persona con discapacidad o para decidir sobre la custodia de los menores cuando los padres vivan separados o sobre la atribución a uno sólo de los cónyuges de la facultad para realizar actos de administración o disposición de los bienes comunes.

No parece, a mi juicio, razonable que en los señalados y en otros análogos supuestos de JV, quepa cuestionar que el Juez está realizando una actividad de enjuiciamiento propia de la potestad jurisdiccional, consistente en constituir, autorizar, habilitar o complementar la capacidad de una persona, tutelar un interés público o resolver un conflicto cuya relevancia no requiere, a juicio del legislador, que sea dirimido en un proceso contencioso, mediante un procedimiento contradictorio o de ejercicio pacífico del derecho, sustanciado con todas las garantías de la tutela judicial efectiva.

Es decir, hay determinados aspectos que, a mi juicio, necesariamente deben permanecer en el ámbito de la reserva jurisdiccional, y ello, únicamente lo garantiza el 117.3. De modo que el legislador debe ser consciente que si mantiene que la fundamentación de la JV se asienta tan sólo en el párrafo 4 del art. 117 CE, cabría que en el futuro se decidiese que alguno o todos los supuestos mencionados se atribuyesen a otros operadores jurídicos, que en el marco de la JV serían Secretarios Judiciales, Notarios o Registradores.

En el sentido expresado, se ha pronunciado, en su preceptivo Dictamen, el Consejo General del Poder Judicial: pag. 23: <sin la nota de la exclusividad del apartado 3 del art. 117, el problema queda reducido a una mera opción del legislador, que podrá sustraer a la intervención judicial lo que constituyen manifestaciones de carácter constitutivo negocial, autorizaciones, aprobaciones u homologaciones…> y Conclusión segunda, pág. 84: <Al considerar que la intervención judicial en los procedimientos de JV no reviste la nota de exclusividad, al tener encaje constitucional en el apdo. 4 del art. 117…>. En el texto del Anteproyecto elaborado en la Comisión de Codificación, se afirmaba que las competencias judiciales de JV quedaban amparadas por los párrafos tercero y cuarto del artículo 117 de la Constitución.

En definitiva, parece evidente, a mi juicio, que la fundamentación constitucional de la JV, conforme a la fundamental STS de 22 de mayo de 2000, que se refiere la JV de competencia judicial, debe residenciase o en el párrafo 3º del art. 117, o en los párrafos 3º y 4º del art. 117 de la CE, o quizás incluso podría resultar más prudente, que no se hiciese referencia a la naturaleza jurídica de la JV, en una sede, como la Exposición de Motivos, que no parece la más apropiada para este menester, con el agravante, a mayor abundamiento, de tratarse de una cuestión sometida a debate en la doctrina europea, sin que exista una posición mayoritaria al respecto.

Reparar lesiones de derechos o intereses legítimos o su no reconocimiento y dirimir controversias relevantes, constituye el núcleo esencial de la potestad jurisdiccional, y otorgar tutela judicial efectiva fuera del marco proceso contencioso, en conflictos cuya entidad no requiere un juicio ordinario o en defensa de derechos o intereses legítimos de menores, incapaces, personas con discapacidad, derechos indisponibles o intereses generales, públicos o sociales, mediante una actividad de enjuiciamiento y en aplicación del derecho objetivo, con todos los principios y garantías procesales, forma parte asimismo, a mi juicio, del contenido de facultades atribuidas con carácter exclusivo a Juzgados y Tribunales por el art. 117.3 CE o, en determinados supuestos, en garantía de derechos por el artículo 117.4 CE. En todo caso, la JV judicial, se configura como parte integrante de la idea de Administración de Justicia, considerada como función con un contenido más amplio que el propio del ejercicio de la potestad jurisdiccional.

Cabe afirmar, para concluir este punto, que el procedimiento de JV de competencia judicial, para la protección de derechos e intereses legítimos, requiere una labor de enjuiciamiento por parte del Juez equiparable a la propia de la jurisdicción contenciosa, y una tramitación en la que han de respetarse los principios y garantías inherentes a toda actuación judicial, que debe concluir mediante una resolución judicial de fondo, mediante la que el Juez se pronuncie sobre la cuestión planteada en el curso del expediente, a fin de que el ciudadano obtenga la tutela judicial efectiva en el ejercicio de su derecho o interés legítimo. En definitiva, la pérdida de garantías supone, también en el ámbito de los procedimientos de JV, un menoscabo en la tutela judicial efectiva de los derechos e intereses legítimos de los justiciables. Cabe señalar asimismo que, al igual que sucede en el marco de la jurisdicción contenciosa, el ciudadano puede plantear una cuestión de constitucionalidad sobre el procedimiento de JV en su conjunto o sobre alguno de los preceptos específicos de su normativa.

3. RACIONALIZAR, DESREGULAR, REDISTRIBUIR Y DESJUDICIALIZAR

El marco constitucional en el que se desenvuelve la tutela judicial, no supone, por otra parte ningún obstáculo en esta materia, para racionalizar el sistema, desregular los procedimientos obsoletos, de nula aplicación práctica o de escasa eficacia, manifestaciones de la actual discordancia entre lo legislado y la actual realidad social, redistribuir entre jueces y secretarios las competencias asignadas al órgano jurisdiccional y desjudicializar aquellos supuestos que por su propia naturaleza jurídica, comprenden a otros profesionales del derecho, en especial notarios y registradores de la propiedad y mercantiles, en atención a su especialización y a la competencia funcional que se les reconoce por el Ordenamiento Jurídico.

Hay que deslindar de entre los actos de JV actualmente judicializados entre aquellos que tienen naturaleza jurisdiccional y aquellos que tienen naturaleza administrativa.

Los actuales actos de J.V. no tienen un carácter unitario sino, por el contrario, una naturaleza heterogenea, fruto del constante incremento de supuestos previstos en la legislación sustantiva en los que se prevé la intervención del juez sin que su actuación se encauce en el marco de un proceso.

La actual JV tiene pues en parte naturaleza jurisdiccional y en parte naturaleza administrativa, según los actos a los que nos refiramos, por lo que no cabe atribuir a la JV naturaleza jurisdiccional o administrativa con carácter global, sino que los actos de JV tienen una naturaleza muy diferente entre sí. Así un pacífico deslinde voluntario entre colindantes, la adveración de un testamento ológrafo, la elevación a escritura pública de un testamento otorgado sin intervención notarial, una subasta judicial no ejecutiva, los expedientes de dominio, la convocatoria judicial de una junta general, el nombramiento de un interventor o liquidador o auditor en los casos previstos legalmente o el examen de la contabilidad de los empresarios, por citar algunos supuestos entre los varios centenares previstos en la legislación, que podrían ser considerados, conforme al art. 117.4 CE, actos atribuidos a los jueces en garantía de derechos, no tienen sin embargo un contenido estrictamente jurisdiccional, sino que más bien parece que nos encontramos ante una actividad de prevalente carácter administrativo, que atribuida en su momento a la autoridad judicial en atención a razones diversas, ha perdido, en el momento actual, su justificación competencial, por lo que sería conveniente su desjudicialización, y consiguiente atribución a otros centros de referencia, operadores jurídicos de la Administración del Estado, que se produciría sin merma de las garantías de la tutela efectiva de los derechos e intereses legítimos de los justiciables.

Por el contrario, la autorización judicial para la esterilización de un discapacitado psíquico, el procedimiento para obtener la autorización o aprobación del reconocimiento de filiación extramatrimonial de un menor o un incapacitado o el conflicto derivado del secuestro parental de un menor de edad y el procedimiento para su restitución, son actos de JV, pero de naturaleza muy diferente a la administrativa.

La necesidad de descargar de trabajo a los jueces, concentrar su actuación en tareas jurisdiccionales, redistribuir competencias y racionalizar el sistema en la Administración de Justicia, constituyó, por otra parte, el objeto de una Recomendación del Consejo de Europa, dirigida a los países miembros de fecha 16 de septiembre de 1986. La desjudicialización supondrá la reforma de la correspondiente legislación notarial, registral, funcionarial o la de otros agentes jurídicos, respecto de los que se produzca el traspaso de competencias, dado que parece procedente que en la futura Ley de Jurisdicción Voluntaria se regulen tan sólo las competencias que se mantienen en la órbita judicial y se remita a la legislación notarial y registral la regulación de las materias desjudicializadas.

En la modificación de la Ley Orgánica del Poder Judicial, por Ley de 23-12-2003, artículos 438,3 y 5 y 456,3 y 4, se prevé, por su parte, la competencia de los Secretarios Judiciales, en los actos de jurisdicción voluntaria cuyo conocimiento se les atribuya en las futuras leyes procesales, lo que supone asimismo un reconocimiento expreso de la competencia de estos profesionales del derecho en este ámbito, en la línea con lo previsto en el art. 290 de la LOPJ de 1985, que ya les atribuía las propuestas de autos definitivos en materia de jurisdicción voluntaria.

Se descargaría con todo ello de competencias a los jueces, que se atribuirían a estos funcionarios del derecho, que integran el órgano jurisdiccional, al menos a partir de la LOPJ de 1985, conforme a la opinión de una parte de la doctrina procesalística, cualificados por su preparación jurídica y por su dominio de la técnica procesal, que se encuentran en el momento actual, al decir de la mayoría de los estudiosos que se han pronunciado sobre la cuestión, infrautilizados en el marco de la Administración de Justicia, no obstante, la relevancia de las funciones que se les atribuyen en el marco de la Administración de Justicia: dación de fe, dación de cuenta, ordenación procesal y determinadas competencias en el ámbito de la ejecución.

El procedimiento podría consistir en reconocerles competencia para dictar decretos motivados, con hechos, fundamentos de derecho y fallo, en los asuntos que se les atribuyan, decretos motivados que serían recurribles ante el Juez en primera instancia. La utilización del término decreto supondría, por otra parte, la recuperación de la denominación de la resolución «*decretum*», con la que el magistrado romano concluía el procedimiento de jurisdicción voluntaria, así como la armonización con la terminología utilizada en la legislación alemana –el Rechtsfleger alemán, equiparable al Secretario Judicial español, concluye el procedimiento de jurisdicción voluntaria, mediante un decreto motivado–, y en la legislación italiana. En los asuntos de jurisdicción voluntaria cuyo conocimiento se mantenga en la exclusiva competencia de los jueces, podría atribuirse al secretario, la tramitación del expediente que debería en todo caso se estudiado y decidido por el juez en auto motivado.

Notarios y Registradores son al propio tiempo, profesionales privados del derecho y órganos de la Administración pública, titulares activos de las funciones públicas que les atribuye el Ordenamiento Jurídico, y responsables de las actuaciones desarrolladas en su ejercicio ante los órganos judiciales.

En relación con la atribución de competencias que, podrían ser transferidas al Notariado[5], cabe señalar que se hace imprescindible un amplio reconocimiento y atribución al Notariado de competencias desjudicializadas en este sector del Ordenamiento, en atención a la doble condición de los Notarios, de titulares de una

[5] Vid en este sentido Rodríguez Adrados, *Naturaleza jurídica del documento auténtico notarial*, RDN, XLI-XLII, jul-dcb. 1963, pp 71-183; Id., *Formación del instrumento público, validez, eficacia y libre circulación del negocio jurídico así documentado, incluso en las relaciones de Derecho Internacional Privado*, RDN, XCVII-XCVIII, jul-dcb 1977, pp. 109-38; Id., *La persistencia histórica de la oralidad en la escritura pública*, Madrid, 1996, pp. 177 ss.

función pública al servicio de los intereses generales, y de profesionales privados del derecho, lo que supondrá, por otra parte, la recuperación de un protagonismo en un ámbito, que ya les había sido reconocido por la historia, en atención al desempeño de funciones de autenticación, notificación, documentación, acreditación y ciertos supuestos de homologación y de fe pública extrajudicial, mera presencia o comprobación de hechos y garantía de derechos, en consonancia con la seguridad jurídica preventiva y la finalidad antilitigiosa de la actividad notarial, y que han hecho que el Notario actual, en palabras de Rodríguez Adrados, «no sea un mero fedatario público, sino que realiza un juicio de legalidad del acto en que interviene, cuidando que no sea contrario a las leyes ordinarias y a los presupuestos constitucionales, al propio tiempo que debe realizar un juicio de asesoramiento de los intervinientes».

La función notarial se ejerce, por otra parte, de forma independiente e imparcial, sin sometimiento a ordenación jerárquica, y su actuación, incluso en su función de dar fe pública, está sometida al control judicial. No constituye la actividad notarial un servicio público en su concepción administrativa, aunque si supone el ejercicio de un servicio público en cuanto a su función certificante y autorizante, en la medida en que se trata de una delegación parcial de la soberanía del Estado, que controla su recto ejercicio.

Cabe afirmar, en definitiva, en relación con este punto, que el reconocimiento de potestad decisoria a los Secretarios Judiciales en el ámbito de la JV, como reconocidos expertos en derecho procesal, y a su configuración como Cuerpo superior jurídico y único, de carácter nacional, al Servicio de la Administración de Justicia, y la amplia desjudicialización de competencias y su atribución a Notarios y Registradores, como profesionales de acreditada solvencia jurídica y titulares de un servicio público que ejercen por delegación del Estado, supone a una racionalización del sistema, una descarga de trabajo para los Jueces y una lógica ratificación de confianza en la idoneidad de estos operadores jurídicos en el desempeño de esta función, así como en la madurez de la sociedad civil.

No voy a entrar tampoco en este estudio, en el examen detallado de los procedimientos que, a mi juicio, especialmente en el campo del derecho de cosas y en el del tráfico mercantil de sociedades, cabría atribuir en esta materia, al otro relevante Cuerpo de Profesionales del Derecho, el de los Registradores de la Propiedad y Mercantiles, que en cuanto órganos de las Administración, que ejercen una potestad pública, a través del procedimiento registral, podrían asumir todos aquellos procedimientos que incardinados de manera especial, aunque no exclusiva, en el marco de los derechos reales, como la anotación preventiva del crédito refaccionario, o la rectificación de errores en los Asientos del Registro de la Propiedad y en el ámbito del derecho societario, como la convocatoria de juntas generales de sociedades anónimas, de responsabilidad limitada, o asambleas generales de cooperativas en determinados supuestos, o el nombramiento de interventores, liquidadores o auditores en situaciones concretas, tengan clara vocación registral.

Baste decir que, tanto en materia civil como en mercantil determinados procedimientos que se desjudicialicen pueden ser atribuidos con idéntica eficacia tanto a Notarios como a Registradores, que en los supuestos desjudicializados debe suprimirse toda huella procesal y de manifestación de imperio, y que es en sede de disposiciones finales de la futura Ley Jurisdicción Voluntaria, donde deben incluirse los supuestos que salen de la órbita judicial y en sede de la legislación hipotecaria, notarial y registral, donde debe residenciarse la regulación correspondiente.

4. ALGUNAS PROPUESTAS A TENER EN CUENTA A TENER EN CUENTA EN RELACIÓN CON EL TEXTO NORMATIVO APROBADO EN LA COMISIÓN DE JUSTICIA DEL CONGRESO DE LOS DIPUTADOS EN JUNIO DE 2007

1) La utilización de las expresiones <administradores del expediente> y <administración y gestión del expediente>, contenidas en el Proyecto de JV de 2006, podrían resultar apropiadas en referencia a la función propia de los Notarios y de los Registradores, pero aplicadas a Jueces y Secretarios Judiciales, obedece a una concepción administrativista de la JV que ha quedado por fortuna superada en el texto aprobado en sede de la Comisión de Justicia, por lo que sería deseable su sustitución por las expresiones: <operadores jurídicos competentes> y <tramitación del expediente>, en atención a su mayor tecnicismo y a su utilización usual en el lenguaje legislativo, así como en el propio de la doctrina y la jurisprudencia.

En este sentido se ha pronunciado el Consejo General del Poder Judicial en las págs. 34 y 35 de su Informe: <El Anteproyecto denomina "administrador del expediente" a las autoridades o funcionarios a los que la ley, ésta u otra, designe para conocer y resolver los expedientes de JV(art. 2.1), denominación que por ir asociada a la idea de gestión, se considera inadecuada, como se ha indicado, tanto referida a la actividad que se realiza, como, en particular, a la función judicial>, y pág. 20: <Lo que el Anteproyecto denomina administradores del expediente –parece que intentando encontrar una denominación genérica a todos ellos– constituye una denominación poco afortunada dado que los procedimientos de JV no son, en puridad, susceptibles de administración sino de tramitación y resolución…>.

2) En relación asimismo con la terminología cabe señalar q en materia de JV, en estricta técnica jurídica, la más adecuada, a mi juicio, se corresponde con la utilización de los vocablos acto, procedimiento y expediente. En puridad, previsto en la legislación sustantiva un acto de JV, y atribuida su titularidad a un Juez, Secretario Judicial, Notario o Registrador, se requiere, para la realización del derecho subjetivo

o interés legítimo que constituya su objeto, que se incoe un procedimiento a solicitud de persona legitimada o, en su caso, de oficio o a instancia del Ministerio Fiscal, si se trata de un procedimiento judicial, en el curso del cual se procederá a la tramitación de un expediente. La utilización abusiva en el Proyecto de Ley, del término expediente, con un carácter totalizador, que abarca de forma indistinta la perspectiva material y la procedimental, constituye un inapropiado reduccionismo lingüístico.

3) La coherencia conceptual exige que desde el propio artículo primero, en el que se atisba una especie de definición legal de JV, se prevea que la discordancia, previa entre los intervinientes o suscitada en la tramitación, se ventile en el propio curso del expediente, salvo que la ley disponga lo contrario. La reflexión expuesta, que pretende ser un ejercicio de realismo y de coherencia entre lo establecido en el art. 1 y lo previsto en el art.7 del Proyecto de 2006, a propósito de los efectos de la controversia, fue asimismo esgrimida por varios de los portavoces de los grupos parlamentarios, en el debate en la Comisión.

4) En relación con la legitimación, art. 3, habría que prever que el procedimiento pudiese ser incoado de oficio, o a instancia del Ministerio Fiscal, como sucede en múltiples supuestos. En el sentido apuntado se manifiesta el Dictamen del Consejo Fiscal, en el comentario de las Disposiciones Comunes <… sería conveniente incluir entre los sujetos legitimados al Ministerio Fiscal ya que, en ocasiones, el ordenamiento le encomienda la obligación de promover el expediente como, por ejemplo, en materia de tutela, ausencia o protección del patrimonio de las personas con discapacidad>.

En relación con el impulso de oficio por parte del Juez, con la finalidad de <ordenar la práctica de cuantas diligencias y actuaciones se estimen oportunas para asegurarse de la procedencia de lo solicitado o de cualquier extremo útil para la resolución del expediente>, cabe subrayar que debiera preverse, con carácter general, en todos los procedimientos con reserva jurisdiccional, en atención a la relevancia de su contenido, así en un procedimiento de declaración de ausencia o fallecimiento o de extracción de órganos y también en aquellos supuestos en los que la resolución del expediente afecte a menores o incapaces, aunque éste no sea de titularidad judicial, por ej. cuando en un expediente de dominio resulten afectados intereses de menores, incapaces o ausentes.

5) En relación con la litispendencia (identidad de objetos) referida a procedimientos sustanciados ante operadores jurídicos de diferente naturaleza, se produce un discutible cambio de regulación en relación con la previsión del Proyecto de otorgar prioridad al expediente que se hubiera iniciado con carácter previo, al establecer en el art. 2.2 que: <Cuando se tramiten simultáneamente ante administradores de diferente naturaleza dos o más expedientes con idéntico objeto y sujetos, proseguirá la tramitación del iniciado ante la Administración de Justicia, y se acordará el archivo de los otros expedientes incoados>.

6) En materia de días y horas hábiles, se vuelve a la previsión realizada en el art. 9 del texto del Anteproyecto de la Comisión de Codificación, que se atiene a lo previsto al efecto en la jurisdicción contenciosa, si bien, a mi juicio, debiera incorporarse una cláusula de estilo del tipo <salvo que la ley disponga lo contrario>, en atención a que el propio texto del Proyecto prevé la habilidad de todos los días y horas en materia de Derecho marítimo, art. 173, así como establece en el art. 13.1 que <Fuera de las horas de audiencia del Juez encargado del Registro Civil, y siempre que la urgencia del asunto lo requiera, le sustituirá el Juez de Instrucción que atienda el servicio de guardia>.

Cabría pues en materia de habilidad, volver al régimen general del art. 1812 de la LEC, cuando estén en juego intereses de menores o incapacitados, que no deberían ser objeto de una régimen menos privilegiado que el que se otorga al Derecho Marítimo, o al menos preverse el régimen general de todos los días y horas hábiles en determinados supuestos como: la restitución de menores en los supuestos de sustracción internacional, respecto del que si se dispone la preferencia en la tramitación del procedimiento, art. 68; la autorización para la intromisión legítima en el honor, intimidad o propia imagen del menor o incapacitado, arts. 78 y 79, o los casos de discordancia en el ejercicio de la patria potestad, que pueden afectar por ej. a la potestad de guarda o a la realización o no de una operación o de una transfusión de sangre, al menor o incapaz, arts. 100 ss.

7) En materia de recursos cabe señalar que el reforzamiento del principio de audiencia, de oficio o a instancia de los interesados, implica la posibilidad de que se produzca discordia, discrepancia, contraposición, controversia, contradicción, en suma, entre los intervinientes, y que una vez tramitada y resuelta la contradicción, el recurso contra la resolución, es decir, la doble instancia, parece inherente al procedimiento judicial. La no admisión de los recursos tiene sentido en un procedimiento sin contradicción, de ejercicio pacífico de los derechos, pero supone un menoscabo de la seguridad jurídica y de la tutela judicial efectiva, en un procedimiento en el que se admite la posibilidad de controversia y oposición, salvo que la ley disponga lo contrario.

Como fue subrayado por el Decano del Colegio de Abogados de Madrid, Luis Martí, en su intervención <... Un diseño que dice que lo nuclear es el verbal tiene contradicción... y si no hay recursos es algo a corregir. El recurso no es un elemento de dilación, se interpone dentro de plazo o no existe, y lo que tarda es la resolución y no el recurso... Así que si conseguimos que el recurso en esta materia se haga pronto por quien lo tiene que hacer, ya no hay dilación y ahorraría el pleito principal en muchas ocasiones. Además si el recurso se pone quiere decir que la parte que lo interpone está conforme en estar en jurisdicción voluntaria...>. La posición favorable del propio Presidente del Colegio Nacional de Secretarios Judiciales, Antonio Dorado, en su intervención parlamentaria y del Secretario judicial Seoane Caharrón en recientes estudios publicados sobre la JV, a que se articule un recurso contra el decreto del Secretario, por el que resuelve en un procedimiento de su competencia, es una buena muestra de la responsabilidad con la que los operadores jurídicos se posicionan ante el texto legal.

En el sentido expresado, y de conformidad con la filosofía de las intervenciones de los comparecientes, que resultaron unánimes en este punto, se ha aprobado la razonable enmienda 109 del Grupo Parlamentario Mixto, que se recoge en el art. 26, conforme al que se reintroduce la previsión de recurso.

8) En materia de asistencia técnica y de representación procesal, han sido asimismo unánimes en su filosofía las intervenciones de los comparecientes ante la Comisión de Justicia, en el sentido de resaltar que la intervención de abogados y procuradores siempre han servido para reforzar las garantías del procedimiento, la seguridad jurídica y, en consecuencia, la tutela judicial efectiva.

No resulta justificado, a mi juicio, el radical cambio de criterio legislativo en este punto del Proyecto de JV de 2006, respecto del AJV elaborado en la CGC, consistente en suprimir la intervención preceptiva de abogado. La propensión a equiparar o aproximar, también en este aspecto, procedimientos de JV de distinta naturaleza y atribuidos a distintos titulares de competencia, en aras de la simplificación, de la disminución de formalidades y del coste del expediente, puede suponer, sin embargo, en determinados supuestos, una regresión en el reforzamiento de las garantías de los intervinientes.

En el A. de 2005, la representación de los interesados en el procedimiento se había regulado con un criterio análogo a la regulación vigente. El interesado debía ser dirigido por abogado, salvo en casos de conciliación, expedientes de cuantía inferior a dos mil cuatrocientos euros, para presentar la solicitud en expedientes que tengan por objeto la adopción de medidas urgentes o que deban instarse en plazo perentorio, expedientes de reconocimiento de filiación extramatrimonial, y para la intervención de los interesados, distintos del solicitante, siempre que no tenga por objeto formular oposición.

Pues bien, el reforzamiento en el PL de los principios de audiencia, dispositivo y aportación de parte, la atenuación del dirigismo judicial, la posibilidad de la práctica de todo tipo de pruebas, lo que redundará en una superación de la verosimilitud a la que se encuentran abocadas, en ocasiones, las tradicionales informaciones, acreditaciones y justificaciones, previstas en la regulación vigente, unido todo ello al reconocimiento expreso de la posibilidad de contradicción y de recursos, en los procedimientos en los que se vean afectados intereses de menores o incapaces, al propio tiempo que supondrá una mejora en las garantías de los intervinientes y en la dialéctica entre los solicitantes, interesados –en especial en aquellos supuestos en que se manifieste un interés contrario o divergente del solicitante– o terceros no interesados, implicará, en determinados procedimientos, una mayor dificultad y complejidad procesal.

Por otra parte, la trascendencia económica, en ocasiones, de los intereses en juego, la necesidad de razonar con criterios de lógica jurídica la utilidad o conveniencia de adoptar una u otra toma de postura, en otras vicisitudes, la proposición o práctica de pruebas, o bien las propias tensiones que generan las controversias en el ejercicio de la patria potestad, las relaciones de menores con el progenitor que no sea titular de la patria potestad o con parientes o allegados, o las divergencias relativas a la administración de los bienes de menores o incapaces o en la administración de bienes gananciales en el seno de la comunidad conyugal etc., parecen razones suficientes para que se reflexione sobre este punto, al efecto de distinguir entre aquellos supuestos en los que la previsible ausencia de dificultad técnica no hace necesaria o conveniente la preceptiva asistencia letrada, y aquellos otros en los que la posibilidad de contradicción o recursos prevista en los propios procedimientos, como sucede en los casos de menores o incapacitados o la existencia de una discrepancia o contradicción atenuada a priori, lo que tiene lugar en los procedimientos en materia de familia, hacen aconsejable la obligada intervención de un abogado.

Parece aconsejable, en todo caso, el establecimiento de la preceptiva intervención de abogado y la representación procesal por procurador, con carácter general, en todos aquellos procedimientos cuya titularidad se atribuya a los Jueces. En relación con el carácter preceptivo de la intervención de abogado se pronunció la Decana del Colegio de Abogados del Ilustre Colegio de Abogados de Barcelona, en su comparecencia parlamentaria de mayo de 2007, en relación con el Proyecto de JV.

Cabría asimismo plantearse en qué medida resultaría apropiada el carácter preceptivo de la asistencia técnica de abogado y de representación por procurador, en procedimientos tramitados ante los S.J. que pueden revestir una especial complejidad, como los expedientes de dominio y de liberación de cargas y gravámenes, la fijación del plazo para el cumplimiento de las obligaciones, el albaceazgo, o la liquidación de averías.

Parece asimismo razonable argumentar que en atención a lo establecido en el art. 22 del Proyecto de JV: <La comparecencia se sustanciará por los trámites del juicio verbal con las siguientes especialidades…>, resultase preceptiva la intervención de abogado y procurador, conforme al criterio establecido al efecto para el juicio verbal, en los arts. 23 ss LEC, en materia de primera instancia y apelación.

9) La regulación legal de la cosa juzgada no resulta satisfactoria, dado que la dicción legal puede dar lugar a confusión. En el ámbito de la cosa juzgada formal, parece claro que las resoluciones, dictadas en todo tipo de procesos y procedimientos, que devengan firmes resultan inimpugnables, por lo que producen efectos de cosa juzgada formal, a ello se refiere el art. 207 LEC cuando afirma que <transcurridos los plazos previstos para recurrir una resolución sin haberla impugnado, quedará firme y pasada en autoridad de cosa juzgada…>, lo que no obsta, para iniciar un proceso

contencioso, con independencia de que hayan variado o no los sujetos, el objeto o las circunstancias o presupuestos propios del procedimiento voluntario precedente y sin que ello deba entenderse, en modo alguno, como una impugnación de la resolución dictada en el marco de la JV.

Sucede, sin embargo, que el art. 25.2, puede generar confusión y cabe interpretar que entra en contradicción con el art. 2.2, al negar efectos de cosa juzgada al auto del Juez y al decreto del Secretario y no distinguir entre cosa juzgada formal, que sí se produce respecto de las resoluciones firmes en el marco de la JV, y cosa juzgada material, que asimismo se produce, a mi juicio, en su efecto negativo, en el ámbito de la propia JV, cuando se afirma en el propio art. 2. 2 que <Resuelto un expediente de JV. Por cualquier administrador, no podrá iniciarse otro expediente sobre idéntico objeto y entre los mismos interesados>, y no se produce, por el contrario, en su efecto negativo, fuera del ámbito de la propia jv., lo que se prevé en el art. 2.3, al disponerse que: <La resolución de un expediente de JV no impedirá la incoación de un proceso judicial con el mismo objeto>.

En definitiva, las resoluciones de JV no comportan efectos de cosa juzgada material fuera del ámbito de la propia JV, pero sí en este ámbito., en sus efectos negativo y positivo. Cabría afirmar, por su parte, en relación con éste último, que cualquier órgano jurisdiccional quedará vinculado en cualquier proceso o procedimiento, y ello encajaría en el denominado efecto positivo de la cosa juzgada material, por el contenido dispositivo de la resolución adoptada en el expediente de JV, siempre que ésta no se cuestione en un proceso ordinario, en cuyo caso el juez no estará vinculado, en medida alguna, por lo decidido en el procedimiento de JV.

Negar efectos de cosa juzgada material a la jurisdicción voluntaria, en su propio marco, introduciría a mi juicio, una peligrosa variable, que sólo generaría inseguridad jurídica a los justiciables y al propio funcionamiento de la Administración de Justicia. Por decirlo con palabras utilizadas por el Fiscal del Tribunal Supremo, Paz Rubio, en su comparecencia ante la Comisión de Justicia, en trámite de asesoramiento del Proyecto de JV: <Estos expedientes producen efecto de cosa juzgada formal porque no se pueden impugnar en el mismo proceso y producen efecto de cosa juzgada material en otro expediente de jurisdicción voluntaria, no en un proceso contencioso posterior pero sí en otro de jurisdicción voluntaria y si se ha resuelto no lo vamos a resolver otra vez, aunque la materia de familia es susceptible de otra modificación>.

Mi propuesta sería que el texto del art. 25.2, referido a la cosa juzgada en la JV, quedase redactado del siguiente tenor: <Cuando el operador jurídico competente sea un Juez resolverá el expediente mediante auto, que no tendrá efectos de cosa juzgada material, fuera del ámbito de la jurisdicción voluntaria.

Si el operador jurídico competente es un Secretario Judicial, lo resolverá mediante decreto, que también carecerá de efectos de cosa juzgada material, fuera del ámbito de la jurisdicción voluntaria>.

10) En relación con los procedimientos que, a mi juicio, podrían ser objeto de inclusión específica en el texto de la futura Ley de JV, aludiré a a) las propuestas del Cermi, b) A la enmienda 64 de Convergencia i Unió, de inclusión de un nuevo capítulo al Título IV, en materia de Personas, bajo la rúbrica <Del procedimiento para la autorización biológica de la filiación, paternidad o maternidad>, y c) A supuestos que incluidos en la LEC, podrían ser trasladados a la futura Ley de JV, en atención a su naturaleza voluntaria.

Desde el sector de la discapacidad, representado por el CERMI, Comité español de representantes de personas con discapacidad, se ha solicitado que: 1) Se articule el procedimiento de JV previsto en el art. 156 del Código Penal, relativo a la autorización judicial de la persona incapaz que adolezca de grave deficiencia psíquica; 2) Se regule la autorización judicial para imponer tratamiento médico forzoso a los enfermos psíquicos y 3) Se valore la conveniencia de que la autorización judicial para el internamiento de personas que padecen trastornos psíquicos, se tramite a través de un procedimiento de JV.

La segunda propuesta del Cermi, que había sido ya asumida en una Proposición de Ley presentada por Convergencia y Unió en 2005 y articulada como procedimiento específico en el Proyecto de Ley, quedó sin efecto al aprobarse una enmienda de supresión del capítulo por el que se había procedido a su regulación. Ahora bien, a mi juicio, la intervención de los representantes del Cermi en la Comisión, así como la posición favorable de varios Portavoces y Comparecientes, con especial referencia por su significación en este Procedimiento, del Fiscal Jefe de la Sala Primera del TS, deberían ser objeto de una nueva valoración.

Las consideraciones, al efecto, atinentes a que se trata de una alternativa, en muchas ocasiones, a una incapacitación, o a un internamiento no voluntario, creo que no han sido suficientemente desvirtuadas por los argumentos en sentido contrario. Se trata de que un acto sanitario como es el tratamiento o el periodo de observación de una persona que no tiene conciencia clara de su enfermedad, pero no hasta el punto de requerir una incapacitación o un internamiento, se articule en un procedimiento con todas las garantías. El problema no está resuelto y los afectados están de acuerdo en la conveniencia y urgencia de la medida. Quizás la ausencia de los preceptivos Dictámenes del Consejo Fiscal y del Consejo General del Poder Judicial, sí deba considerarse una objeción relevante a la articulación del procedimiento en el Texto de referencia.

La tercera propuesta es un claro reflejo del carácter variable y fluido entre ambas esferas de la legislación, manifestado en instituciones como los alimentos provisionales, la incapacitación por locura o el internamiento de personas con trastornos psíquicos que se tramitaron por medio de procedimientos de JV antes de pasar a la esfera contenciosa.

En el supuesto del internamiento, el trasvase se materializó con su inclusión en la LEC 2000. Ahora bien, configurado el Procedimiento de JV con todas las garantías propias de la tutela judicial efectiva, establecida su efectiva aplicación a supuestos en que estén en juego intereses de menores e incapaces, hasta el límite incluso de no proceder al trasvase de la esterilización de persona incapacitada al marco de la Jurisdicción contenciosa, con mayor razón debería considerarse de naturaleza voluntaria el internamiento, lo que redundaría por otra parte en una mayor armonización del sistema.

Parece razonable, asimismo, que si se decide, como así parece, mantener la esterilización prevista en el art. 156.2 del C. Penal en el marco de la JV, sería conveniente proceder a la articulación del procedimiento singularizado, en atención a sus específicas particularidades. Es por todo ello que, a mi juicio, sería un acierto que se valorase en sentido positivo su regulación por el Senado.

La propuesta sobre <Investigación biológica de la filiación, paternidad o maternidad> de Convergencia i Unió, está articulada con todas las garantías, pretende llenar un vacío legal sobre una cuestión de creciente trascendencia social, y tiene un entronque claro, entre otros preceptos constitucionales, en el art. 39.2 CE, conforme al cual: <La Ley posibilitará la investigación de la paternidad>.

Habría que tener en cuenta, finalmente, a los efectos de su posible trasvase a la Ley de JV, que en la LEC se regulan bajo la denominación de procesos, supuestos sin contradicción de voluntades y de clara naturaleza voluntaria, así sucede por ejemplo: en los denominados procesos matrimoniales de separación o divorcio por mutuo consenso; en las demandas en solicitud de eficacia civil, de las resoluciones de Tribunales eclesiásticos sobre nulidad de matrimonio canónico y de las decisiones pontificias sobre matrimonio rato y no consumado, siempre que no se solicite la adopción o la modificación de las medidas establecidas; o en las demandas en juicio verbal en las que se pretende que el Tribunal ponga en posesión de bienes a quien los hubiere adquirido por herencia si no estuvieren siendo poseídos por nadie a título de dueño o usufructuario. Se contempla en este último supuesto el tradicional interdicto de adquirir la posesión, expresión que ha sido suprimida por la LEC, no obstante, el mantenimiento, en otras ocasiones, de términos, principios, reglas y criterios de perenne valor, acuñados por la tradición jurídica y acogidos en las leyes procesales civiles de otros países de nuestra misma área cultural, conforme se afirma, con acierto, en la precisa y afortunada Exposición de Motivos de la Ley Procesal Civil.

Se incluyen de igual modo en la LEC, en atención a motivaciones diversas, instituciones que tienen una naturaleza básicamente de jurisdicción voluntaria, así sucede en relación con las previsiones legislativas referidas a: diligencias preliminares, o a las medidas provisionales previas a las demandas de nulidad, separación o divorcio. En ambos casos, sin embargo, quizás convenga mantener su regulación en sede de la LEC, por razón de sistemática respecto a la regulación de las actuaciones subsiguientes.

5) EL PROTAGONISMO HISTÓRICO DEL NOTARIADO EN MATERIA DE JURISDICCIÓN VOLUNTARIA

A lo largo de los siglos IX al XII, en todos los países europeos y singularmente en Inglaterra, Francia, Alemania en Inglaterra, así como en España a partir del siglo XIII, se produce una evolución jurídica consistente en que una parte importante de las actuaciones negociales de JV se realizaban ante los notarios que estaban adscritos a los tribunales tanto laicos, como eclesiásticos. De forma especial, a partir del siglo XII, el conocimiento y resolución de una parte importante de supuestos de JV que se sustanciaban ante los jueces se atribuyó a los Notarios, que se configuran como el órgano por excelencia de la JV en la Europa del Medioevo.

Como ha sido subrayado por Rodriguez Adrados, con anterioridad a la Ley del Notariado de 1862 estaban unidas la fe pública judicial y extrajudicial, y las funciones de documentación propias de los escribanos de los juzgados estaban consideradas como actos de JV. Con la entrada en vigor de la Ley de 1862, se atribuye la fe pública judicial a los Secretarios Judiciales y la fe pública extrajudicial a los Notarios, y se reconoce a estos últimos la función de dar fe de los contratos y demás actos extrajudiciales, pero no se desgajan del ámbito judicial las funciones de documentación, declaración derechos y mera presencia, que desempeñaban los escribanos con anterioridad a la Ley de 1862.

Por otra parte, en el mismo siglo XIX, la Ley Hipotecaria de 1861, configura el actual Registro de la Propiedad y el cuerpo de Registradores de la Propiedad sobre la base de las antiguas contadurías de hipotecas, con la finalidad de proteger a los titulares de derechos inscritos, asentar el sistema hipotecario y agilizar el tráfico jurídico inmobiliario, La Ley Orgánica del Poder Judicial de 1870 configura con carácter independiente el cuerpo nacional de Secretarios judiciales, y las dos leyes de enjuiciamiento civil promulgadas, dedican la de 1855, el segundo de sus dos libros a la JV, y la de 1881, el primero de sus tres libros a Disposiciones comunes a la JC y a la JV, el segundo a la JC, y el tercero, todavía vigente, a la JV.

Pues bien, la previsible atribución al Notariado de diversas competencias actualmente de titularidad judicial y, en su caso, la posibilidad que se reconocería a los justiciables para acudir de forma opcional a la actuación notarial, entre uno de los varios operadores jurídicos posibles, en determinadas materias, supondría, en definitiva, no sólo devolver a estos funcionarios públicos y profesionales del derecho, un protagonismo en esta materia que ya les había sido atribuido por la historia, sino también el reconocimiento de unas competencias cuyo ejercicio les corresponden por su propia naturaleza, en atención al desempeño de funciones de autenticación, notificación, documentación y garantía de derechos, lo que hace que el notario actual, en palabras de Rodríguez Adrados, no sea un mero fedatario público, sino que ejerce un oficio público en cuanto a su función certificante y autorizante, al propio tiempo que realiza un juicio de legalidad del acto en que interviene y de asesoramiento de los intervinientes, con sometimiento al control o revisión judicial.

Si regulada la alternatividad, como parece probable, si nos atenemos a las posiciones de los grupos parlamentarios en el debate y aprobación de las enmiendas al respecto en la tramitación del Proyecto de Ley de JV, el justiciable podrá acudir a un Secretario Judicial en atención, a la gratuidad de la Justicia, a la tradicional seguridad que puede proporcionarle al justiciable la actuación ante la Administración de Justicia, o a otras circunstancias, o podrá optar, en los casos previstos, por requerir la prestación del servicio a una Notaría o a un Registro Público, una vez valorado que la satisfacción del arancel fijado por el Gobierno por la prestación del servicio público solicitado, le compensa, por ejemplo, en términos de proximidad, especialidad o celeridad en la resolución del asunto.

A mi juicio, valores como la confianza, la profesionalidad, la cualificación jurídica y la seguridad jurídica son predicables, en los tiempos actuales, al propio tiempo de los Secretarios Judiciales, de los Notarios y de los Registradores.

La seguridad jurídica, proclamada en el art.9.3 CE,, es la suma de legalidad y certeza, según subraya de forma reiterada el Tribunal Constitucional. Por su parte, Delgado Echevarría destaca que el art 149.1.8 CE, al atribuir la competencia exclusiva al Estado sobre la ordenación de los instrumentos públicos lleva al plano constitucional la institución del Notariado, a través de su más objetivo producto como es el instrumento público. A su vez, la esencia de la función notarial, y del documento público notarial, por medio del cual el Estado cumple el deber de garantizar la seguridad jurídica, se contiene en los artículos 1, 17bis y 24 de la Ley del Notariado, art. 1 del Reglamento Notarial, art. 1218 del CC, y art 319 LEC[6].

Conviene asimismo apuntar que la decisión del justiciable de acudir a un operador jurídico distinto del órgano judicial supone, por otra parte, un ahorro de costes para la Administración de Justicia, y que el modelo se seguridad jurídica preventiva o extrajudicial existente, notarial y registral, es una referencia para países emergentes y desarrollados europeos y de otras latitudes[7].

---

6 Vid. al respecto en Campo Guerri, La competencia notarial en asuntos no contenciosos. Revista Jurídica del Notariado. N. extraordinario 2010, pp. 517-641.

7 Sobre actividad y función notarial, en especial, en relación con las personas con discapacidad, vid. en Castro-Girona, La convención de los derechos de las personas con discapacidad y la actuación notarial: el notario "*ombudsman* social, Ediar, Buenos Aires 2011, pp. 451- 476.

6) ESPECIAL REFERENCIA A LAS COMPETENCIAS SUSCEPTIBLES DE SER ATRIBUIDAS AL NOTARIADO

En relación con la asignación de competencias específicas relacionadas con el Notariado en el Proyecto de Ley de 2006, aprobado en el Congreso de los Diputados y retirado en el Senado, procederé a reiterar, con alguna mínima adición y revisión, lo que ya he escrito en ésta y otras sedes al respecto, que coincide, en la mayor parte de los casos, con lo aprobado en sede parlamentaria.

Las competencias compartidas podrían conformarse:

A) Entre Secretarios Judiciales y Notarios:

1. Deslinde y amojonamiento.

2. Consignación. Sería competencia del Notario declarar, en su caso, bien hecha la consignación, es decir, cumplidos los requisitos de identidad e integridad de la prestación, y sería el Secretario quien podrá declarar cancelada la obligación, conforme a la previsión del Proyecto.

3. Declaración de herederos abintestato, de cualquier grado y condición.

Debe, a mi juicio, subrayarse, no obstante, que la disposición de la Ley 10/1992, de30 de abril, de Medidas Urgentes de la Reforma Procesal, que modificó el art. 979 de la LEC de 1881, para atribuir a los Notarios, en sustitución de los Jueces, la mencionada competencia exclusiva, ha resultado un acierto, en atención a casi nula conflictividad producida al respecto desde su entrada en vigor.

4. Presentación, adveración, apertura y protocolización de testamentos cerrados.

5. Presentación, adveración y protocolización de testamentos ológrafos.

6. Presentación, adveración y protocolización de testamentos otorgados en forma oral.

7. Albaceazgo: la no aceptación o renuncia del albacea en el caso de que éste acepte perder lo que le hubiese dejado el testador, conforme al artículo 900 CC.

8. Depósitos en materia mercantil y en transporte marítimo.

El Proyecto de JV atribuye asimismo al Notariado, en la Disposición Adicional segunda, ocho procedimientos de derecho hipotecario y dos de derecho mercantil, con competencia compartida con los Secretarios Judiciales, en todos los casos, y con los Registradores en determinados supuestos. En relación con estos procedimientos previstos en la D.A. 2ª, se ha pronunciado José María de Prada, alguna de cuyas reflexiones, que suscribo en todos sus extremos, son las que siguen:

9. Nota marginal de doble inmatriculación. Conforme al artículo 313.2 de la LH, el titular inscrito de cualquier derecho real sobre una finca puede acudir al Juez –con la reforma sería al Secretario Judicial o al Notario– a fin de solicitar que se proceda a la realización de una nota marginal advirtiendo de la posible doble inmatriculación.

10. Procedimiento para completar las circunstancias de los títulos para practicar anotaciones preventivas, conforme al artículo 74 LH. Opina De Prada que si hay acuerdo entre los interesados el Notario podrá ordenar la anotación, pero es dudoso que pueda hacerlo si el otro interesado, como será lo normal, se oponga.

11,12,13- Anotaciones preventivas de legado, de derecho hereditario y de crédito refaccionario: entiende De Prada que si las parte están de acuerdo no parece que haya obstáculos para la intervención notarial, pero si hay controversia o se trata de interesados desconocidos repugna un poco a la esencia de la función notarial que pueda el notario por sí, y aunque sea previo un expediente, ordenar la realización de estas actuaciones.

14- Formación de inventario en garantía de bienes reservables. Observa De Prada que la intervención del notario consistiría en recoger la constancia del carácter reservable de los bienes.

15, 16. En los procedimientos de reconocimiento y depósito cautelar previsto en el art. 367 C.Co y de reconocimiento de efectos mercantiles previstos en los artículos 327, 336, y 366 del C.Co, la actuación notarial encajaría en el acta de presencia para constatar las deficiencias en las mercaderías vendidas o transportadas.

B) Entre Secretarios Judiciales, Notarios y Registradores de la Propiedad o Mercantiles, en determinados expedientes en los que los ciudadanos podrían optar por solicitar la tramitación del expediente ante cualquiera de los tres operadores jurídicos, como podría acordarse en:

1. El expediente de dominio. En relación con la competencia notarial, debería reconocerse la inmatriculación mediante acta de notoriedad y suprimirse la intervención judicial homologadora de la decisión del Notario, en los supuestos de actas notariales de notoriedad para reanudar el tracto sucesivo o registrar los excesos de cabida, por suponer una desnaturalización de la función notarial y una desconfianza hacia su actuación que no parece tener ningún fundamento ni razón de ser. Al expediente de dominio se dedicó una de las partes de una reciente conferencia pronunciada, en este Ilustre Colegio, por el notario José Antonio García Vila.

2. El expediente de liberación de gravámenes.

3. La exhibición de libros de las personas obligadas a llevar la contabilidad.

4. La constitución y régimen interno del sindicato de obligacionistas de personas jurídicas que no sean sociedades anónimas.

5. La nota marginal de doble inmatriculación.

6. El Procedimiento para completar las circunstancias de los títulos para practicar anotaciones preventivas.

La temática sucesoria en el Anteproyecto de 2005 y en el Proyecto de Ley de 2006, ha sido estudiada con detalle, por José María De Prada y Juan José Marín. Asimismo se han ocupado, entre otros autores, de estudiar en relación con el Notariado, las propuestas de ambos textos legislativos, los notarios Rodriguez Adrados, De Prada, Gómez-Ferrer, García Vila y Campo Guerri.

En relación con la atribución de otras posibles competencias compartidas entre Secretarios Judiciales y Notarios, no previstas en el Proyecto de JV, cabría mencionar, a mi juicio, las siguientes:

1. La presencia y documentación que requiere un matrimonio civil, es una función propia de la labor del Notario y del Secretario Judicial.

2. La separación y divorcio por mutuo consenso, podría asimismo formalizarse ante Notario o Secretario judicial, salvo la aprobación del convenio regulador, en los casos de existencia de menores de edad o incapacitados, que deberá ser aprobado por el Juez.

3. En las uniones de hecho podría regularse la función acreditadora y documentadora del Notario respecto a la existencia real de la convivencia y al tiempo de relación previo a tal acto de constatación.

4. En materia de adopción de mayores de edad y de menores emancipados.

5. La reconciliación que el art. 84 del CC. exige que los cónyuges pongan en conocimiento del Juez, a fin de poner término al procedimiento de separación y dejar sin efecto ulterior lo en él resuelto, podría acreditarse mediante acta notarial.

6. La formalización de inventarios prevista en diversos textos del Código Civil y Ley de Enjuiciamiento Civil y atribuida al Juez, encaja mejor en la función propia de los Notarios y Secretarios Judiciales. Al efecto, en el Anteproyecto de 2005 se había regulado en el artículo 15, ubicado en sede de procedimiento general, la práctica del inventario de bienes.

7. La posesión judicial de bienes a favor de quienes los hubieren adquirido por herencia, si no estuvieren siendo poseídos por nadie a título de dueño o usufructuario –es decir, el tradicional interdicto de adquirir la posesión, conforme a la denominación clásica, sustituida en el art. 250.3 LEC– podría atribuirse al Notariado y a los Secretarios Judiciales, como expediente de JV.

8. La posesión judicial en los casos en que no proceda el interdicto de adquirir, que conforme a la previsión del Proyecto, pasaría a la competencia de los Secretarios

Judiciales, art. 13.3, es asimismo materia cuyo conocimiento y resolución debería atribuirse, de forma compartida, a Notarios y Secretarios Judiciales.

9. Las subastas judiciales no ejecutivas, atribuidas en el Proyecto de JV en exclusiva a los Secretarios Judiciales, constituyen asimismo, a mi juicio, actuaciones propias de la función notarial, al igual que ya sucede respecto a la realización extrajudicial ejecutiva de bienes de naturaleza diversa, por lo que convendría establecer su carácter de expediente compartido por ambos operadores jurídicos. Se trataría con ello de atenerse a lo previsto en el Anteproyecto de 2005, art. 171.3 que establecía que salvo que la Ley o el tribunal que la hayan ordenado expresamente dispongan lo contrario, los interesados podrán instar la enajenación en subasta notarial.

En relación con este punto, quiero destacar la opinión de Serrano de Nicolás, referente a la dudosa legalidad de la actual regulación del procedimiento de ejecución notarial hipotecaria. Conforme opina este Autor, la futura Ley de JV, es la sede adecuada para articular la regulación de la realización extrajudicial, como venta, o como pacto marciano, al igual que sucede en la legislación francesa, dado que la previsión reglamentaria actual, en puridad, no es una venta, ni judicial ni extrajudicial, y carece de amparo de legal[8].

10. La protocolización de memorias testamentarias, en los derechos civiles especiales en los que exista como institución propia.

11. La manifestación del heredero, que se hubiese reservado el derecho de deliberar, relativa a la aceptación o el repudio de la herencia, a la que se refiere el art. 1019 CC, deberá realizarse ante el Secretario Judicial, y debería preverse asimismo la competencia notarial.

12. Los testamentos militar y marítimo, arts. 716 a 721 y 722 a 731 CC, o determinadas manifestaciones testamentarias de Derecho Civil de Comunidades Autónomas, en los que no ha intervenido el Notario, requieren la acreditación de su autenticidad y la comprobación del cumplimiento de los requisitos y formalidades legales, lo que constituye una función propia de la actuación notarial. Lo mismo cabría afirmar del testamento realizado en peligro de muerte inminente, en tiempo de epidemia, arts. 700 a 704 CC, o en caso de naufragio, art. 731 CC, en los que la actuación consistente en autenticar, calificar y documentar las afirmaciones de los testigos, constituyen una función propia de la actuación notarial, como sucede, en general, en una materia, como la testamentaria, esencialmente notarial desde el originario derecho romano, en el que tabeliones eran juristas prácticos especializados en testamentos y contratos.

---

[8] Vid. al respecto en Serrano de Nicolás, La ineficient execució hipotecària, n.2/2011, junio 2011, pp. 3-4, y en La admisión del pacto comisorio como alternativa a la ineficiente subasta hipotecaria (judicial o notarial) El Notario del siglo XXI, N. 21, 2008, pp. 130-135.

13. El procedimiento de protesta de mar e incidencias de viaje, en cuanto que se trata de un acto de documentación y presencia, propio de la función notarial.

14. La apertura de escotillas, que cabe documentar mediante un acta de presencia notarial.

A los supuestos mencionados añadiría, después de la lectura del valioso documento de trabajo sobre desjudicialización en el ámbito civil elaborado, en el año 2010, por una Comisión constituida en el seno del Departament de Justicia de la Generalitat de Catalunya[9], las propuestas que siguen:

— La división de cosa común, por disolución de matrimonio o por herencia, si no hay conflicto entre los interesados, podría realizarse por vía notarial, buscando la autocomposición. Habitualmente, los condóminos no se oponen a la división, sino que sólo quieren asegurar el mejor precio o buscan la adjudicación a uno de los copropietarios. Por otra parte, conforme se subraya en el documento, el Código Civil Catalán establece criterios claros para la división y en muchas ocasiones se produce una reducción importante del valor de los bienes por el ejercicio de la actio communi dividundo en sede judicial y la vía notarial puede asegurar una mejor realización, en la línea seguida por el Código catalán.

  En el caso de división de la herencia, prevista en el artículo 782 LEC, si no hay menores o personas incapacitadas, debería preverse, en consecuencia, como suficiente, la vía notarial. En este punto, me parece especialmente oportuno lo escrito por Ángel Serrano en el sentido de que para solucionar los problemas que en ocasiones se producen en las particiones de herencias, una de las posibles vías de solución consistiría en insertar en los testamentos una cláusula en la que se someta a arbitraje del notario la resolución de las posibles discrepancias entre los herederos[10].

— El requerimiento de pago, por vía notarial, en el juicio monitorio, conforme a la recomendación de los Presidentes de los Tribunales Superiores de Justicia, en su reunión de noviembre de 2009.

— El expediente de pérdida de letra de cambio, como procedimiento de fijación jurídica propio de la función notarial.

— La declaración notarial de herederos abintestato extensible a los colaterales y a la respectiva Comunidad Autónoma, de no existir parientes dentro del cuarto grado, con asistencia letrada, en su caso, de al menos un mismo abogado para todos los interesados.

---

[9] Vid. el Documento en Revista La Notaria, Col-legi de Notaris de Catalunya, n.2/2010, pp.30-52.

[10] Serrano de Nicolás, Intervención en el Colegio Notarial de Jalisco en 2004. Podium Notarial, pp.245-251, www.juridicas.unam.mx

— La conclusión del contrato de arrendamiento con abandono del domicilio por parte del arrendatario, no supone ningún conflicto dado que deriva de la renuncia del arrendatario. Este hecho puede comportar la entrega de llaves, la devolución de la fianza o la devolución de la posesión sin intervención judicial, sino por vía notarial, por la que puede acreditarse mediante el correspondiente acta notarial de entrega, exhibición, presencia etc., las correspondientes actuaciones, relacionadas con la finca. Se trataría, en definitiva, de acreditar la entrega de posesión de bienes inmuebles o, en su caso, de bienes muebles, sin que exista contradicción, ni haya sido necesario el uso de la fuerza pública para el desahucio.

En relación, con carácter general, con el procedimiento notarial, cabe señalar que el Decano del Ilustre Colegio de Abogados de Girona, Salvador Capdevila y Bas, en su intervención ante la Comisión de Justicia del Congreso, en mayo de 2007, manifestó, en relación con los recursos, que existe el riesgo de que el procedimiento judicial que se articule en el futuro, –en los casos en los que la competencia se atribuya al Secretario Judicial, se entiende, dado que la competencia judicial es exclusiva– sea más riguroso q el procedimiento notarial o registral previsto para el mismo supuesto.

En opinión de Capdevila y Bas, dado que lo razonable es que, en el procedimiento judicial, el auto del juez sea recurrible en apelación y el decreto del Secretario Judicial lo sea mediante recurso de revisión ante el juez y el auto de éste lo vuelva a ser en apelación, con lo q la doble instancia con lo que ello supone de reforzamiento de las garantías procesales y de la tutela judicial efectiva, quedaría asegurada en sede judicial, habría que plantearse la posibilidad de prever el recurso gubernativo ante la DGRN, en los supuestos de JV desjudicializados, o bien ante los problemas de legalidad que ello pudiese plantear, prever el recurso o la revisión de la decisión del Notario o Registrador, de manera directa ante la autoridad judicial.

En la misma línea de reforzamiento de garantías del futuro procedimiento notarial y registral se ha manifestado Ramos Méndez al subrayar que en cualquier hipótesis que se desjudicialice y puedan identificarse intereses contrapuestos, habrá que mantener y respetarlos principios de audiencia y contradicción a fin de facilitar la decisión del operador jurídico competente.

Ante la ausencia de regulación en este punto, opina Campo Güerri que habrá que decidir si el instrumento público a autorizar es una escritura o un acta, si bien el cauce formal más habitual será el acta y dentro de éstas, la de notoriedad, prevista, entre otros, en el artículo 209 del Reglamento Notarial.

Si la oposición se plantea en el expediente tramitado por el notario distingue Campo Güerri, de acuerdo con lo previsto en el artículo 209 RH, entre aquellos supuestos en que la contienda tiene carácter jurídico de aquellos otros en que tiene carácter meramente económico y opina que en estos segundos, en la medida que la cuestión pueda resolverse de acuerdo con criterios de equidad, el notario no ha de suspender su actuación, sin perjuicio de que deba fundamentar su decisión y pone como ejemplo el acta notarial instada conforme al derecho catalán, en la que se pretenda la determinación de los parientes más próximos para autorizar la enajenación de un bien perteneciente a un menor, en cuyo caso el notario deberá limitarse a constatar que se dan los presupuestos legales de parentesco y proximidad, así como las correspondientes declaraciones de voluntad de autorización y enajenación, y no estará obligado a suspender la realización del acta por el hecho de que otro pariente del menor se oponga alegando razones económicas, de precio o de oportunidad, con independencia todo ello, añadiría yo, de la posibilidad de instar la revisión judicial de la actuación notarial.

Si se trata de oposición con entidad jurídica distingue el mencionado autor entre que aquella tenga una naturaleza procedimental o sustantiva, en ambos casos el notario habrá de valorar las alegaciones y pruebas solicitadas por las partes o practicadas de oficio, al efecto de decidir si la oposición tiene o no la relevancia suficiente para poner fin a su actuación o continuar con ella, conforme a lo previsto en el art 209 RH[11].

7) A MODO DE CONCLUSIÓN

Es hora ya de que la jurisdicción voluntaria deje de ser un campo de experimentación del legislador. Hay que elaborar una ley lo más completa posible que, escrita con buena técnica jurídica, conforme a las exigencias de la dogmática del derecho procesal:

a) articule un procedimiento general con todas las garantías inherentes a cualquier actuación judicial, entre las que cabe destacar, que la oposición no impida la continuación en la tramitación del expediente, salvo que la ley disponga lo contrario, la posibilidad de recurrir en apelación el auto definitivo del Juez o en revisión el decreto del Secretario Judicial y el mantenimiento, salvo las excepciones previstas en la Ley, del carácter preceptivo de la asistencia técnica de abogado y la representación del procurador, junto con la previsión del beneficio de justicia gratuita, frente a la actual identificación de la institución con supresión o disminución de garantías, plazos o formalidades, en detrimento de la tutela judicial efectiva.

---

11 Vid. al repespecto en Campos Guerri, La competencia notarial en asuntos no contenciosos, cit., pp. 599 ss.

b) suprima los procedimentos obsoletos, reforme los todavía útiles, y traslade de otros textos legales los que tienen naturaleza voluntaria y se considere que deban ser incorporados al nuevo texto legislativo.

c) desjudicialice competencias, en aras de la racionalización del sistema, y las atribuya a otros profesionales del derecho, Notarios y Registradores, de forma especial, las que razonablemente les correspondan por su propia naturaleza, especialización y posición funcional en el marco del Ordenamiento Jurídico.

d) redistribuya competencias en el seno del órgano judicial entre Jueces y Secretarios Judiciales, y

e) reconozca al justiciable la posibilidad de optar, en determinados procedimientos respecto de los que no exista reserva judicial, entre acudir a un Secretario Judicial o a un operador jurídico extrajudicial, Ntario o Registrador de la Propiedad o Mercantil, lo que constituye una manifestación de confianza en la madurez de la sociedad civil.

f) Constituya el punto de partida para la elaboración de una dogmática y una teoría general de la jurisdicción voluntaria, con principios informadores y reglas de procedimiento, que la incardine de forma definitiva en el campo de la ciencia procesal y la aleje de la mera técnica procedimental.

Estamos ante la oportunidad de modernizar la Justicia en esta materia y de hacerlo con voluntad de permanencia en el tiempo, desde una posición de progreso y con el mayor consenso político posible, en una esfera del Ordenamiento de marcado carácter técnico-jurídico, caracterizada por la estrecha conexión con la vida diaria de los ciudadanos y por la relevante trascendencia práctica de muchas de sus manifestaciones, en el que el debate no debe ser ideológico, sino en todo caso de concepción o filosofía de la jurisdicción voluntaria. Se trata, en definitiva, de dar respuesta, también en esta parcela del Ordenamiento Jurídico, al desafío de una Justicia más moderna, racional y eficaz.

— 17 —

LA HORA DE LA JUSTICIA: REFORMAS PROCESALES PENDIENTES*/**

Resumen: *Es la hora, nos dicen, de la Justicia, y como ciudadanos y como juristas, no nos queda más que considerar empeñada la palabra de nuestros gobernantes y representantes, expresada en el templo de la soberanía popular. La Nueva Oficina Judicial, conforme a lo previsto en la LO 19/2003, y al Proyecto de Ley de Reforma de la Legislación Procesal para la Implantación de la Nueva Oficina Judicial, de 12 de diciembre de 2008, se configura como la institución prevista para sustituir el actual modelo de Secretaría Judicial, que se caracteriza, al decir de la mayoría de los estudiosos y de los operadores jurídicos afectados: por no favorecer la organización racional del trabajo que en su seno se desarrolla, ni propiciar una articulación eficaz de los profesionales y de los recursos materiales de que dispone. Es el momento de que la Jurisdicción Voluntaria deje de ser una simple área de experimentación para el legislador. Tenemos ahora la oportunidad de modernizar la Justicia en esta materia y de hacerlo con la intención de asegurar su permanencia en el futuro, desde una posición de consenso y progreso y en una esfera decididamente técnica del Orden Jurisdiccional.*

Abstract: It is time, they tell us, for justice; and we, as citizens and as jurists, can do nothing other than trust the word of our governors and representatives, which has been expressed in the temple of the popular sovereignty. The new Judicial Office is in accordance with that originally laid out in LO 19/2003, as well as the Reform Bill for Procedural Legislation

---

* Dedico este estudio al Profesor Elías Díaz, universitario ejemplar, maestro del derecho. En testimonio de amistad y de afecto. *Revista Jurídica de la Universidad Autónoma de Madrid*, n. 19, 2009, pp. 129-153.

** El presente trabajo se realiza en el marco del Proyecto de Investigación: *La Jurisdicción Voluntaria: un mandato legislativo pendiente de cumplimiento*, DER2008-06460-C02-01, Ministerio de Ciencia e Innovación, del que su autor es el Investigador principal. Con posterioridad a la redacción del presente estudio, se ha aprobado uno de los Proyectos de Ley analizados en este artículo. Así con el B.O.E. de 4 de noviembre de 2009, se publicó la Ley 13/2009, de 3 de noviembre, de reforma de la legislación procesal para la implantación de la nueva Oficina judicial, así como la L.O. 1/2009, de 3 de noviembre, complementaria de la Ley de reforma de la legislación procesal por la implantación de la nueva Oficina judicial, por la que se reforma la L.O. 6/1985, de 1 de julio.

for the Implementation of the New Judicial Office of the 12th December 2008, This office has been set up to replace the current judicial secretary model, which, according to the majority of the specialists and the affected juridical personnel, does not favour the sensible organization of the work done there, nor does it bring about an efficient use of the professionals and the material resources that it has at its disposal. It is time that Voluntary Jurisdiction ceases to be a mere area of experimentation for the legislator. We now have the opportunity to modernise Justice in this subject and to do so with the will of assuring its permanence in the future, from a position of consensus and progress and in a decidedly technical sphere of the Jurisdictional Order.

Palabras clave: *Justicia, Nueva Oficina Judicial, Jurisdicción Voluntaria.*

Keywords: Justice, New Judicial Office, Voluntary Jurisdiction.

I. EXORDIO

Cuando empecé a valorar la dimensión real de la cuestión a abordar, relativa al examen, de forma específica, de dos reformas procesales pendientes, consideré que podría rubricar mi estudio, e iniciar mi exposición, con el lema que conformó el discurso de toma de posesión del actual Presidente del Tribunal Supremo y del Consejo General del Poder Judicial, y que constituyó asimismo uno de los ejes del debate de investidura del Presidente del Gobierno, el día 8 de abril del año 2008. La manifestación presidencial relativa a la necesaria e inaplazable reforma de la Justicia, en esta Legislatura, encontró el apoyo expreso del líder de la oposición y de los portavoces de los distintos grupos parlamentarios. Es la hora, nos dicen, de la Justicia, y como ciudadanos y como juristas, no nos queda, en suma, más que considerar empeñada la palabra de nuestros gobernantes y representantes, expresada en el templo de la soberanía popular. Con este plan de trabajo, acometí el desarrollo de mi estudio, cuyo resultado es el tenor de las páginas que siguen a estas líneas.

Las retos pendientes en materia de Justicia son enormes, entre ellos, cabría mencionar los siguientes: la aprobación de un nuevo Código procesal penal, la implantación, con carácter general, de la doble instancia penal, la necesaria reforma del Código Penal, la reforma del recurso de casación ante el Tribunal Supremo, el desarrollo de la Carta de Derechos de los ciudadanos ante la Justicia, la revitalización de la Comisión General de Estadística Judicial, la implantación global de un sistema de notificaciones y de presentación de escritos *on-line*, la aprobación de la Ley de Navegación Marítima, la especialización de la Fiscalía de la Audiencia Nacional, la atribución de nuevas competencias a la Audiencia Nacional, como la delincuencia *on-*

line y el tráfico de seres humanos, la modificación de la Ley de Planta y Demarcación Judicial, la conexión *on-line* entre todos los Registros que dependen del Ministerio de Justicia y de las Comunidades Autónomas con competencias transferidas en materia de Justicia, la creación de un Registro de pederastas, el reconocimiento institucional de la función de los procuradores en el ámbito de la Administración de Justicia, o la reforma de las competencias atribuidas a los Tribunales Superiores de Justicia de las Comunidades Autónomas.

La Justicia, al igual que lo están todos los poderes públicos, debe estar sometida a sistemas permanentes de crítica, de mejora y de control, que hagan posible un servicio público eficaz, transparente, responsable, comprometido con los derechos de los más débiles, y plenamente conforme con los valores constitucionales[1].

Se ha reiterado hasta la saciedad que el estado de la Administración de Justicia, ADJ, en adelante, es preocupante, y que a pesar de los esfuerzos que, desde todos los ámbitos, se están haciendo, el número de asuntos pendientes en los órganos judiciales, continúa aumentando, con carácter general, debido a la saturación de trabajo a la que se ven sometidos los Tribunales, lo que produce inevitables dilaciones, prácticamente en todas las jurisdicciones, que ponen en riesgo la tutela judicial efectiva, sobre todo en el marco de la ejecución de las resoluciones judiciales. Las graves deficiencias acaecidas en la resolución de casos puntuales, no justifican, sin embargo, a mi juicio, la extrapolación de sus resultados al sistema judicial en su conjunto, que goza de credibilidad institucional, como ha escrito recientemente Fernando LEDESMA, y padece una crisis no de legitimidad, sino de eficacia, en cuanto a su funcionamiento como servicio público, entendida esta expresión en un sentido no técnico-jurídico[2]. Parece claro, por todo ello, que la crisis de eficacia del sistema judicial aboca a la necesidad proceder a una reforma estructural de la ADJ, que se materialice en un plan de modernización, que adecue la ADJ a las nuevas realidades sociales.

Es necesario pues proceder a una reforma en profundidad de la ADJ, que vaya más allá del incremento de órganos judiciales, que deberán continuar creándose, en todo caso, de forma especial, allí donde el incremento de la litigiosidad así lo exija. Son pues necesarias reformas legislativas y reformas organizativas que refuercen la conformación de la ADJ como un servicio público gestionado con criterios de modernidad y de eficacia, acordes con el tiempo en que vivimos.

Los ciudadanos, con carácter general, siguen acudiendo a la ADJ cuando quieren resolver sus conflictos, y así en el pasado ejercicio han entrado en los juzgados más

---

1 *Vid.* al respecto en Escudero Alday, *La Justicia en España*. Martín Pallín y Peces Morate. Madrid 2008, pp. 9-17.

2 LEDESMA, Prólogo a *El proceso en el siglo XXI y soluciones alternativas*, Aranzadi 2006, pp. 9-22.

de 8 millones de casos y se han dictado más de 8 millones de resoluciones judiciales, dado el escaso predicamento que tienen todavía en España las instituciones, que habría al propio tiempo que potenciar, dirigidas a disuadir o evitar la intervención judicial, como la conciliación extraprocesal, la mediación o el arbitraje. La percepción generalizada es que el ciudadano confía en la ADJ, aunque reconoce sus carencias y deficiencias[3].

Mientras que en el mundo anglosajón, ha afirmado en fecha reciente MARTÍN PALLÍN, los problemas se intentan resolver, en una primera instancia, en los despachos de los abogados y en el marco del arbitraje, en España cuando existe un conflicto al que no se le ve fácil solución, en la mayoría de los casos, el ciudadano piensa de inmediato que tiene que nombrar abogado y procurador que le asistan y acudir al juzgado. Por otra parte, en opinión de PECES MORATE, hay que caminar hacia un método que elimine tanta escritura para sustituirlo por más diálogo y una mayor oralidad en el proceso, así como intentar fórmulas transaccionales que satisfagan a las partes y eviten el pleito, de forma semejante a lo acaecido en el marco de la jurisdicción social. Debería potenciarse la oralidad, conforme se expresa en el art. 120.2 de la CE, en el que se afirma que: "El procedimiento será predominantemente oral, sobre todo en materia criminal"[4].

Oralidad, concentración eran ya notas caracterizadoras de los más antiguos procesos romanos y la evitación de la controversia, propiciando la transacción entre los litigantes, formaba parte del *officium* del pretor, así en D.12.1.21: "...pertenece al oficio del magistrado procurar la disminución de los litigios"[5].

Nos encontramos, en definitiva, en un contexto difícil, que requerirá calma, diálogo y concesiones recíprocas entre los grupos parlamentarios, lo que constituye, como es sabido, la esencia del consenso, así como diálogo con los operadores jurídicos afectados, sin olvidar lo que se ha dado en denominar, con expresión ya acuñada, el diálogo social.

De entre los proyectos y anteproyectos aprobados y de las reformas legislativas pendientes, me voy a pues referir tan sólo en el presente trabajo a: la Oficina Judicial y la Jurisdicción Voluntaria.

---

3 *Vid.*, al respecto, en el Diario de Sesiones, lo afirmado en las comparecencias de los dos últimos Ministros de Justicia, ante la Comisión de Justicia del Congreso de los Diputados, Fernández Bermejo, el 25 de junio de 2008, y Francisco Caamaño, el 26 de marzo de 2009.

4 *Vid.* en *La Justicia en España*, cit., pp. 115-127.

5 *Vid* Fernández de Buján, *Derecho Público Romano. Recepción. Jurisdicción y Arbitraje.* 12ª ed. Madrid, 2009, pp. 467 ss.

II. LA NUEVA OFICINA JUDICIAL

La Nueva Oficina Judicial, conforme a lo previsto en la LO 19/2003, y al Proyecto de Ley de Reforma de la Legislación Procesal para la Implantación de la Nueva Oficina Judicial, de 12 de diciembre de 2008, se configura como la institución prevista para sustituir el actual modelo de Secretaría Judicial, que se caracteriza, al decir de la mayoría de los estudiosos y de los operadores jurídicos afectados, por no favorecer la organización racional del trabajo que en su seno se desarrolla, ni propiciar una articulación eficaz de los profesionales y de los recursos materiales de que dispone.

No procederé a entrar, de forma pormenorizada, en el debate de fondo sobre principios procesales que plantea el Proyecto de diciembre de 2008, a salvo de algunas consideraciones valorativas sobre aspectos concretos, a fin de concentrar el desarrollo de mi exposición en el análisis de las líneas esenciales que presenta la mencionada reforma legislativa. Doctrina y operadores jurídicos, por otra parte, han iniciado ya las oportunas tomas de posición para el debate y, como era de esperar, la polémica está servida.

En el transcurso de los días en que se escriben estas páginas, al propio tiempo de la aparición de las primeras opiniones favorables y contrarias al proyecto de ley, Andrés DE LA OLIVA, desde su indiscutible autoridad científica, ha escrito un artículo en "*El Cronista del Estado Social y Democrático de Derecho*", en el número correspondiente a marzo, en el que se muestra muy crítico con el texto legislativo, al punto de afirmar que "...con el Proyecto de Ley de Reforma de la Legislación procesal para la Implantación de la Nueva Oficina Judicial, además de innumerables modificaciones, muchas de ellas deplorables e inconstitucionales, en las leyes procesales, se harían efectivas las previsiones de la LO 19/2003". En los días previos a la aparición del artículo de DE LA OLIVA en *El Cronista*, y en la misma línea de pensamiento, se hace público un documento que recoge una declaración de cien profesores de derecho procesal en la que se afirma que "El Proyecto adolece, en su conjunto, de graves errores, de los que se derivarían daños irreparables para nuestra Justicia. De entre estos errores, destaca la sorprendente idea, inexplicada e injustificable, de separar y diferenciar lo jurisdiccional de lo procesal. Derivan de ahí disposiciones muy negativas y carentes, algunas, de toda racionalidad jurídica"[6].

Introducida, en efecto, la Oficina Judicial por la Ley Orgánica 19/2003, que modificó la Ley Orgánica del Poder Judicial de 1985 –LOPJ– y constituyó uno de los primeros frutos del Pacto de Estado sobre la Justicia, firmado en el año 2001 por el PP

---

6 De la oliva santos, "El "Acabóse" de nuestra Justicia", *El Cronista del Estado Social y Democrático de Derecho*, 3, marzo 2009, pp. 16 ss. A propósito de las novedades que introduce el Proyecto, *vid.* Del pozo, Ana Belén, "Claves del Macroproyecto de reforma procesal", *IURIS*, enero de 2009, pp. 6 ss.

y el PSOE, la necesaria adaptación de la Legislación Procesal a la LOPJ, y el desarrollo de las previsiones legales referidas a la Oficina Judicial, se materializó en un Proyecto de Ley Orgánica, de 29 de diciembre del año 2005, que constituyó el resultado de la fusión de dos anteproyectos anteriores, y decayó en la anterior Legislatura.

Ya en la nueva legislatura, se retoma el pendiente proyecto de adaptación de la legislación procesal, y el 18 de julio del año 2008, se aprueba en Consejo de Ministros, el Informe sobre el Anteproyecto de Ley de reforma de las leyes procesales para la implantación de la Oficina Judicial. Recabados los Informes legalmente previstos, el 12 de diciembre de 2008, se aprueba el Proyecto de Ley correspondiente, encontrándose, en el momento presente, en sede de tramitación parlamentaria en la Comisión de Justicia del Congreso de los Diputados, en periodo de prórroga de ampliación de enmiendas.

El Proyecto consta de una Exposición de Motivos, subdividida en 4 apartados, un texto de 15 artículos, dos disposiciones transitorias y tres disposiciones finales. Cada uno de los 15 artículos, se corresponde con la modificación derogación o introducción de normas legales concretas referidas a 15 Leyes específicas, es decir, cada artículo afecta a una ley, ordenada por orden cronológico de promulgación del texto legal sujeto a reforma: Son objeto de modificación: la LEC del 2000, LEC de 1881, LECR de 1882, Ley de Procedimiento Laboral, Ley de Asistencia Jurídica Gratuita, Ley de la Jurisdicción Contenciosa Administrativa, Ley Concursal, Ley de Arbitraje, Ley Hipotecaria, Ley de hipoteca mobiliaria y prenda sin desplazamiento, Ley de extradición pasiva, Ley cambiaria y del cheque, Ley de patentes, Ley de ayudas y asistencia a las víctimas de delitos violentos y contra la libertad sexual y la Ley sobre condiciones generales de contratación.

El total de disposiciones afectadas por la modificación de las leyes procesales alcanza los 916 artículos. El mayor número de artículos reformados corresponde a la LEC del año 2000, con un total de 398 disposiciones y a la LECR., de la que resultan afectadas 196 disposiciones. De la LEC de 1881 se modifican los artículos relativos a la conciliación, materia que mantuvo vigente la disposición derogatoria única de la Ley 1/2000, de 7 de enero, hasta la entrada en vigor, conforme a la previsión legal, de la Ley de Jurisdicción Voluntaria, previsión ésta que no se ha tenido en cuenta. En orden a la sistemática, cabe subrayar, por otra parte, que el carácter de Ley Procesal General de la LEC, conforme se establece en su art. 4, que la conforma como derecho supletorio de obligada remisión en los aspectos no previstos en las restantes leyes, parecía aconsejar que el Texto articulado se iniciase con la regulación de la Ley Procesal Civil.

En torno a la necesaria reforma de la oficina judicial, en adelante OJ, conviene partir, en todo caso, de la afirmación recurrente, en el ámbito tanto de la doctrina, como de los operadores jurídicos, según la cual, el actual modelo de Secretaría

Judicial resulta inadecuado al tiempo presente, percepción que se ve corroborada en el Libro Blanco sobre la Reforma de la Justicia, elaborado por el Consejo General del Poder Judicial, -en adelante CGPJ[7]-.

La idea clave de la reforma acometida en el Proyecto es la delimitación de tareas entre el Juez y el Secretario Judicial, en atención a la conveniencia de que las labores de dirección, impulso, tramitación y resolución de los asuntos sean repartidas entre jueces y secretarios judiciales. Como objetivos complementarios de la reforma, cabe destacar, conforme a lo afirmado en el apartado III de la Exposición de Motivos: el fomento de las buenas prácticas procesales, entre las que cabe mencionar la modernización tecnológica de la Administración de Justicia, por medios telemáticos, informáticos o electrónicos, y la potenciación de las garantías del justiciable.

En un comunicado conjunto, emitido en la última semana del mes de enero de 2009, tanto el Colegio Nacional de Secretarios Judiciales -CNSJ-, como la Unión Progresista de Secretarios Judiciales -UPSJ-, han manifestado, por intermediación de representantes de estas dos asociaciones profesionales, mayoritarias en el Cuerpo de Secretarios judiciales, que la única solución para salvar a la Justicia de la situación crítica en la que se encuentra, es la efectiva y urgente instauración de la Nueva Oficina Judicial. Consideran ambas asociaciones, imprescindible, al respecto, la adopción de reformas estructurales, organizativas, procesales y tecnológicas, así como la delimitación efectiva y eficiente de las funciones y responsabilidades de los jueces, magistrados y secretarios judiciales. En este sentido, se subraya que la reforma procesal que se tramita en el Parlamento, y que atribuye a los secretarios la competencia de los señalamientos en los juicios, sigue la filosofía correcta, aunque se considera que es mejorable en materias como el tratamiento para garantizar la fe pública y la documentación de los juicios.

---

7 *Vid.* al respecto en Gómez de Liaño, R., "Estructura y organización de la nueva oficina judicial", *La Ley*, 19, 9, 2008, y la bibliografía allí citada. Asimismo en Garberí Llobregat, "Consideraciones sobre la proyectada reforma de la oficina judicial", *Actualidad Jurídica Aranzadi*, n. 584, de 3 de julio de 2003; y en Martín Contreras, "Un nuevo diseño para la oficina judicial", *La Ley*, 3-11-2004; *Id.*, "La implantación de la nueva oficina judicial", *La Ley* 14-09-2006.; Garrido Carrillo, "El secretario judicial, clave en el nuevo modelo de oficina judicial tecnológicamente avanzada". *Revista de la Facultad de Derecho de la Universidad de Granada*, n. 8, 2005; González Alonso, "La estrategia del cambio en la Administración de Justicia: la nueva Oficina Judicial, BIB 2006/ 467". *Repertorio de Jurisprudencia Aranzadi* 3/2006; Blázquez Martín, "El papel de los secretarios judiciales en las Unidades Procesales de Apoyo Directo y las reformas procesales", en "La nueva oficina judicial". *Estudios de Derecho Judicial.* Consejo General del Poder Judicial 2007, pp. 172 ss.; Ortiz Berenguer, "El secretario judicial", en "La nueva oficina judicial". Consejo General del Poder Judicial. Madrid 2007, pp. 147-166.

Los artículos 435 a 439 de la LOPJ, conforme a la redacción resultante de la Reforma de la LOPJ 19/2003, de 23 de diciembre, contienen ya el nuevo modelo de la Oficina Judicial. El art. 435 establece que la Oficina Judicial es la organización de carácter instrumental que sirve de soporte y apoyo a la actividad jurisdiccional de jueces y tribunales. El art. 436.1 de la LOPJ establece como elemento organizativo básico de la estructura de la Oficina Judicial, la Unidad, que deberá comprender los puestos de trabajo de la misma, vinculados funcionalmente por razón de su contenido. El art. 436.2 establece dos tipos de unidades atendiendo a sus funciones: las unidades procesales de apoyo directo y los servicios comunes procesales.

Se establece que los servicios comunes procesales, prestarán su apoyo a todos o a algunos de los órganos judiciales de su ámbito territorial, por lo que no quedan integrados en el órgano judicial, lo que contrasta con las unidades procesales de apoyo directo, que aunque no pertenecen al órgano judicial se integran en él y auxilian a Jueces y Magistrados en el ejercicio de la actividad jurisdiccional.

Así el art. 437 de la LOPJ, dispone que: "A los efectos de esta ley orgánica se entiende por unidad procesal de apoyo directo aquella unidad de la oficina judicial que directamente asiste a jueces y magistrados en el ejercicio de las funciones que le son propias, realizando las actuaciones necesarias para el exacto y eficaz cumplimiento de cuantas resoluciones dicten". El art. 438.1 de la LOPJ, define los servicios comunes procesales como: "Aquella unidad de la oficina judicial, que sin estar integrada en un órgano judicial concreto, asume labores centralizadas de gestión y apoyo en actuaciones derivadas de la aplicación de las leyes procesales". Como complemento de los SCP y de la UPAD, el art. 439 de la LOPJ prevé también las llamadas Unidades Administrativas, que sin estar integradas en la Oficina Judicial, se constituyen en el ámbito de la Administración de Justicia, para la jefatura, ordenación y gestión de los recursos humanos de la Oficina Judicial, así como sobre los medios informáticos, nuevas tecnologías y demás medios materiales.

En el marco de la ADJ, la LOPJ de 1985, en su reforma de 1994, ya dio entrada en su art. 230 a la posibilidad de que los órganos jurisdiccionales pudiesen utilizar "cualesquiera medios técnicos, electrónicos, informáticos y telemáticos para el desarrollo de su actividad y el ejercicio de sus funciones...", precepto que supuso el inicio de la recepción en el mundo judicial de los medios informáticos. En la misma reforma, conforme al art. 271, se permitió que "las notificaciones se pudiesen practicar también mediante cualquier medio técnico que permita la constancia de su práctica y de las circunstancias esenciales de la misma según determinen las leyes procesales".

Asimismo la LEC prevé en varios de sus preceptos, así en los arts. 135.5, 146.3, 162.1, 172 y 175, la utilización de medios técnicos para la realización de determinados actos procesales, así el envío y recepción de escritos y documentos, actos de comunicación, registros electrónicos, remisión y recepción de exhortos por medios informáticos etc., previsiones de comunicación por medios técnicos que afectan asimismo a procuradores, abogados y a los propios justiciables.

Lo que sí hay que convenir, en cualquier caso, como ha escrito GARBERÍ LLOBREGAT es que, en lo se refiere a la Oficina Judicial, nos encontramos con una temática ciertamente compleja, fundamentalmente porque en ella se entremezclan elementos puramente administrativos con mimbres puramente jurisdiccionales, sin que exista un criterio dogmático delimitador diáfano e indiscutido para diferenciar uno y otro ámbito. De tal indefinición, además, en opinión de este autor, suelen aprovecharse los distintos Poderes Ejecutivos para hacerse con el mayor número de competencias posibles, en detrimento de las que deberían corresponder a los órganos del Poder Judicial. Para este autor, de la precisa y adecuada delimitación funcional entre las UPAD y los SPC, así como de la coordinación y comunicación que debe configurarse entre unas y otros, depende en gran parte el éxito de la reforma[8].

La nueva estructura diseñada supone, en palabras de MARTÍN CONTRERAS, una apuesta decidida por la división entre una macrosecretaría y una microsecretaría, dado que mientras las Unidades Procesales de Apoyo Directo se configuran como las herederas de la antigua concepción de Juzgado, los Servicios Comunes se conciben como una nueva concepción de espacios necesarios para llevar a cabo el ejercicio de funciones de naturaleza procesal, cuya naturaleza jurídica puede estar más próxima de la jurisdicción que de lo administrativo[9].

La expresión oficina judicial viene a sustituir, por una parte, a los antiguos términos de secretaría, secretaría del tribunal, secretaría del juzgado, sede del tribunal etc. y, en otro orden de cosas, la referencia a la oficina judicial, alude al nuevo régimen de atribución competencial, en la medida en que la toma de decisión, en numerosos aspectos procesales, conforme al texto del Proyecto de Ley, ya no corresponde al juez o tribunal, sino a los secretarios judiciales, en su calidad de directores, en el aspecto técnico-procesal, del personal integrante de la oficina judicial, así como a su condición de titulares de la labor de impulso procesal.

Desde el punto de vista organizativo cabe señalar, sin embargo, que no en todos los juzgados podrán constituirse de inmediato las Unidades Procesales de Apoyo Directo y los Servicios Comunes Procesales, por lo que la Oficina Judicial deberá implantarse de

---

8 GARBERÍ LLOBREGAT, "Consideraciones sobre la proyectada reforma de la oficina judicial", cit., p. 2.

9 *Vid.* en MARTÍN CONTRERAS, "La implantación de la nueva oficina judicial", cit., pp. 1315-1322.

forma flexible, gradual y progresiva, en función de las posibilidades de cada administración competente, como ha sido subrayado al respecto por DAMIÁN MORENO[10].

Es necesario, por otra parte, que a la delimitación de funciones de los funcionarios que desempeñan su labor en la Oficina Judicial, se añada la delimitación de su carrera administrativa basada en el mérito y en la capacidad, como criterios preferentes a la antigüedad. En conexión asimismo con la implantación de la Oficina Judicial, se ha resaltado desde la Judicatura, por VIEIRA MORANTE, la necesidad de reformar la gestión de los procedimientos, en atención al carácter caótico del actual sistema de unión material de las actuaciones. En opinión de este autor, sólo mediante la separación física de las actuaciones procedimentales que genere la propia Oficina Judicial del resto de los documentos, y la ordenación sistematizada de éstos, en formato digitalizado todo ello, cuando la nuevas tecnologías estén implantadas en el órgano judicial, podrá acomodarse la gestión de los procedimientos judiciales a las exigencias administrativas de los tiempos actuales.[11]

En orden al análisis de algunas de las disposiciones contenidas en el Proyecto de Implantación de la Nueva Oficina Judicial, cabe destacar los aspectos siguientes:

A) La atribución en el Proyecto de los Servicios Comunes Procesales a los Secretarios Judiciales, pretende garantizar las mejores condiciones para el impulso del procedimiento, sin que ello signifique, conforme a lo afirmado en el apartado III de la Exposición de Motivos, que el Juez o Tribunal pierda la dirección del proceso, conforme se establece en el art. 165 LOPJ.: "Los Presidentes de las Salas de Justicia y los jueces tendrán en sus respectivos órganos jurisdiccionales la dirección e inspección de todos los asuntos...". Por el contrario, en opinión de DE LA OLIVA, si se aprobase el Proyecto, en su actual redacción, el Juez quedaría aislado en su Juzgado y sin autoridad, no contaría con la asistencia del Secretario Judicial, no sería titular de la coordinación con el CGPJ, no tendría la dirección de los aspectos técnico-procesales en relación con el personal de su juzgado, no señalaría las vistas, en muchos procesos ni sería competente para examinar la demanda, ni para poner fin al mismo. En definitiva, gran parte de la Administración de la Justicia, en opinión de este autor, no correría ya a cargo de Jueces y Magistrados independientes, sino de los Secretarios Judiciales, que son Funcionarios Titulados que poseen una especial formación jurídico procesal, pero que, salvo en el ejercicio de la fe pública, desempeñan sus funciones con sujeción a los principios de "unidad de actuación y dependencia jerárquica", conforme al art. 452.1 LOPJ[12].

---

10 *Vid.* al respecto en Damián, "Aspectos procesales de la Ley Orgánica 19/ 2003, de 23 de diciembre de modificación de la LOPJ", en *El Proceso en el siglo XXI y soluciones alternativas*, Aranzadi, 2006, pp. 49 ss.

11 Vieira morante, "Las reformas procesales pendientes", *Revista del Ilustre Colegio de Procuradores de Madrid*, n. 6, 2008, pp. 3 ss.

12 De la oliva, "El "Acabose" de nuestra Justicia", cit., pp. 23 ss.

En el Informe del CGPJ, emitido sobre el texto del Anteproyecto, se propone, al respecto, distinguir de forma nítida entre: *Actos de dirección procesal*: que son los determinantes en el ejercicio de la función jurisdiccional, en cuanto que condicionan directamente su normal desarrollo, y *Actos de ejecución o de mero trámite*, que no afectan ni condicionan el ejercicio ordinario de la función jurisdiccional y que pueden encomendarse a la responsabilidad del Secretario Judicial.[13]

La tipificación propuesta contribuiría, por ejemplo, a que en una actividad tan relevante como los señalamientos, quedase delimitada de forma inequívoca la responsabilidad de uno u otro órgano. Conforme al texto del Anteproyecto, mantenido en el Proyecto, el señalamiento para las vistas o juicios se realizará por el Secretario Judicial, temiendo en cuenta los criterios del Presidente de la sala o sección o del titular del órgano jurisdiccional, en orden a su agenda de trabajo o a la duración aproximada de la vista. Si el órgano es colegiado, corresponderá al Presidente de la Sala o Sección, el señalamiento de fecha y hora para la deliberación y votación de los asuntos que deban fallarse sin celebración de vista. El Proyecto exige por tanto la coordinación, en estas actuaciones, entre los Secretarios Judiciales y los titulares de los órganos judiciales.

La valoración positiva que se hace de la regulación del Anteproyecto, relativa a los señalamientos de toda clase de vistas, en el Informe de Consejo, encuentra una excepción en el voto particular de una de sus Vocales que discrepa de la atribución a los Secretarios Judiciales de la potestad para señalar juicios y vistas, al considerar que si es el Secretario Judicial quien decide la agenda, ésta deberá, en todo caso, ser aprobada por el Juez, así como en la opinión contraria de los Jueces Decanos que consideran que debe ser el Juez, y no el Secretario Judicial, quien continúe decidiendo la agenda del Juzgado. En este último, y razonable sentido, a mi juicio, se han pronunciado asimismo, entre otros autores, Andrés DE LA OLIVA y Julio BANACLOCHE.

B) En el orden civil, el Informe del CGPJ cuestiona que la suspensión del procedimiento, se confíe a los Secretarios Judiciales, conforme al art. 19.4 LEC, cuando no se perjudique al interés general o a terceros, dado que la valoración de estas circunstancias superan el significado de impulso procesal, para entrar en la formulación de juicios prospectivos sobre lesión de derechos e intereses jurídicamente tutelables, por lo que esta causa de suspensión debería permanecer en el marco de la autoridad judicial[14].

C) Se cuestiona por el CGPJ la atribución de la potestad a los Secretarios Judiciales para habilitar días y horas inhábiles, cuando existiendo causa urgente que lo exija, "fueran tendentes a dar cumplimiento a las resoluciones dictadas por los tribunales", conforme al reformado art. 131.1 y 4, en atención a que podría dar lugar a

---

13 Informe del CGPJ, pp. 12 ss.

14 Informe del CGPJ, pp. 21 ss. y 45 ss.

que el secretario judicial pudiera apreciar una situación de urgencia y proceder a tal habilitación, sin posibilidad de recurso, cuando el tribunal en idénticas circunstancias no haya resuelto en idéntico sentido[15].

D) En lo relativo a la puesta en marcha del procedimiento se atribuye al Secretario Judicial la competencia para admitir la demanda, configurándose ésta como una actuación reglada, que se establece como norma general, conforme al art. 403.1 de la LEC, con posibilidad de recurso ante el Juez y de control de oficio, reservándose a jueces y tribunales la decisión acerca de la inadmisión de la demanda, al integrase el derecho de acceso a la justicia en el marco del derecho a la tutela judicial efectiva. Con carácter singular, en el orden jurisdiccional penal, por razón de la naturaleza de los derechos afectados, la admisión de la denuncia o querella, se reserva al ámbito de la potestad jurisdiccional del juez o tribunal[16].

Se opone DE LA OLIVA a la atribución de la admisión de la demanda a los Secretarios, en atención a que admitir una demanda produce no pocos efectos jurídico-materiales, así: a) se convierte a alguien en demandado, por voluntad de otro, b) se convierten las cosas en litigiosas, c) cabe la realización de anotaciones registrales, d) se desencadena la mora y el devengo de intereses legales[17].

E) Desde el punto de vista formal, la reforma atribuye a los Secretarios Judiciales potestad para dictar diligencias de ordenación y decretos, estableciéndose que toda resolución que exija motivación adopte la forma de decreto, cabiendo frente a éstos recurso de reposición. Contra el decreto resolutivo de la reposición cabrá el recurso de revisión ante juez o tribunal[18].

F) El art. 147 modifica de forma importante la intervención del Secretarios Judiciales en la documentación de actuaciones mediante sistemas de grabación y reproducción del sonido y la imagen, al excusarse la presencia del Secretario Judicial en los actos que queden registrados en soporte apto para la grabación y reproducción del sonido y la imagen, de los cuales dará fe siempre que cuente con los medios tecnológicos necesarios que garanticen la autenticidad e integridad de lo grabado, como la firma electrónica u otro sistema de seguridad que ofrezca garantías.

En definitiva, la intervención del Secretario Judicial, en los supuestos en los que se permita la utilización de la firma electrónica, deja de ser física para convertirse en virtual, lo que permitirá, en correspondencia, una mayor dedicación de estos profesionales a la dirección técnica procesal del procedimiento. El CGPJ considera, sin

---

15 Informe del CGPJ, pp. 35 ss.

16 Informe del CGPJ, pp. 89 ss.

17 De la oliva, "El "Acabose" de nuestra Justicia", cit., pp. 24 ss.

18 Arts. 1.1.1 ss., del Proyecto de Ley.

embargo, que la presencia física del fedatario judicial en el acto que se documenta parece indispensable para que se pueda garantizar la autenticidad e integridad de lo grabado o reproducido.[19] En análogo sentido se ha pronunciado ANDINO ASPE, en su estudio titulado "El Secretario Judicial ante la reforma de las normas procesales para la implantación de la nueva oficina judicial". En opinión de este autor, que plantea, por otra parte, la vuelta del Cuerpo de Secretarios al CGPJ, la irrupción de las nuevas tecnologías en la documentación de las vistas, en lugar de suponer una reducción de personal y gasto, producirá un incremento del número de personas que deban estar presentes en el acto del juicio para documentarlo[20].

G) En lo que afecta al protagonismo del Secretario Judicial en el proceso de ejecución, el CGPJ manifiesta su acogida favorable, en líneas generales, a que una vez que el juez ha dictado la pertinente resolución ordenando la ejecución, toda la actividad de ejecución sea realizada por el Secretario Judicial, regresando la ejecución al Juez, sólo cuando se suscite algún incidente que requiera decisión sobre derechos, con lo que ello supone de profunda modificación del Libro III LEC. La fórmula utilizada en los artículos reformados es: "secretario judicial responsable de la ejecución". Se procura deslindar en el Anteproyecto, art. 545, entre las funciones que corresponden al Juez y al Secretario Judicial en materia de ejecución, conforme al espíritu del art. 456.3 LOPJ, si bien a juicio del CGPJ se atribuyen al Secretario Judicial determinadas materias que trascienden lo procedimental, como la aprobación del remate, que tiene efectos jurídico materiales y una importante proyección en la publicidad registral y en la seguridad del tráfico jurídico, y resulta asimismo discutible, para el Consejo, la capacidad que se atribuye a los Secretarios Judiciales para condenar en costas, dado que afecta a un derecho de naturaleza patrimonial y a declarar daños y perjuicios, porque significa un pronunciamiento declarativo de responsabilidad extracontractual.

En opinión de DE LA OLIVA, el "hacer ejecutar lo juzgado", del art. 117.3 CE, no significa que todo lo que se hace en un proceso de ejecución tiene que hacerlo el juez, pero tampoco consiente que, en un proceso de ejecución laboral o civil, sólo dependa del juez el comienzo de la ejecución, mediante la orden general de ejecución. Así, embargar unos u otros bienes va mucho más allá de la mera ejecución material de lo dispuesto por el juez en la orden general de ejecución, dado que el embargo supone una manifestación de ejercicio de la potestad jurisdiccional, al requerir no pocos juicios jurídicos y fácticos; así hay que decidir: a)si los bienes son o no embargables, b) si lo son sólo relativamente, c) si se sigue el orden legalmente previsto, d) si se cumple el principio de suficiencia del embargo[21].

---

[19] Informe del CGPJ, pp. 47 ss.

[20] ANDINO ASPE, "El Secretario Judicial ante la reforma de las leyes procesales para la implantación de la nueva oficina judicial", *Actualidad Jurídica Aranzadi*, 767/2008, 29.1.2009, pp. 1 ss.

[21] DE LA OLIVA, "El "Acabose" de nuestra Justicia", cit., pp. 42 ss.

H) En los actos de mera ordenación del proceso civil, así traslados, remisión de autos, y efectos, actos de averiguación, y actos de comunicación, se atribuye de forma expresa la competencia a los Secretarios Judiciales.

I) El Proyecto opta por anticipar, de forma un tanto sorprendente, una nueva regulación de la conciliación, con atribución de la competencia al Secretario Judicial, sin tener en cuenta que en la Disposición Derogatoria única de la LEC del 2000, se establecía que la regulación de la conciliación conservaba su vigencia hasta la entrada en vigor de la futura Ley de Jurisdicción Voluntaria, que hubiera sido su sede natural. No resulta tampoco razonable que no se haga mención a las competencias de los Secretarios en materia de Jurisdicción Voluntaria, si bien se había anunciado por el Ministro de Justicia FERNÁNDEZ BERMEJO, en sus comparecencias en el año 2008, ante las Comisiones de Justicia del Congreso de los Diputados y del Senado, la presentación en el año 2009 de un Proyecto de Ley sobre la materia, bajo la poco afortunada denominación de Procedimientos sin Contienda. El ministro Francisco CAAMAÑO, en su comparecencia del pasado día 26 de marzo, se refirió a la necesidad de descargar a los juzgados de tareas no jurisdiccionales, y aludió en esta línea a la Jurisdicción Voluntaria, respecto de la cual recordó que ya se pronunció en 1931 el entonces ministro de justicia FERNANDO DE LOS RÍOS, pero sorprendentemente no anunció un proyecto de ley en esta materia, pendiente de reforma desde el año 2001, conforme al mandato legal contenido en la D.F. 18 de la LEC, salvo la referencia a promover mecanismos de conciliación y mediación.

El día 8 de diciembre de 2009, en comparecencia en el Congreso de los Diputados, el Ministro de Justicia anunció que retomará el proyecto de ley de jurisdicción voluntaria, así como que "se buscará puntos de encuentro que nos permitan superar nuestras diferencias".

J) En el orden penal, se procede a una reforma parcial en materia de oficina judicial en el articulado de la LECR, a la espera de una Ley de nuevo cuño en esta materia. El CGPJ ve favorables la mayoría de las aportaciones formuladas por el Anteproyecto, si bien plantea algunos matices en cuestiones puntuales, así en lo referente a la grabación de los juicios, que constituye una de las más relevantes modificaciones, al establecerse la obligatoriedad de grabar el desarrollo de las sesiones del juicio oral, incorporando al proceso penal, la regla que impera en materia de documentación de los procesos civiles. En estos casos, sugiere el Informe del CGPJ que, ante la no obligatoriedad de asistencia del Secretario Judicial a las vistas, el mandato de empleo obligatorio de medios técnicos de grabación de imagen y el sonido se vea complementado por una mención a la facultad del tribunal de solicitar, si lo estima oportuno, la unión a los autos de una trascripción escrita de aquello que el tribunal considere más relevante de entre todo lo registrado en los soportes correspondientes. Se afirma asimismo en el Informe que: "la reproducción de la grabación del juicio en segunda instancia podría suponer una alteración sustancial del sistema de apelación limitada de la LECR".[22]

---

22 Informe del CGPJ, pp. 136 ss.

K) En lo referido al ámbito contencioso administrativo, la reforma aborda asimismo las competencias de los Secretarios Judiciales. El Informe del CGPJ sostiene que hay que contemplar la posibilidad de que el juez no asuma el criterio adoptado por el Secretario a favor de la admisión a trámite de un recurso de apelación. En la medida en que la dirección superior del proceso sigue residenciada en el titular del órgano jurisdiccional, debería establecerse, según el CGPJ, que el Juez podrá denegar la admisión por medio de auto, si considera que no concurren los requisitos precisos.[23]

L) En el orden social, se determinan asimismo las funciones de los Secretarios Judiciales. En materia de conciliaciones, la competencia atribuida por el art. 456.3.c) de la LOPJ en materia de conciliaciones a los Secretarios, encuentra un amplio campo en el terreno del proceso laboral, si bien considera el CGPJ que resulta discutible que la apreciación de los posibles motivos de denegación de la aprobación de avenencia hayan de quedar sometidos a su decisión, por lo que sería más razonable que el Secretario se limitase a dar traslado al juez o tribunal para que éste se pronuncie acerca de la aprobación o denegación del acuerdo alcanzado, dado que el acuerdo puede tener un efecto lesivo del interés general o del interés de un tercero, y ello es mejor que se ventile en vía jurisdiccional.

M) La obligación de registrar en soporte audiovisual las actuaciones que ante ellos se practiquen, implantada ya en la jurisdicción civil desde el año 2001, se extiende a todos los órganos jurisdiccionales. A este respecto, ha sido objeto de un reciente estudio por Rosa GÓMEZ DE LIAÑO, la incorporación de las tecnologías de la información al nuevo modelo de oficina judicial.

Se configuran pues los Secretarios Judiciales como los auténticos protagonistas de la reforma, en cuanto impulsores y ordenadores del proceso, conforme a la previsión contenida en el Pacto de Estado para la Justicia suscrito el 28 de mayo de 2001, a lo establecido en la LO 19/2003, de 23 de diciembre, por la que se reformó la LOPJ de 1985, y a la acomodación de las leyes procesales a las previsiones legales, conforme a su materialización en el Proyecto de 12 diciembre de 2008, lo que viene a suponer el reconocimiento al Cuerpo de Secretarios Judiciales de una amplia capacidad de valoración e interpretación de la norma jurídica intraprocesal, en el entendimiento –en palabras del CGPJ– de que también a los Secretarios Judiciales les corresponde su interpretación y aplicación en todo aquello que no quede sujeto a reserva jurisdiccional.

La atribución a los Secretarios Judiciales de la dirección de los Servicios comunes procesales y de las Unidades procesales de apoyo directo, supone, en definitiva, un reforzamiento notable de la carrera profesional de este cuerpo superior de la función pública, titular de la fe pública judicial, que ejerce con exclusividad, autonomía e

---

[23] Informe del CGPJ, pp.144 ss.

independencia, y especialmente cualificado, por la acreditada condición de expertos en derecho procesal de sus componentes, para asumir una posición de mayor protagonismo en el seno del órgano judicial. La redistribución de facultades, en el seno del órgano jurisdiccional, no debería afectar, en ningún caso, a la potestad decisoria sobre las resoluciones de fondo, derechos fundamentales y situaciones o relaciones jurídico-materiales, que se deben mantener, conforme al mandato constitucional, como competencias exclusivas de Jueces y Magistrados.

En su comparecencia ante la Comisión de Justicia del Congreso de los Diputados, el pasado 26 de marzo de 2008, el nuevo Ministro de Justicia, Francisco CAAMAÑO, que ofreció prudencia y consenso como ejes de su actuación, consciente de la controversia que el Proyecto ha generado, afirmaba: "…el cambio sustancial que va a suponer la puesta en marcha de la nueva oficina judicial exige de todos la mayor disposición para que acertemos en su configuración final; de todos, de los grupos parlamentarios, pero también de las organizaciones de los profesionales de la justicia. Los ciudadanos nos exigen que aparquemos nuestros intereses sectoriales y que alcancemos acuerdos amplios, consistentes y duraderos para que esta reforma sitúe a nuestros juzgados y tribunales en el nivel de eficacia y ejemplaridad que les corresponde como pilares de nuestro Estado social y democrático de Derecho… El proyecto de ley es amplio y complejo y con el trabajo de todos podemos, sin duda, mejorarlo. Hay margen para ello a través del diálogo y el acuerdo. Por eso, me he comprometido públicamente a promover en esta Cámara una fórmula que concilie la facultad de señalamiento que corresponde a Jueces y Magistrados con la gestión de la agenda procesal y la dirección de la oficina judicial que compete a los secretarios judiciales".

III. LA LEY DE JURISDICCIÓN VOLUNTARIA

En el marco del Estado constitucional de Derecho, una de las piezas que todavía queda por encajar es la correspondiente a la Jurisdicción voluntaria.

La Ley de Enjuiciamiento Civil de 7 de enero de 2000 –LEC– por la que se rige la jurisdicción contenciosa en los procesos civiles, establece en su Disposición Final decimoctava que "En el plazo de un año, a contar de la fecha de entrada en vigor de esta Ley, el Gobierno remitirá a las Cortes Generales un proyecto de Ley sobre jurisdicción voluntaria". Como era previsible, ante la dificultad y complejidad de la empresa, se cumplió el breve plazo fijado por el voluntarismo político del legislador, sin haberse llevado a cabo la finalidad perseguida.

Un primer paso importante en el cumplimiento del mandato recibido, se produce en diciembre del año 2002, al ponerse en marcha la maquinaria legislativa, con la constitución en el seno de la Sección Segunda de la Comisión General de

Codificación, máximo órgano asesor del Ministerio de Justicia en las tareas prelegislativas, de una Ponencia, compuesta por siete miembros, que a lo largo de casi tres años de trabajo, elabora una propuesta normativa de 306 artículos y 10 disposiciones complementarias que, asumida como Anteproyecto por el Ministerio de Justicia, es publicada en su Boletín Informativo en octubre del año 2005 "como texto preliminar de una nueva regulación de la jurisdicción voluntaria, sin duda necesaria, por lo que se hace pública por su evidente interés para la comunidad jurídica, al objeto de propiciar su conocimiento y libre discusión", según se afirma en la Nota editorial que antecede a la Memoria Explicativa y a la Exposición de Motivos.

En este periodo de tiempo previo a la aprobación de la ley, y en el que abarque la tramitación del correspondiente proyecto de ley en sede parlamentaria, corresponde a los protagonistas de la justicia, interesados o afectados por la reforma en ciernes, doctrina científica y jurisprudencial, profesionales del derecho y de la economía de la empresa y expertos en cualquiera de las materias reguladas, la labor de enunciar problemas, suscitar dudas y esbozar soluciones, conforme a la clásica tricotomía que contribuye al progreso del conocimiento, en atención a los puntos de vista y a la experiencia de cada uno de lo sectores sociales, a fin de coadyuvar en el desarrollo normativo de la ley, y de hacerlo con vocación de permanencia, en aras de la deseable seguridad jurídica que debe informar toda reforma legislativa, y en estrecha conexión con la realidad social, muy diferente y más compleja, en muchos de los supuestos, que la existente en la etapa en que se promulga el derogado Código Procesal de 1881.

Hasta la entrada en vigor de la Ley de Jurisdicción voluntaria, continúa vigente la regulación contenida en el libro III de la Ley de Enjuiciamiento Civil de 188, artículos 1811 a 2174, dedicado íntegramente a la Jurisdicción Voluntaria, así como la correspondiente a la conciliación y a la declaración de herederos abintestato, en los casos en que no exista contienda judicial, conforme se establece en la Disposición Derogatoria única de la LEC.

La regulación de la jurisdicción voluntaria en un texto distinto de la ley procesal civil general, por la que se rige la jurisdicción contenciosa, supone en sí misma la primera novedad, respecto de la tradición legislativa anterior, conforme a la cual esta materia formaba parte del contenido de los Códigos procesales de 1855 y 1881, así como la opción por el modelo alemán, en el que la Ley de Jurisdicción Voluntaria, *Freiwllige Gerichtsbarkeit*, de 1898, aunque con más de treinta reformas parciales, tiene carácter independiente de la restante legislación procesal.

La Ley Procesal Civil de 1855 se dividía en dos libros, el primero de ellos dedicado a la jurisdicción contenciosa y el segundo a la jurisdicción voluntaria. Por su parte, la Ley de Enjuiciamiento Civil de 1881 se estructuraba en tres libros. En el primero se contenía la materia relativa a las Disposiciones Comunes a la Jurisdicción Contenciosa y a la Voluntaria, el segundo llevaba por rúbrica De la Jurisdicción Contenciosa y el tercero se intitula Jurisdicción Voluntaria.

Configurada, al menos desde un punto de vista de legalidad formal, hasta el momento actual, la jurisdicción voluntaria, dentro del marco jurisdiccionalista, despojada de adherencias extrañas a su naturaleza, fruto de decisiones de política legislativa, razonables en su momento en atención a consideraciones de coyuntura histórica, mera conveniencia u ordenación del sistema, pero que no tienen un adecuado encaje en el actual marco constitucional, enmarcada la jurisdicción voluntaria dentro de la legislación procesal, cuya competencia es exclusiva del Estado, conforme al artículo 146.9 de la CE, y establecida la tramitación de su normativa, por imperativo legal, a través de la vía de una ley específica y no de forma reglamentaria, nos encontramos en el momento adecuado para proceder a una reforma de la institución que resulte superadora de la tradicional concepción de la jurisdicción voluntaria como incardinada básicamente en el ejercicio pacífico de los derechos, y en la idea de la ausencia de conflictividad como elemento diferenciador de la jurisdicción contenciosa.

El *iter* legislativo de la reforma de La Jurisdicción Voluntaria, a partir de la publicación, en octubre de 2005, por el Ministerio de Justicia, de la Propuesta de Anteproyecto de Jurisdicción Voluntaria, elaborado por la Comisión General de Codificación, ha sido el que sigue: el 2 de junio de 2006 se aprobó en Consejo de Ministros el Anteproyecto de Ley de Jurisdicción Voluntaria. Con posterioridad, el 20 de octubre de 2006 el Consejo de Ministros aprobó la remisión a Las Cortes del Proyecto de Ley de Jurisdicción Voluntaria. El 27 de junio de 2007, fue aprobado en la Comisión de Justicia del Congreso de los Diputados, con Competencia Legislativa Plena, el Proyecto de Ley de Jurisdicción Voluntaria, antes denominado Proyecto de Ley de jurisdicción voluntaria para facilitar y agilizar la tutela y garantía de los derechos de la persona en materia civil y mercantil, con un contenido de 229 artículos y 17 disposiciones complementarias. El 24 de julio, el texto legislativo, tuvo entrada en el Senado, que dispuso de dos meses para oponer su veto o introducir enmiendas al mismo[24].

---

[24] *Vid.*, entre otros autores, en relación con las más recientes aportaciones en la materia: Fernández de Buján, *Hacia una Teoría General de la Jurisdicción Voluntaria I*, Madrid, Iustel 2007; *Id. Hacia una teoría General de la Jurisdicción Voluntaria, II. La jurisdicción Voluntaria en las Cortes Generales II*. Madrid, 2008; *Id. La Jurisdicción Voluntaria*, Madrid, 2001; *Id.*, "La reforma de la Jurisdicción Voluntaria: problemas, interrogantes, soluciones", *Diario LA LEY*, 23 de marzo de 2005; *Id.*, "El nuevo perfil de la Jurisdicción Voluntaria en el Anteproyecto de Ley de octubre de 2005. De la tutela de relaciones jurídico privadas a la protección de intereses generales, públicos o sociales", *Diario LA LEY*, 8 de junio de 2006 *Id.*, "Observaciones al proyecto de ley de Octubre de 2006 (I)", *Diario LA LEY, 27 de noviembre de 2006; Id.* " Observaciones al proyecto de ley de Octubre de 2006(II)", *Diario LA LEY,28 de noviembre de 2006; Id.*, "La Jurisdicción Voluntaria. El Anteproyecto de junio de 2006", en *El Notario del siglo XXI*, agosto de 2006; *Id.* "El fracaso de la Jurisdicción Voluntaria". *Registradores*, enero-febrero 2008; *Id.* Comparecencia ante la Comisión de Justicia del Congreso de los Diputados en trámite de asesoramiento, Diario de Sesiones. Congreso de los Diputados, n. 821, de 7 de

En trámite de asesoramiento, se produjo la comparecencia, y posterior debate, con ocasión de las interpelaciones y cuestiones que les fueron formuladas a los intervinientes, de catorce expertos, en la Comisión de Justicia del Congreso de los Diputados, los días 7 y 14 del pasado mes de mayo. A propuesta de las diferentes formaciones políticas, con el consentimiento de todos los grupos parlamentarios y por acuerdo de las Mesas de la Comisión y de la Cámara, comparecieron, por orden de intervención: el Decano del Colegio de Abogados de Madrid; el Presidente del Consejo General del Notariado; un representante de la Unión Progresista de Secretarios Judiciales; un miembro de la Ponencia de la Comisión General de Codificación y responsable de la Aprobación del Anteproyecto de Ley de Jurisdicción Voluntaria; el Decano del Colegio Nacional de Registradores de la Propiedad y Mercantiles de España; el Presidente del Consejo General de los Procuradores de los Tribunales; el Presidente del Colegio Nacional de Secretarios Judiciales; la Decana del Colegio de Abogados de Barcelona; el Decano del Colegio de Abogados de Gerona; el Vicepresidente del Comité de Representantes de Personas con Discapacidad –Cermi–; el Fiscal coordinador del Servicio de Incapacidades de la Fiscalía de Alicante; una Asesora de la Confederación de Personas con Enfermedad Mental –Feaes–; y el Fiscal de la Audiencia Provincial de Córdoba, Coordinador del Foro Andaluz del Bienestar Mental.

En trámite de enmiendas, no se presentó ninguna enmienda de devolución o a la totalidad y un total de 323 al articulado del Proyecto de Ley. El preceptivo Informe, redactado por la Ponencia, con la incorporación de las enmiendas votadas de forma favorable, fue aprobado, con 22 votos a favor y 16 abstenciones. El resto del articulado, al que no se presentaron enmiendas, fue aprobado por unanimidad. El texto de la Exposición de Motivos fue aprobado con 22 votos a favor, 15 en contra y una abstención.

El día 24 de octubre de 2007, el Gobierno procedió a retirar el Proyecto de Ley de Jurisdicción Voluntaria, pocas horas antes de la votación prevista del Texto legislativo

---

mayo de 2007; *Id.* "La Jurisdicción Voluntaria en el marco del Estado constitucional de Derecho", *Anales de la Academia Matritense del Notariado*, 2007, en prensa; De prada gonzález, "En torno a la futura ley de Jurisdicción Voluntaria»", en *El Notario del siglo XXI,* diciembre 2005; *Id.* "Por qué ha fracasado el Proyecto de Ley de jurisdicción Voluntaria", *El Notario del siglo XXI*, 16.2007, pp. 70 ss.; Ramos méndez, "¿Cuánta dosis de jurisdicción voluntaria necesitamos?", *JUSTICIA* 2006; Rodríguez adrados, "El anteproyecto de ley de jurisdicción voluntaria", *ANALES,* Real Academia de Jurisprudencia y legislación, Madrid 2006; Seoane cacharrón, "Breve examen crítico del Anteproyecto de Ley de Jurisdicción Voluntaria del Ministerio de Justicia de 1 de junio de 2006", *Diario La Ley,* 28 de septiembre de 2006; *Id,* "El Secretario Judicial como órgano de la Jurisdicción Voluntaria en el proyecto de ley de 27 de Octubre de 2006", *Diario LA LEY,* 15 de Mayo de 2007; *Id,* "Examen del procedimiento Judicial común en el Proyecto de Ley de Jurisdicción Voluntaria", *Diario LA LEY,*6 de Septiembre de 2007.

en el Pleno del Senado del mismo día. Desde el Ministerio de Justicia, se ha manifestado la voluntad de presentar de nuevo el Proyecto a Las Cortes, al inicio del Periodo de Sesiones de la próxima Legislatura.

La regulación de la Jurisdicción Voluntaria –JV en adelante– constituye, por tanto, como ya ha sido señalado, una de las piezas que queda todavía por encajar en el marco del Estado Constitucional de Derecho, al haber optado el legislador por plasmar en un texto autónomo, respecto de la ley procesal civil general, las disposiciones generales y los procedimientos específicos de JV, lo que constituye, en sí mismo, la primera novedad respecto de la tradición legislativa anterior.

La codificación en una Ley singular de numerosos procedimientos que, debidamente actualizados, se contienen en el, todavía vigente, Libro III de la LEC, suprimidos los que se han considerado obsoletos o de nula aplicación práctica, así como el traslado de otros procedimientos contenidos en otros cuerpos legales o leyes especiales civiles o mercantiles, no ha abarcado, sin embargo, la totalidad de procedimientos de JV diseminados en otras leyes, al objeto de no producir una excesiva perturbación en el sistema, aunque sí pueden considerarse codificados los de mayor relevancia. Lo que sí parece razonable es que los nuevos procedimientos de JV que se creen en el futuro sean ubicados en la nueva Ley General de JV, por razones de coherencia formal, sistemática e incluso educativa de la propia legislación, al desaparecer la justificación de su inclusión en leyes sustantivas o procesales, como ha señalado RAMOS MÉNDEZ, en atención a la obsolescencia del Libro III de la LEC, a su inadecuación a la actual realidad social o a la falta de coordinación entre los diversos textos legales.

Todos los ciudadanos tienen derecho a obtener la tutela judicial efectiva de sus derechos e intereses legítimos, o bien mediante la incoación de un proceso contencioso, si éstos resultasen lesionados, no reconocidos o fuesen objeto de una controversia relevante inter partes, o bien por un procedimiento de JV, en aquellos casos en los que la previa contraposición entre los intervinientes no tiene la suficiente relevancia, a juicio del legislador, para ser dirimida mediante un proceso, como sucede en los casos de desacuerdo en el ejercicio de la patria potestad, o en la administración y disposición de bienes gananciales en el ámbito de la comunidad conyugal. En otros procedimientos de JV judicial se acude al órgano judicial para solicitar su intervención ante la existencia de un problema latente o en ejercicio pacífico de los derechos, con independencia de que en el curso de la tramitación pueda manifestarse asimismo la existencia de intereses divergentes o contrapuestos y, por ende, un cierto grado de controversia, que deberá ventilarse en el trámite de la comparecencia.

En atención a su naturaleza, la resolución del expediente tendrá carácter: a) *constitutivo*, como el nombramiento de un tutor o la constitución de un acogimiento o adopción, b) *preventivo*, como la constatación de la concurrencia de consentimiento libre y consciente en la extracción y trasplante de órganos de donantes vivos, o las medidas de aseguramiento en cuanto a la guarda y custodia en supuestos de menores que hubieren sido objeto de un traslado o retención ilícitos, o c) *complementador*, como la autorización o aprobación del reconocimiento de la filiación no matrimonial o la autorización para realizar actos de disposición o gravamen sobre bienes o derechos de menores, incapaces o personas con discapacidad o la autorización de una intromisión legítima en el honor, intimidad o propia imagen del menor o incapacitado.

La demora en el cumplimiento del compromiso legislativo previsto en la Disposición Final 18 de la LEC, el carácter técnico-jurídico de una Ley apenas vinculada a posiciones ideológicas y cuya fundamentación se asienta en un valioso texto prelegislativo elaborado durante tres años por una Ponencia constituida, el año 2002, en el seno de la Comisión General de Codificación, la urgente necesidad social de regular con criterios actuales procedimientos que afectan a menores, incapaces, personas con discapacidad, desvalidos, ausentes o intereses públicos o generales, y el rigor y la seriedad con que se han acometido por todos los grupos parlamentarios del Congreso, tanto las sesiones de asesoramiento con los expertos llamados a comparecencia, como el posterior debate de las enmiendas, unido todo ello al espíritu dialogante y de consenso anunciado por las diferentes formaciones políticas, en aras de la mejora de la Ley, para el curso de la tramitación pendiente en el Senado, hacen previsible e ineludible la aprobación de la Ley de JV en la presente legislatura. Estamos ante la oportunidad de responder, de forma adecuada, a la necesidad de modernizar la Justicia en esta materia y de hacerlo desde posiciones de consenso y de progreso, y no se debería, bajo ninguna motivación, desaprovechar.

Las referencias que se han hecho a la Jurisdicción Voluntaria, en adelante JV, por el Ministro de Justicia FERNÁNDEZ BERMEJO, en sus comparecencias ante la Comisiones de Justicia del Congreso, el 25 de junio de 2008 y del Senado, el 25 de septiembre del mismo año, han sido escasas y, a mi juicio, discutibles en el plano de la dogmática procesal. Así, es al menos cuestionable afirmar textualmente que "es necesario atribuir a otros funcionarios tareas y responsabilidades que no tienen carácter jurisdiccional y que hasta ahora venían ejerciendo los jueces, eso que siempre se llamó jurisdicción voluntaria, en una terminología expresiva históricamente, pero contradictoria, paradójica, y que merece el nombre de procedimiento sin contienda para saber exactamente de que podemos estar hablando". Se trata de procedimientos, continúa en su exposición FERNÁNDEZ BERMEJO, "que tienen en común la pretensión de obtener una declaración de un órgano de la ADJ, que sin embargo no es una declaración jurisdiccional, no viene presidida por la contienda, y por tanto la intervención del Juez puede ser suplida con ventaja por los miembros del Cuerpo Superior de Secretarios"[25].

---

[25] Diario de Sesiones del Congreso de los Diputados, año 2008, miércoles 25 junio 2008, n. 49, pp. 4 ss.

Y digo que es impreciso porque JV es efectivamente un deslinde, una subasta judicial, una declaración de herederos abintestato, un depósito en materia mercantil o una protesta de mar y otros múltiples supuestos propios del ámbito de los derechos reales, derecho de obligaciones, derecho de sucesiones, derecho mercantil o derecho marítimo, que pueden ser perfectamente atribuidos a un Secretario Judicial o a un Notario o un Registrador, según los casos, pero no creo que el Ministro de Justicia haya querido decir que con carácter global los más de doscientos procedimientos de JV van a ser desjudicializados, dado que muchos de ellos afectan de manera directa a intereses de menores, incapacitados, personas con discapacidad, condición y estado civil de la persona, derecho de familia, o suponen una restricción de derechos fundamentales, y parece evidente que en éstos y otros casos, la competencia judicial no debe ser cuestionada. Así, por ejemplo, son procedimientos de JV y deberían, a mi juicio, continuar estando en el ámbito de la competencia judicial, entre otros muchos supuestos: la autorización judicial para realizar una intromisión legítima en el honor, intimidad personal o familiar o propia imagen del menor o incapacitado; el procedimiento para obtener la autorización o aprobación judicial de la filiación no matrimonial; el nombramiento del defensor judicial de un menor o incapacitado; las medidas relativas a la restitución de menores en los supuestos de sustracción internacional; la protección patrimonial de las personas con discapacidad; los actos de disposición y gravamen de bienes o derechos de menores o incapaces y de la transacción sobre sus derechos, de la autorización judicial de tratamiento no voluntarios de personas con trastornos psíquicos; la autorización judicial para la esterilización de una persona incapaz, la mediación, o en el ámbito del derecho de familia: la solución de controversias en el ejercicio de la patria potestad, de las medidas relativas a las relaciones de los menores con el progenitor que no ejerza la patria potestad, las medidas de protección relativas al ejercicio inadecuado de la potestad de guarda o de admón. De los bienes de los menores o incapaces o la intervención judicial en los casos de desacuerdo conyugal y en la administración de los bienes gananciales, supuestos todos ellos atribuidos sin discusión algunas a los jueces en la propuesta de Anteproyecto de JV, aprobado en la CGC, en el Anteproyecto y Proyecto de JV aprobado por el Gobierno, y en los debates del Proyecto de Ley habidos en las Comisiones de Justicia del Congreso y del Senado[26].

---

[26] *Vid* asimismo a propósito de Jurisdicción Voluntaria en Habscheid, *Freiwillige Gerichtsbarkeit*, 7ª ed., München, 1983; Denti, "La giurisdizione voluntaria revisitata", *Rivista Trimestrale di Diritto e Procedura Civile* 1987 y en *Studi in onore di E. Allorio*, Milano 1989; Allorio, "Saggio polemico sulla giurisdizione voluntaria", *Revista T.de Diritto e Procedura Civile*, 1948; Fazzalari, *La giurisdizione voluntaria*, Padova 1953; Micheli, voce "Camera di Consiglio", en *En. Dir.*, Milano 1958, vol. V; Januzzi, *Manuale della volontaria giurisdizione*, Milano 2000; Santarcangelo, *La Volontaria Giurisdizione I y II*, 2003 y la bibliografía allí citada, y con carácter general, las contribuciones contenidas en *Atti del XVII Convengo Nazionale del Processo Civile*, Palermo 1989 y, en la doctrina española: Gimeno Gamarra, "Ensayo de una teoría general sobre jurisdicción voluntaria", *ACD*, 1953, pp. 5 ss.; Carreras, "Eficacia

Pues bien, al igual que creo que sería un error manifiesto atribuir la competencia en todos los asuntos en materia de JV a los Secretarios Judiciales, que sí deberían ser, no obstante, los principales destinatarios de la Reforma, también creo que es inapropiado sustituir la denominación histórica de JV, conocida y aceptada por todos, por otra denominación, la de procedimientos sin contienda, que no responde, ni mucho menos, al contenido de un gran número de procedimientos de JV, como he procurado subrayar en numerosas ocasiones. En relación con la denominación cabe señalar lo siguiente:

1º) La D.F. 18 de la LEC del año 2000 establece: "En el plazo de una año a contar desde la fecha de entrada en vigor de esta Ley, el Gobierno remitirá a las Cortes Generales un Proyecto de Ley de Jurisdicción Voluntaria".

La única nación en Europa en la que la JV se regula en una Ley específica independiente del resto de la Legislación Procesal es Alemania, que tiene una Ley que se llama Ley de Jurisdicción Voluntaria. El 20 de octubre de 2006 el Consejo de Ministros aprobó la remisión a las Cortes del Proyecto de Ley de JV, para facilitar y agilizar la tutela y garantía de la persona, en materia civil y mercantil. Pues bien, todos los Grupos Parlamentarios, incluido el Socialista, y todos los intervinientes en

---

de las resoluciones de jurisdicción voluntaria", en *Estudios de Derecho Procesal*, 1962; PRIETO CASTRO, "Reflexiones doctrinales y legales sobre la jurisdicción voluntaria", en *Trabajos y orientaciones de Derecho Procesal*, Madrid 1964, pp. 585 ss.; FONT BOIX, "El Notariado y la jurisdicción voluntaria", *Academia Matritense del Notariado*, T. XV, 1967, pp. 272-295; SERRA, *Naturaleza jurídica de la jurisdicción voluntaria*, en Estudios de Derecho Procesal, Barcelona 1969, pp. 619 ss.; ALCALÁ-ZAMORA, *Estudios de Teoría General e Historia del Proceso*, México 1974, tomo 1, pp. 115 ss.; FAIRÉN, *Jurisdicción voluntaria, Juicios sumarios: las confusiones de la historia y su evolución*, BICAM, 2/ 1990, pp. 19-34; *Id.* "Sobre el paso de la jurisdicción voluntaria a la contenciosa. El artículo 1817 de la LEC y la problemática actual", *ADC*, 1991, pp. 947-969; DIEZ-PICAZO, L.M., *Régimen constitucional del poder judicial*, Madrid 1991; MONTERO AROCA, con GOMEZ COLOMER, MONTON y BARONA, *Derecho Jurisdiccional V I, Parte General y V.II. Proceso civil*, Valencia 2005, GOMEZ COLOMER, pp. 859 ss.; FONT BOIX, "El notariado y la jurisdicción voluntaria", en *Academia Matritense del Notariado*, t. XV, 1967; RODRÍGUEZ ADRADOS, *Borrador para un Proyecto de Ley de jurisdicción voluntaria notarial y de modificación de determinados artículos del Código Civil, de la LEC y de la L.H*, Agosto 1991, Inédito, reseñado y consultado en el estudio de Gómez-Ferrer; GÓMEZ-FERRER, "Ejercicio de la Jurisdicción Voluntaria por el Notario", *Revista Jurídica del Notariado*, 1993, pp. 9-178; AUGER, "Reforma de la Jurisdicción Voluntaria", *Anales de la Academia Matritense y del Notariado*, 33, 1992, pp. 7-27; BELLOCH, J.A, "Notas en torno al Notariado y la Jurisdicción voluntaria", *Revista Jurídica del Notariado*, 1993, pp. 9-42; GERONA PEÑA, "La jurisdicción voluntaria en el ámbito notarial y registral". *Estudios de Derecho Procesal*, vol. III, 1996, pp. 3936 ss.; A.A.V.V. "Jurisdicción Voluntaria y Registro Civil", en *Estudios de Derecho Procesal*, dirigidos por I DIEZ-PICAZO y J. MARTINEZ- SIMANCAS, Vol. III, Madrid 1996, pp. 3775-4016.

trámite de asesoramiento en la Comisión de Justicia, estuvieron de acuerdo en que el Proyecto se debía llamar tan sólo De Jurisdicción Voluntaria, sin ningún añadido, y en este sentido, fue presentada una enmienda por el propio Grupo Parlamentario Socialista, que fue aprobada por unanimidad, conforme a la cual el Proyecto se denominó de JV, entre otras razones quizás porque, como dijo en su intervención el entonces Decano del Colegio de Abogados de Madrid, "…se llame como se llame la Ley, los operadores jurídicos seguiremos hablando de JV".

En relación con la supuesta ausencia de contienda en los supuestos de JV, hay que observar que la contradicción previa y manifiesta, implícita, subyacente o sobrevenida, tiene o puede tener lugar en muchos procedimientos de esta naturaleza. Esta consideración encuentra su expresión más manifiesta en los supuestos de derecho de familia, en los que el propio rótulo de uno de los procedimientos paradigmáticos de JV, en materia Derecho de Familia, pone de relieve la existencia de la discrepancia: "De la intervención judicial en los casos de desacuerdo conyugal y en la administración de bienes gananciales". Se trata, en definitiva de supuestos de discordancia sobre la fijación del domicilio conyugal, la contribución de un cónyuge a las cargas del matrimonio, el consentimiento para la realización de actos de administración y disposición de bienes comunes o su atribución a uno de los cónyuges en los casos previstos en la legislación sustantiva. Son supuestos en los que por existir un grado de contradicción atenuada y en atención a su urgencia o a la necesidad de atender a una necesidad imperiosa, el Ordenamiento considera que no resulta ineludible que sean dirimidos por la vía del proceso contencioso.

Es frecuente, sin embargo, que la contradicción expresa, latente o sobrevenida, se manifieste asimismo en otra serie de supuestos como en: nombramiento de defensor judicial, declaración de ausencia, remoción de tutor o curador; fijación del plazo para el cumplimiento de la obligación, ante la falta de acuerdo de las partes; convocatoria de una Junta o asamblea general, nombramiento de tercer perito en contrato de seguro, ante la falta de acuerdo de los peritos del asegurador y el asegurado; auditoría de cuentas de los empresarios; expediente de dominio de reanudación del tracto sucesivo, con inscripciones contradictorias, conforme al art. 201 LH; expedientes de liberación de gravámenes; revocación del auditor de cuentas designado por el Registrador Mercantil, en caso de oposición de los interesados; protocolización de un testamento ológrafo, conforme a la previsión del actual art. 693 del CC; albaceazgo; nombramiento de contadores partidores dativos, en caso de desacuerdo entre los herederos, liquidación judicial de averías, que se produce precisamente ante la falta de acuerdo previo, etc.; y ello no debería, sin embargo, en buena lógica, producir el archivo del expediente, cuando esta solución contradiga la naturaleza del acto y el fin que en el mismo se persiga o el acto tenga carácter coercitivo, conforme a la jurisprudencia del TS. En caso contrario, podría producirse un menoscabo del principio contradictorio y una reducción drástica en la eficacia de la Jurisdicción Voluntaria y de la tutela judicial efectiva.

En todo caso, la supresión de la contradicción, que resulta razonable en el procedimiento administrativo notarial o registral, no debería sancionarse respecto del procedimiento judicial, en el que audiencia y contradicción son principios que se complementan, que difícilmente se entienden el uno sin el otro, al tiempo que se configuran como básicos e inherentes a la naturaleza jurídica del propio procedimiento.

En relación con la intervención preceptiva de abogado y procurador, cabe subrayar que la cuestión fue objeto de debate en las Comisiones de Justicia del Congreso y del Senado, y que a la postre constituyó una de las razones de su retirada dado que en el momento en que el texto es retirado, el mismo día en que estaba prevista su votación en el Pleno del Senado, se preveía en una de las enmiendas aprobadas la preceptividad de la intervención de abogado y procurador en materia de condición y estado civil de la persona y derecho de familia y en otra de las enmiendas se volvía a la preceptividad general en relación con la asistencia técnica de abogado y representación procesal de procurador, con la excepciones previstas en el Proyecto.

Antes de entrar en las razones que han llevado a la retirada de un Proyecto en la anterior legislatura, convendría referirse, en atención a su deseable consideración como avances definitivos en cualquier regulación futura de la materia, a las líneas esenciales que, contenidas en el Proyecto de JV, no han sido cuestionadas ni en el campo de la ciencia jurídica, ni en sede parlamentaria:

La desjudicialización de competencias ubicadas en otras etapas históricas en sede judicial por razones de mera tradición, ordenación del sistema, oportunidad política o desconfianza frente a otros operadores jurídicos y su atribución a aquellos funcionarios y profesionales del derecho, Notarios y Registradores de la Propiedad y Mercantiles, a quienes corresponde con mayor propiedad el ejercicio de esta función pública de contenido administrativo.

La redistribución de competencias en el seno del órgano jurisdiccional, entre Jueces y Secretarios Judiciales, lo que supone el reconocimiento de potestad decisoria a los Secretarios Judiciales, en el marco de la Jurisdicción Voluntaria, en todas aquellas materias que no se consideren de la exclusiva competencia judicial.

La posibilidad de que el ciudadano pueda optar, en numerosos procedimientos, entre acudir a un Secretario Judicial o a un Notario o Registrador, lo que otorga un mayor grado de libertad y de participación de los justiciables en la Administración de la Justicia. Las discrepancias razonables se producen, este punto, en la atribución determinados procedimientos a Notarios y Registradores.

La seriedad con que, sin duda, se acometió el estudio de la JV, manifestada, como ha sido ya señalado, en la constitución de una Ponencia en el seno de la Comisión General de Codificación, que elaboró un valioso texto prelegislativo entre los años 2002 a 2005, que sirvió de base al Proyecto del Gobierno, la comparecencia, en trámite de asesoramiento del Congreso de los Diputados, de 14 expertos sobre la materia y las 562 enmiendas presentadas por todos los grupos parlamentarios, se vio frustrada, sin embargo, a mi juicio, por el cambió de concepción, respecto de lo previsto en el texto de la Ponencia, que supuso en el Proyecto la artificiosa equiparación entre procedimientos de diferente naturaleza, como son el judicial y el administrativo notarial y registral, lo que se materializó en la supresión de la contradicción, de los recursos y de la asistencia técnica y la representación procesal, en los procedimientos judiciales, siendo la artificiosa supresión de la contradicción, la deficiencia de mayor calado del texto legislativo, si bien fue corregida en sede de la Comisión de Justicia del Congreso.

La oposición de algunos de los operadores jurídicos afectados, de forma singular, Secretarios Judiciales y Abogados, ante la desacertada previsión que implicaba un estéril reduccionismo de la JV al ámbito negocial y administrativo, debido a la supresión de las connotaciones jurisdiccionales del procedimiento judicial.

La JV ha evolucionado desde la tradicional concepción de ejercicio pacífico de los derechos, hasta su actual perfil de protección de intereses generales, públicos o sociales, así como de asuntos de tutela sumaria contradictoria, que el legislador considera que no tienen entidad suficiente para ser dirimidos por el cauce de la jurisdicción contenciosa.

La articulación de un procedimiento judicial general unitario y garantista, en contraposición a la vigente previsión legal, que adolecía de esta nota caracterizadora, y su aplicación tan sólo a menores e incapaces, con el riesgo de ineficacia del procedimiento sustanciado ante los Secretarios Judiciales, y de frustración de estos operadores jurídicos, que se verían obligados a tramitar tan sólo los supuestos de ausencia de conflictividad, y a archivar el expediente en los restantes, obligando a los interesados a acudir a un juicio ordinario.

La polémica --surgida, a mi juicio, por una deficiente redacción legal– en torno a la consideración de no que parece la Ley de JV una ley adecuada para cambiar el actual modelo de seguridad jurídica preventiva y de fe pública, cuya probada eficacia y prestigio entre los justiciables y los operadores jurídicos está fuera de toda duda razonable.

La inapropiada referencia a la naturaleza jurídica de la JV judicial en sede de Exposición de Motivos. El carácter controvertido de la cuestión en la doctrina española y europea, unido a la, a mi juicio, cuestionable ausencia de reserva jurisdiccional en los supuestos de atribución de competencias a los Jueces, hacen aconsejable o bien incardinar la materia en los apartados 3 y 4 del art. 117 CE, o bien incluso, lo que sería más prudente, no abordar la cuestión de la naturaleza de la JV en el texto legal.

Señalados los pros y los contras, a mi juicio, del Proyecto de Ley, cabría afirmar, en definitiva, que el alto nivel técnico del texto legal –la aprobación en el Congreso de enmiendas contradictorias se reduce a dos artículos en materia de asistencia técnica y recursos–, la frustrada experiencia, de la que habrá que sacar consecuencias, que supuso la equiparación de procedimientos de diferente naturaleza, y el grado de confianza manifestado, por todos los grupos parlamentarios, en la profesionalidad de los operadores jurídicos y en la madurez de la sociedad civil, lo que se materializó en la desjudicialización de numerosas competencias, hacen factible, o al menos deseable, la aprobación de esta reforma legislativa en la presente legislatura, desde posiciones de consenso y de progreso, y con voluntad de permanencia en el tiempo, a fin de dar respuesta, también en esta parcela del Ordenamiento al desafío de una Justicia más moderna racional y eficaz[27].

En su comparecencia ante la Comisión de Justicia del Congreso de los Diputados, que tuvo lugar el 26 de marzo de 2008, el Ministro de Justicia, Francisco CAAMAÑO, se refirió a la Jurisdicción Voluntaria, en concreto a la conciliación y a la mediación, si bien obvió el compromiso, en cumplimiento del mandato legislativo pendiente, de enviar a las Cortes un Proyecto de Ley, con carácter global, de Jurisdicción Voluntaria, como se prevé en la Disposición Final 18 de la LEC. Las palabras, al respecto, del titular de la cartera de Justicia fueron las siguientes:

> "En este bloque de medidas para mejorar la calidad de nuestra justicia vamos a trabajar, también, en la búsqueda de fórmulas que contribuyan a reducir el número de litigios y la consiguiente carga de trabajo que soportan nuestros juzgados y tribunales.
>
> Si volvemos la mirada atrás y repasamos los programas de acción que desde el Ministerio de Justicia se proponían hace ya más de setenta y cinco años, comprobaremos que ciertas cosas siguen en la agenda de lo querido pero no logrado. Fernando DE LOS RÍOS allá por 1931 se lamentaba, como ministro de Justicia, de la carga de tareas que correspondían al juez más allá del núcleo de su función jurisdiccional por lo que se proponía, según sus palabras, "descargar a los Juzgados de lo que no tiene substantividad jurídica en un sentido ideológico ni en un sentido técnico", y citaba entre otras tareas las relativas a la jurisdicción voluntaria.
>
> Aquella necesidad sentida entonces sigue vigente hoy. Hay que trabajar para evitar que se judicialicen conflictos que pueden encontrar una solución menos costosa fuera del sistema. Con ese fin vamos a promover la regulación de mecanismos de mediación y conciliación mediante los que se puedan resolver controversias con el consiguiente ahorro de costes para la Administración de justicia en términos de carga de trabajo y congestión. En este sentido mi Departamento cumplirá el mandato establecido por las Cortes Generales mediante la Ley 15/2005, de 8 de julio, y remitirá a esta Cámara un proyecto de ley de mediación que incorpore la normativa de la Unión Europea sobre la materia".

---

[27] FERNÁNDEZ DE BUJÁN, "Esperando a la Jurisdicción Voluntaria", *Registradores*, n. 42, enero-febrero 2008, p. 49.

— 18 —

LA JURISDICCIÓN VOLUNTARIA: EN BUSCA DEL TIEMPO PERDIDO*

Esperando a la jurisdicción voluntaria

Es un mandato legislativo, constituye una urgente necesidad social, se conforma como una de las piezas que queda todavía por encajar en el organigrama de la Administración de la Justicia Civil, y se enmarca en una esfera del Ordenamiento de marcado carácter técnico-jurídico, y, no obstante todo ello, ha vuelto a ser utilizada, en algunos aspectos, como un campo de experimentación que, a la postre, ha resultado ser un campo de minas, lo que ha desembocado en la retirada del Proyecto de Ley por el Gobierno, el mismo día, el pasado 24 de octubre, en que iba a ser votado en el Pleno del Senado.

Antes de entrar en las razones que han llevado a la retirada de un Proyecto que había ya pasado el trámite de su aprobación en la Comisión de Justicia del Congreso, convendría referirse, en atención a su deseable consideración como avances definitivos en cualquier regulación futura de la materia, a las líneas esenciales que, contenidas en el Proyecto del Gobierno, no han sido cuestionadas ni en el campo de la ciencia jurídica, ni en sede parlamentaria:

a) La desjudicialización de competencias ubicadas en otras etapas históricas en sede judicial por razones de mera tradición, ordenación del sistema, oportunidad política o desconfianza frente a otros operadores jurídicos y su atribución a aquellos funcionarios y profesionales del derecho, notarios y registradores de la propiedad y mercantiles, a quienes corresponde con mayor propiedad el ejercicio de esta función pública de contenido administrativo.

---

* *Revista Jurídica Registradores*, Madrid, enero de 2008.

b) La redistribución de competencias en el seno del órgano jurisdiccional, lo que supone el reconocimiento de potestad decisoria a los secretarios judiciales, en el marco de la Jurisdicción Voluntaria, en todas aquellas materias que no se consideren de la exclusiva competencia judicial.

c) La posibilidad de que el ciudadano pueda optar, en numerosos procedimientos, entre acudir a un secretario judicial o a un notario o registrador, lo que otorga un mayor grado de libertad y de participación de los justiciables en la Administración de la Justicia.

Las discrepancias razonables se producen, en este punto, en la atribución de determinados procedimientos a Notarios y Registradores.

La seriedad con que, sin duda, se acometió el estudio de la JV, manifestada en la constitución de una Ponencia en el seno de la Comisión General de Codificación, que elaboró un valioso texto prelegislativo entre los años 2002 a 2005, que sirvió de base al Proyecto del Gobierno, la comparecencia, en trámite de asesoramiento del Congreso de los Diputados, de 14 expertos sobre la materia y las 562 enmiendas presentadas por todos los grupos parlamentarios, se vio frustrada, sin embargo, a mi juicio, por:

a) El cambio de concepción, respecto de lo previsto en el texto de la Ponencia, que supuso en el Proyecto la artificiosa equiparación entre procedimientos de diferente naturaleza, como son el judicial y el administrativo notarial y registral, lo que se materializó en la supresión de la contradicción, de los recursos y de la asistencia técnica y la representación procesal, en los procedimientos judiciales, siendo la artificiosa supresión de la contradicción, la deficiencia de mayor calado del texto legislativo, si bien había sido ya corregida en sede de la Comisión de Justicia del Congreso.

b) La oposición de algunos de los operadores jurídicos afectados, de forma singular, secretarios judiciales y abogados, ante la desacertada previsión que implicaba un estéril reduccionismo de la JV al ámbito negocial y administrativo, debido a la supresión de las connotaciones jurisdiccionales del procedimiento judicial.

   La JV ha evolucionado desde la tradicional concepción de ejercicio pacífico de los derechos, hasta su actual perfil de protección de intereses generales, públicos o sociales, así como de asuntos de tutela sumaria contradictoria, que el legislador considera que no tienen entidad suficiente para ser dirimidos por el cauce de la jurisdicción contenciosa.

c) La articulación de un procedimiento judicial general unitario y garantista, en contraposición a la vigente previsión legal, que adolecía de esta nota caracterizadora, y su aplicación tan sólo a menores e incapaces, con el riesgo de ineficacia del procedimiento sustanciado ante los Secretarios Judiciales, y de frustración de estos operadores jurídicos, que se verían obligados a tramitar tan sólo los supuestos de ausencia de conflictividad, y a archivar el expediente en los restantes, obligando a los interesados a acudir a un juicio ordinario.

d) La polémica –surgida, a mi juicio, por una deficiente redacción legal– en torno a la consideración de que no parece la Ley de JV una ley adecuada para cambiar el actual modelo de seguridad jurídica preventiva y de fe pública, cuya probada eficacia y prestigio entre los justiciables y los operadores jurídicos, está fuera de toda duda razonable.

e) La inapropiada referencia a la naturaleza jurídica de la JV judicial en sede de Exposición de Motivos. El carácter controvertido de la cuestión en la doctrina española y europea, unido a la, a mi juicio, cuestionable ausencia de reserva jurisdiccional en los supuestos de atribución de competencias a los Jueces, hacen aconsejable, o bien incardinar la materia en los apartados 3 y 4 del art. 117 CE, o bien incluso, lo que sería más prudente, no abordar la cuestión de la naturaleza de la JV en el texto legal.

Señalados los pros y los contras, a mi juicio, del Proyecto de Ley, cabría afirmar, en definitiva, que el alto nivel técnico del texto legal –la aprobación en el Congreso de enmiendas contradictorias se reduce a dos artículos en materia de asistencia técnica y recursos–, la frustrada experiencia, de la que habrá que sacar consecuencias, que supuso la equiparación de procedimientos de diferente naturaleza, y el grado de confianza manifestado, por todos los grupos parlamentarios, en la profesionalidad de los operadores jurídicos y en la madurez de la sociedad civil, lo que se materializó en la desjudicialización de numerosas competencias, hacen augurar la aprobación de esta reforma legislativa en la próxima legislatura, desde posiciones de consenso y de progreso, y con voluntad de permanencia en el tiempo, a fin de dar respuesta, también en esta parcela del Ordenamiento al desafío de una Justicia más moderna racional y eficaz.

BOLETÍN OFICIAL
DE LAS CORTES GENERALES

CONGRESO DE LOS DIPUTADOS

X LEGISLATURA

INFORME DE LA PONENCIA

121/000112 Proyecto de Ley de la Jurisdicción Voluntaria.

En cumplimiento de lo dispuesto en el artículo 97 del Reglamento de la Cámara, se ordena la publicación en el Boletín Oficial de las Cortes Generales del Informe emitido por la Ponencia sobre el Proyecto de Ley de la Jurisdicción Voluntaria, tramitado con competencia legislativa plena.

Palacio del Congreso de los Diputados, 27 de abril de 2015.—P.D. El Secretario General del Congreso de los Diputados, **Carlos Gutiérrez Vicén.**

A la Comisión de Justicia

La Ponencia encargada de redactar el Informe sobre el Proyecto de Ley de la Jurisdicción Voluntaria, integrada por los Diputados doña María Teresa Angulo Romero (GP), doña Beatriz Marta Escudero Berzal (GP), doña Amparo Ferrando Sendra (GP), don Gabriel Echávarri Fernández (GS), don Antoni Such Botella (GS), don Jordi Jané i Guasch (GC-CiU), don Gaspar Llamazares Trigo (GIP), doña Rosa María Díez González (GUPyD), don Aitor Esteban Bravo (GV-EAJ-PNV) y don Joan Tardà i Coma (GMx), ha estudiado dicha iniciativa, así como las enmiendas presentadas a la misma, y en cumplimiento de lo dispuesto en el artículo 113 del Reglamento, eleva a la Comisión el siguiente

INFORME

La Ponencia, por mayoría, acuerda la incorporación al texto del Proyecto de Ley de la Jurisdicción Voluntaria las enmiendas del Grupo Parlamentario Popular, números 370 a 451, salvo la 436. De la misma forma, rechaza las restantes enmiendas, sin perjuicio de su eventual consideración durante su debate en la Comisión. El texto aprobado se incluye dentro del Anexo.

Palacio del Congreso de los Diputados, 23 de abril de 2015.—**María Teresa Angulo Romero, Beatriz Marta Escudero Berzal, Amparo Ferrando Sendra, Gabriel Echávarri Fernández, Antoni Such Botella, Jordi Jané i Guasch, Gaspar Llamazares Trigo, Rosa María Díez González, Aitor Esteban Bravo y Joan Tardà i Coma,** Diputados.

ÍNDICE

Sección 3.ª De la guarda de hecho

Artículo 54. Requerimiento y medidas de control.

CAPÍTULO V. De la concesión judicial de la emancipación y del beneficio de la mayoría de edad

Artículo 55. Competencia y postulación.
Artículo 56. Solicitud.
Artículo 57. Tramitación y resolución.

CAPÍTULO VI. De la protección del patrimonio de las personas con discapacidad

Artículo 58. Ámbito de aplicación.
Artículo 59. Competencia, legitimación y postulación.
Artículo 60. Solicitud, tramitación y resolución del expediente.

CAPÍTULO VII. Del derecho al honor, a la intimidad y a la propia imagen del menor o persona con capacidad modificada judicialmente

Artículo 61. Ámbito de aplicación, competencia y legitimación.
Artículo 62. Tramitación y resolución.

CAPÍTULO VIII. De la autorización o aprobación judicial para la realización de actos de disposición, gravamen u otros que se refieran a los bienes y derechos de menores y personas con capacidad modificada judicialmente

Artículo 63. Ámbito de aplicación.
Artículo 64. Competencia, legitimación y postulación. Artículo 65. Solicitud.
Artículo 66. Tramitación.
Artículo 67. Resolución.
Artículo 68. Destino de la cantidad obtenida.

CAPÍTULO IX. De la declaración de ausencia y fallecimiento

Artículo 69. Ámbito de aplicación.
Artículo 70. Competencia, legitimación y postulación.
Artículo 71. Defensor judicial en caso de desaparición.
Artículo 72. Declaración de ausencia.
Artículo 73. Resolución y nombramiento de representante del ausente.
Artículo 74. Medidas provisionales.
Artículo 75. Práctica de inventario de bienes.
Artículo 76. Declaración de fallecimiento.
Artículo 77. Hechos posteriores a la declaración de ausencia o fallecimiento.
Artículo 78. Constancia del fallecimiento del desaparecido.
Artículo 79. Comunicación al Registro Civil.

CAPÍTULO X. De la extracción de órganos de donantes vivos

Artículo 80. Ámbito de aplicación y competencia.
Artículo 81. Solicitud y tramitación del expediente.
Artículo 82. Resolución.

Disposición final octava. Modificación de la Ley 33/2003, de 3 de noviembre, de Patrimonio de las Administraciones Públicas.

Artículos modificados: 20, 20 bis (nuevo), 20 ter (nuevo), 20 quáter (nuevo), Disposición adicional vigésima tercera (nueva), Disposición final vigésima cuarta y Disposición final segunda.

Disposición final novena. Modificación de la Ley 50/1980, de 8 de octubre, de Contrato de Seguro.

Artículo modificado: 38.

Disposición final décima. Modificación de la Ley 41/2003, de 18 de noviembre, de protección patrimonial de las personas con discapacidad y modificación del Código Civil, de la Ley de Enjuiciamiento Civil y de la Normativa Tributaria con esta finalidad.

Artículo modificado: 5.

Disposición final undécima. Modificación de la Ley de 28 de mayo de 1862, del Notariado.

Título VII. Intervención de los Notarios en expedientes y actas especiales (nuevo).

Artículos: 49, 50, 51, 52, 53, 53 bis (nuevo), 54, 55, 56, 57, 58, 59, 60, 61, 62, 63, 64, 65, 66, 67, 68, 69, 69 bis (nuevo), 70, 71, 72, 73, 73 bis (nuevo), 74, 75, 76 y 77, 78, 79, 80 y Disposición adicional primera (nueva).

Disposición final duodécima. Modificación de la Ley Hipotecaria.

Artículo modificado: 14.

Disposición final decimotercera. Modificación de la Ley, de 16 de diciembre de 1954, de Hipoteca Mobiliaria y prenda sin desplazamiento de la posesión.

Artículos modificados: 86, 87, 88 y 89.

Disposición final decimocuarta. Modificación del Texto Refundido de la Ley de Sociedades de Capital, aprobado por el Real Decreto Legislativo 1/2010, de 2 de julio.

Artículos modificados: 139, 141, 169, 170, 171, 265, 266, 377 380, 381, 389, 492 y 422.

Disposición final decimoquinta. Modificación de la Ley 211/1964, de 24 de diciembre, sobre regulación de la emisión de obligaciones por Sociedades que no hayan adoptado la forma de Anónimas, Asociaciones u otras personas jurídicas y la constitución del Sindicato de Obligacionistas.

Artículo sexto.

Disposición final decimosexta. Modificación de la Disposición transitoria única de la Ley 33/2006, de 30 de octubre, sobre igualdad del hombre y la mujer en el orden de sucesión de los títulos nobiliarios.

Modifica la Disposición transitoria única.

Disposición final decimoséptima. Modificación de la Ley 10/2012, de 20 de noviembre, por la que se regulan determinadas tasas en el ámbito de la Administración de Justicia y del Instituto Nacional de Toxicología y Ciencias Forenses.

Modifica la letra g) del apartado 1 del artículo 4.

Disposición final decimoctava. Gratuidad de determinados expedientes notariales y registrales.

Disposición final decimonovena. Título competencial.

Disposición final vigésima. Entrada en vigor.

EXPOSICIÓN DE MOTIVOS

I

La incorporación a nuestro ordenamiento jurídico de una Ley de la Jurisdicción Voluntaria forma parte del proceso general de modernización del sistema positivo de tutela del Derecho privado iniciado hace ahora más de una década. La Disposición final decimoctava de la Ley 1/2000, de 7 de enero, de Enjuiciamiento Civil, encomendaba al Gobierno la remisión a las Cortes Generales de un proyecto de Ley de jurisdicción voluntaria, una previsión legal vinculada con la construcción de un sistema procesal avanzado y homologable al existente en otros países.

Con la Ley de la Jurisdicción Voluntaria se da una mayor coherencia sistemática y racionalidad a nuestro ordenamiento jurídico procesal. En efecto, el lugar central de la Ley de Enjuiciamiento Civil en nuestro sistema de justicia, como norma encargada de la ordenación completa del proceso civil y de dar plenitud al sistema procesal en su conjunto, es difícilmente compatible con el mantenimiento en su articulado de algunas materias que merecían un tratamiento legal diferenciado, por mucho que su conocimiento correspondiera a los tribunales civiles.

Entre esas materias se encuentra, de forma pacíficamente aceptada, la jurisdicción voluntaria. Su regulación dentro de la Ley de Enjuiciamiento Civil, como ha ocurrido en España desde 1855, era fruto más bien de la vocación recopiladora de nuestro Derecho histórico que el resultado de la aplicación al ámbito jurídico-procesal de determinadas categorías conceptuales.Por esa razón ahora se opta, al igual que en la mayoría de las naciones de nuestro entorno, por separar la jurisdicción voluntaria de la regulación procesal común, manteniéndose entre ellas las relaciones naturales de especialidad y subsidiariedad que se producen entre normas dentro de cualquier sistema jurídico complejo.

Su regulación en una ley independiente supone, al mismo tiempo, el reconocimiento de la autonomía conceptual de la jurisdicción voluntaria dentro del conjunto de actividades jurídico-públicas legalmente atribuidas a los tribunales de justicia.

II

La Ley de la Jurisdicción Voluntaria no se justifica sólo como un elemento más dentro de un plan de racionalización de nuestro ordenamiento procesal civil. Tampoco como un simple cauce de homologación legislativa con otras naciones. La Ley de la Jurisdicción Voluntaria debe ser destacada, además, como contribución singular a la modernización de un sector de nuestro Derecho que no ha merecido tan detenida atención por el legislador o los autores como otros ámbitos de la actividad judicial, pero en el que están en juego intereses de gran relevancia dentro de la esfera personal y patrimonial de las personas.

Esta Ley es, en otras palabras, la respuesta a la necesidad de una nueva ordenación legal, adecuada, razonable y realista de la jurisdicción voluntaria. En la normativa anterior no era difícil advertir la huella del tiempo, con defectos de regulación y normas obsoletas o sin el adecuado rigor técnico.Las reformas parciales experimentadas en este tiempo no evitaron la pervivencia de disposiciones poco armónicas con instituciones orgánicas y procesales vigentes más modernas, lo que constituyó un obstáculo para alcanzar la eficacia que se espera de todo instrumento legal que debe servir como cauce de intermediación entre el ciudadano y los poderes públicos.

La Ley de la Jurisdicción Voluntaria aprovecha la experiencia de los operadores jurídicos y la doctrina emanada de los tribunales y de los autores para ofrecer al ciudadano medios efectivos y sencillos, que faciliten la obtención de determinados efectos jurídicos de una forma pronta y con respeto de todos los derechos e intereses implicados.

III

El interés del ciudadano ocupa un lugar central entre los objetivos de esta Ley. A lo largo de su articulado se establecen instrumentos sencillos, efectivos y adecuados a la realidad social a la que se aplican, en el caso de que requieran la intervención de los tribunales de justicia a través de cualquiera de los actos de jurisdicción voluntaria.

Este solo argumento justificaría la procedencia de cualquier reforma legal que afecte a la Justicia y a sus órganos, pues la actividad de estos, como toda labor pública en la que esté en juego la existencia o efectividad de derechos subjetivos, debe ser apta para lograr el efecto que se desea por medios que no generen insatisfacción o frustración entre los interesados. De ahí que la Ley de la Jurisdicción Voluntaria facilite a los ciudadanos una regulación legal sistemática, ordenada y completa de los diferentes expedientes que se contienen en ella, actualizando y simplificando las normas relativas a su tramitación, tratando de optar por el cauce menos costoso y más rápido, desde el respeto máximo de las garantías y de la seguridad jurídica, y tomando especial cuidado en la ordenación adecuada de sus actos e instituciones.

Se trata, de este modo, de regular los expedientes de jurisdicción voluntaria de manera que el ciudadano se vea amparado con el grado de efectividad que demanda una sociedad cada vez más consciente de sus derechos y cada vez más exigente con sus órganos públicos. En ocasiones, el objetivo anterior se consigue con una mera puesta al día de las actuaciones que componen un determinado expediente. En otras, dicho objetivo se busca desde la simplificación, conjunción y armonización de sus preceptos con otros integrados en normas procesales o sustantivas. En especial, se toma particular cuidado en adaptar la regulación de los expedientes de jurisdicción voluntaria a los principios, preceptos y normas generales contenidas en la Ley de Enjuiciamiento Civil, tratándose de soslayar con ello problemas de interpretación y dándose respuesta a algunas lagunas legales y aporías.

Esta Ley se ha elaborado al mismo tiempo que otras reformas, afectando a las mismas normas, como las leyes de modificación del sistema de protección a la infancia y adolescencia, que darán una nueva regulación, entre otras cuestiones, al acogimiento y adopción de menores. Ello obliga a coordinar el contenido de estas leyes.

También se busca la adaptación a la Convención de Naciones Unidas sobre Derechos de las Personas con Discapacidad, la cual afecta a la nueva terminología, en la que se abandona el empleo de los términos de incapaz o incapacitación, que se sustituyen por la referencia a las personas cuya capacidad está modificada judicialmente.

IV

Al operar como cauce de actuación y de efectividad de determinados derechos regulados en el Código Civil, en el Código de Comercio y en la legislación especial de Derecho privado, no es difícil deducir el carácter adjetivo o auxiliar de la jurisdicción voluntaria, si bien con diferencias sustanciales con respecto a la jurisdicción, en sentido propio.

La jurisdicción voluntaria se vincula con la existencia de supuestos en que se justifica el establecimiento de limitaciones a la autonomía de la voluntad en el ámbito del Derecho privado, que impiden obtener un determinado efecto jurídico cuando la trascendencia de la materia afectada, la naturaleza del interés en juego o su incidencia en el estatuto de los interesados o afectados, así lo justifiquen. O también, con la imposibilidad de contar con el concurso de las voluntades individuales precisas para constituir o dar eficacia a un determinado derecho.

La virtualidad de tales efectos requiere la actuación del Juez, en atención a la autoridad que el titular de la potestad jurisdiccional merece como intérprete definitivo de la ley, imparcial, independiente y esencialmente desinteresado en los asuntos que ante ella se dilucidan. Circunstancia que los hace especialmente aptos para una labor en la que está en juego la esfera de los derechos de los sujetos.

No obstante, resulta constitucionalmente admisible que, en virtud de razones de oportunidad política o de utilidad práctica, la ley encomiende a otros órganos públicos, diferentes de los órganos jurisdiccionales, la tutela de determinados derechos que hasta el momento actual estaban incardinados en la esfera de la jurisdicción voluntaria y que no afectan directamente a derechos fundamentales o suponen afectación de intereses de menores o personas que deben ser especialmente protegidas, y así se ha hecho en la presente Ley.

V

Precisamente sobre la base de la experiencia aplicativa de nuestro sistema de jurisdicción voluntaria, y desde la ponderación de la realidad de nuestra sociedad y de los diferentes instrumentos en ella existentes para la actuación de los derechos, no es nuevo el debate sobre si sería pertinente mantener en este campo la exclusividad de los tribunales de justicia —y, dentro de ellos, del personal jurisdicente—, o si sería preferible encomendar su conocimiento a otros órganos y funcionarios públicos.

Buscando dar una respuesta idónea a las cuestiones anteriores, la Ley de la Jurisdicción Voluntaria, conforme con la experiencia de otros países, pero también atendiendo a nuestras concretas necesidades, y en la búsqueda de la optimización de los recursos públicos disponibles, opta por atribuir el conocimiento de un número significativo de los asuntos que tradicionalmente se incluían bajo la rúbrica de la jurisdicción voluntaria a operadores jurídicos no investidos de potestad jurisdiccional, tales como Secretarios judiciales, Notarios y Registradores de la Propiedad y Mercantiles, compartiendo con carácter general la competencia para su conocimiento. Estos profesionales, que aúnan la condición de juristas y de titulares de la fe pública, reúnen sobrada capacidad para actuar, con plena efectividad y sin merma de garantías, en algunos de los actos de jurisdicción voluntaria que hasta ahora se encomendaban a los Jueces. Si bien la máxima garantía de los derechos de la ciudadanía viene dada por la intervención de un Juez, la desjudicialización de determinados supuestos de Jurisdicción Voluntaria sin contenido jurisdiccional, en los que predominan los elementos de naturaleza administrativa, no pone en riesgo el cumplimiento de las garantías esenciales de tutela de los derechos e intereses afectados.

La solución legal dada es acorde con los postulados de nuestra Carta Magna y, además, oportuna en atención a diferentes factores. El prestigio adquirido a lo largo de los años por estos Cuerpos de funcionarios entre los ciudadanos es un elemento que ayuda a despejar cualquier incógnita sobre su aptitud para intervenir en la tutela administrativa de determinados derechos privados, como protagonistas principales que son de nuestro sistema de fe pública y garantes de la seguridad jurídica, sin olvidar el hecho de que muchos de los actos de jurisdicción voluntaria tienen por objeto obtener la certeza sobre el estado o modo de ser de determinados negocios, situaciones o relaciones jurídicas que dichos profesionales están en inmejorable condición para apreciarlos adecuadamente.

Junto a lo anterior, la consideración de los recursos organizativos personales y medios materiales puestos en la actualidad a su disposición, así como del elevado grado de modernización y especialización que alcanza hoy la Administración pública, profesionalizada y regida por los principios de objetividad, eficacia e interdicción de la arbitrariedad, y sujeta a la Ley y al Derecho por mandato constitucional, justifican igualmente la apuesta por la desjudicialización de ciertas materias que hasta ahora eran atribuidas a Jueces y Magistrados. Esto último pone de relieve que hoy han perdido vigencia algunas de las razones que justificaron históricamente la atribución de la jurisdicción voluntaria, en régimen de exclusividad, a los Jueces; pues, junto a ellos, las sociedades avanzadas cuentan en la actualidad con otras opciones viables para la efectividad de los derechos privados, cuando para ello se requiera la intervención o mediación de órganos públicos.

VI

De la separación de determinados asuntos del ámbito competencial de los Jueces y Magistrados sólo cabe esperar, pues, beneficios para todos los sujetos implicados en la jurisdicción voluntaria: para el ciudadano, en la medida en que ello debe tener como consecuencia, cuando precise la actuación del Estado para la actuación de un determinado derecho, una mayor efectividad de sus derechos sin pérdida de garantías; para Secretarios judiciales, Notarios y Registradores de la Propiedad y Mercantiles, por la nueva dimensión que se les da como servidores públicos, consecuente con su real cualificación técnica y el papel relevante que desempeñan en el tráfico jurídico; y, en último término, para Jueces y Magistrados, que pueden centrar sus esfuerzos en el cumplimiento de la esencial misión que la Constitución les encomienda, como exclusivos titulares de la potestad jurisdiccional y garantes últimos de los derechos de las personas.

La distribución de los asuntos entre estos profesionales se ha realizado siguiendo criterios de racionalidad, buscando desde el primer momento el máximo consenso con los colectivos implicados, con voluntad de permanencia en el tiempo, adaptándose a la actual realidad social, plenamente garantista en la realización de los derechos e intereses de los afectados, a fin de dar respuesta, también en esta parcela del ordenamiento, al desafío de una Justicia más moderna y eficaz.

El objetivo trazado en el plan inicial era asignar cada materia a aquel operador jurídico a quien, por su cercanía material o por garantizar una respuesta más pronta al ciudadano, era aconsejable que se hiciera cargo de su conocimiento; o a aquél a quien, en virtud de la naturaleza del interés o del derecho en juego, le fuera constitucionalmente exigible encargarse de la tramitación de dicha materia.

Sin embargo, finalmente se ha optado, con carácter general, por la alternatividad entre diferentes profesionales en determinadas materias específicas que se desgajan de la órbita de la Autoridad Judicial. Se establecen competencias compartidas entre Secretarios judiciales, Notarios o Registradores, lo que es posible atendiendo a que son funcionarios públicos y a las funciones que desempeñan: los Secretarios judiciales y Notarios son titulares de la fe pública judicial o extrajudicial, y los Registradores tienen un conocimiento directo y especializado en el ámbito del derecho de propiedad y en el mercantil, en concreto en sociedades.

La facultad que con ello tienen los ciudadanos de acudir a diferentes profesionales en materias que tradicionalmente quedaban reservadas al ámbito judicial, sólo puede interpretarse como una ampliación de los medios que esta ley pone a su disposición para garantizar sus derechos.

Constituye una garantía para el ciudadano, que ve optimizada la atención que se le presta, al poder valorar las distintas posibilidades que se le ofrecen para elegir aquella más acorde con sus intereses. Ningún aspecto de los ciudadanos se verá perjudicado dado que puede acudir o al Secretario judicial, haciendo uso de los medios que la Administración de Justicia pone a su disposición, o al Notario o Registrador, en cuyo caso deberá abonar los aranceles correspondientes.

La reforma contempla, con un criterio de prudencia dada la procedencia de estos expedientes del ámbito judicial, ciertos límites al principio de libre elección del Notario por el requirente, al establecer criterios de competencia territoriales que tienen una conexión razonable con los elementos personales o reales del expediente. No obstante, se avanza hacia una mayor flexibilización de las reglas competenciales respecto de las vigentes actualmente en el ámbito judicial.

Para el mejor cumplimiento de esos fines, la Ley de Jurisdicción Voluntaria, a diferencia de algunos intentos anteriores de regulación, trata de evitar en la medida de lo posible la alternatividad entre los juzgados y otros operadores jurídicos, es decir, la posibilidad de acudir indistintamente a diferentes operadores para la obtención de un mismo efecto jurídico. Con ello se conjura la producción de duplicidades indeseables, contribuyéndose también a la clarificación de las funciones de cada uno y, con ello, a la seguridad jurídica, también exigible y relevante en este tipo de negocios jurídicos.

VI bis (nuevo)

Por lo que se refiere a los expedientes que se mantienen en el seno de la Administración de Justicia, el criterio seguido por la Ley de la Jurisdicción Voluntaria es el de otorgar el impulso y la dirección de los expedientes a los Secretarios judiciales, atribuyéndose al Juez o al propio Secretario judicial, según el caso, la decisión de fondo que recaiga sobre aquellos y las demás resoluciones que expresamente se indiquen por esta ley. Se reserva la decisión de fondo al Juez de aquellos expedientes que afectan al interés público o al estado civil de las personas, los que precisan una específica actividad de tutela de normas sustantivas, los que pueden deparar actos de disposición o de reconocimiento, creación o extinción de derechos subjetivos o cuando estén en juego los derechos de menores o personas con capacidad modificada judicialmente, en la nueva terminología a la que ya se ha hecho referencia. De este modo, el Juez es el encargado de decidir, como regla general, los expedientes de jurisdicción voluntaria en materia de personas y de familia, y también alguno de los expedientes en materia mercantil y de Derecho de obligaciones y sucesorio que no se encomiendan a Secretarios judiciales, Notarios o Registradores.

VII

Los Secretarios judiciales asumen, como se ha señalado, un papel acorde a las funciones procesales que se les atribuyen tras la entrada en vigor de la Ley 13/2009, de 3 de noviembre, de reforma de la legislación procesal para la implantación de la nueva Oficina judicial. De este modo, se materializa la previsión contenida en el artículo 456 de la Ley Orgánica del Poder Judicial, que otorga competencias al Secretario judicial en materia de jurisdicción voluntaria cuando así lo prevean las leyes procesales, que da respuesta a la recomendación contenida en diferentes documentos oficiales (la Recomendación del Consejo de Europa de 1986, el Libro Blanco de la Justicia, elaborado en el seno del Consejo General del Poder Judicial en 1997, o el Pacto de Estado para la Reforma de la Justicia, suscrito por los principales grupos parlamentarios el 28 de mayo de 2001). Esta habilitación legal, sin embargo, ha de hacerse compatible con las importantes funciones que tienen de dirección procesal de los procedimientos civiles y con la jefatura de la oficina judicial que también les corresponde. Por ello, se ha procurado que la atribución de competencias a los Secretarios judiciales en materia de jurisdicción voluntaria no se haga a costa de perjudicar el ejercicio de las otras importantes misiones que por ley les corresponden, tomando especial cuidado de hacerles cargo de la decisión de los expedientes en donde mejor y más eficazmente pueden servir a los intereses de los ciudadanos.

En primer lugar, al Secretario judicial incumbirá el impulso del expediente de jurisdicción voluntaria dentro de sus funciones de dirección técnica procesal, así como dictar las resoluciones interlocutorias que sean precisas. Para el desempeño de esta labor cuentan con la posibilidad legal, expresamente prevista en el artículo 438.3 y 5 de la Ley Orgánica del Poder Judicial, de utilizar los servicios comunes de las oficinas judiciales.

Asimismo, el Secretario judicial va a encargarse de la decisión de algunos expedientes en los que se pretende obtener la constancia fehaciente sobre el modo de ser de un determinado derecho o situación jurídica, y siempre que no implique reconocimiento de derechos subjetivos: cumplen estas condiciones el nombramiento de defensor judicial o la declaración de ausencia y de fallecimiento —entre los expedientes en materia de personas—.

A los Notarios y a los Registradores de la propiedad y mercantiles se les encomienda el conocimiento de aquellas materias donde su grado de preparación y su experiencia técnica favorecen la efectividad de los derechos y la obtención de la respuesta más pronta para el ciudadano. Su participación como órgano público responsable, en el caso de los Notarios, tiene lugar en la mayoría de los actos de carácter testamentario sucesorio, como la declaración de herederos abintestato o la adveración y protocolización de los testamentos, pero también realizando los ofrecimiento de pago o admitiendo depósitos y procediendo a la venta de los bienes depositados.

Como los Secretarios judiciales y Notarios son titulares de la fe pública judicial o extrajudicial se les atribuye, de forma concurrente, la tramitación y resolución de determinados expedientes de sucesiones, la consignación de deudas pecuniarias y también las subastas voluntarias.

Igualmente se produce la concurrencia en el ámbito mercantil. La intervención del Registrador mercantil, junto al Secretario judicial, se justifica por la especialidad material de estos expedientes en donde asume un relevante protagonismo.

Lógicamente, en todos los supuestos en los que se establece una competencia concurrente entre varios operadores jurídicos, iniciada o resuelta definitivamente una actuación por uno de ellos no será posible la iniciación o continuación de otro expediente con idéntico objeto ante otro.

No obstante, en la medida que la presente Ley de la Jurisdicción Voluntaria desjudicializa y encomienda a Notarios y Registradores de la propiedad y mercantiles determinados expedientes en exclusividad, se prevé que los ciudadanos que tengan que acudir a los mismos puedan obtener el derecho de justicia gratuita, para evitar situaciones de imposibilidad de ejercicio de un derecho, que hasta ahora era gratuito, por falta de medios».

VIII

Es oportuno realizar alguna consideración más acerca de la posición que ocupa esta Ley dentro del sistema de tutela del Derecho privado, así como sobre su estructura interna. Como parte de ese aludido plan de racionalización y modernización del ordenamiento jurídico, la Ley de la Jurisdicción Voluntaria opera como norma general en su específico ámbito de regulación. Ello garantiza la plenitud del sistema, así como la existencia de norma aplicable en todo caso, evitándose la producción de lagunas.

La Ley de la Jurisdicción Voluntaria contiene las normas comunes para la tramitación de los expedientes de esta naturaleza regulados por las leyes, cuyo conocimiento se atribuye al Juez o al Secretario judicial, dando así coherencia interna a su articulado. Ello le otorga análoga vocación codificadora a la que en su momento correspondió, «mutatis mutandis», a la Ley 1/2000, de 7 de enero, en relación con la denominada jurisdicción contenciosa. Razonablemente también, aquellos actos que, con la nueva regulación, quedan fuera del ámbito competencial de los tribunales de justicia se regulan extramuros de esta Ley, en otras normas dentro del ordenamiento jurídico a las que se da nueva redacción en sus disposiciones finales.

Respecto a sus rasgos característicos generales, la Ley de la Jurisdicción Voluntaria parte de la regulación de una serie de normas comunes, atinentes a su ámbito de aplicación, presupuestos procesales del órgano judicial y de las partes, y a la tramitación del expediente. Estas normas dan forma a un procedimiento general de jurisdicción voluntaria, de aplicación subsidiaria a cada uno de los expedientes en lo no específicamente establecido por cada una de las regulaciones particulares.

En ocasiones, para evitar duplicidades en la regulación de determinadas materias, la Ley se remite a la legislación civil o mercantil cuando en ella se regula un determinado expediente.

Se trata de una solución plenamente respetuosa con la realidad de nuestro ordenamiento jurídico, pues, en efecto, la ordenación de algunas instituciones de Derecho privado explicita los rasgos esenciales del procedimiento para obtener de la autoridad judicial el concreto efecto jurídico a que aquélla se refiere. Esta solución es menos perturbadora que otras, considerando que la opuesta —que consistiría en trasladar todas esas normas desde la ley sustantiva a esta Ley— implicaría dejar vacíos de contenido numerosos preceptos del Código Civil u otras normas de nuestro ordenamiento jurídico. La prudencia, que siempre debe presidir toda reforma legal, obliga a optar por el mantenimiento de algunas de estas normas en su sede actual, sin perjuicio de que en el futuro razones de política legislativa puedan aconsejar otras posibles soluciones.

IX

La distribución de los actos de jurisdicción voluntaria entre diferentes operadores jurídicos se refleja también en la estructura de esta Ley. El criterio que se sigue es, por razones de sistemática legislativa, el de extraer de su articulado la regulación de todos aquellos expedientes cuya tramitación se mantiene fuera de la Administración de Justicia, con la consecuencia de que tan sólo se regularán en su seno los actos de la competencia del Juez o del Secretario judicial.

Por su lado, los expedientes encargados a Notarios y a Registradores se regulan respectivamente en la legislación notarial e hipotecaria. A tal efecto, las disposiciones finales de la presente Ley introducen las modificaciones correspondientes de la Ley de 28 de mayo de 1862, del Notariado, para incorporar la tramitación procedimental de los expedientes que se les encomiendan. El Texto Refundido de la Ley Hipotecaria (aprobada por el Decreto de 8 de febrero de 1946) no se modifica en esta Ley, salvo lo que se refiere al artículo 14 en lo que se explica más adelante, sino por las normas de puesta en práctica del informe de la Comisión para la Reforma de las Administraciones Públicas, aprobado por el Consejo de Ministros de 21 de junio de 2013, atendiendo, en este caso, a la relevancia que tiene la inaplazable coordinación entre el Catastro y el Registro y el establecimiento de la regulación de un sistema de comunicación bidireccional entre ambas instituciones.

Hecha esta precisión, se debe señalar que los preceptos de la Ley de la Jurisdicción Voluntaria se integran en títulos y éstos a su vez en capítulos y, ocasionalmente, en secciones.

En su título preliminar, bajo la rúbrica «Disposiciones generales», se contienen normas sobre su ámbito de aplicación, competencia objetiva, legitimación y postulación, intervención del Ministerio Fiscal, y el criterio general sobre práctica de la prueba, entre otras relevantes previsiones. La ley define su ámbito de aplicación sobre una base puramente formal, sin doctrinarismos, entendiendo que sólo serán de aplicación los preceptos que la conforman a los expedientes de jurisdicción voluntaria que, estando legalmente previstos, requieran la intervención de un órgano jurisdiccional en materia de Derecho civil y mercantil, sin que exista controversia que deba sustanciarse en un proceso contencioso, fórmula que facilita la determinación de dicho ámbito. La competencia objetiva se atribuye genéricamente a los Juzgados de Primera Instancia o de lo Mercantil, en su caso, pero la designación del sujeto a quien corresponde la resolución dentro del órgano se determina en las normas particulares de cada expediente.

En cuanto a la postulación y defensa, la ley no establece un criterio general, dejando el carácter preceptivo de la intervención de Abogado y Procurador a cada caso concreto. Destaca, igualmente, la incorporación de una norma general que regula los efectos de la pendencia de un expediente de jurisdicción voluntaria, conforme con la cual se impide la tramitación simultánea o sucesiva de dos o más expedientes con idéntico objeto dándose preferencia al primero que se hubiera iniciado. Al mismo tiempo, se niega a la resolución del expediente eficacia impeditiva sobre los procesos jurisdiccionales posteriores que se planteen con idéntico objeto, y, de forma equivalente, de acreditarse la pendencia de un expediente de jurisdicción voluntaria sobre el mismo objeto acerca del que existe demanda interpuesta, se procederá al archivo del expediente.

En cuanto a sus efectos económicos, los gastos ocasionados por un expediente de jurisdicción voluntaria serán de cuenta del solicitante, salvo que la ley disponga otra cosa. Se descarta, de forma razonable, la traslación a este ámbito del criterio general objetivo o del vencimiento del proceso civil dado que, por la naturaleza de este tipo de peticiones, no cabe entender la existencia de vencedores ni vencidos en el expediente.

Los dos capítulos que integran el título I regulan, respectivamente, las normas de Derecho internacional privado de la ley (en las cuales se establece el criterio general de competencia internacional para conocer de los expedientes, la remisión a las normas de conflicto de Derecho internacional privado, así como normas especificas para el reconocimiento y eficacia en España de los actos de jurisdicción voluntaria acordados por autoridades extranjeras), y las normas procedimentales generales, aplicables a todos los expedientes de esta ley en lo no establecido por sus normas específicas. Con relación a esto segundo, se regula el expediente adoptándose un punto de vista dinámico, desde su iniciación hasta su decisión, incluyéndose normas sobre acumulación de expedientes, tratamiento procesal de la competencia, admisión de la solicitud y situación de los interesados, celebración de la comparecencia oral, decisión del expediente y régimen de recursos, materia ésta última en la que la ley se remite a lo establecido, con carácter general, por la Ley de Enjuiciamiento Civil. Cuestión a destacar es que, salvo que la ley expresamente lo prevea, la formulación de oposición por alguno de los interesados no hará contencioso el expediente, ni impedirá que continúe su tramitación hasta que sea resuelto. La ley establece que la oposición a la remoción de la tutela o a la adopción hace contencioso el procedimiento.

El título II regula los expedientes de jurisdicción voluntaria en materia de personas: en concreto, el ordenado a obtener la autorización judicial del reconocimiento de la filiación no matrimonial, el de habilitación para comparecer en juicio y el nombramiento del defensor judicial —estos dos se atribuyen al Secretario judicial—, así como la adopción de menores y las cuestiones relativas a la tutela, la curatela y la guarda de hecho. Este título incluye también los expedientes la concesión judicial de la emancipación y del beneficio de la mayoría de edad, la adopción de medidas de protección del patrimonio de las personas con discapacidad o la obtención de aprobación judicial del consentimiento prestado a las intromisiones legítimas en el derecho al honor, a la intimidad o la propia imagen de menores o personas con capacidad modificada judicialmente. Dentro de este mismo título se regula también la obtención de autorización o aprobación judicial para realizar actos de disposición, gravamen u otros que se refieran a los bienes o derechos de menores y personas con capacidad modificada judicialmente, y, por último, el procedimiento para la constatación de la concurrencia del consentimiento libre y consciente del donante y demás requisitos exigidos para la extracción y trasplante de órganos de un donante vivo, de manera concordante con la legislación interna e internacional aplicable. El acogimiento está regulado por separado en previsión de una futura desjudicialización del procedimiento.

Se ha procedido a modificar el sistema legal actual de declaración de fallecimiento, para prever un expediente de carácter colectivo e inmediato, para todas aquellas personas respecto a las que se acredite que se encontraban a bordo de una nave o aeronave cuyo siniestro se haya verificado, tratando de dar mejor solución a los problemas e incidencias que se producen a los familiares de residentes en España que en cualquier lugar del mundo se vean involucrados en un siniestro del que pueda colegirse la certeza absoluta de su muerte. La legitimación se otorga únicamente al Ministerio Fiscal, dada la especialidad del supuesto, y se establece un régimen de competencia distinto según el siniestro ocurra en España o fuera.

El título III contiene los expedientes de jurisdicción voluntaria en materia de familia y, dentro de ellos, la dispensa del impedimento de muerte dolosa del cónyuge anterior, que hasta ahora correspondía al Ministro de Justicia, y el de parentesco para contraer matrimonio, el de intervención judicial en relación con la adopción de medidas específicas para el caso de desacuerdo en el ejercicio de la patria potestad o para el caso de ejercicio inadecuado de la potestad de guarda o de administración de los bienes del menor o persona con capacidad modificada judicialmente y también un expediente para los casos de desacuerdo conyugal y en la administración de bienes gananciales. También se ha eliminado la dispensa matrimonial de edad, al elevarla de 14 a 16 años, de acuerdo con la propuesta realizada por los Ministerios de Justicia y de Sanidad, Servicios Sociales e Igualdad.

El título IV regula los expedientes de jurisdicción voluntaria que se atribuyen a los órganos jurisdiccionales en materia de derecho sucesorio: por un lado los que se reservan al ámbito judicial como la rendición de cuentas del albaceazgo, autorizaciones de actos de disposición al albacea o el de autorización o aprobación de la aceptación o repudiación de la herencia en los casos determinados por la ley; y por otro los que serán a cargo Secretario judicial con competencia compartida con los Notarios como la renuncia o prórroga del cargo de albacea o contador partidor, la designación de éste y la aprobación de la partición de la herencia realizada por el contador- partidor dativo. De los demás expedientes de Derecho sucesorio se hacen cargo, como hemos visto, los Notarios.

El título V contempla los expedientes relativos al Derecho de obligaciones, en concreto, para la fijación del plazo para el cumplimiento de las obligaciones cuando proceda, del que conocerá el Juez, y la consignación judicial a cargo del Secretario judicial.

El título VI se refiere a los expedientes de jurisdicción voluntaria relativos a los derechos reales, constituidos por la autorización judicial al usufructuario para reclamar créditos vencidos que formen parte del usufructo, y por el expediente de deslinde sobre fincas que no estuvieran inscritas en el Registro de la Propiedad que será a cargo del Secretario judicial.

El título VI bis incluye la regulación de las subastas voluntarias, a realizar por el Secretario judicial de forma electrónica.

El título VII incorpora los expedientes en materia mercantil atribuidos a los Jueces de lo Mercantil: exhibición de libros por parte de los obligados a llevar contabilidad y disolución judicial de sociedades. Junto a ellos se regulan aquellos que son atribuidos a los Secretarios judiciales, cuyo conocimiento compartirán con los Registradores mercantiles, como la convocatoria de las juntas generales o de la asamblea general de obligacionistas, la reducción de capital social, amortización o enajenación de las participaciones o acciones o el nombramiento de liquidador, auditor o interventor. También se incluyen los expedientes de robo, hurto, extravío o destrucción de título valor o representación de partes de socio y el nombramiento de perito en los contratos de seguro, cuya competencia también está atribuida a los Notarios.

Por último, en el título VIII se contiene el régimen jurídico del acto de conciliación de forma completa, trasladando y actualizando a esta ley lo hasta ahora establecido en la anterior Ley de Enjuiciamiento Civil, sin perjuicio de que, en ejercicio de su autonomía de la voluntad, las personas tengan la posibilidad de obtener acuerdos en aquellos asuntos de su interés de carácter disponible, a través de otros cauces, por su sola actuación o mediante la intervención de otros intermediarios u operadores jurídicos, como los Notarios.

X

Como colofón, junto a la disposición derogatoria general y a las disposiciones adicionales sobre las modificaciones y desarrollos reglamentarios requeridos por esta Ley, se incorporan en disposiciones finales las modificaciones pertinentes del Código Civil, el Código de Comercio, de la Ley de Enjuiciamiento Civil, la Ley de Registro Civil, la Ley de Notariado, la Ley Hipotecaria, la Ley de Hipoteca Mobiliaria y prenda sin desplazamiento de la posesión, además de la necesaria modificación de la Ley de Patrimonio de las Administraciones Públicas, de la Ley del Contrato de Seguros, de la Ley de Sociedades de Capital, de la Ley de protección patrimonial de las personas con discapacidad y la Ley por la que se regulan determinadas tasas en el ámbito de la Administración de Justicia y del Instituto Nacional de Toxicología y Ciencias Forenses.

La modificación del Código Civil tiene por objeto la adaptación de muchos de sus preceptos a las nuevas previsiones contenidas en esta Ley, al tiempo que se introducen modificaciones que afectan a la determinación de la concurrencia de los requisitos para contraer matrimonio y su celebración, así como la regulación de la separación o divorcio de mutuo acuerdo de los cónyuges sin hijos menores de edad fuera del ámbito judicial, atribuyendo al Secretario judicial y al Notario las funciones que hasta ahora correspondían al Juez y que también conllevan una reforma de la Ley 20/2011, de 21 de julio, del Registro Civil, de la Ley de Enjuiciamiento Civil y de la Ley del Notariado.

También se introduce, por considerarse necesario su adaptación a la nueva realidad social y desarrollo legislativo en el ámbito penal, una nueva regulación de las causas de indignidad para heredar.

Muy importante es también la nueva regulación que del acta o expediente previo a la celebración del matrimonio recoge el Código Civil, encomendando su tramitación al Secretario judicial, Notario, al Encargado del Registro Civil o al Cónsul o funcionario diplomático o consular Encargado del Registro Civil en el extranjero, al tiempo que la celebración del mismo podrá tener lugar ante el Secretario judicial, Notario, funcionario diplomático o consular, Juez de Paz y Alcalde u concejal en el que este delegue. Todo ello se enmarca igualmente en el proceso de diversificación de los elementos personales ante los que se lleva a efecto la autorización de determinados actos, que permite la concentración de la Administración de Justicia a la labor fundamental que la Constitución les atribuye de juzgar y ejecutar lo juzgado.

Las modificaciones en materia de matrimonio también conllevan los ajustes que se realizan en la Ley 24/1992, de 10 noviembre, por la que se aprueba el Acuerdo de Cooperación del

Estado con la Federación de Entidades Religiosas Evangélicas de España, la Ley 25/1992, de 10 de noviembre, por la que se aprueba el Acuerdo de Cooperación del Estado con la Federación de Comunidades Israelitas de España y la Ley 26/1992, de 10 de noviembre, por la que se aprueba el Acuerdo de Cooperación del Estado con la Comisión Islámica de España. Además, en relación con la Ley 25/1992, de 10 de noviembre, se atiende la petición dirigida por esta Federación para que su denominación pase a ser la de Federación de Comunidades Judías de España.

Igualmente, y en atención al pluralismo religioso existente en la sociedad española, y teniendo en cuenta que al día de hoy han sido reconocidas con la declaración de notorio arraigo, se ha contemplado en el Código Civil a estos colectivos el derecho a celebrar matrimonio religioso con efectos civiles, equiparándose al resto de confesiones que ya disfrutaban de esta realidad.

En la Ley del Notariado se prevé las reformas derivadas de las nuevas atribuciones otorgadas al Notario, siendo de destacar la previsión para reclamar notarialmente deudas dinerarias que resulten no contradichas y que permiten lograr una carta de pago voluntaria o la formación mediante un expediente, de un título ejecutivo extrajudicial al que el deudor podrá oponer, en vía judicial, no solo el pago sino todas aquellas causas establecidas en el artículo 557 de la Ley de Enjuiciamiento Civil. No es un procedimiento monitorio o de pequeña cuantía sino que se sigue la técnica del R 805/2004, quedando excluidas las reclamaciones en las que intervenga un consumidor o usuario de servicios, o las derivadas de la Ley de Propiedad Horizontal por las especialidades que concurren en ellas, así como las materias indisponibles por razón de su materia. Se considera que esta nueva vía para la reclamación de cantidades líquidas ya vencidas y no pagadas puede contribuir de forma notable a una importante disminución del volumen de asuntos que ingresa anualmente en los Juzgados, al constituirse como una alternativa a la reclamación de las deudas en vía judicial.

Las reformas del Código Civil y de la Ley del Notariado derivadas de las modificaciones que en materia de sucesiones y, en especial, lo que se refiere a títulos sucesorios exigen las nuevas normas de jurisdicción voluntaria, han llevado también a modificar la Ley de Patrimonio de las Administraciones Públicas. En este caso, para reconocer a la Administración Pública la facultad de declaración de heredero abintestato, a favor de la Administración General del Estado, de las ComunidadesAutónomas u otros organismos, materia que también se desjudicializa, suprimiéndose el tradicional reparto en tres partes del haber hereditario y estableciendo que una de ellas será ingresada en el tesoro público y las otras dos para asistencia social. Ello justifica también la reforma del artículo 14 de la Ley Hipotecaria para reconocer como título de la sucesión hereditaria, a los efectos del Registro, junto al testamento y al contrato sucesorio, el acta de notoriedad para la declaración de herederos abintestato, la declaración administrativa de heredero abintestato a favor del Estado o de las Comunidades Autónomas y el certificado sucesorio europeo.

XI

La modificación de la Ley de Enjuiciamiento Civil sirve también para actualizar el procedimiento para el retorno de los menores en los casos de sustracción internacional, al objeto de asegurar una mejor protección del menor y de sus derechos. Esta reforma revisa la opción legislativa consistente en mantener esta materia dentro del campo de la jurisdicción voluntaria y fuera del ámbito propio de los procesos contenciosos de familia, pues se trata de procesos que poco tienen que ver con las normas relativas a la jurisdicción voluntaria. Por este motivo se aborda ahora su regulación como un proceso especial y con sustantividad propia, a continuación de los procesos matrimoniales y de menores en la Ley de Enjuiciamiento Civil. La reforma también moderniza este procedimiento, en el que se introducen mejoras sustanciales, incluyendo las medidas cautelares y las comunicaciones directas entre autoridades judiciales.

Se busca en esta reforma una mayor concentración de la jurisdicción, atribuyendo la competencia al Juzgado de Primera Instancia con competencias en Derecho de Familia de la capital de la provincia en cuya circunscripción se halle el menor que ha sido objeto de un traslado o retención ilícitos y, si no hubiera, al que por turno de reparto corresponda. Con ello se favorece la especialización para resolver los problemas que surgen en relación con estos casos y, con ello, la calidad y la eficacia de la respuesta judicial.

XII

Por último, en relación al régimen actual de sucesión en los títulos nobiliarios, se modifica el apartado 3 de la disposición transitoria única de la Ley 33/2006, de 30 de octubre, sobre igualdad del hombre y la mujer en el orden de sucesión de los títulos nobiliarios. Esta disposición viene a establecer un período transitorio en el cual se aplican con carácter retroactivo las disposiciones que señala tal norma, en relación con aquellos expedientes administrativos o judiciales que estuvieran pendientes de resolución a fecha de la entrada en vigor de la ley. Con objeto de reforzar el principio de seguridad jurídica, sin alterar la intención del legislador de 2006 y en consonancia con lo dispuesto en los apartados 1 y 4 de la disposición transitoria única, se estima necesario modificar la redacción de su apartado 3 para aclarar que la retroactividad que la ley contempla se refiere sólo a los expedientes que a 27 de julio de 2005 estuvieran pendientes de resolución, así como a los que se promuevan después de esa fecha pero, en todo caso, antes del 20 de noviembre de 2006, fecha en la que entró en vigor la ley conforme a la disposición final segunda.

La aprobación y vigencia de la Ley de la Jurisdicción Voluntaria ha de tener como necesaria consecuencia la derogación casi definitiva de la Ley de Enjuiciamiento Civil de 1881, que se ha mantenido todos estos años en vigor en lo relativo a la jurisdicción voluntaria y a los actos de conciliación.

TÍTULO PRELIMINAR
DISPOSICIONES GENERALES

Artículo 1. Objeto y ámbito de aplicación.

1. La presente Ley tiene por objeto la regulación de los expedientes de jurisdicción voluntaria que se tramitan ante los órganos jurisdiccionales.

2. Se consideran expedientes de jurisdicción voluntaria a los efectos de esta Ley a todos aquellos que, estando legalmente previstos, requieran la intervención de un órgano jurisdiccional para la tutela de derechos e intereses en materia de Derecho civil y mercantil, sin que exista controversia que deba sustanciarse en un proceso contencioso.

Artículo 2. Competencia en materia de jurisdicción voluntaria.

1. Los Juzgados de Primera Instancia o de lo Mercantil, según el caso, tendrán competencia objetiva para conocer y resolver los expedientes de jurisdicción voluntaria.

2. En los expedientes de jurisdicción voluntaria la competencia territorial vendrá fijada por el precepto correspondiente en cada caso, sin que quepa modificarla por sumisión expresa o tácita.

3. El impulso y la dirección de los expedientes corresponderá a los Secretarios judiciales, atribuyéndose al Juez o al Secretario judicial, según el caso, la decisión de fondo que recaiga sobre aquéllos y las demás resoluciones que expresamente se indiquen por esta Ley.

Artículo 3. Legitimación y postulación.

1. Podrán promover expedientes de jurisdicción voluntaria e intervenir en ellos quienes sean titulares de derechos o intereses legítimos o cuya legitimación les venga conferida legalmente sobre la materia que constituya su objeto, sin perjuicio de los casos en que el expediente pueda iniciarse de oficio o a instancia del Ministerio Fiscal.

2. Tanto los solicitantes como los interesados deberán actuar defendidos por Letrado y representados por Procurador en aquellos expedientes en que así lo prevea la presente Ley.

En todo caso, será necesaria la actuación de Abogado y Procurador para la presentación de los recursos de revisión y apelación que en su caso se interpongan contra la resolución definitiva que se dicte en el expediente.

Artículo 4. Intervención del Ministerio Fiscal.

El Ministerio Fiscal intervendrá en los expedientes de jurisdicción voluntaria cuando afecten al estado civil o condición de la persona o esté comprometido el interés de un menor o una persona con capacidad modificada judicialmente, y en aquellos otros casos en que la ley expresamente así lo declare.

Artículo 5. Prueba.

El Juez o el Secretario judicial, según quien sea el competente para el conocimiento del expediente, decidirá sobre la admisión de los medios de prueba que se le propongan, pudiendo ordenar prueba de oficio en los casos en que exista un interés público, se afecte a menores o personas con capacidad modificada judicialmente, o expresamente lo prevea la ley.

Artículo 6. Tramitación simultánea o posterior de expedientes o procesos.

1. Cuando se tramiten simultáneamente dos o más expedientes con idéntico objeto, proseguirá la tramitación del que primero se hubiera iniciado y se acordará el archivo de los expedientes posteriormente incoados.

El régimen jurídico contemplado en el presente apartado para los expedientes de jurisdicción voluntaria será aplicable también a los expedientes tramitados por Notarios y Registradores en aquellas materias en las que la competencia les venga atribuida concurrentemente con la del Secretario judicial.

2. No se podrá iniciar o continuar con la tramitación de un expediente de jurisdicción voluntaria que verse sobre un objeto que esté siendo sustanciado en un proceso jurisdiccional. Una vez acreditada la presentación de la correspondiente demanda, se procederá al archivo

del expediente, remitiéndose las actuaciones realizadas al tribunal que esté conociendo del proceso jurisdiccional para que lo incorpore a los autos.

3. Se acordará la suspensión del expediente cuando se acredite la existencia de un proceso jurisdiccional contencioso cuya resolución pudiese afectarle, debiendo tramitarse el incidente de acuerdo con lo dispuesto en el artículo 43 de la Ley de Enjuiciamiento Civil.

Artículo 7. Gastos.

Los gastos ocasionados en los expedientes de jurisdicción voluntaria serán a cargo del solicitante, salvo que la ley disponga otra cosa.

Los gastos ocasionados por testigos y peritos serán a cargo de quien los proponga.

Artículo 8. Carácter supletorio de la Ley de Enjuiciamiento Civil.

Las disposiciones de la Ley de Enjuiciamiento Civil serán de aplicación supletoria a los expedientes de jurisdicción voluntaria en todo lo no regulado por la presente Ley.

TÍTULO I
DE LAS NORMAS COMUNES EN MATERIA DE TRAMITACIÓN DE LOS EXPEDIENTES DE JURISDICCIÓN VOLUNTARIA

CAPÍTULO I
NORMAS DE DERECHO INTERNACIONAL PRIVADO

Artículo 9. Competencia internacional.

1. Los órganos judiciales españoles serán competentes para conocer los expedientes de jurisdicción voluntaria suscitados en los casos internacionales, cuando concurran los foros de competencia internacional recogidos en los Tratados y otras normas internacionales en vigor para España.

En los supuestos no regulados por tales Tratados y otras normas internacionales, la competencia vendrá determinada por la concurrencia de los foros de competencia internacional recogidos en la Ley Orgánica del Poder Judicial.

2. En el caso de que, con arreglo a las normas de competencia internacional, los órganos judiciales españoles fueran competentes en relación con un expediente de jurisdicción voluntaria, pero no fuera posible concretar el territorialmente competente con arreglo a los criterios de esta ley, lo será aquél correspondiente al lugar donde los actos de jurisdicción voluntaria deban producir sus efectos principales o el de su ejecución.

Artículo 10. Ley aplicable a los expedientes de jurisdicción voluntaria en los casos internacionales.

Los órganos judiciales españoles aplicarán a los expedientes y actos de jurisdicción voluntaria respecto de los cuales resultaren competentes, la ley determinada por las normas de la Unión Europea o españolas de Derecho internacional privado.

Artículo 11. Inscripción en registros públicos.

1. Las resoluciones definitivas extranjeras de jurisdicción voluntaria emanadas de un órgano judicial podrán ser inscritas en los registros públicos españoles cuando sean firmes:

a) Previa superación del trámite del exequátur contemplado en la Ley de Enjuiciamiento Civil de 1881 o reconocimiento incidental en España. Hasta entonces sólo podrán ser objeto de anotación.

b) Por el Encargado del Registro correspondiente, quien procederá a realizarla siempre que verifique:

1.º La regularidad y autenticidad formal de los documentos presentados.

2.º Que el Tribunal de origen hubiera basado su competencia judicial internacional en criterios equivalentes a los contemplados en la legislación española.

3.º Que todas las partes fueron debidamente notificadas y con tiempo suficiente para preparar el procedimiento.

4.º Que la inscripción de la resolución no resulta manifiestamente incompatible con el orden público español.

2. En el caso de que la resolución carezca de firmeza o de carácter definitivo, únicamente procederá su anotación registral.

3. El régimen jurídico contemplado en el presente artículo para las resoluciones dictadas por los órganos judiciales extranjeras será aplicable a las resoluciones pronunciadas por autoridades no pertenecientes a órganos judiciales extranjeros en materia de jurisdicción voluntaria cuya competencia corresponda, según esta ley, al conocimiento de órganos judiciales.

Artículo 12. Efectos en España de los expedientes y actos de jurisdicción voluntaria acordados por autoridades extranjeras.

1. Los actos de jurisdicción voluntaria acordados por las autoridades extranjeras que sean firmes surtirán efectos en España y accederán a los registros públicos españoles previa superación de su reconocimiento conforme a lo dispuesto en la legislación vigente.

2. El órgano judicial español o el Encargado del registro público competente lo será también para otorgar, de modo incidental, el reconocimiento en España de los actos de jurisdicción voluntaria acordados por las autoridades extranjeras. No será necesario recurrir a ningún procedimiento específico previo.

3. El reconocimiento en España de los actos de jurisdicción voluntaria acordados por las autoridades extranjeras sólo se denegará en estos casos:

a) Si el acto hubiera sido acordado por autoridad extranjera manifiestamente incompetente. Se considerará que la autoridad extranjera es competente si el supuesto presenta vínculos razonables con el Estado extranjero cuyas autoridades han otorgado dicho acto. Se considerará, en todo caso, que las autoridades extranjeras son manifiestamente incompetentes cuando el supuesto afecte a una materia cuya competencia exclusiva corresponda a los órganos judiciales españoles o autoridades españolas.

b) Si el acto hubiera sido acordado con manifiesta infracción de los derechos de defensa de cualquiera de los implicados.

c) Si el reconocimiento del acto produjera efectos manifiestamente contrarios al orden público español.

CAPÍTULO II
Normas de tramitación

Artículo 13. Aplicación de las disposiciones de este Capítulo.

Las disposiciones de este Capítulo se aplicarán a todos los expedientes de jurisdicción voluntaria en lo que no se opongan a las normas que específicamente regulen las actuaciones de que se trate.

Artículo 14. Iniciación del expediente.

1. Los expedientes se iniciarán de oficio, a instancia del Ministerio Fiscal o por solicitud formulada por persona legitimada, en la que se consignarán los datos y circunstancias de identificación del solicitante, con indicación de un domicilio a efectos de notificaciones.

Se expondrá a continuación con claridad y precisión lo que se pida, así como una exposición de los hechos y fundamentos jurídicos en que fundamenta su pretensión. También se acompañarán, en su caso, los documentos y dictámenes que el solicitante considere de interés para el expediente, y tantas copias cuantos sean los interesados.

2. En la solicitud se consignarán los datos y circunstancias de identificación de las personas que puedan estar interesados en el expediente, así como el domicilio o domicilios en que puedan ser citados, o cualquier otro dato que permita la identificación de los mismos.

3. Cuando por ley no sea preceptiva la intervención de Abogado y Procurador, en la Oficina Judicial se facilitará al interesado un impreso normalizado para formular la solicitud, no siendo en este caso necesario que se concrete la fundamentación jurídica de lo solicitado.

Artículo 15. Acumulación de expedientes.

1. El Juez o el Secretario judicial, según quien sea competente para conocer el expediente, acordará de oficio o a instancia del interesado o del Ministerio Fiscal, la acumulación de expedientes cuando la resolución de uno pueda afectar a otro, o exista tal conexión entre ellos que pudiera dar lugar a resoluciones contradictorias.

No se podrá acordar la acumulación de expedientes cuando su resolución corresponda a sujetos distintos.

2. La acumulación de expedientes de jurisdicción voluntaria se regirá por lo previsto en la Ley de Enjuiciamiento Civil sobre la acumulación de procesos en el juicio verbal, con las siguientes especialidades:

a) Si se tratara de la acumulación de expedientes pendientes ante el mismo órgano judicial, la acumulación se solicitará por escrito antes de la comparecencia señalada en primer lugar, realizándose las alegaciones pertinentes, y decidiéndose sobre la misma.

b) Si los expedientes estuvieran pendientes ante distintos órganos judiciales, los interesados deberán solicitar por escrito la acumulación ante el órgano que se estime competente en cualquier momento antes de la celebración de la comparecencia. Si el órgano requerido no accediese a la acumulación, la discrepancia será resuelta en todo caso por el Tribunal superior común.

3. Los expedientes de jurisdicción voluntaria no serán acumulables a ningún proceso jurisdiccional contencioso.

Artículo 16. Apreciación de oficio de la falta de competencia y otros defectos u omisiones.

1. Presentada la solicitud de iniciación del expediente, el Secretario judicial examinará de oficio si se cumplen las normas en materia de competencia objetiva y territorial.

2. Si el Secretario judicial entendiese que no existe competencia objetiva para conocer, podrá acordar el archivo del expediente, previa audiencia del Ministerio Fiscal y del solicitante, en aquellos expedientes que sean de su competencia. En otro caso, dará cuenta al Juez, quien acordará lo que proceda, tras haber oído al Ministerio Fiscal y al solicitante.

En la resolución en que se aprecie la falta de competencia se habrá de indicar el órgano judicial que se estima competente para conocer del expediente.

3. Si el Secretario judicial entendiese que carece de competencia territorial para conocer del asunto, podrá acordar la remisión al órgano que considere competente, previa audiencia del Ministerio Fiscal y del solicitante, en aquellos expedientes que sean de su competencia. En otro caso, dará cuenta al Juez, quien acordará lo procedente, tras haber oído al Ministerio Fiscal y al solicitante.

4. El Secretario judicial también examinará la existencia de posibles defectos u omisiones en las solicitudes presentadas y dará, en su caso, un plazo de cinco días para proceder a su subsanación. Si ésta no se lleva a cabo en el plazo señalado, tendrá por no presentada la solicitud y archivará las actuaciones en aquellos expedientes que sean de su competencia. En otro caso, se dará cuenta al Juez, quien acordará lo que proceda.

Artículo 17. Admisión de la solicitud y citación de los interesados.

1. El Secretario judicial resolverá sobre la solicitud y, si entendiera que ésta no resulta admisible, dictará decreto archivando el expediente o dará cuenta al Juez, cuando éste sea el competente para que acuerde lo que proceda.

2. Admitida la solicitud, el Secretario judicial citará a una comparecencia a quienes hayan de intervenir en el expediente siempre que concurra alguna de las circunstancias siguientes:

a) Que, conforme a la ley, debieran ser oídos en el expediente interesados distintos del solicitante.

b) Que hubieran de practicarse pruebas ante el Juez o el Secretario judicial.

c) Que el Juez o el Secretario judicial consideren necesaria la celebración de la comparecencia para la mejor resolución del expediente.

Si sólo hubiera que oír al Ministerio Fiscal y no fuera necesaria la realización de prueba, éste emitirá su informe por escrito en el plazo de diez días.

3. Los interesados serán citados a la comparecencia con al menos quince días de antelación a su celebración, avisándoles de que deberán acudir a aquélla con los medios de prueba de que intenten valerse. La citación se practicará en la forma prevenida en la Ley de Enjuiciamiento Civil, con entrega de la copia de la resolución, de la solicitud y de los documentos que la acompañen.

Artículo 18. Celebración de la comparecencia.

1. La comparecencia se celebrará ante el Juez o el propio Secretario judicial, según quien tenga competencia para conocer el expediente, dentro de los treinta días siguientes a la admisión de la solicitud.

2. La comparecencia se sustanciará por los trámites previstos en la Ley de Enjuiciamiento Civil para la vista del juicio verbal con las siguientes especialidades:

1.ª Si el solicitante no asistiere a la comparecencia, el Juez o el Secretario judicial, dependiendo de a quién coresponda la resolución del expediente, acordará el archivo del expediente, teniéndole por desistido del mismo. Si no asistiese alguno de los demás citados, se celebrará el acto y continuará el expediente, sin más citaciones ni notificaciones que las que la ley disponga.

2.ª El Juez o el Secretario judicial, según quien presida la comparecencia, oirá al solicitante, a los demás citados y a las personas que la ley disponga, y podrá acordar, de oficio o a instancia del solicitante o del Ministerio Fiscal en su caso, la audiencia de aquéllos cuyos derechos o intereses pudieran verse afectados por la resolución del expediente. Se garantizará, a través de los medios y apoyos necesarios, la intervención de las personas con discapacidad en términos que les sean accesibles y comprensibles.

Salvo que la ley expresamente lo prevea, la formulación de oposición por alguno de los interesados no hará contencioso el expediente, ni impedirá que continúe su tramitación hasta que sea resuelto.

3.ª Si se plantearan cuestiones procesales, incluidas las relativas a la competencia, que puedan impedir la válida prosecución del expediente, el Juez o el Secretario judicial, oídos los comparecientes, las resolverá oralmente en el propio acto.

4.ª Cuando el expediente afecte a los intereses de un menor o persona con capacidad modificada judicialmente, se practicarán también en el mismo acto o, si no fuere posible, en los diez días siguientes, las diligencias relativas a dichos intereses que se acuerden de oficio o a instancia del Ministerio Fiscal.

El Juez o el Secretario judicial podrán acordar que la audiencia del menor o persona con capacidad modificada judicialmente se practique en acto separado, sin interferencias de otras personas, pudiendo asistir el Ministerio Fiscal. En todo caso se garantizará que puedan ser oídos en condiciones idóneas, en términos que les sean accesibles, comprensibles y adaptados a su edad, madurez y circunstancias, recabando el auxilio de especialistas cuando ello fuera necesario.

Del resultado de la exploración se extenderá acta detallada y, siempre que sea posible, será grabada en soporte audiovisual. Si ello tuviera lugar después de la comparecencia, se dará traslado del acta correspondiente a los interesados para que puedan efectuar alegaciones en el plazo de cinco días.

5.ª En la celebración de la comparecencia, una vez practicadas las pruebas, se permitirá a los interesados formular oralmente sus conclusiones.

6.ª El desarrollo de la comparecencia se registrará en soporte apto para la grabación y reproducción del sonido y de la imagen, de conformidad con lo dispuesto en la Ley de Enjuiciamiento Civil.

Artículo 19. Decisión del expediente.

1. El expediente se resolverá por medio de auto o decreto, según corresponda la competencia al Juez o al Secretario judicial, en el plazo de cinco días a contar desde la terminación de la comparecencia o, si esta no se hubiera celebrado, desde la última diligencia practicada.

2. Cuando el expediente afecte a los intereses de un menor o persona con capacidad modificada judicialmente, la decisión se podrá fundar en cualesquiera hechos de los que se hubiese tenido conocimiento como consecuencia de las alegaciones de los interesados, las pruebas o la celebración de la comparecencia, aunque no hubieran sido invocados por el solicitante ni por otros interesados.

3. Resuelto un expediente de jurisdicción voluntaria y una vez firme la resolución, no podrá iniciarse otro sobre idéntico objeto, salvo que cambien las circunstancias que dieron lugar a aquél. Lo allí decidido vinculará a cualquier otra actuación o expediente posterior que resulten conexos a aquél.

Esto será de aplicación también respecto a los expedientes tramitados por Notarios y Registradores en aquellas materias cuyo conocimiento sea concurrente con el de los Secretarios judiciales.

4. La resolución de un expediente de jurisdicción voluntaria no impedirá la incoación de un proceso jurisdiccional posterior con el mismo objeto que aquél.

Artículo 20. Recursos.

1. Contra las resoluciones interlocutorias dictadas en los expedientes de jurisdicción voluntaria cabrá recurso de reposición, en los términos previstos en la Ley de Enjuiciamiento Civil. Si la resolución impugnada se hubiera acordado durante la celebración de la comparecencia, el recurso se tramitará y resolverá oralmente en ese mismo momento.

2. Las resoluciones definitivas dictadas por el Juez en los expedientes de jurisdicción voluntaria podrán ser recurridas en apelación por cualquier interesado que se considere perjudicado por ella, conforme a lo dispuesto en la Ley de Enjuiciamiento Civil. Si la decisión proviene del Secretario judicial, deberá interponerse recurso de revisión ante el Juez competente, en los términos previstos en la Ley de Enjuiciamiento Civil.

El recurso de apelación no tendrá efectos suspensivos, salvo que la Ley expresamente disponga lo contrario.

Artículo 21. Caducidad del expediente.

1. Se tendrá por abandonado el expediente si, pese al impulso de oficio de las actuaciones, no se produce actividad promovida por los interesados en el plazo de tres meses contados desde la última notificación practicada.

2. Corresponderá declarar la caducidad del expediente al Secretario judicial.

3. Contra el decreto que declare la caducidad sólo cabrá recurso de revisión.

Artículo 22. Cumplimiento y ejecución de la resolución que pone fin al expediente.

1. La ejecución de la resolución firme que pone fin al expediente de jurisdicción voluntaria se regirá por lo establecido en la Ley de Enjuiciamiento Civil, y en particular en los artículos 521 y 522, pudiéndose en todo caso instar de inmediato la realización de aquellos actos que resulten precisos para dar eficacia a lo decidido.

2. Si cualquiera de los expedientes a los que se refiere la presente Ley diera lugar a un hecho o acto inscribible en el Registro Civil, se expedirá testimonio de la resolución que corresponda a los efectos de su inscripción o anotación. Si la resolución fuera inscribible en el Registro de la Propiedad, Mercantil u otro registro público, deberá expedirse, a instancia de

parte, mandamiento a los efectos de su constancia registral. La remisión se realizará preferentemente por medios electrónicos.

TÍTULO II
DE LOS EXPEDIENTES DE JURISDICCIÓN VOLUNTARIA EN MATERIA DE PERSONAS

CAPÍTULO I
De la autorización o aprobación judicial del reconocimiento de la filiación no matrimonial

Artículo 23. Ámbito de aplicación.

1. Se aplicarán las disposiciones de este capítulo en todos los casos en que, conforme a la ley, el reconocimiento de la filiación no matrimonial necesite para su validez autorización o aprobación judicial.

2. Se presentará solicitud instando autorización judicial para el otorgamiento del reconocimiento de la filiación no matrimonial del menor o de la persona con capacidad modificada judicialmente por quien sea hermano o consanguíneo en línea recta del progenitor cuya filiación esté determinada legalmente.

3. Se solicitará aprobación judicial para la eficacia del reconocimiento de la filiación no matrimonial de un menor o persona con capacidad modificada judicialmente otorgado:

a) Por quien no pueda contraer matrimonio por razón de edad.

b) Por quien no tenga el consentimiento expreso de su representante legal o la asistencia del curador del reconocido ni del progenitor legalmente conocido, siempre que no hubiera sido reconocido en testamento o dentro del plazo establecido para practicar la inscripción del nacimiento.

c) Por el padre, cuando el reconocimiento se hubiera realizado dentro del plazo establecido para practicar la inscripción del nacimiento y cuando ésta se hubiera suspendido a petición de la madre.

4. También se instará la aprobación judicial para la validez del reconocimiento no matrimonial por una persona con capacidad modificada judicialmente.

Artículo 24. Competencia, legitimación y postulación.

1. Será competente para conocer de este expediente el Juzgado de Primera Instancia del domicilio del reconocido o, si no lo tuviera en territorio nacional, el de su residencia en dicho territorio. Si el reconocido no tuviera su residencia en España, lo será el del domicilio o residencia del progenitor autor del reconocimiento.

2. Podrá promover este expediente el progenitor autor del reconocimiento, por sí mismo o asistido de su representante legal, tutor o curador, en su caso.

3. En la tramitación del presente expediente no será preceptiva la intervención de Abogado ni Procurador.

Artículo 25. Tramitación.

Admitida a trámite la solicitud por el Secretario judicial, éste citará a comparecencia al solicitante y, según proceda, al progenitor conocido, al representante legal o curador del reconocido y a éste si tuviera suficiente madurez, y en todo caso si fuera mayor de 12 años, así como a sus descendientes si hubiere fallecido y los hubiere, y a las personas que se estime oportuno, así como al Ministerio Fiscal.

Artículo 26. Resolución.

1. El Juez resolverá lo que proceda sobre el reconocimiento de que se trate, atendiendo para ello al discernimiento del progenitor, la veracidad o autenticidad de su acto, la verosimilitud de la relación de procreación, sin necesidad de una prueba plena de la misma, y el interés del reconocido cuando sea menor o persona con capacidad modificada judicialmente.

2. Cuando se trate de reconocimiento de un menor o persona con capacidad modificada judicialmente otorgado por quien fuere hermano o pariente consanguíneo en línea recta del otro progenitor, el Juez sólo autorizará la determinación de la filiación cuando convenga al menor o persona con capacidad modificada judicialmente. El Juez invalidará dicha determinación si se presentara un documento público en el que conste la manifestación del reconocido al respecto, realizada una vez alcanzada la plena capacidad.

3. El testimonio de dicha resolución se remitirá al Registro Civil competente para proceder a su inscripción.

CAPÍTULO II

De la habilitación para comparecer en juicio y del nombramiento de defensor judicial

Artículo 27. Ámbito de aplicación.

1. Se aplicarán las disposiciones de este capítulo en los casos en que proceda conforme a la ley el nombramiento de un defensor judicial de menores o personas con capacidad modificada judicialmente o por modificar y, en todo caso, se solicitará:

a) Cuando en algún asunto exista conflicto de intereses entre los menores o personas con capacidad modificada judicialmente y sus progenitores o tutor o su curador, salvo que con el otro progenitor o tutor, si hubiere, no haya tal conflicto.

b) Cuando por cualquier causa, el tutor o el curador no desempeñare sus funciones hasta que cese la causa determinante o se designe otra persona para desempeñar el cargo.

c) Cuando se tenga conocimiento de que una persona respecto a la que debe constituirse la tutela o curatela, precise la adopción de medidas para la administración de sus bienes, hasta que recaiga resolución judicial que ponga fin al procedimiento.

2. También se aplicarán las disposiciones de este capítulo en los casos en que proceda la habilitación y ulterior nombramiento de defensor judicial. Se instará la habilitación cuando el menor no emancipado o la persona con capacidad modificada judicialmente, siendo demandado o siguiéndosele gran perjuicio de no promover la demanda, se encuentre en alguno de los casos siguientes:

a) Hallarse los progenitores, tutor o curador ausentes ignorándose su paradero, sin que haya motivo racional bastante para creer próximo su regreso.

b) Negarse ambos progenitores, tutor o curador a representar o asistir en juicio al menor o persona con capacidad modificada judicialmente.

c) Hallarse los progenitores, tutor o curador en una situación de imposibilidad de hecho para la representación o asistencia en juicio.

3. No obstante lo dispuesto en el apartado anterior, se nombrará defensor judicial al menor o persona con capacidad modificada judicialmente, sin necesidad de habilitación previa, para litigar contra sus progenitores, tutor o curador, o para instar expedientes de jurisdicción voluntaria, cuando se hallare legitimado para ello o para representarle cuando se inste por el Ministerio Fiscal el procedimiento para modificar judicialmente su capacidad. No procederá la solicitud si el otro progenitor o tutor, si lo hubiere, no tuviera un interés opuesto al menor o persona con capacidad modificada judicialmente.

Artículo 28. Competencia, legitimación y postulación.

1. Será competente para el conocimiento de este expediente el Secretario judicial del Juzgado de Primera Instancia del domicilio o, en su defecto, de la residencia del menor o persona con capacidad modificada judicialmente o a modificar o, en su caso, aquél correspondiente al Juzgado de Primera Instancia que esté conociendo del asunto que exija el nombramiento de defensor judicial.

2. El expediente se iniciará de oficio, a petición del Ministerio Fiscal, o por iniciativa del menor o persona con capacidad modificada judicialmente o cualquier otra persona que actúe en interés de éste.

3. En la tramitación del presente expediente no será preceptiva la intervención de Abogado ni Procurador.

Artículo 29. Efectos de la solicitud.

Desde que se solicite la habilitación y hasta que acepte su cargo el defensor judicial o se archive el expediente por resolución firme, quedará suspendido el transcurso de los plazos de prescripción o de caducidad que afecten a la acción de cuyo ejercicio se trate.

En el caso de que el menor o persona con capacidad modificada judicialmente o a modificar haya de comparecer como demandado o haya quedado sin representación procesal durante el procedimiento, el Ministerio Fiscal asumirá su representación y defensa hasta que se produzca el nombramiento de defensor judicial.

Artículo 30. Comparecencia y resolución.

1. El Secretario judicial convocará a comparecencia al solicitante, a los interesados que consten como tales en el expediente, a quienes estime pertinente su presencia, al menor o persona con capacidad modificada judicialmente o a modificar si tuvieren suficiente madurez y, en todo caso, al menor si tuviere más de 12 años y al Ministerio Fiscal.

2. En la resolución en que se acceda a lo solicitado se nombrará defensor judicial a quien el Secretario judicial estime más idóneo para el cargo, con determinación de las atribuciones que le confiera.

3. El testimonio de la resolución de nombramiento de defensor judicial en el caso previsto en la letra c) del apartado 1 del artículo 27 se remitirá al Registro Civil competente para proceder a su inscripción.

Artículo 31. Cesación del defensor judicial y de la habilitación para comparecer en juicio.

1. El defensor judicial deberá comunicar al órgano judicial la desaparición de la causa que motivó su nombramiento.

2. Igualmente deberá comunicar al órgano judicial cuando alguno de los progenitores o representantes o curador, en su caso, se presten a comparecer en juicio por el afectado, o cuando se termine el procedimiento que motivó la habilitación.

Artículo 32. Rendición de cuentas, excusa y remoción del defensor judicial.

Serán aplicables al defensor judicial las disposiciones establecidas para la formación de inventario, en su caso, la excusa y la remoción de los tutores y para su rendición de cuentas una vez concluida su gestión, que se tramitarán y decidirán por el Secretario judicial competente.

CAPÍTULO III
De la adopción

Artículo 33. Competencia.

En los expedientes sobre acogimiento de menores y adopción, será competente el Juzgado de Primera Instancia correspondiente a la sede de la Entidad Pública que tenga encomendada la protección del menor acogido o adoptable y, en su defecto, el del domicilio del adoptante.

Artículo 34. Tramitación.

1. El Juez podrá ordenar cuantas diligencias estime oportunas para asegurarse de que la adopción o el acogimiento o su cesación sean en interés del menor.

2. Todas las actuaciones se llevarán a cabo con la conveniente reserva, evitando en particular que la familia de origen tenga conocimiento de cuál sea la adoptiva, excepto en los supuestos recogidos en el apartado 2 del artículo 178 del Código Civil.

3. La tramitación de los expedientes regulados en este capítulo tendrá carácter preferente, se practicará con intervención del Ministerio Fiscal y en ellos será preceptiva la intervención de Abogado.

4. Contra el auto que resuelva el expediente cabe recurso de apelación, que tendrá carácter preferente, sin que produzca efectos suspensivos.

Artículo 35. Sin contenido.

Artículo 36. Sin contenido.

Artículo 37. Propuesta de la Entidad Pública y solicitud del adoptante.

1. El expediente comenzará con el escrito de propuesta de la Entidad Pública o la solicitud del adoptante cuando estuviera legitimado para ello.

2. En la propuesta de adopción formulada por la Entidad Pública se expresarán especialmente:

a) Las condiciones personales, familiares y sociales y los medios de vida del adoptante o adoptantes seleccionados y sus relaciones con el adoptando, con detalle de las razones que justifiquen la elección.

b) En su caso y cuando hayan de prestar su asentimiento, el último domicilio conocido del cónyuge del adoptante o de la persona a la que esté unida por análoga relación de afectividad a la conyugal, o el de los progenitores, tutor o guardadores del adoptando.

c) Si unos y otros han formulado su asentimiento ante la Entidad Pública o en documento público.

3. En los casos en que no se requiera propuesta previa de la Entidad Pública, de conformidad con lo dispuesto en el artículo 176 del Código Civil, la solicitud del adoptante expresará las indicaciones contenidas en los apartados anteriores en cuanto fueren aplicables, y las alegaciones y pruebas conducentes a demostrar que en el adoptando concurren algunas de las circunstancias exigidas por dicha legislación.

4. Con la propuesta se presentarán los documentos a que se refieren los apartados anteriores, en su caso, los informes de la entidad colaboradora y cuantos informes o documentos se juzguen oportunos.

Artículo 38. Consentimiento del adoptante y del adoptando.

Se citará, para manifestar su consentimiento ante el Juez, al adoptante o adoptantes y al adoptando si fuere mayor de 12 años.

Artículo 39. El asentimiento.

1. Deberán ser citados, para prestar el asentimiento a la adopción ante el Juez, el cónyuge del adoptante o de la persona a la que esté unida por análoga relación de afectividad a la conyugal y, en su caso, y de conformidad con lo previsto en la legislación civil, los progenitores del adoptando, si no lo hubieran prestado antes de la propuesta, ante la correspondiente Entidad Pública o en documento público.

2. También será necesario que las personas a las que se refiere el apartado anterior comparezcan ante el Juez para renovar su asentimiento cuando lo hubieran prestado previamente a la presentación de la propuesta o solicitud de adopción y hubiesen transcurrido más de seis meses desde entonces.

3. En las adopciones que exijan propuesta previa, no se admitirá que el asentimiento de los progenitores se refiera a adoptantes determinados.

4. Si los progenitores pretendieran que se les reconozca la necesidad de su asentimiento para la adopción conforme al procedimiento regulado en el artículo 781 de la Ley de Enjuiciamiento Civil, se procederá a la suspensión del expediente hasta que recaiga resolución en dicho procedimiento.

Artículo 40. Audiencia.

Deberán ser citados para ser simplemente oídos por el Juez en el expediente:

1.º Los progenitores que no hayan sido privados de la patria potestad, cuando su asentimiento no sea necesario para la adopción.

2.º El tutor y, en su caso, el guardador o guardadores.

3.º El adoptando menor de 12 años, si tuviere suficiente madurez.

4.º La Entidad Pública, a fin de apreciar la idoneidad del adoptante cuando, por llevar el adoptando más de un año en acogimiento preadoptivo o en tutela, no sea necesaria su propuesta previa.

Artículo 41. Citaciones y tramitación.

1. Si en la propuesta o solicitud de adopción no constare el domicilio de los que deban ser citados, el Secretario judicial practicará inmediatamente las diligencias oportunas para la averiguación del domicilio conforme a lo prevenido en la Ley de Enjuiciamiento Civil y les citará a una comparecencia ante el Juez dentro de los quince días siguientes, debiendo garantizar la debida reserva. En la citación a los progenitores se hará constar la circunstancia por la cual basta su simple audiencia.

2. En las citaciones a los progenitores del adoptando o al cónyuge del adoptante o persona a la que esté unida por análoga relación de afectividad a la conyugal se incluirá el apercibimiento de que si fueran citados personalmente y no comparecieran se seguirá el trámite sin más citaciones. Si no respondieran a la primera citación y no se hubiera realizado la citación en su persona, se les volverá a citar para dentro de los quince días siguientes, con el apercibimiento de que aunque no comparezcan el expediente seguirá su trámite.

3. Cuando no haya podido conocerse el domicilio o paradero de alguno que deba ser citado, o si citado debidamente, con los apercibimientos oportunos, no compareciese, se prescindirá del trámite y la adopción acordada será válida, sin perjuicio, en su caso, del derecho que a los progenitores concede el apartado 2 del artículo 180 del Código Civil.

4 (nuevo). Si se suscitare oposición, el expediente se hará contencioso y el Secretario judicial citará a los interesados a una vista, continuando la tramitación con arreglo a lo previsto para el juicio verbal

4 (antes cuatro). La resolución en la que se acuerde la adopción se remitirá al Registro Civil correspondiente, para que se practique su inscripción.

Artículo 42. Procedimiento para la exclusión de funciones tutelares del adoptante y extinción de la adopción.

1. Las actuaciones judiciales a que se refieren los artículos 179 y 180 del Código Civil, se sustanciarán por los trámites del juicio que corresponda con arreglo a lo establecido en la Ley de Enjuiciamiento Civil y sus resoluciones serán remitidas al Registro Civil para su inscripción.

2. Durante la sustanciación del procedimiento, el Juez adoptará, incluso de oficio, las medidas de protección oportunas sobre la persona y bienes del adoptado menor o persona con capacidad modificada judicialmente.

Artículo 43. Adopción internacional.

En los casos de adopción internacional se estará a lo previsto en el artículo 9.5 del Código Civil y en la Ley 54/2007, de 28 de diciembre, de Adopción Internacional, así como a lo establecido al respecto en los Tratados y Convenios internacionales en que España sea parte y, en especial, en el Convenio de La Haya de 29 de mayo de 1993, relativo a la protección del niño y a la cooperación en materia de adopción internacional.

Artículo 44. Conversión de adopción simple en plena.

1. El adoptante de adopción simple o menos plena constituida por autoridad extranjera competente podrá instar ante los Tribunales españoles su conversión en una adopción regulada por el Derecho español cuando concurra uno de los siguientes supuestos:

a) El adoptando tenga su residencia habitual en España en el momento de constitución de la adopción.

b) El adoptando haya sido o vaya a ser trasladado a España con la finalidad de establecer su residencia habitual en España.

2. El adoptante, sin que precise propuesta previa de la Entidad Pública, deberá presentar la solicitud en la que expresará las indicaciones contenidas en el artículo 37 en cuanto fueren aplicables. A la solicitud deberá acompañar el documento de constitución de la adopción por la autoridad extranjera y las pruebas conducentes a demostrar que en el adoptando concurren las circunstancias exigidas.

3. Presentada la solicitud se seguirán los trámites establecidos en los artículos anteriores, en cuanto sean aplicables, debiendo examinar el Juez al resolver la concurrencia de los extremos enumerados en la Ley de Adopción Internacional.

4. En todo caso habrán de manifestar su consentimiento ante el Juez, el adoptante o adoptantes y el adoptado si fuere mayor de 12 años. Si fuera menor de esa edad y tuviera suficiente madurez deberá ser oído.

5. El testimonio del auto que declare la transformación de la adopción simple en plena se remitirá al Registro Civil correspondiente, para su inscripción.

CAPÍTULO IV
De la tutela, la curatela y la guarda de hecho

Sección 1.ª
Disposición común

Artículo 45. Competencia y postulación.

1. Será competente para el conocimiento de este expediente el Juzgado de Primera Instancia del domicilio o, en su defecto, de la residencia del menor o persona con capacidad modificada judicialmente.

2. El órgano judicial que haya conocido de un expediente sobre tutela, curatela o guarda de hecho, será competente para conocer de todas las incidencias, trámites y adopción de medidas posteriores, siempre que el menor o persona con capacidad modificada judicialmente resida en la misma circunscripción.

En caso contrario, para conocer de alguna de esas incidencias, será preciso que se pida testimonio completo del expediente al Juzgado que anteriormente conoció del mismo, el cual lo remitirá en los diez días siguientes a la solicitud.

3. En estos expedientes no será preceptiva la intervención de Abogado ni Procurador, salvo el relativo a la remoción del tutor o curador en el que será necesaria la intervención de Abogado.

Sección 2.ª
De la tutela y la curatela

Artículo 46. Ámbito de aplicación.

Se aplicará lo dispuesto en esta Sección para la constitución de la tutela y de la curatela, siempre que no se solicite dicha constitución en un proceso judicial para modificar la capacidad de una persona.

Artículo 47. Tramitación, resolución y recurso.

1. El expediente se iniciará mediante solicitud en la que deberá expresarse el hecho que dé lugar a la tutela o curatela, acompañando los documentos acreditativos de la legitimación para promover el expediente e indicando los parientes más próximos de la persona respecto a la que deba constituirse la tutela o curatela y sus domicilios. Igualmente deberá acompañarse certificado de nacimiento de éste y, en su caso, el certificado de últimas voluntades de los progenitores, el testamento o documento público notarial otorgado por éstos en los que se disponga sobre la tutela o curatela de sus hijos menores o con la capacidad modificada judicialmente, o el documento público notarial otorgado por el propio afectado en el que se hubiera dispuesto en previsión sobre su propia tutela o curatela.

2. En la comparecencia se oirá al promotor, a la persona cuya designación se proponga si fuera distinta al promotor, a aquel cuya tutela o curatela se pretenda constituir si fuera mayor de 12 años o al menor de dicha edad que tuviere suficiente madurez, a los parientes más próximos, al Ministerio Fiscal, y a cuantas personas se considere oportuno.

Tanto el Juez como el Ministerio Fiscal actuarán de oficio en interés del menor o persona con capacidad modificada judicialmente, adoptando y proponiendo las medidas, diligencias, informes periciales y pruebas que estimen oportunas.

3. El Juez designará tutor o curador a persona o personas determinadas, de conformidad con lo prevenido en el Código Civil.

4. En la resolución acordando el nombramiento de tutor o curador, se adoptarán las medidas de fiscalización de la tutela o curatela establecidas por los progenitores en testamento o documento público notarial, o por el propio afectado en el documento público notarial otorgado al respecto salvo que sea otro el interés de la persona afectada.

En defecto de previsiones o cuando las mismas no fueran establecidas en interés del afectado, de oficio o a instancia del Ministerio Fiscal o del solicitante, en la resolución por la que se constituya la tutela o curatela u otra posterior, el Juez podrá acordar las medidas de vigilancia y control oportunas, en interés del constituido en tutela o curatela, así como exigir al tutor o curador informe sobre la situación personal del menor o persona con capacidad modificada judicialmente y el estado de la administración de sus bienes. Si se adoptaren en resolución posterior, se oirá previamente al tutor o curador, a la persona afectada si tuviere suficiente madurez y, en todo caso, al menor si tuviere más de 12 años y al Ministerio Fiscal.

5. El Juez, en la resolución por la que constituya la tutela o curatela o en otra posterior, podrá exigir al tutor o curador la constitución de fianza que asegure el cumplimiento de sus obligaciones, debiendo determinar, en tal caso, la modalidad y cuantía de la misma.

También podrá con posterioridad, de oficio o a instancia de parte interesada, dejar sin efecto o modificar en todo o en parte la fianza que se hubiera prestado, tras haber oído al tutor o curador, a la persona afectada si tuviera suficiente madurez y, en todo caso, al menor si tuviere más de 12 años y al Ministerio Fiscal.

6. La resolución que se dicte será recurrible en apelación sin que produzca efectos suspensivos.

Durante la sustanciación del recurso, quedará a cargo del tutor o curador electo, en su caso, el cuidado del menor o persona con capacidad modificada judicialmente y la administración de su caudal, según proceda, bajo las garantías que parecieren suficientes al Juez.

Artículo 48. Prestación de fianza, aceptación y posesión del cargo.

1. Una vez firme la resolución por la que se constituya la tutela o curatela, se citará al designado para que comparezca en el plazo de quince días a fin de prestar la fianza establecida para garantizar el caudal del afectado, en su caso, y acepte el cargo o formule excusa.

2. Prestada la fianza, si se hubiera exigido, el Juez la declarará suficiente y acordará en la misma resolución las inscripciones, depósitos, medidas o diligencias que considere conveniente para la eficacia de la fianza y conservación de los bienes del menor o persona con capacidad modificada judicialmente.

3. Practicadas todas las diligencias acordadas, el designado aceptará en acta otorgada ante el Secretario judicial la obligación de cumplir los deberes de su cargo conforme a las leyes, y éste acordará dar posesión del cargo, le conferirá las facultades establecidas en la resolución judicial que acordó su nombramiento y le entregará certificación de ésta.

4. Cuando el designado lo fuera para el cargo del tutor o administrador de los bienes, le requerirá para que presente el inventario de los bienes del afectado en el plazo de los sesenta días siguientes.

Hasta que se apruebe el inventario de bienes, en su caso, la persona designada quedará a cargo del cuidado del menor o persona con capacidad modificada judicialmente y la administración de su caudal, según proceda, bajo las garantías que parecieren suficientes al Juez.

5. El Juzgado que haya acordado la tutela o curatela remitirá testimonio al Registro Civil correspondiente tanto de la resolución dictada como del acta de la posesión del cargo, a los efectos oportunos.

Artículo 49. Formación de inventario.

1. El designado al que se hubiera nombrado administrador del caudal presentará, dentro del plazo otorgado, el inventario de bienes, que contendrá la relación de los bienes del afectado, así como las escrituras, documentos y papeles de importancia que se encuentren. A continuación, el Secretario judicial fijará día y hora para su formación y citará a los interesados, a las personas afectadas si tuvieran suficiente madurez y, en todo caso, al menor si tuviere más de 12 años y al Ministerio Fiscal.

2. Si se suscitare controversia sobre la inclusión o exclusión de bienes en el inventario, el Secretario judicial citará a los interesados a una vista, continuando la tramitación con arreglo a lo previsto para el juicio verbal, suspendiéndose su formación hasta que la misma sea resuelta.

La sentencia que se pronuncie sobre la inclusión o exclusión de bienes en el inventario dejará a salvo los derechos de terceros.

3. Si no hubiera oposición o resuelta ésta, el Secretario judicial aprobará el inventario, debiendo la persona designada proceder a su administración en los términos establecidos en la resolución judicial.

Artículo 50. Retribución del cargo.

1. Si se solicitare por el tutor o curador el establecimiento de una retribución y no estuviera fijada en la resolución que hubiera efectuado su nombramiento, el Juez la acordará siempre que el patrimonio del tutelado o asistido lo permita, fijará su importe y el modo de percibirla, atendiendo al trabajo a realizar y al valor y la rentabilidad de los bienes, después de oír al solicitante, al tutelado o asistido si tuviera suficiente madurez y, en todo caso, al menor si fuera mayor de 12 años, al Ministerio Fiscal y a cuantas personas considere oportuno. Tanto el Juez como las partes o el Ministerio Fiscal podrán proponer las diligencias, informes periciales y pruebas que estimen oportunas.

El auto a que se refiere este artículo se ejecutará sin perjuicio del recurso de apelación, que no producirá efectos suspensivos.

2. El mismo procedimiento se seguirá para modificar o extinguir dicha retribución.

Artículo 51. Remoción.

1. En los casos previstos por el Código Civil, de oficio, a solicitud del Ministerio Fiscal, del tutelado, del sujeto a curatela o de otra persona interesada, se podrá acordar la remoción del tutor o del curador, previa celebración de comparecencia, en la que se oirá también al tutor o curador, a la persona que le vaya a sustituir en el cargo y al afectado si tuviere suficiente madurez y, en todo caso, al menor si tuviere más de doce años y al Ministerio Fiscal.

Si se suscitare oposición, el expediente se hará contencioso y el Secretario judicial citará a los interesados a una vista, continuando la tramitación con arreglo a lo previsto para el juicio verbal.

2. Durante la tramitación del expediente de remoción, el Juez podrá suspender al tutor o curador en sus funciones y el Secretario judicial nombrará al tutelado o sujeto a curatela un defensor judicial.

3. El Juez acordará lo procedente, nombrando un nuevo tutor o curador conforme a la legislación civil, debiendo remitir la correspondiente comunicación al Registro Civil.

Artículo 52. Excusa.

1. Si concurriera alguna de las causas previstas por el Código Civil para excusarse del ejercicio del cargo tutelar o de la curatela, el tutor o curador deberá alegarla dentro del plazo de quince días a contar desde que tenga conocimiento del nombramiento. Si el motivo de la excusa le sobreviniere durante su ejercicio, podrá alegarlo en cualquier momento, salvo las personas jurídicas, siempre que hubiera persona de parecidas condiciones para sustituirle.

2. Se podrá admitir la excusa del tutor o del curador previa celebración de comparecencia, en la que necesariamente se oirá a la persona que se excuse, a la que le vaya a sustituir en el cargo y al afectado si tuviere suficiente madurez y, en todo caso, al menor si tuviere más de 12 años y al Ministerio Fiscal.

3. Durante la tramitación del expediente, quien haya solicitado la renuncia estará obligado a ejercer la función y, de no hacerlo, se nombrará un defensor que le sustituya, quedando el sustituido responsable de todos los gastos ocasionados por la excusa si ésta fuera rechazada.

4. Admitida la excusa se procederá al nombramiento de nuevo tutor o curador, debiendo remitir, en su caso, la correspondiente comunicación al Registro Civil.

Artículo 53. Rendición de cuentas.

1. Anualmente, desde la aceptación del cargo, el tutor o curador deberá presentar dentro de los veinte días siguientes al cumplirse el plazo un informe sobre la situación personal del menor o persona con capacidad modificada judicialmente y una rendición de cuentas de la administración de sus bienes, si procediera.

2. Presentados los informes, el Secretario judicial citará a comparecencia ante el Juez al titular del cargo, al tutelado o asistido si tuviera suficiente madurez y, en todo caso, al menor si tuviere más de 12 años, a aquellos que estuvieran interesados y al Ministerio Fiscal, pudiéndose proponer de oficio o a instancia de parte las diligencias y pruebas que se estimen oportunas.

3. Tras ello, hubiera o no oposición, el Juez resolverá sobre los informes anuales y la rendición de cuentas.

4. Estas disposiciones serán de aplicación en los supuestos de rendición final de cuentas por extinción de la tutela o curatela, debiendo ser presentada, en su caso, en el plazo de tres meses desde el cese del cargo, prorrogables por el tiempo que fuere necesario si concurre justa causa. En estos casos también se oirá, si procediera, al nuevo tutor o curador, a los herederos del tutelado o asistido, en su caso.

5. En todo caso, la aprobación judicial de las cuentas presentadas no impedirá el ejercicio de las acciones que recíprocamente puedan asistir al tutor o curador y al tutelado o sujeto a curatela o a sus causahabientes por razón de la tutela o curatela.

Sección 3.ª
De la guarda de hecho

Artículo 54. Requerimiento y medidas de control.

1. El Juez que tenga conocimiento de la existencia de un guardador de hecho, podrá requerirle para que informe de la situación de la persona y bienes del menor, de la persona con capacidad modificada judicialmente o de la que hubiera de estarlo, y de su actuación en relación con los mismos.

2. El Juez podrá establecer las medidas de control y de vigilancia que estime oportunas, sin perjuicio de promover expediente para la constitución de la tutela o curatela. Tales medidas se adoptarán, previa comparecencia, citando a la persona a quien afecte la guarda de hecho, al guardador y al Ministerio Fiscal.

CAPÍTULO V

De la concesión judicial de la emancipación y del beneficio de la mayoría de edad

Artículo 55. Competencia y postulación.

1. El Juez de Primera Instancia del domicilio del menor será competente para conocer de la solicitud de emancipación o de beneficio de mayoría de edad que inste el mayor de 16 años sujeto a patria potestad o a tutela, respectivamente, por encontrarse en alguno de los supuestos previstos en los artículos 320 y 321 del Código Civil y, en concreto:

a) Cuando quien ejerciere la patria potestad contrajere nupcias o conviviere maritalmente con persona distinta del otro progenitor.

b) Cuando los progenitores vivieren separados.

c) Cuando concurra cualquier causa que entorpeciera gravemente el ejercicio de la patria potestad.

d) Cuando estuviera constituido en tutela.

2. En la práctica de estas actuaciones, no será preceptiva la intervención de Abogado ni Procurador.

Artículo 56. Solicitud.

1. El expediente se iniciará mediante solicitud dirigida al Juzgado por el menor mayor de 16 años, con la asistencia de alguno de sus progenitores, no privados o suspendidos de la patria potestad, o del tutor. A falta de la asistencia de los mismos, se nombrará defensor judicial al menor para instar el expediente. El Ministerio Fiscal asumirá su representación y defensa hasta que se produzca el nombramiento de defensor judicial.

2. A la solicitud se acompañarán, en su caso, los documentos que acrediten la concurrencia de la causa exigida por el Código Civil para instar la emancipación o beneficio de mayoría de edad, así como la proposición de prueba que considere pertinente.

Artículo 57. Tramitación y resolución.

1. Admitida a trámite por el Secretario judicial la solicitud, convocará a la comparecencia ante el Juez al menor, a sus progenitores o, en su caso, a su tutor, al Ministerio Fiscal y a aquellos que pudieran estar interesados, quienes serán oídos por este orden. Posteriormente, se practicarán aquellas pruebas que hubieren sido propuestas y acordadas.

2. El Juez, teniendo en cuenta la justificación ofrecida y valorando el interés del menor, resolverá concediendo o denegando la emancipación o el beneficio de mayoría de edad solicitados.

3. Se remitirá al Registro Civil el testimonio de la concesión de la emancipación o del beneficio de mayoría de edad para proceder a su inscripción.

CAPÍTULO VI

De la protección del patrimonio de las personas con discapacidad

Artículo 58. Ámbito de aplicación.

1. Se aplicarán las normas de este Capítulo a los expedientes que tengan por objeto alguna de las actuaciones judiciales previstas en el Capítulo I de la Ley 41/2003, de 18 de noviembre, sobre protección patrimonial de las personas con discapacidad y, en concreto, para:

a) La constitución del patrimonio protegido de las personas con discapacidad o aprobación de las aportaciones al mismo cuando sus progenitores, tutor o curador se negaren injustificadamente a prestar el consentimiento o asentimiento a ello.

b) El nombramiento de su administrador cuando no se pudiera realizar conforme al título de constitución.

c) El establecimiento de exenciones a la exigencia de obtener por el administrador de la autorización o aprobación judicial para la realización de actos de disposición, gravamen u otros, que se refieran a los bienes y derechos integrantes del patrimonio protegido de las personas con discapacidad.

d) La sustitución del administrador, el cambio de las reglas de administración, el establecimiento de medidas especiales de fiscalización, la adopción de cautelas, la extinción del patrimonio protegido o cualquier otra medida de análoga naturaleza que sea necesaria tras la constitución del patrimonio protegido.

Artículo 59. Competencia, legitimación y postulación.

1. Será competente para el conocimiento de este expediente el Juzgado de Primera Instancia del domicilio o, en su defecto, de la residencia de la persona con discapacidad.

2. Para promover los expedientes regulados en este Capítulo únicamente está legitimado el Ministerio Fiscal, quien actuará de oficio o a solicitud de cualquier persona, debiendo ser oído en todas las actuaciones judiciales relativas al patrimonio protegido.

3. Los interesados no precisarán de Abogado ni Procurador para intervenir en el expediente.

Artículo 60. Solicitud, tramitación y resolución del expediente.

1. El expediente se iniciará mediante solicitud por escrito del Ministerio Fiscal en la que se consignarán los datos y circunstancias de identificación de la persona con discapacidad, de sus representantes o su curador, según proceda y de los demás interesados en el asunto, así como el domicilio o los domicilios en que pueden ser citados, y los hechos y demás alegaciones que procedan.

2. Su tramitación se ajustará a las normas generales de tramitación previstas en esta Ley.

3. El Juez dictará la resolución en interés de la persona con discapacidad.

Si la resolución estableciera la constitución del patrimonio protegido de una persona con discapacidad, aquella deberá contener, al menos, el inventario de los bienes y derechos que inicialmente lo constituyan; las reglas de su administración y, en su caso, de fiscalización, así como los procedimientos de designación de las personas que hayan de integrar los órganos de administración o, en su caso, de fiscalización.

4. La resolución será recurrible en apelación con efectos suspensivos, salvo cuando se nombrare administrador del patrimonio protegido por no poderse designar conforme a las reglas establecidas en el documento público o la resolución judicial de constitución.

5. Si la resolución dictada por el Juez fuera la constitución de un patrimonio protegido y el administrador designado no fuera el propio beneficiario del mismo, aquélla deberá ser comunicada al Registro Civil para su inscripción, así como las demás circunstancias relativas al patrimonio protegido y a la designación y modificación de administradores de dicho patrimonio.

Igualmente, deberá entregarse testimonio de la resolución a la parte para su inscripción en los registros respectivos cuando los bienes que integren el patrimonio protegido tengan el carácter de registrables para su inscripción o anotación, o a las gestoras de instituciones de inversión colectiva o de sociedades mercantiles si se tratara de participaciones o acciones de las mismas.

CAPÍTULO VII
DEL DERECHO AL HONOR, A LA INTIMIDAD Y A LA PROPIA IMAGEN DEL MENOR O PERSONA CON CAPACIDAD MODIFICADA JUDICIALMENTE

Artículo 61. Ámbito de aplicación, competencia y legitimación.

1. Se aplicarán las disposiciones de este Capítulo para la obtención de autorización judicial del consentimiento a las intromisiones legítimas en el ámbito de protección delimitado por el artículo 3 de la Ley Orgánica 1/1982, de 5 de mayo, de protección civil del derecho al honor, a la intimidad personal y familiar y a la propia imagen, cuando el Ministerio Fiscal se hubiera opuesto al consentimiento otorgado por el representante legal de un menor o persona con capacidad modificada judicialmente.

2. Será competente para el conocimiento de este expediente el Juzgado de Primera Instancia del domicilio o, en su defecto, de la residencia del menor o persona con capacidad modificada judicialmente.

3. Para promover este expediente está legitimado el representante legal del menor o persona con capacidad modificada judicialmente, sin que sea preceptiva la intervención de Abogado ni Procurador.

Artículo 62. Tramitación y resolución.

1. El expediente se iniciará mediante solicitud que deberá acompañarse del proyecto de consentimiento, el documento en que conste la notificación de la oposición del Ministerio Fiscal y los que acrediten su representación legal.

2. Una vez admitida la solicitud por el Secretario judicial, éste señalará día y hora para la comparecencia, a la que se citará al Ministerio Fiscal, al representante legal del menor o persona con capacidad modificada judicialmente y a éste si el Juez lo creyera necesario. El Juez podrá acordar también, de oficio o a instancia del Ministerio Fiscal, la citación, en su caso, de otros interesados.

3. El Juez dictará resolución al término de la comparecencia o, si la complejidad del asunto lo justificare, dentro de los cinco días siguientes, en atención al interés superior del menor o persona con la capacidad modificada judicialmente.

4. Contra esta resolución cabrá recurso de apelación, con efectos suspensivos, que se resolverá con carácter preferente.

5. Si los representantes legales del menor o de la persona con la capacidad modificada judicialmente quisieran que se revocara el consentimiento otorgado judicialmente, lo pondrán en conocimiento del Juez, quien dictará resolución dejándolo sin efecto.

CAPÍTULO VIII

De la autorización o aprobación judicial para la realización de actos de disposición, gravamen u otros que se refieran a los bienes y derechos de menores y personas con capacidad modificada judicialmente

Artículo 63. Ámbito de aplicación.

Se aplicarán las disposiciones de este Capítulo en todos los casos en que, conforme al Código Civil o la Ley 41/2003, de 18 de noviembre, de protección patrimonial de las personas con discapacidad, el representante legal del menor o persona con capacidad modificada judicialmente o el administrador de un patrimonio protegido necesite autorización o aprobación judicial para la validez de actos de disposición, gravamen u otros que se refieran a sus bienes o derechos o al patrimonio protegido, salvo que hubiera establecida una tramitación específica.

Artículo 64. Competencia, legitimación y postulación.

1. Será competente para el conocimiento de este expediente el Juzgado de Primera Instancia del domicilio o, en su defecto, de la residencia del menor o persona con capacidad modificada judicialmente.

2. Podrán promover este expediente quienes ostenten la representación legal del menor o persona con capacidad modificada judicialmente a los fines de realizar el acto jurídico de que se trate, el curador o el defensor judicial en su caso, así como el constituido en tutela o curatela, si no le hubiese sido prohibido.

Cuando se trate de la administración de bienes o derechos determinados, con facultades concretas sobre los mismos, conferida por su transmitente a título gratuito a favor de quien no ostente la representación legal de un menor o persona con capacidad modificada judicialmente, o cuando se ejerzan separadamente la tutela de la persona y la de los bienes deberá solicitar la autorización, si fuere precisa, el administrador designado por el transmitente o el tutor de los bienes.

Si el acto fuera respecto a los bienes del patrimonio protegido, el legitimado será su administrador.

3. No será preceptiva la intervención de Abogado ni Procurador siempre que el valor del acto para el que se inste el expediente no supere los 6.000 euros, siendo necesaria su actuación en otro caso.

Artículo 65. Solicitud.

1. En la solicitud deberá expresarse el motivo del acto o negocio de que se trate, y se razonará la necesidad, utilidad o conveniencia del mismo; se identificará con precisión el bien o derecho a que se refiera; y se expondrá, en su caso, la finalidad a que deba aplicarse la suma que se obtenga.

Con la petición que se deduzca se presentarán los documentos y antecedentes necesarios para poder formular juicio exacto sobre el negocio de que se trate y, en su caso, las operaciones particionales de la herencia o de la división de la cosa común realizada.

2. En el caso de autorización solicitada para transigir, se acompañará, además, el documento en que se hubieren formulado las bases de la transacción.

3. Si la solicitud fuera para la realización de un acto de disposición podrá también incluirse en la solicitud la petición de que la autorización se extienda a la celebración de venta directa, sin necesidad de subasta ni intervención de persona o entidad especializada. En este caso, deberá acompañarse de dictamen pericial de valoración del precio de mercado del bien o derecho de que se trate y especificarse las demás condiciones del acto de disposición que se pretenda realizar.

Artículo 66. Tramitación.

1. Admitida a trámite la solicitud por el Secretario judicial, éste citará a comparecencia al Ministerio Fiscal, así como a todas las personas que, según los distintos casos, exijan las leyes y, en todo caso, al afectado que tuviera suficiente madurez y al menor mayor de 12 años.

2. Cuando proceda dictamen pericial se emitirá antes de celebrarse la comparecencia, debiendo citarse a ella al perito o peritos que lo hubiesen emitido, si así se acordara, para responder a las cuestiones que le planteen tanto los intervinientes como el Juez.

Artículo 67. Resolución.

1. El Juez, teniendo en cuenta la justificación ofrecida y valorando su conveniencia a los intereses del menor o persona con capacidad modificada judicialmente, resolverá concediendo o denegando la autorización o aprobación solicitada.

2. La autorización para la venta de bienes o derechos se concederá bajo la condición de efectuarse en pública subasta previo dictamen pericial de valoración de los mismos, salvo que se hubiera instado la autorización por venta directa o por persona o entidad especializada, sin necesidad de subasta y el Juez así lo autorice.

Se exceptúa el caso de que se trate de acciones, obligaciones u otros títulos admitidos a negociación en mercado secundario, en que se acordará que se enajenen con arreglo a las leyes que rigen estos mercados.

3. En el caso de autorización solicitada para transigir, si fuera concedida por el Juez, determinará la expedición de testimonio que se entregará al solicitante para el uso que corresponda.

4. Si se autorizare la realización de algún acto de gravamen sobre bienes o derechos que pertenezcan al menor o persona con capacidad modificada judicialmente, o la extinción de derechos reales a ellos pertenecientes, se ordenará seguir las mismas formalidades establecidas para la venta, con exclusión de la subasta.

5. La resolución será recurrible en apelación con efectos suspensivos.

Artículo 68. Destino de la cantidad obtenida.

El Juez podrá adoptar las medidas necesarias para asegurar que la cantidad obtenida por el acto de enajenación o gravamen, así como por la realización del negocio o contrato autorizado se aplique a la finalidad en atención a la que se hubiere concedido la autorización.

CAPÍTULO IX
De la declaración de ausencia y fallecimiento

Artículo 69. Ámbito de aplicación.

Se aplicarán las normas de este Capítulo a las actuaciones judiciales previstas en el Título VIII del Libro I del Código Civil relativas a la desaparición y a las declaraciones de ausencia y fallecimiento de una persona.

Artículo 70. Competencia, legitimación y postulación.

1. En la declaración de ausencia y fallecimiento, será competente el Juzgado de Primera Instancia del último domicilio de la persona de cuya declaración de ausencia o fallecimiento se trate, o, en su defecto, el de su última residencia.

No obstante lo anterior, si se tratara de la declaración de fallecimiento en los supuestos de los apartados 2 y 3 del artículo 194 del Código Civil, será competente, en relación con todos los afectados, el Juzgado de Primera Instancia del lugar del siniestro. Si éste hubiera acaecido fuera del territorio español, será competente, respecto de los españoles y de las personas residentes en España, el del lugar donde se inició el viaje; y si éste se hubiera iniciado en el extranjero, el del lugar correspondiente al domicilio o residencia en España de la mayoría de los afectados. Cuando la competencia no se pudiera determinar conforme a los criterios anteriores, será competente el Juzgado de Primera Instancia del lugar del domicilio o residencia de cualquiera de ellos.

2. Están legitimados para presentar la solicitud de estos expedientes el Ministerio Fiscal, de oficio o en virtud de denuncia, el cónyuge del ausente no separado legalmente, los parientes consanguíneos hasta el cuarto grado y cualquier persona que racionalmente estime tener sobre los bienes del desaparecido algún derecho ejercitable en vida del mismo o dependiente de su muerte. No obstante, la declaración de fallecimiento a que se refieren los apartados 2 y 3 del artículo 194 del Código Civil se realizará únicamente a instancia del Ministerio Fiscal.

3. En los casos de desaparición o de ausencia legal, en la solicitud inicial se expresará el nombre, domicilio y demás datos de localización de los parientes conocidos más próximos del ausente o desaparecido hasta el cuarto grado de consanguinidad y el segundo de afinidad.

4. En la tramitación de estos expedientes no será preceptiva la intervención de Abogado ni Procurador.

Artículo 71. Defensor judicial en caso de desaparición.

1. En los casos de desaparición de una persona, si se solicitare por parte legitimada o por el Ministerio Fiscal, conforme al artículo 181 del Código Civil, el nombramiento de un defensor, acreditados los requisitos que dicho precepto establece, se nombrará por el Secretario judicial defensor a quien corresponda, previa celebración de comparecencia en el plazo máximo de cinco días desde la presentación de la solicitud, a la que se citará a los interesados y al Ministerio Fiscal y se oirá a los testigos propuestos por el solicitante.

2. En caso de urgencia por seguirse perjuicio si se esperase para el nombramiento hasta la celebración de la comparecencia, el Secretario judicial podrá designar de inmediato defensor a quien corresponda o a quien se proponga por el solicitante, así como adoptar medidas urgentes de protección del patrimonio del desaparecido, continuándose luego los trámites or-

dinarios del expediente que, en este caso, terminará por resolución por la que se ratifiquen o se revoquen el nombramiento y las medidas acordadas al inicio.

Artículo 72. Declaración de ausencia.

1. La declaración de ausencia legal a que se refieren los artículos 182 al 184 del Código Civil, con el consiguiente nombramiento de representante del ausente, se instará por parte interesada o por el Ministerio Fiscal, aportando las pruebas precisas que acrediten la concurrencia en el caso de cuantos requisitos exige el mencionado Código para tal declaración.

2. El Secretario judicial admitirá la solicitud y señalará día y hora para la comparecencia, que tendrá lugar en el plazo máximo de un mes, a la que citará al solicitante y al Ministerio Fiscal, así como a los parientes indicados en la solicitud inicial y a quienes consten en el expediente como interesados, y ordenará publicar dos veces la resolución de admisión mediante edictos, con intervalo mínimo de ocho días, en la forma establecida en la Ley de Enjuiciamiento Civil, en el Boletín Oficial del Estado y en el tablón del Ayuntamiento de la localidad en la que el ausente hubiere tenido su último domicilio. En el edicto se hará constar que podrá intervenir en la comparecencia cualquiera que pudiera tener interés en la declaración de ausencia.

3. En estos expedientes, el Secretario judicial podrá adoptar de oficio o a instancia de interesado, con intervención del Ministerio Fiscal, cuantas medidas de averiguación e investigación considere procedentes, así como todas las de protección que juzgue útiles al desaparecido o ausente.

4. Si en la comparecencia se propusiere la práctica de algún medio probatorio o actuación útil para la averiguación del paradero de la persona de que se trate en el expediente, el Secretario judicial podrá acordar su práctica posterior a la comparecencia.

Artículo 73. Resolución y nombramiento de representante del ausente.

1. Practicadas las pruebas que se hayan estimado necesarias y finalizada la comparecencia, el Secretario judicial, si por el resultado de la prueba procediera, dictará decreto de declaración legal de ausencia, nombrará el representante del ausente con arreglo a lo dispuesto en el artículo 184 del Código Civil a quien le corresponderá la pesquisa de la persona del ausente, la protección y administración de sus bienes y el cumplimiento de sus obligaciones, y dispondrá cuanto proceda con arreglo a dicho Código, según el caso de que se trate.

2. Serán aplicables a los representantes dativos del ausente, en cuanto se adapten a su especial representación, las disposiciones establecidas en los Capítulos IV y VIII sobre nombramiento de los tutores, la aceptación, excusa y remoción de su cargo, la prestación de fianza y la fijación de su retribución, así como la obtención de autorizaciones y aprobaciones para la realización de determinados actos referidos a bienes y derechos del ausente, y su rendición de cuentas una vez concluida su gestión, que se tramitarán y decidirán por el Secretario judicial.

Artículo 74. Medidas provisionales.

1. Si antes de iniciarse el expediente para la declaración de ausencia legal se hubiese adoptado alguna de las medidas reguladas en el Código Civil para los casos de desaparición, subsistirán hasta que tenga lugar dicha declaración, a no ser que el Secretario judicial, a instancia de interesado o del Ministerio Fiscal, estime conveniente modificarlas.

2. Si no se hubiesen adoptado, podrá el Secretario judicial acordarlas con carácter provisional, en tanto no se ultime el expediente de ausencia.

Artículo 75. Práctica de inventario de bienes.

Aceptado el cargo por el representante, al que se le dará testimonio de la resolución para que le sirva de título justificativo, procederá a realizar el inventario de bienes muebles y descripción de los inmuebles a que se refiere el número primero del artículo 185 del Código Civil, en el que se incluirán las deudas u obligaciones pendientes del ausente. Deberá practicarse en el mismo expediente, con intervención del Ministerio Fiscal y de todos los interesados personados en el mismo.

Artículo 76. Declaración de fallecimiento.

1. La declaración de fallecimiento a que se refiere el apartado 2.º del artículo 194 del Código Civil se instará por el Ministerio Fiscal inmediatamente después del siniestro. Si se tratara del supuesto regulado en el apartado 3.º del mismo artículo, lo hará a los ocho días del siniestro si no se hubieran identificado los restos.

Aportadas o practicadas las pruebas que se hayan estimado necesarias para acreditar la concurrencia de cuantos requisitos exige los mencionados apartados dentro del plazo máximo de cinco días, con la colaboración, en su caso, de las Oficinas diplomáticas o consulares correspondientes, el Secretario judicial competente dictará en el mismo día la resolución oportuna.

El decreto dictado por el Secretario judicial declarará el fallecimiento de cuantas personas se encontraren en tal situación, expresando como fecha a partir de la cual se entiende sucedida la muerte, la del siniestro.

2. La declaración de fallecimiento a que se refieren el artículo 193 y los apartados 1, 4 y 5 del artículo 194 del Código Civil podrá instarse por los interesados o por el Ministerio Fiscal, y se tramitará conforme a lo establecido en este capítulo.

El decreto que dicte el Secretario judicial en estos casos declarará, si resulta acreditado, el cese de la situación de ausencia legal, si hubiera sido decretada previamente, y el fallecimiento de la persona expresando la fecha a partir de la cual se entienda sucedida la muerte.

3. Firme la declaración de fallecimiento del ausente, se abrirá la sucesión en los bienes del mismo, procediéndose a su adjudicación por los trámites establecidos en la Ley de Enjuiciamiento Civil o extrajudicialmente, según los casos.

Artículo 77. Hechos posteriores a la declaración de ausencia o fallecimiento.

1. Si se presentare alguna persona que dijese ser el declarado ausente o fallecido, el Secretario judicial ordenará que sea identificada por los medios adecuados que podrá acordar de oficio o a instancia de interesado, convocando comparecencia a la que serán citados la persona presentada, el Ministerio Fiscal y todos los que hubieren intervenido en el expediente de declaración.

Terminada la comparecencia, el Secretario judicial dictará decreto dentro de los tres días siguientes por el que se dejará sin efecto o se ratificará la resolución de declaración de ausencia o fallecimiento.

2. Si no se presentare, pero se tuvieran noticias de su supuesta existencia en paradero conocido, se notificará personalmente al presunto afectado la resolución de declaración de su ausencia o fallecimiento, requiriéndole para que en el plazo de veinte días aporte las pruebas de su identidad. Transcurrido el plazo, con independencia que hubiera presentado o no las pruebas, el Secretario judicial convocará la comparecencia referida en el apartado anterior, citando a los que allí se expresa. El Secretario judicial dictará la resolución que proceda dentro de los tres días siguientes.

3. Si la persona que dijese ser el desaparecido lo solicitare y aportase identificación documental que el Secretario judicial considerase bastante para ello, podrá decretarse la suspensión de la actuación del representante del declarado ausente hasta la celebración de la comparecencia.

4. Si se tuviere noticia de la muerte del desaparecido después de la declaración de ausencia o de fallecimiento, el Secretario judicial, previa celebración de comparecencia a la que se citará a los interesados y al Ministerio Fiscal y en la que se practicarán las pruebas pertinentes para la comprobación del fallecimiento, resolverá sobre la revocación de la resolución en los tres días siguientes.

Artículo 78. Constancia del fallecimiento del desaparecido.

Si en cualquier momento durante la sustanciación de alguno de los expedientes a que se refieren los artículos anteriores de este Capítulo se comprobara el fallecimiento del desaparecido o ausente, se archivará el expediente y quedarán sin efecto las medidas que se hubieran adoptado.

Artículo 79. Comunicación al Registro Civil.

Se remitirá al Registro Civil todos los testimonios necesarios para hacer constar en él cuanto se previene en el artículo 198 del Código Civil.

CAPÍTULO X

De la extracción de órganos de donantes vivos

Artículo 80. Ámbito de aplicación y competencia.

1. Se aplicarán las normas de este Capítulo a los expedientes que tengan por objeto la constatación de la concurrencia del consentimiento libre, consciente y desinteresado del donante y demás requisitos exigidos para la extracción y trasplante de órganos de un donante vivo por la Ley 30/1979, de 27 de octubre, sobre extracción y trasplante de órganos, y las demás normas que la desarrollen.

2. Será competente para conocer de estos expedientes el Juez de Primera Instancia de la localidad donde haya de realizarse la extracción o el trasplante, a elección del solicitante.

Artículo 81. Solicitud y tramitación del expediente.

1. El expediente se iniciará mediante solicitud del donante o comunicación del Director del Centro sanitario en que vaya a efectuarse la extracción o persona en quien delegue, que expresará las circunstancias personales y familiares del donante, el objeto de la donación, el centro sanitario en que ha de efectuarse la extracción, la identidad del médico responsable del trasplante o

extracción o en el que se delegue y se acompañará el certificado médico sobre la salud mental y física del donante, emitido de conformidad con lo dispuesto en la normativa correspondiente.

Para la actuación en estos expedientes no será necesaria la intervención de Abogado o Procurador.

2. A la comparecencia se citará al médico que ha de efectuar la extracción, al médico firmante del certificado a que se refiere el apartado anterior, al médico responsable del trasplante o en quien delegue y a la persona a quien corresponda dar la autorización para la intervención, conforme al documento de autorización para la extracción de órganos concedida al centro sanitario de que se trate o en quien éste delegue.

3. El donante deberá otorgar su consentimiento expreso ante el Juez durante la comparecencia, tras oír las explicaciones del médico que ha de efectuar la extracción y las de los demás asistentes al acto. El Juez podrá asimismo requerir de éstos las explicaciones que estime oportunas sobre la concurrencia de los requisitos exigidos en la ley para el otorgamiento del consentimiento.

Artículo 82. Resolución.

1. Si el Juez considerara que el consentimiento prestado expresamente por el donante no lo ha sido de forma libre, consciente y desinteresada, o no se cumplieran los otros requisitos establecidos legalmente, no extenderá el documento de cesión del órgano.

2. Si no hubiere motivos de oposición que aconsejen la denegación y el Juez estimara que se han cumplido los requisitos legales, extenderá por escrito el documento de cesión del órgano que será firmado por el interesado, el médico que ha de efectuar la extracción y los demás asistentes. Del documento de cesión se facilitará copia al interesado.

TÍTULO III
DE LOS EXPEDIENTES DE JURISDICCIÓN VOLUNTARIA EN MATERIA DE FAMILIA

CAPÍTULO I
De la dispensa de impedimento matrimonial

Artículo 83. Competencia, legitimación y postulación.

1. El Juez de Primera Instancia del domicilio o, en su defecto, de la residencia de cualquiera de los contrayentes será competente para conocer de la solicitud de dispensa de los impedimentos de muerte dolosa del cónyuge anterior y de parentesco para contraer matrimonio del grado tercero entre colaterales, previstos en el artículo 48 del Código Civil.

2. Deberá promover este expediente el contrayente en quien concurra el impedimento para el matrimonio.

3. En la práctica de estas actuaciones no será preceptiva la intervención de Abogado ni Procurador.

Artículo 84. Solicitud.

El expediente se iniciará mediante solicitud dirigida al Juzgado que expresará los motivos de índole particular, familiar o social en la que se basa, y a la que se acompañarán los documentos y antecedentes necesarios que acrediten la concurrencia de la justa causa exigida por el Código Civil para que proceda la dispensa y, en su caso, la proposición de prueba, cuya práctica se acordará por el Juez. Si se tratara del impedimento de parentesco, en la solicitud se expresará, con claridad el árbol genealógico de los contrayentes.

Artículo 85. Tramitación y resolución.

1. Admitida a trámite por el Secretario judicial la solicitud, citará a la comparecencia a los contrayentes y a aquellos que pudieran estar interesados, quienes serán oídos. Posteriormente, se practicarán aquellas pruebas que hubieren sido propuestas y acordadas.

2. El Juez teniendo en cuenta la justificación ofrecida resolverá concediendo o denegando la dispensa del impedimento para el matrimonio.

Artículo 86. Testimonio.

En el caso de concesión de la dispensa para el matrimonio, el Secretario judicial expedirá testimonio que se entregará al solicitante para el uso que corresponda.

CAPÍTULO II

De la intervención judicial en relación con la patria potestad

Sección 1.ª

Disposición común

Artículo 87. Tramitación.

1. En los expedientes a que se refiere este Capítulo, una vez admitida la solicitud por el Secretario judicial, éste citará a la comparecencia al solicitante; al Ministerio Fiscal; a los progenitores, guardadores o tutores cuando proceda; a la persona con capacidad modificada judicialmente, en su caso; o al menor si tuviere suficiente madurez y, en todo caso, si fuere mayor de 12 años. Si el titular de la patria potestad fuese un menor no emancipado, se citará también a sus progenitores y, a falta de éstos, a su tutor. Se podrá también acordar la citación de otros interesados.

2. El Juez podrá acordar, de oficio o a instancia del solicitante, de los demás interesados o del Ministerio Fiscal, la práctica durante la comparecencia de las diligencias que considere oportunas. Si estas actuaciones tuvieran lugar después de la comparecencia, se dará traslado del acta correspondiente a los interesados para que puedan efectuar alegaciones en el plazo de cinco días.

3. No será preceptiva la intervención de Abogado ni de Procurador para promover y actuar en estos expedientes.

Sección 2.ª

De la intervención judicial en los casos de desacuerdo en el ejercicio de la patria potestad

Artículo 88. Ámbito de aplicación, competencia y legitimación.

1. Se aplicarán las disposiciones de esta sección cuando el Juez deba intervenir en los casos de desacuerdo en el ejercicio de la patria potestad ejercitada conjuntamente por los pro-

genitores. También serán de aplicación en los casos en que esté legalmente prevista la autorización o intervención judicial cuando el titular de la patria potestad fuere un menor de edad no emancipado por desacuerdo o imposibilidad de sus progenitores o tutor.

2. Será competente el Juzgado de Primera Instancia del domicilio o, en su defecto, de la residencia del hijo. No obstante, si el ejercicio conjunto de la patria potestad por los progenitores hubiera sido establecido por resolución judicial, será competente para conocer del expediente el Juzgado de Primera Instancia que la hubiera dictado.

3. Están legitimados para promover este expediente ambos progenitores, individual o conjuntamente.

Si el titular de la patria potestad fuese un menor no emancipado, también estarán legitimados sus progenitores y, a falta de éstos, su tutor.

Sección 3.ª
De las medidas en cuanto a las relaciones de los menores con sus progenitores, abuelos y demás parientes y allegados si estuvieran en acogimiento (suprimida)

Artículo 89. Sin contenido.

Artículo 90. Sin contenido.

Sección 4.ª
De las medidas de protección relativas al ejercicio inadecuado de la potestad de guarda o de administración de los bienes del menor o persona con capacidad modificada judicialmente

Artículo 91. Ámbito de aplicación, competencia y legitimación.

1. Se aplicarán las disposiciones de esta sección para adoptar medidas en relación al ejercicio inadecuado de la potestad de guarda de menores o personas con capacidad modificada judicialmente o a la administración de sus bienes en los casos a que se refieren los artículos 158, 164, 165, 167 y 216 del Código Civil. Y en concreto:

a) Para la adopción de las medidas de protección de los menores y de las personas con capacidad modificada judicialmente establecidas en el artículo 158 del Código Civil.

b) Para el nombramiento de un administrador judicial para la administración de los bienes adquiridos por el hijo por sucesión en la que el padre, la madre o ambos hubieran sido justamente desheredados o no hubieran podido heredar por causa de indignidad, y no se hubiera designado por el causante persona para ello, ni pudiera tampoco desempeñar dicha función el otro progenitor.

c) Para atribuir a los progenitores que carecieren de medios la parte de los frutos que en equidad proceda de los bienes adquiridos por el hijo por título gratuito cuando el disponente hubiere ordenado de manera expresa que no fueran para los mismos, así como de los adquiridos por sucesión en que el padre, la madre o ambos hubieran sido justamente desheredados o no hubieran podido heredar por causa de indignidad, y de aquellos donados o dejados a los hijos especialmente para su educación o carrera.

d) Para la adopción de las medidas necesarias para asegurar y proteger los bienes de los hijos, exigir caución o fianza para continuar los progenitores con su administración o incluso nombrar un Administrador cuando la administración de los progenitores ponga en peligro el patrimonio del hijo.

2. Será competente el Juzgado de Primera Instancia del domicilio o, en su defecto, de la residencia del menor o persona con capacidad modificada judicialmente. No obstante, si el ejercicio conjunto de la patria potestad por los progenitores o la atribución de la guarda y custodia de los hijos hubiera sido establecido por resolución judicial, así como cuando estuvieran sujetos a tutela será competente para conocer del expediente el Juzgado de Primera Instancia que hubiera conocido del inicial.

3. Las medidas a que se refiere este Capítulo se adoptarán de oficio o a instancia del propio afectado, de cualquier pariente o del Ministerio Fiscal. Cuando se soliciten respecto de una persona con capacidad modificada judicialmente, podrán adoptarse asimismo a instancia de cualquier interesado.

Artículo 92. Resolución.

Si el Juez estimare procedente la adopción de medidas, resolverá lo que corresponda designando persona o institución que, en su caso, haya de encargarse de la custodia del menor o persona con capacidad modificada judicialmente, adoptará las medidas procedentes en el caso conforme a lo establecido en los artículos 158 y 167 del Código Civil, y podrá nombrar, si procediere, un defensor judicial o un administrador.

Artículo 93. Actuación en casos de tutela.

En los casos de tutela del menor o persona con capacidad modificada judicialmente, el Juez que haya conocido del expediente remitirá testimonio de la resolución definitiva al que hubiese conocido del nombramiento de tutor.

CAPÍTULO III

De la intervención judicial en los casos de desacuerdo conyugal y en la administración de bienes gananciales

Artículo 94. Ámbito de aplicación, competencia, postulación y tramitación.

1. Se seguirán los trámites regulados en las normas comunes de esta Ley cuando los cónyuges, individual o conjuntamente, soliciten la intervención o autorización judicial para:

a) Fijar el domicilio conyugal o disponer sobre la vivienda habitual y objetos de uso ordinario, si hubiere desacuerdo entre los cónyuges.

b) Fijar la contribución a las cargas del matrimonio, cuando uno de los cónyuges incumpliere tal deber.

c) Realizar un acto de administración respecto de bienes comunes por ser necesario el consentimiento de ambos cónyuges, o para la realización de un acto de disposición a título oneroso sobre los mismos, por hallarse el otro cónyuge impedido para prestarlo o se negare injustificadamente a ello.

d) Conferir la administración de los bienes comunes, cuando uno de los cónyuges se hallare impedido para prestar el consentimiento o hubiere abandonado la familia o existiere separación de hecho.

e) Realizar actos de disposición sobre inmuebles, establecimientos mercantiles, objetos preciosos o valores mobiliarios, salvo el derecho de suscripción preferente, si el cónyuge tuviera la administración y, en su caso, la disposición de los bienes comunes por ministerio de la ley o por resolución judicial.

2. En los expedientes sobre atribución de la administración y disposición de los bienes comunes a uno sólo de los cónyuges, el Juez podrá acordar asimismo cautelas y limitaciones, de oficio o a instancia del Ministerio Fiscal cuando haya de intervenir en el expediente.

3. En los expedientes a que se refieren los dos apartados anteriores será competente el Juzgado de Primera Instancia del que sea o hubiera sido el último domicilio o residencia de los cónyuges.

No será preceptiva la intervención de Abogado ni de Procurador para promover y actuar en estos expedientes, salvo que la intervención judicial fuera para la realización de un acto de carácter patrimonial con un valor superior a 6.000 euros, en cuyo caso será necesario.

4. El Juez oirá en la comparecencia al solicitante, al cónyuge no solicitante, en su caso, y a los demás interesados, sin perjuicio de la práctica de las demás diligencias de prueba que estime pertinentes.

5. En estos expedientes se dará audiencia al Ministerio Fiscal cuando estén comprometidos los intereses de los menores o personas con capacidad modificada judicialmente.

TÍTULO IV
DE LOS EXPEDIENTES DE JURISDICCIÓN VOLUNTARIA RELATIVOS AL DERECHO SUCESORIO

CAPÍTULO I
Del albaceazgo

Artículo 95. Ámbito de aplicación, competencia, postulación y tramitación.

1. En los casos en los que con arreglo a la legislación civil resulte necesario, será de aplicación lo previsto en este capítulo:

1.º Para los casos de renuncia del albacea a su cargo o de prórroga del plazo del albaceazgo.

2.º Para la remoción de su cargo.

3.º Para la rendición de cuentas del albacea.

4.º Para la obtención de autorización para que el albacea pueda efectuar actos de disposición sobre bienes de la herencia.

2. Para la actuación en estos expedientes no será preceptiva la intervención de Abogado ni Procurador cuando la cuantía del haber hereditario sea inferior a 6.000 euros.

3. Será competente para conocer de estos expedientes, cuya tramitación se ajustará a las normas comunes de esta Ley, el Juzgado de Primera Instancia del último domicilio o residencia habitual del causante, o de donde estuviere la mayor parte de su patrimonio, con indepen-

dencia de su naturaleza de conformidad con la ley aplicable, o el del lugar en que hubiera fallecido, siempre que estuvieran en España, a elección del solicitante. En defecto de todos ellos, será competente el Juzgado de Primera Instancia del lugar del domicilio del solicitante.

4. La decisión de estos expedientes corresponderá al Juez, salvo la resolución de los supuestos previstos en el número 1.º del apartado 1 de este artículo, que corresponderá al Secretario judicial.

CAPÍTULO II

De los contadores-partidores dativos

Artículo 96. Ámbito de aplicación y tramitación.

1. Será de aplicación lo previsto en este capítulo:

a) Para la designación del contador partidor dativo en los casos previstos en el artículo 1.057 del Código Civil.

b) Para los casos de renuncia del contador partidor nombrado o de prórroga del plazo fijado para la realización de su encargo.

c) Para la aprobación de la partición realizada por el contador-partidor cuando resulte necesario por no haber sido confirmada expresamente por todos los herederos y legatarios.

2. Para la actuación en estos expedientes no será preceptiva la intervención de Abogado ni Procurador cuando la cuantía del haber hereditario sea inferior a 6.000 euros.

3. La tramitación y decisión de estos expedientes, que se ajustará a las normas comunes de esta Ley y a lo dispuesto en el Código Civil, corresponderá al Secretario judicial del Juzgado de Primera Instancia del último domicilio o residencia habitual del causante, o de donde estuviere la mayor parte de su patrimonio, con independencia de su naturaleza de conformidad con la ley aplicable, o el del lugar en que hubiera fallecido, siempre que estuvieran en España, a elección del solicitante. En defecto de todos ellos, será competente el Juzgado de Primera Instancia del lugar del domicilio del solicitante.

CAPÍTULO III

De la aceptación y repudiación de la herencia

Artículo 97. Ámbito de aplicación.

1. Se aplicarán las disposiciones de este Capítulo en todos los casos en que, conforme a la ley, la validez de la aceptación o repudiación de la herencia necesite autorización o aprobación judicial.

2. En todo caso, precisarán autorización judicial:

a) Los progenitores que ejerzan la patria potestad para repudiar la herencia o legados en nombre de sus hijos menores de 16 años, o si aun siendo mayores de esa edad, sin llegar a la mayoría, no prestaren su consentimiento.

b) Los tutores, y en su caso, los defensores judiciales, para aceptar sin beneficio de inventario cualquier herencia o legado o para repudiar los mismos.

c) Los acreedores del heredero que hubiere repudiado la herencia a la que hubiere sido llamado en perjuicio de aquellos, para aceptar la herencia en su nombre.

3. Asimismo, será necesaria la aprobación judicial para la eficacia de la repudiación de la herencia realizada por los legítimos representantes de las asociaciones, corporaciones y fundaciones capaces de adquirir.

Artículo 98. Competencia, legitimación y postulación.

1. Será competente para conocer de estos expedientes, cuya tramitación se ajustará a las normas comunes de esta Ley, el Juzgado de Primera Instancia del último domicilio o, en su defecto, de la última residencia del causante y, si lo hubiere tenido en país extranjero, el del lugar de su último domicilio en España o donde estuviere la mayor parte de sus bienes, a elección del solicitante.

2. Podrán promover este expediente quienes ostenten la representación de los llamados a la herencia, ellos mismos representados por el Ministerio Fiscal si fueran menores o tuvieren la capacidad modificada judicialmente, su defensor judicial si no se le hubiera dado la autorización en el nombramiento y los acreedores del heredero que hubiera repudiado la herencia.

3. Será necesaria la intervención del Ministerio Fiscal en los casos establecidos en las letras a) y b) del apartado 2 del artículo 97.

4. Para la actuación en estos expedientes no será preceptiva la intervención de Abogado ni Procurador cuando la cuantía del haber hereditario sea inferior a 6.000 euros.

Artículo 99. Resolución.

1. El Juez, teniendo en cuenta la justificación ofrecida y valorando su conveniencia a los intereses de los llamados a la herencia, resolverá concediendo o denegando la autorización o aprobación solicitada.

2. En el caso de haberse solicitado autorización o aprobación para aceptar sin beneficio de inventario o repudiar la herencia, si no fuera concedida por el Juez, sólo podrá ser aceptada a beneficio de inventario.

3. La resolución será recurrible en apelación con efectos suspensivos.

TÍTULO V
DE LOS EXPEDIENTES DE JURISDICCIÓN VOLUNTARIA RELATIVOS AL DERECHO DE OBLIGACIONES

CAPÍTULO I
De la fijación del plazo para el cumplimiento de las obligaciones cuando proceda

Artículo 100. Ámbito de aplicación.

Cuando, conforme al artículo 1128 del Código Civil o cualquier otra disposición legal, proceda que se señale judicialmente el plazo para el cumplimiento de una obligación a instancia de alguno de los sujetos de la misma, se seguirán las normas comunes de la presente Ley.

Artículo 101. Competencia y postulación.

1. La tramitación y resolución del presente expediente corresponderá al Juez de Primera Instancia del domicilio del deudor. Si la relación trabada fuera entre un consumidor o usuario y un empresario o profesional y éste fuera el deudor de la prestación, la competencia podrá

corresponder también al Juez de Primera Instancia del domicilio del acreedor, a elección de éste.

2. Para la actuación en este expediente no será preceptiva la intervención de Abogado ni Procurador.

CAPÍTULO II
De la consignación

Artículo 102. Ámbito de aplicación, competencia y postulación.

1. Se aplicará lo dispuesto en este Capítulo en los casos en que, procediendo la consignación conforme a la ley, se realice ante el órgano judicial.

2. Será competente el Juzgado de Primera Instancia correspondiente al lugar donde deba cumplirse la obligación y, si pudiera cumplirse en distintos lugares, cualquiera de ellos a elección del solicitante. En su defecto, será competente el que corresponda al domicilio del deudor.

3. Para la actuación en el presente expediente no será preceptiva la intervención de Abogado ni Procurador.

Artículo 103. Tramitación.

1. El que promueva la consignación judicial expresará en su solicitud los datos y circunstancias de identificación de los interesados en la obligación a que se refiera la consignación, el domicilio o los domicilios en que puedan ser citados, así como las razones de esta, todo lo relativo al objeto de la consignación, su puesta a disposición del órgano judicial y, en su caso, lo que se solicite en cuanto a su depósito.

Asimismo, deberá acreditar haber efectuado el ofrecimiento de pago, si procediera, y en todo caso el anuncio de la consignación al acreedor y demás interesados en la obligación.

Con la solicitud se habrá de efectuar la puesta a disposición de la cosa debida, sin perjuicio de que posteriormente pueda designarse como depositario al propio deudor.

2. Si la solicitud no reuniera los requisitos necesarios, el Secretario judicial dictará decreto que así lo declare y mandará devolver al proponente lo consignado.

En caso contrario, admitida la solicitud por el Secretario judicial, éste notificará a los interesados la existencia de la consignación, a los efectos de que en el plazo de diez días retiren la cosa debida o realicen las alegaciones que consideren oportunas. Igualmente adoptará las medidas oportunas en cuanto al depósito de la cosa debida.

3. Cuando los interesados comparecidos retirasen la cosa debida aceptando expresamente la consignación, el Secretario judicial dictará decreto teniéndola por aceptada, con los efectos legales procedentes, mandando cancelar la obligación y, en su caso, la garantía, si así lo solicitara el deudor.

4. Si transcurrido el plazo no procedieran a retirar la cosa debida, no realizaran ninguna alegación o rechazaran la consignación, se dará traslado al consignatario para que inste, en el plazo de cinco días, la devolución de lo consignado o el mantenimiento de la consignación.

En el caso que el deudor solicitara la devolución de lo consignado, se dará traslado de la petición al acreedor por cinco días, y si le autorizará a retirarlo, el Secretario judicial dictará decreto acordando el archivo del expediente y el acreedor perderá toda preferencia que tuviere sobre la cosa y los codeudores y fiadores quedarán libres. Si la cosa fuera retirada por la exclusiva voluntad del deudor, el archivo del expediente dejará subsistente la obligación.

Cuando el deudor instara el mantenimiento de la consignación, el Secretario judicial citará al consignatario, al acreedor y a aquellos que pudieran estar interesados a una comparecencia a celebrar ante el Juez, en la que serán oídos y se practicarán aquellas pruebas que hubieren sido propuestas y acordadas.

5. El Juez, teniendo en cuenta la justificación ofrecida, la obligación y la concurrencia en la consignación de los requisitos que correspondan, resolverá declarando o no estar bien hecha la misma.

Si la resolución tuviere por bien hecha la consignación, ésta producirá los efectos legales procedentes, se entregará al acreedor la cosa consignada y se mandará cancelar la obligación si el consignatario lo solicitare. En caso contrario, la obligación subsistirá y se devolverá al promotor lo consignado.

6. Los gastos ocasionados por la consignación serán de cuenta del acreedor si fuera aceptada o se declarase estar bien hecha. Esos gastos serán de cuenta del deudor si fuera declarada improcedente o retirase la cosa consignada.

TÍTULO VI
DE LOS EXPEDIENTES DE JURISDICCIÓN VOLUNTARIA RELATIVOS A LOS DERECHOS REALES

CAPÍTULO I
De la autorización judicial al usufructuario para reclamar créditos vencidos que formen parte del usufructo

Artículo 104. Ámbito de aplicación.

Se aplicarán las disposiciones de este Capítulo en los supuestos en los que el usufructuario pretenda reclamar y cobrar por sí los créditos vencidos que formen parte del usufructo, cuando esté dispensado de prestar fianza o no hubiese podido constituirla, o la constituida no fuese suficiente y no cuente con la autorización del propietario para hacerlo, así como para poner a interés el capital obtenido con dicha reclamación si no contara con el acuerdo del propietario.

Artículo 105. Competencia y postulación.

1. Será competente para conocer de estos expedientes, cuya tramitación se ajustará a las normas comunes de la presente Ley, el Juzgado de Primera Instancia del último domicilio o en su defecto, de la última residencia del solicitante.

2. Para la actuación en estos expedientes no será preceptiva la intervención de Abogado ni de Procurador.

Artículo 106. Solicitud.

El expediente se iniciará mediante solicitud del usufructuario dirigida al Juzgado, a la que se acompañarán los documentos o medios de prueba que acrediten su derecho, la existencia del crédito vencido que se pretenda reclamar o, en su caso, el importe cobrado al realizar el mismo y que pretenda poner a interés y la falta de la autorización del propietario. En el supuesto de que solicitara la autorización para poner a interés el capital obtenido tras cobrar el crédito vencido, deberá ofrecer garantías suficientes para conservar su integridad.

Artículo 107. Tramitación y resolución.

1. Admitida a trámite por el Secretario judicial la solicitud, convocará a la comparecencia al promotor, al propietario y a aquellos que pudieran estar interesados en el cobro del crédito, quienes serán oídos por este orden. Posteriormente, se practicarán aquellas pruebas que hubieren sido propuestas y acordadas.

2. El Juez, teniendo en cuenta la justificación ofrecida y valorando la conveniencia del cobro del crédito que forma parte del usufructo o de la inversión del capital obtenido, resolverá concediendo o denegando la autorización solicitada.

Si la autorización otorgada fuera para cobrar un crédito vencido que forme parte del usufructo, deberá establecerse la obligación del usufructuario de informar periódicamente, dentro de los plazos otorgados, al tribunal sobre las gestiones realizadas, así como del resultado final.

Pero si la autorización lo fuera para poner a interés el capital obtenido por el cobro de ese crédito, la resolución deberá contener las garantías a establecer por el usufructuario para conservar la integridad del capital.

CAPÍTULO II

Del expediente de deslinde de fincas no inscritas

Artículo 108. Ámbito de aplicación.

Se aplicarán las disposiciones de este Capítulo cuando se pretenda obtener el deslinde de fincas que no estuvieran inscritas en el Registro de la Propiedad. Tratándose de fincas inscritas, se aplicará lo dispuesto en la legislación hipotecaria.

Tampoco resultarán de aplicación a los inmuebles cuya titularidad corresponda a las Administraciones Públicas, cuyo deslinde se practicará conforme a su legislación específica.

Artículo 109. Competencia, legitimación y postulación.

1. Será competente para el conocimiento de este expediente el Secretario judicial del Juzgado de Primera Instancia correspondiente al lugar donde estuviera situada la finca o la mayor parte de ella.

2. Se iniciará el expediente a instancia del titular del dominio de la finca o, de ser varios, de cualquiera de ellos, o del titular de cualquier derecho real de uso y disfrute sobre la misma.

3. En la tramitación del presente expediente será preceptiva la intervención de Abogado si el valor de la finca fuera superior a 6.000 euros.

Artículo 110. Solicitud y tramitación.

1. El expediente se iniciará mediante escrito en el que se harán constar las circunstancias tanto de la finca que se pretende deslindar como las colindantes, así como los datos identificativos de los titulares de una y otras, incluidos los catastrales, con su domicilio si fuera

conocido por el solicitante. Cuando el deslinde solicitado no se refiriera a la totalidad del perímetro de la finca, se determinará la parte a que haya de contraerse. Respecto de las fincas colindantes que aparezcan inscritas en el Registro de la Propiedad, deberá aportarse igualmente certificación registral.

El solicitante del deslinde deberá aportar, en todo caso, la certificación catastral descriptiva y gráfica de la finca objeto del deslinde y de las colindantes, así como los documentos o justificantes que sirvan de fundamento a su pretensión. Además, en caso de que el promotor manifieste que la representación gráfica catastral no coincide con la del deslinde solicitado, deberá aportar representación gráfica georreferenciada del mismo. En todo caso, la representación gráfica alternativa habrá de respetar el resto de la delimitación de las fincas afectadas que resulten de la cartografía catastral en lo no afectado por el deslinde. Dicha representación gráfica deberá estar debidamente georreferenciada y suscrita por técnico competente, de modo que permita su incorporación al Catastro una vez practicado el deslinde.

2. El Secretario judicial, admitida la solicitud, comunicará el inicio del expediente a todos los interesados, quienes, en el plazo de quince días, podrán hacer las alegaciones y presentar las pruebas que estimen procedentes. Transcurrido el plazo, el Secretario judicial dará traslado a dichos interesados de toda la documentación aportada y les citará al acto de deslinde a celebrar en el plazo de treinta días para buscar la avenencia entre ellos.

No se suspenderá la práctica del deslinde por la falta de asistencia de alguno de los dueños colindantes, quedando a salvo su derecho para demandar, en el juicio declarativo que corresponda, la posesión o propiedad de las que se creyese despojado en virtud del deslinde. De la misma forma, si antes de la comparecencia, el dueño de alguna de las fincas colindantes se opusiera al deslinde, archivará el expediente en relación a la parte de la finca lindante con la del opositor, reservando a las partes su derecho para que lo ejerciten en el juicio declarativo que corresponda, y continuará con el resto.

Artículo 111. Resolución.

1. De lograrse el acuerdo, entre todos los interesados o parte de ellos, el Secretario judicial hará constar en un acta todo cuanto acuerden y que el acto terminó con avenencia total o parcial respecto de alguno o algunos de los linderos, así como los términos de la misma, debiendo ser firmada por los comparecientes. Si no pudiere conseguirse acuerdo alguno, se hará constar que el acto terminó sin avenencia.

2. Finalizado el acto, el Secretario judicial dictará decreto haciendo constar la avenencia, o que fue parcial respecto de alguno o algunos de los linderos, o que se celebró sin avenencia, acordándose el archivo definitivo de las actuaciones. Al decreto se incorporará el acta y, en todo caso, la certificación catastral descriptiva y gráfica y, en el supuesto de discordancia con esta, la representación gráfica alternativa aportada.

3. El Secretario judicial remitirá testimonio del acta y del decreto al Catastro a los efectos de que puedan realizarse por este, en su caso, las alteraciones catastrales que correspondan, según su normativa reguladora.

«TÍTULO VI BIS (NUEVO) DE LOS EXPEDIENTES DE SUBASTAS VOLUNTARIAS

Artículo 111 bis. Ámbito de aplicación.

Se aplicarán las disposiciones de este título siempre que deba procederse, fuera de un procedimiento de apremio, a la enajenación en subasta de bienes o derechos determinados, a instancia del propio interesado.

Artículo 111 ter. Competencia y postulación.

1. Será competente el Juzgado de Primera Instancia que corresponda al domicilio del titular, y si fueran varios titulares, el correspondiente a cualquiera de ellos. Tratándose de bienes inmuebles será competente el del lugar donde éstos radiquen.

2. Para la actuación en este expediente no será preceptiva la intervención de Abogado y Procurador.

Artículo 111 quáter. Solicitud.

1. Será necesario solicitud de iniciación del expediente, con la identificación y estado del bien o derecho, que deberá ir acompañada de los documentos siguientes:

a) Los que permitan acreditar la capacidad legal para contratar del solicitante.

b) Los que acrediten su poder de disposición sobre el objeto o derecho de la subasta. Cuando se trate de bienes o derechos registrables, se acompañará certificación registral de dominio y cargas.

c) El pliego de condiciones particulares con arreglo a las cuales haya de celebrarse la subasta y en donde se recogerá la valoración de los bienes o derechos a subastar.

2. En caso de existir arrendatarios u ocupantes del inmueble de cuya enajenación se trate, el solicitante deberá identificarlos en su solicitud inicial, procediéndose en tal caso, en la forma prescrita en el artículo 661 de la Ley de Enjuiciamiento Civil.

3. En la solicitud podrá pedirse al Secretario judicial que acuerde la venta del bien o derecho por persona o entidad especializada. De estimarse procedente, el Secretario judicial acordará dicha venta con sujeción a lo establecido en al artículo 641 de la Ley de Enjuiciamiento Civil en cuanto sea compatible con las disposiciones de este título.

Artículo 111 quinquies. Tramitación.

1. El Secretario judicial, antes de resolver sobre la solicitud, consultará el Registro Público Concursal a los efectos previstos en la legislación especial.

2. A la vista de la documentación, resolverá lo que proceda sobre la celebración de la subasta. Si acordare su procedencia, el Secretario judicial pondrá en conocimiento del Registro Público Concursal la existencia del expediente con expresa especificación del número de identificación fiscal del titular persona física o jurídica cuyo bien vaya a ser objeto de la subasta. El Registro Público Concursal notificará al Juzgado que esté conociendo del expediente la práctica de cualquier asiento que se lleve a cabo asociado al número de identificación fiscal notificado a los efectos previstos en la legislación concursal.

El Secretario judicial pondrá en conocimiento del Registro Público Concursal la finalización del expediente cuando la misma se produzca.

3. Acordada su celebración, si se tratare de la subasta de un bien inmueble o derecho real inscrito en el Registro de la Propiedad o bienes muebles sujetos a un régimen de publicidad registral similar al de aquéllos, el Secretario judicial solicitará por procedimientos electrónicos certificación registral de dominio y cargas. El Registrador de la propiedad expedirá la certificación con información continuada por igual medio y hará constar por nota al margen del bien o derecho esta circunstancia. Esta nota producirá el efecto de indicar la situación de venta en subasta del bien o derecho y caducará a los seis meses de su fecha salvo que con anterioridad el Secretario judicial notifique al Registrador el cierre del expediente o su suspensión, en cuyo caso el plazo se computará desde que el Secretario judicial notifique su reanudación.

El Registrador notificará, inmediatamente y de forma telemática, al Secretario judicial y al Portal de Subastas de la Agencia Estatal Boletín Oficial del Estado el hecho de haberse presentado otro u otros títulos que afecten o modifiquen la información inicial.

El portal de subastas recogerá la información proporcionada por el Registro de modo inmediato para su traslado a los que consulten su contenido.

4. La subasta se llevara a cabo, en todo caso, de forma electrónica en el Portal de Subastas de la Agencia Estatal Boletín Oficial del Estado, bajo la responsabilidad del Secretario judicial, por lo que serán de aplicación las disposiciones de la Ley de Enjuiciamiento Civil al respecto, en cuanto sean compatible con lo previsto en este título.

5. La publicidad y celebración de la subasta se ajustará a lo establecido en la Ley de Enjuiciamiento Civil en todo aquello que no esté previsto en el pliego de condiciones particulares. En los edictos se expresará el pliego de condiciones.

6. Terminado la subasta, el Secretario judicial, mediante decreto, aprobará el remate en favor del único o mejor postor, siempre y cuando cubra el tipo mínimo que hubiera fijado el solicitante o no se hubiere reservado expresamente el derecho a aprobarla, en cuyo caso se le dará vista del expediente para que en el término de tres días pida lo que le interese. Igual comunicación se le dará en el caso de que por algún licitador se hiciere la oferta de aceptar el remate modificando algunas de las condiciones.

Si el solicitante aprueba el remate o acepta la proposición, se resolverá teniendo por aprobado el remate en favor del licitador de la misma.

7. Cuando en la subasta no hubiere ningún postor o el solicitante no hubiera aceptado la proposición, se sobreseerá el expediente.

8. El decreto de adjudicación contendrá la descripción del bien o derecho, la identificación de los intervinientes, expresión de las condiciones de la adjudicación y los demás requisitos necesarios, en su caso, para la inscripción registral. Un testimonio de dicha resolución, que se entregará al adjudicatario, será título suficiente para la práctica de las inscripciones registrales que, en su caso, correspondan.»

TÍTULO VII
DE LOS EXPEDIENTES DE JURISDICCIÓN VOLUNTARIA EN MATERIA MERCANTIL

CAPÍTULO I
De la exhibición de libros de las personas obligadas a llevar contabilidad

Artículo 112. Ámbito de aplicación.

La exhibición de libros, documentos y soportes contables de la persona obligada a llevarlos, en los casos en los que proceda conforme a la ley y con el alcance que éstas determinen, se podrá solicitar mediante este expediente, siempre que no exista norma especial aplicable al caso.

Artículo 113. Competencia y postulación.

1. La competencia corresponderá al Juzgado de lo Mercantil del domicilio de la persona obligada a la exhibición, o del establecimiento a cuya contabilidad se refieran los libros y documentos de cuya exhibición se trate.

2. En la tramitación de estos expedientes será preceptiva la intervención de Abogado y Procurador.

Artículo 114. Tramitación.

1. La solicitud se tramitará con arreglo a las normas comunes reguladas en esta Ley, debiendo constar el derecho o interés legítimo del solicitante y especificando los asientos que deben ser examinados o su contenido en la forma más exacta posible, así como el objeto y finalidad de la solicitud.

Admitida la solicitud por el Secretario judicial, éste citará a una comparecencia ante el Juez a quienes hayan de intervenir en el expediente. El Juez resolverá sobre la solicitud motivadamente en la propia comparecencia, documentándose con posterioridad por el Secretario judicial, o en los cinco días siguientes a su finalización mediante auto.

2. Si se estimare la solicitud, se ordenará que se pongan de manifiesto los libros y documentos que proceda examinar, especificando el alcance de la exhibición, requiriendo a tal fin a la persona obligada y señalando día y hora para la exhibición. Si se solicitase por el requerido algún horario concreto con el fin de no perturbar sus actividades, el Juez acordará lo que proceda, oídos los interesados. De manera motivada, y con carácter excepcional, el Juez podrá reclamar que se presenten en el Juzgado los libros o su soporte informático, siempre que se especifiquen los asientos que deben ser examinados.

Artículo 115. Forma de realizar la exhibición.

1. La persona obligada a la exhibición tiene el deber de colaborar y facilitar el acceso a la documentación requerida para que el solicitante pueda proceder a su examen.

2. La exhibición se realizará ante el Secretario judicial en el domicilio o establecimiento de la persona obligada a llevar los libros, o mediante su aportación en soporte informático si así se hubiera acordado, y el solicitante podrá examinar los libros, documentos o soportes especificados por sí o con la colaboración de los expertos que haya designado en su solicitud y que el Juez haya autorizado, levantándose por el Secretario judicial acta de lo actuado.

Artículo 116. Multas coercitivas.

1. Si la persona obligada a la exhibición se negara injustificadamente, obstaculizara o quebrantara el deber de colaborar y facilitar el acceso a la documentación solicitada, será requerida por el Secretario judicial, a instancia del solicitante, para que lo haga y se abstenga de reiterar el quebrantamiento, con apercibimiento de la imposición de multa y de incurrir en un delito de desobediencia a la autoridad judicial.

2. Si el incumplimiento persistiere, el Secretario judicial, tras oír al requerido, para asegurar el cumplimiento de la orden, podrá imponer mediante decreto y respetando el principio de proporcionalidad, multas coercitivas de hasta 300 euros al día, que se ingresarán en el Tesoro Público.

Para determinar la cuantía de la multa el Secretario judicial deberá tener en cuenta las circunstancias del hecho de que se trate, así como los perjuicios que al otro interesado se hubieren podido causar.

CAPÍTULO I bis (nuevo)
De la convocatoria de juntas generales

Artículo 116 bis Ámbito de aplicación.

El expediente previsto en este capítulo se aplicará en todos los casos en que las leyes permitan solicitar la convocatoria de una junta general, sea ordinaria o extraordinaria.

Artículo 116 ter. Competencia, legitimación y postulación.

1. Será competente el Juzgado de lo Mercantil del domicilio social de la entidad a la que se haga referencia.

2. Podrá solicitar la convocatoria quien resulte legitimado para ello por las correspondientes leyes.

3. Para la actuación en este expediente será preceptiva la intervención de Abogado y Procurador.

Artículo 116 quáter. Tramitación.

1. El expediente se iniciará mediante escrito solicitando la convocatoria de la junta, en donde se hará constar la concurrencia de los requisitos exigidos legalmente en cada caso, acompañando los estatutos, los documentos que justifiquen la legitimación y el cumplimiento de dichos requisitos.

2. Si la junta fuera ordinaria, la solicitud deberá fundamentarse en que no se ha reunido dentro de los plazos legalmente establecidos. Si la junta solicitada fuera extraordinaria, se expresarán los motivos de la solicitud y el orden del día que se solicita.

3. También se podrá solicitar en el escrito que se designe un presidente y secretario para la junta distintos de los que corresponda estatutariamente.

4. Admitida la solicitud, el Secretario judicial señalará día y hora para la comparecencia, a la que se citará al órgano de administración.

5. Si accediere a lo solicitado, convocará la junta general en el plazo de un mes desde que hubiera sido formulada la solicitud, indicando lugar, día y hora para la celebración, así como el orden del día, y designará al presidente y secretario de la misma. El lugar establecido deberá ser el fijado en los Estatutos, y si no lo estuviera deberá estar dentro del término municipal donde radique el domicilio de la sociedad.

Si se solicitare simultáneamente la celebración de una junta ordinaria y extraordinaria podrá acordarse que se celebren conjuntamente.

Contra el decreto por el que se acuerde la convocatoria de la junta general no cabrá recurso alguno.

6. Una vez obtenida la aceptación de quien haya sido designado para presidirla, la resolución convocando a la junta deberá ser notificada al solicitante y al administrador.

En caso de no aceptación de la persona designada, el Secretario judicial nombrará a otra que la sustituya.

CAPÍTULO II
EL NOMBRAMIENTO Y REVOCACIÓN DE LIQUIDADOR, AUDITOR O INTERVENTOR DE UNA ENTIDAD

Artículo 117. Ámbito de aplicación.

En todos aquellos casos en que la ley prevea la posibilidad de solicitar al Secretario judicial el nombramiento de liquidador, auditor o interventor, se seguirá el expediente previsto en este Capítulo.

Para la revocación o cese de los nombramientos, cuando sea necesario que se realice por el Secretario judicial, se seguirá el mismo expediente.

Artículo 118. Competencia, legitimación y postulación.

1. La competencia para el nombramiento de liquidador, auditor e interventor corresponderá al Juzgado de lo Mercantil del domicilio social de la entidad a la que se haga referencia.

2. Podrá solicitar el nombramiento de liquidador, auditor o interventor quien resulte legitimado para ello por las correspondientes leyes.

3. En la tramitación de estos expedientes será preceptiva la intervención de Abogado y Pocurador.

Artículo 119. Tramitación.

1. El expediente se iniciará mediante escrito en que se solicitará el nombramiento de liquidador, auditor e interventor y se hará constar la concurrencia de los requisitos exigidos legalmente en cada caso, acompañando los documentos en que se apoye la solicitud.

2. Examinada la solicitud y la documentación aportada, el Secretario judicial convocará a una comparecencia, citando a los interesados que, conforme a la ley, hayan de intervenir en el expediente. Los administradores que no hubieran promovido el expediente serán citados a dicha comparecencia y se les dará traslado del escrito de solicitud.

Artículo 120. Resolución y aceptación del cargo.

1. El Secretario judicial resolverá el expediente por medio de decreto, que dictará en el plazo de cinco días a contar desde la terminación de la comparecencia.

2. La decisión se notificará a los nombrados para su aceptación del cargo. Aceptado el nombramiento, se les proveerá de la acreditación correspondiente.

3. El testimonio de la resolución se remitirá al Registro Mercantil que corresponda para su inscripción.

CAPÍTULO II bis (nuevo)

De la reducción de capital social y de la amortización o enajenación de las participaciones o acciones

Artículo 120 bis. Ámbito de aplicación.

1. En todos aquellos casos en que la ley prevea la posibilidad de solicitar al Secretario judicial la reducción de capital social o la amortización o enajenación de las participaciones o acciones de una sociedad, se seguirá el expediente general previsto en esta ley.

2. La competencia corresponderá al Juzgado de lo Mercantil del domicilio social de la entidad a la que se haga referencia.

3. En la tramitación de estos expedientes será preceptiva la intervención de Abogado y Procurador.

CAPÍTULO III

De la disolución judicial de sociedades

Artículo 121. Ámbito de aplicación.

Se aplicará el expediente regulado en este Capítulo a la disolución judicial de una sociedad en los casos en que proceda conforme a la ley.

Artículo 122. Competencia, legitimación y postulación.

1. La competencia para proceder a la disolución judicial de una sociedad corresponderá al Juzgado de lo Mercantil de su domicilio social.

2. Están legitimados para instar la disolución judicial de la sociedad los administradores, los socios y cualquier interesado.

3. En la tramitación de estos expedientes será preceptiva la intervención de Abogado y Procurador.

Artículo 123. Tramitación.

1. El expediente se iniciará mediante escrito en que se hará constar la concurrencia de los requisitos exigidos legalmente para proceder a la disolución judicial de la sociedad, acompañando los documentos en que se apoye la solicitud.

Cuando la solicitud se presente por un sujeto legitimado distinto de los administradores, se deberá acreditar que se ha procedido a notificar a la sociedad la solicitud de disolución.

2. El Secretario judicial dará traslado del escrito a los administradores, si no hubieran promovido el expediente, y convocará una comparecencia citando a éstos y a los demás interesados que, conforme a la ley, hayan de intervenir en el expediente.

Artículo 124. Resolución.

1. El Juez resolverá el expediente por medio de auto en el plazo de cinco días a contar desde la terminación de la comparecencia.

2. En el supuesto de que el Juez declare disuelta la sociedad, el auto incluirá la designación de las personas que vayan a desempeñar el cargo de liquidadores, y un testimonio del mismo se remitirá al Registro Mercantil que corresponda para su inscripción.

CAPÍTULO IV (nuevo)

DE LA CONVOCATORIA DE LA ASAMBLEA GENERAL DE OBLIGACIONISTAS

Artículo 124 bis. Ámbito de aplicación.

El expediente previsto en este capítulo se aplicará en todos los casos en que las leyes permitan solicitar la convocatoria de una asamblea general de obligacionistas.

Artículo 124 ter. Competencia y legitimación.

1. Será competente el Juzgado de lo Mercantil del domicilio social de la entidad emisora de las obligaciones.

2. Podrá solicitar la convocatoria quien resulte legitimado para ello de acuerdo con el ordenamiento jurídico.

3. Para la actuación en este expediente será preceptiva la intervención de Abogado y Procurador.

Artículo 124 quáter. Tramitación.

1. El expediente se iniciará mediante escrito solicitando la convocatoria de la asamblea, en donde se hará constar la concurrencia de los requisitos exigidos legalmente en cada caso, acompañando los estatutos sociales y, en su caso, el reglamento del sindicato, los documentos que justifiquen la legitimación y el cumplimiento de dichos requisitos.

Admitida la solicitud, el Secretario judicial señalará día y hora para la comparecencia, a la que citará al comisario designado en la escritura de emisión y a los promotores de la asamblea.

2. Celebrada la comparecencia, dictará decreto en el que, si procede, convocará la asamblea general de obligacionistas para la constitución del Sindicato de Obligacionistas, pudiendo designar un nuevo comisario en sustitución del que no hubiera cumplido con su obligación de convocar la asamblea.

Contra el decreto por el que se acuerde la convocatoria de la asamblea general no cabrá recurso alguno.

3. El Secretario judicial convocará la asamblea en el plazo de un mes desde que hubiera sido formulada la solicitud, indicando lugar, día y hora para la celebración, así como el orden del día, de conformidad con el reglamento del sindicato y el contenido de la solicitud.

CAPÍTULO V (nuevo)

Del robo, hurto, extravío o destrucción de título valor o representación de partes de socio

Artículo 124 quinquies. Ámbito de aplicación.

Se aplicarán las disposiciones de este capítulo cuando se solicite la adopción de las medidas previstas en la legislación mercantil en los casos de robo, hurto, extravío o destrucción de títulos valor o de representación de partes de socio.

Artículo 124 sexies. Competencia, legitimación y postulación.

1. Será competente el Juzgado de lo Mercantil del lugar de pago cuando se trate de un título de crédito; del lugar de depósito en el caso de títulos de depósito, o el del lugar del domicilio de la entidad emisora cuando los títulos fueran valores mobiliarios, según proceda.

2. Estarán legitimados para iniciar el expediente regulado en este capítulo los poseedores legítimos de los títulos que hubieren sido desposeídos de los mismos, así como los que hubieren sufrido su destrucción o extravío.

3. Para la actuación en este expediente será preceptiva la intervención de Abogado y Procurador.

Artículo 124 septies. Denuncia del hecho en el caso de valores admitidos a negociación en mercados secundarios oficiales.

1. Podrá el legitimado según el artículo anterior, si su valor estuviere admitido a negociación en alguna Bolsa u otro mercado secundario oficial, dirigirse a la Sociedad Rectora del mercado secundario oficial correspondiente al domicilio de la entidad emisora para denunciar el robo, hurto, destrucción o extravío del título.

2. La Sociedad Rectora del mercado secundario oficial correspondiente lo comunicará a las restantes Sociedades Rectoras, que lo publicarán en el tablón de anuncios para impedir la transmisión del título o títulos afectados. Igualmente, se publicará la denuncia en el «Boletín Oficial del Estado» y, si lo solicitara el denunciante, en un periódico de gran circulación a su elección.

3. El denunciante deberá solicitar la iniciación del expediente regulado en este capítulo en el plazo máximo de nueve días a contar desde la formalización de la denuncia.

4. Si no se notificase a la Sociedad Rectora del mercado secundario oficial la incoación del expediente, levantará la interdicción de los valores, lo comunicará a las Sociedades Rectoras de las restantes Bolsas o mercados oficiales y lo hará público mediante su fijación en el tablón de anuncios.

Artículo 124 octies. Tramitación.

1. El expediente se iniciará mediante un escrito en el que el interesado justificará su legitimación para promoverlo. Si se hubiere denunciado la desposesión del valor ante la Sociedad Rectora del mercado secundario oficial correspondiente, deberá hacerse constar, expresando la fecha de la presentación de la denuncia.

2. Incoado el expediente, el Secretario judicial lo comunicará al emisor de los valores y, si se tratara de un título admitido a negociación, a la Sociedad Rectora del mercado secundario oficial correspondiente, a los efectos previstos en el artículo anterior.

3. El Secretario judicial acordará el anuncio de la incoación del expediente en el «Boletín Oficial del Estado» y en un periódico de gran circulación en su provincia y dispondrá la citación de quien pueda estar interesado en el expediente.

4. Celebrada la comparecencia, el Secretario judicial dictará decreto en el que se pronunciará acerca de la prohibición de negociar o transmitir los valores, de la suspensión del pago del capital, intereses o dividendos, o bien al depósito de las mercancías, según proceda en atención al título de que se trate y, en su caso, ratificará la prohibición de negociación acordada por la Sociedad Rectora del mercado secundario oficial correspondiente.

5. Sin perjuicio de lo dispuesto en el apartado anterior, cuando se tratase de un título de tradición, no procederá el depósito de las mercancías si fueran de imposible, difícil o muy costosa conservación o corrieran el peligro de sufrir grave deterioro o de disminuir considerablemente de valor. En ese caso, el Secretario judicial instará al porteador o al depositario, previa audiencia del tenedor del título, que entregue las mercancías al solicitante si éste hubiera prestado caución suficiente por el valor de las mercancías depositadas, más la eventual indemnización de los daños y perjuicios al tenedor del título si se acreditara posteriormente que el solicitante no tenía derecho a la entrega.

6. A petición del solicitante, el Secretario judicial podrá nombrar un administrador para el ejercicio de los derechos de asistencia y de voto a las juntas generales y especiales de accionistas correspondientes a los títulos que fueran valores mobiliarios, así como para la impugnación de los acuerdos sociales. La retribución del nombrado correrá a cargo del solicitante.

7. Transcurrido el plazo de seis meses sin que se haya suscitado controversia, el Secretario judicial autorizará al que promovió el expediente a cobrar los rendimientos que produzca el título, comunicándoselo, a instancia de éste, al emisor para que pueda proceder a su pago.

El Secretario judicial podrá, si lo considera oportuno, exigir al perceptor de los rendimientos una fianza que garantice, en su caso, la devolución de los mismos.

8. Transcurrido el plazo de un año sin mediar oposición, el Secretario judicial ordenará al emisor la expedición de nuevos títulos que se entregarán al solicitante.

9. En ningún caso procederá la anulación del título o títulos, si el tenedor actual que formule oposición los hubiera adquirido de buena fe conforme a la ley de circulación del propio título.

En caso de que no fuera procedente la anulación del título o títulos, quien hubiera sido tenedor legítimo en el momento de la pérdida de la posesión tendrá las acciones civiles o penales que correspondan contra aquella persona que hubiera adquirido de mala fe la posesión del documento.

CAPÍTULO VI (nuevo)

Del nombramiento de perito en los contratos de seguro

Artículo 124 nonies. Ámbito de aplicación.

Se aplicará el expediente regulado en este capítulo cuando en el contrato de seguro, conforme a su legislación específica, no haya acuerdo entre los peritos nombrados por el asegurador y el asegurado para determinar los daños producidos y aquéllos no estén conformes con la designación de un tercero.

Artículo 124 decies. Competencia, legitimación y postulación.

1. Será competente para el conocimiento de este expediente el Juzgado de lo Mercantil del lugar del domicilio del asegurado.

2. Podrán promover este expediente cualquiera de las partes del contrato de seguro o ambas conjuntamente.

3. En la tramitación de este expediente no será preceptiva la intervención de Abogado y Procurador.

Artículo 124 undecies. Tramitación.

1. Se iniciará el expediente mediante escrito presentado por cualquiera de los interesados en el que se hará constar el hecho de la discordia de los peritos designados por los interesados para valorar los daños sufridos, solicitando el nombramiento de un tercer perito. Al escrito se acompañará la póliza de seguro y los dictámenes de los peritos.

2. Admitida a trámite la solicitud, se convocará a una comparecencia, en la que el Secretario judicial instará a los interesados a que se pongan de acuerdo en el nombramiento de otro perito y, si no hubiere acuerdo, procederá a nombrarlo con arreglo a las normas de la Ley de Enjuiciamiento Civil.

3. Verificado el nombramiento, se hará saber al designado para que manifieste si acepta o no el cargo, lo que podrá realizar alegando justa causa.

4. Aceptado el cargo, se le proveerá del consiguiente nombramiento, debiendo emitir el dictamen en el plazo de treinta días, el cual se incorporará al expediente, dándose por finalizado el mismo.

TÍTULO VIII
DE LA CONCILIACIÓN

Artículo 125. Procedencia de la conciliación.

1. Se podrá intentar la conciliación con arreglo a las previsiones de este Título para alcanzar un acuerdo con el fin de evitar un pleito.

La utilización de este expediente para finalidades distintas de la prevista en el párrafo anterior y que suponga un manifiesto abuso de derecho o entrañe fraude de ley o procesal tendrá como consecuencia la inadmisión de plano de la petición.

2. No se admitirán a trámite las peticiones de conciliación que se formulen en relación con:

1.º Los juicios en que estén interesados los menores y las personas con capacidad modificada judicialmente para la libre administración de sus bienes.

2.º Los juicios en que estén interesados el Estado, las Comunidades Autónomas y las demás Administraciones públicas, Corporaciones o Instituciones de igual naturaleza.

3.º Los juicios de responsabilidad civil contra Jueces y Magistrados.

4.º En general, los que se promuevan sobre materias no susceptibles de transacción ni compromiso.

Artículo 126. Competencia.

1. Será competente para conocer de los actos de conciliación el Secretario judicial del Juzgado de Primera Instancia o del Juzgado de lo Mercantil, cuando se trate de materias de su competencia, del domicilio del requerido. Si no lo tuviera en territorio nacional, el de su última residencia en España.

Si el requerido fuere persona jurídica, será asimismo competente el del lugar del domicilio del solicitante, siempre que en dicho lugar tenga el requerido delegación, sucursal, establecimiento u oficina abierta al público o representante autorizado para actuar en nombre de la entidad, debiendo acreditar dicha circunstancia.

Si tras la realización de las correspondientes averiguaciones sobre el domicilio o residencia, éstas fueran infructuosas o el requerido de conciliación fuera localizado en otro partido judicial, el Secretario judicial dictará decreto dando por terminado el expediente, haciendo constar tal circunstancia y reservando al solicitante de la conciliación el derecho a instar de nuevo el proceso ante el Juzgado competente

2. Si se suscitaren cuestiones de competencia del Juzgado o de recusación del Secretario judicial ante quien se celebre el acto de conciliación, se tendrá por intentada la comparecencia sin más trámites.

Artículo 127. Solicitud.

1. El que intente la conciliación presentará al Secretario judicial competente solicitud por escrito en la que se consignarán los datos y circunstancias de identificación del solicitante y del requerido o requeridos de conciliación, el domicilio o los domicilios en que pueden ser citados, el objeto de la conciliación que se pretenda y la fecha, determinando con claridad y precisión cuál es el objeto de la avenencia.

El solicitante podrá igualmente formular su solicitud de conciliación cumplimentando unos impresos normalizados que, a tal efecto, se hallarán a su disposición en el órgano correspondiente.

2. Podrán acompañarse a la solicitud aquellos documentos que el solicitante considere oportunos.

3. En los expedientes de conciliación no será preceptiva la intervención de Abogado ni Procurador.

Artículo 128. Admisión, señalamiento y citación.

1. El Secretario judicial, en los cinco días hábiles siguientes a aquel en que se presente la solicitud, dictará resolución sobre su admisión y citará a los interesados, señalando el día y hora en que haya de tener lugar el acto de conciliación.

2. Entre la citación y el acto de conciliación deberán mediar al menos cinco días. En ningún caso podrá demorarse la celebración del acto de conciliación más de diez días desde la admisión de la solicitud.

Artículo 129. Efectos de la admisión.

La presentación con ulterior admisión de la solicitud de conciliación interrumpirá la prescripción, tanto adquisitiva como extintiva, en los términos y con los efectos establecidos en la ley, desde el momento de su presentación.

El plazo para la prescripción volverá a computarse desde que recaiga decreto del Secretario judicial poniendo término al expediente.

Artículo 130. Comparecencia al acto de conciliación.

1. Las partes deberán comparecer por sí mismas o por medio de Procurador, siendo de aplicación las normas sobre representación recogidas en el Título I del Libro I de la Ley de Enjuiciamiento Civil.

2. Si no compareciere el solicitante ni alegare justa causa para no concurrir, se le tendrá por desistido y se archivará el expediente. El requerido podrá reclamar al solicitante la indemnización de los daños y perjuicios que su comparecencia le haya originado, si el solicitante no acreditare que su incomparecencia se debió a justa causa. De la reclamación se dará traslado por cinco días al solicitante, y resolverá el Secretario judicial, sin ulterior recurso, fijando, en su caso, la indemnización que corresponda.

3. Si el requerido de conciliación no compareciere ni alegare justa causa para no concurrir, se pondrá fin al acto, teniéndose la conciliación por intentada a todos los efectos legales. Si, siendo varios los requeridos, concurriese sólo alguno de ellos, se celebrará con él el acto y se tendrá por intentada la conciliación en cuanto a los restantes.

4. Si el Secretario judicial considerase acreditada la justa causa alegada por el solicitante o requerido para no concurrir, se señalará nuevo día y hora para la celebración del acto de conciliación en el plazo de los cinco días siguientes a la decisión de suspender el acto.

Artículo 131. Celebración del acto de conciliación.

1. En el acto de conciliación expondrá su reclamación el solicitante, manifestando los fundamentos en que la apoye; contestará el requerido lo que crea conveniente y podrán los intervinientes exhibir o aportar cualquier documento en que funden sus alegaciones. Si no hubiera avenencia entre los interesados, el Secretario judicial procurará avenirlos, permitiéndoles replicar y contrarreplicar, si quisieren y ello pudiere facilitar el acuerdo.

2. Si se alegare alguna cuestión que pueda impedir la válida prosecución del acto de conciliación se dará por terminado el acto y se tendrá por intentada la conciliación sin más trámites.

3. Si hubiere conformidad entre los interesados en todo o en parte del objeto de la conciliación, se hará constar detalladamente en un acta todo cuanto acuerden y que el acto terminó con avenencia así como los términos de la misma, debiendo ser firmada por los comparecientes. Si no pudiere conseguirse acuerdo alguno, se hará constar que el acto terminó sin avenencia.

4. El desarrollo de la comparecencia se registrará en soporte apto para la grabación y reproducción del sonido y de la imagen, de conformidad con lo dispuesto en la Ley de Enjuiciamiento Civil. Finalizado el acto, el Secretario judicial dictará decreto haciendo constar la avenencia o, en su caso, que se intentó sin efecto o que se celebró sin avenencia, acordándose el archivo definitivo de las actuaciones.

Artículo 132. Testimonio y gastos.

Las partes podrán solicitar testimonio del acta que ponga fin al acto de conciliación.

Los gastos que ocasionare el acto de conciliación serán de cuenta del que lo hubiere promovido.

Artículo 133. Ejecución.

1. A los efectos previstos en el artículo 517.2.9.º de la Ley de Enjuiciamiento Civil, el testimonio del acta junto con el del decreto del Secretario judicial haciendo constar la avenencia de las partes en el acto de conciliación, llevará aparejada ejecución.

A otros efectos, lo convenido tendrá el valor y eficacia de un convenio consignado en documento público y solemne.

2. Será competente para la ejecución el mismo Juzgado que tramitó la conciliación.

3. La ejecución se llevará a cabo conforme a lo establecido en la Ley de Enjuiciamiento Civil para la ejecución de sentencias y convenios judicialmente aprobados.

Artículo 134. Acción de nulidad.

1. Contra lo convenido en el acto de conciliación sólo podrá ejercitarse la acción de nulidad por las causas que invalidan los contratos.

2. La demanda ejercitando dicha acción deberá interponerse en un plazo de quince días desde que se celebró la conciliación ante el tribunal competente y se sustanciará por los trámites del juicio que corresponda a su materia o cuantía.

3. Acreditado el ejercicio de la acción de nulidad, quedará en suspenso la ejecución de lo convenido en acto de conciliación hasta que se resuelva definitivamente sobre la acción ejercitada.

Disposición adicional primera. Referencias contenidas en la legislación.

1. Las referencias que efectúen leyes de fecha anterior a la presente a las competencias del Juez en relación con los asuntos de jurisdicción voluntaria, se entenderán hechas al Juez o al Secretario judicial con arreglo a lo dispuesto en el apartado 3 del artículo 2 de esta Ley.

Asimismo, las referencias que figuren en normas de fecha anterior a esta Ley relativas a la Ley de Enjuiciamiento Civil en cuanto a asuntos de jurisdicción voluntaria, se entenderán hechas a la presente Ley.

2. Las referencias que figuren en normas de fecha anterior a esta Ley a separación o divorcio judicial se entenderán hechas a separación o divorcio legal. En el mismo sentido las referencias existentes a «separación de hecho por mutuo acuerdo que conste fehacientemente» deberán entenderse a la separación notarial.

3. Las referencias realizadas en esta Ley al Código Civil o a la legislación civil deberá entenderse realizada también a las leyes civiles forales o especiales allí donde existan.

Disposición adicional primera bis (nueva). Régimen jurídico aplicable al acogimiento de menores.

1. El expediente para la constitución del acogimiento de menores se regirá por las disposiciones comunes establecidas en la presente ley, con las siguientes especialidades:

a) Cuando requiera decisión judicial, será promovido por el Ministerio Fiscal o por la Entidad Pública correspondiente, debiendo contener la propuesta presentada por ésta las menciones establecidas en la legislación civil.

El Juez recabará el consentimiento de la Entidad Pública, si no fuera la promotora del expediente; de las personas que reciban al menor; y de éste, si fuere mayor de 12 años.

Además, oirá a los progenitores que no estuvieren privados de la patria potestad ni suspendidos en su ejercicio o, en su caso, al tutor, y al menor que fuera menor de 12 años y tuviera suficiente madurez, todo ello de conformidad con lo previsto en la legislación civil.

Los progenitores no podrán alegar en el expediente si hubo o no causa de desamparo o si, de haberla, ha mediado después la rehabilitación.

Obtenidos los consentimientos y realizadas las audiencias con la debida reserva, dictará la resolución que proceda en interés del menor en el plazo de cinco días.

b) Cuando no haya podido conocerse el domicilio o paradero de los progenitores o tutores, agotados los medios previstos por el apartado 1 del artículo 156 de la Ley de Enjuiciamiento Civil, o si citados personalmente no comparecieran, se prescindirá del trámite y el Juez resolverá sobre el acogimiento.

c) Si los progenitores comunican al Tribunal que esté conociendo del correspondiente expediente que pretenden impugnar la declaración de desamparo mediante la formulación de demanda, o promover el procedimiento a efectos de rehabilitación, el Secretario judicial, con suspensión del expediente, señalará el plazo de veinte días para la presentación de la demanda. Presentada la demanda, el Tribunal podrá suspender el expediente hasta que recaiga resolución en dicho procedimiento. Si no se presentara la demanda en el plazo fijado, por el Secretario judicial se continuará con la tramitación del expediente.

2. El expediente de cesación del acogimiento acordado judicialmente se iniciará de oficio o a petición del menor, de su representante legal, de la Entidad Pública, del Ministerio Fiscal o de las personas que lo tengan acogido.

Tras oír a la Entidad Pública, al menor, a su representante legal y a los que lo tengan acogido, y previo informe del Ministerio Fiscal, el Juez resolverá lo que estime procedente dentro de los cinco días siguientes.

3. El expediente para adoptar medidas en cuantos asuntos se planteen respecto a las relaciones de los menores en régimen de acogimiento con sus progenitores, sus abuelos y demás parientes y allegados será tramitado ante el Juzgado de Primera Instancia de la sede de la Entidad Pública que tenga encomendada la protección del menor. No obstante, si el acogimiento hubiera sido establecido por resolución judicial, será competente para conocer del expediente el Juzgado de Primera Instancia que lo hubiera acordado.

Están legitimados para promover este expediente el menor, ambos progenitores, individual o conjuntamente, sus abuelos y demás parientes y allegados.

Si el Juez estimara procedente la adopción de medidas, la resolución establecerá el régimen de estancia, relación y comunicación del menor con el solicitante o solicitantes, así como las demás medidas que se refieran a sus relaciones y sean procedentes en el caso.

4. Este régimen será de aplicación hasta la entrada en vigor de las leyes de modificación del sistema de protección a la infancia y a la adolescencia.

Disposición adicional primera ter. Inscripción en los registros públicos de documentos públicos extranjeros.

1. Un documento público extranjero no dictado por un órgano judicial es título para inscribir el hecho o acto de que da fe siempre que cumpla los siguientes requisitos:

a) Que el documento ha sido otorgado por autoridad extranjera competente conforme a la legislación de su Estado.

b) Que la autoridad extranjera haya intervenido en la confección del documento desarrollando funciones equivalentes a las que desempeñan las autoridades españolas en la materia de que se trate y surta los mismos o más próximos efectos en el país de origen.

c) Que el hecho o acto contenido en el documento sea válido conforme al ordenamiento designado por las normas españolas de Derecho internacional privado.

d) Que la inscripción del documento extranjero no resulte manifiestamente incompatible con el orden público español.

2. El régimen jurídico contemplado en el presente artículo para las resoluciones dictadas por autoridades no judiciales extranjeras será aplicable a las resoluciones pronunciadas por órganos judiciales extranjeros en materias cuya competencia corresponda, según esta ley, al conocimiento de autoridades españolas no judiciales».

Disposición adicional segunda. Aranceles notariales y registrales.

El Gobierno aprobará en el plazo de tres meses a contar desde su publicación en el «Boletín Oficial del Estado» los aranceles correspondientes a la intervención de los Notarios y Registradores de la Propiedad y Mercantiles respecto de los asuntos, actas, escrituras públicas, expedientes, hechos y actos inscribibles para los que resulten competentes conforme a lo dispuesto en esta Ley.

En todo caso, el arancel de los expedientes de designación notarial de peritos prevista en la normativa del contrato de seguro se percibirá sin atención a la cuantía posible del negocio periciado.

Disposición adicional tercera. Modificaciones y desarrollos reglamentarios.

El Gobierno llevará a cabo las modificaciones y desarrollos reglamentarios que sean precisos para la aplicación de la presente Ley.

Disposición adicional cuarta. No incremento del gasto.

Las medidas incluidas en esta norma no podrán suponer incremento de dotaciones, ni de retribuciones, ni de otros gastos de personal.

Disposición transitoria primera. Expedientes en tramitación.

Los expedientes afectados por esta Ley que se encontraran en tramitación al tiempo de su entrada en vigor se continuarán tramitando conforme a la legislación anterior.

Disposición transitoria segunda. Herencias abintestato a favor de la Administración pública.

1. Las declaraciones de heredero abintestato a favor de la Administración que se encuentren en tramitación a la entrada en vigor de la presente ley se seguirán tramitando, hasta su resolución, conforme a la legislación anterior, por los órganos judiciales que estuvieran conociendo de ellas.

2. El reparto del caudal relicto en las herencias abintestato a favor de la Administración General del Estado se realizará de acuerdo con la legislación anterior cuando a la entrada en vigor de esta Ley se hubiera publicado en el «Boletín Oficial del Estado» la correspondiente convocatoria.

Disposición transitoria tercera (nueva). Expedientes de subastas voluntarias.

Las subastas voluntarias que se celebren desde la entrada en vigor de la ley hasta la entrada en vigor de la Ley de medidas de reforma administrativa en el ámbito de la Administración de Justicia y del Registro Civil, se regirán por la Ley de Enjuiciamiento Civil aprobada por Real Decreto de 3 de febrero de 1881.

Disposición derogatoria única. Derogación de normas.

1. Quedan derogados los artículos 4, 10 y 11, 63, 460 a 480, 977 a 1000, 1811 a 1879, 1901 a 1918, 1943 a 2060 a 2174 de la Ley de Enjuiciamiento Civil aprobada por Real Decreto de 3 de febrero de 1881.

2. Se deroga el artículo 316 del Código Civil.

3. Se derogan los artículos 84 a 87 de la Ley 19/1985, de 16 de julio, Cambiaria y del Cheque.

4. Asimismo, se consideran derogadas, conforme al apartado 2 del artículo 2 del Código Civil, cuantas normas se opongan o sean incompatibles con lo dispuesto en la presente Ley.

Disposición final primera. Modificación de determinados artículos del Código Civil.

El Código Civil queda modificado como sigue:

Uno. Se modifica el artículo 48:

«El Juez podrá dispensar, con justa causa y a instancia de parte, mediante resolución previa dictada en expediente de jurisdicción voluntaria, los impedimentos de muerte dolosa del cónyuge anterior y grado tercero entre colaterales. La dispensa ulterior convalida, desde su celebración, el matrimonio cuya nulidad no haya sido instada judicialmente por alguna de las partes.»

Dos. El artículo 49 queda redactado de la forma siguiente:

«Cualquier español podrá contraer matrimonio dentro o fuera de España:

1.º En la forma regulada en este Código.

2.º En la forma religiosa legalmente prevista.

También podrá contraer matrimonio fuera de España con arreglo a la forma establecida por la ley del lugar de celebración.»

Tres. Se modifica la rúbrica de la sección segunda del Capítulo III del Título IV del Libro I, que pasa a tener la siguiente redacción:

«Sección Segunda
De la celebración del matrimonio»

Cuatro. El artículo 51 queda redactado del siguiente modo:

«Artículo 51.

1. La competencia para constatar mediante acta o expediente el cumplimiento de los requisitos de capacidad de ambos contrayentes y la inexistencia de impedimentos o su dispen-

sa, o cualquier género de obstáculos para contraer matrimonio corresponderá al Secretario judicial, Notario o Encargado del Registro Civil del lugar del domicilio de uno de los contrayentes o al funcionario diplomático o consular Encargado del Registro Civil si residiesen en el extranjero.

2. Será competente para celebrar el matrimonio:

1.º El Juez de Paz o Alcalde del municipio donde se celebre el matrimonio o concejal en quien éste delegue.

2.º El Secretario judicial o Notario libremente elegido por ambos contrayentes que tenga su residencia en el lugar de celebración.

3.º El funcionario diplomático o consular Encargado del Registro Civil en el extranjero.»

Cinco. El artículo 52 queda redactado del siguiente modo:

«Podrán celebrar el matrimonio del que se halle en peligro de muerte:

1.º El Juez de Paz, Alcalde o Concejal en quien delegue, Secretario judicial, Notario o funcionario a que se refiere el artículo 51.

2.º El Oficial o Jefe superior inmediato respecto de los militares en campaña.

3.º El Capitán o Comandante respecto de los matrimonios que se celebren a bordo de nave o aeronave.

El matrimonio en peligro de muerte no requerirá para su celebración la previa tramitación del acta o expediente matrimonial, pero sí la presencia, en su celebración, de dos testigos mayores de edad y, cuando el peligro de muerte derive de enfermedad o estado físico de alguno de los contrayentes, dictamen médico sobre su capacidad para la prestación del consentimiento y la gravedad de la situación, salvo imposibilidad acreditada, sin perjuicio de lo establecido en el artículo 65.»

Seis. El artículo 53 queda redactado del siguiente modo:

«La validez del matrimonio no quedará afectada por la incompetencia o falta de nombramiento del Juez de Paz, Alcalde, Concejal, Secretario judicial, Notario o funcionario ante quien se celebre, siempre que al menos uno de los cónyuges hubiera procedido de buena fe y aquellos ejercieran sus funciones públicamente.»

Siete. El artículo 55 queda redactado del siguiente modo:

«Uno de los contrayentes podrá contraer matrimonio por apoderado, a quien tendrá que haber concedido poder especial en forma auténtica, siendo siempre necesaria la asistencia personal del otro contrayente.

En el poder se determinará la persona con quien ha de celebrarse el matrimonio, con expresión de las circunstancias personales precisas para establecer su identidad, debiendo apreciar su validez el Secretario judicial, Notario, Encargado del Registro Civil o funcionario que tramite el acta o expediente matrimonial previo al matrimonio.

El poder se extinguirá por la revocación del poderdante, por la renuncia del apoderado o por la muerte de cualquiera de ellos. En caso de revocación por el poderdante bastará su manifestación en forma auténtica antes de la celebración del matrimonio. La revocación se notificará de inmediato al Secretario judicial, Notario, Encargado del Registro Civil o funcionario que tramite el acta o expediente previo al matrimonio, y si ya estuviera finalizado a quien vaya a celebrarlo.»

Ocho. El artículo 56 queda redactado del siguiente modo:

«Quienes deseen contraer matrimonio acreditarán previamente en acta o expediente tramitado conforme a la legislación del Registro Civil, que reúnen los requisitos de capacidad y la inexistencia de impedimentos o su dispensa, de acuerdo con lo previsto en este Código.

Si alguno de los contrayentes estuviere afectado por deficiencias mentales, intelectuales o sensoriales, se exigirá por el Secretario judicial, Notario, Secretario del Ayuntamiento, Encargado del Registro Civil o funcionario que tramite el acta o expediente, dictamen médico sobre su aptitud para prestar el consentimiento.»

Nueve. El artículo 57 queda redactado del siguiente modo:

«El matrimonio tramitado por el Secretario judicial o por funcionario consular o diplomático podrá celebrarse ante el mismo u otro distinto, o ante el Juez de Paz, Alcalde o Concejal en quien éste delegue, a elección de los contrayentes. Si se hubiere tramitado por el Encargado del Registro Civil, el matrimonio deberá celebrarse ante el Juez de Paz, Alcalde o Concejal en quien éste delegue, que designen los contrayentes.

Finalmente, si fuera el Notario quien hubiera extendido el acta matrimonial, los contrayentes podrán otorgar el consentimiento, a su elección, ante el mismo Notario u otro distinto del que hubiera tramitado el acta previa, el Juez de Paz, Alcalde o Concejal en quien éste delegue.»

Diez. El artículo 58 queda redactado del siguiente modo:

«El Juez de Paz, Alcalde, Concejal, Secretario judicial, Notario, Encargado del Registro Civil o funcionario, después de leídos los artículos 66, 67 y 68, preguntará a cada uno de los contrayentes si consiente en contraer matrimonio con el otro y si efectivamente lo contrae en dicho acto y, respondiendo ambos afirmativamente, declarará que los mismos quedan unidos en matrimonio y extenderá el acta o autorizará la escritura correspondiente.»

Once. El artículo 60 queda redactado del siguiente modo:

«1. El matrimonio celebrado según las normas del Derecho canónico o en cualquiera de otras formas religiosas previstas en los acuerdos de cooperación entre el Estado y las confesiones religiosas produce efectos civiles.

2. Igualmente, se reconocen efectos civiles al matrimonio celebrado en la forma religiosa prevista por las iglesias, confesiones, comunidades religiosas o federaciones de las mismas que, inscritas en el Registro de Entidades Religiosas, hayan obtenido el reconocimiento de notorio arraigo en España.

En este supuesto, el reconocimiento de efectos civiles requerirá el cumplimiento de los siguientes requisitos:

a) La tramitación de un acta o expediente previo de capacidad matrimonial con arreglo a la normativa del Registro Civil.

b) La libre manifestación del consentimiento ante un ministro de culto debidamente acreditado y dos testigos mayores de edad.

La condición de ministro de culto será acreditada mediante certificación expedida por la iglesia, confesión o comunidad religiosa que haya obtenido el reconocimiento de notorio arraigo en España, con la conformidad de la federación que, en su caso, hubiere solicitado dicho reconocimiento.

3. Para el pleno reconocimiento de los efectos civiles del matrimonio celebrado en forma religiosa se estará a lo dispuesto en el Capítulo siguiente.»

Doce. El artículo 62 queda redactado del siguiente modo:

«La celebración del matrimonio se hará constar mediante acta o escritura pública que será firmada por aquél ante quien se celebre, los contrayentes y dos testigos.

Extendida el acta o autorizada la escritura pública, se remitirá por el autorizante copia acreditativa de la celebración del matrimonio al Registro Civil competente, para su inscripción, previa calificación por el Encargado del mismo.»

Trece. El artículo 63 queda redactado del siguiente modo:

«La inscripción del matrimonio celebrado en España en forma religiosa se practicará con la simple presentación de la certificación de la iglesia, o confesión, comunidad religiosa o federación respectiva, que habrá de expresar las circunstancias exigidas por la legislación del Registro Civil.

Se denegará la práctica del asiento cuando de los documentos presentados o de los asientos del Registro conste que el matrimonio no reúne los requisitos que para su validez se exigen en este Título.»

Catorce. El artículo 65 queda redactado del siguiente modo:

«En los casos en que el matrimonio se hubiere celebrado sin haberse tramitado el correspondiente expediente o acta previa, cuando éste fuera necesario, el Secretario judicial, Notario, o el funcionario diplomático o consular Encargado del Registro Civil o el funcionario que lo haya celebrado, antes de realizar las actuaciones que procedan para su inscripción, deberá comprobar si concurren los requisitos legales para su validez, mediante acta o expediente al que se refiere este artículo.

Si la celebración del matrimonio hubiera sido realizada ante autoridad o persona competente distinta de las indicadas en el párrafo anterior, el acta de aquélla se remitirá al Encargado del Registro Civil del lugar de celebración para que proceda a la comprobación de los requisitos de validez, mediante el expediente correspondiente. Efectuada esa comprobación, el Encargado del Registro Civil procederá a su inscripción.»

Quince. Se modifica el número 3.º del artículo 73 que queda redactado del siguiente modo:

«3.º El que se contraiga sin la intervención del Juez de Paz, Alcalde o Concejal, Secretario judicial, Notario, Encargado del Registro Civil o funcionario ante quien deba celebrarse, o sin la de los testigos.»

Quince bis (nuevo). El párrafo primero del artículo 81 queda redactado del siguiente modo:

«Se decretará judicialmente la separación cuando existan hijos menores no emancipados o con la capacidad modificada judicialmente que dependan de sus progenitores, cualquiera que sea la forma de celebración del matrimonio.»

Dieciséis. El artículo 82 queda redactado del siguiente modo:

«1. Los cónyuges podrán acordar su separación de mutuo acuerdo transcurridos tres meses desde la celebración del matrimonio mediante la formulación de un convenio regulador ante el Secretario judicial o en escritura pública ante Notario, en el que, junto a la voluntad inequívoca de separarse, determinarán las medidas que hayan de regular los efectos derivados de la separación en los términos establecidos en el artículo 90. Los funcionaros diplomáticos o consulares, en ejercicio de las funciones notariales que tienen atribuidas, no podrán autorizar la escritura pública de separación.

Los cónyuges deberán intervenir en el otorgamiento de modo personal, sin perjuicio de que deban estar asistidos por Letrado en ejercicio, prestando su consentimiento ante el Secretario judicial o Notario. Igualmente los hijos mayores o menores emancipados deberán otorgar el consentimiento ante el Secretario judicial o Notario respecto de las medidas que les afecten por carecer de ingresos propios y convivir en el domicilio familiar.

2. No será de aplicación lo dispuesto en este artículo cuando existan hijos menores no emancipados o con la capacidad modificada judicialmente que dependan de sus progenitores.»

Diecisiete. El artículo 83 queda redactado del siguiente modo:

«La sentencia de separación o el otorgamiento de la escritura pública del convenio regulador que la determine producen la suspensión de la vida común de los casados y cesa la posibilidad de vincular bienes del otro cónyuge en el ejercicio de la potestad doméstica.

Los efectos de la separación matrimonial se producirán desde la firmeza de la sentencia o decreto que así la declare o desde la manifestación del consentimiento de ambos cónyuges otorgado en escritura pública conforme a lo dispuesto en el artículo 82. Se remitirá testimonio de la sentencia o copia de la escritura pública al Registro Civil para su inscripción, sin que, hasta que esta tenga lugar, se produzcan plenos efectos frente a terceros de buena fe.»

Dieciocho. El artículo 84 queda redactado del siguiente modo:

«La reconciliación pone término al procedimiento de separación y deja sin efecto ulterior lo resuelto en él, pero ambos cónyuges separadamente deberán ponerlo en conocimiento del Juez que entienda o haya entendido en el litigio. Ello no obstante, mediante resolución judicial, serán mantenidas o modificadas las medidas adoptadas en relación a los hijos, cuando exista causa que lo justifique.

Cuando la separación hubiere tenido lugar sin intervención judicial, en la forma prevista en el artículo 82, la reconciliación deberá formalizase en escritura pública o acta de manifestaciones.

La reconciliación deberá inscribirse, para su eficacia frente a terceros, en el Registro Civil correspondiente.»

Diecinueve. El artículo 87 queda redactado del siguiente modo:

«Los cónyuges también podrán acordar su divorcio de mutuo acuerdo mediante la formulación de un convenio regulador ante el Secretario judicial o en escritura pública ante Notario, en la forma y con el contenido regulado en el artículo 82, debiendo concurrir los mismos requisitos y circunstancias exigidas en él. Los funcionaros diplomáticos o consulares, en ejercicio de las funciones notariales que tienen atribuidas, no podrán autorizar la escritura pública de divorcio.»

Veinte. El artículo 89 queda redactado del siguiente modo:

«Los efectos de la disolución del matrimonio por divorcio se producirán desde la firmeza de la sentencia o decreto que así lo declare o desde la manifestación del consentimiento de ambos cónyuges otorgado en escritura pública conforme a lo dispuesto en el artículo 87. No perjudicará a terceros de buena fe sino a partir de su respectiva inscripción en el Registro Civil.»

Veintiuno. Se modifica el artículo 90, que queda redactado de la siguiente manera:

«1. El convenio regulador a que se refieren los artículos 81, 82, 83, 86 y 87 deberá contener, al menos y siempre que fueran aplicables, los siguientes extremos:

a) El cuidado de los hijos sujetos a la patria potestad de ambos, el ejercicio de ésta y, en su caso, el régimen de comunicación y estancia de los hijos con el progenitor que no viva habitualmente con ellos.

b) Si se considera necesario, el régimen de visitas y comunicación de los nietos con sus abuelos, teniendo en cuenta, siempre, el interés de aquéllos.

c) La atribución del uso de la vivienda y ajuar familiar.

d) La contribución a las cargas del matrimonio y alimentos, así como sus bases de actualización y garantías en su caso.

e) La liquidación, cuando proceda, del régimen económico del matrimonio.

f) La pensión que conforme al artículo 97 correspondiere satisfacer, en su caso, a uno de los cónyuges.

2. Los acuerdos de los cónyuges adoptados para regular las consecuencias de la nulidad, separación y divorcio presentados ante el órgano judicial serán aprobados por el Juez salvo si son dañosos para los hijos o gravemente perjudiciales para uno de los cónyuges.

Si las partes proponen un régimen de visitas y comunicación de los nietos con los abuelos, el Juez podrá aprobarlo previa audiencia de los abuelos en la que estos presten su consentimiento. La denegación de los acuerdos habrá de hacerse mediante resolución motivada y en este caso los cónyuges deberán someter, a la consideración del Juez, nueva propuesta para su aprobación, si procede.

Cuando los cónyuges formalizasen los acuerdos ante el Secretario judicial o Notario y éstos considerasen que, a su juicio, alguno de ellos pudiera ser dañoso o gravemente perjudicial para uno de los cónyuges o para los hijos mayores o menores emancipados afectados, lo advertirán a los otorgantes y darán por terminado el expediente. En este caso, los cónyuges sólo podrán acudir ante el Juez para la aprobación de la propuesta de convenio regulador.

Desde la aprobación judicial o el otorgamiento de la escritura pública, podrán hacerse efectivos los acuerdos por la vía de apremio.

3. Las medidas que el Juez adopte en defecto de acuerdo o las convenidas por los cónyuges judicialmente, podrán ser modificadas judicialmente o por nuevo convenio aprobado por el Juez, cuando así lo aconsejen las nuevas necesidades de los hijos o el cambio de las circunstancias de los cónyuges. Las medidas que hubieran sido convenidas ante el Secretario judicial o en escritura pública podrán ser modificadas por un nuevo acuerdo, sujeto a los mismos requisitos exigidos en este Código.

4. El Juez o las partes podrán establecer las garantías reales o personales que requiera el cumplimiento del convenio.»

Veintidós. Suprimido

Veintitrés. Se modifica el primer párrafo del artículo 95, que pasa a quedar redactado de la siguiente manera:

«La sentencia firme, el decreto firme o la escritura pública que formalice el convenio regulador, en su caso, producirá, respecto de los bienes del matrimonio, la disolución o extinción del régimen económico matrimonial y aprobará su liquidación si hubiera mutuo acuerdo entre los cónyuges al respecto.

Si la sentencia de nulidad declarara la mala fe de uno solo de los cónyuges, el que hubiere obrado de buena fe podrá optar por aplicar en la liquidación del régimen económico matrimonial las disposiciones relativas al régimen de participación y el de mala fe no tendrá derecho a participar en las ganancias obtenidas por su consorte.»

Veinticuatro. El último párrafo del artículo 97 queda redactado del siguiente modo:

«En la resolución judicial o en el convenio regulador formalizado ante el Secretario judicial o el Notario se fijarán la periodicidad, la forma de pago, las bases para actualizar la pensión, la duración o el momento de cese y las garantías para su efectividad.»

Veinticinco. El artículo 99 queda redactado del siguiente modo:

«En cualquier momento podrá convenirse la sustitución de la pensión fijada judicialmente o por convenio regulador formalizado conforme al artículo 97 por la constitución de una renta vitalicia, el usufructo de determinados bienes o la entrega de un capital en bienes o en dinero.»

Veintiséis. El artículo 100, queda redactado del siguiente modo:

«Fijada la pensión y las bases de su actualización en la sentencia de separación o de divorcio, sólo podrá ser modificada por alteraciones en la fortuna de uno u otro cónyuge que así lo aconsejen.

La pensión y las bases de actualización fijadas en el convenio regulador formalizado ante el Secretario judicial o Notario podrán modificarse mediante nuevo convenio, sujeto a los mismos requisitos exigidos en este Código.»

Veintisiete. El apartado 2 del artículo 107 queda redactado del siguiente modo:

«2. La separación y el divorcio legal se regirán por las normas de la Unión Europea o españolas de Derecho internacional privado.»

Veintiocho. El último párrafo del artículo 158 queda redactado de la forma siguiente:

«Todas estas medidas podrán adoptarse dentro de cualquier proceso civil o penal o bien en un expediente de jurisdicción voluntaria.»

Veintinueve. El artículo 167 queda redactado de la forma siguiente:

«Cuando la administración de los progenitores ponga en peligro el patrimonio del hijo, el Juez, a petición del propio hijo, del Ministerio Fiscal o de cualquier pariente del menor, podrá adoptar las medidas que estime necesarias para la seguridad y recaudo de los bienes, exigir caución o fianza para la continuación en la administración o incluso nombrar un Administrador.»

Treinta. El párrafo primero del apartado 3 del artículo 173 queda redactado de la forma siguiente:

«3. Si los progenitores o el tutor no consienten o se oponen al mismo, el acogimiento sólo podrá ser acordado por el Juez, en interés del menor, conforme a los trámites de la Ley de

Jurisdicción Voluntaria. La propuesta de la Entidad Pública contendrá los mismos extremos referidos en el número anterior.»

Treinta y uno. Se modifica el primer párrafo del apartado 2 del artículo 176, que queda redactado del siguiente modo:

«2. Para iniciar el expediente de adopción es necesaria la propuesta previa de la Entidad Pública a favor del adoptante o adoptantes que dicha Entidad Pública haya declarado idóneos para el ejercicio de la patria potestad. La declaración de idoneidad deberá ser previa a la propuesta.»

Treinta y dos. El apartado 2 del artículo 177 pasa a tener la siguiente redacción:

«2. Deberán asentir a la adopción:

1.º El cónyuge del adoptante o la persona a la que esté unida por análoga relación de afectividad a la conyugal, siempre que no sea también adoptante, salvo que medie separación legal.

2.º Los progenitores del adoptando que no se hallare emancipado, a menos que estuvieran privados de la patria potestad por sentencia firme o incursos en causa legal para tal privación. Esta situación sólo podrá apreciarse en el procedimiento judicial contradictorio regulado en la Ley de Enjuiciamiento Civil.

No será necesario el asentimiento cuando los que deban prestarlo se encuentren imposibilitados para ello, imposibilidad que se apreciará motivadamente en la resolución judicial que constituya la adopción.

El asentimiento de la madre no podrá prestarse hasta que hayan transcurrido treinta días desde el parto.»

Treinta y tres. El artículo 181 queda redactado de la forma siguiente:

«En todo caso, desaparecida una persona de su domicilio o del lugar de su última residencia, sin haberse tenido en ella más noticias, podrá el Secretario judicial, a instancia de parte interesada o del Ministerio Fiscal, nombrar un defensor que ampare y represente al desaparecido en juicio o en los negocios que no admitan demora sin perjuicio grave. Se exceptúan los casos en que aquél estuviese legítimamente representado voluntariamente conforme al artículo 183.

El cónyuge presente mayor de edad no separado legalmente será el representante y defensor nato del desaparecido; y por su falta, el pariente más próximo hasta el cuarto grado, también mayor de edad. En defecto de parientes, no presencia de los mismos o urgencia notoria, el Secretario judicial nombrará persona solvente y de buenos antecedentes, previa audiencia del Ministerio fiscal.

También podrá adoptar, según su prudente arbitrio, las medidas necesarias a la conservación del patrimonio.»

Treinta y cuatro. El último párrafo del artículo 183 queda redactado de la forma siguiente:

«La muerte o renuncia justificada del mandatario, o la caducidad del mandato, determina la ausencia legal, si al producirse aquéllas se ignorase el paradero del desaparecido y hubiere transcurrido un año desde que se tuvieron las últimas noticias, y, en su defecto, desde su desaparición. Inscrita en el Registro Civil la declaración de ausencia, quedan extinguidos de derecho todos los mandatos generales o especiales otorgados por el ausente.»

Treinta y cinco. El artículo 184 queda redactado de la forma siguiente:

«Salvo motivo grave apreciado por el Secretario judicial, corresponde la representación del declarado ausente, la pesquisa de su persona, la protección y administración de sus bienes y el cumplimiento de sus obligaciones:

1.º Al cónyuge presente mayor de edad no separado legalmente o de hecho.

2.º Al hijo mayor de edad; si hubiese varios, serán preferidos los que convivían con el ausente y el mayor al menor.

3.º Al ascendiente más próximo de menos edad de una u otra línea.

4.º A los hermanos mayores de edad que hayan convivido familiarmente con el ausente, con preferencia del mayor sobre el menor.

En defecto de las personas expresadas, corresponde en toda su extensión a la persona solvente de buenos antecedentes que el Secretario judicial, oído el Ministerio fiscal, designe a su prudente arbitrio.»

Treinta y seis. El artículo 185 queda redactado de la forma siguiente:

«El representante del declarado ausente quedará atenido a las obligaciones siguientes:

1.ª Inventariar los bienes muebles y describir los inmuebles de su representado.

2.ª Prestar la garantía que el Secretario judicial prudencialmente fije. Quedan exceptuados los comprendidos en los números 1.º, 2.º y 3.º del artículo precedente.

3.ª Conservar y defender el patrimonio del ausente y obtener de sus bienes los rendimientos normales de que fueren susceptibles.

4.ª Ajustarse a las normas que en orden a la posesión y administración de los bienes del ausente se establecen en la Ley Procesal Civil.

Serán aplicables a los representantes dativos del ausente, en cuanto se adapten a su especial representación, los preceptos que regulan el ejercicio de la tutela y las causas de inhabilidad, remoción y excusa de los tutores.»

Treinta y siete. El artículo 186 queda redactado de la forma siguiente:

«Los representantes legítimos del declarado ausente comprendidos en los números 1.º, 2.º y 3.º del artículo 184 disfrutarán de la posesión temporal del patrimonio del ausente y harán suyos los productos líquidos en la cuantía que el Secretario judicial señale, habida consideración al importe de los frutos, rentas y aprovechamientos, número de hijos del ausente y obligaciones alimenticias para con los mismos, cuidados y actuaciones que la representación requiera, afecciones que graven al patrimonio y demás circunstancias de la propia índole.

Los representantes legítimos comprendidos en el número 4º del expresado artículo disfrutarán, también, de la posesión temporal y harán suyos los frutos, rentas y aprovechamientos en la cuantía que el Secretario judicial señale, sin que en ningún caso puedan retener más de los dos tercios de los productos líquidos, reservándose el tercio restante para el ausente, o, en su caso, para sus herederos o causahabientes.

Los poseedores temporales de los bienes del ausente no podrán venderlos, gravarlos, hipotecarlos o darlos en prenda, sino en caso de necesidad o utilidad evidente, reconocida y declarada por el Secretario judicial, quien, al autorizar dichos actos, determinará el empleo de la cantidad obtenida.»

Treinta y ocho. El artículo 187 queda redactado de la forma siguiente:

«Si durante el disfrute de la posesión temporal o del ejercicio de la representación dativa alguno probase su derecho preferente a dicha posesión, será excluido el poseedor actual, pero aquél no tendrá derecho a los productos sino a partir del día de la presentación de la demanda.

Si apareciese el ausente, deberá restituírsele su patrimonio, pero no los productos percibidos, salvo mala fe interviniente, en cuyo caso la restitución comprenderá también los frutos percibidos y los debidos percibir a contar del día en que aquélla se produjo, según la declaración del Secretario judicial.»

Treinta y ocho bis (nuevo). Los apartados 2.º, 3.º y 4.º del artículo 194 quedan redactados del siguiente modo:

«2.º De los que resulte acreditado que se encontraban a bordo de una nave cuyo naufragio o desaparición por inmersión en el mar se haya comprobado, o a bordo de una aeronave cuyo siniestro se haya verificado y haya evidencias racionales de ausencia de supervivientes.

3.º De los que no se tuvieren noticias después de que resulte acreditado que se encontraban a bordo de una nave cuyo naufragio o desaparición por inmersión en el mar se haya comprobado o a bordo de una aeronave cuyo siniestro se haya verificado, o, en caso de haberse encontrado restos humanos en tales supuestos, y no hubieren podido ser identificados, luego que hayan transcurrido ocho días.

4.º De los que se encuentren a bordo de una nave que se presuma naufragada o desaparecida por inmersión en el mar, por no llegar a su destino, o si careciendo de punto fijo de arribo, no retornase y haya evidencias racionales de ausencia de supervivientes, luego que en cualquiera de los casos haya transcurrido un mes contado desde las últimas noticias recibidas o, por falta de éstas, desde la fecha de salida de la nave del puerto inicial del viaje.

5.º De los que se encuentren a bordo de una aeronave que se presuma siniestrada al realizar el viaje sobre mares, zonas desérticas o inhabitadas, por no llegar a su destino, o si careciendo de punto fijo de arribo, no retornase, y haya evidencias racionales de ausencia de supervivientes, luego que en cualquiera de los casos haya transcurrido un mes contado desde las últimas noticias de las personas o de la aeronave y, en su defecto, desde la fecha de inicio del viaje. Si éste se hiciere por etapas, el plazo indicado se computará desde el punto de despegue del que se recibieron las últimas noticias».

Treinta y nueve. El artículo 196 queda redactado de la forma siguiente:

«Firme la declaración de fallecimiento del ausente, se abrirá la sucesión en los bienes del mismo, procediéndose a su adjudicación conforme a lo dispuesto legalmente.

Los herederos no podrán disponer a título gratuito hasta cinco años después de la declaración del fallecimiento.

Hasta que transcurra este mismo plazo no serán entregados los legados, si los hubiese, ni tendrán derecho a exigirlos los legatarios, salvo las mandas piadosas en sufragio del alma del testador o los legados en favor de Instituciones de beneficencia.

Será obligación ineludible de los sucesores, aunque por tratarse de uno solo no fuese necesaria partición, la de formar notarialmente un inventario detallado de los bienes muebles y una descripción de los inmuebles.»

Cuarenta. Se modifica la rúbrica del Capítulo III del Título VIII del Libro primero:

«De la inscripción en el Registro Civil»

Cuarenta y uno. El artículo 198 queda redactado de la forma siguiente:

«En el Registro Civil se harán constar las declaraciones de desaparición, ausencia legal y de fallecimiento, así como las representaciones legítimas y dativas acordadas, y su extinción.

Asimismo se anotarán los inventarios de bienes muebles y descripción de inmuebles que en este Título se ordenan; los decretos de concesión y las escrituras de transmisiones y gravámenes que efectúen los representantes legítimos o dativos de los ausentes; y la escritura de descripción o inventario de los bienes, así como de las escrituras de partición y adjudicación realizadas a virtud de la declaración de fallecimiento o de las actas de protocolización de los cuadernos particionales en sus respectivos casos.»

Cuarenta y dos. El artículo 219 queda redactado de la forma siguiente:

«La inscripción de las resoluciones a que se refiere el artículo anterior, se practicará en virtud de testimonio remitido al Encargado del Registro Civil.»

Cuarenta y tres. El artículo 249 queda redactado de la forma siguiente:

«Durante la tramitación del expediente de remoción, se podrá suspender en sus funciones al tutor y nombrar al tutelado un defensor judicial.»

Cuarenta y cuatro. El artículo 256 queda redactado de la forma siguiente:

«Mientras se resuelva acerca de la excusa, el que la haya propuesto estará obligado a ejercer la función.

No haciéndolo así, se procederá a nombrar un defensor que le sustituya, quedando el sustituido responsable de todos los gastos ocasionados por la excusa si ésta fuera rechazada.»

Cuarenta y cinco. El artículo 259 queda redactado de la forma siguiente:

«El Secretario judicial dará posesión de su cargo al tutor nombrado.»

Cuarenta y seis. El artículo 263 queda redactado de la forma siguiente:

«El Secretario judicial podrá prorrogar este plazo en resolución motivada si concurriere causa para ello.»

Cuarenta y siete. El artículo 264 queda redactado de la forma siguiente:

«El inventario se formará ante el Secretario judicial con intervención del Ministerio Fiscal y con citación de las personas que aquél estime conveniente.»

Cuarenta y ocho. El artículo 265 queda redactado de la forma siguiente:

«El dinero, alhajas, objetos preciosos y valores mobiliarios o documentos que, a juicio del Secretario judicial, no deban quedar en poder del tutor serán depositados en un establecimiento destinado a este efecto.

Los gastos que las anteriores medidas ocasionen correrán a cargo de los bienes del tutelado.»

Cuarenta y nueve. El artículo 299 bis queda redactado de la forma siguiente:

«Cuando se tenga conocimiento de que una persona debe ser sometida a tutela o curatela y en tanto no recaiga resolución judicial que ponga fin al procedimiento, asumirá su representación y defensa el Ministerio Fiscal. En tal caso, cuando además del cuidado de la persona hubiera de procederse al de los bienes, el Secretario judicial podrá designar un defensor judicial que administre los mismos, quien deberá rendirle cuentas de su gestión una vez concluida.»

Cincuenta. El artículo 300 queda redactado de la forma siguiente:

«En expediente de jurisdicción voluntaria, de oficio o a petición del Ministerio Fiscal, del propio menor o de cualquier persona capaz de comparecer en juicio, se nombrará defensor a quien se estime más idóneo para el cargo.»

Cincuenta y uno. El artículo 302 queda redactado de la forma siguiente:

«El defensor judicial tendrá las atribuciones que se le hayan concedido, debiendo rendir cuentas de su gestión una vez concluida.»

Cincuenta y dos. El artículo 314 se redacta como sigue:

«La emancipación tiene lugar:

1.º Por la mayor edad.

2.º Por concesión de los que ejerzan la patria potestad.

3.º Por concesión judicial.»

Cincuenta y tres. El artículo 689 queda redactado de la forma siguiente:

«El testamento ológrafo deberá protocolizarse, presentándolo, en los cinco años siguientes al fallecimiento del testador, ante Notario. Este extenderá el acta de protocolización de conformidad con la legislación notarial.»

Cincuenta y cuatro. El artículo 690 queda redactado de la forma siguiente:

«La persona que tenga en su poder un testamento ológrafo deberá presentarlo ante Notario competente en los diez días siguientes a aquel en que tenga conocimiento del fallecimiento del testador. El incumplimiento de este deber le hará responsable de los daños y perjuicios que haya causado.

También podrá presentarlo cualquiera que tenga interés en el testamento como heredero, legatario, albacea o en cualquier otro concepto.»

Cincuenta y cinco. El artículo 691 queda redactado de la forma siguiente:

«Presentado el testamento ológrafo y acreditado el fallecimiento del testador, se procederá a su adveración conforme a la legislación notarial.»

Cincuenta y seis. El artículo 692 queda redactado de la forma siguiente:

«Adverado el testamento y acreditada la identidad de su autor, se procederá a su protocolización.»

Cincuenta y siete. El artículo 693 queda redactado de la forma siguiente:

«El Notario, si considera acreditada la autenticidad del testamento, autorizará el acta de protocolización, en la que hará constar las actuaciones realizadas y, en su caso, las observaciones manifestadas.

Si el testamento no fuera adverado, por no acreditarse suficientemente la identidad del otorgante, se procederá al archivo del expediente sin protocolizar aquel.

Autorizada o no la protocolización del testamento ológrafo, los interesados no conformes podrán ejercer sus derechos en el juicio que corresponda.»

Cincuenta y ocho. Se modifica el segundo párrafo del artículo 703, que queda redactado del siguiente modo:

«Cuando el testador falleciere en dicho plazo, también quedará ineficaz el testamento si dentro de los tres meses siguientes al fallecimiento no se acude al Notario competente para que lo eleve a escritura pública, ya se haya otorgado por escrito, ya verbalmente.»

Cincuenta y nueve. Se modifica el artículo 704, que queda redactado del siguiente modo:

«Los testamentos otorgados sin autorización del Notario serán ineficaces si no se elevan a escritura pública y se protocolizan en la forma prevenida en la legislación notarial.»

Sesenta. El artículo 712 queda redactado de la forma siguiente:

«1. La persona que tenga en su poder un testamento cerrado deberá presentarlo ante Notario competente en los diez días siguientes a aquel en que tenga conocimiento del fallecimiento del testador.

2. El Notario autorizante de un testamento cerrado, constituido en depositario del mismo por el testador, deberá comunicar, en los diez días siguientes a que tenga conocimiento de su fallecimiento, la existencia del testamento al cónyuge sobreviviente, a los descendientes y a los ascendientes del testador y, en defecto de éstos, a los parientes colaterales hasta el cuarto grado.

3. En los dos supuestos anteriores, de no conocer la identidad o domicilio de estas personas, o si se ignorase su existencia, el Notario deberá dar la publicidad que determine la legislación notarial.

El incumplimiento de este deber, así como el de la presentación del testamento por quien lo tenga en su poder o por el Notario, le hará responsable de los daños y perjuicios causados.»

Sesenta y uno. El párrafo primero del artículo 713 queda redactado de la forma siguiente:

«El que con dolo deje de presentar el testamento cerrado que obre en su poder dentro del plazo fijado en el artículo anterior, además de la responsabilidad que en él se determina, perderá todo derecho a la herencia, si lo tuviere como heredero abintestato o como heredero o legatario por testamento.»

Sesenta y dos. El artículo 714 queda redactado de la forma siguiente:

«Para la apertura y protocolización del testamento cerrado se observará lo previsto en la legislación notarial.»

Sesenta y tres. El artículo 718 queda redactado de la forma siguiente:

«Los testamentos otorgados con arreglo a los dos artículos anteriores deberán ser remitidos con la mayor brevedad posible al Cuartel General y, por este, al Ministerio de Defensa.

El Ministerio, si hubiese fallecido el testador, remitirá el testamento al Colegio Notarial correspondiente al último domicilio del difunto, y de no ser conocido éste, lo remitirá al Colegio Notarial de Madrid.

El Colegio Notarial remitirá el testamento al Notario correspondiente al último domicilio del testador. Recibido por el Notario deberá comunicar, en los diez días siguientes, su existencia a los herederos y demás interesados en la sucesión, para que comparezcan ante él al objeto de protocolizarlo de acuerdo con lo dispuesto legalmente.»

«Sesenta y tres bis (nuevo). Los apartados 1, 2 y 3 del artículo 756 quedan redactados de la forma siguiente:

1. El que fuera condenado por sentencia firme por haber atentado contra la vida, o a pena grave por haber causado lesiones o por haber ejercido habitualmente violencia física o psíquica en el ámbito familiar al causante, su cónyuge, persona a la que esté unida por análoga relación de afectividad o alguno de sus descendientes o ascendientes.

2. El que fuera condenado por sentencia firme por delitos contra la libertad, la integridad moral y la libertad e indemnidad sexual, si el ofendido es el causante, su cónyuge, la persona a la que esté unida por análoga relación de afectividad o alguno de sus descendientes o ascendientes.

Asimismo el condenado por sentencia firme a pena grave por haber cometido un delito contra los derechos y deberes familiares respecto de la herencia de la persona agraviada.

También el privado por resolución firme de la patria potestad, o removido del ejercicio de la tutela o acogimiento familiar de un menor o persona con la capacidad modificada judicialmente por causa que le sea imputable, respecto de la herencia del mismo.

3. El que hubiese acusado al causante de delito para el que la ley señala pena grave, si es condenado por denuncia falsa.»

Sesenta y cuatro. El artículo 834 queda redactado de la forma siguiente:

«El cónyuge que al morir su consorte no se hallase separado de éste legalmente o de hecho, si concurre a la herencia con hijos o descendientes, tendrá derecho al usufructo del tercio destinado a mejora.»

Sesenta y cinco. El artículo 835 queda redactado de la forma siguiente:

«Si entre los cónyuges separados hubiera mediado reconciliación notificada al Juzgado que conoció de la separación o al Notario que otorgó la escritura pública de separación de conformidad con el artículo 84 de este Código, el sobreviviente conservará sus derechos.»

Sesenta y seis. El artículo 843 queda redactado de la forma siguiente:

«Salvo confirmación expresa de todos los hijos o descendientes la partición a que se refieren los dos artículos anteriores requerirá aprobación por el Secretario judicial o Notario.»

Sesenta y siete. El artículo 899 queda redactado de la forma siguiente:

«El albacea que acepta este cargo se constituye en la obligación de desempeñarlo; pero lo podrá renunciar alegando causa justa al criterio del Secretario judicial o del Notario.»

Sesenta y ocho. El artículo 905 queda redactado de la forma siguiente:

«Si el testador quisiera ampliar el plazo legal, deberá señalar expresamente el de la prórroga. Si no lo hubiese señalado, se entenderá prorrogado el plazo por un año. Si, transcurrida esta prórroga, no se hubiese cumplido todavía la voluntad del testador, podrá el Secretario Judicial o el Notario conceder otra por el tiempo que fuere necesario, atendidas las circunstancias del caso.»

Sesenta y nueve. El artículo 910 queda redactado de la forma siguiente:

«Termina el albaceazgo por la muerte, imposibilidad, renuncia o remoción del albacea, y por el lapso del término señalado por el testador, por la ley y, en su caso, por los interesados. La remoción deberá ser apreciada por el Juez.»

Setenta. El artículo 945 queda redactado de la forma siguiente:

«No tendrá lugar el llamamiento a que se refiere el artículo anterior si el cónyuge estuviere separado legalmente o de hecho.»

Setenta y uno. El artículo 956 queda redactado de la forma siguiente:

«A falta de personas que tengan derecho a heredar conforme a lo dispuesto en las precedentes Secciones, heredará el Estado quien, realizada la liquidación del caudal hereditario, ingresará la cantidad resultante en el Tesoro Público, salvo que, por la naturaleza de los bienes heredados, el Consejo de Ministros acuerde darles, total o parcialmente, otra aplicación. Dos terceras partes del valor de ese caudal relicto será destinado a fines de interés social, añadiéndose a la asignación tributaria que para estos fines se realice en los Presupuestos Generales del Estado.»

Setenta y dos. El artículo 957 queda redactado de la forma siguiente:

«Los derechos y obligaciones del Estado serán los mismos que los de los demás herederos, pero se entenderá siempre aceptada la herencia a beneficio de inventario, sin necesidad de declaración alguna sobre ello, a los efectos que enumera el artículo 1023.»

Setenta y tres. El artículo 958 queda redactado de la forma siguiente:

«Para que el Estado pueda tomar posesión de los bienes y derechos hereditarios habrá de preceder declaración administrativa de heredero, adjudicándose los bienes por falta de herederos legítimos.»

Setenta y cuatro. El artículo 1005 queda redactado de la forma siguiente:

«Cualquier interesado que acredite su interés en que el heredero acepte o repudie la herencia podrá acudir al Notario para que éste comunique al llamado que tiene un plazo de treinta días naturales para aceptar pura o simplemente, o a beneficio de inventario, o repudiar la herencia. El Notario le indicará, además, que si no manifestare su voluntad en dicho plazo se entenderá aceptada la herencia pura y simplemente.»

Setenta y cinco. El artículo 1008 queda redactado de la forma siguiente:

«La repudiación de la herencia deberá hacerse ante Notario en instrumento público.»

Setenta y seis. El artículo 1011 queda redactado de la forma siguiente:

«La declaración de hacer uso del beneficio de inventario deberá hacerse ante Notario.»

Setenta y siete. El artículo 1014 queda redactado de la forma siguiente:

«El heredero que tenga en su poder la herencia o parte de ella y quiera utilizar el beneficio de inventario o el derecho de deliberar, deberá comunicarlo ante Notario y pedir en el plazo de treinta días a contar desde aquél en que supiere ser tal heredero la formación de inventario notarial con citación a los acreedores y legatarios para que acudan a presenciarlo si les conviniere.»

Setenta y ocho. El artículo 1015 queda redactado de la forma siguiente:

«Cuando el heredero no tenga en su poder la herencia o parte de ella, ni haya practicado gestión alguna como tal heredero, el plazo expresado en el artículo anterior se contará desde el día siguiente a aquel en que expire el plazo que se le hubiese fijado para aceptar o repudiar la herencia conforme al artículo 1005, o desde el día en que la hubiese aceptado o hubiera gestionado como heredero.»

Setenta y nueve. El artículo 1017 queda redactado de la forma siguiente:

«El inventario se principiará dentro de los treinta días siguientes a la citación de los acreedores y legatarios, y concluirá dentro de otros sesenta.

Si por hallarse los bienes a larga distancia o ser muy cuantiosos, o por otra causa justa, parecieren insuficientes dichos sesenta días, podrá el Notario prorrogar este término por el tiempo que estime necesario, sin que pueda exceder de un año.»

Ochenta. El artículo 1019 queda redactado de la forma siguiente:

«El heredero que se hubiese reservado el derecho de deliberar, deberá manifestar al Notario, dentro de treinta días contados desde el siguiente a aquel en que se hubiese concluido el inventario, si repudia o acepta la herencia y si hace uso o no del beneficio de inventario.

Pasados los treinta días sin hacer dicha manifestación, se entenderá que la acepta pura y simplemente.»

Ochenta y uno. El artículo 1020 queda redactado de la forma siguiente:

«Durante la formación del inventario y hasta la aceptación de la herencia, a instancia de parte, el Notario podrá adoptar las provisiones necesarias para la administración y custodia de los bienes hereditarios con arreglo a lo que se prescribe en este Código y en la legislación notarial.»

Ochenta y dos. El artículo 1024 queda redactado de la forma siguiente:

«El heredero perderá el beneficio de inventario:

1.º Si a sabiendas dejare de incluir en el inventario alguno de los bienes, derechos o acciones de la herencia.

2.º Si antes de completar el pago de las deudas y legados enajenase bienes de la herencia sin autorización de todos los interesados, o no diese al precio de lo vendido la aplicación determinada al concederle la autorización.

No obstante, podrá disponer de valores negociables que coticen en un mercado secundario a través de la enajenación en dicho mercado, y de los demás bienes mediante su venta en subasta pública notarial previamente notificada a todos los interesados, especificando en ambos casos la aplicación que se dará al precio obtenido.»

Ochenta y tres. El artículo 1030 queda redactado de la forma siguiente:

«Cuando para el pago de los créditos y legados sea necesaria la venta de bienes hereditarios, se realizará ésta en la forma establecida en el párrafo segundo del número 2.º del artículo 1024 de este Código, salvo si todos los herederos, acreedores y legatarios acordaren otra cosa.»

Ochenta y cuatro. Se modifica el primer párrafo del artículo 1033, que queda redactado del siguiente modo:

«Los gastos del inventario y las demás actuaciones a que dé lugar la administración de la herencia aceptada a beneficio de inventario y la defensa de sus derechos, serán de cargo de la misma herencia. Exceptúanse aquellos gastos imputables al heredero que hubiese sido condenado personalmente por su dolo o mala fe.

Lo mismo se entenderá respecto de las gastos causados para hacer uso del derecho de deliberar, si el heredero repudia la herencia.»

Ochenta y cinco. El artículo 1057 queda redactado de la forma siguiente:

«El testador podrá encomendar por acto «inter vivos» o «mortis causa» para después de su muerte la simple facultad de hacer la partición a cualquier persona que no sea uno de los coherederos.

No habiendo testamento, contador-partidor en él designado o vacante el cargo, el Secretario judicial o el Notario, a petición de herederos y legatarios que representen, al menos, el 50 por 100 del haber hereditario, y con citación de los demás interesados, si su domicilio fuere conocido, podrá nombrar un contador-partidor dativo, según las reglas que la Ley de Enjuiciamiento Civil y del Notariado establecen para la designación de peritos. La partición así realizada requerirá aprobación del Secretario judicial o del Notario, salvo confirmación expresa de todos los herederos y legatarios.

Lo dispuesto en este artículo y en el anterior se observará aunque entre los coherederos haya alguno sujeto a patria potestad, tutela o curatela; pero el contador-partidor deberá en estos casos inventariar los bienes de la herencia, con citación de los representantes legales o curadores de dichas personas.»

Ochenta y seis. El artículo 1060 queda redactado de la forma siguiente:

«Cuando los menores o personas con capacidad modificada judicialmente estén legalmente representados en la partición, no será necesaria la intervención ni la autorización judicial, pero el tutor necesitará aprobación judicial de la partición efectuada. El defensor judicial designado para representar a un menor o persona con capacidad modificada judicialmente en una partición, deberá obtener la aprobación del Juez, si el Secretario judicial no hubiera dispuesto otra cosa al hacer el nombramiento.»

Ochenta y siete. Suprimido.

Ochenta y ocho. El artículo 1176 queda redactado de la forma siguiente:

«Si el acreedor a quien se hiciere el ofrecimiento de pago conforme a las disposiciones que regulan éste, se negare, de manera expresa o de hecho, sin razón a admitirlo, a otorgar el documento justificativo de haberse efectuado o a la cancelación de la garantía, si la hubiere, el deudor quedará libre de responsabilidad mediante la consignación de la cosa debida.

La consignación por sí sola producirá el mismo efecto cuando se haga estando el acreedor ausente en el lugar en donde el pago deba realizarse, o cuando esté impedido para recibirlo en el momento en que deba hacerse, y cuando varias personas pretendan tener derecho a cobrar, sea el acreedor desconocido, o se haya extraviado el título que lleve incorporada la obligación.

En todo caso, procederá la consignación en todos aquellos supuestos en que el cumplimiento de la obligación se haga más gravoso al deudor por causas no imputables al mismo.»

Ochenta y nueve. El artículo 1178 queda redactado de la forma siguiente:

«La consignación se hará por el deudor o por un tercero, poniendo las cosas debidas a disposición del Juzgado o del Notario, en los términos previstos en la Ley de Jurisdicción Voluntaria o en la legislación notarial.»

Noventa. El artículo 1180 queda redactado de la forma siguiente:

«La aceptación de la consignación por el acreedor o la declaración judicial de que está bien hecha, extinguirá la obligación y el deudor podrá pedir que se mande cancelar la obligación y la garantía, en su caso.

Mientras tanto, el deudor podrá retirar la cosa o cantidad consignada, dejando subsistente la obligación.»

Noventa y uno. El artículo 1377 queda redactado de la forma siguiente:

«Para realizar actos de disposición a título oneroso sobre bienes gananciales se requerirá el consentimiento de ambos cónyuges.

Si uno lo negare o estuviere impedido para prestarlo, podrá el Juez autorizar uno o varios actos dispositivos cuando lo considere de interés para la familia. Excepcionalmente acordará las limitaciones o cautelas que estime convenientes.»

Noventa y dos. El artículo 1389 queda redactado de la forma siguiente:

«El cónyuge en quien recaiga la administración en virtud de lo dispuesto en los dos artículos anteriores tendrá para ello plenas facultades, salvo que el Juez, cuando lo considere de interés para la familia, establezca cautelas o limitaciones.

En todo caso, para realizar actos de disposición sobre inmuebles, establecimientos mercantiles, objetos preciosos o valores mobiliarios, salvo el derecho de suscripción preferente, necesitará autorización judicial.»

Noventa y tres. El artículo 1392 queda redactado de la forma siguiente:

«La sociedad de gananciales concluirá de pleno derecho:

1.º Cuando se disuelva el matrimonio.

2.º Cuando sea declarado nulo.

3.º Cuando se acuerde la separación legal de los cónyuges.

4.º Cuando los cónyuges convengan un régimen económico distinto en la forma prevenida en este Código.»

Noventa y cuatro. El artículo 1442 queda redactado de la forma siguiente:

«Declarado un cónyuge en concurso, serán de aplicación las disposiciones de la legislación concursal.»

Disposición final segunda. Modificación del Código de Comercio.

El artículo 40 queda redactado de la forma siguiente:

«1. Sin perjuicio de lo establecido en otras leyes que obliguen a someter las cuentas anuales a la auditoría de una persona que tenga la condición legal de auditor de cuentas, y de lo dispuesto en los artículos 32 y 33 de este Código, todo empresario vendrá obligado a someter a auditoría las cuentas anuales individuales o consolidadas, en su caso, de su empresa, cuando así lo acuerde el Secretario judicial o el Registrador mercantil del domicilio social del empresario si acogen la petición fundada de quien acredite un interés legítimo. Antes de estimar la solicitud, el Secretario judicial o el Registrador mercantil deberán exigir al solicitante que adelante los fondos necesarios para el pago de la retribución del auditor.

La solicitud ante el Registrador mercantil se tramitará de acuerdo a lo previsto en el Reglamento del Registro Mercantil. La designación de auditor se sujetará al turno reglamentario que establece el Reglamento de Registro Mercantil.

Si se instara ante el Secretario judicial, se seguirán los trámites establecidos en la legislación de jurisdicción voluntaria.

La resolución que se dicte sobre la procedencia o improcedencia de la auditoría será recurrible ante el Juez de lo Mercantil.

2. Antes de aceptar el nombramiento, el auditor de cuentas deberá evaluar el efectivo cumplimiento del encargo de acuerdo con lo dispuesto en la normativa reguladora de la actividad de auditoría de cuentas.

El mismo día en que emita el informe, el auditor lo entregará al empresario y al solicitante y presentará copia a quien le hubiera designado. Si el informe contuviera opinión denegada o desfavorable, el Secretario judicial o el Registrador mercantil acordará que el empresario satisfaga al solicitante las cantidades que hubiera anticipado. Si el informe contuviera una opinión con reservas o salvedades, se dictará resolución determinando en quién deberá recaer y en qué proporción el coste de la auditoría. Si el informe fuera con opinión favorable, el coste de la auditoría será de cargo del solicitante.

La falta de emisión del informe o la renuncia al encargo sólo podrá producirse por las circunstancias previstas en el artículo 3.2 del texto refundido de la Ley de Auditoría de Cuentas, aprobado por el Real Decreto Legislativo 1/2011, de 1 de julio. En estos casos, el auditor procederá a informar razonadamente, mediante comunicación escrita, de los motivos determinantes de tal circunstancia al empresario, al solicitante y a quien le hubiera designado. En estos supuestos, se dictará resolución determinando en quién deberá recaer y en qué proporción el coste de los honorarios que se deban satisfacer al auditor.

3. La sociedad únicamente podrá oponerse al nombramiento aportando prueba documental de que no procede el mismo o negando la legitimación del solicitante.

El Secretario judicial o el Registrador mercantil desestimará la solicitud de auditoría cuando, antes de la fecha de la solicitud, constara inscrito en el Registro mercantil nombramiento de auditor para la verificación de las cuentas de ese mismo ejercicio o, en el caso de las sociedades mercantiles y demás personas jurídicas obligadas, no hubiese finalizado el plazo legal para efectuar el nombramiento de auditor por el órgano competente.

4. La emisión del informe de auditoría no impedirá el ejercicio del derecho de acceso a la contabilidad por aquellos a los que la Ley atribuya ese derecho.»

Disposición final tercera. Modificación de determinados artículos de la Ley 1/2000, de Enjuiciamiento Civil.

La Ley de Enjuiciamiento Civil queda modificada como sigue:

Uno. El apartado 1 del artículo 8 queda redactado de la forma siguiente:

«1. Cuando la persona física se encuentre en el caso del apartado 2 del artículo anterior y no hubiere persona que legalmente la represente o asista para comparecer en juicio, el Secretario judicial le nombrará un defensor judicial mediante decreto, que asumirá su representación y defensa hasta que se designe a aquella persona.»

Dos. El apartado 1 del artículo 395 queda redactado de la forma siguiente:

«1. Si el demandado se allanare a la demanda antes de contestarla, no procederá la imposición de costas salvo que el tribunal, razonándolo debidamente, aprecie mala fe en el demandado.

Se entenderá que, en todo caso, existe mala fe, si antes de presentada la demanda se hubiese formulado al demandado requerimiento fehaciente y justificado de pago, o si se hubiera iniciado procedimiento de mediación o dirigido contra él solicitud de conciliación.»

Tres. El apartado 1 del artículo 525 queda redactado de la forma siguiente:

«1. No serán en ningún caso susceptibles de ejecución provisional:

1.ª Las sentencias dictadas en los procesos sobre paternidad, maternidad, filiación, nulidad de matrimonio, separación y divorcio, capacidad y estado civil, así como sobre las medidas relativas a la restitución o retorno de menores en los supuestos de sustracción internacional y derechos honoríficos, salvo los pronunciamientos que regulen las obligaciones y relaciones patrimoniales relacionadas con lo que sea objeto principal del proceso.

2.ª Las sentencias que condenen a emitir una declaración de voluntad.

3.ª Las sentencias que declaren la nulidad o caducidad de títulos de propiedad industrial.»

Tres bis (nuevo). El artículo 608, los apartados 1 y 2 del artículo 769 y los apartados 4 y 10 del artículo 777 quedan redactados de la siguiente manera:

«Artículo 608. Ejecución por condena a prestación alimenticia.

Lo dispuesto en el artículo anterior no será de aplicación cuando se proceda por ejecución de sentencia que condene al pago de alimentos, en todos los casos en que la obligación de satisfacerlos nazca directamente de la Ley, incluyendo los pronunciamientos de las sentencias dictadas en procesos de nulidad, separación o divorcio sobre alimentos debidos al cónyuge o a los hijos o de los decretos o escrituras públicas que formalicen el convenio regulador que los establezcan. En estos casos, así como en los de las medidas cautelares correspondientes, el tribunal fijará la cantidad que puede ser embargada.»

Se modifican los apartados 1 y 2 del artículo 769.

«1. Salvo que expresamente se disponga otra cosa, será tribunal competente para conocer de los procedimientos a que se refiere este capítulo el Juzgado de Primera Instancia del lugar del domicilio conyugal. En el caso de residir los cónyuges en distintos partidos judiciales, será tribunal competente, a elección del demandante, el del último domicilio del matrimonio o el de residencia del demandado.

Los que no tuvieren domicilio ni residencia fijos podrán ser demandados en el lugar en que se hallen o en el de su última residencia, a elección del demandante y, si tampoco pudiere determinarse así la competencia, corresponderá ésta al tribunal del domicilio del actor.

2. En el procedimiento de separación o divorcio de mutuo acuerdo a que se refiere el artículo 777, será competente el Juzgado del último domicilio común o el del domicilio de cualquiera de los solicitantes.»

Se modifica el apartado 4 y se añade el apartado 10 al artículo 777.

«4. Ratificada por ambos cónyuges la solicitud, si la documentación aportada fuera insuficiente, el Juez o el Secretario judicial que fuere competente concederá a los solicitantes un plazo de diez días para que la completen. Durante este plazo se practicará, en su caso, la prueba que los cónyuges hubieren propuesto y la demás que el tribunal considere necesaria para acreditar la concurrencia de las circunstancias en cada caso exigidas por el Código Civil y para apreciar la procedencia de aprobar la propuesta de convenio regulador.

10. Si la competencia fuera del Secretario judicial por no existir hijos menores no emancipados o con la capacidad modificada judicialmente que dependan de sus progenitores, inmediatamente después de la ratificación de los cónyuges ante el Secretario judicial, este dictará decreto pronunciándose, sobre el convenio regulador.

El decreto que formalice la propuesta del convenio regulador declarará la separación o divorcio de los cónyuges.

Si considerase que, a su juicio, alguno de los acuerdos del convenio pudiera ser dañoso o gravemente perjudicial para uno de los cónyuges o para los hijos mayores o menores emancipados afectados, lo advertirá a los otorgantes y dará por terminado el procedimiento.

En este caso, los cónyuges sólo podrán acudir ante el Juez para la aprobación de la propuesta de convenio regulador.

El decreto no será recurrible.

La modificación del convenio regulador formalizada por el Secretario judicial se sustanciará conforme a lo dispuesto en este artículo cuando concurran los requisitos necesarios para ello.»

Cuatro. El artículo 748 queda redactado de la siguiente manera:

«Las disposiciones del presente Título serán aplicables a los siguientes procesos:

1.º Los que versen sobre la capacidad de las personas y los de declaración de prodigalidad.

2.º Los de filiación, paternidad y maternidad.

3.º Los de nulidad del matrimonio, separación y divorcio y los de modificación de medidas adoptadas en ellos.

4.º Los que versen exclusivamente sobre guarda y custodia de hijos menores o sobre alimentos reclamados por un progenitor contra el otro en nombre de los hijos menores.

5.º Los de reconocimiento de eficacia civil de resoluciones o decisiones eclesiásticas en materia matrimonial.

6.º Los que versen sobre las medidas relativas a la restitución de menores en los supuestos de sustracción internacional.

7.º Los que tengan por objeto la oposición a las resoluciones administrativas en materia de protección de menores.

8.º Los que versen sobre la necesidad de asentimiento en la adopción.»

Cinco. El apartado primero del artículo 749 queda redactado de la siguiente manera:

«1. En los procesos sobre la capacidad de las personas, en los de nulidad matrimonial, en los de sustracción internacional de menores y en los de determinación e impugnación de la filiación será siempre parte el Ministerio Fiscal, aunque no haya sido promotor de los mismos ni deba, conforme a la Ley, asumir la defensa de alguna de las partes. El Ministerio Fiscal velará durante todo el proceso por la salvaguarda del interés superior de la persona afectada.»

Seis. El párrafo segundo del artículo 758 queda redactado de la forma siguiente:

«Si no lo hicieren, serán defendidos por el Ministerio Fiscal, siempre que no haya sido éste el promotor del procedimiento. En otro caso, el Secretario judicial les designará un defensor judicial, a no ser que estuviere ya nombrado.»

Siete. Se añade un capítulo IV bis en el título I del libro IV, integrado por los nuevos artículos 778 bis a 778 quáter, con el siguiente título:

«CAPÍTULO IV BIS

Medidas relativas a la restitución o retorno de menores en los supuestos de sustracción internacional»

Ocho. Se añade un artículo 778 bis, con la siguiente redacción:

«Artículo 778 bis. Ámbito de aplicación. Normas generales.

1. En los supuestos en que, siendo aplicables un convenio internacional o las disposiciones de la Unión Europea, se pretenda la restitución de un menor o su retorno al lugar de procedencia por haber sido objeto de un traslado o retención ilícito y se encuentre en España, se procederá de acuerdo con lo previsto en este Capítulo. No será de aplicación a los supuestos en los que el menor procediera de un Estado que no forma parte de la Unión Europea ni sea parte de algún convenio internacional.

2. En estos procesos, será competente el Juzgado de Primera Instancia de la capital de la provincia, de Ceuta o Melilla, con competencias en materia de derecho de familia, en cuya circunscripción se halle el menor que haya sido objeto de un traslado o retención ilícitos, si lo hubiere y, en su defecto, al que por turno de reparto corresponda. El Tribunal examinará de oficio su competencia.

3. Podrán promover el procedimiento la persona, institución u organismo que tenga atribuida la guarda y custodia o un régimen de estancia o visitas, relación o comunicación del menor, la Autoridad Central española encargada del cumplimiento de las obligaciones impuestas por el correspondiente convenio, en su caso, y, en representación de ésta, la persona que designe dicha autoridad.

4. Las partes deberán actuar con asistencia de Abogado y representadas por Procurador. La intervención de la Abogacía del Estado, cuando proceda a instancia de la Autoridad Central española, cesará desde el momento en que el solicitante de la restitución o del retorno comparezca en el proceso con su propio Abogado y Procurador.

5. El procedimiento tendrá carácter urgente y preferente. Deberá realizarse, en ambas instancias, si las hubiere, en el inexcusable plazo total de seis semanas desde la fecha de la presentación de la solicitud instando la restitución o el retorno del menor, salvo que existan circunstancias excepcionales que lo hagan imposible.

6. En ningún caso se ordenará la suspensión de las actuaciones civiles por la existencia de prejudicialidad penal que venga motivada por el ejercicio de acciones penales en materia de sustracción de menores.

7. En este tipo de procesos y con la finalidad de facilitar las comunicaciones judiciales directas entre órganos jurisdiccionales de distintos países, si ello fuera posible y el Juez lo considerase necesario, podrá recurrirse al auxilio de las Autoridades Centrales implicadas, de las Redes de Cooperación Judicial Internacional existentes, de los miembros de la Red Internacional de Jueces de la Conferencia de La Haya y de los Jueces de enlace.

8. El Juez podrá acordar a lo largo de todo el proceso, de oficio, a petición de quien promueva el procedimiento o del Ministerio Fiscal, las medidas cautelares oportunas y de aseguramiento del menor que estime pertinentes conforme al artículo 773, además de las previstas en el artículo 158 del Código Civil.

Del mismo modo podrá acordar que durante la tramitación del proceso se garanticen los derechos de estancia o visita, relación y comunicación del menor con el demandante, incluso de forma supervisada, si ello fuera conveniente a los intereses del menor.»

Nueve. Se añade un artículo 778 ter, con la siguiente redacción:

«Artículo 778 ter. Procedimiento.

1. El procedimiento se iniciará mediante demanda en la que se instará la restitución del menor o su retorno al lugar de procedencia e incluirá toda la información exigida por la normativa internacional aplicable y, en todo caso, la relativa a la identidad del demandante, del menor y de la persona que se considere que ha sustraído o retenido al menor, así como los motivos en que se basa para reclamar su restitución o retorno Deberá igualmente aportar toda la información que disponga relativa a la localización del menor y a la identidad de la persona con la que se supone se encuentra.

A la demanda deberá acompañarse la documentación requerida, en su caso, por el correspondiente convenio o norma internacional y cualquier otra en la que el solicitante funde su petición.

2. El Secretario judicial resolverá sobre la admisión de la demanda en el plazo de las 24 horas siguientes y, si entendiera que ésta no resulta admisible, dará cuenta al Juez para que resuelva lo que proceda dentro de dicho plazo.

En la misma resolución en la que sea admitida la demanda, el Secretario judicial requerirá a la persona a quien se impute la sustracción o retención ilícita del menor para que, en la fecha que se determine, que no podrá exceder de los tres días siguientes, comparezca con el menor y manifieste si accede a su restitución o retorno, o se opone a ella, alegando en tal caso alguna de las causas establecidas en el correspondiente convenio o norma internacional aplicable.

El requerimiento se practicará con los apercibimientos legales y con entrega al requerido del texto del correspondiente convenio o norma internacional aplicable.

3. Cuando el menor no fuera hallado en el lugar indicado en la demanda, y si, tras la realización de las correspondientes averiguaciones por el Secretario judicial sobre su domicilio o residencia, éstas son infructuosas, se archivará provisionalmente el procedimiento hasta ser encontrado.

Si el menor fuera hallado en otra provincia, el Secretario judicial, previa audiencia del Ministerio Fiscal y de las partes personadas por el plazo de un día, dará cuenta al Juez para que resuelva al día siguiente lo que proceda mediante auto, remitiendo, en su caso, las actuaciones al Tribunal que considere territorialmente competente y emplazando a las partes para que comparezcan ante el mismo dentro del plazo de los tres días siguientes.

4. Llegado el día, si el requerido compareciere y accediere a la restitución del menor, o a su retorno al lugar de procedencia, según corresponda, el Secretario judicial levantará acta y el Juez dictará auto el mismo día acordando la conclusión del proceso y la restitución o el retorno del menor, pronunciándose en cuanto a los gastos, incluidos los de viaje, y las costas del proceso.

El demandado podrá comparecer en cualquier momento, antes de la finalización del procedimiento, y acceder a la entrega del menor, o a su retorno al lugar de procedencia, siendo de aplicación lo dispuesto en este apartado.

5. Si no compareciese, o si comparecido no lo hiciera en forma, ni presentara oposición ni procediera, en este caso, a la entrega o retorno del menor, el Secretario judicial en el mismo día le declarará en rebeldía y dispondrá la continuación del procedimiento sin el mismo, citando únicamente al demandante y al Ministerio Fiscal a una vista ante el Juez que tendrá lugar en un plazo no superior a los cinco días siguientes, a celebrar conforme a lo dispuesto en el apartado sexto de este artículo. Dicha resolución, no obstante, deberá ser notificada al demandado, tras lo cual no se llevará a cabo ninguna otra, excepto la de la resolución que ponga fin al proceso.

El Juez podrá decretar las medidas cautelares que estime pertinentes en relación con el menor, caso de no haberse adoptado ya con anterioridad, conforme al artículo 773.

6. Si en la primera comparecencia el requerido formulase oposición a la restitución o retorno del menor al amparo de las causas establecidas en el correspondiente convenio o norma internacional aplicable, lo que deberá realizar por escrito, el Secretario judicial en el mismo día dará traslado de la oposición y citará a todos los interesados y al Ministerio Fiscal a una vista que se celebrará dentro del improrrogable plazo de los cinco días siguientes.

7. La celebración de la vista no se suspenderá por incomparecencia del demandante. Si fuera el demandado que se hubiera opuesto quien no compareciere, el Juez le tendrá por desistido de la oposición y continuará la vista.

Durante la celebración de la misma se oirá a las partes que comparezcan para que expongan lo que estimen procedente, en concreto, a la persona que solicitó la restitución o retorno, al Ministerio Fiscal y a la parte demandada, incluso si compareciere en este trámite por vez primera.

Se practicarán, en su caso, las pruebas útiles y pertinentes que las partes o el Ministerio Fiscal propongan y las que el Juez acuerde de oficio sobre los hechos que sean relevantes para la decisión sobre la ilicitud o no del traslado o retención y las medidas a adoptar, dentro del plazo improrrogable de seis días. El Juez podrá también recabar, de oficio, a instancia de parte o del Ministerio Fiscal, los informes que estime pertinentes cuya realización será urgente y preferente a cualquier otro proceso.

8. Antes de adoptar cualquier decisión relativa a la procedencia o improcedencia de la restitución del menor o su retorno al lugar de procedencia, el Juez, en cualquier momento del proceso y en presencia del Ministerio Fiscal, oirá separadamente al menor, a menos que la audiencia del mismo no se considere conveniente atendiendo a la edad o grado de madurez del mismo, lo que se hará constar en resolución motivada.

En la exploración del menor se garantizará que el mismo pueda ser oído en condiciones idóneas para la salvaguarda de sus intereses, sin interferencias de otras personas, y recabando excepcionalmente el auxilio de especialistas cuando ello fuera necesario. Esta actuación podrá realizarse a través de videoconferencia u otro sistema similar.

9. Celebrada la vista y, en su caso, practicadas las pruebas pertinentes, dentro de los tres días siguientes a su finalización, el Juez dictará sentencia en la que se pronunciará únicamente sobre si el traslado o la retención son ilícitos y acordará si procede o no la restitución del menor a la persona, institución u organismo que tenga atribuida la guarda y custodia o su retorno al lugar de procedencia para permitir al solicitante el ejercicio del régimen de estancia, comunicación o relación con el menor, teniendo en cuenta el interés superior de éste y los términos

del correspondiente convenio o de las disposiciones de la Unión Europea en la materia, según el caso. La resolución que acuerde la restitución del menor o su retorno establecerá detalladamente la forma y el plazo de ejecución, pudiendo adoptar las medidas necesarias para evitar un nuevo traslado o retención ilícito del menor tras la notificación de la sentencia.

10. Si se acordare la restitución o retorno del menor, en la resolución se establecerá que la persona que hubiere trasladado o retenido al menor abone las costas procesales, incluidas aquellas en que haya incurrido el solicitante, los gastos de viaje y los que ocasione la restitución o retorno del menor al Estado donde estuviera su residencia habitual con anterioridad a la sustracción.

En los demás casos se declararán de oficio las costas del proceso.

11. Contra la resolución que se dicte sólo cabrá recurso de apelación con efectos suspensivos, que tendrá tramitación preferente, debiendo ser resuelto en el improrrogable plazo de veinte días.

En la tramitación del recurso de apelación se seguirán las siguientes especialidades:

a) Se interpondrá en el plazo de tres días contados desde el día siguiente a la notificación de la resolución, debiendo el órgano judicial acordar su admisión o no dentro de las 24 horas siguientes a la presentación.

b) Admitido el recurso, las demás partes tendrán tres días para presentar escrito de oposición al recurso o, en su caso, de impugnación. En este último supuesto, igualmente el apelante principal dispondrá del plazo de tres días para manifestar lo que tenga por conveniente.

c) Tras ello, el Secretario judicial ordenará la remisión de los autos en el mismo día al Tribunal competente para resolver la apelación, ante el cual deberán comparecer las partes en el plazo de 24 horas.

d) Recibidos los autos, el Tribunal acordará lo que proceda sobre su admisión en el plazo de 24 horas. Si hubiere de practicarse prueba o si se acordase la celebración de vista, el Secretario judicial señalará día para dentro de los tres días siguientes.

e) La resolución deberá ser dictada dentro de los tres días siguientes a la terminación de la vista o, en defecto de ésta, a contar desde el día siguiente a aquel en que se hubieran recibido los autos en el Tribunal competente para la apelación.

12. En cualquier momento del proceso, ambas partes podrán solicitar la suspensión del mismo de conformidad con lo previsto en el artículo 19.4, para someterse a mediación. También el Juez podrá en cualquier momento, de oficio o a petición de cualquiera de las partes, proponer una solución de mediación si, atendiendo a las circunstancias concurrentes, estima posible que lleguen a un acuerdo, sin que ello deba suponer un retraso injustificado del proceso. En tales casos, el Secretario judicial acordará la suspensión por el tiempo necesario para tramitar la mediación. La Entidad Publica que tenga las funciones de protección del menor puede intervenir como mediadora si así se solicitase de oficio, por las partes o por el Ministerio Fiscal.

La duración del procedimiento de mediación será lo más breve posible y sus actuaciones se concentrarán en el mínimo número de sesiones, sin que en ningún caso pueda la suspensión del proceso para mediación exceder del plazo legalmente previsto en este Capítulo.

El procedimiento judicial se reanudará si lo solicita cualquiera de las partes o, en caso de alcanzarse un acuerdo en la mediación, que deberá ser aprobado por el Juez teniendo en cuenta la normativa vigente y el interés superior del niño.

13. En la ejecución de la sentencia en la que se acuerde la restitución del menor o su retorno al Estado de procedencia, la Autoridad Central prestará la necesaria asistencia al Juzgado para garantizar que se realice sin peligro, adoptando en cada caso las medidas administrativas precisas.

Si el progenitor que hubiera sido condenado a la restitución del menor o a su retorno se opusiere, impidiera u obstaculizara su cumplimiento, el Juez deberá adoptar las medidas necesarias para la ejecución de la sentencia de forma inmediata, pudiendo ayudarse de la asistencia de los servicios sociales y de las Fuerzas y Cuerpos de Seguridad.»

Diez. Se añade un artículo 778 quáter, con la siguiente redacción:

«Artículo 778 quáter. Declaración de ilicitud de un traslado o retención internacional.

Cuando un menor con residencia habitual en España sea objeto de un traslado o retención internacional, conforme a lo establecido en el correspondiente convenio o norma internacional aplicable, cualquier persona interesada, al margen del proceso que se inicie para pedir su restitución internacional, podrá dirigirse en España a la autoridad judicial competente para conocer del fondo del asunto con la finalidad de obtener una resolución que especifique que el traslado o la retención lo han sido ilícitos, a cuyo efecto podrán utilizarse los cauces procesales disponibles en el Título I del Libro IV para la adopción de medidas definitivas o provisionales en España, e incluso las medidas del artículo 158.

La autoridad competente en España para emitir una decisión o una certificación del artículo 15 del Convenio de la Haya de 25 de octubre de 1980 sobre los aspectos civiles de la sustracción internacional de menores, que acredite que el traslado o retención del menor era ilícito en el sentido previsto en el artículo 3 del Convenio, cuando ello sea posible, lo será la última autoridad judicial que haya conocido en España de cualquier proceso sobre responsabilidad parental afectante al menor. En defecto de ello, será competente el Juzgado de Primera Instancia del último domicilio del menor en España. La Autoridad Central española hará todo lo posible por prestar asistencia al solicitante para que obtenga una decisión o certificación de esa clase.»

Once. El apartado 1 del artículo 782 queda redactado de la forma siguiente:

«1. Cualquier coheredero o legatario de parte alícuota podrá reclamar judicialmente la división de la herencia, siempre que esta no deba efectuarla un comisario o contador-partidor designado por el testador, por acuerdo entre los coherederos o por el Secretario judicial o el Notario.»

Doce. El artículo 790 queda redactado de la forma siguiente:

«1. Siempre que el Tribunal tenga noticia del fallecimiento de una persona y no conste la existencia de testamento, ni de ascendientes, descendientes o cónyuge del finado o persona que se halle en una situación de hecho asimilable, ni de colaterales dentro del cuarto grado, adoptará de oficio las medidas más indispensables para el enterramiento del difunto si fuere necesario y para la seguridad de los bienes, libros, papeles, correspondencia y efectos del difunto susceptibles de sustracción u ocultación.

De la misma forma procederá cuando las personas de que habla el párrafo anterior estuvieren ausentes o cuando alguno de ellos sea menor o tenga capacidad modificada judicialmente y no tenga representante legal.

2. En los casos a que se refiere este artículo, luego que comparezcan los parientes, o se nombre representante legal a los menores o personas con capacidad modificada judicialmen-

te, se les hará entrega de los bienes y efectos pertenecientes al difunto, cesando la intervención judicial, salvo lo dispuesto en el artículo siguiente, debiendo acudir al Notario a fin de que proceda a la incoación del expediente de declaración de herederos.»

Trece. Se modifica el apartado 2 y se añade un nuevo apartado 3 al artículo 791:

«2. Si, en efecto, resultare haber fallecido sin testar y sin parientes llamados por la ley a la sucesión, mandara el Tribunal, por medio de auto, que se proceda:

1.º A ocupar los libros, papeles y correspondencia del difunto.

2.º A inventariar y depositar los bienes, disponiendo lo que proceda sobre su administración, con arreglo a lo establecido en esta Ley. El Tribunal podrá nombrar a una persona, con cargo al caudal hereditario, que efectúe y garantice el inventario y su depósito.

En la misma resolución ordenará de oficio la comunicación a la Delegación de Economía y Hacienda correspondiente por si resultare procedente la declaración de heredero abintestato a favor del Estado, con traslado del resultado de las diligencias realizadas y de la documentación recabada al amparo del apartado 1.

3. Desde el momento en que la Administración General del Estado o la Administración de una Comunidad Autónoma comunique al Tribunal que ha iniciado un procedimiento para su declaración como heredero abintestato, éste acordará que recaiga sobre ella la designación para la administración de los bienes. En este caso, no se exigirá a la Administración Pública que preste caución y realizará los informes periciales cuando sean necesarios mediante servicios técnicos propios.

La Administración deberá comunicar al Tribunal la resolución que ponga fin al procedimiento. Si dicha resolución concluyera que no procede efectuar la declaración de heredero abintestato a favor de la Administración, ésta no podrá continuar haciéndose cargo del caudal hereditario, solicitando al Tribunal que designe nuevo administrador judicial en el plazo de un mes desde aquella comunicación. Transcurrido este plazo de un mes, en todo caso, la Administración cesará en el cargo de administrador.

Cuando esa resolución declare a la Administración heredera abintestato, el órgano judicial que estuviese conociendo de la intervención del caudal hereditario adoptará, antes de un mes, las provisiones conducentes a la entrega de los bienes y derechos integrantes del caudal hereditario.»

Catorce. El apartado 1 del artículo 792 queda redactado de la forma siguiente:

«1. Las actuaciones a que se refiere el apartado 2 del artículo anterior podrán acordarse a instancia de parte en los siguientes casos:

1.º Por el cónyuge o cualquiera de los parientes que se crea con derecho a la sucesión legítima, siempre que acrediten haber promovido la declaración de herederos abintestato ante Notario o se formule la solicitud de intervención judicial del caudal hereditario al tiempo de promover la declaración notarial de herederos.

2.º Por cualquier coheredero o legatario de parte alícuota, al tiempo de solicitar la división judicial de la herencia, salvo que la intervención hubiera sido expresamente prohibida por disposición testamentaria.

3.º Por la Administración Pública que haya iniciado un procedimiento para su declaración como heredero abintestato.»

Quince. El apartado 1 del artículo 802 queda redactado de la siguiente forma:

«1. El administrador depositará sin dilación a disposición del Juzgado las cantidades que recaude en el desempeño de su cargo, reteniendo únicamente las que fueren necesarias para atender los gastos de pleitos o notariales, pago de contribuciones y demás atenciones ordinarias.»

Dieciséis. La Disposición final vigésima segunda queda redactada de la forma siguiente:

«Disposición final vigésima segunda. Medidas para facilitar la aplicación en España del Reglamento (CE) n.º 2201/2003 del Consejo, de 27 de noviembre de 2003, relativo a la competencia, el reconocimiento y la ejecución de resoluciones judiciales en materia matrimonial y de responsabilidad parental.

1. La certificación relativa a las resoluciones judiciales en materia matrimonial y en materia de responsabilidad parental, prevista en el artículo 39 del Reglamento (CE) n.º 2201/2003, se expedirá por el secretario judicial de forma separada y mediante diligencia, cumplimentando el formulario correspondiente que figura en los Anexos I y II del Reglamento citado.

2. La certificación judicial relativa a las resoluciones judiciales sobre el derecho de visita, previstas en el apartado 1 del artículo 41 del Reglamento (CE) n.º 2201/2003, se expedirá por el juez de forma separada y mediante providencia, cumplimentando el formulario que figura en el Anexo III de dicho Reglamento.

3. La certificación judicial relativa a las resoluciones judiciales sobre la restitución del menor, previstas en el apartado 1 del artículo 42 del Reglamento (CE) n.º 2201/2003, se expedirá por el juez de forma separada y mediante providencia, cumplimentando el formulario que figura en el Anexo IV del Reglamento citado.

4. El procedimiento para la rectificación de errores en la certificación judicial, previsto en el artículo 43.1 del Reglamento (CE) n.º 2001/2003, se resolverá de la forma establecida en los tres primeros apartados del artículo 267 de la Ley Orgánica 6/1985, de 1 de julio, del Poder Judicial. No cabrá recurso alguno contra la resolución en que se resuelva sobre la aclaración o rectificación de la certificación judicial a que se refieren los dos anteriores apartados.

5. La denegación de la expedición de la certificación a la que se refieren los apartados 1, 2 y 3 de este artículo se adoptará de forma separada y mediante decreto en el caso del apartado 1 y mediante Auto en el caso de los apartados 2 y 3, y podrá impugnarse por los trámites del recurso directo de revisión en el caso del apartado 1 y por los trámites del recurso de reposición en el caso de los apartados 2 y 3.

6. La transmisión a la que se refiere el artículo 11.6 del Reglamento (CE) n.º 2201/2003, incluirá una copia de la resolución judicial de no restitución con arreglo al artículo 13 del Convenio de La Haya de 25 de octubre de 1980, y una copia de la grabación original del acta de la vista en soporte apto para la grabación y reproducción del sonido y de la imagen, así como de aquellos documentos que el órgano jurisdiccional estime oportuno adjuntar en cada caso como acreditativos del cumplimiento de las exigencias de los artículos 10 y 11 del Reglamento.

7. La reclamación a la que se refiere el artículo 11.7 del Reglamento (CE) n.º 2201/2003, se sustanciará con arreglo al procedimiento previsto en la vigente Ley de Enjuiciamiento Civil para los procesos que versen exclusivamente sobre guarda y custodia de hijos menores, si bien la competencia judicial para conocer del mismo se determinará con arreglo a lo previsto para

el proceso que regula las medidas relativas a la restitución de menores en los supuestos de sustracción internacional.»

Disposición final cuarta. Modificación de la Ley 20/2011, de 21 de julio, de Registro Civil.

Uno. Se propone la modificación de los apartados 1, 2, 5, 6, 7, 8, 9, 10 y 12 del artículo 58, que quedan redactados de la forma siguiente:

«1. El matrimonio en forma civil se celebrará ante el Juez de Paz, Alcalde o Concejal en quien éste delegue, Secretario judicial, Notario, o funcionario diplomático o consular Encargado del Registro Civil.

2. La celebración del matrimonio requerirá la previa tramitación o instrucción de un acta o expediente a instancia de los contrayentes para acreditar el cumplimiento de los requisitos de capacidad y la inexistencia de impedimentos o su dispensa, o cualquier otro obstáculo, de acuerdo con lo previsto en el Código Civil. La tramitación del acta competerá al Notario del lugar del domicilio de cualquiera de los contrayentes. La instrucción del expediente corresponderá al Secretario judicial o Encargado del Registro Civil del domicilio de uno de los contrayentes.

5. El Secretario judicial, Notario o Encargado del Registro Civil oirá a ambos contrayentes reservadamente y por separado para cerciorarse de su capacidad y de la inexistencia de cualquier impedimento. Asimismo, se podrán solicitar los informes y practicar las diligencias pertinentes, sean o no propuestas por los requirentes, para acreditar el estado, capacidad o domicilio de los contrayentes o cualesquiera otros extremos necesarios para apreciar la validez de su consentimiento y la veracidad del matrimonio. Si alguno de los contrayentes estuviere afectado por deficiencias mentales, intelectuales o sensoriales se exigirá dictamen médico sobre su aptitud para prestar el consentimiento.

De la realización de todas estas actuaciones se dejará constancia en el acta o expediente, archivándose junto con los documentos previos a la inscripción de matrimonio.

Pasado un año desde la publicación de los anuncios o de las diligencias sustitutorias sin que se haya contraído el matrimonio, no podrá celebrarse éste sin nueva publicación o diligencias.

6. Realizadas las anteriores diligencias, el Secretario judicial, Notario o Encargado del Registro Civil que haya intervenido finalizará el acta o dictará resolución haciendo constar la concurrencia o no en los contrayentes de los requisitos necesarios para contraer matrimonio, así como la determinación del régimen económico matrimonial que resulte aplicable y, en su caso, la vecindad civil de los contrayentes, entregando copia a éstos. La actuación o resolución deberá ser motivada y expresar, en su caso, con claridad la falta de capacidad o el impedimento que concurra.

7. Si el juicio del Secretario judicial, Notario o Encargado del Registro Civil fuera desfavorable se procederá al cierre del acta o expediente y los interesados podrán recurrir ante la Dirección General de los Registros y del Notariado, sometiéndose al régimen de recursos previsto por esta Ley.

8. Resuelto favorablemente el expediente por el Secretario judicial, el matrimonio se podrá celebrar ante el mismo u otro Secretario judicial, Juez de Paz, Alcalde o Concejal en quien éste delegue, a elección de los contrayentes. Si se hubiere tramitado por el Encargado del Registro Civil, el matrimonio deberá celebrarse ante el Juez de Paz, Alcalde o Concejal

en quien éste delegue, que designen los contrayentes. Finalmente, si fuera el Notario quien hubiera extendido el acta matrimonial, los contrayentes podrán otorgar el consentimiento, a su elección, ante el mismo Notario u otro distinto del que hubiera tramitado el acta previa, el Juez de Paz, Alcalde o Concejal en quien éste delegue. La prestación del consentimiento deberá realizarse en la forma prevista en el Código Civil.

El matrimonio celebrado ante Juez de Paz, Alcalde o Concejal en quien este delegue o ante el Secretario judicial se hará constar en acta; el que se celebre ante Notario constará en escritura pública. En ambos casos deberá ser firmada, además de por aquel ante el que se celebra, por los contrayentes y dos testigos.

Extendida el acta o autorizada la escritura pública, se entregará a cada uno de los contrayentes copia acreditativa de la celebración del matrimonio y se remitirá por el autorizante, en el mismo día y por medios telemáticos, testimonio o copia autorizada electrónica del documento al Registro Civil para su inscripción, previa calificación del Encargado del Registro Civil.

9. La celebración del matrimonio fuera de España corresponderá al funcionario consular o diplomático Encargado del Registro Civil en el extranjero. Si uno o los dos contrayentes residieran en el extranjero, la tramitación del expediente previo podrá corresponder al funcionario diplomático o consular Encargado del registro civil competente en la demarcación consular donde residan. El matrimonio así tramitado podrá celebrarse ante el mismo funcionario u otro distinto, o ante el Juez de Paz, Alcalde o Concejal en quien éste delegue, a elección de los contrayentes.

10. Cuando el matrimonio se hubiere celebrado sin haberse tramitado el correspondiente expediente o acta previa, si éste fuera necesario, el Secretario judicial, Notario, o el funcionario Encargado del Registro Civil que lo haya celebrado, antes de realizar las actuaciones que procedan para su inscripción, deberá comprobar si concurren los requisitos legales para su validez, mediante la tramitación del acta o expediente al que se refiere este artículo.

Si la celebración del matrimonio hubiera sido realizada ante autoridad o persona competente distinta de las indicadas en el párrafo anterior, el acta de aquélla se remitirá al Encargado del Registro Civil del lugar de celebración para que se proceda a la comprobación de los requisitos de validez, mediante el expediente correspondiente. Efectuada esa comprobación, el Encargado del Registro Civil procederá a su inscripción.

12. Si los contrayentes hubieran manifestado su propósito de contraer matrimonio en el extranjero, con arreglo a la forma establecida por la ley del lugar de celebración o en forma religiosa y se exigiera la presentación de un certificado de capacidad matrimonial, lo expedirá el Secretario judicial, Notario, Encargado del Registro Civil o funcionario consular o diplomático del lugar del domicilio de cualquiera de los contrayentes, previo expediente instruido o acta que contenga el juicio del autorizante acreditativo de la capacidad matrimonial de los contrayentes.»

Dos. Se propone la modificación del apartado 1 del artículo 58 bis, que quedaría redactado del siguiente modo:

«1. Para la celebración del matrimonio en la forma religiosa prevista en el Acuerdo entre el Estado español y la Santa Sede sobre Asuntos Jurídicos y en los Acuerdos de cooperación del Estado con las confesiones religiosas se estará a lo dispuesto en los mismos.

2. En los supuestos de celebración del matrimonio en la forma religiosa prevista por las iglesias, confesiones, comunidades religiosas o federaciones de las mismas que, inscritas en el Registro de Entidades Religiosas, hayan obtenido el reconocimiento de notorio arraigo en España, requerirán la tramitación de un acta o expediente previo de capacidad matrimonial conforme al artículo anterior. Cumplido este trámite, el Secretario judicial, Notario, Encargado del Registro Civil o funcionario diplomático o consular Encargado del Registro Civil que haya intervenido expedirá dos copias del acta o resolución, que incluirá, en su caso, el juicio acreditativo de la capacidad matrimonial de los contrayentes, que éstos deberán entregar al ministro de culto encargado de la celebración del matrimonio.

El consentimiento deberá prestarse ante un ministro de culto y dos testigos mayores de edad. En estos casos, el consentimiento deberá prestarse antes de que hayan transcurrido seis meses desde la fecha del acta o resolución que contenga el juicio de capacidad matrimonial. A estos efectos se consideran ministros de culto a las personas físicas dedicadas, con carácter estable, a las funciones de culto o asistencia religiosa y que acrediten el cumplimiento de estos requisitos mediante certificación expedida por la iglesia, confesión o comunidad religiosa que haya obtenido el reconocimiento de notorio arraigo en España, con la conformidad de la federación que en su caso hubiera solicitado dicho reconocimiento.

Una vez celebrado el matrimonio, el oficiante extenderá certificación expresiva de la celebración del mismo, con los requisitos necesarios para su inscripción y las menciones de identidad de los testigos y de las circunstancias del expediente o acta previa que necesariamente incluirán el nombre y apellidos del Secretario judicial, Notario, Encargado del Registro Civil o funcionario diplomático o consular que la hubiera extendido, la fecha y número de protocolo en su caso. Esta certificación se remitirá por medios electrónicos, en la forma que reglamentariamente se determine, junto con la certificación acreditativa de la condición de ministro de culto, dentro del plazo de cinco días al Encargado del Registro Civil competente para su inscripción. Igualmente extenderá en las dos copias del acta o resolución previa de capacidad matrimonial diligencia expresiva de la celebración del matrimonio entregando una a los contrayentes y conservará la otra como acta de la celebración en el archivo del oficiante o de la entidad religiosa a la que representa como ministro de culto.»

Tres. El artículo 59 pasa a tener la siguiente redacción:

«Artículo 59. Inscripción del matrimonio.

1. El matrimonio cuyos requisitos se hayan constatado y celebrado según el procedimiento previsto en el artículo 58 se inscribirá en los registros individuales de los contrayentes.

2. El matrimonio celebrado ante autoridad extranjera accederá al Registro Civil español mediante la inscripción de la certificación correspondiente, siempre que tenga eficacia con arreglo a lo previsto en la presente Ley.

3. El matrimonio celebrado en España en forma religiosa accederá al Registro Civil mediante la inscripción de la certificación emitida por el ministro de culto, conforme a lo previsto en el artículo 63 del Código Civil.

4. Practicada la inscripción, el Encargado del Registro Civil pondrá a disposición de cada uno de los contrayentes certificación de la inscripción del matrimonio.

5. La inscripción hace fe del matrimonio y de la fecha y lugar en que se contrae y produce el pleno reconocimiento de los efectos civiles del mismo frente a terceros de buena fe.»

Cuatro. Se modifica el artículo 60:

«Artículo 60. Inscripción del régimen económico del matrimonio.

1. Junto a la inscripción de matrimonio se inscribirá el régimen económico matrimonial legal o pactado que rija el matrimonio y los pactos, resoluciones judiciales o demás hechos que puedan afectar al mismo.

2. Cuando no se presenten escrituras de capitulaciones se inscribirá como régimen económico matrimonial legal el que fuera supletorio de conformidad con la legislación aplicable. Para hacer constar en el Registro Civil expresamente el régimen económico legal aplicable a un matrimonio ya inscrito cuando aquél no constase con anterioridad será necesaria la tramitación de un acta de notoriedad.

Otorgada ante Notario escritura de capitulaciones matrimoniales, deberá éste remitir en el mismo día copia autorizada electrónica de la escritura pública al Encargado del Registro Civil correspondiente para su constancia en la inscripción de matrimonio. Si el matrimonio no se hubiera celebrado a la fecha de recepción de la escritura de capitulaciones matrimoniales, el Encargado del Registro procederá a su anotación en el registro individual de cada contrayente.

3. En las inscripciones que en cualquier otro Registro produzcan las capitulaciones y demás hechos que afecten al régimen económico matrimonial, se expresarán los datos de su inscripción en el Registro Civil.

4. Sin perjuicio de lo previsto en el artículo 1333 del Código Civil, en ningún caso el tercero de buena fe resultará perjudicado sino desde la fecha de la inscripción del régimen económico matrimonial o de sus modificaciones.»

Cinco. El artículo 61 queda redactado del siguiente modo:

«Artículo 61. Inscripción de la separación, nulidad y divorcio.

El Secretario judicial del Juzgado o Tribunal que hubiera dictado la resolución judicial firme de separación, nulidad o divorcio deberá remitir en el mismo día o al siguiente hábil y por medios electrónicos testimonio de la misma a la Oficina General del Registro Civil, la cual practicará de forma inmediata la correspondiente inscripción. Las resoluciones judiciales que resuelvan sobre la nulidad, separación y divorcio podrán ser objeto de anotación hasta que adquieran firmeza.

La misma obligación tendrá el Notario que hubiera autorizado la escritura pública formalizando un convenio regulador de separación o divorcio.

Las resoluciones judiciales o las escrituras públicas que modifiquen las inicialmente adoptadas o convenidas también deberán ser inscritas en el Registro Civil.

Las resoluciones sobre disolución de matrimonio canónico, dictadas por autoridad eclesiástica reconocida, se inscribirán si cumplen los requisitos que prevé el ordenamiento jurídico.»

Cinco bis (nuevo).

«Artículo 67. Supuestos especiales de inscripción de la defunción.

1. Cuando el cadáver hubiera desaparecido o se hubiera inhumado antes de la inscripción, será necesaria resolución del Secretario judicial declarando el fallecimiento u orden de la autoridad judicial en la que se acredite legalmente el fallecimiento.»

Seis. El apartado 1 del artículo 74 queda redactado del siguiente modo:

«1. Tienen acceso al registro individual la representación del ausente y la designación de defensor judicial en el caso previsto en el artículo 299 bis del Código Civil.»

Siete. Se añade un nuevo apartado 3 al artículo 78:

«3. En las inscripciones de la declaración de ausencia y fallecimiento se hará constar cuanto se previene en el artículo 198 del Código Civil.»

Ocho. Se propone la modificación del apartado 2 de la Disposición final segunda, que quedaría redactado como sigue:

«2. Las referencias que se encuentren en cualquier norma al Juez, Alcalde o funcionario que haga sus veces competentes para autorizar el matrimonio civil, deben entenderse referidas al Secretario judicial, Notario, Encargado del Registro Civil o funcionario diplomático o consular Encargado del Registro Civil para acreditar el cumplimiento de los requisitos de capacidad y la inexistencia de impedimentos o su dispensa; y al Juez de Paz, Alcalde o Concejal en quien éste delegue, Secretario judicial, Notario, o funcionario diplomático o consular Encargado del Registro Civil para la celebración ante ellos del matrimonio en forma civil.»

Ocho bis (nuevo). Se propone la inclusión de la modificación de la Disposición final quinta de la Ley del Registro Civil, que quedaría redactado como sigue:

«Disposición final quinta. Tasas municipales.

Se añade un apartado 5 al artículo 20 del texto refundido de la Ley Reguladora de las Haciendas Locales, aprobado por Real Decreto Legislativo 2/2004, de 5 de marzo, con la siguiente redacción:

"5. Los Ayuntamientos podrán establecer una tasa para la celebración de los matrimonios en forma civil."»

Nueve. Se añade una disposición final quinta bis, con la siguiente redacción:

«Disposición final quinta bis. Aranceles notariales.

El Gobierno aprobará los aranceles correspondientes a la intervención de los Notarios en la tramitación de las actas matrimoniales previas y por la celebración de matrimonios en forma civil con la autorización de las escrituras públicas correspondientes.»

Diez. La disposición final décima queda redactada del siguiente modo:

«Disposición final décima. Entrada en vigor.

La presente Ley entrará en vigor el 15 de julio de 2015, excepto las Disposiciones adicionales séptima, octava y las Disposiciones finales tercera y sexta, que entrarán en vigor el día siguiente al de su publicación en el "Boletín Oficial del Estado".

Hasta la entrada en vigor de la presente Ley, el Ministerio de Justicia adoptará las medidas y los cambios normativos necesarios que afecten a la organización y funcionamiento de los Registros Civiles dentro del proceso de modernización de la Justicia.»

Disposición final quinta. Modificación de Ley 24/1992, de 10 noviembre, por la que se aprueba el acuerdo de cooperación del Estado con la Federación de entidades religiosas evangélicas de España.

Se propone la modificación de los apartados 2 y 5 del artículo 7, que quedarían redactados de la forma siguiente:

«2. Las personas que deseen contraer matrimonio en la forma prevista en el párrafo anterior promoverán acta o expediente previo al matrimonio ante el Secretario judicial, Notario, Encargado del Registro Civil o funcionario diplomático o consular Encargado del Registro Civil correspondiente conforme a la Ley del Registro Civil.

5. Una vez celebrado el matrimonio, el ministro de culto oficiante extenderá certificación expresiva de la celebración del mismo, con los requisitos necesarios para su inscripción y las menciones de identidad de los testigos y de las circunstancias del acta o expediente previo que necesariamente incluirán el nombre y apellidos del Secretario judicial, Notario, Encargado del Registro Civil o funcionario diplomático o consular que la hubiera extendido, la fecha y número de protocolo en su caso. Esta certificación se remitirá por medios electrónicos, en la forma que reglamentariamente se determine, junto con la certificación acreditativa de la condición de ministro de culto, dentro del plazo de cinco días al Encargado del Registro Civil competente para su inscripción. Igualmente extenderá en las dos copias del acta o resolución diligencia expresiva de la celebración del matrimonio entregando una a los contrayentes y conservará la otra como acta de la celebración en el archivo del oficiante o de la entidad religiosa a la que representa como ministro de culto.»

Disposición final sexta. Modificación de la Ley 25/1992, de 10 de noviembre, por la que se aprueba el Acuerdo de Cooperación del Estado con la Federación de Comunidades Israelitas de España.

Uno. Se modifica el Título de esta Ley que pasa a ser «Ley 25/1992, de 10 de noviembre, por la que se aprueba el Acuerdo de Cooperación del Estado con la Federación de Comunidades Judías de España».

Dos. Se propone la modificación de los apartados 2 y 5 del artículo 7, que quedarían redactados de la forma siguiente:

«2. Las personas que deseen contraer matrimonio en la forma prevista en el párrafo anterior promoverán acta o expediente previo al matrimonio ante el Secretario judicial, Notario, Encargado del Registro Civil o funcionario diplomático o consular Encargado del Registro Civil correspondiente conforme a la Ley del Registro Civil.

5. Una vez celebrado el matrimonio, el ministro de culto oficiante extenderá certificación expresiva de la celebración del mismo, con los requisitos necesarios para su inscripción y las menciones de identidad de los testigos y de las circunstancias del expediente acta previa que necesariamente incluirán el nombre y apellidos del Secretario judicial, Notario, Encargado del Registro Civil o funcionario diplomático o consular que la hubiera extendido, la fecha y número de protocolo en su caso. Esta certificación se remitirá por medios electrónicos, en la forma que reglamentariamente se determine, junto con la certificación acreditativa de la condición de ministro de culto, dentro del plazo de cinco días al Encargado del Registro Civil competente para su inscripción. Igualmente extenderá en las dos copias del acta o resolución previa de capacidad matrimonial diligencia expresiva de la celebración del matrimonio entregando una a los contrayentes y conservará la otra como acta de la celebración en el archivo del oficiante o de la entidad religiosa que representa como ministro de culto.»

Tres. Se añade una nueva Disposición adicional cuarta con la siguiente redacción:

«Disposición adicional cuarta. Denominación de la Federación.

Por acuerdo de las partes se procede a sustituir el nombre de Federación de Comunidades Israelitas de España por el de Federación de Comunidades Judías de España, que será utilizado en lo sucesivo.

Las referencias realizadas a la Federación de Comunidades Israelitas de España en este Acuerdo de Cooperación del Estado con la Federación de Comunidades Israelitas de España, así como las que figuren en otras normas deberán entenderse hechas a la Federación de Comunidades Judías de España.»

Disposición final séptima. Modificación de la Ley 26/1992, de 10 de noviembre, por la que se aprueba el Acuerdo de Cooperación del Estado con la Comisión Islámica de España.

Se propone la modificación de los apartado 2 y 3 del artículo 7 que quedan redactados de la forma siguiente:

«2. Las personas que deseen inscribir el matrimonio celebrado en la forma prevista en el número anterior, deberán acreditar previamente su capacidad matrimonial, mediante copia del acta o resolución previa expedida por el Secretario judicial, Notario, Encargado del Registro Civil o funcionario diplomático o consular Encargado del Registro Civil conforme a la Ley del Registro Civil y que deberá contener, en su caso, juicio acreditativo de la capacidad matrimonial. No podrá practicarse la inscripción si se hubiera celebrado el matrimonio transcurridos más de seis meses desde la fecha de dicho acta o desde la fecha de la resolución correspondiente.

3. Una vez celebrado el matrimonio, el representante de la Comunidad Islámica en que se hubiera contraído aquel extenderá certificación expresiva de la celebración del mismo, con los requisitos necesarios para su inscripción y las menciones de las circunstancias del expediente o acta previa que necesariamente incluirán el nombre y apellidos del Secretario judicial, Notario, Encargado del Registro Civil o funcionario diplomático o consular que la hubiera extendido, la fecha y número de protocolo en su caso. Esta certificación se remitirá por medios electrónicos, en la forma que reglamentariamente se determine, junto con la certificación acreditativa de la capacidad representante de la Comunidad Islámica para celebrar matrimonios, de conformidad con lo previsto en el apartado 1 del artículo 3, dentro del plazo de cinco días al Encargado del Registro Civil competente para su inscripción. Igualmente extenderá en las dos copias del acta o resolución previa de capacidad matrimonial diligencia expresiva de la celebración del matrimonio, entregando una a los contrayentes y conservará la otra como acta de la celebración en el archivo de la Comunidad.»

Disposición final octava. Modificación de la Ley 33/2003, de 3 de noviembre, de Patrimonio de las Administraciones Públicas.

Uno. El apartado 6 del artículo 20 queda redactado de la forma siguiente:

«6. La sucesión legítima de la Administración General del Estado y de las Comunidades Autónomas se regirá por la presente Ley, el Código Civil y sus normas complementarias o las normas de Derecho foral o especial que fueran aplicables.

Cuando a falta de otros herederos legítimos con arreglo al Derecho civil común o foral sea llamada la Administración General del Estado o las Comunidades Autónomas, corresponderá a la Administración llamada a suceder en cada caso efectuar en vía administrativa la declaración de su condición de heredero abintestato, una vez justificado debidamente el fallecimiento de la persona de cuya sucesión se trate, la procedencia de la apertura de la sucesión intestada y constatada la ausencia de otros herederos legítimos.»

Dos. Se añade un nuevo artículo 20 bis:

«Artículo 20 bis. Procedimiento para la declaración de la Administración del Estado como heredera abintestato.

1. El procedimiento para la declaración de la Administración como heredera abintestato se iniciará de oficio, por acuerdo del órgano competente, adoptado por iniciativa propia o como consecuencia de orden superior, petición razonada de otros órganos o denuncia, o en virtud de las comunicaciones a las que se refieren el artículo 791.2 de la Ley 1/2000, de 7 de enero, de Enjuiciamiento Civil, y el artículo 55.4 de la Ley de 28 de mayo de 1862 del Notariado.

En el caso de que el llamamiento corresponda a la Administración General del Estado, el órgano competente para acordar la incoación será el Director General del Patrimonio del Estado.

2. El expediente será instruido por la Delegación de Economía y Hacienda correspondiente al lugar del último domicilio conocido del causante en territorio español. De no haber tenido nunca domicilio en España, será competente la correspondiente al lugar donde estuviere la mayor parte de sus bienes.

En caso de que se considere que la tramitación del expediente no corresponde a la Administración General del Estado, se dará traslado a la Administración autonómica competente para ello.

3. El acuerdo de incoación del procedimiento se publicará gratuitamente en el «Boletín Oficial del Estado» y, cuando la tramitación se efectúe por la Administración General del Estado, en la página web del Ministerio de Hacienda y Administraciones Públicas, sin perjuicio de la posibilidad de utilizar otros medios adicionales de difusión. Una copia del acuerdo será remitida para su publicación en los tablones de anuncios de los Ayuntamientos correspondientes al último domicilio del causante, al del lugar del fallecimiento y donde radiquen la mayor parte de sus bienes. Los edictos deberán estar expuestos durante el plazo de un mes.

Cualquier interesado podrá presentar alegaciones o aportar documentos u otros elementos de juicio con anterioridad a la resolución del procedimiento.

4. La Delegación de Economía y Hacienda realizará los actos y comprobaciones que resulten necesarios para determinar la procedencia de los derechos sucesorios de la Administración General del Estado, e incluirá en el expediente cuantos datos pueda obtener sobre el causante y sus bienes y derechos.

A estos efectos, si dicha documentación no hubiere sido remitida por el órgano judicial o el Notario, se solicitará de las autoridades y funcionarios públicos, registros y demás archivos públicos, la información sobre el causante y los bienes y derechos de su titularidad que se estime necesaria para la mejor instrucción del expediente. Dicha información, de acuerdo con lo establecido en el artículo 64, será facilitada de forma gratuita.

Asimismo se podrá recabar de los ciudadanos la colaboración a que se refiere el artículo 62.

5. La Abogacía del Estado de la provincia deberá emitir informe sobre la adecuación y suficiencia de las actuaciones practicadas para declarar a la Administración General del Estado como heredero abintestato.

6. La resolución del expediente y, en su caso, la declaración de heredero abintestato a favor del Estado en la que se contendrá la adjudicación administrativa de los de bienes y derechos de la herencia, corresponde al Director General del Patrimonio del Estado, previo informe de la Abogacía General del Estado-Dirección del Servicio Jurídico del Estado.

El plazo máximo para la resolución del procedimiento será de un año. No obstante, si el inventario judicial de bienes del causante no se hubiera comunicado a la administración antes de transcurridos diez meses desde el inicio del procedimiento, el plazo para resolver se entenderá ampliado hasta dos meses después de su recepción.

7. La resolución que se dicte deberá publicarse en los mismos sitios en los que se hubiera anunciado el acuerdo de incoación del expediente y comunicarse, en su caso, al órgano judicial que estuviese conociendo de la intervención del caudal hereditario. La resolución que declare la improcedencia de declarar heredera a la Administración deberá, además, notificarse a las personas con derecho a heredar.

8. Los actos administrativos dictados en el procedimiento previsto en esta sección sólo podrán ser recurridos ante la jurisdicción contencioso-administrativa por infracción de las normas sobre competencia y procedimiento, previo agotamiento de la vía administrativa. Quienes se consideren perjudicados en cuanto a su mejor derecho a la herencia u otros de carácter civil por la declaración de heredero abintestato o la adjudicación de bienes a favor de la Administración podrán ejercitar las acciones pertinentes ante los órganos del orden jurisdiccional civil, previa reclamación en vía administrativa conforme a las normas del Título VIII de la Ley 30/1992, de 26 de noviembre, de Régimen Jurídico de las Administraciones Públicas y del Procedimiento Administrativo Común.»

Tres. Se añade un nuevo artículo 20 ter:

«Artículo 20 ter. Efectos de la declaración de heredero abintestato.

1. Realizada la declaración administrativa de heredero abintestato, que supondrá la aceptación de la herencia a beneficio de inventario, se podrá proceder a tomar posesión de los bienes y derechos del causante y, en su caso, a recabar de la autoridad judicial la entrega de los que se encuentren bajo su custodia.

2. Los bienes y derechos del causante no incluidos en el inventario judicial y que se identifiquen con posterioridad a la declaración de la Administración General del Estado como heredera abintestato y a la adjudicación de los bienes y derechos hereditarios, se incorporaran al caudal hereditario y se adjudicarán por resolución del Director General del Patrimonio del Estado y mediante el procedimiento de investigación regulado en el artículo 47.

No obstante, en los casos en que el derecho de propiedad del causante constase en registros públicos o sistemas de anotaciones en cuenta, o derivase de la titularidad de cuentas bancarias, títulos valores, depósitos, y, en general, en cualesquiera supuestos en los que su derecho sea indubitado por estar asentado en una titularidad formal, la incorporación de los bienes se realizará por acuerdo del Delegado de Economía y Hacienda.

3. A efectos de estas actuaciones de investigación, las autoridades y funcionarios, registros y demás archivos públicos, deberán suministrar gratuitamente la información de que dispongan sobre los bienes y derechos de titularidad del causante. Igual obligación de colaborar y suministrar la información de que dispongan tendrán los órganos de la Administración tributaria.

4. A los efectos previstos en los artículos 14 y 16 de la Ley Hipotecaria, la declaración administrativa de heredero abintestato en la que se contenga la adjudicación de los bienes hereditarios, o, en su caso, las resoluciones posteriores del Director General del Patrimonio del Estado o del Delegado de Economía y Hacienda acordando la incorporación de bienes y derechos al caudal relicto y su adjudicación, serán título suficiente para inscribir a favor de la Administración en el Registro de la Propiedad los inmuebles o derechos reales que figurasen en las mismas a nombre del causante. Si los inmuebles o derechos reales no estuviesen previamente inscritos, dicho título será bastante para proceder a su inmatriculación.

5. No se derivarán responsabilidades para la Administración General del Estado por razón de la titularidad de los bienes y derechos integrantes del caudal hereditario hasta el momento en que éstos le sean entregados por el órgano judicial, o se tome posesión efectiva de los mismos.»

Cuatro. Se añade un nuevo artículo 20 quáter:

«Artículo 20 quáter. Liquidación del caudal hereditario.

1. Una vez se encuentre en posesión de la herencia, la Administración General del Estado procederá a la liquidación de los bienes y derechos de la misma, distribuyéndose la cantidad obtenida en la forma prevista en el artículo 956 del Código Civil.

2. No obstante, el Consejo de Ministros, atendidas las características de los bienes y derechos incluidos en el caudal relicto, podrá excluir de la liquidación y reparto, todos o algunos de ellos.

3. Asimismo, el Director General del Patrimonio del Estado podrá excluir de la liquidación aquellos bienes que convenga conservar en el patrimonio de la Administración General del Estado para su afectación o adscripción a fines o servicios propios de sus órganos o de los Organismos públicos dependientes. En este caso, de ser el valor de esos bienes superior al del tercio que corresponda a la Administración General del Estado, se compensará el exceso al resto del caudal mediante la correspondiente modificación presupuestaria.

4. Una vez aprobada la cuenta de liquidación del abintestato y realizado el ingreso de las cantidades pertinentes en el Tesoro, se generará crédito por un importe equivalente a las dos terceras partes del valor del caudal relicto en la partida consignada en los Presupuestos Generales del Estado para atender las transferencias para fines de interés social que se dota con la asignación tributaria para esta finalidad derivada de la cuota íntegra del Impuesto sobre la Renta de las Personas Físicas.»

Cinco. Se añade una nueva Disposición adicional vigésima tercera:

«Disposición adicional vigésima tercera. Sucesión abintestato del Hospital de Nuestra Señora de Gracia de Zaragoza.

La declaración como heredero abintestato del Hospital de Nuestra Señora de Gracia de Zaragoza se realizará por la Diputación General de Aragón.»

Seis. Se añade una nueva Disposición adicional vigésima cuarta.

«Disposición adicional vigésima cuarta. Sucesión abintestato de las Diputaciones forales de los territorios históricos del País Vasco.

La declaración como heredero abintestato de las Diputaciones forales de los territorios históricos del País Vasco se realizará por la Diputación Foral de Vizcaya.»

Siete. Se modifican los apartados 1, 2 y 5 de la Disposición final segunda:

«1. Las siguientes disposiciones de esta Ley se dictan al amparo de la competencia exclusiva del Estado en materia de legislación procesal del artículo 149.1.6.ª de la Constitución, y son de aplicación general el artículo 20 bis, apartado 8; artículo 43; y artículo 110, apartado 3.

2. Las siguientes disposiciones de esta Ley se dictan al amparo del artículo 149.1.8.ª de la Constitución, y son de aplicación general, sin perjuicio de lo dispuesto en los derechos civiles forales o especiales, allí donde existan: artículo 4; artículo 5, apartados 1, 2 y 4; artículo 7, apartado 1; artículo 15; artículo 17; artículo 18; artículo 20, apartados 2, 3 y 6 ; artículo 22; artículo 23; artículo 30, apartados 1 y 2; artículo 37, apartados 1, 2 y 3; artículo 38, apartados 1 y 2; artículo 39; artículo 40; artículo 49; artículo 53; artículo 83, apartado 1; artículo 97; artículo 98; y artículo 99, apartado 1.»

«5. Tienen el carácter de la legislación básica, de acuerdo con lo preceptuado en el artículo 149.1.18.ª de la Constitución, las siguientes disposiciones de esta Ley: artículo 1; artículo 2; artículo 3; artículo 6; artículo 8, apartado 1; apartados 1 a 6 del artículo 20 bis; artículo 20 ter, artículo 27; artículo 28; artículo 29, apartado 2; artículo 32, apartados 1 y 4; artículo 36, apartado 1; artículo 41; artículo 42; artículo 44; artículo 45; artículo 50; artículo 55; artículo 58; artículo 61; artículo 62; artículo 84; artículo 91, apartado 4; artículo 92, apartados 1, 2, y 4; artículo 93, apartados 1, 2, 3 y 4; artículo 94; artículo 97; artículo 98; artículo 100; artículo 101, apartados 1, 3 y 4; artículo 102, apartados 2 y 3; artículo 103, apartados 1 y 3; artículo 106, apartado 1; artículo 107, apartado 1; artículo 109, apartado 3; artículo 121, apartado 4; artículo 183; artículo 184; artículo 189; artículo 190; artículo 190 bis; artículo 191; Disposición transitoria primera, apartado 1; Disposición transitoria quinta; la Disposición adicional vigésima tercera y la vigésima cuarta.»

Disposición final novena. Modificación de la Ley 50/1980, de 8 de octubre, de Contrato de Seguro.

El sexto párrafo del artículo 38 pasa a tener la siguiente redacción:

«Cuando no haya acuerdo entre los peritos, ambas partes designarán un tercer perito de conformidad. De no existir esta, se podrá promover expediente en la forma prevista en la ley de la Jurisdicción Voluntaria o en la legislación notarial. En estos casos, el dictamen pericial se emitirá en el plazo señalado por las partes o, en su defecto, en el de treinta días a partir de la aceptación de su nombramiento por el perito tercero.»

Disposición final décima. Modificación de la Ley 41/2003, de 18 de noviembre, de protección patrimonial de las personas con discapacidad y modificación del Código Civil, de la Ley de Enjuiciamiento Civil y de la Normativa Tributaria con esta finalidad.

Se modifica el apartado 2 del artículo 5 que pasa a tener la siguiente redacción:

«2. En los demás casos, las reglas de administración, establecidas en el documento público de constitución, deberán prever la obligatoriedad de autorización judicial en los mismos supuestos que el tutor la requiere respecto de los bienes del tutelado, conforme a los artículos 271 y 272 del Código Civil o, en su caso, conforme a lo dispuesto en las normas de Derecho civil, foral o especial, que fueran aplicables.

No obstante lo dispuesto en el párrafo anterior la autorización no es necesaria cuando el beneficiario tenga capacidad de obrar suficiente.

En ningún caso será necesaria la subasta pública para la enajenación de los bienes o derechos que integran el patrimonio protegido.

En todo caso, y en consonancia con la finalidad propia de los patrimonios protegidos de satisfacción de las necesidades vitales de sus titulares, con los mismos bienes y derechos en él integrados, así como con sus frutos, productos y rendimientos, no se considerarán actos de disposición el gasto de dinero y el consumo de bienes fungibles integrados en el patrimonio protegido, cuando se hagan para atender las necesidades vitales de la persona beneficiaria.»

Disposición final undécima. Modificación de la Ley de 28 de mayo de 1862, del Notariado.

Uno. Se introduce un nuevo Título VII, con el siguiente contenido:

«TÍTULO VII
INTERVENCIÓN DE LOS NOTARIOS EN EXPEDIENTES Y ACTAS ESPECIALES

CAPÍTULO I
Reglas generales

Artículo 49.

Los Notarios intervendrán en los expedientes especiales autorizando actas o escrituras públicas:

1.º Cuando el expediente tenga por objeto la declaración de voluntad de quien lo inste o la realización de un acto jurídico que implique prestación de consentimiento, el Notario autorizará una escritura pública.

2.º Cuando el expediente tenga por objeto la constatación o verificación de un hecho, la percepción del mismo, así como sus juicios o calificaciones, el Notario procederá a extender y autorizar un acta.

Artículo 50.

1. En el mes de enero de cada año se interesará por parte del Decano de cada Colegio Notarial de los distintos Colegios profesionales, de entidades análogas, así como de las Academias e instituciones culturales y científicas que se ocupen del estudio de las materias correspondientes al objeto de la pericia el envío de una lista de colegiados o asociados dispuestos a actuar como peritos, que estará a disposición de los Notarios en el Colegio Notarial. Igualmente podrán solicitar formar parte de esa lista aquellos profesionales que acrediten conocimientos necesarios en la materia correspondiente, con independencia de su pertenencia o no a un Colegio Profesional. La primera designación de cada lista se efectuará por sorteo realizado en presencia del Decano del Colegio Notarial, y a partir de ella se efectuarán por el Colegio las siguientes designaciones por orden correlativo conforme sean solicitadas por los Notarios que pertenezcan al mismo.

2. Cuando haya de designarse perito a persona sin título oficial, práctica o entendida en la materia, previa citación de las partes, se realizará la designación por el procedimiento establecido en el apartado anterior, usándose para ello una lista de personas que cada año se soli-

citará de sindicatos, asociaciones y entidades apropiadas, y que deberá estar integrada por al menos cinco de aquellas personas. Si, por razón de la singularidad de la materia de dictamen, únicamente se dispusiera del nombre de una persona entendida o práctica, se recabará de las partes su consentimiento y sólo si todas lo otorgan se designará perito a esa persona.

CAPÍTULO II
De las actas y escrituras públicas en materia matrimonial

Sección 1.ª
Del acta matrimonial y de la escritura pública de celebración del matrimonio

Artículo 51.

1. Los que vayan a contraer matrimonio para el que se precise acta en la que se constate el cumplimiento de los requisitos de capacidad de ambos contrayentes, la inexistencia de impedimentos o su dispensa, o cualquier género de obstáculos para contraer matrimonio, deberán instar previamente su tramitación ante el Notario que tenga su residencia en el lugar del domicilio de cualquiera de ellos.

2. La solicitud, tramitación y autorización del acta se ajustarán a lo dispuesto en el artículo 58 de la la Ley 20/2011 de 21 de julio de Registro Civil y, en lo no previsto, en esta Ley.

Artículo 52.

1. Si el acta fuera favorable a la celebración del matrimonio, este se llevará a cabo ante el Notario que haya intervenido en la tramitación de aquélla mediante el otorgamiento de escritura pública en la que hará constar todas las circunstancias establecidas en la Ley del Registro Civil y su reglamento.

2. Cuando los contrayentes, en la solicitud inicial o durante la tramitación del acta, hayan solicitado que la prestación del consentimiento se realice ante Juez de Paz, Alcalde o Concejal en quien este delegue, Encargado del Registro Civil u otro Notario, se remitirá copia del acta al oficiante elegido, el cual se limitará a celebrar el matrimonio y levantará acta u otorgará escritura pública, según proceda, con todos los requisitos legalmente exigidos.

3. Si el matrimonio se celebrase en peligro de muerte, el Notario otorgará escritura pública donde se recoja la prestación del consentimiento matrimonial, previo dictamen médico sobre su aptitud para prestar éste y sobre la gravedad de la situación cuando el riesgo se derive de enfermedad o estado físico de alguno de los contrayentes, salvo imposibilidad acreditada. Con posterioridad, el Notario procederá a la tramitación del acta de comprobación de los requisitos de validez del matrimonio.

Sección 2.ª
Acta de notoriedad para la constancia del régimen económico matrimonial legal

Artículo 53.

1. Quienes deseen hacer constar expresamente en el Registro Civil el régimen económico matrimonial legal que corresponda a su matrimonio cuando este no constare con anterioridad deberán solicitar la tramitación de un acta de notoriedad al Notario con residencia en

cualquiera de los domicilios conyugales que hubieran tenido, o en el domicilio o residencia habitual de cualquiera de los cónyuges, o donde estuvieran la mayor parte de sus bienes o donde desarrollen su actividad laboral o empresarial, a elección del requirente. También podrá elegir a un Notario de un distrito colindante a los anteriores.

2. La solicitud de inicio del acta deberá ir acompañada de los documentos acreditativos de identidad y domicilio del requirente. Deberá acreditarse con información del Registro Civil la inexistencia de un régimen económico matrimonial inscrito.

Los solicitantes deberán aseverar la certeza de los hechos positivos y negativos en que se deba fundar el acta, aportarán la documentación que estimen conveniente para la determinación de los hechos y deberán acompañar los documentos acreditativos de su vecindad civil en el momento de contraer matrimonio y, en caso de no poder hacerlo, deberán ofrecer información de, al menos, dos testigos que aseguren la realidad de los hechos de los que se derive la aplicación del régimen económico matrimonial legal.

3. Ultimadas las anteriores diligencias, el Notario hará constar su juicio de conjunto sobre si quedan acreditados por notoriedad los hechos y, si considera suficientemente acreditado el régimen económico legal del matrimonio, remitirá, en el mismo día y por medios telemáticos, copia electrónica del acta al Registro Civil correspondiente. En caso contrario, el Notario cerrará igualmente el acta y los interesados no conformes podrán ejercer su derecho en el juicio que corresponda.

Sección 3.ª
De la escritura publica de separación matrimonial o divorcio

Artículo 53 bis (nuevo).

1. Los cónyuges, cuando no tuvieren hijos menores no emancipados o con la capacidad modificada judicialmente que dependan de ellos, podrán acordar su separación matrimonial o divorcio de mutuo acuerdo, mediante la formulación de un convenio regulador en escritura pública. Deberán prestar su consentimiento ante el Notario del último domicilio común o el del domicilio o residencia habitual de cualquiera de los solicitantes.

2. Los cónyuges deberán estar asistidos en el otorgamiento de la escritura pública de Letrado en ejercicio.

3. La solicitud, tramitación y otorgamiento de la escritura pública se ajustarán a lo dispuesto en el Código Civil y en esta ley.

CAPÍTULO III
De los expedientes en materia de sucesiones

Sección 1.ª
De la declaración de herederos abintestato

Artículo 54.

1. Quienes se consideren con derecho a suceder abintestato a una persona fallecida y sean sus descendientes, ascendientes, cónyuge o persona unida por análoga relación de afectividad

a la conyugal, o sus parientes colaterales, podrán instar la declaración de herederos abintestato. Esta se tramitará en acta de notoriedad autorizada por Notario competente para actuar en el lugar en que hubiera tenido el causante su último domicilio o residencia habitual, o donde estuviere la mayor parte de su patrimonio, o en el lugar en que hubiera fallecido, siempre que estuvieran en España, a elección del solicitante. También podrá elegir a un Notario de un distrito colindante a los anteriores. En defecto de todos ellos, será competente el Notario del lugar del domicilio del requirente.

2. El acta se iniciará a requerimiento de cualquier persona con interés legítimo, a juicio del Notario, y su tramitación se efectuará con arreglo a lo previsto en la presente ley y a la normativa notarial.

Artículo 55.

1. El requerimiento para la iniciación del acta deberá contener la designación y datos identificativos de las personas que el requirente considere llamadas a la herencia e ir acompañado de los documentos acreditativos del parentesco con el fallecido de las personas designadas como herederos, así como de la identidad y domicilio del causante. En todo caso deberá acreditarse el fallecimiento del causante y que éste ocurrió sin título sucesorio mediante información del Registro Civil y del Registro General de Actos de Última Voluntad, o, en su caso, mediante documento auténtico del que resulte a juicio del Notario, indubitadamente, que, a pesar de la existencia de testamento o contrato sucesorio, procede la sucesión abintestato, o bien mediante sentencia firme que declare la invalidez del título sucesorio o de la institución de heredero. Los documentos presentados o testimonio de los mismos quedarán incorporados al acta.

El requirente deberá aseverar la certeza de los hechos positivos y negativos, en que se haya de fundar el acta y deberá ofrecer información testifical relativa a que la persona de cuya sucesión se trate ha fallecido sin disposición de última voluntad y de que las personas designadas son sus únicos herederos.

Cuando cualquiera de los interesados fuera menor o persona con capacidad modificada judicialmente y careciera de representante legal, el Notario comunicará esta circunstancia al Ministerio Fiscal para que inste la designación de un defensor judicial.

2. En el acta habrá de constar necesariamente, al menos, la declaración de dos testigos que aseveren que de ciencia propia o por notoriedad les constan los hechos positivos y negativos cuya declaración de notoriedad se pretende. Dichos testigos podrán ser, en su caso, parientes del fallecido, sea por consanguinidad o afinidad, cuando no tengan interés directo en la sucesión.

El Notario, a fin de procurar la audiencia de cualquier interesado, practicará, además de las pruebas propuestas por el requirente, las que se estimen oportunas, y en especial aquellas dirigidas a acreditar su identidad, domicilio, nacionalidad y vecindad civil y, en su caso, la ley extranjera aplicable.

Si se ignorase la identidad o domicilio de alguno de los interesados, el Notario recabará, mediante oficio, el auxilio de los órganos, registros, autoridades públicas y consulares que, por razón de su competencia, tengan archivos o registros relativos a la identidad de las personas o sus domicilios, a fin de que le sea librada la información que solicite, si ello fuera posible.

Si no lograse averiguar la identidad o el domicilio de alguno de los interesados, el Notario deberá dar publicidad a la tramitación del acta mediante anuncio publicado en el 'Boletín

Oficial del Estado' y podrá, si lo considera conveniente, utilizar otros medios adicionales de comunicación. También deberá exponer el anuncio del acta en los tablones de anuncios de los Ayuntamientos correspondientes al último domicilio del causante, al del lugar del fallecimiento, si fuera distinto, o al del lugar donde radiquen la mayor parte de sus bienes inmuebles.

Cualquier interesado podrá oponerse a la pretensión, presentar alegaciones o aportar documentos u otros elementos de juicio dentro del plazo de un mes a contar desde el día de la publicación o, en su caso, de la última exposición del anuncio.

3. Ultimadas las anteriores diligencias y transcurrido el plazo de veinte días hábiles, a contar desde el requerimiento inicial o desde la terminación del plazo del mes otorgado para hacer alegaciones en caso de haberse publicado anuncio, el Notario hará constar su juicio de conjunto sobre la acreditación por notoriedad de los hechos y presunciones en que se funda la declaración de herederos. Cualquiera que fuera el juicio del Notario, terminará el acta y se procederá a su protocolización.

En caso afirmativo, declarará qué parientes del causante son los herederos abintestato, expresando sus circunstancias de identidad y los derechos que por ley les corresponden en la herencia.

Se hará constar en el acta la reserva del derecho a ejercitar su pretensión ante los Tribunales de los que no hubieran acreditado a juicio del Notario su derecho a la herencia y de los que no hubieran podido ser localizados. También quienes se consideren perjudicados en su derecho podrán acudir al proceso declarativo que corresponda.

Realizada la declaración de heredero abintestato, se podrá, en su caso, recabar de la autoridad judicial la entrega de los bienes que se encuentren bajo su custodia, a no ser que alguno de los herederos pida la división judicial de la herencia.

4. Transcurrido el plazo de dos meses desde que se citó a los interesados sin que nadie se hubiera presentado o si fuesen declarados sin derecho los que hubieren acudido reclamando la herencia y si a juicio del Notario no hay persona con derecho a ser llamada, se remitirá copia del acta de lo actuado a la Delegación de Economía y Hacienda correspondiente por si resultare procedente la declaración administrativa de heredero. En caso de que dicha declaración no correspondiera a la Administración General del Estado, la citada Delegación dará traslado de dicha notificación a la Administración autonómica competente para ello.

Sección 2.ª
De la presentación, adveración, apertura y protocolización de los testamentos cerrados

Artículo 56.

1. La presentación, adveración, apertura y protocolización de los testamentos cerrados se efectuará ante Notario competente para actuar en el lugar en que hubiera tenido el causante su último domicilio o residencia habitual, o donde estuviere la mayor parte de su patrimonio, con independencia de su naturaleza de conformidad con la ley aplicable, o en el lugar en que hubiera fallecido, siempre que estuvieran en España, a elección del solicitante. También podrá elegir a un Notario de un distrito colindante a los anteriores. En defecto de todos ellos, será competente el Notario del lugar del domicilio del requirente.

2. Si transcurridos diez días desde el fallecimiento del otorgante, el testamento no fuera presentado conforme a lo previsto en el Código Civil, cualquier interesado podrá solicitar al

Notario que requiera a la persona que tenga en su poder un testamento cerrado para que lo presente ante él. Deberán acreditarse los datos identificativos del causante y, mediante información del Registro Civil y del Registro General de Actos de Última Voluntad, el fallecimiento del otorgante y si ha otorgado otras disposiciones testamentarias. Si fuese extraño a la familia del fallecido, además, deberá expresar y acreditar en la solicitud la razón por la que crea tener interés en la presentación del testamento.

3. Cuando comparezca ante Notario quien tenga en su poder un testamento cerrado en cumplimiento del deber establecido en el artículo 712 del Código Civil y manifestara no tener interés en la adveración y protocolización del testamento, el Notario requerirá a quienes pudieran tener interés en la herencia, de acuerdo con lo manifestado por el compareciente, y, en todo caso si le fueran conocidos, al cónyuge sobreviviente, a los descendientes y a los ascendientes del testador y, en defecto de éstos, a los parientes colaterales hasta el cuarto grado para que promuevan el expediente ante Notario competente, si les interesase.

Cuando cualquiera de los interesados fuera menor o persona con capacidad modificada judicialmente y careciera de representante legal, el Notario comunicará esta circunstancia al Ministerio Fiscal para que inste la designación de un defensor judicial.

4. Si se ignorase la identidad o domicilio de estas personas, el Notario dará publicidad del expediente en los tablones de anuncios de los Ayuntamientos correspondientes al último domicilio o residencia habitual del causante, al del lugar del fallecimiento si fuera distinto y donde radiquen la mayor parte de sus bienes, sin perjuicio de la posibilidad de utilizar otros medios adicionales de comunicación. Los anuncios deberán estar expuestos durante el plazo de un mes.

5. Transcurridos tres meses desde que se realizaron los requerimientos o desde la finalización del plazo de la última exposición del anuncio sin que se haya presentado el testamento, a pesar del requerimiento, o sin que ningún interesado haya promovido el expediente, se archivará el mismo, sin perjuicio de reanudarlo a solicitud de cualquier interesado.

Artículo 57.

1. Quien presente el testamento u otro interesado, podrá solicitar al Notario para que, una vez acreditado el fallecimiento del testador, cite para la fecha más próxima posible al Notario autorizante del testamento, si fuera distinto, y, en su caso, a los testigos instrumentales que hubieran intervenido en el otorgamiento.

2. Los testigos citados, que hubiesen comparecido en el día señalado, serán examinados y se les pondrá de manifiesto el pliego cerrado para que lo examinen y declaren bajo juramento o promesa si reconocen como legítimas la firma y rúbrica que con su nombre aparecen en él, y si lo hallan en el mismo estado que tenía cuando pusieron su firma.

3. Cuando no comparezca alguno o algunos de los citados, se preguntará a los demás si vieron que éstos pusieron su firma y rúbrica. El Notario podrá acordar, si lo considera necesario, el cotejo de letras y otras diligencias conducentes a la averiguación de la autenticidad de las firmas de los no comparecidos y del fallecido.

Artículo 58.

1. Practicadas las diligencias a que se refiere el artículo anterior, y resultando de ellas que en el otorgamiento del testamento se han guardado las solemnidades prescritas por la ley, el Notario abrirá el pliego y leerá en voz alta la disposición testamentaria, a no ser que contenga

disposición del testador ordenando que alguna o algunas cláusulas queden reservadas y secretas hasta cierta época, en cuyo caso la lectura se limitará a las demás cláusulas de la disposición testamentaria.

2. Los parientes del testador u otras personas en quienes pueda presumirse algún interés podrán presenciar la apertura del pliego y lectura del testamento, si lo tienen por conveniente, sin permitirles que se opongan a la práctica de la diligencia por ningún motivo, aunque presenten otro testamento posterior.

Artículo 59.

1. Cumplidos los anteriores trámites, el Notario extenderá acta de protocolización, de acuerdo con la presente Ley y su reglamento de ejecución.

2. Cuando el Notario concluya que el testamento no reúne las solemnidades prescritas por la ley o que, a su juicio no quedó acreditada la autenticidad del pliego, lo hará constar así, cerrará el acta y no autorizará la protocolización del testamento.

Autorizada o no la protocolización, los interesados no conformes podrán ejercer su derecho en el juicio que corresponda.

Sección 3.ª

De la presentación, adveración, apertura y protocolización de los testamentos ológrafos

Artículo 60.

1. La presentación, adveración, apertura y protocolización de los testamentos ológrafos se efectuará ante Notario competente para actuar en el lugar en que hubiera tenido el causante su último domicilio o residencia habitual, o donde estuviere la mayor parte de su patrimonio, con independencia de su naturaleza de conformidad con la ley aplicable, o en el lugar en que hubiera fallecido, siempre que estuvieran en España, a elección del solicitante. También podrá elegir a un Notario de un distrito colindante a los anteriores. En defecto de todos ellos, será competente el Notario del lugar del domicilio del requirente.

2. Si transcurridos diez días desde el fallecimiento del otorgante, el testamento no fuera presentado conforme a lo previsto en el Código Civil, cualquier interesado podrá solicitar al Notario que requiera a la persona que tenga en su poder un testamento ológrafo para que lo presente ante él. Deberán acreditarse los datos identificativos del causante y, mediante información del Registro Civil y del Registro General de Actos de Última Voluntad, el fallecimiento del otorgante y si ha otorgado otras disposiciones testamentarias. Si fuese extraño a la familia del fallecido, además, deberá expresar en la solicitud la razón por la que crea tener interés en la presentación del testamento.

3. Cuando comparezca ante Notario quien tenga en su poder un testamento ológrafo en cumplimiento del deber establecido en el artículo 690 del Código Civil y manifestara no tener interés en la adveración y protocolización del testamento, el Notario procederá conforme a lo establecido en el apartado 3 del artículo 56.

4. No se admitirán las solicitudes que se presenten después de transcurridos cinco años desde el fallecimiento del testador.

Artículo 61.

1. Una vez presentado el testamento ológrafo, a solicitud de quien lo presente o de otro interesado, el Notario deberá requerir para que comparezcan ante él, en el día y hora que se-

ñale, el cónyuge sobreviviente, si lo hubiere, los descendientes y ascendientes del testador y, en defecto de unos y otros, los parientes colaterales hasta el cuarto grado.

2. Si se ignorase su identidad o domicilio, el Notario dará publicidad del expediente en los tablones de anuncios de los Ayuntamientos correspondientes al último domicilio o residencia del causante, al del lugar del fallecimiento si fuera distinto y donde radiquen la mayor parte de sus bienes, sin perjuicio de la posibilidad de utilizar otros medios adicionales de comunicación. Los anuncios deberán estar expuestos durante el plazo de un mes.

3. Cuando cualquiera de las referidas personas fuese menor o persona con capacidad modificada judicialmente y carezca de representante legal, el Notario comunicará esta circunstancia al Ministerio Fiscal para que inste la designación de un defensor judicial.

4. Si el solicitante hubiera pedido al Notario la comparecencia de testigos para declarar sobre la autenticidad del testamento, el Notario los citará para que comparezcan ante él en el día y hora que señale.

5. En el día señalado, el Notario abrirá el testamento ológrafo cuando esté en pliego cerrado, lo rubricará en todas sus hojas y serán examinados los testigos. Cuando al menos tres testigos, que conocieran la letra y firma del testador, declarasen que no abrigan duda racional de que fue manuscrito y firmado por él, podrá prescindirse de las declaraciones testificales que faltaren.

A falta de testigos idóneos o si dudan los examinados, el Notario podrá acordar, si lo estima conveniente, que se practique una prueba pericial caligráfica.

6. Los interesados podrán presenciar la práctica de las diligencias y hacer en el acto las observaciones que estimen oportunas sobre la autenticidad del testamento, que, en su caso, serán reflejadas por el Notario en el acta.

Artículo 62.

Si el Notario considera justificada la autenticidad del testamento, autorizará el acta de protocolización y expedirá copia de la misma a los interesados que la soliciten.

En caso contrario, lo hará constar así, cerrará el acta y no autorizará la protocolización del testamento.

Autorizada o no la protocolización del testamento, los interesados no conformes podrán ejercer su derecho en el juicio que corresponda.

Sección 4.ª
De la presentación, adveración, apertura y protocolización de los testamentos otorgados en forma oral

Artículo 63.

1. La presentación, adveración, apertura y protocolización de los testamentos otorgados en forma oral se efectuará ante Notario competente para actuar en el lugar en que hubiera tenido el causante su último domicilio o residencia habitual o donde estuviere la mayor parte de su patrimonio, con independencia de su naturaleza de conformidad con la ley aplicable, o en el lugar en que hubiera fallecido, siempre que estuvieran en España, a elección del solicitante. También podrá elegir a un Notario de un distrito colindante a los anteriores. En defecto de todos ellos, será competente el Notario del lugar del domicilio del requirente.

2. Cualquier interesado podrá solicitar al Notario que otorgue el correspondiente acta de protocolización del testamento otorgado en forma oral.

3. Deberán acreditarse los datos identificativos del causante y, mediante información del Registro Civil y del Registro General de Actos de Última Voluntad, el fallecimiento del otorgante y si ha otorgado otras disposiciones testamentarias. Si fuese extraño a la familia del fallecido, además, deberá expresar en la solicitud la razón por la que crea tener interés en la presentación del testamento.

A la solicitud se acompañará la nota, la memoria o el soporte en el que se encuentre grabada la voz o el audio y el vídeo con las últimas disposiciones del testador, siempre que permita su reproducción, y se hubieran tomado al otorgarse el testamento.

Igualmente se expresarán los nombres de los testigos que deban ser citados por el Notario para que comparezcan ante él a los efectos de su otorgamiento.

Artículo 64.

1. El Notario, tras aceptar la solicitud, citará a los testigos que hubiere indicado el solicitante, para que comparezcan ante él en el día y hora que se señale. Si el citado como testigo, no compareciese y no alegase causa que justifique su ausencia, el Notario volverá a practicar la citación indicando el día y hora de la nueva comparecencia.

Cuando la voluntad del testador se hubiere consignado en alguna nota, memoria o soporte magnético o digital duradero, se pondrá de manifiesto a los testigos para que digan si es el mismo que se les leyó o grabó y si reconocen por legítimas sus respectivas firmas y rúbricas, en el caso de haberlas puesto.

2. Son de aplicación las disposiciones establecidas en los artículos anteriores en cuanto a la citación y presencia de aquellas personas que tuvieran interés en la práctica de dichas actuaciones.

3. El Notario reflejará todas las actuaciones en el acta y autorizará la protocolización del testamento, con la calidad de sin perjuicio de tercero, cuando de las declaraciones de los testigos resultaran clara y terminantemente acreditadas las circunstancias siguientes:

1.º Que concurrió causa legal para el otorgamiento del testamento en forma oral.

2.º Que el testador tuvo el propósito serio y deliberado de otorgar su última disposición.

3.º Que los testigos oyeron simultáneamente de boca del testador todas las disposiciones que quería se tuviesen como su última voluntad, bien lo manifestase de palabra, bien leyendo o dando a leer alguna nota o memoria en que se contuviese.

4.º Que los testigos fueron en el número que exige la ley, según las circunstancias del lugar y tiempo en que se otorgó, y que reúnen las cualidades que se requiere para ser testigo en los testamentos.

4. Cuando resulte alguna divergencia en las declaraciones de los testigos, se hará constar así en el acta y tan sólo se protocolizarán como testamentarias aquellas manifestaciones en las que todos estuvieren conformes. Si no lo estuvieren en ninguna de las manifestaciones, se archivará el expediente sin protocolización.

5. Si la última voluntad se hubiere consignado en nota, memoria o soporte magnético o digital duradero, en el acto del otorgamiento, se tendrá como testamento lo que de ella resulte siempre que todos los testigos estén conformes en su autenticidad, aun cuando alguno de ellos

no recuerde alguna de sus disposiciones y así se reflejará en el acta de protocolización a la que quedará unida la nota, memoria o soporte magnético o digital duradero.

6. Si el Notario no considera justificada la autenticidad del testamento lo hará constar así, cerrará el acta y no autorizará la protocolización del testamento.

Autorizada o no la protocolización del testamento, los interesados no conformes podrán ejercer su derecho en el juicio que corresponda.

Sección 5.ª
Del albaceazgo y de los contadores partidores

Artículo 65.

1. El Notario autorizará escritura pública:

a) En los casos de renuncia del albacea a su cargo o de prórroga del plazo del albaceazgo por concurrir justa causa.

b) Para el nombramiento de contador-partidor dativo en los casos previstos en el artículo 1.057 del Código Civil. El nombramiento se realizará de conformidad con lo previsto en el artículo 50.

c) En los casos de renuncia del contador partidor nombrado o de prórroga del plazo fijado para la realización de su encargo.

d) Para la aprobación de la partición realizada por el contador partidor cuando resulte necesario por no haber confirmación expresa de todos los herederos y legatarios.

2. Será competente el Notario que tenga su residencia en el lugar en que hubiera tenido el causante su último domicilio o residencia habitual, o donde estuviere la mayor parte de su patrimonio, con independencia de su naturaleza de conformidad con la ley aplicable, o en el lugar en que hubiera fallecido, siempre que estuvieran en España, a elección del solicitante. También podrá elegir a un Notario de un distrito colindante a los anteriores. En defecto de todos ellos, será competente el Notario del lugar del domicilio del requirente.

3. El Notario podrá también autorizar escritura pública, si fuera requerido para ello, de excusa o aceptación del cargo de albacea.

Sección 6.ª
De la formación de inventario

Artículo 66.

1. Será competente para la formación de inventario de los bienes y derechos del causante a los efectos de aceptar o repudiar la herencia por los llamados a ella, el Notario con residencia en el lugar en que hubiera tenido el causante su último domicilio o residencia habitual, o donde estuviere la mayor parte de su patrimonio, con independencia de su naturaleza de conformidad con la ley aplicable, o en el lugar en que hubiera fallecido, siempre que estuvieran en España, a elección del solicitante. También podrá elegir a un Notario de un distrito colindante a los anteriores. En defecto de todos ellos, será competente el Notario del lugar del domicilio del requirente.

2. El heredero que solicite la formación de inventario deberá presentar su título de sucesión hereditaria y deberá acreditar al Notario o bien comprobar éste mediante información del Registro Civil y del Registro General de Actos de Última Voluntad el fallecimiento del otorgante y la existencia de disposiciones testamentarias.

3. Aceptado el requerimiento, el Notario deberá citar a los acreedores y legatarios para que acudan, si les conviniera, a presenciar el inventario. Si se ignorase su identidad o domicilio, el Notario dará publicidad del expediente en los tablones de anuncios de los Ayuntamientos correspondientes al último domicilio o residencia habitual del causante, al del lugar del fallecimiento si fuera distinto y donde radiquen la mayor parte de sus bienes, sin perjuicio de la posibilidad de utilizar otros medios adicionales de comunicación. Los anuncios deberán estar expuestos durante el plazo de un mes.

Artículo 67.

1. El inventario comenzará dentro de los treinta días de la citación de los acreedores y legatarios.

2. El inventario contendrá relación de los bienes del causante, así como las escrituras, documentos y papeles de importancia que se encuentren, referidos a bienes muebles e inmuebles.

De los bienes inmuebles inscritos en el Registro de la Propiedad, se aportarán o se obtendrán por el Notario certificaciones de dominio y cargas. Del metálico y valores mobiliarios depositados en entidades financieras, se aportará certificación o documento expedido por la entidad depositaria, y si dichos valores estuvieran sometidos a cotización oficial, se incluirá su valoración a fecha determinada. Si por la naturaleza de los bienes considerasen los interesados necesaria la intervención de peritos para su valoración, los designará el Notario con arreglo a lo dispuesto en esta Ley.

3. El pasivo incluirá relación circunstanciada de las deudas y obligaciones así como de los plazos para su cumplimiento, solicitándose de los acreedores indicación actualizada de la cuantía de las mismas, así como de la circunstancia de estar alguna vencida y no satisfecha. No recibiéndose por parte de los acreedores respuesta, se incluirá por entero la cuantía de la deuda u obligación.

4. El inventario deberá concluir dentro de los sesenta días a contar desde su comienzo. Si por justa causa se considerase insuficiente el plazo de sesenta días, podrá el Notario prorrogar el mismo hasta el máximo de un año. Terminado el inventario, se cerrará y protocolizará el acta. Quedarán a salvo en todo caso los derechos de terceros.

CAPÍTULO IV
De los expedientes en materia de obligaciones

Sección 1.ª
Del ofrecimiento de pago y la consignación

Artículo 68.

1. El ofrecimiento de pago y la consignación de los bienes de que se trate podrán efectuarse ante Notario.

2. El que promueva expediente expresará los datos y circunstancias de identificación de los interesados en la obligación a que se refiera el ofrecimiento de pago o la consignación, el domicilio en que puedan ser hallado así como las razones de la actuación, todo lo relativo al objeto del pago o la consignación y su puesta a disposición del Notario.

3. Cuando los bienes consignados consistan en dinero, valores e instrumentos financieros, en sentido amplio, serán depositados por el Notario necesariamente en la Entidad financiera colaboradora de la Administración de Justicia.

Si fueran de distinta naturaleza a los indicados en el apartado anterior, el Notario dispondrá su depósito o encargará su custodia a establecimiento adecuado a tal fin, asegurándose de que se adoptan las medidas necesarias para su conservación, que quedará adecuadamente justificado por diligencia en el acta.

4. El Notario notificará a los interesados la existencia del ofrecimiento de pago o la consignación, a los efectos de que en el plazo de diez días hábiles acepten el pago, retiren la cosa debida o realicen las alegaciones que consideren oportunas.

Si el acreedor contestara al requerimiento aceptando el pago o lo consignado en plazo, el Notario le hará entrega del bien haciendo constar en acta tal circunstancia, dando por finalizado el expediente.

Si transcurrido dicho plazo no procediera a retirarla, no realizara ninguna alegación o se negara a recibirla, se procederá a la devolución de lo consignado sin más trámites y se archivará el expediente.

Sección 2.ª
Reclamación de deudas dinerarias no contradichas

Artículo 69.

1. El acreedor que pretenda el pago de una deuda dineraria de naturaleza civil o mercantil, cualquiera que sea su cuantía y origen, líquida, determinada, vencida y exigible, podrá solicitar de Notario con residencia en el domicilio del deudor consignado en el documento que acredite la deuda o el documentalmente demostrado, o en la residencia habitual del deudor o en el lugar en que el deudor pudiera ser hallado, que requiera a éste de pago, cuando la deuda, se acredite en la forma documental, que a juicio del Notario, sea indubitada. La deuda habrá de desglosar necesariamente principal, intereses remuneratorios y de demora aplicados.

No podrán reclamarse mediante este expediente:

a) Las deudas que se funden en un contrato entre un empresario o profesional y un consumidor o usuario.

b) Las basadas en el artículo 21 de la Ley 49/1960, de 21 de julio, de Propiedad Horizontal.

c) Las deudas de alimentos en las que estén interesados menores o personas con la capacidad modificada judicialmente, ni las que recaigan sobre materias indisponibles u operaciones sujetas a autorización judicial.

d) Las reclamaciones en la que esté concernida una Administración Pública.

2. A tal efecto, se autorizará acta notarial, que recogerá las siguientes circunstancias: la identidad de acreedor y deudor; el domicilio de ambos, según fueron consignados en el documento que origina la reclamación, salvo que documentalmente se acredite su modificación, en cuyo caso deberán ser consignados ambos y el origen, naturaleza y cuantía de la deuda. También se acompañará al acta el documento o documentos que constituyan el título de la reclamación.

El Notario no aceptará la solicitud si se tratara de alguna de las reclamaciones excluidas, faltara alguno de los datos o documentos anteriores o no fuera competente.

3. Una vez aceptada la solicitud del acreedor y comprobada la concurrencia de los requisitos previstos en los apartados anteriores, el Notario requerirá al deudor para que, en el plazo de veinte días hábiles, pague al peticionario.

Si el deudor no pudiere ser localizado en alguno de los domicilios posibles acreditados en el acta o no se pudiere hacer entrega del requerimiento, el Notario dará por terminada su actuación, haciendo constar tal circunstancia y quedando a salvo el ejercicio del derecho del acreedor por vía judicial.

5. Se tendrá por realizado válidamente el requerimiento al deudor si es localizado y efectivamente requerido por el Notario, aunque rehusare hacerse cargo de la documentación que lo acompaña, que quedará a su disposición en la Notaría. También será válido el requerimiento realizado a cualquier empleado, familiar o persona con la que conviva el deudor, siempre que sea mayor de edad, cuando se encuentre en su domicilio, debiendo el Notario advertir al receptor que está obligado a entregar el requerimiento a su destinatario o a darle aviso si sabe su paradero. Si el requerimiento se hiciere en el lugar de trabajo no ocasional del destinatario, en ausencia de éste, se efectuará a la persona que estuviere a cargo de la dependencia destinada a recibir documentos u objetos.

En caso de que el destinatario sea una persona jurídica el Notario entenderá la diligencia con la persona mayor de edad que se encontrare en el domicilio señalado en el documento anteriormente expresado y que forme parte del órgano de administración, que acredite ser representante con facultades suficientes o que a juicio del Notario actúe notoriamente como persona encargada por la persona jurídica de recibir requerimientos o notificaciones fehacientes en su interés.

Artículo 69 bis. (nuevo)

1. Una vez practicado el requerimiento, si el deudor compareciere ante el Notario requirente y pagare íntegramente la deuda dentro del plazo de veinte días hábiles siguientes, se hará constar así por diligencia en el acta, que tendrá el carácter de carta de pago. En tal caso el Notario procederá, sin demora a hacer entrega de la cantidad abonada al acreedor en la forma que éste hubiera solicitado.

Si el deudor pagare directamente al acreedor, y en el plazo establecido, acredita esta circunstancia, con confirmación expresa por el acreedor, el Notario cerrará el acta, dando por terminada la actuación.

Si no hubiera confirmación expresa por el acreedor en el plazo previsto para el pago, el Notario cerrará, asimismo, el acta, quedando abierta la vía judicial.

2. Si el deudor compareciera ante el Notario para formular oposición, se recogerán los motivos que fundamenta ésta, haciéndolo constar por diligencia. Una vez comunicada tal cir-

cunstancia al acreedor, se pondrá fin a la actuación notarial, quedando a salvo los derechos de aquel para la reclamación de la deuda en la vía judicial.

Cuando se hubiere requerido a varios deudores por una única deuda, la oposición de uno podrá dar lugar al fin de la actuación notarial respecto de todos, si la causa fuere concurrente, haciendo constar los pagos que hubieran podido realizar alguno de ellos.

3. Si en el plazo establecido el deudor no compareciere o no alegare motivos de oposición, el Notario dejará constancia de dicha circunstancia.

En este caso, el acta será documento que llevara aparejada ejecución a los efectos del número 9.º del apartado 2 del artículo 517 de la Ley de Enjuiciamiento Civil. Dicha ejecución se tramitará conforme a lo establecido para los títulos ejecutivos extrajudiciales.

CAPÍTULO V
Del expediente de subasta notarial

Artículo 70.

1. Las subastas que se hicieren ante Notario en cumplimiento de una disposición legal se regirán por las normas que respectivamente las establezcan y, en su defecto, por las del presente Capítulo.

Las subastas que se hicieren ante Notario en cumplimiento de una resolución judicial o administrativa, o de cláusula contractual o testamentaria, o en ejecución de un laudo arbitral o acuerdo de mediación o bien por pacto especial en instrumento público, o las voluntarias se regirán, asimismo, por las normas del presente Capítulo.

2. En todo caso, se aplicarán con carácter supletorio las normas que para las subastas electrónicas se establecen en la legislación procesal siempre que fueren compatibles.

3. Si no hubiera nada dispuesto, y la subasta fuera celebrada en cumplimiento de una resolución judicial o administrativa, será competente, en defecto de designación por acuerdo de todos los interesados entre los Notarios con residencia en el ámbito de competencia de la autoridad judicial o administrativa, el que designe el titular del bien o derecho subastado o de la mayor parte del mismo, si fueran varios, de entre los competentes. Si los diversos titulares fueran propietarios por partes iguales, la elección del Notario corresponderá a aquel que lo fuera con anterioridad. Si no se pudiera determinar a quién le corresponde la designación del Notario, o si no se comunicara a la autoridad judicial o administrativa por quien corresponda en el plazo de 5 días desde el requerimiento para efectuarla, se procederá a designar conforme a lo establecido reglamentariamente entre los que resulten competentes.

En los restantes casos, será Notario competente el libremente designado por todos los interesados. En su defecto y a falta de previsión al respecto, será competente el libremente designado por el requirente, si fuera un titular del bien o derecho subastado. Si no lo fuera, será competente el Notario hábil en el domicilio o residencia habitual del titular o de cualquiera de los titulares, si fueran varios, o el de la situación del bien o de la mayor parte de los bienes, a elección del requirente. También podrá elegir a un Notario de un distrito colindante a los anteriores.

Artículo 71.

1. El Notario, a requerimiento de persona legitimada para instar la venta de un bien, mueble o inmueble, o derecho determinado, procederá a convocar la subasta, previo examen

de la solicitud, dando fe de la identidad y capacidad de su promotor y de la legitimidad para instarla.

La subasta será electrónica y se llevará a cabo en el Portal de Subastas de la Agencia Estatal Boletín Oficial del Estado. En todo caso corresponderá al Notario la autorización del acta que refleje las circunstancias esenciales y el resultado de la subasta y, en su caso, la autorización de la correspondiente escritura pública de venta.

2. El solicitante acreditará al Notario la propiedad del bien o derecho a subastar o su legitimación para disponer de él; la libertad o estado de cargas del bien o derecho; la situación arrendaticia y posesoria; el estado físico en que se encuentre; obligaciones pendientes; valoración para la subasta y cuantas circunstancias tengan influencia en su valor; así como, en su caso, la representación con que actúe.

3. El Notario, tras comprobar el cumplimiento de los anteriores extremos y previa consulta al Registro Público Concursal a los efectos previstos en la legislación especial, aceptará, en su caso, el requerimiento. Si acordare su procedencia, el Notario pondrá en conocimiento del Registro Público Concursal la existencia del expediente con expresa especificación del número de identificación fiscal del titular persona física o jurídica cuyo bien vaya a ser objeto de la subasta. El Registro Público Concursal notificará al Notario que esté conociendo del expediente la práctica de cualquier asiento que se lleve a cabo asociado al número de identificación fiscal notificado a los efectos previstos en la legislación concursal.

El Notario pondrá en conocimiento del Registro Público Concursal la finalización del expediente cuando la misma se produzca.

4. Acordada su celebración, si se tratara de un inmueble o derecho real inscrito en el Registro de la Propiedad o bienes muebles sujetos a un régimen de publicidad registral similar al de aquéllos, el Notario solicitará por procedimientos electrónicos certificación registral de dominio y cargas. El Registrador expedirá la certificación con información continuada por igual medio y hará constar por nota al margen de la finca o derecho esta circunstancia. Esta nota producirá el efecto de indicar la situación de venta en subasta del bien o derecho y caducará a los seis meses de su fecha salvo que con anterioridad el Notario notifique al Registrador el cierre del expediente o su suspensión, en cuyo caso el plazo se computará desde que el Notario notifique su reanudación.

El Registrador notificará, inmediatamente y de forma telemática, al Notario y al Portal de Subastas de la Agencia Estatal Boletín Oficial del Estado el hecho de haberse presentado otro u otros títulos que afecten o modifiquen la información inicial.

El portal de subastas recogerá la información proporcionada por el Registro de modo inmediato para su traslado a los que consulten su contenido.

Artículo 72.

1. El anuncio de la convocatoria de la subasta se publicará, además de los lugares designados por el promotor del expediente, en el Boletín Oficial del Estado.

La convocatoria de la subasta deberá anunciarse con una antelación de, al menos, 24 horas respecto al momento en que se haya de abrir el plazo de presentación de posturas.

El anuncio contendrá únicamente su fecha, el nombre y apellidos del Notario encargado de la subasta, lugar de residencia y número de protocolo asignado a la apertura del acta, y la dirección electrónica que corresponda a la subasta en el Portal de Subastas. En éste se indicarán las condiciones generales y particulares de la subasta y de los bienes a subastar, así como cuantos datos y circunstancias sean relevantes y la cantidad mínima admisible para la licitación en su caso. La certificación registral, tratándose de bienes sujetos a publicidad registral, podrá consultarse a través del Portal de Subastas, que informará de cualquier alteración en su titularidad o estado de cargas. También se indicará, en su caso, la posibilidad de visitar el inmueble objeto de subasta o de examinar con las necesarias garantías el bien mueble o los títulos acreditativos del crédito, si procediera.

2. El Notario notificará al titular del bien o derecho, salvo que sea el propio solicitante, la iniciación del expediente, así como todo el contenido de su anuncio y el procedimiento seguido para la fijación del tipo de subasta. También le requerirá para que comparezca en el acta, en defensa de sus intereses.

La diligencia se practicará bien personalmente, bien mediante envío de carta certificada con acuse de recibo al domicilio fijado registralmente o, en su defecto, en documento público, o tratándose de bienes no registrados, se remitirá al domicilio habitual acreditado. Si el domicilio no fuere conocido, la notificación se realizará mediante edictos.

La diligencia se practicará bien personalmente, bien mediante envío de carta certificada con acuse de recibo o en cualquiera de las formas previstas por la legislación notarial al domicilio fijado registralmente. Tratándose de bienes no registrados, se dirigirá al domicilio habitual acreditado. Si el domicilio no fuere conocido, la notificación se realizará mediante edictos.

El Notario comunicará por los mismos medios, en su caso, la celebración de la subasta a los titulares de derechos y de las cargas que figuren en la certificación de dominio, así como a los arrendatarios u ocupantes que consten identificados en la solicitud. Si no pudiera localizarlos, le dará la misma publicidad que la que se prevé para la subasta.

3. Si la valoración no estuviere contractualmente establecida o no hubiera sido suministrada por el solicitante cuando éste pudiera hacerlo por sí mismo, será fijada por perito designado por el Notario conforme a lo dispuesto en esta ley. El perito comparecerá ante el Notario para entregar su dictamen y ratificarse sobre el mismo. Dicha valoración constituirá el tipo de la licitación. No se admitirán posturas por debajo del tipo.

4. Si el titular del bien o un tercero que se considerara con derecho a ello, comparecieran oponiéndose a la celebración de la subasta, el Notario hará constar su oposición y las razones y documentos que para ello aduzcan, con reserva de las acciones que fueran procedentes. El Notario suspenderá el expediente cuando se justifique la interposición de la correspondiente demanda, procediendo a su reanudación si no se admitiera ésta.

Artículo 73.

1. La subasta electrónica se realizará con sujeción a las siguientes reglas:

1.ª La subasta tendrá lugar en el Portal de Subastas de la Agencia Estatal Boletín Oficial del Estado, a cuyo sistema de gestión estarán conectados los Notarios a través de los sistemas informáticos del Consejo General del Notariado. Todos los intercambios de información que deban realizarse entre los Notarios y el Portal de Subastas se realizarán de manera telemática.

2.ª La subasta se abrirá transcurridas, al menos, 24 horas desde la fecha de publicación del anuncio en el "Boletín Oficial del Estado", una vez haya sido remitida al Portal de Subastas la información necesaria para el comienzo de la misma.

3.ª Una vez abierta la subasta solamente se podrán realizar pujas electrónicas durante, al menos, un plazo de veinte días naturales desde su apertura. Su desarrollo se ajustará, en todo aquello que no se oponga al presente capítulo, a las normas establecidas en la Ley de Enjuiciamiento Civil que le fueren aplicables. En todo caso, el Portal de Subastas informará durante su celebración de la existencia y cuantía de las pujas.

4.ª Para poder participar en la subasta será necesario estar en posesión de la correspondiente acreditación para intervenir en la misma, tras haber consignado en forma electrónica el 5 por 100 del valor de los bienes o derechos.

Si el solicitante quisiera participar en la subasta no le será exigida la constitución de esa consignación. Tampoco le será exigida a los copropietarios o cotitulares del bien o derecho a subastar.

2. En la fecha de cierre de la subasta y a continuación del mismo, el Portal de Subastas remitirá al Notario información certificada de la postura telemática que hubiera resultado vencedora, así como, por orden decreciente de importe y cronológico en el caso de ser este idéntico, de todas las demás que hubieran optado por la reserva de postura.

El Notario extenderá la correspondiente diligencia en la que hará constar los aspectos de trascendencia jurídica; las reclamaciones que se hubieren presentado y la reserva de los derechos correspondientes ante los Tribunales de Justicia; la identidad del mejor postor y el precio ofrecido por él, las posturas que siguen a la mejor y la identidad de los postores; el juicio del Notario de que en la subasta se han observado las normas legales que la regulan, así como la adjudicación del bien o derecho subastado por el solicitante. El Notario cerrará el acta, haciendo constar en ella que la subasta ha quedado concluida y el bien o derecho adjudicado, procediendo a su protocolización.

Si no concurriere ningún postor, el Notario así lo hará constar, declarará desierta la subasta y acordará el cierre del expediente.

3. En diligencias sucesivas se harán constar, en su caso, el pago del resto del precio por el adjudicatario en el plazo de diez días hábiles en la entidad adherida al Portal de Subastas a disposición del Notario; la entrega por el Notario al solicitante o su depósito a disposición judicial o a favor de los interesados de las cantidades que hubiere percibido del adjudicatario; y la devolución de las consignaciones electrónicas hechas para tomar parte en la subasta por personas que no hayan resultado adjudicatarias.

La devolución de las consignaciones hechas para tomar parte en la subasta por personas que no hayan resultado adjudicatarias, no se efectuará hasta que no se haya abonado el total del precio de la adjudicación si así se hubiera solicitado por parte de los postores.

Si el adjudicatario incumpliere su obligación de entrega de la diferencia del precio entre lo consignado y lo efectivamente rematado, la adjudicación se realizará al segundo o sucesivo mejor postor que hubiera solicitado la reserva de su consignación, perdiendo las consignaciones los incumplidores y dándole a éstas el destino establecido en la Ley de Enjuiciamiento Civil.

No obstante, se procederá a la suspensión provisional del remate o adjudicación hasta que haya transcurrido el plazo establecido para el ejercicio, en su caso, del derecho de adquisición preferente de los socios o, en su caso, de la sociedad.

4. En todos los supuestos en los que la ley exige documento público como requisito de validez o eficacia de la transmisión, subastado el bien o derecho, el titular o su representante, otorgará ante el Notario escritura pública de venta a favor del adjudicatario al tiempo de completar éste el pago del precio. Si el titular o su representante se negare a otorgar escritura de venta, el acta de subasta será título suficiente para solicitar del Tribunal competente el dictado del correspondiente auto teniendo por emitida la declaración de voluntad, en los términos previstos en el artículo 708 de la Ley de Enjuiciamiento Civil.

En los demás supuestos, la copia autorizada del acta servirá de título al rematante.

Artículo 73 bis (nuevo).

1. La subasta notarial que cause una venta forzosa solo se podrá suspender, y en su caso cerrar el expediente, con base en las siguientes causas:

a) Cuando se presentare al Notario resolución judicial, aunque no sea firme, justificativa de la inexistencia o extinción de la obligación garantizada y en el caso de bienes o créditos registrables, certificación del registro correspondiente acreditativa de estar cancelada la carga o presentada escritura pública de carta de pago o de la alteración en la situación de titularidad o cargas de la finca.

> El ejecutante deberá consentir expresamente en su continuación pese a la modificación registral del estado de cargas.
>
> Tratándose de acciones, participaciones sociales o partes sociales en general, certificación, con firma legitimada notarialmente del administrador o secretario no consejero de la sociedad, acreditativa del asiento de cancelación del derecho real o embargo sobre los derechos del socio.

b) Cuando se acredite documentalmente la existencia de causa criminal que pudiere determinar la falsedad del título en virtud del cual se proceda, la invalidez o ilicitud del procedimiento de venta. La suspensión subsistirá hasta el fin del proceso.

c) Si se justifica al Notario la declaración de concurso del deudor o la paralización de las acciones de ejecución, en los supuestos previstos en la legislación concursal aunque ya estuvieran publicados los anuncios de la subasta del bien. En este caso solo se alzará la suspensión cuando se acredite, mediante testimonio de la resolución del Juez del concurso, que los bienes o derechos no están afectos, o no son necesarios para la continuidad de la actividad profesional o empresarial del deudor. También se alzara en su caso, cuando se presente la resolución judicial que homologue el acuerdo alcanzado o la escritura pública o la certificación que cierre el expediente junto con su comunicación al Juez competente y al Registro Público Concursal.

d) Si se interpusiera demanda de tercería de dominio, acompañando inexcusablemente con ella título de propiedad, anterior a la fecha del título en el que base la subasta. La suspensión subsistirá hasta la resolución de la tercería.

e) Si se acreditare que se ha iniciado un procedimiento de subasta sobre los mismos bienes o derechos. Siendo notarial, esta acreditación se realizará mediante copia autorizada o notificación de los sistemas informáticos del Consejo General del Notariado. Estos hechos podrán ponerse en conocimiento del Juzgado correspondiente, a juicio del Notario.

2. En los casos precedentes, si la causa de la suspensión afectare sólo a parte de los bienes o derechos comprendidos en la venta extrajudicial, podrá seguir el procedimiento respecto de los demás, si así lo solicitare el acreedor o promotor del procedimiento.

3. Para el caso de préstamos o créditos personales, o cualquier otro instrumento de financiación hipotecaria o no hipotecaria, sin perjuicio de lo previsto en su normativa especial, se suspenderá la venta extrajudicial cuando se acredite haber planteado ante el Juez competente el carácter abusivo o no transparente de alguna de las cláusulas que constituya el fundamento de la venta extrajudicial o que hubiese determinado la cantidad exigible. Una vez sustanciada la cuestión y siempre que, de acuerdo con la resolución judicial correspondiente, no se trate de una cláusula abusiva o no transparente que constituya el fundamento de la ejecución o hubiera determinado la cantidad exigible, el Notario podrá proseguir la venta extrajudicial a requerimiento del acreedor o promotor del mismo.

4. La suspensión de la subasta por un periodo superior a 15 días llevará consigo la liberación de las consignaciones o devolución de los avales prestados, retrotrayendo la situación al momento inmediatamente anterior a la publicación del anuncio. La reanudación de la subasta se realizará mediante una nueva publicación del anuncio y una nueva petición de información registral como si de una nueva subasta de tratase.

5. Tratándose de bienes registrables, si la reclamación del acreedor y la iniciación de la venta extrajudicial tuvieran su base en alguna causa que no sea el vencimiento del plazo o la falta de pago de intereses o de cualquier otra prestación a que estuviere obligado el deudor, se suspenderá dicho procedimiento siempre que con anterioridad a la subasta se hubiere hecho constar en el Registro de la Propiedad o de bienes muebles la oposición al mismo, formulada en juicio declarativo. A este efecto, el Juez, al mismo tiempo que ordene la anotación preventiva de la demanda, acordará que se notifique al Notario la resolución recaída.

Artículo 74.

Las subastas voluntarias podrán convocarse bajo condiciones particulares incluidas en el pliego de condiciones, debiendo éstas consignarse en el Portal de Subastas. Por ello, el solicitante, en el pliego de condiciones particulares, podrá aumentar, disminuir o suprimir la consignación electrónica previa y tomar cualquier otra determinación análoga a la expresada.

En todo lo demás, se aplicarán a las subastas voluntarias las reglas generales contenidas en el presente capítulo, sin sujeción de lo dispuesto en el apartado 3 del artículo 72.

CAPÍTULO VI
De los expedientes en materia mercantil

Sección 1.ª
Del robo, hurto, extravío o destrucción de título-valor

Artículo 75.

1. Estarán legitimados para solicitar del Notario la adopción de las medidas previstas en la legislación mercantil en los casos de robo, hurto, extravío o destrucción de títulos-valores o representación de partes de socio los poseedores legítimos de estos títulos que hubieren sido desposeídos de los mismos o que hubieren sufrido su destrucción o extravío.

2. Será competente para conocer de estos expedientes el Notario del lugar de pago cuando se trate de un título de crédito; del lugar de depósito en el caso de títulos de depósito; o el del lugar del domicilio de la entidad emisora cuando los títulos fueran valores mobiliarios, según proceda.

3. El Notario, tras aceptar la solicitud del legitimado y previo examen de la misma, dando fe de la identidad y apreciando la capacidad del promotor y la legitimidad para instarla, lo comunicará, mediante requerimiento, al emisor de los títulos y, si se tratara de un título cotizable, a la Sociedad Rectora de la Bolsa correspondiente, y solicitará la publicación en la sección correspondiente del Boletín Oficial del Estado y en un periódico de gran circulación en su provincia. Tanto en el requerimiento como en los anuncios se citará a quien pueda estar interesado en el procedimiento para que comparezca en la Notaría en el día y hora que es señalen.

4. Si compareciera, el Notario levantará acta de la celebración de la comparecencia y, de conformidad con lo solicitado, instará al promotor del expediente y al emisor de los títulos a que no procedan a su negociación o trasmisión, así como a la suspensión del cumplimiento de la obligación de pago documentada en el título o del pago del capital, intereses o dividendos, o bien al depósito de las mercancías, según proceda en atención al título de que se trate.

5. Sin perjuicio de lo dispuesto en el apartado anterior, cuando se tratase de un título de tradición, no procederá el depósito de las mercancías si fueran de imposible, difícil o muy costosa conservación o corrieran el peligro de sufrir grave deterioro o de disminuir considerablemente de valor. En ese caso, el Notario instará al porteador o al depositario, previa audiencia del tenedor del título, que entregue las mercancías al solicitante si éste hubiera prestado caución suficiente por el valor de las mercancías depositadas más la eventual indemnización de los daños y perjuicios al tenedor del título si se acreditara posteriormente que el solicitante no tenía derecho a la entrega.

6. A petición del solicitante, el Notario podrá nombrar un administrador para el ejercicio de los derechos de asistencia y de voto a las juntas generales y especiales de accionistas correspondientes a los títulos que fueran valores mobiliarios, así como para la impugnación de los acuerdos sociales. La retribución del nombrado correrá a cargo del solicitante.

7. Transcurrido el plazo de seis meses sin que se haya suscitado controversia, el Notario autorizará al que promovió el expediente a cobrar los rendimientos que produzca el título, requiriendo, a su instancia, al emisor para que proceda a su pago.

8. Transcurrido el plazo de un año sin mediar oposición, el Notario requerirá al emisor para que expida los nuevos títulos, que se entregarán al solicitante.

9. En ningún caso procederá la anulación del título o títulos, si el tenedor actual que formule oposición los hubiera adquirido de buena fe conforme a la ley de circulación del propio título.

10. En caso de que no fuera procedente la anulación del título o títulos, quien hubiera sido tenedor legítimo en el momento de la pérdida de la posesión tendrá las acciones civiles o penales que correspondan contra aquella persona que hubiera adquirido de mala fe la posesión del documento.

Sección 2.ª
De los depósitos en materia mercantil y de la venta de los bienes depositados

Artículo 76.

1. En todos aquellos casos en que, por disposición legal o pacto, proceda el depósito de bienes muebles, valores o efectos mercantiles, podrá realizarse ante Notario mediante

acta de depósito, de conformidad con lo dispuesto en la presente Ley y en su reglamento de ejecución.

2. Si el depósito consistiere en letras de cambio u otros efectos que se pudieran perjudicar por su no presentación en ciertas fechas a la aceptación o al pago, el Notario, a instancias del depositante, podrá proceder a realizar dicha presentación. En caso de serle satisfecho el importe, quedará sustituido el depósito de los efectos por su importe en dinero.

3. En todos los casos en que, por la legislación mercantil, se permita la venta de los bienes o efectos depositados, el Notario, a instancia del depositante o del propio depositario, podrá convocar y proceder a la venta de los bienes. A ese efecto se procederá según lo previsto en esta Ley para las actas notariales de subasta, y se dará al importe obtenido el destino establecido en la legislación mercantil.

Sección 3.ª
Del nombramiento de peritos en los contratos de seguros

Artículo 77.

1. Se aplicará el procedimiento regulado en este artículo cuando en el contrato de seguro, conforme a su legislación específica, no haya acuerdo entre los peritos nombrados por el asegurador y el asegurado para determinar los daños producidos, y aquéllos no estén conformes con la designación de un tercero.

2. La competencia para proceder al nombramiento corresponderá al Notario al que acudan de mutuo acuerdo el asegurado y la aseguradora. En defecto de acuerdo, cualquiera entre los que tengan su residencia en el lugar del domicilio o residencia habitual del asegurado o donde se encuentre el objeto de la valoración, a elección del requirente. También podrá elegir a un Notario de un distrito colindante a los anteriores.

3. Podrá promover este expediente cualquiera de las partes del contrato de seguro o ambas conjuntamente.

4. Se iniciará el expediente mediante escrito presentado por cualquiera de los interesados, en que se hará constar el hecho de la discordia de los peritos designados para valorar los daños sufridos, y se solicitará el nombramiento de un tercer perito. Al escrito se acompañará la póliza de seguro y los dictámenes de los peritos.

5. Admitida a trámite la solicitud por el Notario, éste convocará a una comparecencia a fin de que los interesados se pongan de acuerdo en el nombramiento de otro perito; si no hubiere acuerdo, se procederá a nombrarlo con arreglo a lo dispuesto en el artículo 52.

6. Verificado el nombramiento, se hará saber al designado para que manifieste si lo acepta o no, lo que podrá realizar alegando justa causa. Una vez aceptado, se proveerá el consiguiente nombramiento, debiendo el perito emitir el dictamen en el plazo previsto por las partes y, en su defecto, en el plazo de treinta días a partir de la aceptación del nombramiento. Emitido el dictamen, se incorporará al acta y se dará por finalizada.

CAPÍTULO VII (nuevo)
De los expedientes de conciliación

Artículo 78.

1. Podrá realizarse ante Notario, la conciliación de los distintos intereses de los otorgantes con la finalidad de alcanzar un acuerdo extrajudicial.

2. La conciliación podrá realizarse sobre cualquier controversia contractual, mercantil, sucesoria o familiar siempre que no recaiga sobre materia indisponible.

Las cuestiones extra o para concursal no podrán conciliarse siguiendo este trámite. Son indisponibles:

a) Las cuestiones en las que se encuentren interesados los menores y las personas con capacidad modificada judicialmente para la libre administración de sus bienes.

b) Las cuestiones en las que estén interesados el Estado, las Comunidades Autónomas y las demás Administraciones públicas, Corporaciones o Instituciones de igual naturaleza.

c) Los juicios sobre responsabilidad civil contra Jueces y Magistrados.

d) En general, los acuerdos que se pretendan sobre materias no susceptibles de transacción ni compromiso.

Artículo 79.

1. La escritura pública que formalice la avenencia entre los interesados o, en su caso, que se intentó sin efecto o avenencia se someterá a los requisitos de autorización establecidos en la legislación notarial.

2. Si hubiere conformidad entre los interesados en todo o en parte del objeto de la conciliación, se hará constar detalladamente en la escritura pública todo cuanto acuerden y que el acto terminó con avenencia así como los términos de la misma. Si no pudiere conseguirse acuerdo alguno, se hará constar que el acto terminó sin avenencia.

3. La modificación del contenido pactado habrá de constar, asimismo, en escritura pública notarial siempre que no se hubiere iniciado la ejecución judicial.

Artículo 80.

1. La escritura pública notarial que formalice la conciliación gozará en general de la eficacia de un instrumento público y, en especial, estará dotada de eficacia ejecutiva en los términos del número 9.º del apartado 2 del artículo 517 de la Ley de Enjuiciamiento Civil. La ejecución se verificará conforme a lo previsto para los títulos ejecutivos extrajudiciales.

2. Cualquiera de las partes podrá solicitar del Notario copia autorizada dotada de carácter ejecutivo en tanto no conste en la matriz nota relativa a la modificación de su contenido o su ejecución.»

Dos. Se introduce una disposición adicional con la siguiente redacción:

«Disposición adicional primera. Referencias al Código Civil.

Las referencias realizadas en esta Ley al Código Civil deberán entenderse realizadas, en su caso, también a las leyes civiles forales o especiales allí donde existan.»

Disposición final duodécima. Modificación de la Ley Hipotecaria.

El párrafo primero del artículo 14 queda redactado como sigue:

«El título de la sucesión hereditaria, a los efectos del Registro, es el testamento, el contrato sucesorio, el acta de notoriedad para la declaración de herederos abintestato, la declaración administrativa de heredero abintestato a favor del Estado y en su caso, el certificado sucesorio europeo.»

Disposición final decimotercera. Modificación de la Ley de 16 de diciembre de 1954, de Hipoteca Mobiliaria y prenda sin desplazamiento de la posesión.

Uno. La sección segunda del capítulo I del título V pasa a tener la siguiente denominación:

«Sección Segunda

Venta extrajudicial»

Dos. El artículo 86 queda redactado de la siguiente forma:

«Artículo 86.

Para que sea aplicable el procedimiento de venta extrajudicial será necesario:

1.º Que en la escritura de constitución de la hipoteca se designe por el deudor, o por el hipotecante no deudor, en su caso, un mandatario que le represente, en su día, en la venta de los bienes hipotecarios. Este mandatario podrá ser el propio acreedor.

2.º Que asimismo se haga constar el precio en el que los interesados tasan los bienes. El tipo de subasta pactado no podrá ser distinto del que se fije, en su caso, para el procedimiento judicial.

3.º Que se fije por el deudor, o hipotecante no deudor en su caso, un domicilio para requerimientos y notificaciones. También podrá designarse una dirección electrónica, en cuyo caso los requerimientos y notificaciones se harán, además, en esa forma.

En todo lo no especialmente regulado en esta Ley, se aplicará supletoriamente a la venta forzosa extrajudicial derivada de la hipoteca mobiliaria y prenda sin desplazamiento, las normas sobre subasta electrónica contenidas en la legislación procesal.»

Tres. El artículo 87 queda redactado en la siguiente forma:

«Artículo 87.

El procedimiento extrajudicial se ajustará necesariamente a las siguientes reglas:

1.ª Sólo podrá ser seguido ante Notario competente para actuar en el lugar donde radiquen los bienes hipotecados o de un distrito colindante a él.

2.ª Se iniciará por un requerimiento dirigido por el acreedor al Notario que, previo el cumplimiento de los requisitos de este artículo, proceda a la venta de los bienes en pública subasta.

En el requerimiento hará constar el acreedor la cantidad exacta que sea objeto de la reclamación, por principal e intereses, y la causa del vencimiento, entregando al Notario el título o títulos de su crédito, revestidos de todos los requisitos exigidos por la Ley de Enjuiciamiento Civil, para que tengan carácter ejecutivo.

Este requerimiento se hará constar en acta.

3.ª A solicitud del acreedor, el Notario requerirá de pago al deudor, y, en su caso, al hipotecante no deudor o al tercer poseedor, con expresión de la causa del vencimiento y de la cantidad total reclamada, y se hará constar que si no se hiciere el pago se procederá a la subasta de los bienes hipotecados, sin necesidad de nuevas notificaciones ni requerimientos.

Los requeridos, dentro de los cinco días siguientes al del requerimiento, deberán pagar o entregar la posesión material de los bienes hipotecados al acreedor o mandatario designado en la escritura de constitución de la hipoteca.

Cuando el deudor incumpliere la obligación de entregar la posesión de los bienes, el Notario no seguirá adelante con el procedimiento de venta si así lo solicitare el acreedor, quien podrá también, para hacer efectivo su crédito, acudir a cualquiera de los procedimientos judiciales, sin perjuicio de ejercitar las acciones civiles y criminales que le correspondan.

4.ª A instancia del acreedor, a la que se acompañará el requerimiento de pago, el Registrador expedirá certificación literal del asiento de la hipoteca, en la que se expresará que se halla subsistente y sin cancelar o, en su caso, la cancelación o modificaciones que constaren en el Registro, y se relacionarán los asientos posteriores.

El Registrador hará constar, al margen de la inscripción de hipoteca, que ha expedido la certificación expresando su fecha, la iniciación del procedimiento y el Notario ante quien se sigue.

Cuando de la certificación del Registro aparezca algún asiento con posterioridad a la inscripción de la hipoteca, se notificará al deudor y a su titular la existencia del procedimiento para que pueda, si le conviniere, intervenir en la subasta o satisfacer antes del remate el importe del crédito, intereses y costas. En este último caso, los acreedores quedarán subrogados en los derechos del actor y se hará constar el pago y la subrogación al margen de la inscripción de la hipoteca en que dichos acreedores se subroguen y de los respectivos asientos, mediante presentación en el Registro del acta notarial de entrega de las cantidades adeudadas o del mandamiento judicial, en su caso.

5.ª Transcurridos cinco días desde la práctica del requerimiento, se procederá a la subasta, cuya convocatoria se anunciará en el Boletín Oficial del Estado. La subasta se celebrará de forma electrónica en el Portal de Subastas de la Agencia Estatal Boletín Oficial del Estado. La subasta admitirá posturas durante un plazo mínimo de veinte días naturales desde su apertura y no se cerrará hasta transcurrida una hora desde la realización de la última postura, aunque ello conlleve la ampliación del plazo inicial de veinte días a que se refiere este artículo por un máximo de 24 horas.

6.ª La realización del valor del bien se llevará a cabo a través de una única subasta para la que servirá de tipo el valor de tasación establecido en la escritura de constitución de hipoteca. No obstante, si se presentaran posturas por un importe igual o superior al 70 por ciento del valor por el que el bien hubiera salido a subasta, se entenderá adjudicada la finca a quien presente la mejor postura.

Cuando la mejor postura presentada fuera inferior al 70 por ciento del tipo señalado para la subasta, podrá el deudor presentar, en plazo de diez días, tercero que mejore la postura, ofreciendo cantidad igual o superior al 70 por ciento del valor de tasación o que, aun inferior a dicho importe, resulte suficiente para lograr la completa satisfacción del derecho del acreedor.

Transcurrido el expresado plazo sin que el deudor o el titular registral del dominio de los bienes realice lo previsto en el párrafo anterior, el acreedor podrá pedir, dentro del término de cinco días, la adjudicación del bien o bienes por el 70 por ciento del valor en que hubiera salido a subasta, o por la cantidad que se le deba por todos los conceptos, siempre que dicha cantidad sea superior al 60 por ciento del valor de tasación y a la mejor postura.

Si el acreedor no hiciese uso de la mencionada facultad, se entenderá rematado el bien por quien haya presentado la mejor postura, siempre que la cantidad que haya ofrecido supere el 50 por ciento del valor de tasación o, siendo inferior, cubra, al menos, la cantidad reclamada por todos los conceptos.

Si en la subasta no hubiere ningún postor podrá el acreedor, en el plazo de diez días, pedir la adjudicación por cantidad igual o superior al 50 por ciento de su valor de tasación o por la cantidad que se le deba por todos los conceptos.

7.ª El acreedor ejecutante podrá concurrir a la subasta como licitador, siempre que existan otros licitadores, sin necesidad de consignar cantidad alguna. Todos los demás licitadores deberán depositar, para tomar parte en la subasta, el 5 por 100 del valor de tasación. La consignación podrá realizarse consintiendo su reserva a los efectos de la regla siguiente.

8.ª Terminada la subasta con adjudicación al mejor postor, depositará éste en poder del Notario, dentro del segundo día, la diferencia entre el depósito previo y el precio de adjudicación, y se devolverá a los demás licitadores el depósito que hubieren constituido. Si el adjudicatario no consignare aquella cantidad, será adjudicado el bien al postor que siguiese al primero en el orden de sus posturas y que hubiera consentido la reserva de su consignación. Las consignaciones de aquellos postores que no hubieran acudido a satisfacer la diferencia, se destinarán al pago de los gastos del procedimiento y el exceso, si lo hubiere, al pago del crédito e intereses.

Cuando el adjudicatario fuere el propio acreedor, deberá consignar la diferencia entre la cantidad reclamada y el precio de la adjudicación, y si no lo hiciere será responsable de los gastos de la subasta celebrada y de las posteriores que fueren necesarias.

9.ª La cantidad obtenida en la subasta se destinará, una vez satisfechos todos los gastos del procedimiento, al pago del crédito por principal e intereses.

El exceso se entregará, por el Notario, al hipotecante o al tercer poseedor si no existieren otras personas que hubieren trabado embargo sobre ellos o interpuesto reclamación judicial, y si las hubiere, se depositará a su disposición en un establecimiento público destinado al efecto.

10.ª La adjudicación de los bienes se hará constar en escritura pública otorgada por el adjudicatario y el deudor, o el hipotecante no deudor o tercer poseedor, según proceda, o su respectivo causahabiente y, si estos últimos no hubieren comparecido, la otorgará en su nombre el mandatario designado al efecto.

En esta escritura pública se harán constar los trámites observados, el precio de la adjudicación, su pago por el adjudicatario, el pago hecho al acreedor y el destino dado al exceso, si lo hubiere.

Si el adjudicatario fuere el mismo acreedor y hubiere sido además nombrado mandatario, podrá otorgar la escritura pública en este doble concepto, haciéndose constar lo antes dicho.

La escritura pública de adjudicación será título bastante para acreditar la propiedad de los bienes y para practicar la cancelación de la hipoteca y de los asientos posteriores, si en ella constare el pago hecho al acreedor y el destino dado al exceso si lo hubiere.

Si el rematante fuere copropietario o tercer poseedor de los bienes subastados, una vez consignado el importe del remate, el Notario limitará la adjudicación a las demás participaciones indivisas que se ejecuten o, sin verificarla, declarará terminado el procedimiento, según los casos.

Una copia del acta de la subasta, cuando no exista adjudicación, será igualmente título bastante para practicar la cancelación de la hipoteca y de los asientos posteriores, si en ella constare el pago hecho al acreedor y el destino dado al exceso si lo hubiere.

11.ª Si la subasta quedara desierta y el acreedor no pidiere la adjudicación, se dará por terminado el procedimiento sin efecto, y quedará expedito el derecho de aquél para ejercitarlo en procedimiento judicial correspondiente.

Si el precio de los bienes rematados fuere insuficiente para pagar el crédito total del acreedor, conservará éste su derecho por la diferencia.

12.ª Los trámites del procedimiento, excepción hecha de la escritura de adjudicación de los bienes, se harán constar por diligencias a continuación del acta de iniciación a que se refiere la regla segunda.

Este acta se incorporará al protocolo en la fecha que corresponda a la última diligencia practicada. Otorgada la escritura pública de adjudicación, se hará constar por nota en dicha acta.

13.ª El adjudicatario de los bienes será puesto en posesión de los mismos por la persona que la tuviere, conforme a la regla tercera. Si no le fueren entregados, podrá pedir la posesión judicial de los mismos conforme a la Ley de Enjuiciamiento Civil, sin perjuicio de las sanciones civiles o penales que pudiera ejercitar contra quien se hubiere negado injustamente a la entrega.»

Cuatro. El artículo 88 queda redactado en la siguiente forma:

«Artículo 88.

El procedimiento de venta extrajudicial sólo podrá suspenderse por alguna de las causas siguientes:

Primero. Que se presentare certificación del Registro acreditativa de estar cancelada la hipoteca o presentada escritura pública de carta de pago o cancelación de aquélla.

Segundo. Cuando se acredite documentalmente la existencia de causa criminal sobre cualquier hecho de apariencia delictiva que determine la falsedad del título en virtud del cual se proceda, la invalidez o ilicitud del procedimiento de venta.

Tercero. Si constare al Notario la declaración de concurso del deudor, aunque ya estuvieran publicados los anuncios de la subasta del bien. En este caso sólo se alzará la suspensión cuando se acredite, mediante testimonio de la resolución del juez del concurso, que los bienes o derechos no están afectos, o no son necesarios para la continuidad de la actividad profesional o empresarial del deudor.

Cuarto. Si se interpusiera demanda de tercería de dominio, acompañando inexcusablemente con ella título de propiedad, anterior a la fecha de la escritura de hipoteca. Si se tratare de bienes susceptibles de inscripción en algún Registro, dicho título habrá de estar inscrito también con fecha anterior a la hipoteca. La suspensión subsistirá hasta el término de juicio de tercería.

Quinto. Si se acreditare, con certificación del Registro correspondiente, que los mismos bienes están sujetos a otra hipoteca mobiliaria o afectos a hipoteca inmobiliaria, en virtud del artículo 111 de la Ley Hipotecaria, vigentes o inscritas antes de la que motivare el procedimiento. Estos hechos se pondrán en conocimiento del Juzgado correspondiente, a los efectos prevenidos en el artículo 1862 del Código Civil.

En los dos casos precedentes, si la causa de la suspensión afectare sólo a parte de los bienes comprendidos en la hipoteca mobiliaria, podrá seguir el procedimiento respecto de los demás, si así lo solicitare el acreedor.

También se suspenderá la venta extrajudicial cuando cualquiera de las partes acredite haber planteado ante el Juez que sea competente el carácter abusivo de alguna de las cláusulas contractuales del préstamo hipotecario que constituya el fundamento de la venta extrajudicial o que hubiese determinado la cantidad exigible. Una vez sustanciada la cuestión, y siempre que, de acuerdo con la resolución judicial correspondiente, no se trate de una cláusula abusiva que constituya el fundamento de la ejecución o hubiera determinado la cantidad exigible, el Notario podrá proseguir la venta extrajudicial a requerimiento del acreedor.

Verificada alguna de las circunstancias previstas en los apartados 1 y 2, el Notario acordará la suspensión del procedimiento hasta que, respectivamente, terminen el procedimiento criminal o el procedimiento registral si no se declarase la falsedad o no se inscribiese la cancelación de la hipoteca.

La suspensión de la subasta por un periodo superior a 15 días llevará consigo la liberación de las consignaciones o devolución de los avales prestados, retrotrayendo la situación al momento inmediatamente anterior a la publicación del anuncio. La reanudación de la subasta se realizará mediante una nueva publicación del anuncio y una nueva petición de información registral como si de una nueva subasta se tratase.

Si la reclamación del acreedor y la iniciación de la venta extrajudicial tuvieran su base en alguna causa que no sea el vencimiento del plazo o la falta de pago de intereses o de cualquier otra prestación a que estuviere obligado el deudor, se suspenderá dicho procedimiento siempre que con anterioridad a la subasta se hubiere hecho constar en el Registro la oposición al mismo, formulada en juicio declarativo. A este efecto, el Juez, al mismo tiempo que ordene la anotación preventiva de la demanda, acordará que se notifique al Notario la resolución recaída.»

Cinco. El párrafo primero del artículo 89 queda redactado en la siguiente forma:

«En la hipoteca de establecimientos mercantiles se observarán, además de las reglas establecidas anteriormente, las siguientes:»

Disposición final decimocuarta. Modificación del Texto Refundido de la Ley de Sociedades de Capital, aprobado por el Real Decreto Legislativo 1/2010, de 2 de julio.

Uno pre (nuevo). Los apartados 3 y 4 del artículo 139 y el apartado 2 del artículo 141 quedan redactados de la siguiente forma:

«Artículo 139.

En el caso de que la sociedad no hubiera reducido el capital social dentro de los dos meses siguientes a la fecha de finalización del plazo para la enajenación, cualquier interesado podrá solicitar la reducción del capital al Secretario judicial o Registrador mercantil del lugar del domicilio social. Los administradores están obligados a solicitar la reducción judicial o registral del capital social cuando el acuerdo de la junta hubiera sido contrarío a esa reducción o no pudiera ser logrado.

El expediente ante el Secretario Judicial se tramitará conforme a lo establecido en la Ley de Jurisdicción Voluntaria. La solicitud dirigida al Registrador mercantil se tramitará de acuerdo a lo previsto en el Reglamento del Registro Mercantil.

La decisión favorable o desfavorable será recurrible ante el Juez de lo Mercantil.

Las participaciones sociales o acciones de la sociedad dominante serán enajenadas a instancia de parte interesada por el Secretario judicial o Registrador mercantil de conformidad con el procedimiento previsto para aquéllos en la Ley de Jurisdicción Voluntaria y en el Reglamento del Registro Mercantil para éstos.

Artículo 141.

2. Si las participaciones no fueran enajenadas en el plazo señalado, la sociedad deberá acordar inmediatamente su amortización y la reducción del capital. Si la sociedad omite estas medidas, cualquier interesado podrá solicitar su adopción por el Secretario judicial o por el Registrador mercantil del domicilio social. Los administradores de la sociedad adquirente están obligados a solicitar la adopción de estas medidas, cuando, por las circunstancias que fueran, no pueda lograrse el correspondiente acuerdo de amortización y de reducción del capital.

El expediente ante el Secretario judicial se acomodará a los trámites de jurisdicción voluntaria. La solicitud dirigida al Registrador mercantil se tramitará de acuerdo a lo previsto en el Reglamento del Registro Mercantil.

La decisión favorable o desfavorable podrá recurrirse ante el Juez de lo Mercantil.»

Uno. Los artículos 169, 170 y 171 quedan redactados de la siguiente forma:

«Artículo 169. Competencia para la convocatoria.

1. Si la junta general ordinaria o las juntas generales previstas en los estatutos, no fueran convocadas dentro del correspondiente plazo legal o estatutariamente establecido, podrá serlo, a solicitud de cualquier socio, previa audiencia de los administradores, por el Secretario judicial o Registrador mercantil del domicilio social.

2. Si los administradores no atienden oportunamente la solicitud de convocatoria de la junta general efectuada por la minoría, podrá realizarse la convocatoria, previa audiencia de los administradores, por el Secretario judicial o por el Registrador mercantil del domicilio social.

Artículo 170. Régimen de la convocatoria.

1. El Secretario judicial procederá a convocar a la junta general de conformidad con lo establecido en la legislación de jurisdicción voluntaria.

2. El Registrador mercantil procederá a convocar la junta general en el plazo de un mes desde que hubiera sido formulada la solicitud, indicará el lugar, día y hora para la celebración así como el orden del día y designará al presidente y secretario de la junta.

3. Contra la resolución por la que se acuerde la convocatoria de la junta general no cabrá recurso alguno.

4. Los gastos de la convocatoria registral serán de cuenta de la sociedad.

Artículo 171. Convocatoria en casos especiales.

En caso de muerte o de cese del administrador único, de todos los administradores solidarios, de alguno de los administradores mancomunados, o de la mayoría de los miembros del consejo de administración, sin que existan suplentes, cualquier socio podrá solicitar del Secretario judicial y del Registrador mercantil del domicilio social la convocatoria de junta general para el nombramiento de los administradores.

Además, cualquiera de los administradores que permanezcan en el ejercicio del cargo podrá convocar la junta general con ese único objeto.»

Uno bis (nuevo). Los artículos 265 y 266 quedan redactados de la siguiente forma:

«Artículo 265. Competencia para el nombramiento de auditor.

1. Cuando la junta general no hubiera nombrado al auditor antes de que finalice el ejercicio a auditar, debiendo hacerlo, o la persona nombrada no acepten el cargo o no pueda cumplir sus funciones, los administradores y cualquier socio podrán solicitar del Secretario judicial o Registrador mercantil del domicilio social la designación de la persona o personas que deban realizar la auditoría.

En las sociedades anónimas, la solicitud podrá ser realizada también por el comisario del sindicato de obligacionistas.

2. En las sociedades que no estén obligadas a someter las cuentas anuales a verificación por un auditor, los socios que representen, al menos, el cinco por ciento del capital social podrán solicitar del Secretario judicial o Registrador mercantil del domicilio social que, con cargo a la sociedad, nombre un auditor de cuentas para que efectúe la revisión de las cuentas anuales de un determinado ejercicio siempre que no hubieran transcurrido tres meses a contar desde la fecha de cierre de dicho ejercicio.

3. La solicitud dirigida al Registrador mercantil se tramitará de acuerdo a lo dispuesto en el Reglamento del Registro Mercantil.

Si el nombramiento se instará ante el Secretario judicial, se seguirán los trámites establecidos en la legislación de jurisdicción voluntaria.

4. La resolución del Registrador mercantil por la que se acuerde o rechace el nombramiento será recurrible de conformidad con las previsiones del Reglamento del Registro Mercantil. La resolución del Secretario judicial será recurrible ante el Juez de lo Mercantil.

Artículo 266. Revocación del auditor.

1. Cuando concurra justa causa, los administradores de la sociedad y las personas legitimadas para solicitar el nombramiento de auditor podrán pedir al Secretario judicial o Registrador mercantil la revocación del que hubieran nombrado ellos o del designado por la junta general y el nombramiento de otro.

2. La solicitud dirigida al Registrador mercantil se tramitará de acuerdo a lo dispuesto en el Reglamento del Registro Mercantil.

3. Si la revocación se instará ante el Secretario judicial, se seguirán los trámites establecidos en la legislación de jurisdicción voluntaria.

4. La resolución que se dicte sobre la revocación del auditor será recurrible ante el Juez de lo Mercantil.»

Dos. Los artículos 377 y 380 quedan redactados de la siguiente forma:

«Artículo 377. Cobertura de vacantes.

1. En caso de fallecimiento o de cese del liquidador único, de todos los liquidadores solidarios, de alguno de los liquidadores que actúen conjuntamente, o de la mayoría de los liquidadores que actúen colegiadamente, sin que existan suplentes, cualquier socio o persona con interés legítimo podrá solicitar del Secretario judicial o Registrador mercantil del domicilio social la convocatoria de junta general para el nombramiento de los liquidadores. Además, cualquiera de los liquidadores que permanezcan en el ejercicio del cargo podrá convocar la junta general con ese único objeto.

2. Cuando la junta convocada de acuerdo con el apartado anterior no proceda al nombramiento de liquidadores, cualquier interesado podrá solicitar su designación al Secretario judicial o Registrador mercantil del domicilio social.

3. La solicitud dirigida al Registrador mercantil se tramitará de acuerdo a lo dispuesto en el Reglamento del Registro Mercantil. La instada ante el Secretario judicial seguirá los trámites establecidos en la legislación de jurisdicción voluntaria.

4. La resolución por la que se acuerde o rechace el nombramiento, será recurrible ante el Juez de lo Mercantil.

Artículo 380. Separación de los liquidadores.

1. La separación de los liquidadores designados por la junta general, podrá ser acordada por la misma aun cuando no conste en el orden del día. Si los liquidadores hubieran sido designados en los estatutos sociales, el acuerdo deberá ser adoptado con los requisitos de mayoría y, en el caso de sociedades anónimas, de quórum, establecidos para la modificación de los estatutos.

Los liquidadores de la sociedad anónima podrán también ser separados por decisión del Secretario judicial o Registrador mercantil del domicilio social, mediante justa causa, a petición de accionistas que representen la vigésima parte del capital social.

2. La separación de los liquidadores nombrados por el Secretario judicial o por Registrador mercantil sólo podrá ser decidida por aquél que los hubiera nombrado, a solicitud fundada de quien acredite interés legítimo.

3. La resolución que se dicte sobre la separación de los liquidadores será recurrible ante el Juez de lo Mercantil.»

Dos bis (nuevo). Los artículos 381 y 389 quedan redactados de la siguiente forma:

«Artículo 381. Interventores.

1. En caso de liquidación de sociedades anónimas, los accionistas que representen la vigésima parte del capital social podrán solicitar del Secretario judicial o del Registrador mercantil del domicilio social la designación de un interventor que fiscalice las operaciones de liquidación.

Si la sociedad hubiera emitido y tuviera en circulación obligaciones, también podrá nombrar un interventor el sindicato de obligacionistas.

2. La solicitud dirigida al Registrador mercantil se tramitará de acuerdo a lo dispuesto en el Reglamento del Registro Mercantil. La instada ante el Secretario judicial seguirá los trámites establecidos en la legislación de jurisdicción voluntaria.

3. La resolución por la que se acuerde o rechace el nombramiento, será recurrible ante el Juez de lo Mercantil.»

Artículo 389. Sustitución de los liquidadores por duración excesiva de la liquidación.

1. Transcurridos tres años desde la apertura de la liquidación sin que se haya sometido a la aprobación de la junta general el balance final de liquidación, cualquier socio o persona con interés legítimo podrá solicitar del Secretario judicial o Registrador mercantil del domicilio social la separación de los liquidadores.

2. El Secretario judicial o Registrador mercantil, previa audiencia de los liquidadores, acordará la separación si no existiere causa que justifique la dilación y nombrará liquidadores a la persona o personas que tenga por conveniente, fijando su régimen de actuación.

3. La resolución que se dicte sobre la revocación del auditor será recurrible ante el Juez de lo Mercantil.»

Tres. El apartado 2 del artículo 492 pasa a tener la siguiente redacción:

«2. Si las juntas no fueran convocadas dentro de los plazos establecidos por el Reglamento (CE) n.º 2157/2001 o los estatutos, podrán serlo por el consejo de control o, a petición de cualquier socio, por el Registrador mercantil del domicilio social conforme a lo previsto para las juntas generales en esta Ley.»

Cuatro (nuevo). El artículo 422 queda redactado de la siguiente forma:

«Artículo 422. Facultad y obligación de convocar la asamblea.

1. La asamblea general de obligacionistas podrá ser convocada por los administradores de la sociedad o por el comisario. Éste, además, deberá convocarla siempre que lo soliciten obligacionistas que representen, por los menos, la vigésima parte de las obligaciones emitidas y no amortizadas.

2. El comisario podrá requerir la asistencia de los administradores de la sociedad y éstos asistir aunque no hubieren sido convocados.

3. Si el comisario no atiende oportunamente la solicitud de convocatoria de la asamblea efectuada por los obligacionistas a que se refiere el apartado 1, podrá realizarse la convocatoria, previa audiencia del comisario, por el Secretario judicial o por el Registrador mercantil del domicilio social.

El Secretario judicial procederá a convocar la asamblea general de obligacionistas de conformidad con lo establecido en la legislación de jurisdicción voluntaria.

El Registrador mercantil procederá a convocar la asamblea general en la forma contemplada en el Reglamento del Registro Mercantil.

Contra el decreto o resolución por la que se acuerde la convocatoria de la asamblea general de obligacionistas no cabrá recurso alguno.»

Disposición final decimoquinta. Modificación de la Ley 211/1964, de 24 de diciembre, sobre regulación de la emisión de obligaciones por Sociedades que no hayan adoptado la forma de Anónimas, Asociaciones u otras personas jurídicas y la constitución del Sindicato de Obligacionistas.

El artículo sexto queda redactado de la siguiente forma:

«Artículo sexto.

Las Sociedades que no hayan adoptado la forma de Anónimas y las Asociaciones y demás personas jurídicas que emitan obligaciones de cualquier clase, deberán constituir el Sindicato de Obligacionistas y designar un Comisario, que concurrirá al otorgamiento de la escritura de emisión en nombre de los futuros tenedores de los títulos.

Si las Entidades emisoras no constituyen el Sindicato de Obligacionistas a que se refiere el párrafo anterior, podrán tomar la iniciativa y solicitar su constitución los propios obligacionistas que representen, como mínimo el treinta por ciento del total de la serie o emisión, previa deducción de las amortizaciones realizadas mediante solicitud ante el Registrador mercantil del domicilio de la entidad emisora, de conformidad con lo dispuesto en el Reglamento del Registro Mercantil. A la Asamblea en que se adopten estas decisiones deberá ser convocada la Entidad emisora y el Comisario designado en la escritura de emisión.»

Disposición final decimosexta. Modificación de la disposición transitoria única de la Ley 33/2006, de 30 de octubre, sobre igualdad del hombre y la mujer en el orden de sucesión de los títulos nobiliarios.

El apartado 3 de la disposición transitoria única queda redactado en los siguientes términos:

«3. No obstante lo previsto por el apartado 1 de esta disposición transitoria, la presente Ley se aplicará a todos los expedientes relativos a Grandezas de España y títulos nobiliarios que el día 27 de julio de 2005 estuvieran pendientes de resolución administrativa o jurisdiccional, tanto en la instancia como en vía de recurso, así como a los expedientes que se hubieran promovido entre aquella fecha, en la cual se presentó la originaria proposición de Ley en el Congreso de los Diputados, y el 20 de noviembre de 2006, fecha de entrada en vigor de la presente Ley. La autoridad administrativa o jurisdiccional ante quien penda el expediente o el proceso concederá de oficio trámite a las partes personadas a fin de que aleguen lo que a su derecho convenga de conformidad con la nueva Ley en el plazo común de cinco días.»

Disposición final decimoséptima. Modificación de la Ley 10/2012, de 20 de noviembre, por la que se regulan determinadas tasas en el ámbito de la Administración de Justicia y del Instituto Nacional de Toxicología y Ciencias Forenses.

Se introduce una nueva letra g) del apartado 1 del artículo 4 queda redactada como sigue:

«g) La interposición de la demanda de ejecución de laudos dictados por las Juntas Arbitrales de Consumo y por las Juntas Arbitrales del Transporte, en este último caso cuando la cuantía por la que se pide ejecución sea inferior a 2000 euros, así como del acta notarial de reclamación de deuda dineraria no contradicha.»

Disposición final decimoctava. Gratuidad de determinados expedientes notariales y registrales.

1. Se reconocerán las prestaciones previstas en la normativa de asistencia jurídica gratuita referidas a la reducción de los aranceles notariales y registrales, la gratuidad de las publicaciones y, en su caso, la intervención de peritos, a los siguientes expedientes:

a) En materia de sucesiones: el de declaración de herederos abintestato; el de presentación, adveración, apertura y lectura, y protocolización de testamentos; y el de formación de inventario de la Ley de 28 de mayo de 1862, del Notariado.

b) En materia de derechos reales: el deslinde y amojonamiento de las fincas inscritas; el de dominio para la inmatriculación de fincas que no estén inscritas a favor de persona alguna; el de reanudación del tracto sucesivo interrumpido; el de subsanación de la doble o múltiple inmatriculación y el de liberación registral de cargas o gravámenes extinguidos por prescripción, caducidad o no uso, de la Ley Hipotecaria.»

2. La acreditación de los requisitos para el reconocimiento del derecho a las prestaciones señaladas en el apartado anterior tendrá lugar, de conformidad con lo dispuesto en la Ley de Asistencia Jurídica Gratuita, ante el Colegio Notarial o Registro que corresponda, los cuales tendrán las facultades previstas por dicha ley para verificar la exactitud y realidad de los datos económicos que proporcionen los solicitantes.

Cuando se solicite el reconocimiento del derecho para la asistencia de Letrado en los casos de separación o divorcio ante Notario, la acreditación se realizará en la misma forma prevista en la Ley de Asistencia Jurídica Gratuita.

Disposición final decimonovena. Título competencial.

La presente Ley se dicta al amparo de la competencia que, en materia de legislación procesal, corresponde al Estado conforme al artículo 149.1.6.ª de la Constitución.

Se exceptúan de lo anterior las disposiciones finales primera, cuarta, quinta, sexta, séptima, octava, décima, decimocuarta y decimoséptima, que se dictan al amparo de la competencia que corresponde al Estado en materia de legislación civil conforme al artículo 149.1.8.ª de la Constitución Asimismo, la disposición adicional segunda y las disposiciones finales undécima, duodécima y decimotercera, que se dictan al amparo de la competencia que corresponde al Estado en materia de ordenación de los registros e instrumentos públicos, conforme al artículo 149.1.8.ª de la Constitución. Finalmente, las disposiciones finales segunda, novena, decimoquinta y decimosexta, que se dictan al amparo de la competencia que corresponde al Estado en materia de legislación mercantil, conforme al artículo 149.1.6.ª de la Constitución.

Disposición final vigésima. Entrada en vigor.

Esta ley entrará en vigor el 15 de julio de 2015.

No obstante lo anterior, las disposiciones de esta ley que regulan las subastas voluntarias celebradas por los Secretarios judiciales y las subastas notariales, no serán de aplicación hasta que entre en vigor la Ley de medidas de reforma administrativa en el ámbito de la Administración de Justicia y del Registro Civil.

http://www.congreso.es Calle Floridablanca, s/n. 28071 Madrid
D. L.: M-12.580/1961 CONGRESO DE LOS DIPUTADOS Teléf.: 91 390 60 00
Edición electrónica preparada por la Agencia Estatal Boletín Oficial del Estado – http://boe.es

JURISDICCIÓN VOLUNTARIA: PUBLICACIONES

ANTONIO FERNÁNDEZ DE BUJAN Y FERNÁNDEZ

MONOGRAFÍAS

1. "La Jurisdicción Voluntaria: un mandato legislativo pendiente de cumplimiento". Discurso de Ingreso en la Real Academia Gallega de Jurisprudencia y Legislación, el día 31 de mayo de 2013. Contestación del Prof. D. Luis Rodriguez Ennes, pp. 165.
2. Id., *Hacia una teoría general de la Jurisdicción Voluntaria, Tomo II*, Ed. Iustel, Madrid, 2008, 407 pp.
3. Id., *Hacia una teoría general de la Jurisdicción Voluntaria, Tomo I,* Ed. Iustel, Madrid, 2007, 408 pp.
4. Id., *Jurisdicción y Arbitraje en Derecho Romano,* Ed. Iustel, Madrid, 2006, 241 pp.
5. *Id. La Jurisdicción Voluntaria (en el Derecho Procesal Español)*, Ed. Thomson-Civitas, Pamplona, 2001, 225 pp.
6. *Jurisdicción voluntaria en Derecho Romano*, Ed. Reus, Madrid, 1986 y, 3ª ed., 1999, 140 pp.

ARTÍCULOS

1. La oposición en el marco de la Jurisdicción Voluntaria. La Ley. Número 8496. 9 de marzo de 2015, pp. 1-15

2. "La reforma en curso de la Jurisdicción Voluntaria". Newslet, Universidad San Pablo CEU-Colegio Nacional de Secretarios Judiciales, n. 2, 2015, en prensa.

3. El Proyecto de Ley de Jurisdicción Voluntaria de 1 de agosto de 2014". Registradores, n. 70, octubre-diciembre 2014, pp. 58-63 .

4. Misteriosa, heterogenea, fascinante Jurisdicción Voluntaria. Tribuna Actualidad Jurídica Aranzadi, 890, septiembre 2014.

5. El Anteproyecto de ley de Jurisdicción Voluntaria y la Sustracción internacional de menores, Abogados, Revista del Consejo General de la Abogacía, n. 85. Abril 2014, pp. 28-32.

6. A propósito del Anteproyecto de Ley de Jurisdicción Voluntaria, Actualidad Jurídica Aranzadi, 17 de abril de 2014, Año XXIII, número 883, p 10.

7. Luces y sombras del Anteproyecto de Ley de Jurisdicción Voluntaria de 31 de octubre de 2013, La Ley, 18 de marzo de 2014 , pp. 1- 11 .

8. Operadores jurídicos competentes en jurisdicción voluntaria a la luz de la experiencia histórica , Estudios en Homenaje al Prof. Juan Manuel Barquero, Revista Jurídica de la Facultad de Derecho de La Universidad Autónoma de Madrid, Revista Jurídica de la Universidad Autónoma de Madrid , n. 28, 2013, pp. 53-65.

9. Incapacitación y Discapacidad. Tratado de Derecho de Familia. Capítulo VII. Tompson- Aranzadi 2012, pp. 1895-1946.

10. La ley de jurisdicción voluntaria en el horizonte: confluencia de planos, perspectivas, actores y operadores. Diario La Ley, 25 de mayo de 2012, pp. 9- 14.

11. Conflicto, controversia, contraposición, contienda, polémica, oposición: proceso y litigio, Despalabro, Ensayos de Humanidades. Universidad Autónoma de Madrid. 6. 2012.

12. Capacidad. Discapacidad. Incapacitación. Modificación judicial de la capacidad", *Revista Jurídica de la Universidad Autónoma de Madrid* (*RJUAM*), nº 23, 2011, pp. 53- 81.

13. Convención de 2006 sobre los derechos de las persona con discapacidad y proceso de incapacitación", *Revista Icade, Universidad Pontificia de Comillas*, septiembre-diciembre de 2011, pp. 119-155.

14. Xurisdicción voluntaria: una reforma lexislativa pendente para a nova lexislatura , núm. 41 de la Revista Galega de Administración Pública, REGAP, n. 41,xaneiro-xuño 2011, pp 11-46.

15. Jurisdicción Voluntaria . Página Tercera del ABC de 9 de enero de 2011.

16. Reflexiones y propuestas a propósito de la futura Ley de Jurisdicción Voluntaria , Revista Jurídica del Notariado, n. 79, julio-septiembre 2011, pp. 177-226.
17. Jurisdicción voluntaria: rectificar es de sabios , en *El Notario del siglo XXI*, nº 31, mayo-junio 2010, Madrid, págs. 66-74.
18. Dos reformas legislativas pendientes: La Oficina Judicial y la Jurisdicción voluntaria", *Publicaciones de la Real Academia de Jurisprudencia y Legislación: Problemas actuales de la Jurisdicción*, II, 2010, págs. 1462-1477.
19. Observaciones al Proyecto de ley de implantación de la Nueva Oficina Judicial , *Economist & Jurist*, Madrid, 2010.
20. La hora de la Justicia. Reformas procesales pendientes. *Estudios en homenaje al Prof. Elías Díaz, RJUAM*, nº 19, Madrid, 2009, págs. 129-153.
21. Protección de las personas vulnerables: la atención a situaciones de incapacidad, dependencia y vulnerabilidad y procedimientos de Jurisdicción Voluntaria. Ponencia presentada en los Cursos de Verano de la Universidad Menéndez Pelayo. Consejo General del Notariado agosto de 2007. *La defensa Jurídica de las Personas Vulnerables*, Thomson-Civitas, Santander, 2008, págs. 405-444.
22. Procura y Reformas Legislativas , *Revista del Consejo General de Procuradores*, nº 77, diciembre de 2008, págs. 32 y ss.
23. Voces "Potestad Jurisdiccional" y "Jurisdicción Voluntaria", en *Diccionario de Derecho*, Ed. El Derecho, Madrid, 2009.
24. La Jurisdicción Voluntaria: En busca del tiempo perdido , *Revista Jurídica Registradores*, Madrid, enero de 2008.
25. Comparecencia, en calidad de experto, en representación de la Comisión General de Codificación, ante la Comisión de Justicia del Congreso de los Diputados, en trámite de asesoramiento sobre el Proyecto de Ley de Jurisdicción Voluntaria, en sesión de siete de mayo de 2007, *Diario de Sesiones del Congreso de los Diputados*, nº 821, págs. 31-44.
26. *Protección Patrimonial de personas con discapacidad y Jurisdicción Voluntaria.* La protección Jurídica del Discapacitado. II congreso Regional. Editorial Tirant lo Blanch, Valencia, 2007, pp.191- 213.
27. Id., "Notariado y Jurisdicción Voluntaria", *RJUAM*, 15, 2007, págs. 91-108.
28. Esperando a la Jurisdicción Voluntaria, en *Diario ABC*, 11 de diciembre de 2007.
29. La Jurisdicción Voluntaria en Las Cortes Generales , *Diario La Ley*, 16 de octubre de 2007, págs. 1-10.

30. La Jurisdicción Voluntaria en el marco del Estado Constitucional de Derecho , *El Notario del Siglo XXI*, 11, Madrid, julio-agosto de 2007, págs. 140-197.

31. El procedimiento general aplicable a Jueces y Secretarios Judiciales en el Proyecto de Jurisdicción Voluntaria de 2006 , *Revista de la Facultad de Derecho de la Universidad de Fortaleza*, Brasil, 2007.

32. El Notario como órgano de la Jurisdicción Voluntaria , *El Notario del Siglo XXI*, 11, Madrid, Enero-Febrero de 2007, págs. 60-69.

33. Proyecto de Ley de Jurisdicción Voluntaria (I y II), *Economist & Jurist*, nº 106, diciembre-enero de 2007, págs. 100-105; y nº 107, febrero de 2007, págs. 60-68.

34. La Jurisdicción Voluntaria: una reforma legislativa pendiente , *Anales de la Academia Matritense del Notariado*, Madrid, 2006, págs. 3-38.

35. La nueva configuración de la jurisdicción voluntaria en el Anteproyecto de Ley de junio de 2006 , *Otrosí. Revista del Colegio de Abogados de Madrid*, Madrid, diciembre de 2006, págs. 48-57.

36. Observaciones al proyecto de Ley de jurisdicción Voluntaria, de octubre de 2006" I , en *Diario La Ley*, 27 de noviembre de 2006.

37. Observaciones al proyecto de Ley de jurisdicción Voluntaria, de octubre de 2006" II, en *Diario La Ley*, 28 de noviembre de 2006.

38. El anteproyecto de Jurisdicción Voluntaria de Junio de 2006 , *El Notario del siglo XXI*, VIII, Madrid, julio-agosto de 2006, págs. 54-61.

39. El nuevo perfil de la Jurisdicción voluntaria en el Anteproyecto de Ley de Octubre de 2005 , en *Diario La Ley*, 8 de junio de 2006.

40. "Reflexiones sobre el Anteproyecto de la Ley de Jurisdicción Voluntaria", Homenaje al Prof. González Campos, *RJUAM*, 13, Madrid, 2005, págs. 109-132.

41. Los profesionales del derecho y la jurisdicción voluntaria. Ponencia General presentada en el XVII Congreso Nacional de Profesores de Derecho Romano de la República Argentina, General Roca, La Patagonia , *Revista de la Asociación de Derecho Romano de Argentina*, La Patagonia, Argentina, 2005.

42. La reforma de la jurisdicción voluntaria , *Otrosí. Revista del Colegio de abogados de Madrid*, Madrid, septiembre de 2005, págs. 16-19.

43. La Jurisdicción Voluntaria: Problemas, Interrogantes y Soluciones , *Estudios en homenaje al Prof. Franciosi*, Saturas Editrice, Nápoles, 2005, págs. 793-81.

44. Jurisdicción Voluntaria: perspectivas de futuro , *Estudios Homenaje a Manuel Albaladejo*, 2005, pp 1655-1691.

45. La hora de la Jurisdicción Voluntaria . *Estudios Homenaje a Rodríguez Mourullo*, 2005, pp 1901-1921.

46. El problema de la naturaleza jurídica de la jurisdicción voluntaria a la luz de la experiencia histórica , en *RGDR*, nº 5, diciembre de 2005.

47. La Reforma de la Jurisdicción Voluntaria: problemas, interrogantes, soluciones., en *Diario La Ley*, 23 de marzo de 2005 .

48. Jurisdicción Voluntaria: Historia (I), Problemas (II), Interrogantes (III) y Soluciones (IV) , *Tribuna Pública, Mercados, Voz de Galicia*, 12-09; 17-09; 26-09; 3-10-2004.

49. La reforma legislativa de la jurisdicción voluntaria: reflexiones de presente y perspectivas de futuro , *Derecho de los Negocios*, n.º 163, 2004, págs. 5-15.

50. Consideraciones de lege ferenda en materia de jurisdicción voluntaria y Anteproyecto de Jurisdicción Voluntaria , *Revista del Colegio de abogados de Lugo*, 2001, págs. 22-24 y 2002, págs. 18-22.

51. La Jurisdicción Voluntaria: una reforma legislativa pendiente , *Estudios Jurídicos*, Ministerio de Justicia, vol. IV, 2002, págs. 537-606.

52. Jurisdicción voluntaria: naturaleza jurídica y diferencias de procedimiento con la jurisdicción contenciosa (I) . Actualidad Civil. V nº36, 2001, pp. 1277- 1316.

53. Jurisdicción voluntaria: sanción constitucional y propuesta de racionalización del sistema . II. Actualidad Civil .V.37, 2001, pp.1317- 1341.

54. La jurisdicción voluntaria: racionalización y redistribución de competencias , *Libro Homenaje a Sánchez Mera*, Madrid, 2002, págs. 1997-2036.

55. Anteproyecto de jurisdicción voluntaria , *Ilustre colegio de Abogados de Lugo*, Lugo, 2002, págs. 54-58.

56. Los principios informadores de la jurisdicción voluntaria: una propuesta de futuro , *Anuario de Derecho de la U.A.M.*, vol. 3, 2001, págs. 89-149. 37.

57. La jurisdicción voluntaria en la encrucijada: su conexión con el nuevo modelo procesal de la LEC del año 2000 , *Derecho y Opinión*, Córdoba, 2000, págs. 329-342.

58. A propósito de la competencia en materia de "iurisdictio voluntaria en Derecho Romano. Revista de Derecho Notarial, Anales de la Academia Matritense del Notariado. Vol. CXXXI, 1996, pp. 95 134.

59. Elenco de manifestaciones de iurisdictio voluntaria en Derecho clásico y en la praxis postclásica, *Revista de Historia de Derecho Húngaro*, Budapest, 1988, págs. 18-39.

60. Consideraciones acerca del carácter clásico y jurisdiccional de la denominada por Marciano "Iurisdictio voluntaria", en D. 1.16.2.pr., *Estudios Homenaje a Juan Iglesias*, Madrid, 1988, págs. 197-215.

61. Diferencias entre los actos de iurisdictio contenciosa y iurisdictio voluntaria en Derecho Romano , *Estudios Homenaje a A. D'Ors*, vol. I, Pamplona, 1987, págs. 427-457.

NOMBRAMIENTOS. COMPARECENCIA

1. Vocal de la Comisión General de Codificación por Orden Ministerial de 2 de Noviembre de 2002. Ponencia de Jurisdicción Voluntaria. Ministerio de Justicia, años 2002-2005.

2. Vocal de la Sección Especial constituida en el seno de la Comisión General de Codificación, para la regulación de la Jurisdicción Voluntaria y la Legislación Procesal Civil. Orden Ministerial de 23 de Mayo 2012.

3. Comparecencia ante la Comisión de Justicia del Congreso de los Diputados, en trámite de asesoramiento del Proyecto de Ley de Jurisdicción Voluntaria, en sesión de 7 de mayo de 2007, Diario de Sesiones del Congreso de los Diputados, nº. 821, pp. 31-44.